AF333300

A QUIETUDE DA TERRA, VIDA COTIDIANA, ARTE CONTEMPORÂNEA E PROJETO AXÉ

THE QUIET IN THE LAND, EVERYDAY LIFE, CONTEMPORARY ART AND PROJETO AXÉ

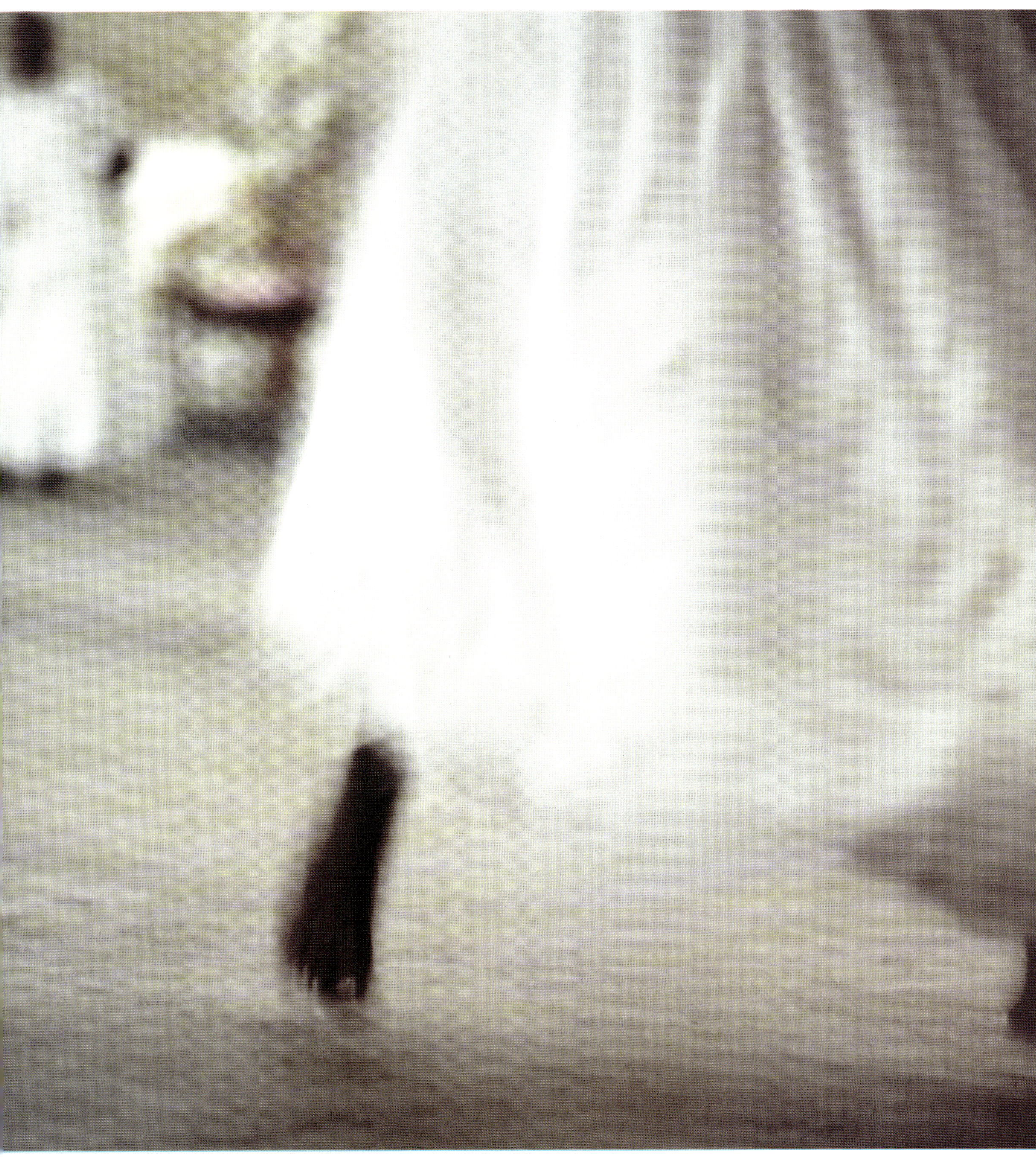

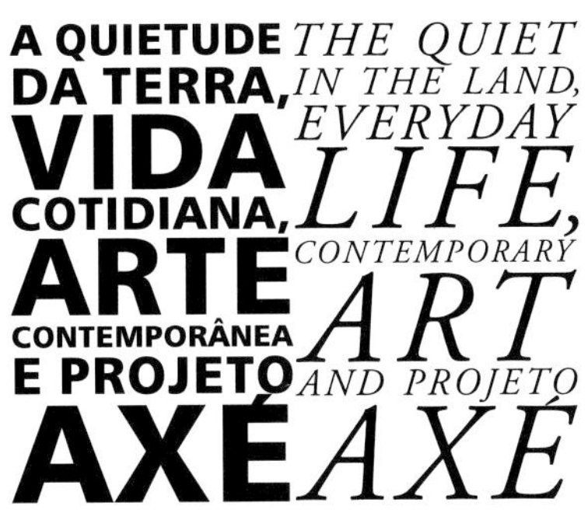

A QUIETUDE DA TERRA, VIDA COTIDIANA, ARTE CONTEMPORÂNEA E PROJETO AXÉ
THE QUIET IN THE LAND, EVERYDAY LIFE, CONTEMPORARY ART AND PROJETO AXÉ

CREDITS / CRÉDITOS

This book is published on the occasion of the exhibition The Quiet in the Land: Everyday Life, Contemporary Art, and Projeto Axé, *presented at the Museu de Arte Moderna da Bahia, Salvador, July 7–August 20, 2000.*

Este livro foi lançado juntamente com a exposição intitulada *A Quietude da Terra: Vida Cotidiana, Arte Contemporânea e Projeto Axé*, montada no Museu de Arte Moderna da Bahia, na cidade do Salvador, de 7 de julho a 20 de agosto de 2000.

Bahia State Government / **Governo do Estado da Bahia**
César Augusto Rabello Borges

Bahia Department of Culture and Tourism / **Secretaria da Cultura e Turismo do Estado da Bahia**
Paulo Gaudenzi

Bahia Cultural Foundation / **Fundação Cultural do Estado da Bahia**
José Augusto Burity

Empresa de Turismo da Bahia S.A. / **Empresa de Turismo da Bahia S.A.**
BAHIATURSA

Concept / **Idealização**
France Morin

Editors / **Editores**
France Morin *and* / e John Alan Farmer

Translators / **Tradutores**
H. Sabrina Gledhill *with* / com Lavinia Sobreira de Magalhães *and* / e Alejandro Reyes
Nadine Fajerman (*essays by* / textos da autoria de Suely Rolnik)

Design / **Projeto Gráfico**
Tira linhas studio, Rio de Janeiro *and* / e Tunga

ISBN 1-56466-080-X
© 2000 Museu de Arte Moderna da Bahia and France Morin

Printed in Brazil by Gráfica e Editora Pallotti
Photolithography by A.P. Editora
Distributed by D.A.P., Distributed Art Publishers
155 Sixth Avenue, Second Floor
New York, NY 10013-1507
Telephone 212.627.1999
Fax 212.627.9484

Impresso no Brasil pela Gráfica e Editora Pallotti
Fotolitos: A.P. Editora
Distribuído pela D.A.P., Distributed Art Publishers
155 Sixth Avenue, Second Floor
New York, NY 10013-1507
Telefone 212.627.1999
Fax 212.627.9484

Photo Credits / Créditos das fotografias

Unless otherwise indicated, all photographs are by France Morin and the artists. Cover and pp. iv, 1, 86, 87, 90, 260, 261: Mario Cravo Neto, 1998/2000. The artist would like to thank babalorixá Balbino Daniel de Paula from Axé Opô Aganju, who contributes with his permission, understanding, and patience to his creative work.

A não ser que seja indicado o contrário, todas as fotografias foram realizadas por France Morin e os artistas que participaram no projeto. Capa e pág. iv, 1, 86, 87, 90, 260, 261: Mario Cravo Neto, 1998/2000. O artista estende seus agradecimentos especiais ao babalorixá Balbino Daniel de Paula, do Axé Opô Aganju, que contribui com sua permissão, compreensão e paciência no trabalho criativo de Mario Cravo Neto.

Context section (figure numbers in parentheses): p. 1 (11, 14-16, 26-28), 2 (13, 22), 3 (4, 12, 15, 20, 29), 5 (18): Nicole Morin; p. 2 (19): Sandra Delgado; p. 3 (17, 19), 6 (22, 26): Ana Maria Bianchi dos Reis; p. 5 (22), Bernd Reiter; p. 6 (17); student of Stampaxé; p. 6 (29): Martha Telles; all b/w photos: Vik Muniz.

Seção Contexto (números das figuras entre parênteses): pág. 1 (11, 14-16, 26-28), 2 (13, 22), 3 (4, 12, 15, 20, 29), 5 (18): Nicole Morin; pág. 2 (19): Sandra Delgado; pág. 3 (17, 19), 6 (22, 26): Ana Maria Bianchi dos Reis; pág. 5 (22): Bernd Reiter; pág. 6 (17): criança da Stampaxé; pág. 6 (29): Martha Telles; todas as fotografias em preto e branco: Vik Muniz.

Artists Projects: p. 101: Fundação Pierre Verger; p. 104 (color photo), 107: Ana Bianchi dos Reis; p. 104 (b/w photo): Chen Sin Yeng; p. 109: Fábio Bastos Cardoso; p. 138: Martha Telles; p. 145: Ricardo Fernandes; p. 155: courtesy Mixed Greens, New York; p. 158: children of Modaxé; pp. 171-73: Wilton Montenegro; pp. 100, 101, 103, Cai Guo-Qiang; p. 109: Chen Zhen.

Projetos dos Artistas: pág. 101: Fundação Pierre Verger; pág. 104 (fotografia em cores), 107: Ana Bianchi dos Reis; pág. 104 (fotografia em preto e branco): Chen Sin Yeng; pág. 109: Fábio Bastos Cardoso; pág. 138: Martha Telles; pág. 145: Ricardo Fernandes; pág. 155: cedida por Mixed Greens, New York; pág. 158: crianças da Modaxé; pág. 171-73: Wilton Montenegro; pág. 100, 101, 103: Cai Guo-Qiang; pág. 109: Chen Zhen.

Interviews: p. 229: Mãe Stella and Carlinhos Brown by Mario Cravo Neto; Mestre João Grande by Bernd Reiter.

Entrevistas: pág. 229: Mãe Stella e Carlinhos Brown de Mario Cravo Neto; Mestre João Grande de Bernd Reiter.

Text Credits / Créditos-Textos

Artists texts: John Alan Farmer in collaboration with France Morin; introductions to Pierre Verger text and interviews: H. Sabrina Gledhill; Sisterhood of the Good Death text: Bernd Reiter; revisions of Portuguese translations: Luiz Claudio Dias do Nascimento and Vanessa Brasil Campos Rodríguez.

Textos sobre os artistas: John Alan Farmer, em colaboração com France Morin; apresentações à seção sobre Pierre Verger e às entrevistas: H. Sabrina Gledhill; Irmandade da Boa Morte: Bernd Reiter; revisão das traduções ao português: Luiz Claudio Dias do Nascimento e Vanessa Brasil Campos Rodríguez.

FRANCE MORIN

A QUIETUDE DA TERRA, VIDA COTIDIANA, ARTE CONTEMPORÂNEA E PROJETO AXÉ

THE QUIET IN THE LAND, EVERYDAY LIFE, CONTEMPORARY ART AND PROJETO AXÉ

MUSEU DE ARTE MODERNA DA BAHIA

ACKNOWLEDGMENTS / AGRADECIMENTOS

We are very grateful to the Museu de Arte Moderna da Bahia, particularly Heitor Reis, Director, for supporting the publication and the exhibition from the beginning and to the Museum of American Folk Art, New York, especially Gerard C. Wertkin, Director, for crucial support during the project's early stages. The Quiet in the Land: Everyday Life, Contemporary Art, and Projeto Axé would not have been possible without the children and adolescents of Projeto Axé and the following individuals and institutions, including the staff of Projeto Axé; the artists and their assistants and families; the authors, interviewees, editors, translators, and designers who contributed to this publication; the funders; and friends and family.

Somos muito gratos ao Museu de Arte Moderna da Bahia, em particular ao seu diretor, Heitor Reis, por seu apoio ao projeto desde o início, especialmente na edição deste livro e na montagem da exposição, e ao Museum of American Folk Art em Nova York, em particular ao seu diretor, Gerard C. Wertkin, por seu apoio crítico durante a fase inicial do projeto. A realização de *A Quietude da Terra: Vida Cotidiana, Arte Contemporânea e Projeto Axé* foi possível graças às crianças e aos adolescentes do Projeto Axé e às seguintes pessoas e entidades: incluindo a equipe do Projeto Axé; os artistas e seus assessores e familiares; os autores, entrevistados, editores, tradutores e projetistas que contribuíram com esta publicação; os patrocinadores, amigos e parentes.

Ruy Manoel de Abreu, Olga de Alaketu, Caroline Alexander, Barbara Almeida, Joel de Almeida, Sandra Cristina P. de Andrade, Sandra Antelo-Suarez, Janine Antoni, Raimundo Aquila, Gladys Rosa Vereau Arevalo, Joselito Crispin de Assis, Roland Augustine, Naomi Barber, Marcia Cristina S. Barros, Lorenz Bäumer, Rosangela Dutra Belo, Luis Berrios, Emilia Firmo Bispo, Montien Boonma, Jailton Marques Borges, Júlio Braga, Marcos Teixeira Brandão, Wilson de Lima Brito Filho, Carlinhos Brown, Marcia Cabral, Cai Guo-Qiang, Wen-You Cai, Rui Vídero Caldas, Marcos Candido, Dona Canô, Riccardo Cappi, Ginalva Jesus de Carvalho, Chen Zhen, Cheng Siu Yeng, Pamela Clapp, Larry Clark, Matthew Clark, Willie Cole, Lucio Andre Andrade da Conceição, Carlos Alberto Alves Costa, Christian Cravo, Carlos Alberto Teixeira da Cruz, Rosimara Ines F. da Cunha, Dadá, Domenico de Clario, Sandra Delgado, Gilberto Dimenstein, Dona Dinha, Leonardo Drew, Okwui Enwezor, João Ewerton, Nadine Fajerman, Ana Cristina Santos Falção, John Alan Farmer, Edgar Joaquim Ferreira, Juca Ferreira, Edgard Filho, Sergio Firmino, Valéria Moreira do Forte, Luciano de Melo Freaza, Lucia Christina Santos de Freitas, Raimundo Mario R. Freitas, Fundação Pierre Verger, Cleide Maria Galdino, Dimitri Ganzelevitch, Maria Helena Garrido, H. Sabrina Gledhill, Peter Greene, Rosemarie Greene, Hong Hong, Augusto Hsu, Elizabeth Iarrapino, Mestre João Grande, Ann Joyce, Janet A. Kaplan, Larissa Kharkevitch, Pat Lazak, Lisette Lagnado, Jussara de Jesus Lima, Sergio Luis Lima, Arto Lindsay, Altair D. dos Santos Lira, Lawrence Luhring, Licinia Lourdes, C. R. D. Lyrio, Jennifer Ma, Ma To Chi, Marle de Oliveira Macedo, Maria Lavinia Sobreira de Magalhães, Geovana Maia, Marepe, Ellen McBreen, Lila Meleisea, Casilda Ribeiro Santos de Miranda, Mixed Greens, Marcelo Moacyr, Mestre Moraes, France Morin, Nicole Morin, Cordelia Fourneau Mourão, Vik Muniz, Museu de Arte Moderna da Bahia, Museum of American Folk Art, New York, Mario Cravo Neto, Rivane Neuenschwander, Edmilson Lopes das Neves, Iara Dourado Nogueira, Rogério Alves de Oliveira, Dinalva Sa de Oliveira, Jonas Barbosa de Oliveira, Moises Batista S. de Oliveira, Roberto Roque de Oliveira, Augusto Omolu, Ana Claudia Andrade Ornelas, Mãe Stella de Oshossi, Veronica Ferreirra de Paula, Ana Cristina Santos Peixoto, Irene Peixote, Ana Penido, Carmen Penido, Jiuseppe de Souza Pereira, Maria da Conceição Pereira, Phatarawadee Phataranawik, Ená Pinto Benevides, Alberto Pita, Marc Pottier, Isabella Prata, Valeria Prata, Maria Candida Alencar de Queiroz, Paul Ramirez-Jonas, Daniel Rangel, Ana Maria Bianchi dos Reis, Heitor Reis, Bernd Reiter, Alejandro Reyes, Iuri Oliveira Ribim, David Silva Rios, Cesare de Florio La Rocca, Eliana Gomes Rodrigues, Suely Rolnik, Anne-Marie Russell, Ana Paula Sadeau-Bispo, Doris Salcedo, Sam Samore, Cristina Maria V. Alves Salles, Veronica Rosario M. Santana, Genelício Oliveira Santiago, Deoscordes Maximiliano dos Santos-Mestre Didi Alapini, Florisvaldo Cruz Santos, Gildemar Carneiro dos Santos, Iracilda Silva Santos, Juana Elbein dos Santos, Maria Durvalina Cerqueira Santos, Paulo Sergio Amado dos Santos, Helmut Schned, Suzana Vieira G. Scipione, Brent Sikkema, Edwaldo Cerqueira da Silva, Elsinalva de Jesus Silva, Ivonette da Silva, Jaime Oliveira da Silva, Manuela Augusta Sena da Silva, Marcus Gonçalves da Silva, Maria da Anunciação C. Silva, Martha Telles Machado da Silva, Emanoel Luis Roque Soares, Ivana Souto, Liv Sovik, Tira linhas studio, Rirkrit Tiravanija, Tunga, Fernanda Maria Coelho da Costa Tourinho, Francisca Vasconcellos, Miriam Venancia, Gabriel Barreto Vidal, Edvalda Cecilia Abud Vilanova, Kara Walker, Birgit Wallborn, Noemi Ward, Nari Ward, Gerard C. Wertkin, Paige West, Tomas Ybarra-Frausto

FUNDERS / PATROCINADORES

Agnes Gund and Daniel Shapiro (in honor of / em memória de *Penny McCall)*
The Andy Warhol Foundation for the Visual Arts
The Norman & Rosita Winston Foundation, Inc.
The Penny McCall Foundation
The Rockfeller Foundation

CONTENTS **SUMÁRIO**

PREFÁCIO / PREFACE

O Museu de Arte Moderna da Bahia participou com entusiasmo de *A Quietude da Terra*, um projeto envolvendo artistas plásticos internacionais contemporâneos que desenvolveram trabalhos com crianças do Projeto Axé. Trata-se de uma oportunidade excepcional: devolver à arte uma função social, comprometê-la com os diversos segmentos da sociedade, reintegrar a arte e a vida. Numa época marcada pelas crises e pelos fracassos, o projeto em foco é uma fonte de energia e otimismo. Ele investe na revalorização do sonho e da utopia. Longe de qualquer apelo demagógico, panfletário ou caritativo, o projeto tem por finalidade reconhecer a riqueza cultural extraída da experiência humana, do intercâmbio de suas informações e de seus valores. O mundo contemporâneo só se justificará diante do julgamento inflexível da História se souber entender a informação, não apenas como uma moeda, e sim uma troca, um constante diálogo no qual a diferenciação cultural seja o solo onde há de brotar um novo humanismo, regido pela inquietude, pela curiosidade e pelo afeto.

O papel de uma instituição cultural contemporânea não pode se limitar aos meros compromissos formais, à preservação de uma institucionalização de poder adquirida. Uma casa de cultura consciente de sua responsabilidade com o mundo atual deve ser dinâmica, provocativa, estabelecendo ligações entre os agentes do poder e a sociedade organizada, viabilizando eventos que provoquem a reflexão e alterem uma situação determinada. Uma instituição contemporânea voltada para a cultura deve valorizar, acima de tudo, a noção de cidadania e os direitos da comunidade à qual ela serve. Nesse sentido, o Museu de Arte Moderna da Bahia considera-se realizado por fazer parte desse processo e por ter colaborado na obtenção dos meios que viabilizaram a sua execução. As obras expostas em nossa instituição são o resultado de uma ação integrada e de um esforço comum que permite levar à população de Salvador um evento único, de grande beleza e emoção verdadeira.

A exposição é o resultado de um processo artístico que uniu artistas de várias partes do mundo, com suas experiências particulares, e as crianças do Projeto Axé, com seus valores e conceitos próprios. É importante perceber que o valor desta obra está na tensão conceitual e na carga simbólica que trazem, fruto desse processo criativo coletivo. É preciso considerar ainda que essa relação tem por finalidade reoxigenar o pensamento artístico contemporâneo ocidental quase sempre regido pela ideologia do fracasso e pela valorização da crise, compreendida agora não mais como estratégia e sim como histeria. A realização de eventos nesse significado responde, de maneira objetiva, a uma espécie de pedantismo intelectual que reduz o potencial da ação artística a meras referências filosóficas; é a arte como ilustração do pensamento. Aqui, o que se vê é vida. E a vida, como nos ensina Padre Antônio Vieira, é vento. É esse vendaval, essa lufada de criatividade e emoção, que o Museu de Arte Moderna da Bahia apresenta, orgulhosamente, aos olhares encantados do povo da nossa cidade.

Heitor Reis
Diretor, Museu de Arte Moderna da Bahia

The Museu de Arte Moderna da Bahia enthusiastically participated in The Quiet in the Land, *a project involving international contemporary artists who created works in conjunction with the children of Projeto Axé. This is a unique opportunity: developing the social function of art, engaging its commitment to all segments of society, reintegrating art and life. At a time marked by crisis and failure, the project in question is a source of energy and optimism; it invests in revaluing dreams and ideals. Far from attempting any demagogic, propagandistic, or charitable appeals, the project aims to recognize the cultural wealth extracted from human experience: the exchange of knowledge and values. Our contemporary world will only justify itself before the stern judgment of history if it succeeds in understanding that information is not just a form of currency but an exchange, an ongoing dialogue in which cultural differences are the soil from which a new humanism must spring, governed by activity, curiosity, and affection.*

The role of a contemporary cultural institution cannot be limited to merely formal commitments, to the preservation of the institutionalization of acquired power. A house of culture that is aware of its responsibility to the present world must be dynamic and provocative, engaging with the agents of power and organized society, organizing events that stimulate reflection and alter a given situation. A contemporary institution focused on culture must primarily value the concept of citizenship and the rights of the community it serves. In this regard, the Museu de Arte Moderna da Bahia has fulfilled its mission by participating in this process and by helping obtain the means that made its implementation possible. The works exhibited at our institution are the result of integrated actions and a common effort that is presenting the people of Salvador with a unique event of great beauty and real feeling.

This exhibition resulted from an artistic process that brought together artists from several parts of the world, with their personal experiences, and the children of Projeto Axé, with their own values and concepts. It is important to realize that the value of each work lies in the conceptual tension and symbolic charge they contain as a result of this collective creative process. We must also consider that the purpose of this relationship is to breathe fresh air into contemporary Western artistic thought, which is generally governed by the ideology of failure and the appreciation of crisis, which are now understood, not as a strategy, but as a form of hysteria. Therefore, the production of such significant events objectively responds to a form of intellectual pedantry that reduces the potential of artistic action to mere philosophical references: art as an illustration of thought. Here, what we see is life. And, as Father Antônio Vieira (1608-1697), the Jesuit orator, missionary, and diplomat who traveled to Salvador, teaches us, life is like the wind. It is this whirlwind, this gust of creativity and feeling that the Museu de Arte Moderna da Bahia is proudly presenting to the delighted eyes of the people of our city.

Heitor Reis
Director, Museu de Arte Moderna da Bahia

PREFÁCIO
The Little Big Bang

Of all the things I have learned in my life, most of which has been spent among excluded children, the greatest and yet the most incomplete lesson is this: art is education. The instrumental view of art as merely a means of education has been surmounted by watching children come into contact with all manifestations of art, assimilating habits and behaviors and accumulating knowledge and expressing their desires, clearly aware of the impossibility of fulfilling them, while realizing the possibility of achieving the impossible. Otherwise, how can we explain the delight of an eight-year-old child when viewing Pablo Picasso's Guitar Player *and her whispered comment, "I could never draw like that!"? But then, days later, that same child dares to reproduce (not copy!) that picture with a burden of desire that drives her to seize her own subject and hurl it before the challenge of achieving the unachievable, or of making the impossible possible. It is the awareness that, no matter what, her desire is still unfulfilled, translating this awareness in the once again whispered words, "Yes, but it could get better."*

There is nothing more stimulating, questioning, or inquisitive for a child than the process of artistic creation. Artistic contemplation, fruition, and production are not chronologically different moments, clearly separate in the mysterious and highly personal process the child experiences when inspired by art. But they exist and generate a current, an energy, an axé *in the child that can vibrate all the chords of that complex and harmonious instrument that is their subject, which thus becomes desirous of seeing, having, doing. Is there anything more independently and freely educational?*

Here, it is clear—with meridian clarity—that the instrumental view of art in education is erroneous: it is not a means of education. It is not even educational. It is education itself. Artists are essentially the pedagogues of humankind, because their art creates profound changes in people's thinking, attitudes, habits, and behaviors, which are the chief results of any educational process.

At Projeto Axé, we have been reflecting on these major issues for years and are carrying out arteducation *in practice. During our daily lives as educators, we have seen the explosion that occurs in children when inspired by artistic events. At that moment, in a brazen analogy to the big bang that created the universe, this "little big bang" creates a new and renewed self in the child, the* arteducated *self.*

At Projeto Axé, the specific weight of the feminine is very significant: our female educators and students have made a highly valuable contribution. It was yet another woman who, when visiting Projeto Axé, perceived in our aims and pedagogical practice the bubbling magma that is the stage immediately prior to any volcanic eruption. That woman is France Morin—curator, museum scientist, artist, educator, and above all, a sensitive friend of Projeto Axé.

The Quiet in the Land *has played a fundamental role in Projeto Axé's journey: that of strengthening convictions, confirming theories, broadening horizons, systemizing our sparse reflections, ordering our intellectual "disorder." Above all, it has sparked a*

De todas as coisas que aprendi ao longo de minha vida, a maior parte dela vivida em meio às crianças excluídas, a mais importante e ao mesmo tempo, a que mais se reveste de incompletude, é que a arte é a própria educação. A superação da visão e da prática instrumental da arte educação deve-se ao fato de ter visto as crianças em contato com todas as manifestações da arte, assimilar hábitos e comportamentos, acumular conhecimentos e expressar desejos com a clara consciência da impossibilidade de satisfazê-los e por isto mesmo, da possibilidade de realizar o impossível.

Senão, como se explica o encantamento de uma criança de oito anos diante do *Tocador de violão*, de Picasso, e seu comentário sussurrado "eu nunca vou saber desenhar assim!"? E que essa mesma criança dias depois, ousa reproduzir (não copiar!) aquele desenho com uma carga de desejo que a leva a agarrar seu próprio sujeito e arremessá-lo diante do desafio de alcançar o inalcançável, ou seja de tornar possível o impossível? É a consciência de que, apesar de tudo, seu desejo continua insatisfeito, traduzida esta consciência nas palavras, uma vez mais sussurradas: "é . . . porém pode ser melhor".

Não há nada de mais estimulador, questionador e inquisitor para uma criança do que o processo de criação artística.

A contemplação, a fruição e a produção artísticas não são momentos cronologicamente distintos, claramente separados no misterioso e personalíssimo processo que a criança vivencia, quando provocada pela arte. Mas eles existem e geram na criança uma corrente, uma energia, um Axé capaz de fazer vibrar todas as cordas desse complexo e harmonioso instrumento que é o seu sujeito que passa assim a ser desejante do ver, do ter, do fazer. Existe algo de mais autonomamente e livremente educante?

Aqui está clara, de meridiana clareza, a improcedência da visão instrumental da arte na educação: ela não é meio para se educar, ela nem sequer é educativa. Ela é a educação.

O artista é essencialmente o pedagogo da humanidade, pois sua arte provoca nas pessoas mudanças profundas de mentalidade, atitudes, hábitos e comportamentos que são os grandes resultados de todo processo educativo.

No Axé há anos estamos refletindo sobre essas grandes questões e concretamente fazendo arteducação. Estamos vendo, em nossa cotidianidade de educadores, aquela "explosão" que se dá na criança quando provocada pelo fato artístico.

É nesse momento que, com uma ousada analogia ao "big bang", que deu origem ao universo, esse "little big bang" dá origem na criança ao ser novo e renovado, ao ser arteducado.

No Axé o peso específico do feminino é muito significativo: entre educadoras e educandas a contribuição é de altíssimo valor. Foi mais uma mulher que visitando o Axé, percebeu na proposta e na práxis pedagógica do Axé aquele magma em ebulição que é a fase imediatamente anterior a qualquer explosão vulcânica. Esta mulher é France Morin, curadora, museóloga, artista, educadora. Sobretudo, sensível amiga do Axé.

O Projeto *A Quietude da Terra* teve um rol fundamental na caminhada do Axé: o de reforçar convicções, confirmar hipóteses, alargar horizontes, sistematizar nossa reflexão esparsa, ordenar nossa "desordem" intelectual.

A Quietude da Terra veio, sobretudo, provocar uma dúplice explosão: nas crianças do Axé e na própria organização. Esta última deu origem a outro universo institucional: o Axé se apresenta hoje como o locus onde a educação se dá sempre e fortemente via arte.

Essa é a única maneira concreta, tangível, visível de ensinar à criança que o impossível é possível. Somente o artista, de fato, consegue aprisionar no finito de uma forma, o infinito de uma idéia. E foi essa constatação que levou Claude Monet a afirmar "toda pessoa é artista". Parafraseando René Descartes, poderíamos dizer: "faço arte, logo existo", "faço arte, logo sou cidadão".

Se é verdade que a única forma de educar é "para a vida", somente a arte possui intrinsecamente a força vital que confere existência a uma idéia, vida a um sonho. Desejar, fazer arte, amar e buscar a beleza, viver.

Conjugar e ensinar a conjugar esses verbos significa fundamentalmente aprender e ensinar a viver. Ou seja, educar e ser educado.

No Axé sonhamos com o dia em que todas as crianças do mundo, sobretudo as mais esquecidas e excluídas, possam ser contempladoras, fruidoras e produtoras de arte. Melhor, não sonhamos apenas: todos os dias tentamos dar uma modesta contribuição para que nossas crianças experimentem o prazer e a maravilha de se transformarem em seres novos e renovados por essa fantástica "little big bang ".

Cesare de Florio La Rocca
Presidente, Projeto Axé

double explosion: in the children at Axé and in the organization itself. The latter gave rise to another institutional universe: today, Projeto Axé presents itself as the locus where education is constantly and strongly achieved through art.

This is the only concrete, tangible, and visible means of teaching children that the impossible is possible. Only an artist can capture the infinity of an idea in a finite form. This awareness led Claude Monet to declare that everyone is an artist. Paraphrasing René Descartes, we could say, "I make art; therefore, I am" and "I make art; therefore, I am a citizen."

If the only way of educating is preparing people for life, then art alone intrinsically possesses the vital force that brings an idea into existence, a dream into life. To desire, to make art, to love, to seek beauty, to live: conjugating and teaching others to conjugate these verbs essentially means learning and teaching others how to live—in other words, teaching and being taught.

At Projeto Axé, we dream of a day when all the world's children, especially the most forgotten and excluded ones, will become contemplators, enjoyers, and producers of art. Better yet, we do more than dream: every day we try to make a modest contribution to helping our children experience the pleasure and wonder of transforming themselves into new and renewed beings through this fantastic little big bang.

Cesare de Florio La Rocca

President, Projeto Axé

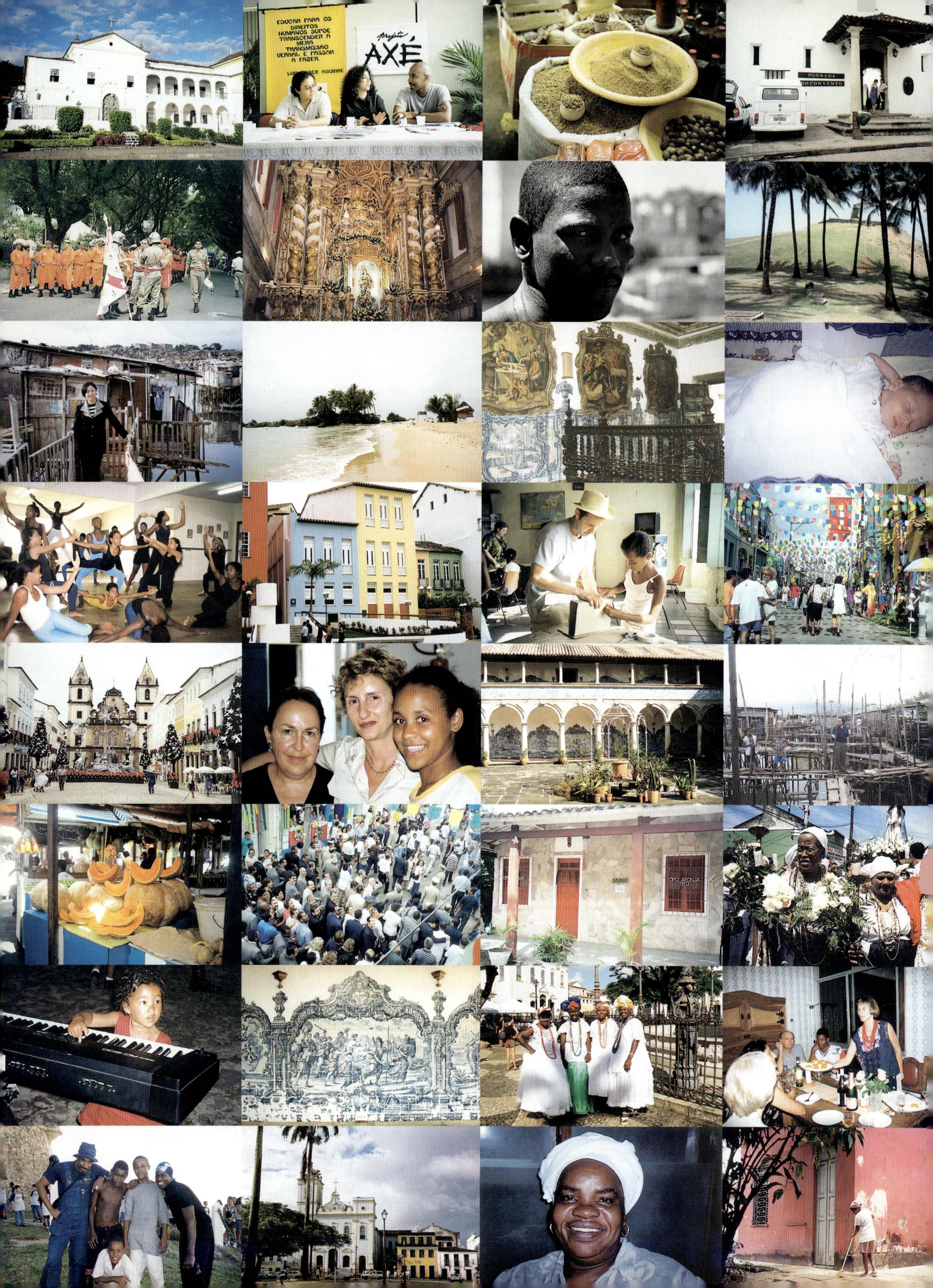

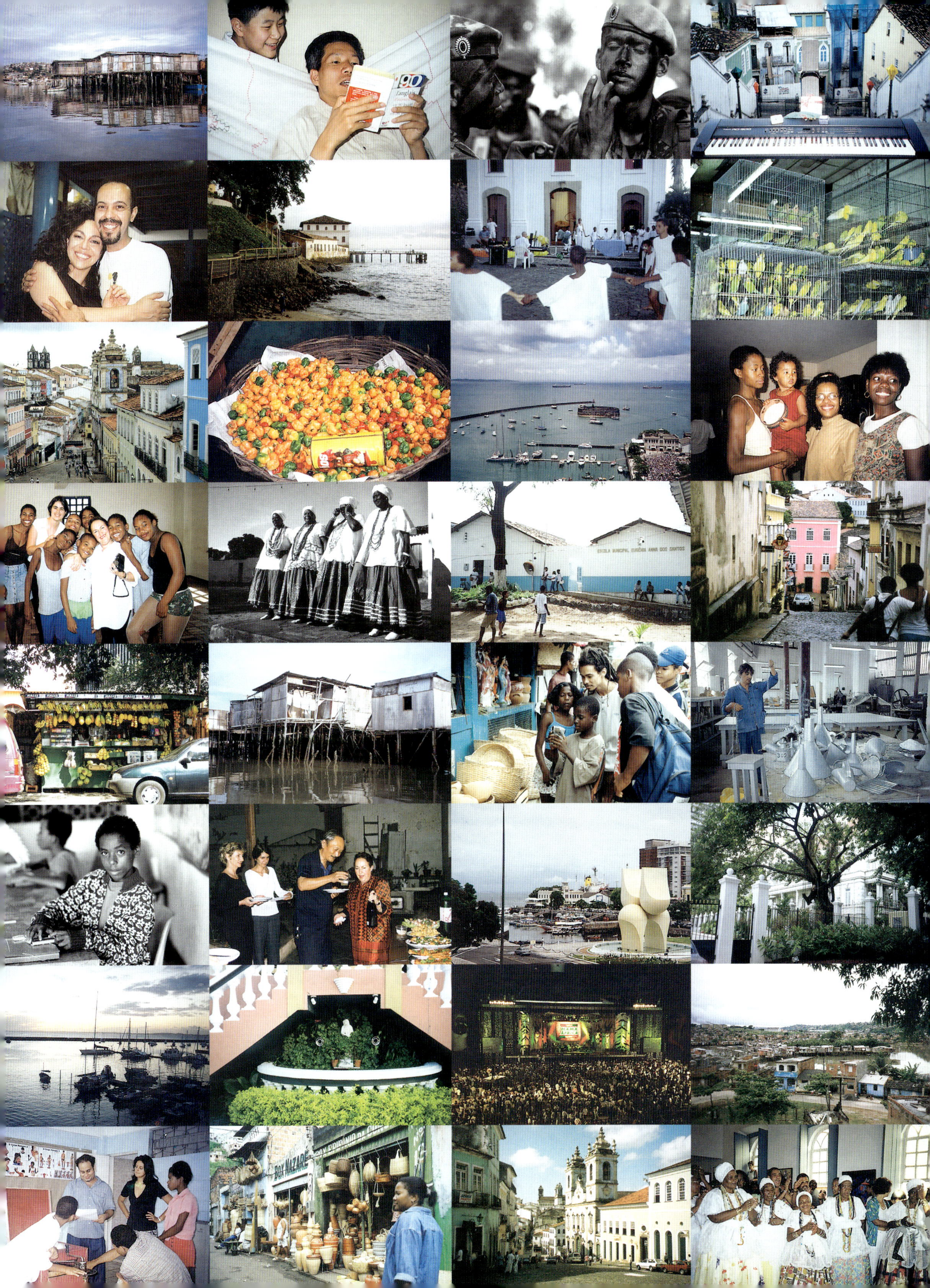

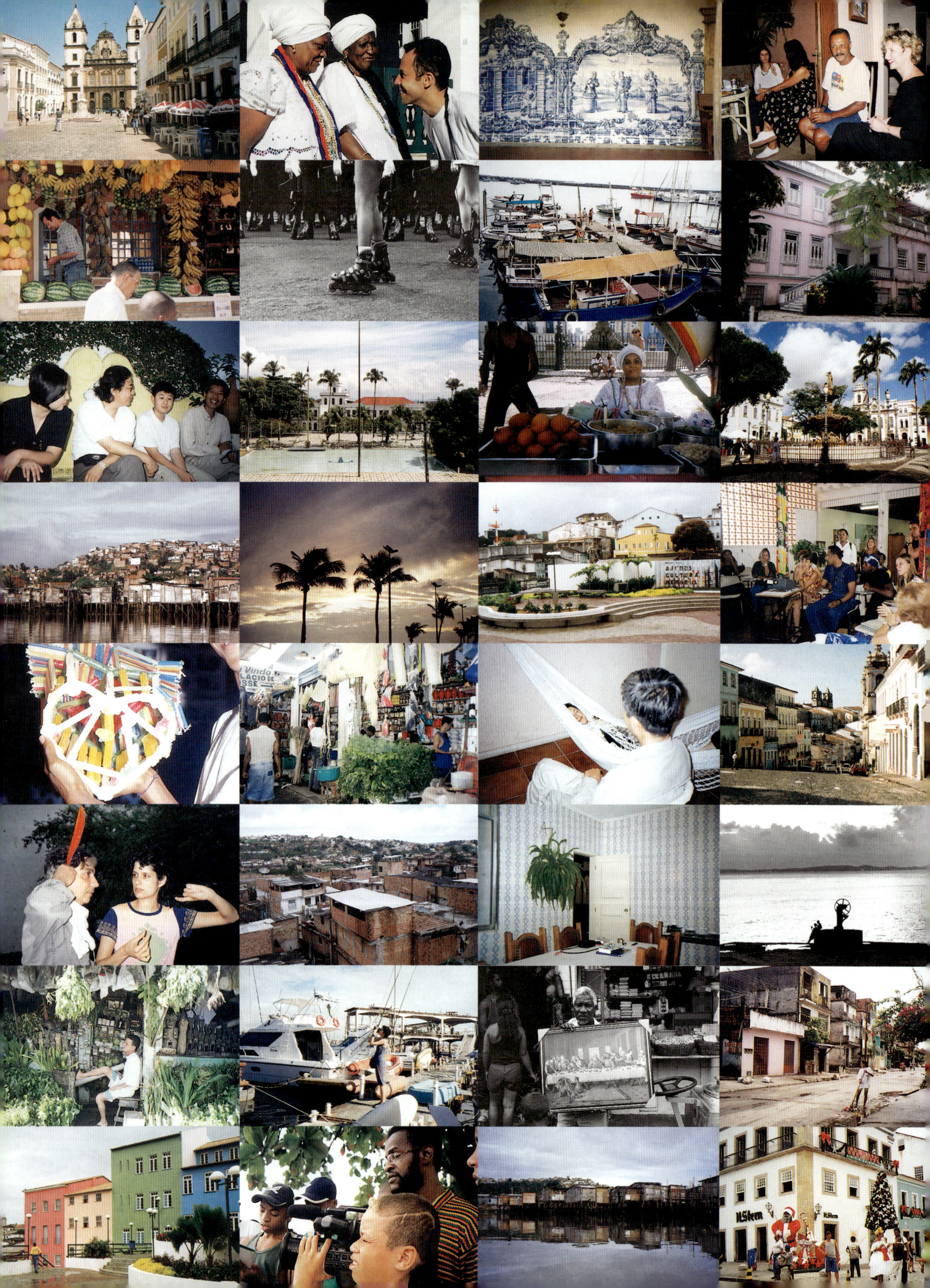

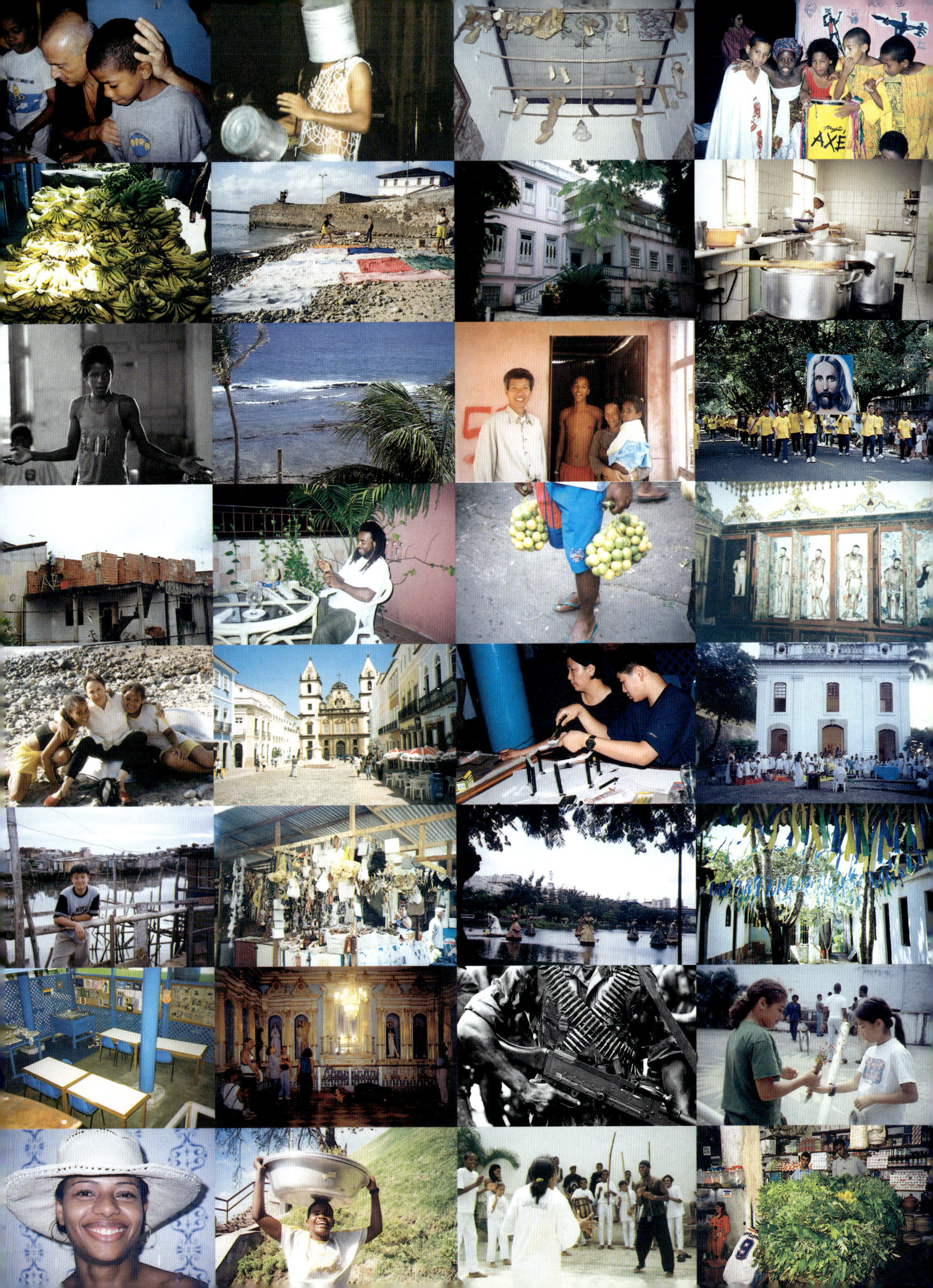

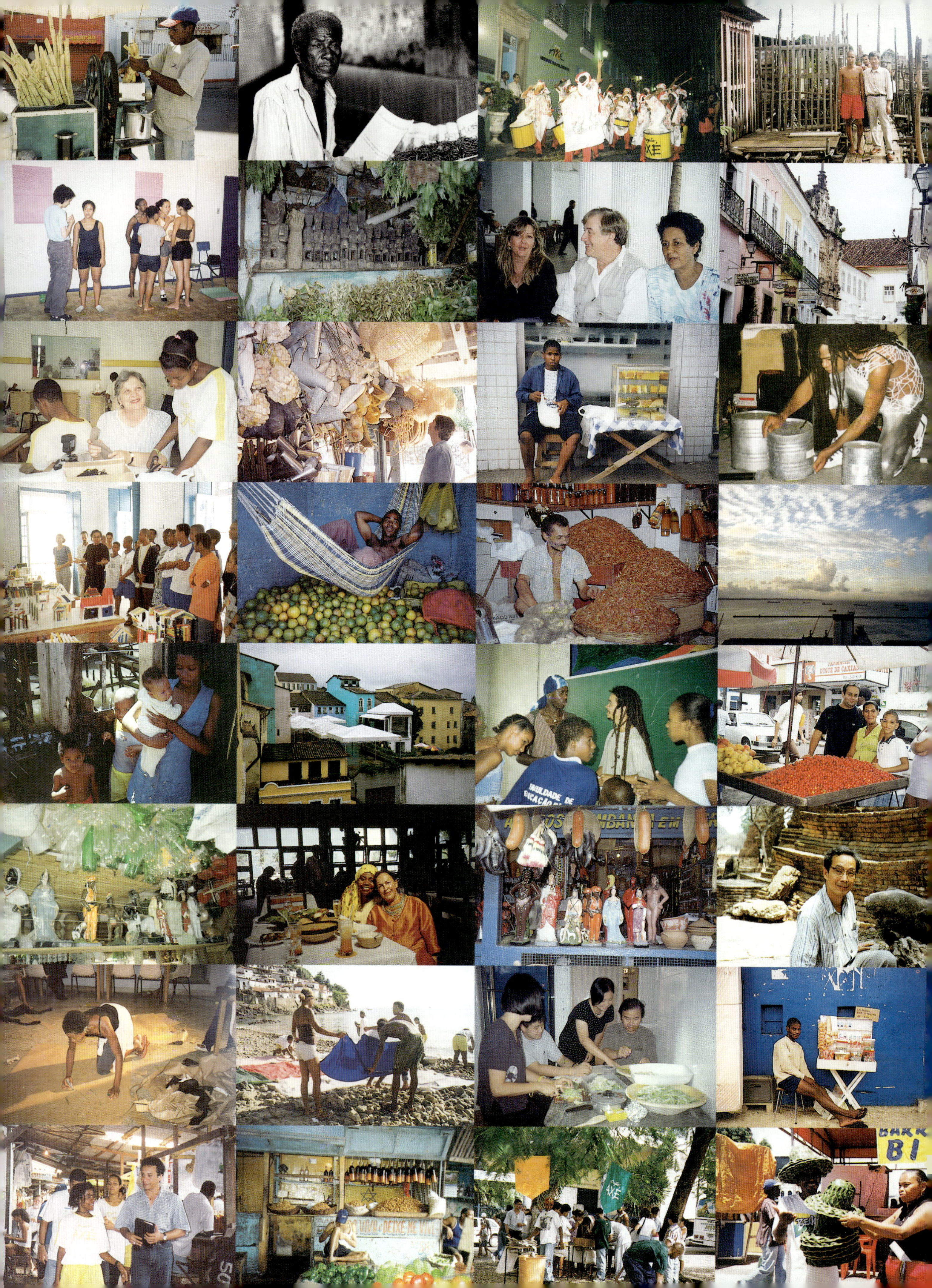

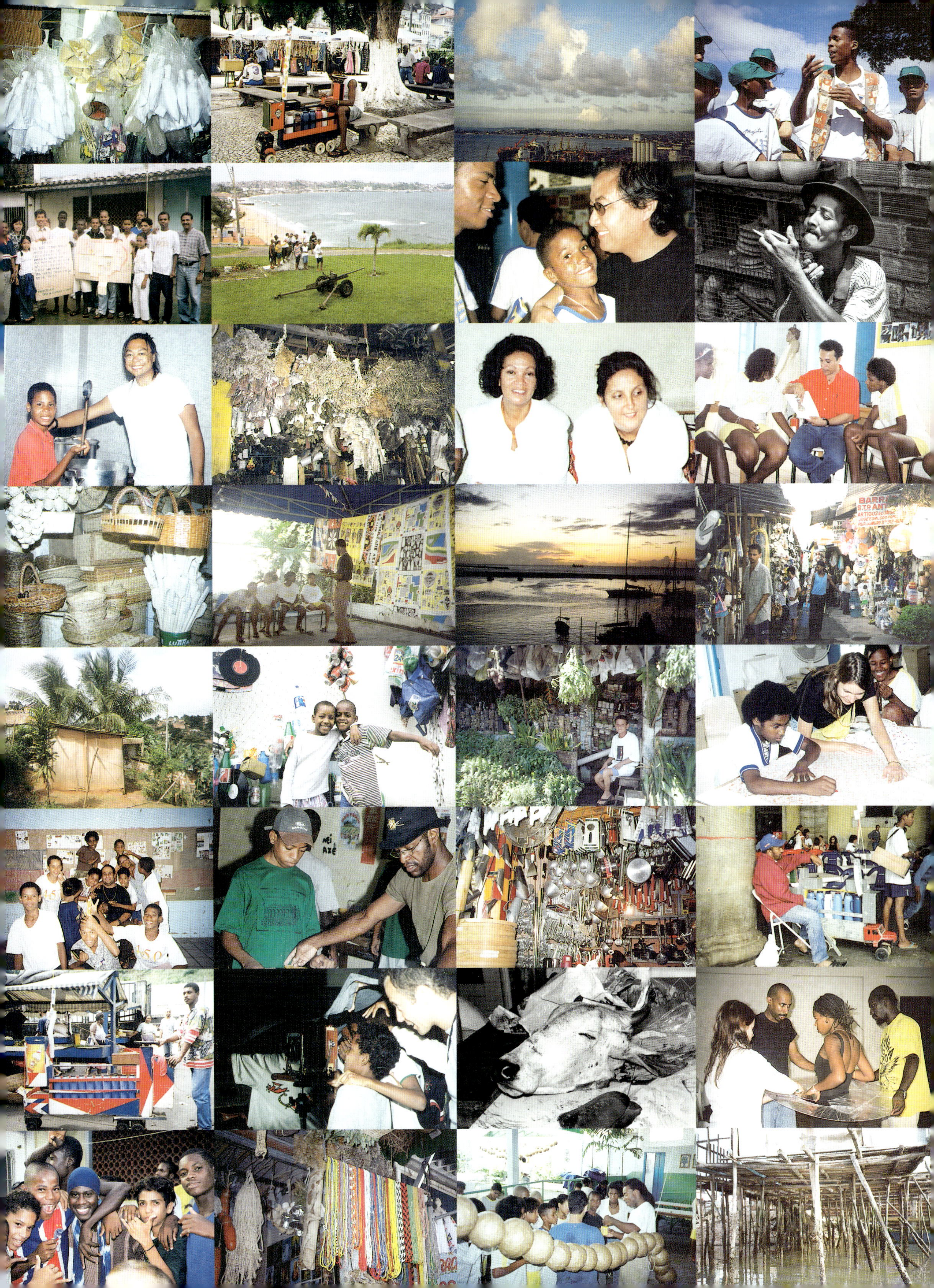

In the photographs reproduced in the two sections that follow, most of which were taken between 1947 and 1952, Pierre Verger documented aspects of the daily life of Salvador. These images provide an historical context for the projects that the artists and the children of Projeto Axé developed for The Quiet in the Land, *many of which engaged with the flux of everyday life in the city.*

When Pierre Fatumbi Verger, né Pierre Edouard Leopold Verger, arrived in Salvador on August 5, 1946, he was a photojournalist who had first read of Bahia in Jorge Amado's Jubiabá. The title character of that novel was a Candomblé priest, which Verger would become during his many years in Bahia and countless journeys back and forth to Africa, in search of the parallels and cross-pollinations engendered by the flux et reflux *of African migration. "Fatumbi" means "reborn through Ifá," a name he received in Benin when he became a* babalaô *(a priest of Ifá, having learned the art of divination).*

Lured to Bahia by the work of a novelist who would become his friend, and so enchanted by the people he found that he made his home there, Verger took on many names and titles and underwent further transformations. Although he was best known for his omnipresent Roleiflex for many years, by 1973 he was using his photojournalistic talents to supplement his ethnographic research. In 1966, his work Flux et Reflux, *translated into English as* Trade Relations between the Bight of Benin and Bahia from the Seventeenth to the Nineteenth Century, *won a doctorate from the Sorbonne for a man who had left the Lycée at the age of seventeen. After departing from France in the spirit of Paul Gauguin in 1932, he had traveled the world. His photographs were published in* Life *magazine and displayed in the Musée de l'Homme. Before arriving in Bahia, he visited Tahiti (1933); the United States, Japan, and China (1934 and 1937); Italy, Spain, and several parts of Africa (1935); Mexico (1937, 1939, and 1957); the Philippines and Indochina (1938); Guatemala and Ecuador (1939); Senegal (1940); Argentina (1941); Peru and Bolivia (1942 and 1946); and finally Brazil. But his travels did not end there. After being consecrated to Xangô in a* bori *ceremony by Mãe Senhora at the Ilê Axé Opô Afonjá terreiro, he went to Benin for a first-hand look at the roots of African Bahian culture. There, he found that, while conflicts between the Fon and Yoruba nations had sent massive numbers of prisoners of war to Brazil as slaves—particularly* nagôs, *Yorubas from Dahomey—the free children of African slaves had also returned to Africa, taking Brazilian customs with them. In Africa, he found Bahian festivals, such as the Feast of Bonfim. In Bahia, he found foods, languages, rites, and customs that made Africans feel at home. He became a messenger between the two continents, carrying letters and photographing rites, some of which he reintroduced in Brazil. His published works also include* Orixás, *a study of* orixá *worship in Africa and Bahia;* Lendas africanas dos orixás, *in which he retells African legends, and* Ewé: The Use of Plants in Yoruba Society, *in addition to books of photographs including the retrospective* Retratos da Bahia, 1946 a 1952, *containing portraits of Bahia as it was when he first knew it. His greatest contribution to his adopted land was documenting the strong continuity of African culture in Brazil, particularly Bahia.*

All photographs by Pierre Verger are courtesy of Fundação Pierre Verger, Salvador.

Nas fotografias reproduzidas nas duas seções a seguir-a maioria tirada entre 1947 e 1952—Pierre Verger registrou aspectos da vida cotidiana de Salvador. Estas imagens fornecem o contexto histórico dos projetos desenvolvidos pelos artistas e as crianças do Projeto Axé, muitos dos quais se engajaram com o fluxo do dia-a-dia da cidade.

Quando Pierre Fatumbi Verger, nascido Pierre Edouard Leopold Verger, aportou em Salvador no dia 5 de agosto de 1946, era um fotógrafo que havia lido sobre a Bahia pela primeira vez no romance *Jubiabá*, de Jorge Amado. A personagem epônima era um pai de santo, um papel que seria assumido por Verger durante seus muitos anos de Bahia e incontáveis viagens entre o Brasil e a África, em busca dos paralelos e das transpolinizações gerados pelo fluxo e refluxo da migração africana. "Fatumbi" significa "renascido graças ao Ifá", nome que ganhou em Benin quando tornou-se babalaô, ou sacerdote de Ifá, aquele que aprende a arte da adivinhação.

Atraído à Bahia pelo trabalho do romancista que tornar-se-ia seu amigo, e tão encantado pelo povo que lá encontrou que radicou-se naquela terra, Verger veio assumir muitos nomes e cargos, e viveu novas transformações. Por vários anos, por exemplo, foi mais conhecido pela Roleiflex que sempre carregava junto. Mas a partir de 1973, utilizou seus talentos fotográficos apenas para complementar suas pesquisas etnográficas. Em 1966, pelo seu trabalho *Flux et Reflux* (traduzido paro o português como *Fluxo e refluxo*), foi agraciado com um doutorado pela Sorbonne, isto para um homem que deixara o Lycée com 17 anos.

Depois de partir da França, no espírito de Paul Gauguin, em 1932, percorreu o mundo. Suas fotografias foram publicadas na revista *Life* e penduradas no Musée de l'Homme. Antes de chegar à Bahia, visitou o Taiti (1933); os Estados Unidos, Japão e China (1934 e 37); a Itália, Espanha e várias regiões da África (1935); o México (1937, 39 e 57); Ilhas Filipinas e a Indochina (1938); Guatemala e o Equador (1939); Senegal (1940); Argentina (1941), Peru e Bolívia (1942 e 46); e, enfim, o Brasil.

Mas suas viagens só estavam começando. Depois de ser consagrado a Xangô através de um *bori* ministrado por Mãe Senhora do terreiro Ilê Axé Opô Afonjá, viajou ao Benin para ver de perto as raízes da cultura afro-baiana. Lá, descobriu que, enquanto os conflitos entre os povos jeje e nagô na África foram responsáveis pela ida de inúmeros prisioneiros de guerra ao Brasil na condição de escravos —principalmente os nagô, ou iorubá do antigo Daomé—os filhos livres e libertos de escravos africanos também retornaram à África levando consigo tradições brasileiras. Na África, Verger encontrou comemorações típicas da Bahia, como a Festa do Bonfim. Na Bahia, encontrou iguarias, línguas, rituais e costumes que faziam o africano sentir-se em casa. Tornou-se um mensageiro entre os dois continentes, levando cartas e fotografando ritos, alguns dos quais reintroduziu no Brasil.

Além de *Fluxo e refluxo*, são de sua autoria o livro *Orixás*, um estudo da religião dos orixás na África e na Bahia; *Lendas Africanas dos Orixás; Ewé, o uso das plantas na sociedade iorubá* e vários outros, inclusive livros de fotografias como *Retratos da Bahia, 1946 a 1952*, onde retrata a Bahia como ela era na época de seu primeiro encontro. Sua maior contribuição à sua terra adotiva foi registrar a forte continuidade da cultura africana no Brasil, principalmente na Bahia.

Todas as fotografias da autoria de Pierre Verger foram cedidas pela Fundação Pierre Verger, Salvador.

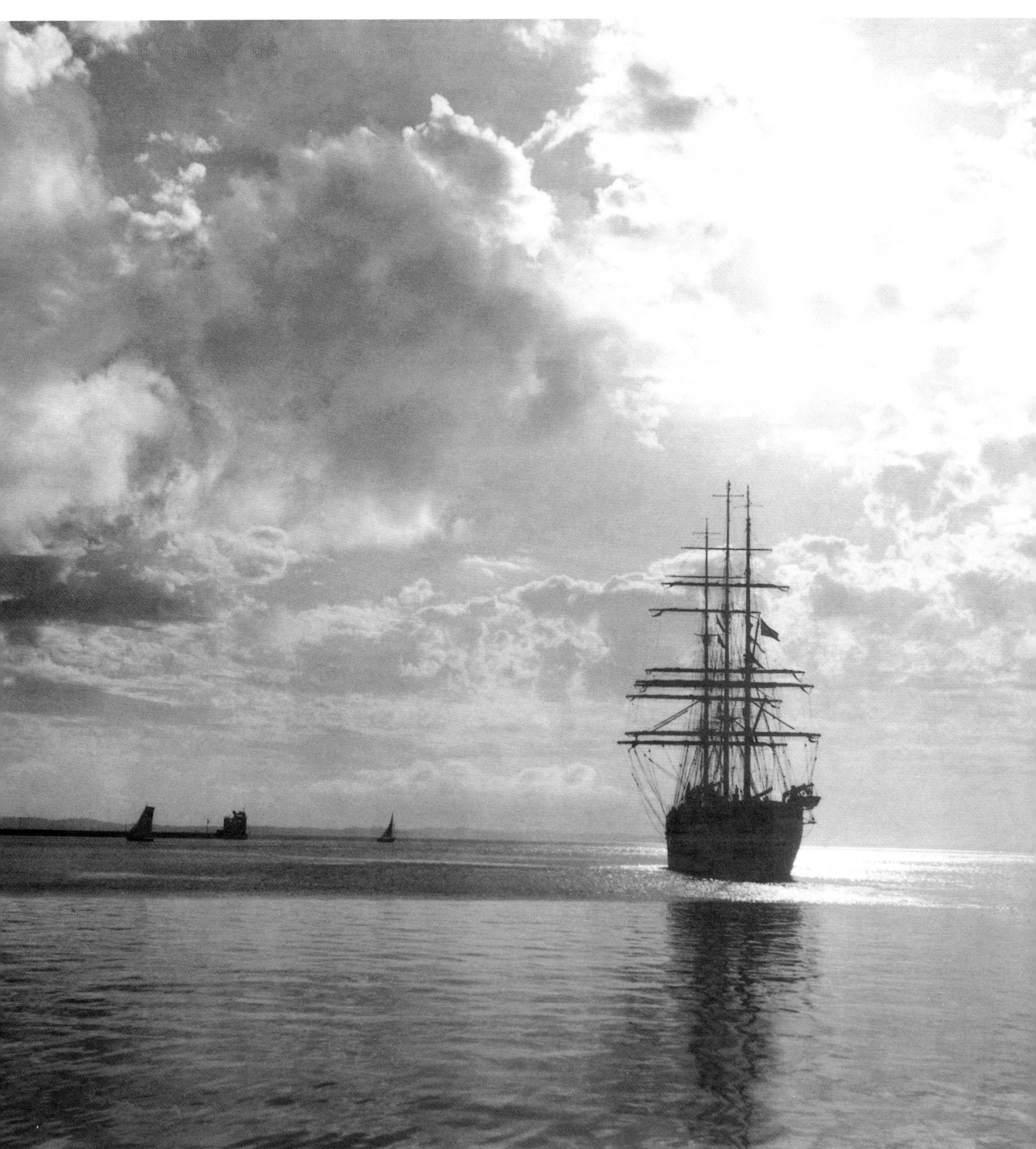

Navio no Porto, Salvador, Bahia / Ship in the harbor, Salvador, Bahia, 1948

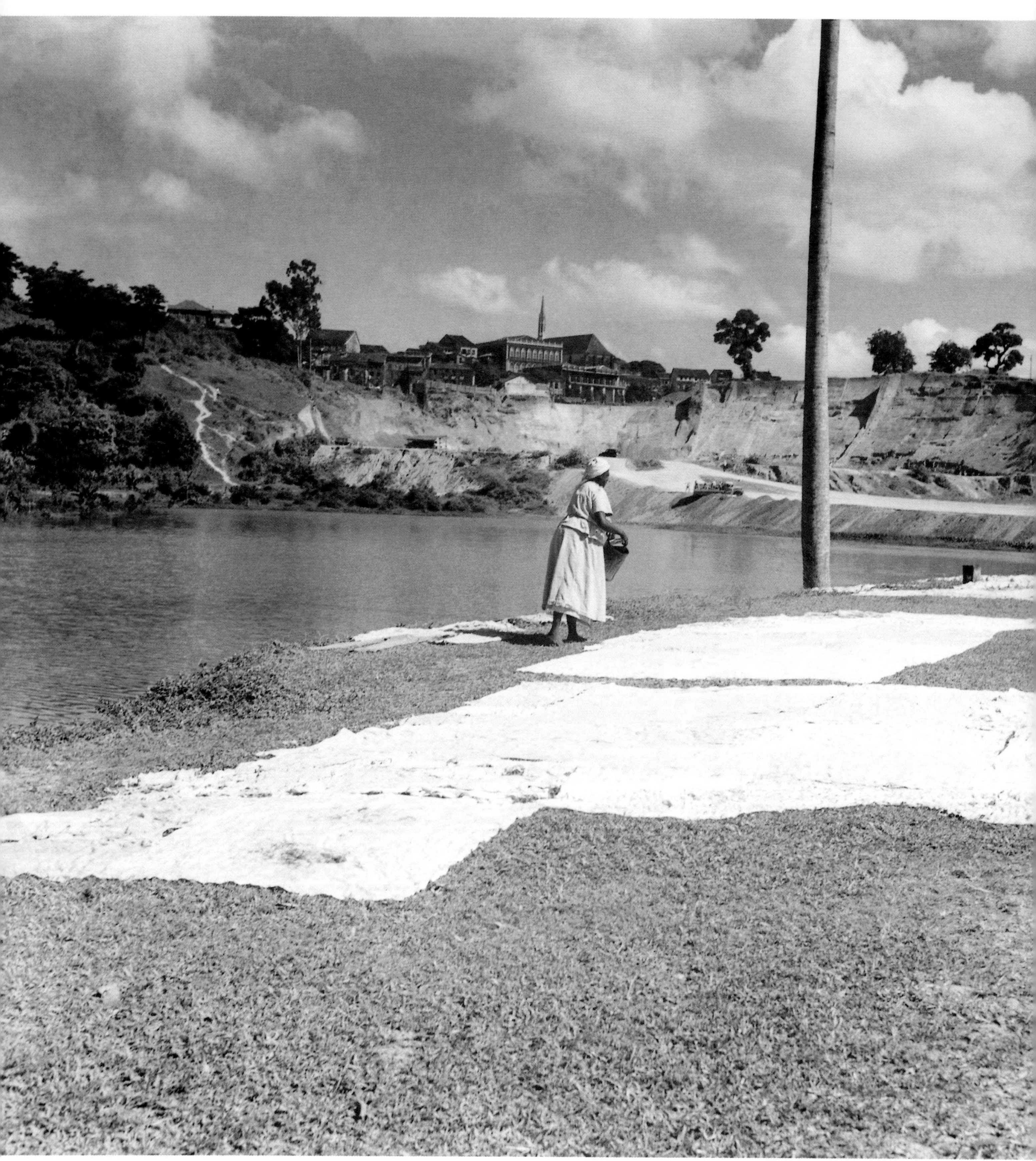

Lavadeiras colocando as roupas lavadas para quarar, Dique do Tororó, Salvador, Bahia / Laundresses laying out washing to whiten in the sun, Dique do Tororó, Salvador, Bahia, 1948

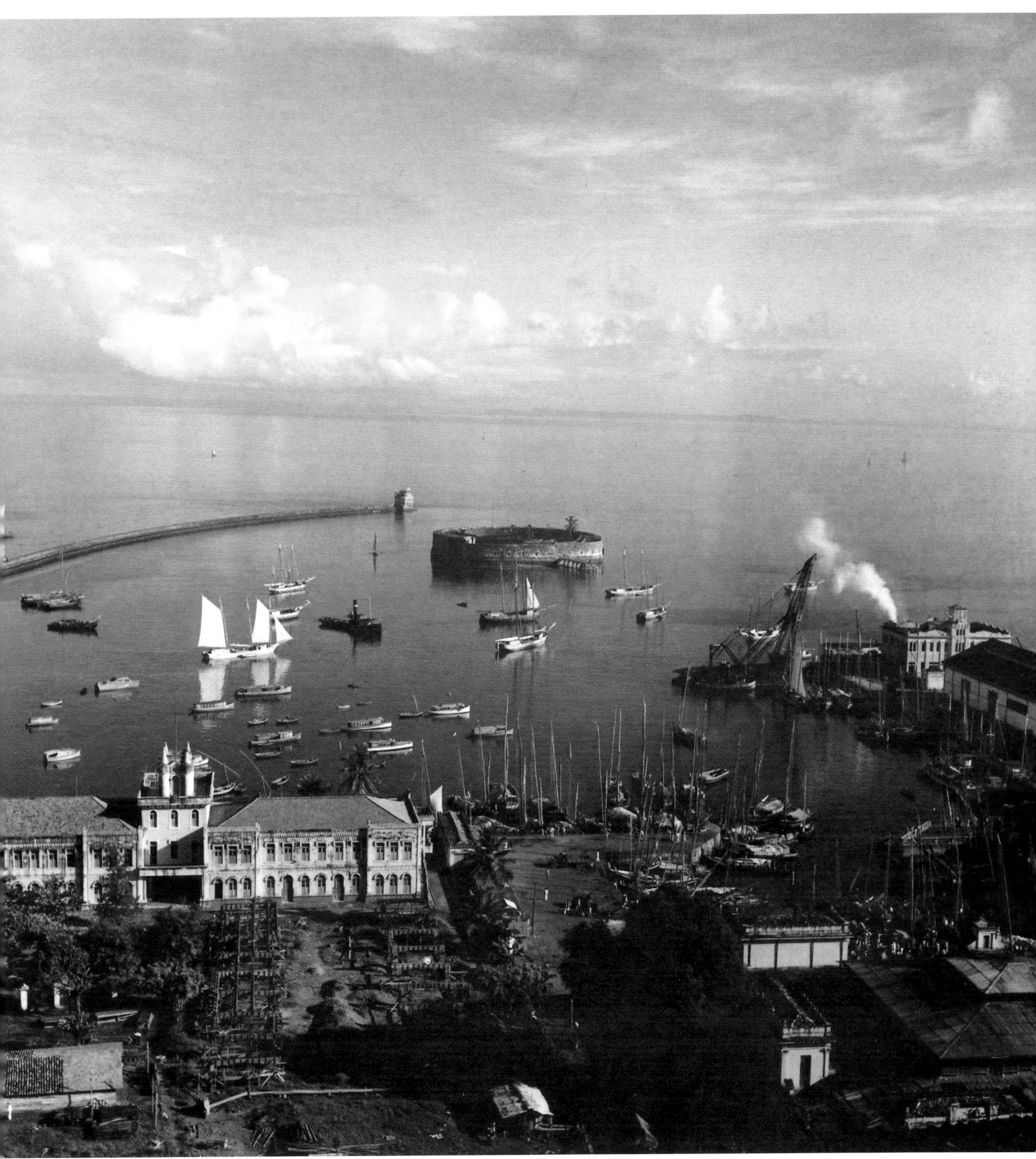

Vista panorâmica sobre o Forte de São Marcelo, Cidade Baixa, Salvador, Bahia / Panoramic view of Fort São Marcelo, Lower City, Salvador, Bahia, 1946

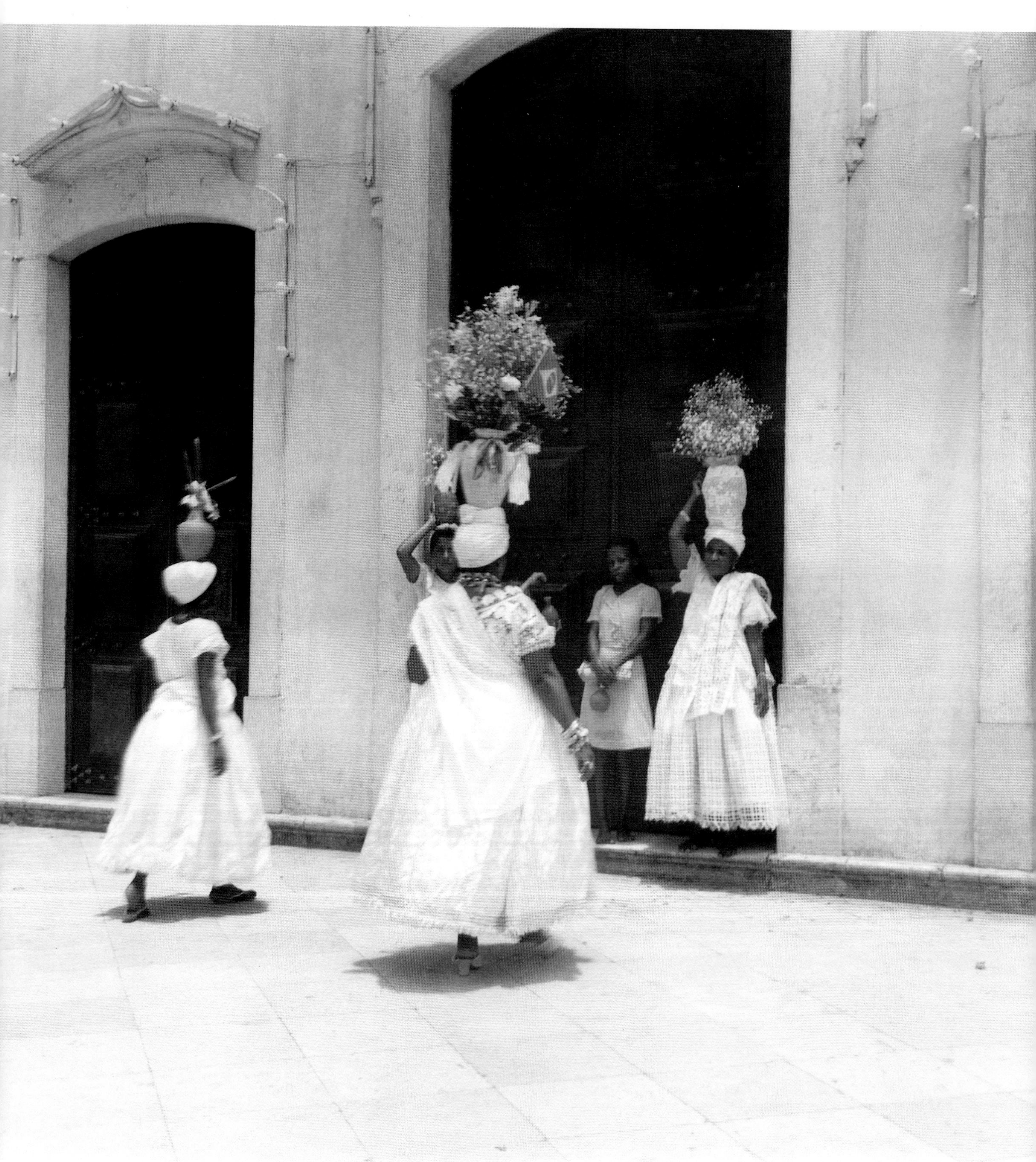

Lavagem do Bomfim, baianas entram na igreja com flores e água de cheiro, Salvador, Bahia / Cleansing of Bomfim, baianas enter the church carrying flowers and scented water, Salvador, Bahia, 1948

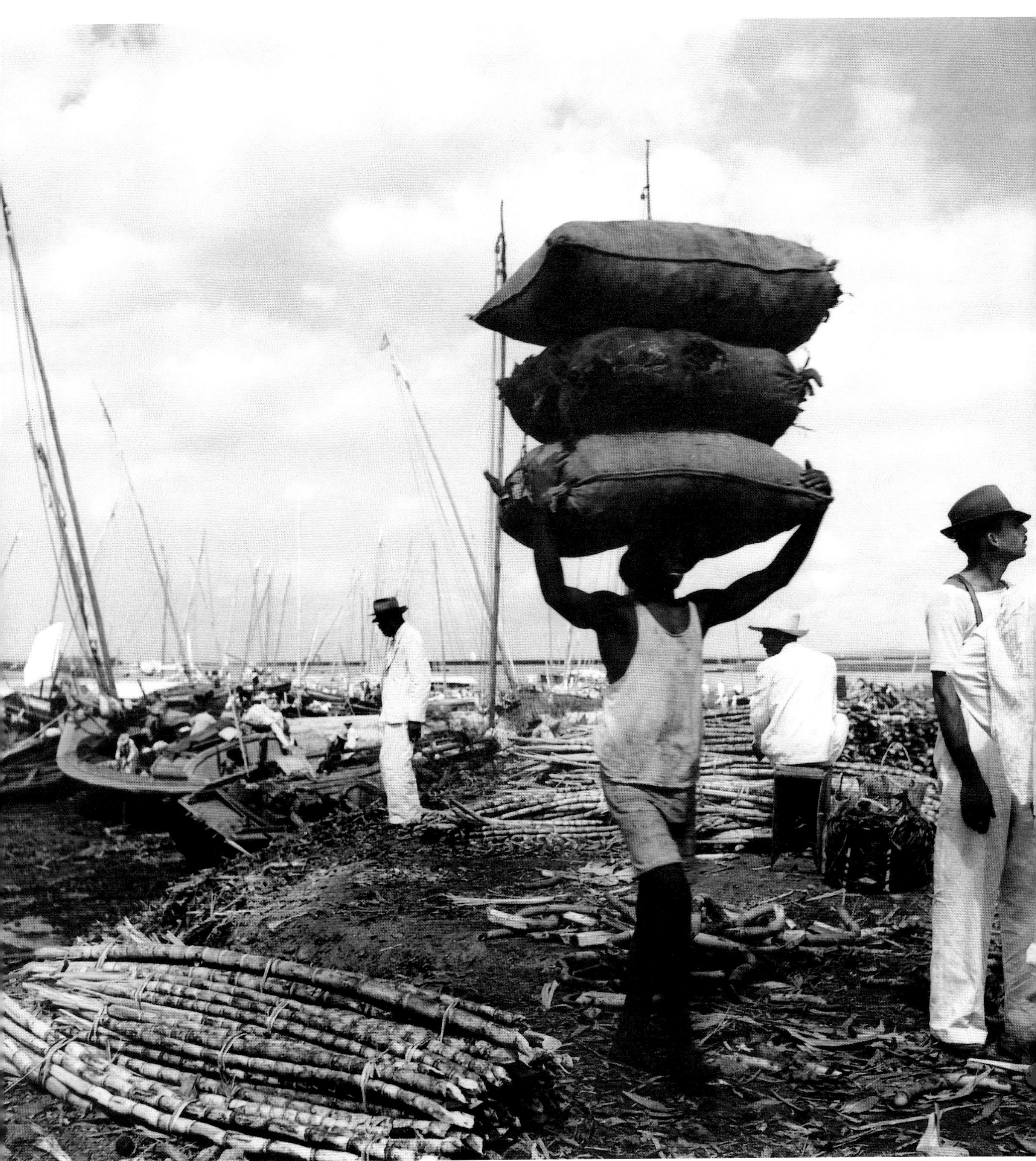

Carregador na Feira de "Água de Meninos", Salvador, Bahia / Porter at the "Água de Meninos" market, Salvador, Bahia, 1948

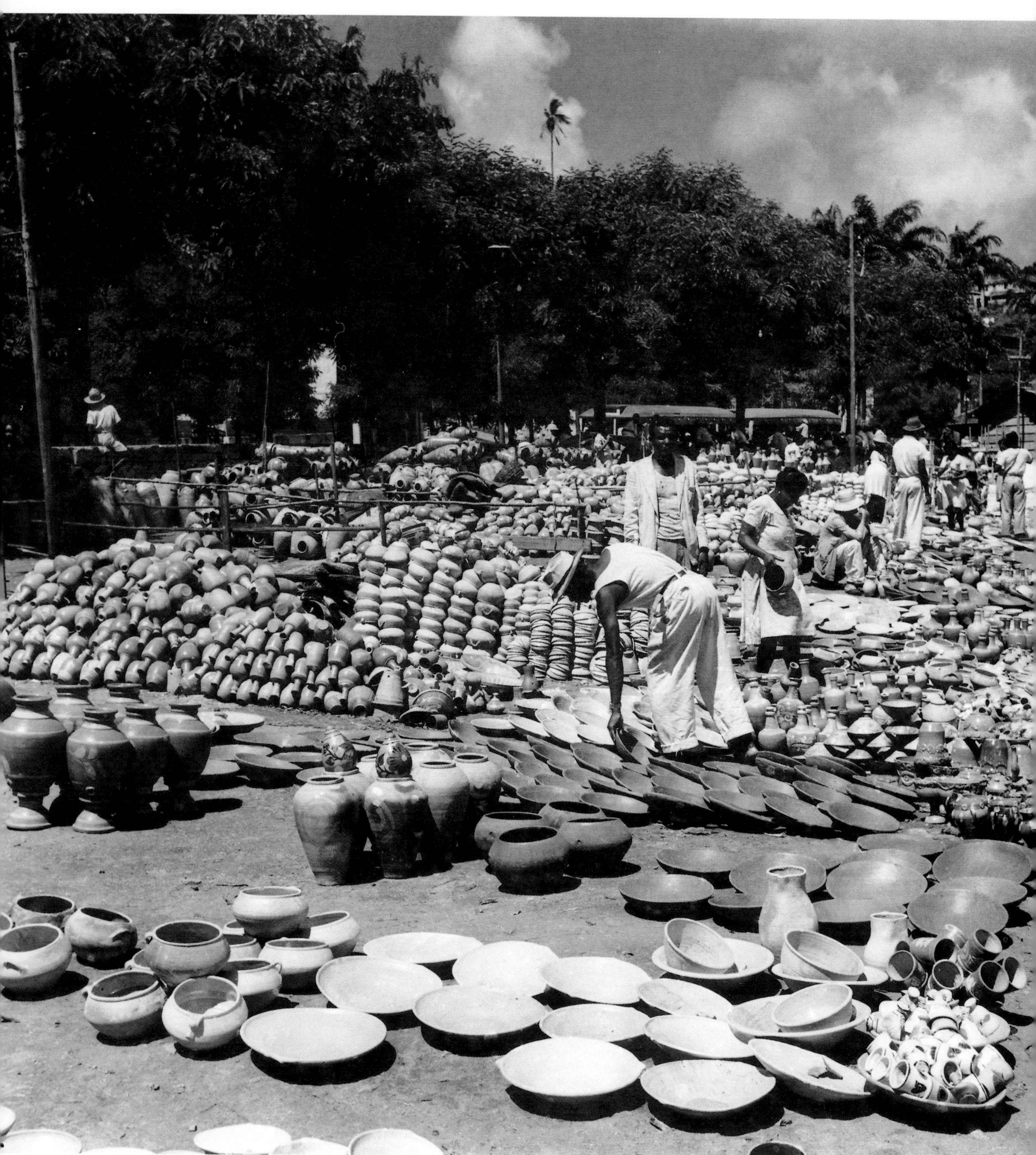

Feira de "Água de Meninos", Salvador, Bahia / "Água de Meninos" market, Salvador, Bahia, 1948

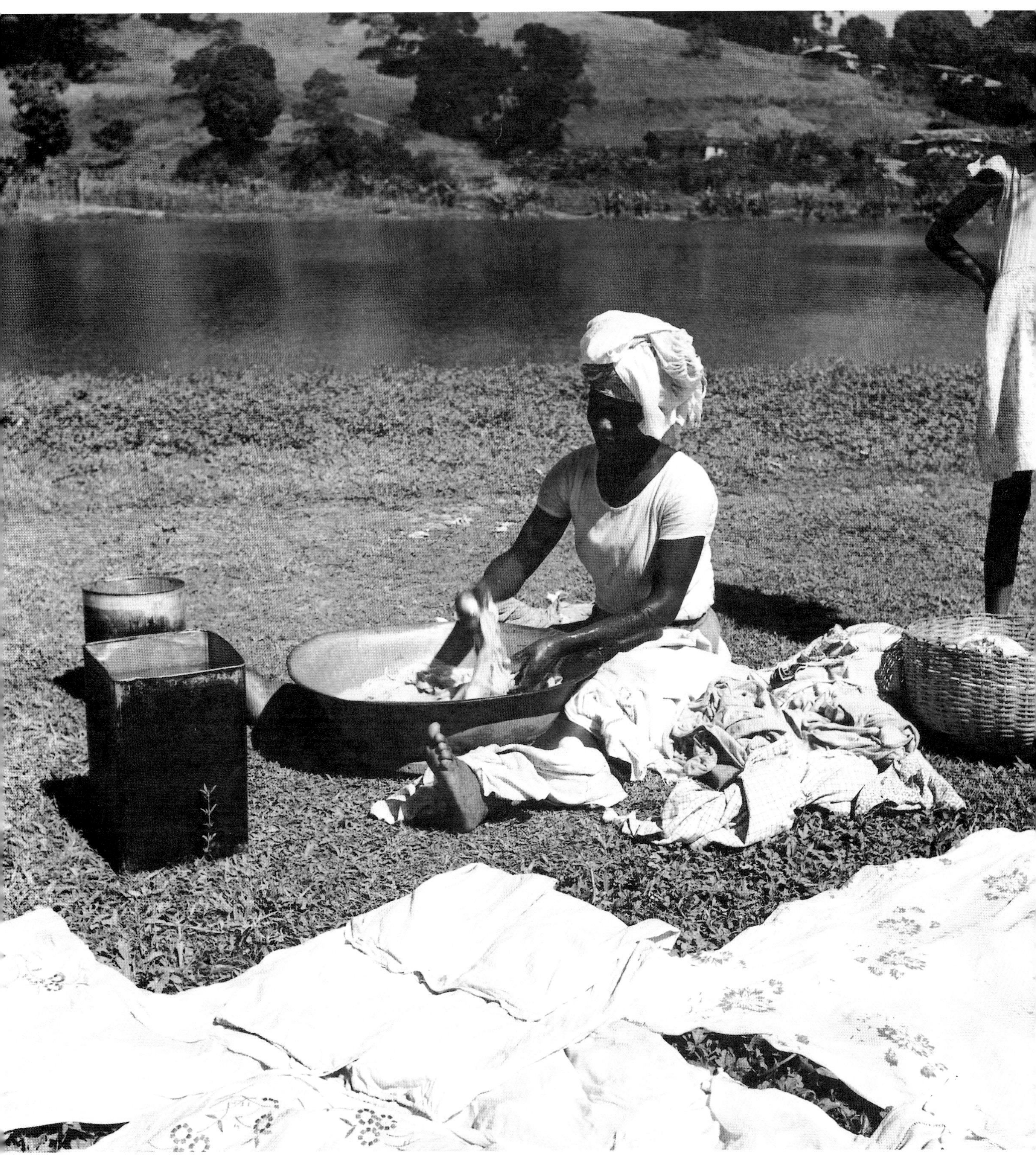

Lavadeira durante o trabalho, Dique do Tororó, Salvador, Bahia / Laundress at work, Dique do Tororó, Salvador, Bahia, 1948

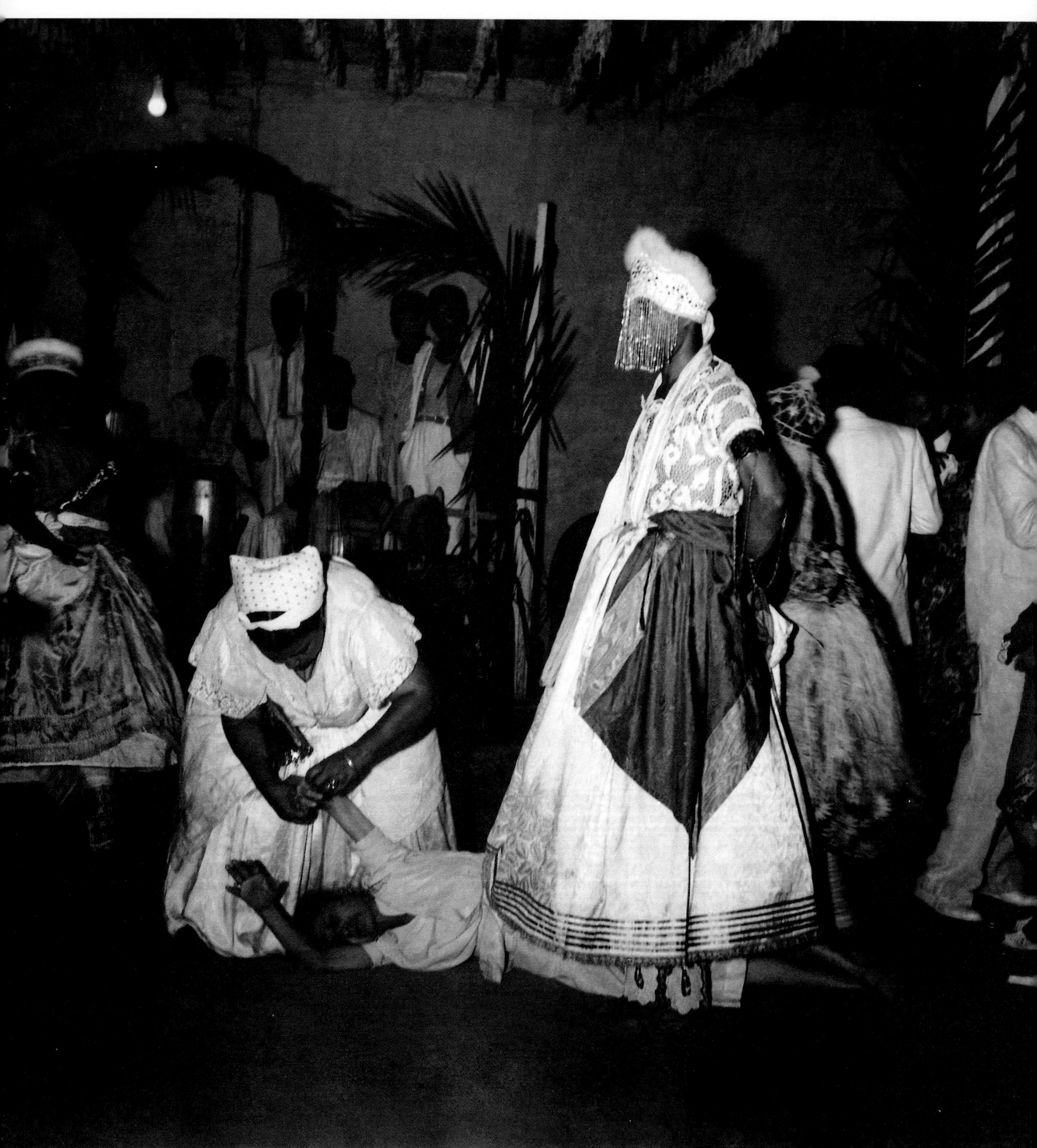

Candomblé de Joãozinho da Goméa, Salvador, Bahia / Joãozinho da Goméa's Candomblé, Salvador, Bahia, 1949

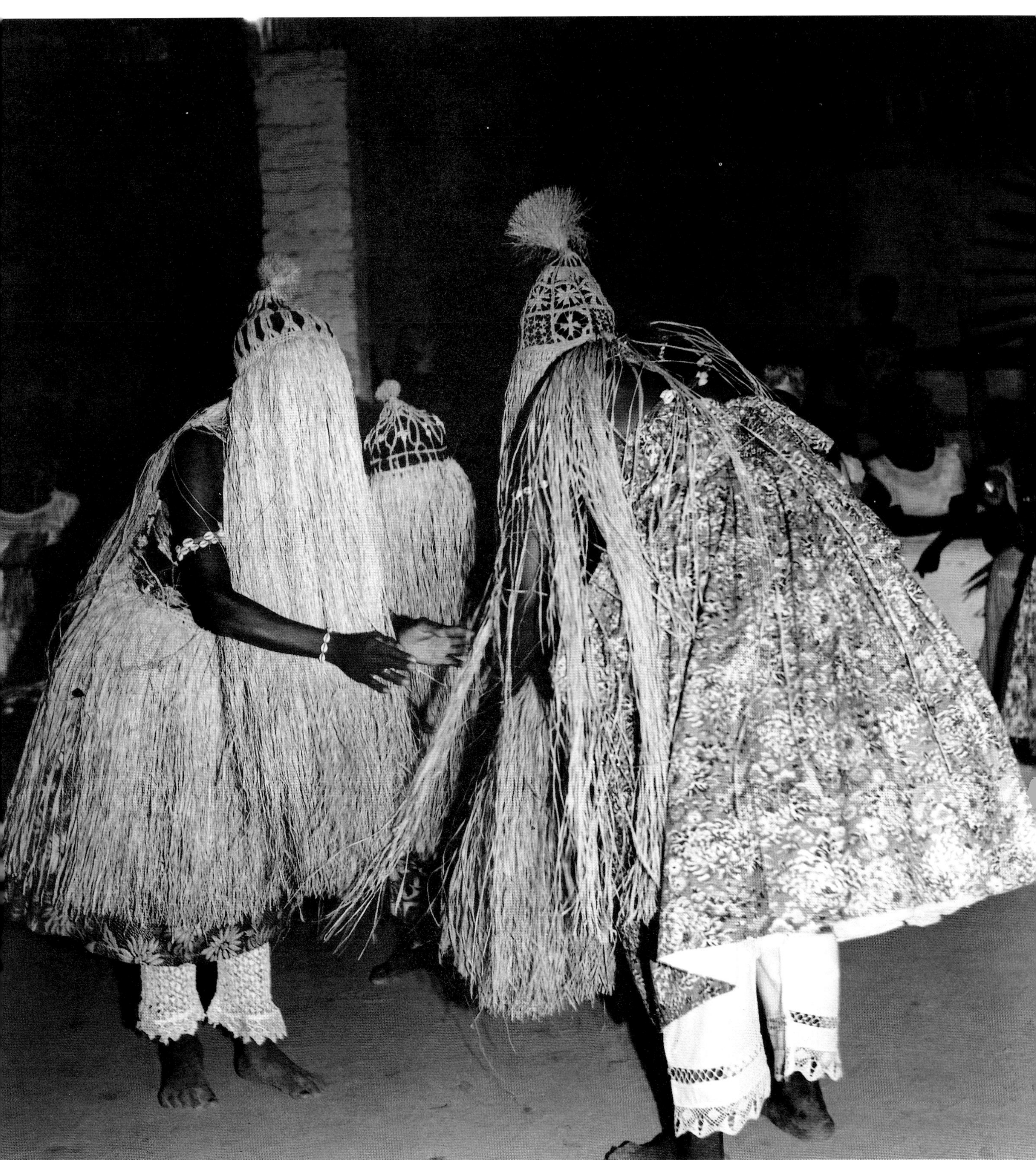

3 Omolus saudando-se, Candomblé de Joãozinho da Goméa, Salvador, Bahia / 3 Omolus greeting each other, Joãozinho da Goméa's Candomblé, Salvador, Bahia, 1949

The artist Chen Zhen once told me that there is a Chinese saying that goes, "Like a little boat heading into the immensity of the ocean, it is not where we are going or how we will get there that is important, but that we have embarked on the journey." In 1994, after twenty-five years in the world of art institutions, I left my position as curator at the New Museum of Contemporary Art in New York to embark on my own journey to search for a way of working differently—one that would reaffirm the potential of contemporary artists as catalysts of positive change. This new way would hopefully open up a new language for speaking about the relationship between art and life, for the standard definitions of such terms as curator, artist, and community, of residency, work of art, exhibition, and catalogue, would perhaps no longer be adequate. In order to move forward, it might be necessary to undo these categories and to operate in what the Japanese call ma—the space between—that zone of seeming emptiness between categories, which, when regarded differently, reveals itself to be an interval of fullness and harmony. By creating situations in which artists and communities could work together to perceive both the differences that separated them and the similarities that connected them, we would strive to activate this "space between" as a zone of potentiality in which we would renegotiate the relationship between contemporary art and life. Fundamental to this process would be our belief in the essentially spiritual nature of artmaking: a conception of art rooted in the cultivation of the creative spirit that lies within everyone as a powerful agent of both personal and social transformation.

THE QUIET IN THE LAND

The Quiet in the Land is the title of a process that is unfolding as a series of related and overlapping projects, in which we explore this approach from different perspectives. Each project is structured in order to frame the experience, but the structure is flexible enough to bend as the projects unfold. For each project, artists work, or live and work, with a community, which may be defined as an individual, a family, an organization, a neighborhood, a city, or even a nation, for an extended period of time. In many cases, both the artists and the communities anticipate the beginning of the project in which they will be involved with a measure of uncertainty, rather than reassurance, for they know that their preconceived ideas about art, life, and the relationship between the two will be challenged as a result of the experience. During the initial period of working together, the artists begin to think about and in most cases produce a work of art, either in collaboration with the community or on their own (sometimes, however, they may not produce the actual work until they have returned home). The works may not always be traditional art objects, although many are, but rather, occurrences, memories, traces, whispers. By transforming ordinary practices, habits, or objects, they make the familiar seem strange, thus encouraging one to look at and understand everyday life differently. After the conclusion of this phase of the project, an exhibition featuring the works created and a publication documenting them are produced. Both the exhibition and the publication are

---

FRANCE MORIN
A Quietude da Terra:
Resistência e cura através da arte

O artista plástico Chen Zhen me disse uma vez que há um ditado chinês: "Como um barquinho que segue em direção à imensidão do oceano, o importante não é para onde vamos ou como chegaremos, mas sim o fato de termos começado a viagem". Em 1994, depois de passar 25 anos trabalhando no universo das instituições de arte, deixei meu cargo como curadora do New Museum of Contemporary Art em Nova York para embarcar em minha própria viagem em busca de uma maneira diferente de trabalhar, que reafirmaria o potencial do artista contemporâneo como catalisador de uma mudança positiva. Esperava que esta nova maneira de agir abriria uma nova linguagem para a comunicação sobre a relação entre a arte e a vida, já que as definições padrão de termos como "curador", "artista" e "comunidade", de "residência", "obra de arte", "exposição e "catálogo" talvez se tornassem inadequados. Para seguir adiante, talvez fosse necessário desfazer estas categorias e agir dentro daquilo que os japoneses denominam o ma—o espaço intersticial—aquela área aparentemente vazia entre as categorias que, quando visto com um olhar diferente, se revela como um intervalo repleto de completitude e harmonia. Através da criação de situações em que o artista e a comunidade pudessem trabalhar juntos para perceber tanto as diferenças que os separavam e as semelhanças que os ligavam, nos empenharíamos em ativar este "espaço intersticial" como uma área de potencialidade na qual renegociaríamos a relação entre a arte contemporânea e a vida. O fundamento deste processo seria nossa crença na essência espiritual da criação de arte: uma concepção da arte como sendo enraizada na cultivação do espírito criativo que existe em todos como um poderoso agente da transformação individual e social.

A QUIETUDE DA TERRA

A Quietude da Terra é o título de um processo que vem desdobrando-se na forma de uma série de projetos interrelacionados e paralelos nos quais exploramos esta abordagem a partir de perspectivas diferentes. Cada projeto é estruturado para fornecer um marco para a experiência, mas a estrutura é flexível o suficiente para dobrar-se à medida que os projetos se desenvolvem. Para realizar cada projeto, os artistas trabalham, ou convivem e trabalham por um longo período com a comunidade, que pode ser definida como um indivíduo, uma família, uma organização, um bairro, uma cidade ou até uma nação. Na maioria dos casos, tanto os artistas e as comunidades contemplam o início do projeto no qual estarão participando com uma certa incerteza, em vez de confiança, porque sabem que suas idéias preconcebidas sobre a arte, a vida e a relação entre as duas, serão questionadas como resultado desta experiência. Durante o período inicial deste trabalho conjunto, os artistas começam a pensar sobre isto e na maioria dos casos produzem uma obra de arte, ou em colaboração com a comunidade ou sozinhos (às vezes, só produzem a obra de arte depois de voltarem para casa). Pode ser que alguns destes trabalhos não sejam objetos de arte no sentido tradicional—embora muitos sejam—mas ocorrências, memórias, rastros, sussurros. Através da transformação de práticas, hábitos ou objetos cotidianos, podem tornar o conhecido desconhecido, estimulando-nos assim a ver e entender a vida cotidiana de uma maneira diferente. Após a conclusão desta fase do projeto, é produzida uma exposição reunindo as obras criadas e um livro que as documenta. Tanto a exposição e o livro são elementos fundamentais de cada projeto, porque são os meios através dos quais a experiência é divulgada para o mundo, além dos próprios participantes.

Para o primeiro projeto, com o subtítulo *Vida cotidiana, arte contemporânea e os Shaker*, entre maio e agosto de 1996, eu e dez artistas convivemos com a única comunidade Shaker em atividade no mundo, a da Lagoa de Sabbathday, nos Estados Unidos. Para o segundo projeto, já com o subtítulo *Vida cotidiana, arte contemporânea e Projeto Axé*, o enfoque deste livro, eu e dezenove artistas moramos na cidade de Salvador, na Bahia, Brasil, de abril a outubro de 1999. Durante este período, colaboramos com o Projeto Axé, uma entidade que trabalha com os meninos de rua da cidade. Para o terceiro projeto, patrocinado por The Parrish Art Museum, um grupo de artistas irá viver e trabalhar em comunidades de Long Island, no Estado de Nova York, e para o quarto, outro grupo de artistas trabalhará com líderes políticos, espirituais e culturais na Ásia.

O título *A Quietude da Terra* é uma homenagem ao compositor Glenn Gould (1932-1982), que produziu uma série de três retratos sonoros na forma de documentários para o rádio, titulada *The Solitude Trilogy* (A trilogia da solidão) para a Canadian Broadcasting Corporation. A primeira parte é titulada *The Idea of North* (O conceito de norte, 1967); a segunda, *The Latecomers* (Os atrasados, 1969); e a terceira, *The Quiet in the Land* (A quietude da terra, 1977). Estes documentários exploram os aspectos físicos, emocionais e espirituais do estado de isolamento, que Gould acreditava servir de alimento para o espírito criativo. A terceira parte da trilogia tem cinco segmentos, interligados com a estrutura de um culto, enfocando a comunidade isolada de Mennonites do Red River Valley (Vale do Rio Vermelho), na província de Manitoba, no Canadá—uma comunidade que está no mundo mas não é do mundo e luta para adaptar-se à intromissão da sociedade contemporânea. Me senti atraída por este documentário porque exemplificava minha própria crença de que, às vezes, é necessário retirar-se para resistir. Seria possível, através da remoção da criação e experiência da arte dos limites do universo artístico, abrir um novo caminho que nos levasse de volta a este mundo, mas também que apontasse para um mundo mais amplo de possibilidades que existe fora dele?

Como este projeto incorpora um elemento em que um grupo de artistas trabalha com uma determinada comunidade, *A Quietude da Terra* é freqüentemente caracterizada como um projeto residencial. Isto seria uma denominação enganosa, porque não comunica a profundidade do projeto, nem para as comunidades nem para os artistas, nem sublinha a importância do aspecto temporal de *A Quietude da Terra*. Embora poder-se-ia dizer que cada projeto tem um início e fim, marcados pelo primeiro e último encontro entre as comunidades e os artistas, na prática, estes conceitos se dissolvem no fluxo da duração. Na maioria dos casos, tanto os artistas e as comunidades deixam que um e outro se teçam na trama de seus respectivos cotidianos, que os fios resultantes têm o efeito de

essential components of each project, because they are the vehicles through which the experience is communicated to the world beyond the participants themselves.

For the first project, subtitled Everyday Life, Contemporary Art, and the Shakers, *ten artists and myself lived from May through August 1996 with the only active Shaker community in the world, in Sabbathday Lake, Maine, in the United States. For the second project, subtitled* Everyday Life, Contemporary Art, and Projeto Axé, *the focus of this publication, nineteen artists and myself lived in Salvador, Bahia, in Brazil, from April through October 1999 and collaborated with Projeto Axé, an organization that works with the city's street children. For the third project, sponsored by The Parrish Art Museum, a group of artists will live and work with communities in Long Island, New York, and for the fourth one, another group of artists will work with political, spiritual, and cultural leaders in Asia.*

The title The Quiet in the Land *is an homage to the composer Glenn Gould (1932-1982), who produced a series of three sound portraits in the form of radio documentaries, entitled* The Solitude Trilogy, *for the Canadian Broadcasting Corporation. The first installment is titled* The Idea of North *(1967); the second,* The Latecomers *(1969); and the third,* The Quiet in the Land *(1977). These documentaries explore the physical, emotional, and spiritual aspects of the state of isolation, which Gould believed nurtured the creative spirit. The trilogy's third installment is a documentary in five parts, connected through the structure of a worship service, focusing on an isolated community of Mennonites in the Red River Valley in Manitoba, Canada—a community that is in the world but not of the world and that is struggling to adapt to the encroachment of modern society. I was drawn to this documentary because it exemplified my own belief that sometimes it is necessary to retreat in order to resist: by removing the making and experiencing of art from the confines of the art world, would it be possible to forge a new path that would lead back into this world, but also point to the broader world of possibilities that lay outside of it?*

Because each project involves a component in which a group of artists works with a community, The Quiet in the Land *is often described as a residency project. This is a misnomer, because it does not convey the experience's depth for either the communities or the artists and does not underscore the importance of time for* The Quiet in the Land. *Although each project could be said to have a beginning and an end, marked by the first meeting of the communities and the artists and the last, in practice these concepts dissolve into the flux of duration. In most cases, both the artists and the communities let one another weave themselves into the fabric of their respective everyday lives, and often the resulting threads are so life-transforming that they have a legacy that extends well beyond the initial period of working together, taking root in the realm of the imaginary or sometimes as lasting friendships. In this respect,* The Quiet in the Land *may be more productively understood not as a series* of projects but as a way of living—a way of living that provokes probing questions. For the communities: Have I been able to make the decisions I want to make about how I live my life? Do I wish to change the direction of my life? How can I summon the strength and conviction that lies inside of me to continue along the path I have chosen or to make change, if this is what I choose? And for the artists: Why have I decided to become an artist? What do I think is the artist's responsibility to society? Do I believe that art can really transform people's lives? These questions ultimately lead to an even deeper question, as Chen, who participated in both the Shaker and the Axé projects, stated a few months after leaving Salvador: "This type of project poses a very serious question: art must not only be made by the hands the eyes, and the intelligence, but mostly by the heart."

Chen's statement points to a conviction that permeates The Quiet in the Land: that artmaking is essentially a spiritual activity—an activity through which human beings can examine the experience, quality, and meaning of their lives. Both the communities and the artists, for example, are given the opportunity to examine where they come from, who they are, and where they are going, as well as their relationship to the world. But they themselves must make the choice to ask these questions, which often means making the difficult decision to let go of the illusions that typically cloud our perception of reality, to see ourselves as we are and the world as it is, and to decide whether or not to act. The difficulties of taking this path are invoked in hexagram five, Waiting (Nourishment), of the I Ching: "It is only when we have the courage to face things exactly as they are, without any sort of self-deception or illusion, that a light will develop out of events, by which the path to success may be recognized. This recognition must be followed by resolute and persevering action. For only the man who goes to meet his fate resolutely is equipped to deal with it adequately. Then he will be able to cross the great water—that is to say, he will be capable of making the necessary decision and of surmounting the danger." The suggestion that self-knowledge must be followed by action, and that one must make the conscious decision to choose to act, since this decision entails potential difficulty, epitomizes the philosophy of The Quiet in the Land, in which contemplation of the relationship of art and life for both the individual and for society is merely the prerequisite to actively working to effect postive change.

Many of the communities and artists involved with The Quiet in the Land have undertaken this experience because they receive as much as they give from the ones with whom they work. But what is the rationale for bringing together two groups separated by such vast differences? Although the artists come from various countries, most are relatively privileged citizens of the developed world who travel constantly for their work. By contrast, the children of Projeto Axé, for example, are disenfranchised individuals who have rarely ventured outside of Salvador and who have been largely excluded from the benefits of globalization because they are black, poor, and deprived

transformar suas vidas, ao ponto de deixar um legado que vai muito além do período inicial de colaboração, enraizando-se no reino do imaginário ou até em amizades duradouras. Neste respeito, talvez seja mais produtivo entender *A Quietude da Terra*, não como uma série de projetos mas como um modo de viver—um modo de viver que provoca questionamentos instigantes. Para as comunidades: Consegui as tomar decisões que queria tomar sobre como levo minha vida? Desejo mudar a direção da minha vida? Como posso invocar a força e a convicção que existem dentro de mim para continuar no caminho que escolhi, ou realizar uma mudança, caso seja isto que escolhi fazer? E para os artistas: Porque decidi tornar-me um artista? O que é que eu acho que seja a responsabilidade do artista perante a sociedade? Acredito que a arte possa realmente transformar as vidas das pessoas?

Estes questionamentos acabam levando a uma pergunta ainda mais profunda. Chen, que participou dos projetos com os Shaker e o Axé, alguns meses depois que deixou Salvador, afirmou: "Este tipo de projeto levanta uma questão muito séria: a arte não pode ser feita só pelas mãos, os olhos e a inteligência, mas principalmente pelo coração".

A declaração de Chen aponta para a convicção que permeia *A Quietude da Terra*: que a criação artística é, na sua essência, uma atividade espiritual, uma atividade através da qual os seres humanos podem examinar a experiência, a qualidade e o sentido de suas vidas. Tanto as comunidades como os artistas, por exemplo, têm a oportunidade de examinar de onde vieram, quem são e para onde vão, assim como sua relação com o mundo. Mas até o ato de fazer estas perguntas deve ser livremente escolhido por eles mesmos, o que freqüentemente implica na decisão difícil de livrar-se das ilusões que tipicamente obscurecem nossa percepção da realidade para podermos enxergar o mundo e nós mesmos como somos, e decidir se devemos ou não agir. As dificuldades envolvidas na escolha deste caminho são invocadas no hexagrama número cinco do *I Ching*, A Espera (Alimentação): "Apenas quando temos a coragem de ver as coisas exatamente como elas são, sem qualquer tipo de engano ou ilusão, uma luz será gerada pelos fatos, através da qual o caminho do sucesso pode ser reconhecido. Este reconhecimento deve ser seguido por ação resoluta e perseverante. Apenas o homem que sai ao encontro de seu destino com resolução é capaz de lidar com ele adequadamente. Assim, poderá atravessar a grande água, ou seja, será capaz de tomar a decisão necessária e superar o perigo". A sugestão de que o auto-conhecimento deve ser seguido pela ação e de que devemos tomar a decisão consciente de agir, já que esta decisão implica a possibilidade de dificuldade, capta a filosofia de *A Quietude da Terra*, em cujo conceito a contemplação da relação entre a arte e a vida para o indivíduo e a sociedade é apenas o requisito básico para trabalhar ativamente para efetuar a transformação positiva.

Entre as comunidades e os artistas que participaram do projeto *A Quietude da Terra*, muitos embarcaram nesta experiência porque recebem na mesma proporção que dão àqueles com quem trabalham. Mas qual seria a razão por trás da aproximação de dois grupos, separados por diferenças tão vastas? Por exemplo, embora os artistas venham de vários países, a maioria são cidadãos relativamente privilegiados do mundo desenvolvido e cujo trabalho os leva a viajar continuamente. Há um forte contraste entre esta realidade e aquela dos meninos do Projeto Axé, pessoas marginalizadas que raramente saíram da cidade do Salvador e que geralmente foram excluídos dos benefícios da globalização porque são negros, pobres e destituídos dos direitos humanos mais fundamentais. Entretanto, na maioria dos casos, os artistas e as comunidades descobriram que um dos laços que os une é que a vida de ambos é a transgressão. Cada um, de sua maneira, rejeitou a vida 'normal', segundo definição da grande sociedade, para seguir seus caminhos com convicção. Em muitos casos, os artistas aceitaram a instabilidade de uma vida nômade para ter a liberdade de buscar sua visão criativa; e as crianças tomaram a decisão transgressora de deixar suas famílias para viver nas ruas e depois de deixar a rua e voltar para casa para que pudessem participar do Axé e ter a oportunidade de realizar sua plena potencialidade como seres humanos. Segundo Janine Antoni, que participou nos projetos com os Shaker e o Axé, "Foi uma revelação para mim quando descobri que a transgressão era o que eu e os meninos do Axé tínhamos em comum. Como artista, cheguei a perceber que este é meu papel na sociedade e o que eu tenho para oferecer. A transgressão também tem sido a posição constante destes ex-meninos de rua, o que lhes deu um conhecimento e uma percepção que eu não tive durante minha infância protegida e privilegiada. Eu disse para eles que a força que têm não está na negação do passado, mas no uso de seu conhecimento e espírito de transgressão para efetuar uma transformação concreta da sociedade".

Como esta declaração de Janine sugere, muitos dos participantes do projeto *A Quietude da Terra* descobriram que a troca de energias transgressoras, que é uma parte integrante destes projetos, atua como um catalisador no processo de transformação individual. Chen refletiu sobre este conceito: "Em Salvador, libertamos nossas próprias energias e as entregamos às crianças; e elas libertaram as suas energias e entregaram-nas à gente. Estas energias se uniram para criar um novo campo energético, um novo espaço de possibilidades". Além disso, as comunidades e os artistas descobriram que o processo de adquirir um conhecimento mais verdadeiro do próprio ser—seus direitos, desejos e potencial humano—pode ser um ato de energização que constitua o primeiro passo na tentativa de realizar uma transformação social se acreditam que isto seja apropriado. Para os artistas, isto implica na abertura de seu processo criativo para as comunidades. Dependendo do quanto estejam dispostos a abrir este processo, isto pode significar a abertura da própria alma para pessoas que mal conhecem. Para as comunidades, isto implica em deixar os forasteiros participarem do fluxo e refluxo da vida cotidiana. Para os artistas e as comunidades, admitir o outro requer confiança, compreensão, paciência e generosidade. De fato, isto pode ser um dos aspectos mais difíceis, porém mais poderosos desta experiência, porque enseja uma auto-análise intensiva e o compromisso de todos os participantes.

of their basic human rights. But in most cases, the artists and the communities have discovered that one of the bonds that unites them is that they both lead lives of transgression. The artists and the children have each in their own ways rejected lives of normalcy, as it is defined by the mainstream of society, in order to follow their own paths with conviction. The artists in many cases have accepted the instability of a nomadic existence in order to have the freedom to pursue their creative vision; and the children have made the transgressive decision to leave their families for the street and then to leave the street to return home in order to join Axé and have the opportunity to realize their full potential as human beings. As Janine Antoni, who participated in both the Shaker and the Axé projects, stated, "It was a revelation when I found transgression to be the common ground between the children of Axé and myself. As an artist, I have come to know this as my role in society, as well as what I have to offer. Transgression has also always been the position of these former street children, and it has given them knowledge and insight that I, as a sheltered and privileged child, did not have. I told them that their power is not in denying their past, but in using that knowledge and spirit of transgression to make real change in society."

As Antoni's statement suggests, many of the participants in The Quiet in the Land *have discovered that the exchange of transgressive energies that is so integral to the projects catalyzes a process of personal transformation. Chen expanded upon this concept: "In Salvador, we liberated our own energies and gave them to the children, and they liberated theirs and gave them to us. These energies merged to create a new field of energy, a new space of possibility." Moreover, both the communities and the artists have discovered that the process of acquiring a truer knowledge of one's self—one's rights, one's desires, and one's human potential—can be an act of empowerment that can constitute the first tentative step toward social transformation, if this is what they believe is called for. For the artists, this involves opening up their creative process to the communities; depending on the degree to which they are willing to open up this process, this can mean exposing one's soul to people whom one barely knows. For the communities, it involves letting strangers into the ebb and flow of one's daily life. For both the artists and the communities, letting the other in requires trust, understanding, patience, and generosity. This, in fact, may be one of the most difficult yet powerful aspects of the experience, because it entails intense self-examination and commitment on the part of everyone involved.*

The field of energy, the space of possibility, the potential for transformation that Chen alluded to emerges in part because each project organized for The Quiet in the Land *is designed to undo the categories that structure and in many cases limit how we perceive and experience art, life, and the gap between them. Such categories as artist, work of art, and community are set in motion; and as they vibrate against, resonate with, and ultimately interpenetrate one another, they morph, making possible new modes of thinking, making, and seeing. For example, the criteria by which one judges whether or not the works of art themselves are successful are thrown into doubt, since many of the artists' projects are focused on the process itself of creation and are crystallized into a material object only when the experience is complete. In addition, because these works are often developed as the result of a process of collaboration, the concept of authorship is questioned: is the author the artist, the community, or a third force emerging from the fusion of the two? Similarly, the notion of ownership becomes unclear: who owns the products of these collaborations, and if they are sold, who benefits?*

In addition, the modes of presenting the works created from the experience of The Quiet in the Land *are also questioned. Although an integral component of each project is an exhibition of the works in a museum, the museum is viewed not just as a space in which to display art, but as a lens that offers a unique perspective on the spectrum of activities that comprise the project—a perspective complemented by presentations of the works in places outside of the museum, ranging from the street, where thousands of visitors may encounter them, to more private zones, which may be experienced by only a few. For example, although the exhibition of the works of art created from the experience of the Axé project in the galleries of the Museu de Arte Moderna da Bahia was an integral component of the project, it was accompanied by a series of musical performances and events organized by Arto Lindsay, as well as performances and actions by the artists and the children in the area around the museum that sought to engage the city itself. This celebration sought to dissolve the boundaries between the art world, defined symbolically by the museum, and life, defined by the city itself, in an exchange of creative energies and of audiences—an exchange that hopefully planted the seeds of the project in the imaginaries of visitors, giving it new life.*

In this regard, the presentation in the museum was challenging, for how does one escape the fetishizing aestheticization of the works of art exhibited, which almost inevitably occurs when they are disembedded from the realm of everyday life and transferred to the space of the museum? And how can one convey the sense of the project as a fluid and multicentered experience in space and time, still unfolding in the imaginary, if it is rendered static, as it usually must be when it is presented in a museum? In spite of the sustained critiques that artists and others have launched since the late 1960s, the presentation of works of art in museums still encourages aesthetic readings, which are limiting in the case of The Quiet of the Land, *because they may not always adequately convey the social and political meanings embodied by the works themselves and the collaborative processes that led to their creation. Figuring out how to open up and reveal these meanings to visitors in a nondidactic manner is difficult, for the function of the exhibition is not to indoctrinate visitors, but to initiate a dialogue centered on many questions, perhaps the most vital being: how is any kind of art related to the experience and quality of one's life? Through the*

O campo de energia, o espaço de possibilidades, o potencial de transformação a que Chen se refere surge, em parte, porque o propósito de cada projeto organizado para *A Quietude da Terra* é o de desfazer as categorias que estruturam e muitas vezes limitam a maneira como percebemos e experimentamos a arte, a vida e a lacuna entre os dois. Categorias como "artista plástico", "obra de arte" e "comunidade" são mobilizadas e vibram contra, ressoam com, e enfim se interpenetram, metamorfoseiam, tornando possíveis novas maneiras de pensar, fazer e ver. Por exemplo, começam a duvidar do critério utilizado para julgar se uma obra de arte é ou não é um sucesso, porque muitos dos projetos dos artistas enfocam o processo da criação em si e só se cristalizam num objeto material no final da experiência. Por outro lado, estes trabalhos são freqüentemente desenvolvidos como resultado do processo de colaboração, portanto o conceito da autoria é questionado: será o autor o artista, a comunidade, ou uma terceira força que surge da fusão dos dois? Da mesma maneira, a noção de propriedade torna-se obscura: a quem pertencem os produtos destas colaborações e, se forem vendidas, quem será o beneficiário?

Por outro lado, as maneiras de apresentação dos trabalhos criados pela experiência de *A Quietude da Terra* também são questionadas. Embora a exposição das obras num museu seja um elemento integrante de cada projeto, o museu não é visto apenas como um espaço onde a arte é exposta, mas como uma lente que oferece uma perspectiva única sobre a gama de atividades compreendidas pelos projetos—uma perspectiva que é complementada pelas apresentações dos trabalhos em lugares fora do museu: nas ruas, onde podem ser encontrados por milhares de visitantes, ou locais mais reservados, onde podem ser vividos por apenas um pequeno número de visitantes. Por exemplo, a exposição das obras de arte criadas a partir da experiência do Projeto Axé nas galerias do Museu de Arte Moderna da Bahia sempre foi uma parte integrante do projeto e foi acompanhada por uma série de apresentações musicais e eventos organizados por Arto Lindsay, assim como as representações e ações realizadas pelos artistas e as crianças na área em torno do museu, que procurou engajar a própria cidade. Esta comemoração buscou dissolver as fronteiras entre o mundo artístico, simbolizado pelo museu, e a vida, simbolizada pela cidade, numa troca de energias criativas e de platéias—uma troca que, esperamos, plantou as sementes do projeto no imaginário dos visitantes, dando-lhe nova vida.

Neste sentido, a apresentação no museu foi um desafio. Como é que podemos fugir do estetismo que transforma as obras de arte lá expostas em fetiches, o que é quase inevitável porque são descravadas do reino da vida cotidiana e transferidas para o espaço do museu? E como podemos comunicar o sentido do projeto como uma experiência fluida e multicentrada no espaço e no tempo, continuando a desdobrar o imaginário, quando se torna estático, como geralmente acontece, quando exposto num museu? Apesar das críticas contínuas lançadas pelos artistas e outros desde o final dos anos 60, a apresentação de obras de arte em museus ainda estimula leituras estéticas, que são limitadoras no caso de *A Quietude da Terra*, porque pode ser que nem sempre comuniquem adequadamente os significados sociais e políticos incorporados pelas próprias obras e os processos colaborativos que levaram à sua criação. Descobrindo como abrir para revelar estes significados para os visitantes de uma maneira não-didática é uma tarefa difícil, porque a função da exposição não é doutrinar o visitante, mas sim iniciar um diálogo centrado em várias perguntas, entre as quais a mais essencial talvez seja: como é que qualquer tipo de arte tem qualquer relação com a experiência e com a qualidade da minha vida? Através desta acumulação de detalhes, fragmentos, nuanças e afetos, assim como as ausências, representadas nos trabalhos inclusos na exposição, ao invés de contar uma historia com um enredo linear, tentamos mapear o espaço no qual os visitantes possam entrar em qualquer ponto e perceber o sentido de tudo aquilo em termos de suas próprias vidas e seus relacionamentos. O fato de que talvez não tenhamos todas as respostas apenas indica a força de nosso compromisso com o descobrimento de uma nova linguagem de significado e representação.

VIDA COTIDIANA, ARTE CONTEMPORÂNEA E PROJETO AXÉ

Se o projeto realizado junto com os Shaker pode ser caracterizado como uma jornada intensamente pessoal para cada um dos participantes, o segundo projeto realizado para *A Quietude da Terra*, com o subtítulo *Vida cotidiana, arte contemporânea e Projeto Axé*, pode ser caracterizado como um processo intensamente social. O Projeto Axé, Centro de Defesa e Proteção a Crianças e a Adolescentes, foi estabelecido pelo educador e advogado Cesare de Florio La Rocca, em Salvador, em 1990, para enfrentar a situação devastadora dos meninos de rua da cidade. Hoje, atende a cerca de mil crianças e adolescentes, de cinco a dezoito anos de idade, em sua maioria negros e pobres, que vivem com o fardo de séculos de racismo, injustiça econômica e violência física, psicológica e social. O nome do projeto vem da palavra axé, de origem nigeriana, que geralmente se refere à força encontrada na origem das coisas, à fonte de vida, o poder de fazer acontecer. É uma energia neutra que pode ser utilizada para destruir ou criar, é, como Robert Farris Thompson escreve em *Flash of the Spirit: African and Afro-American Art and Philosophy* (Reluzir do espírito: Arte e filosofia africana e afro-americana), "A própria luz habilitadora de Deus, tornada acessível aos homens e às mulheres" (5). Grandes líderes tem axé, mas os integrantes mais humildes da sociedade também, inclusive os meninos de rua.

Em 1944, o escritor brasileiro Jorge Amado escreveu sobre a vida de um grupo de meninos em Salvador no romance intitulado *Capitães da areia*. Passados mais de cinqüenta anos, a tragédia destas crianças continua avassaladora. Como Jan Rocha escreve na sua apresentação à edição norte-americana do livro *A guerra dos meninos: O assassinato de menores no Brasil*, do jornalista Gilberto Dimenstein, milhões de crianças sofrem:

Há aproximadamente 25 milhões de crianças carentes no Brasil, das quais entre sete e oito milhões estão nas ruas. Apenas uma minoria é completamente só, órfãos, abandonados sem qualquer contato com

accumulation of details, fragments, nuances, and affects, as well as absences, represented by the works included in the exhibition, we try not to tell a story with a linear narrative, but to map out a space that visitors may enter at any point and make sense of in terms of their own lives and relationships. The fact that we may not have all the answers only points to the strength of our commitment to finding a new language of meaning and representation.

EVERYDAY LIFE, CONTEMPORARY ART, AND PROJETO AXÉ

If the Shaker project can be described as an intensely personal journey for each of the participants, the second project organized for The Quiet in the Land, *subtitled* Everyday Life, Contemporary Art, and Projeto Axé, *can be described as an intensely social one. Projeto Axé, Centro de Defesa e Proteção a Crianças e a Adolescentes (Centre for the Defense and Protection of Children and Adolescents) was founded by the educator and attorney Cesare de Florio La Rocca in Salvador in 1990 to address the devastating situation of Salvador's street children. It presently serves about one thousand children and teenagers, ranging in age from five to eighteen, mostly black and poor, who live with the burden of centuries of racism, economic injustice, and physical, psychological, and social violence. Axé takes its name from the Yoruba-derived word* axé, *which refers to the quintessence of the ethos of Candomblé, an Afro-Brazilian religion practiced primarily by the black residents of northeastern Brazil, especially in the state of Bahia, of which Salvador is the capital. Although it is difficult to precisely translate the meaning of* axé *into English, it generally refers to the energy found at the origin of things, the life source, the power to make things happen. A neutral energy that can be used for destruction or creation, it is, as Robert Farris Thompson wrote in* Flash of the Spirit: African and Afro-American Art and Philosophy, *"God's own enabling light rendered accessible to men and women" (5). Great leaders have* axé, *but so can more humble members of society, including street children.*

In 1944 the Brazilian author Jorge Amado wrote about the lives of a group of street children in Salvador in his book, Capitães da areia *(Captains of the Sands). More than fifty years later, the tragedy of these children is still overwhelming. As Jan Rocha observes in the introduction to the journalist Gilberto Dimenstein's book* Brazil: War on Children, *millions of children suffer:*

There are an estimated 25 million deprived children in Brazil, and of these between seven and eight million are on the streets. Only a minority are totally on their own—orphaned, abandoned or without any contact with their parents. Most maintain some contact, however tenuous, with their family. On the streets, home is a shop doorway, a bench in a square, a hot-air duct outside a restaurant, a bonfire on the beach, the steps of a railway station. Bed is a piece of cardboard, an old blanket, newspapers. Some sleep alone, others huddle together for warmth or protection. They never know when they might be woken up by a policeman's boot, a jet of cold water from a street-cleaning truck, or even a bullet from a vigilante group or gun-happy officer of the law. Violence can also come from older children.

During the day, the street children's main concern is survival—food. To get it they beg, pick pockets, steal from shops, mug tourists, look after parked cars, shine shoes, or search litter bins. Frequently glue takes the place of food. They sniff it from paper bags and for a few glorious moments to forget who or where they are.

'I sniffed a lot yesterday and then I dreamt of a school where we could learn ballet, the *capoeira* dance, reading and writing. School is the best thing in the world. I'm always dreaming about it,' says a young prostitute in Salvador. (2)

The societal disgrace of having huge masses of children sleeping and begging in the streets engendered a variety of desperate, inhumane responses. Considered to be annoying obstructions to the business of trade and tourism, many children were beaten or killed by the police or private security forces. For example, a report by the São Paulo chapter of the Brazilian Bar Association implicated military police in death squads funded by shopkeepers that killed most of the nearly one thousand street children slain in that city in 1990 (Nancy Scheper-Hughes and Daniel Hoffman, "Children at Risk," Natural History, July-August 1997, 39). But in spite of the intense social visibility of the street children, they were, and still are, isolated from society and largely ignored.

In 1990, the combined efforts of the Italian organization Terra Nuova and Brazil's Movimento Nacional de Meninos e Meninas de Rua (National Movement for Street Children) brought Projeto Axé into being as a politically self-conscious mission. Contrary to the increasingly marginalized and disempowered role that art has in U.S. society, Axé takes art as its foundation, its means of social change: the abuse, poverty, and desperation of the street children's lives does not make creativity and culture superfluous to them. Axé is organized into several units through which it seeks to fulfill its mission to assist the most vulnerable members of any society, children and adolescents, by helping them to experience themselves as individuals with rights and dreams worthy of respect by others. At the Centro de Assistência Tecnica e de Formação de Recursos Humanos (Technical Assistance and Human Resources Formation Center), Axé prepares educators to work with the children by training them in its unique approach to education. At the Defesa de Direitos (Defense of Rights), highly trained specialists serve as advocates for the children's civil rights. At the Centro de Educação para a Saúde (Health Education Center), Axé provides health care and education for the children. At the Programa de Apoio à Familia e à Juventude (Family, Youth, and Community Support), it offers counseling and other social services for the children and their families. In addition to these services, Axé also offers the children a variety of cultural programs to participate in, which are discussed in more detail below.

The philosophy of the Brazilian educator Paulo Freire, author of Pedagogia do

saúde e fornece serviços médicos às crianças. No Programa de Apoio à Família e à Juventude, o objetivo é fornecer aconselhamento e outros serviços sociais às crianças e suas famílias. Além destes serviços, o Axé também oferece às crianças uma ampla gama de programas culturais dos quais podem participar. Estes serão tratados com mais detalhes a seguir.

A filosofia do educador brasileiro Paulo Freire, autor dos livros *Pedagogia do oprimido* e *Pedagogia da esperança*, serviu como inspiração para a metodologia do Axé. Sua "pedagogia do desejo", uma filosofia de auto-sustentação e não de filantropia, compreende o uso de atividades culturais e artísticas para devolver a dignidade a estas crianças e equipá-las com as ferramentas necessárias para efetuar mudanças positivas em suas vidas. Ao invés de presumir suas necessidades, focaliza-se o que as crianças conhecem e gostam—música, dança, moda. Neste sentido, o Axé é orientado pela crença de que uma vida enriquecida é mais que bem-estar material, e que o ímpeto da criação da arte é essencialmente espiritual.

Os educadores do Projeto Axé levam sua missão literalmente às ruas, porque é lá que estão as crianças. Ao estabelecer suas oficinas na rua, dão início a relações de confiança com as crianças, atraindo-os para atividades de fabricação de papel e serigrafia. Para integrar-se ao Axé, a criança tem que concordar em voltar para o seu lar e matricular-se na escola. Em contrapartida, recebe três refeições diárias, acesso a serviços de saúde e aconselhamento, e tem a oportunidade estabilizadora de ganhar dinheiro pela sua participação, substituindo o dinheiro ganho na rua. As crianças escolhem um dos projetos oferecidos, como Bandaxé, Casa de Cultura, Modaxé, Opaxé, Stampaxé, Usina de Dança e Cia. Jovem Gicá.

Graças ao trabalho do Projeto Axé e de outras ONGs, ocorreu uma pequena revolução em Salvador, onde um número crescente de crianças em risco aprendeu a esperar que seus direitos humanos sejam respeitados. Através do fornecimento de alternativas práticas e viáveis à vida nas ruas, as crianças são estimuladas a reatar seus laços com a família e a escola. Entretanto, também existe a consciência de que, para realizar qualquer mudança duradoura, a postura da sociedade em relação a estas crianças deve ser transformada. Para tanto, o Axé também trabalha com a polícia, os pais, o sistema judicial e o setor privado para mudar suas posturas—freqüentemente exploradoras—sobre os direitos da criança.

Durante minha primeira visita a Salvador, em 1997, visitei várias ONGs que enfocam o drama das crianças da cidade, inclusive o Projeto Axé, Bagno Sasso e Pracatum. Fiquei muito impressionada com a maneira pela qual o Axé potencializou as crianças, transformando sua energia transgressora de uma força destrutiva para uma força criativa. Estas crianças estavam aprendendo a focalizar esta energia de uma maneira positiva no esforço de tornarem-se seres humanos plenos: cidadãos com direitos humanos. Também fiquei intrigada com os paralelos entre a função da transgressão nas vidas destas crianças e as dos artistas, onde freqüentemente atuava como a própria fonte de seu potencial criativo. E queria desenvolver um projeto no qual estes dois grupos, vindos de realidades tão diferentes, mas guardando tantas

oprimido (The Pedagogy of the Oppressed) and Pedagogia da esperança *(The Pedagogy of Hope)* provided the inspiration for Axé's "pedagogy of desire," a philosophy of self-reliance, not charity, that involves using cultural and artistic pursuits to restore dignity to the children and to equip them with the tools they need to positively transform their lives. It focuses on what children know and enjoy—music, dance, fashion—rather than assuming what they need. In this regard, Axé has been guided by the belief that an enriched life is about more than material well-being and that the impetus of artmaking is essentially spiritual.

The educators at Projeto Axé bring this mission literally to the streets, because that is where the children are. By setting up workshops there, they initiate trustful relationships with the children, attracting them with activities such as papermaking and silkscreening. In order to join Axé, the children must agree to return home and attend school. In turn, they are given three meals a day, access to health care and counseling, and the opportunity to participate in one of Axé's units, where they have the stabilizing opportunity to earn an income for their participation that will replace their street wages.

These units are structured to help the children become productive citizens and workers by giving them the opportunity to develop their plans for their lives, individually and as members of their communities. They work with others to dream, learn, and create, and to increase their awareness of their rights and responsibilities and their knowledge of the forms of social organization and the laws of the marketplace. Canteiro dos Desejos (Flower Bed of Desires) is an educational space for children aged five to twelve in which the students exercise their imaginations, develop their cognitive and social skills, and expand their knowledge of the world through play and structured activities. Giving students access to culture, literature, science, and information technology is the task of Projeto Ilê Ori, a community of students comprised of children and adolescents from Axé and the São Cristóvão district. At Casa de Cultura (House of Culture), students are introduced to various cultural activities. Modaxé is a self-supporting project in which the students create, market, and sell their own line of clothing; every year, they organize a major fashion event called Festaxé, in which they launch their most recent collections. At Opaxé, students participate in activities involving paper. At Stampaxé, the focus is printing and printmaking, and at Usina de Dança and Cia (Dance and Other Expressions), it is dance. Other units focus on other activities.

Thanks to the work of Projeto Axé and other non-governmental organizations, a small revolution has taken place in Salvador, in which an increasing number of vulnerable children have learned to expect that their human rights will be respected by others. And by providing a practical, viable economic alternative to street life, children are encouraged to rekindle their existing bonds with family and school. There is also an awareness, however, that in order to achieve any lasting change, society's attitudes toward these children must be transformed. To this end, Axé also works with local police, parents, the court system, and private enterprise to change the often exploitative attitudes about the rights of children.

During my first visit to Salvador in 1997, I visited several non-governmental organizations focused on the plight of the city's children, including Projeto Axé, Bagno Sasso, and Pracatum. I was particularly impressed by how Axé empowered the children by transforming their transgressive energy from a force of destruction into one of creation. These children were learning how to focus this energy positively in their efforts to become fully developed human beings: citizens with human rights. I was also intrigued by the parallels between the function of transgression in the lives of these children and those of artists, where it often operated as the very source of their creative potential. And I wanted to develop a project in which these two groups from so very different backgrounds, but with so many similarities, could work together.

I decided to propose to Projeto Axé a project in which I would invite a group of nineteen artists to live in Salvador for at least six weeks at a time, during which they would immerse themselves in the daily lives of the children and educators of Projeto Axé and the city and organize collaborative projects that would unfold organically; the project would also include an exhibition and a publication. As Nari Ward, who participated in both the Shaker and the Axé projects, observed, "The Shaker project was a personal introspection; Brazil was a much more a social project. But both had the same premise: to take everyday situations and regard them the way you would regard art in a museum or gallery."

Projeto Axé considered the proposal for almost two years. It had to ask itself whether the project could be integrated into its programs, whether it had the resources to implement it, and how it would benefit the children and the organization itself. Because of what was at stake, it was crucial that we also established a relationship of trust, which took time. During this period, I returned to Salvador several times to discuss the project with Axé's staff, to give presentations of the artists' work to the educators and the children, and to learn more about the people with whom I hoped I would be working. In April 1998, Axé formally agreed to embark on the project. The first group of artists would arrive in Salvador in April 1999, giving us one year to organize the project.

However, during the weeks that preceded our arrival, a number of events converged that threatened the project. The most disruptive was the crash of the Brazilian economy in early 1999—a crisis that not only jeopardized crucial funding we were expecting from the Brazilian government, but also the fiscal viability of Axé itself. The artists, Axé, and I had to ask ourselves very serious questions about whether it was appropriate to move forward with the project under these circumstances: how could we justify an art project at a time when Axé was struggling for its own survival and was preparing to make difficult decisions about its future? We ultimately decided

semelhanças, pudessem trabalhar juntos.

Decidi apresentar ao Projeto Axé a proposta de convidar um grupo de dezenove artistas para radicar-se em Salvador por períodos de, no mínimo, seis semanas, durante os quais eles iriam mergulhar na vida cotidiana das crianças e dos educadores do Projeto Axé e da cidade, e realizariam projetos colaborativos que se desdobrariam de maneira orgânica. O projeto também incluiria uma exposição e um livro. Como observou Nari Ward, que participou dos projetos com os Shaker e o Axé, "O projeto com os Shaker foi uma introspeção individual. No Brasil, foi muito mais um projeto social. Mas ambos partiram da mesma premissa: de ver situações cotidianas da mesma maneira em que se olha para uma obra de arte num museu ou numa galeria".

O Projeto Axé analisou esta proposta por mais de dois anos. Teve que se perguntar se o projeto poderia ser integrado com seus programas, se teria os recursos necessários para implementá-lo e como isto beneficiaria as crianças e a própria entidade. Devido a tudo que estava em jogo, era imprescindível que também estabelecêssemos uma relação com a criança, o que levou bastante tempo. Durante este período, retornei a Salvador várias vezes para dialogar com a equipe do Axé sobre o projeto e fazer apresentações dos trabalhos dos artistas para os educadores e as crianças, para que eu pudesse aprender mais sobre as pessoas com quem esperava ter a oportunidade de trabalhar. Em abril de 1998, o Axé aceitou oficialmente embarcar no projeto. O primeiro grupo de artistas chegaria a Salvador em abril de 1999, o que nos daria um ano para organizar o projeto.

Entretanto, durante as semanas que precederam nossa chegada, nosso projeto foi ameaçado pela coincidência de vários fatos. O mais grave foi a súbita desvalorização do real no início de 1999, uma crise que pôs em perigo, não só a verba que esperávamos receber do governo brasileiro, e que era crucial para nosso projeto, mas a própria viabilidade econômica e financeira do Axé. Os artistas, o Axé e eu tivemos que fazer sérios questionamentos a nós mesmos se seria apropriado tocar o projeto nestas circunstâncias: como poderíamos justificar a realização de um projeto artístico numa conjuntura em que o Axé estava lutando para garantir sua própria sobrevivência e preparando-se para tomar decisões difíceis sobre seu futuro? Enfim, resolvemos que, já que a premissa do projeto era a de que uma vida enriquecida é mais do que o bem-estar material e que a arte oferece um alimento essencial ao ser humano porque fornece às pessoas as ferramentas necessárias para transformarem a si mesmas e à sua sociedade, queríamos ir adiante com os recursos limitados ao nosso dispor, desde que o Axé concordasse que esta decisão beneficiaria à entidade e às crianças. Numa reunião realizada em fevereiro, o Axé discutiu a crise e decidiu que queria que chegássemos na data programada.

Antes de chegar a Salvador no mês de abril, eu providenciei a locação de um apartamento espaçoso no bairro da Graça. Com cinco quartos, poderia acomodar a mim e a mais quatro artistas de cada vez. O apartamento foi administrado e mantido por Jussara de Jesus Lima, Yvonette da Silva e Christina Freitas, que também assessoraram os artistas durante o projeto. O primeiro grupo de artistas começou a chegar em meados de abril. Cada um recebeu bilhetes aéreos para Salvador (ida e volta) e uma verba para comprar materiais e custear suas despesas. Embora as datas de sua chegada fossem determinadas em parte por sua agenda individual, tentamos garantir que houvesse sempre três ou quatro artistas em Salvador de uma só vez, já que um dos objetivos do projeto era que os artistas compartilhassem esta experiência juntos.

Alguns dos artistas, inclusive Janine Antoni, Cai Guo-Qiang, Chen Zhen, Larry Clark e Kara Walker, trouxeram membros de suas famílias para passar com eles uma parte ou todo o tempo de sua estada na cidade. Desta maneira, as crianças do Axé puderam ver alguns dos artistas com quem trabalhavam também no seu papel de cônjuges e pais-como seres humanos para quem a arte é uma parte inextricável da vida. Isto também permitiu que os artistas e suas famílias aprofundassem seus relacionamentos uns com os outros. Xu Min, a mulher de Chen Zhen, falou sobre o que participar no projeto significava para ela, como esposa e mãe: "Nos outros projetos em que acompanhei o Chen, fui apenas uma assistente. Desta vez, fui participante. Minhas colaborações com as crianças geraram muitas emoções dentro de mim como mãe. Senti que eram meus filhos quando trabalhava com eles. Dei tudo de mim, mas recebi tanta coisa em troca—sua imaginação, sua disciplina".

Dividirmos o apartamento também foi importante, porque serviu para aprofundar o caráter colaborador do projeto. Como, muitas vezes, passávamos o dia todo sem nos ver, esperávamos ansiosamente os jantares que compartilhávamos em casa. Durante estas refeições conjuntas, trocávamos as experiências vividas durante o dia e as notícias do andamento dos projetos. Segundo Chen, "A experiência de morar no apartamento foi bem diferente de ficar num hotel com um grupo de artistas que participam da mesma exposição. Tinha a ver com nosso convívio durante todo o período da realização do projeto. Chegamos a nos conhecer muito bem. Via meu filho conversando sobre as relações entre a ciência e a tecnologia com Vik Muniz. Nossas experiências realmente tinham a ver com a maneira de fazer arte e como seria possível trabalhar num contexto diferente". E Vik observa: "Adorei a oportunidade de estar primeiro com Cai e depois com Chen—não entendia uma única palavra que falavam, mas entendia o que queriam dizer—e depois com Marepe e Rivane, entendendo tudo que queriam dizer. Nós brasileiros nunca falamos sobre aquilo que queremos dizer. Podemos falar de futebol, mas se você lê nas entrelinhas, verá que, na realidade, estamos falando de quem somos".

O único artista que não ficou no apartamento durante toda sua estada foi Leonardo Drew, que hospedou-se na casa da família Freitas no bairro de Candeal, onde se sentia mais próximo da realidade das crianças.

Para garantirmos o bom andamento do projeto, tivemos que nos organizar. Portanto, realizamos reuniões semanais no Projeto Axé para discutir o desenvolvimento dos projetos dos artistas e registrá-los o máximo possível, à medida em que desabrochavam. Freitas, Bernd Reiter e Birgit Wallborn tiveram papéis essenciais neste sentido,

that because the project's premise was that an enriched life is about more than material well-being and that art offers essential human nourishment by providing individuals with the tools they need to transform themselves and society, we wanted to move forward with the limited funds we had, as long as Axé agreed that this decision was in the best interests of itself and the children. In a meeting in February, Axé discussed the crisis and decided that it wanted us to come as scheduled.

By the time I arrived in Salvador in April, I had arranged the rental of a large apartment, in the neighborhood of Graça. With five bedrooms, this apartment could accommodate four artists at a time and myself. The house was managed and maintained by Jussara de Jesus Lima, Yvonette da Silva, and Christina Freitas, who also worked as a project assistant for the artists. The first of the artists began arriving by mid-April. Each had been given plane tickets to and from Salvador, a materials stipend, and money for expenses. While the dates that they came were in part determined by their personal schedules, we tried to ensure that there were always three or four artists at a time, since one of the objectives of the project was for the artists to share the experience together.

In addition, some of the artists, including Janine Antoni, Cai Guo-Qiang, Chen Zhen, Larry Clark, and Kara Walker, brought some members of their families for part or all of their time in the city. In this manner, the children of Axé were able to see some of the artists with whom they were working as wives and husbands, mothers and fathers—as human beings for whom art is an inextricable part of life. It also allowed the artists and their families to deepen their relationships with one another. Xu Min, Chen's wife, spoke of what it meant for her as a wife and a mother to participate in the project: "On other projects on which I have accompanied Chen, I have just been an assistant. This time I was a participant. My collaborations with the children generated a lot of emotions inside of me as a mother. I felt that they were my children during my work with them. I gave everything I had, but I received so much in return—their imagination, their discipline."

Living together in the house was important, because it extended the project's collaborative ethos to a deeper level. Since we often did not see each other at all during the day, we looked forward to our communal dinners at the house. During these dinners, we would share our day's experiences and news of how the projects were developing. Chen said: "The experience of living in the house was very different from staying in a hotel with a group of artists in the same exhibition. It was about living together during the whole period of the realization of a project. We really got to know one another. I would see my son talking about the relationships between science and technology with Vik Muniz. Our experiences were truly about what is the way to make art and how would it be possible to work in a different context." And Muniz observed: "I enjoyed the opportunity to be first with Cai and Chen—I didn't understand a word they said, but I understand what they were trying to say—and then with Marepe and Rivane, and understanding exactly what they were trying to say. We Brazilians never talk about what we want to talk about. We may talk about football, but if you read between the lines, you see that we are really talking about who we are." The only artist who did not live at the house for the entire stay was Leonardo Drew, who lived at Freitas's home in Candeal, where he felt he would be closer to the reality of the children.

In order to ensure that the project worked smoothly, we had to be well-organized. We consequently had weekly meetings at Projeto Axé to discuss the development of the artists' projects and to document the projects as fully as possible as they unfolded. Freitas, Bernd Reiter, and Birgit Wallborn played crucial roles in these regards, helping to organize the agenda for our weekly meetings with Axé, doing research, and assisting the artists in their interactions with the children and the educators. Students from the Universidade Federal da Bahia, trained by Liv Sovik especially for The Quiet in the Land, *worked with each of the non-Portuguese-speaking artists as interpreters. And Marta Telles served as a liaison between the project and Axé, where she was employed as a fulltime staff member for the duration of the project.*

Originally, we had intended for the first week of each artist's stay to be a period of orientation, during which Projeto Axé's staff would introduce the artists to the organization's pedagogical philosophy and take them to visit all of its units, while the artists would present their work to the staff and all of the children. We quickly learned that this process was too time-consuming (each artist had to give twelve presentations), and in order to allow the artists to begin working with the children as soon as possible, we decided that they would instead make a general presentation to the staff and then simply tour the units, where they would have the opportunity to meet the educators and children of each and then select one to work with. (While two of the first artists, Leonardo Drew and Willie Cole, worked with hundreds of children, we ultimately decided that each artist would work only with one group to ensure that a more intense collaboration and a deeper rapport developed; most artists worked with a group of about twenty children.) After selecting a group to work with, the artists wrote a brief proposal describing the project they envisioned and then discussed the proposal with the staff of Axé, who gave them advice on its implementation. They then embarked on their projects.

The artists worked with their group every morning (8:30-11:30 a.m.) or afternoon (2-5 p.m.), according to the group's schedule; they had the rest of the day to themselves, although many chose to use this time to continue work on their projects. Assisted by an interpreter and an educator, they assumed responsibility for their respective groups. Both the interpreters and the educators played crucial roles. While the interpreters made communication possible, the educators, highly trained professionals who also knew the children well, were essential links between the two groups. Their presence during the sessions in which the artists and the children were

ajudando a estruturar a pauta das nossas reuniões semanais com o Axé, realizando pesquisas e ajudando os artistas nas suas interações com as crianças e os educadores. Alunos da Universidade Federal da Bahia—UFBa, treinados especialmente para o projeto *A Quietude da Terra* por Liv Sovik, trabalharam como intérpretes com os artistas que não falavam português. E Marta Telles serviu como a ligação entre nosso projeto e o Axé, onde trabalhou em tempo integral durante o projeto.

No início, pretendíamos que a primeira semana da estada de cada artista fosse um período de orientação durante o qual a equipe do Projeto Axé apresentaria aos artistas a filosofia pedagógica da organização e os levariam para todas suas unidades, enquanto os artistas apresentassem seu trabalho à equipe e a todas as crianças. Logo descobrimos que este processo exigia muito tempo (cada artista teria que dar doze apresentações). Para deixar os artistas iniciarem seus trabalhos com as crianças o mais rápido possível, decidimos que fariam uma apresentação geral à equipe e depois simplesmente visitariam as unidades, onde teriam a oportunidade de conhecer os educadores e as crianças de cada uma e selecionar aquela com que iriam interagir. (Embora dois dos primeiros artistas, Leonardo Drew e Willie Cole, trabalhassem com centenas de crianças, decidimos que cada artista iria ficar com apenas um grupo para garantir uma colaboração mais intensa e desenvolver uma relação mais profunda. A maioria dos artistas trabalhou com grupos de cerca de vinte crianças.) Havendo escolhido o grupo com o qual lidariam, os artistas redigiram uma pequena proposta delineando o projeto que visualizavam e depois discutiram-na com a equipe do Axé, que lhes deu conselhos sobre a implementação. Depois, deram início aos seus projetos.

Os artistas trabalharam com seus grupos todos os dias pela manhã, das 8.30 às 11.30 h, ou à tarde, das 14.00 às 17.00 h, dependendo do cronograma do respectivo grupo. O resto do dia dos artistas era livre, mas muitos preferiram utilizar o tempo para continuar trabalhando nos seus projetos. Com a ajuda de um intérprete e um educador, se responsabilizaram por seus grupos. Tanto os intérpretes como os educadores tiveram papéis fundamentais neste processo. Enquanto os intérpretes possibilitaram a comunicação, os educadores— profissionais altamente qualificados que também conheciam muito bem as crianças—representaram elos essenciais entre os dois grupos. Sua presença nas sessões de trabalho conjunto entre os artistas e as crianças garantiu que os artistas pudessem concentrar-se inteiramente no desenvolvimento de seus projetos.

De fato, desde o início, ficou claro que os artistas estavam aí, não para lecionar, mas, em harmonia com a filosofia do Projeto Axé, para procurar potencializar as crianças, ajudando-as a entender a si mesmas, através da maneira como lidam com suas próprias vidas, e também que a arte não precisa ser uma atividade da elite e pode servir como uma abordagem do mundo: o caminho do auto-conhecimento, do orgulho e da cidadania. Os artistas também ajudariam as crianças em seu esforço contínuo de reencontrar sua identidade cultural através da prática da arte, resgatando seu senso

de valor próprio, de dentro para fora. E as crianças, enquanto compartilhavam suas fortes histórias e seu senso íntimo de trangressão, do qual surge grande parte da arte, ajudariam os artistas a reavaliar a relação entre suas vidas e seus trabalhos com o universo que fica além das fronteiras do mundo artístico. É fundamental frisar que os artistas receberam na mesma medida, senão mais, daquilo que deram. Segundo Doris Salcedo, "Esta experiência foi muito importante para mim. Me lembro das palavras de Italo Calvino, que disse uma vez que vê pessoas que sofrem e ele é povoado por todas estas pessoas. As crianças com quem trabalhei estarão comigo para sempre. Eu vi a face da dor, como ela age e como dói. Meu trabalho com as crianças foi muito, muito intenso".

Enquanto começavam seus trabalhos, muitos dos artistas se tornaram altamente conscientes das diferenças sociais, culturais e econômicas que os separavam das crianças e se perguntaram o que eles poderiam dar e receber delas. Leonardo observou que "Numa situação tão complexa como esta, me perguntei como eu poderia me implantar aqui como um indivíduo criativo. [Salvador] era parecida com a cidade onde cresci, mas muito pior. Eu tive que ter acesso às energias que se direcionavam a mim, digeri-las e tentar descobrir um meio de devolvê-las". E Janine afirmou: "A parte mais difícil para mim era tentar descobrir o que eu tinha para oferecer às crianças, o que elas tinham para me oferecer e como isto seria unificado numa obra de arte. Estava muito interessada em estabelecer uma ligação com o motivo primordial que fez com que elas decidissem viver na rua, porque, ao meu ver, qualquer tipo de criatividade, qualquer tipo de avanço efetivo surge da transgressão".

Os projetos desenvolveram a partir das necessidades e dos desejos dos artistas e das crianças. A maioria dos artistas procurou estabelecer uma ligação com as crianças através da inter-relação com as tradições, religiões e culturas de Salvador, principalmente seu legado cultural afro-brasileiro. Enquanto, em alguns casos, abordaram aspectos específicos desta cultura, em outros, a conexão era mais metafórica. Depois de surgir do crisol da escravidão, onde as tradições da África Ocidental colidiram com as de Portugal, a cultura afro-brasileira tornou-se uma tradição de resistência e de cura que se encontra na essência do senso de auto-identificação das crianças, embora em muitos casos seja soterrada por camadas de racismo internalizado. Reconhecer a dignidade, a beleza e a natureza sagrada desta cultura seria admitir que esta é a verdade delas mesmas, e ainda adquirir o senso de valor próprio e cidadania necessários para transformar suas vidas e a sociedade também. Tanto os artistas como as crianças logo aprenderam que este processo de auto-descobrimento pode ser enriquecedor, mas visualizar o futuro também significava examinar os recintos mais profundos da própria alma e re-avaliar o passado e o presente de suas vidas com toda sinceridade. Eu, os artistas e as crianças tivemos longas conversas sobre o que significava admitir as crianças no processo criativo dos artistas, porque esta abordagem exigia que questionassem e em alguns casos abandonassem o nexo dos conceitos consagrados de autoria, objeto e platéia. Mas também acreditamos no que tínhamos

working together ensured that the artists could concentrate fully on developing their projects.

Indeed, from the beginning, it was understood that the artists were there not to educate, but instead, in unison with Projeto Axé's philosophy, to strive to empower the children by helping them to understand for themselves, through how they lead their own lives, that art does not have to be a privileged activity, but can instead be an approach to the world: a path to self-knowledge, pride, and empowerment. They would help the children in their ongoing efforts to reembrace their cultural identities through the practice of art and to regain their sense of self-worth from within. And the children, by sharing their powerful histories, and their innate sense of transgression, where much art originates, would help the artists to reexamine the relationships of their life and their work to the realm beyond the confines of the art world. It is crucial to emphasize that the artists received as much as, if not more, than they gave. As Doris Salcedo stated, "This experience was very important for me. I am reminded of the words of Italo Calvino, who once said that he sees people who suffer and that he is populated by all of these people. The children I worked with will be with me forever. I saw the face of pain, how it acts and how it hurts. My work with the children was very, very intense."

As they began to work, most of the artists became acutely conscious of the social, cultural, and economic differences that separated them from the children and asked themselves what they could give to and receive from these children. Drew remarked, "In a situation that was as complicated as this, I asked myself how I could implant myself here as a creative person. It was similar to the city where I grew up, but much worse. I had to have access to those energies coming at me, digest them, and then find a way to give them back." And Antoni stated: "The hardest thing for me was trying to figure out what I had to offer the kids, what they had to offer me, and how that was going to come together into a work of art. I was really interested in connecting to what made them decide to go to the street in the first place, because I think that any kind of creativity, any kind of real progress comes out of transgression."

The projects themselves developed as a result of the artists' and the children's own needs and desires. Most of the artists sought to connect with the children by engaging with the traditions, religions, and cultures of Salvador, particularly its Afro-Brazilian cultural heritage. While in some cases they dealt with specific aspects of this culture, in others the connection was more metaphorical. Having emerged in the crucible of slavery when West African and Portuguese traditions collided together, Afro-Brazilian culture is one of resistance and healing that lies at the core of the children's sense of self-identity, even though in many cases it is buried beneath layers of internalized racism. To acknowledge the dignity, beauty, and sacredness of this culture would be to acknowledge that of oneself and to acquire the self-worth and entitlement necessary for transforming one's life, as well as society. Both the artists and the children quickly learned that while this process of self-discovery could be enriching, envisioning the future meant looking into the deepest recesses of one's soul and honestly reexamining one's past and present. The artists, educators, and I had long conversations about what it meant to let the children enter the artists' creative process, for this mode of working demanded that they question and in some cases let go of a nexus of sacrosanct concepts regarding authorship, the object, and audience. But we also had faith in what we had to gain by letting go.

Designing evocative objects that made the familiarities of everyday life strange, which the children used in a dance that they themselves choreographed and performed, Janine Antoni and the children came to understand that the bridge that connected them was transgression, and that they could channel this energy positively. Making cannons that they fired in a celebratory fusillade, Cai Guo-Qiang and the children transformed an instrument of destruction into one of creation. Building houses of candles, Chen Zhen and the children imagined concretely the dream of home. Photographing children in several neighborhoods of Salvador, Larry Clark documented the radiant spirit that has enabled them to overcome overwhelming obstacles. Making three monumental orixá *(deity) necklaces, Willie Cole and the children acknowledged the dignity of Candomblé while becoming aware of what it is possible to accomplish when one works as part of a team. Photographing scenes from Feira de São Joaquim, Salvador's main market, Mario Cravo Neto and the children also worked as a team to document the reality of their everyday lives and to envision its transformation through art.*

Understanding that Projeto Axé, and by extension society itself, comprises one entity in which each individual is simultaneously connected with every other, Domenico de Clario and the children saw that attaining a state of focused concentration could nurture the heightened powers of perception and creativity essential to full self-realization. Creating a large-scale installation out of objects that others had discarded as garbage, Leonardo Drew and the children looked at the city through each other's eyes and perceived its beauty anew. Designing outfits using materials from Feira de St. Joaquim, João Ewerton and the children showed that they had the resourcefulness to create beauty and meaning out of materials from their own environment. Disassembling and reassembling two cotton candy machines of the type formerly used by street vendors, Marepe and the children acquired hands-on experience in understanding how things work and came to better appreciate the extraordinary nature of seemingly ordinary objects. Creating objects of their desires out of papier-mâché *that they then hid away from vision forever in black velvet bags, Vik Muniz and the children experienced the power of letting oneself dream and of holding on to one's dreams.*

Washing, drying, and folding old sheets by the seashore, Rivane Neuenschwander and the children cleansed the wounds of their souls and made a place in which they

a ganhar com este livramento.

Projetando objetos evocativos que tornam estranhos os fatos conhecidos da vida cotidiana, que as crianças usaram numa dança coreografada e apresentada por elas mesmas, Janine Antoni e as crianças chegaram a entender que a ponte entre elas era a transgressão e que podiam canalizar esta energia de uma maneira positiva. Criando canhões que dispararam numa fuzilada comemorativa, Cai Guo-Qiang e as crianças transformaram um instrumento de destruição num instrumento de criação. Construindo casas feitas de velas de cera, Chen Zhen e as crianças imaginaram sonhos concretos do lar. Fotografando crianças em vários bairros de Salvador, Larry Clark registrou o espírito radiante que as permite superar obstáculos avassaladores. Confeccionando três monumentais colares de contas de orixá, Willie Cole e as crianças reconheceram a dignidade do Candomblé enquanto tornavam-se conscientes do que se pode realizar quando se trabalha em equipe. Fotografando cenas da Feira de São Joaquim, a maior feira popular de Salvador, Mario Cravo Neto e as crianças também trabalharam em equipe para registrar as realidades de suas vidas cotidianas e visualizar sua transformação através da arte.

Entendendo que o Projeto Axé e, no sentido mais amplo, a própria sociedade, compreende uma entidade em que cada indivíduo é simultaneamente ligado a todos os outros, Domenico de Clario e as crianças perceberam que alcançar um estado de concentração focalizada podia alimentar as forças realçadas de percepção e criatividade necessárias à auto-realização plena. Criando grandes instalações com objetos descartados como lixo, Leonardo Drew e as crianças viram a cidade pelos olhos do outro e perceberam novamente sua beleza. Confeccionando roupas com materiais obtidos na Feira de São Joaquim, João Ewerton e as crianças mostraram que tinham a criatividade de produzir beleza e significado a partir de materiais obtidos do seu próprio meio. Desmontando e remontando duas máquinas de algodão doce de modelo antigo utilizado por vendedores ambulantes, Marepe e as crianças adquiriram a experiência prática de como as coisas funcionam e chegaram a valorizar ainda mais a natureza extraordinária de objetos aparentemente comuns. Criando os objetos de seus desejos com *papier-mâché* e escondendo-os para sempre dentro de sacos de veludo preto, Vik Muniz e as crianças experimentaram a força de se permitir sonhar e segurar seus sonhos.

Lavando, secando e dobrando lençóis velhos na praia, Rivane Neuenschwander e as crianças limparam as feridas das suas próprias almas e criaram um espaço onde podiam dormir e sonhar em paz. Construindo carrinhos de cafezinho, Alberto Pita e as crianças olharam para sua própria cultura a partir de uma nova perspectiva e reafirmaram que eles mesmos têm o poder de projetar e construir seu futuro com as ferramentas que têm à mão. Trocando lembranças sobre as maneiras como a violência se intrometeu em suas vidas, Doris Salcedo e as crianças identificaram as fontes de sua dor e utilizaram esta atividade da arte para iniciar o processo de cura.

Preparando e consumindo uma trilogia de banquetes preparados com esmero, Rirkrit Tiravanija e as crianças viveram a conexão entre a alimentação do corpo e do espírito e também demonstraram que os menos privilegiados têm direito ao melhor que a sociedade tem a oferecer. Fazendo experiências com a criação de sons na zona liminar onde o audível se dissolve no inaudível, Tunga e as crianças trabalharam para alcançar o estado de concentração que nos permite perceber a ressonância alta e clara de nossa voz interior, de nossos próprios desejos. Criando auto-retratos a partir de suas próprias sombras, Kara Walker e as crianças controlaram suas próprias representações ao concretizar o ser imaginário que visualizavam. E vislumbrando as tarefas da vida cotidiana através da lente da arte, Nari Ward e as crianças se perguntaram como esta nova perspectiva que adquiriram podia ajudá-los a mudar suas vidas para melhor.

À medida em que estes projetos se desenvolveram, o potencial transformador de *A Quietude da Terra* ia se revelando. Resgatando o encantamento do mundo, propondo que a realidade e a poesia podiam ser co-extensivas, descobrimos como poderia ser possível reafirmar a dignidade, a beleza e a qualidade sagrada de cada integrante da sociedade, inclusive os marginalizados e excluídos; imbuir os espaços e as atividades da vida cotidiana com o valor tradicionalmente atribuído à arte; reafirmar a utilidade social da arte através de sua reintegração com a vida; e conseqüentemente iniciar o processo de transformação social, mesmo numa escala modesta: uma revolução silenciosa, sem manifestos, ideologias ou *slogans*. Este processo de re-encantamento não surgiu através da chegada de artistas em Salvador como missionários cuja proposta fosse 'catequizar' ou 'salvar os habitantes', aliviando assim suas consciências pesadas. Também não surgiu através da negação ingênua da pobreza, do racismo, da injustiça, da violência, da crueldade ou de outros problemas, aparentemente endêmicos. Ao contrário, surgiu através da decisão consciente de enfrentar estas realidades com integridade, de se alimentar desta decisão e reunir as forças necessárias para valorizar de onde viemos e o que temos, e também de reconhecer que somos cidadãos e temos direitos, inclusive o direito de visualizar e concretizar um futuro melhor. Surgiu, como escreveu Suely Rolnik, através da criação das "condições de reativar o lúdico, o afetivo e o poético em gestos cotidianos e conseqüentemente nos territórios existenciais que produzem". Os encontros que integraram este projeto, entre grupos e indivíduos, tiveram um forte impacto porque as crianças, os artistas e todos os participantes compartilharam aquilo que existe na essência de suas vidas. Tivemos a coragem de olhar para os mais profundos recintos de nossas almas, de utilizar nossos medos, desejos e sonhos como ferramentas transformadoras para efetuar a criação e partir rumo à imensidão do mar.

could sleep and dream in peace. Building cafezinho *puschcarts, Alberto Pita and the children looked at their own culture from a new perspective and reaffirmed that they themselves had the power to design and build their futures with the tools at their disposal. Exchanging memories of how violence had intruded into each of their lives, Doris Salcedo and the children identified the sources of their pain and used the activity of art to begin the process of healing. Preparing and consuming a trilogy of elaborate feasts, Rirkrit Tiravanija and the children lived the connection between physical and spiritual sustenance and also demonstrated that the underprivileged are entitled to the very best that society has to offer. Experimenting with making sound in the liminal zone where the audible dissolves into the inaudible, Tunga and the children worked to achieve the state of concentration in which one can perceive the clarion resonance of one's own inner voice, one's own desires. Making self-portraits, Kara Walker and the children controlled their own representations by making the imaginary self that they envisioned a reality. And looking at tasks from everyday life through the lens of art, Nari Ward and the children asked themselves how the new perspective they acquired could help them to change their lives for the better.*

As these projects developed, the transformative potential of The Quiet in the Land *began to reveal itself. By reenchanting the world, by proposing that reality and poetry could be co-extensive, we discovered how it might be possible to reaffirm the dignity, beauty, and sacredness of every member of society, including the disenfranchised and the excluded; to instill the spaces and activities of daily life with the value traditionally ascribed to art; to reaffirm the social utility of art by reintegrating it with life; and consequently to initiate the process of social transformation, even if only on a modest scale: a quiet revolution, with no manifestoes, ideologies, or slogans. This process of reenchanting did not emerge by the artists coming to Salvador as missionaries whose purpose was to proselytize and save the natives, thereby assuaging their own guilty consciences. Nor did it emerge by naively denying poverty, racism, injustice, violence, cruelty, or other seemingly endemic problems. Instead, it emerged by making the conscious decision to confront these realities with integrity, to draw sustenance from this decision, and to summon the strength to be able to appreciate where one comes from and what one has, but also to acknowledge that one has rights as a citizen, including the right to envision and realize a better future. It emerged, as Suely Rolnik has written, by creating "conditions to reactivate the playful, the affective, and poetical in daily gestures, and consequently in the existential territories that they produce." The encounters that comprised the project, between groups as well as between individuals, were as powerful as they were because the children, the artists, and everyone involved shared that which lies at the core of one's existence. We had the courage to look deep inside ourselves, to use our fears, desires, and dreams as transformative tools for creation, and to head into the immensity of the ocean.*

MARIO CRAVO NETO 1998/2000

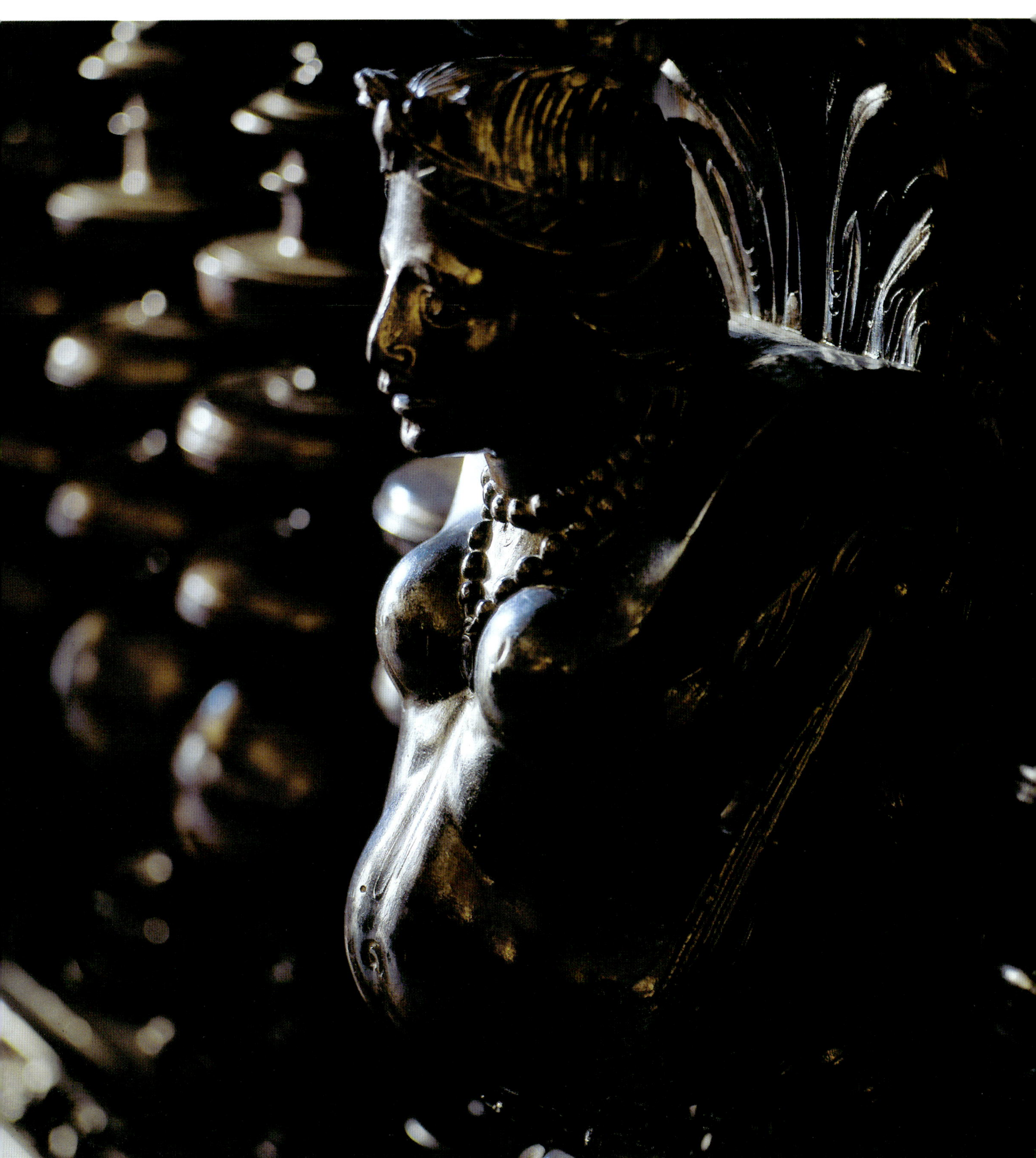

MARIO CRAVO NETO 1998/2000

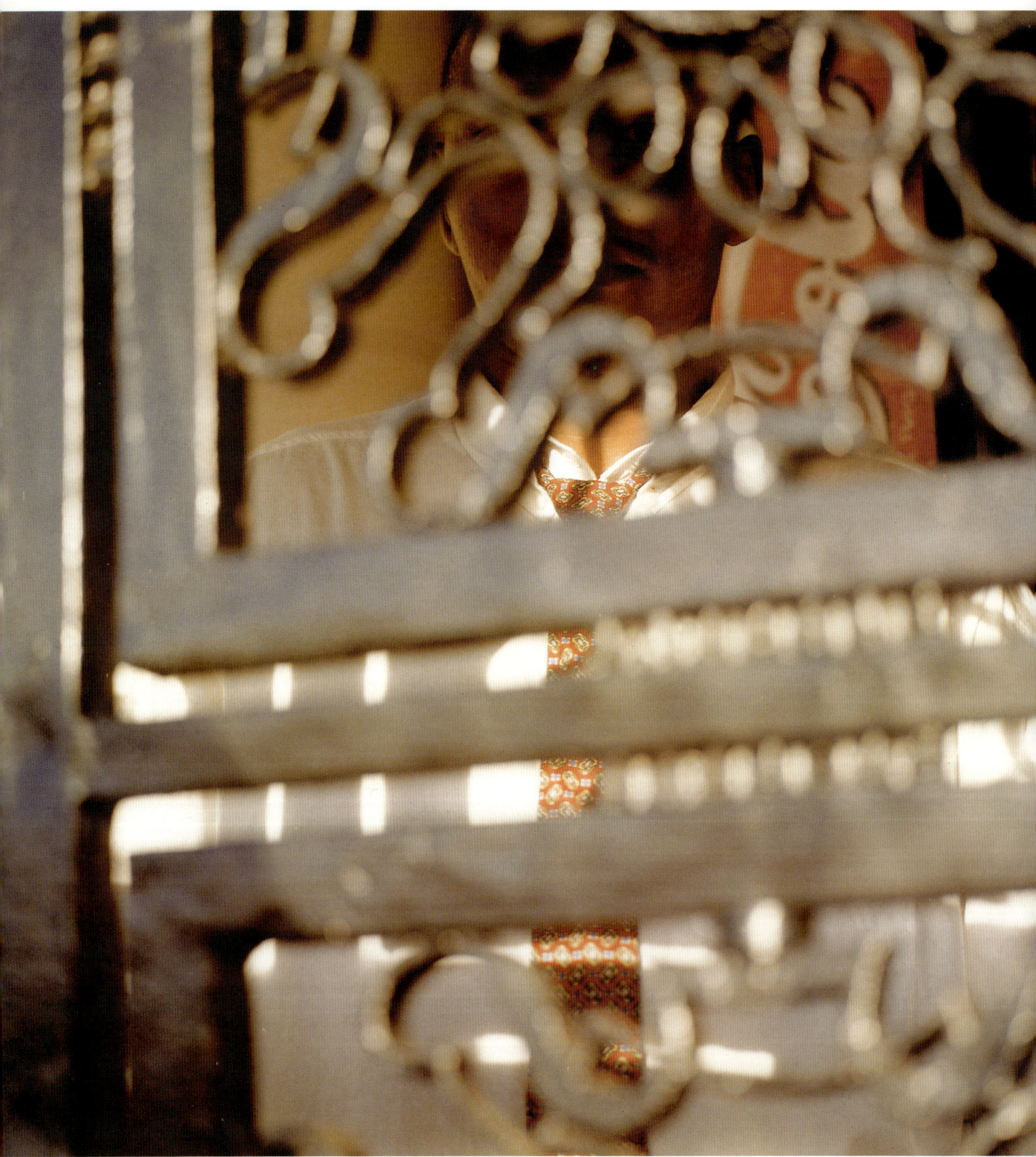

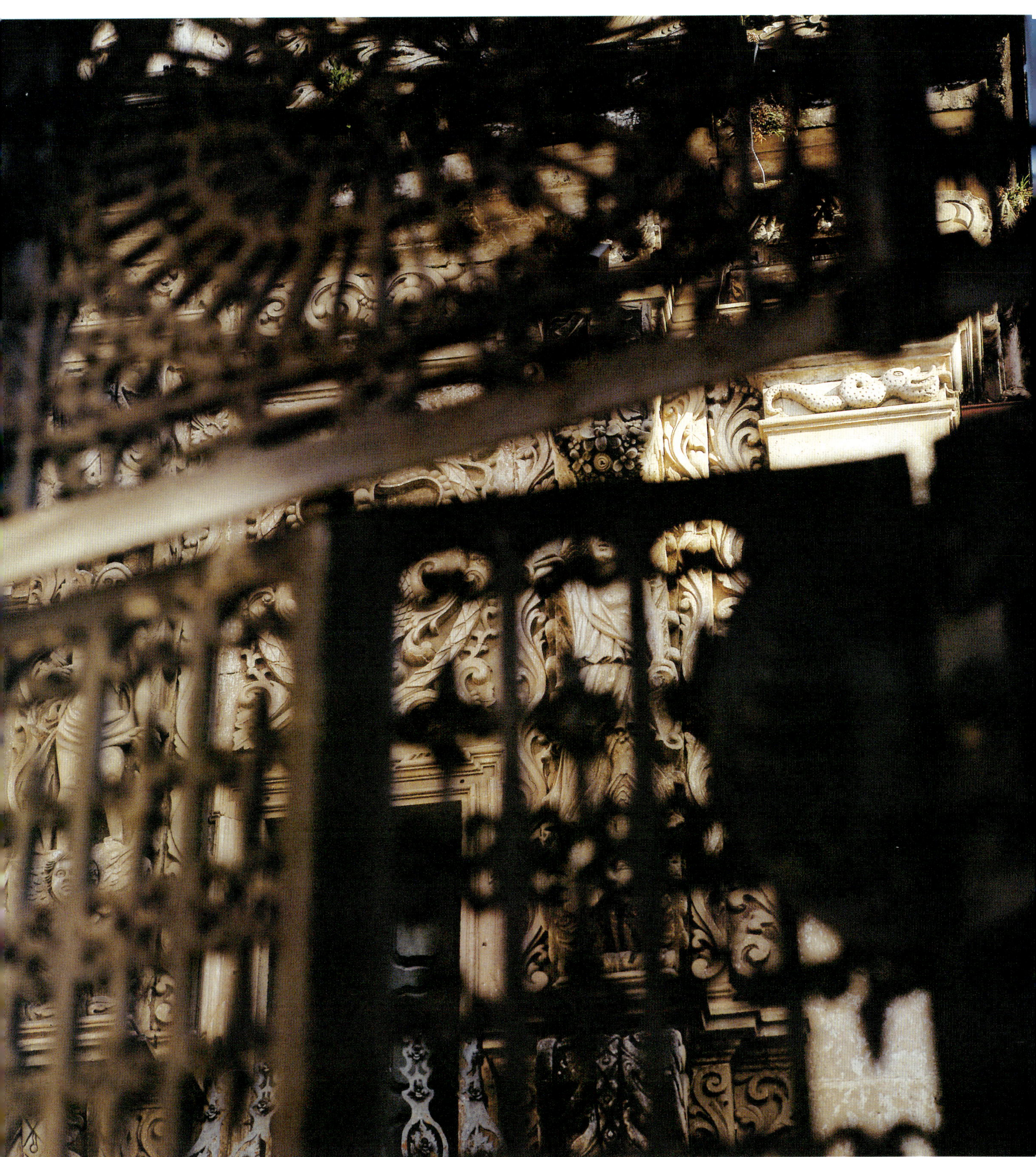

MARIO CRAVO NETO 1998/2000

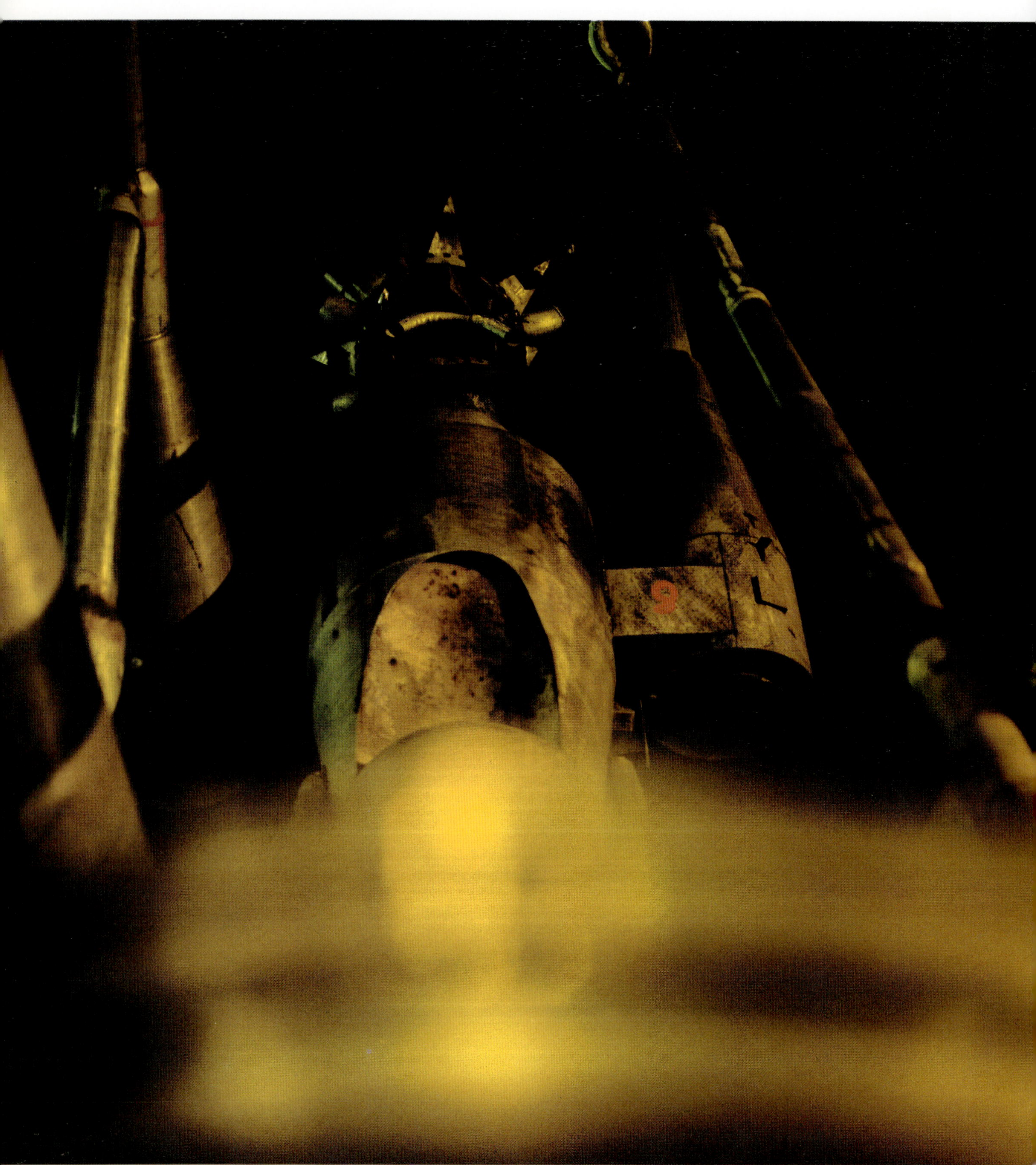

MARIO CRAVO NETO 1998/2000

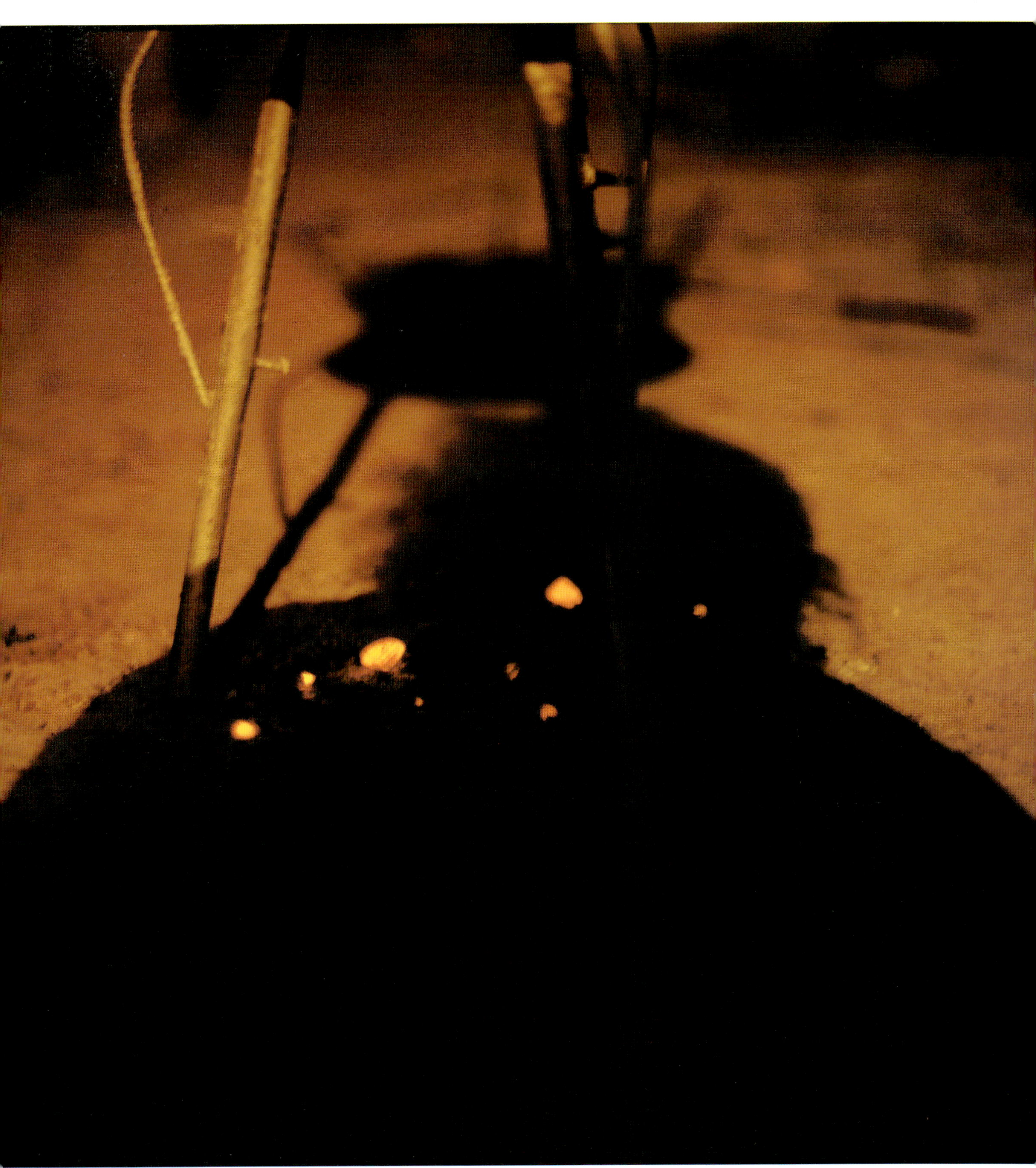

MARIO CRAVO NETO 1998/2000

MARLE DE OLIVEIRA MACEDO
The Quiet in the Land and Projeto Axé:
Art as Multiplicity and Tolerance

MARLE DE OLIVEIRA MACEDO
A Quietude da Terra e *Projeto Axé:*
Arte como pluralidade e tolerância

In the aftermath of the twentieth century, humankind must still endure wars whose motivations are as old as those of any other. The 1940s witnessed what may have been the most terrible struggle of all, World War II. As the British historian Eric Hobsbawn observed in the December 19, 1999, issue of the Folha de São Paulo, the twentieth century was the most barbarous ever, and Nazism and fascism were among the sources of its barbarity: "The objective of nationalist, racist fascism was to exclude from humanity a large portion of the human beings whose only mistake was to exist. . . . Nazism-Fascism was a political system of genocide, or the exclusion of a segment of humanity from the ideal" (MAIS section, 30-31). Although the Third Reich was defeated, conflicts based on intolerance linked to economic power persist in several parts of the world and nourish the impossibility of human fraternity. These wars, which represent humankind's overwhelming inability to deal with difference and diversity, have returned to the heart of so-called Western civilization, Europe, ending the twentieth century in a bloodbath, exodus, and despoilment of land in a tragedy that affects and perplexes the entire "civilized world" and its area of influence.

Even when war is not declared, in peripheral countries on continents such as South America there is a fierce struggle for survival among the vast segments of the population excluded from social benefits. They are the poor, who also lack access to the main achievements of humanity. At the turn of the century, they reproduce archaic standards of survival as their only means of subsistence, both in rural areas and in major urban agglomerations—people who live in parallel with the cutting-edge technologies and highly sophisticated living standards of the elite, which materially characterizes social inequality. In this violent clash, hordes of desplazados *(displaced persons) appear, driven from their lands, without any prospects of finding a home. Throughout the continent, a silent and sometimes explosive battle is being waged for access to land. In both cases, the war is tragic, preventing human relations from being formed and establishing violence as a form of mediation between people. Because it makes borders more permeable, the emergence of globalization has whipped up the process of intolerance and, paradoxically, given rise to individualist and exclusive sentiments.*

In Brazil, Bahia is a unique state that symbolizes our society. Bahia was the site of the first official contact between Europe and this country, between men who had traveled across the Atlantic Ocean to the eastern shores of South America, and the men and women who lived here. The result was a cruel, systematic, and continuous attempt on the part of the former to dominate and destroy the latter. Bahia also witnessed the arrival of men and women who were brought here by force after crossing the same ocean, torn from Africa in the most brutal process of geographical and existential despoliation.

No final do século XX, a humanidade ainda convive com guerras cujas motivações são tão antigas quanto as de todas as outras. A década de 40 presenciou talvez a mais terrível luta armada de quantas já existiram—a Segunda Guerra Mundial.

O historiador inglês Eric Hobsbawn refere-se ao nosso breve século como o mais bárbaro de todos, e o nazi-fascismo como um dos motivos dessa barbárie: "O objetivo do fascismo—nacionalista, racista—era excluir da humanidade grande parte dos seres humanos cujo único erro era existir. . . . O nazi-fascismo foi uma política sistemática de genocídio ou exclusão de uma parte da humanidade ideal (*Folha de São Paulo*. Caderno MAIS, 19 de dezembro de 1999, 30,31).

Apesar de derrotado o Reich, os conflitos que têm como elemento fundamental a intolerância, associada ao poder econômico, persistem em várias partes do mundo e alimentam a impossibilidade da convivência humana.

As guerras, que representam a maior incompetência do homem para lidar com a diferença e a diversidade, retornam ao centro da chamada civilização ocidental, a Europa, fechando o século XX num banho de sangue, de diáspora, de desterritorialização, numa tragédia que atinge e deixa perplexo todo o chamado "mundo civilizado" e a sua influência.

Nos países periféricos, mesmo sem guerras declaradas, em continentes como a América Latina, há uma luta feroz pela sobrevivência de grandes camadas da população excluídas dos benefícios sociais. São os pobres, sem acesso ainda às grandes conquistas da humanidade, reproduzindo neste fim de século padrões de sobrevivência arcaicos como única possibilidade de existência—tanto nas áreas rurais como nos grandes aglomerados urbanos—, e convivendo paralelamente com as tecnologias de ponta e padrões de vida extremamente sofisticados das elites, o que caracteriza materialmente a desigualdade social. Nesse embate, surgem hordas de "desplazados", desalojados de suas terras e lugares, sem perspectiva de lugar nenhum. Em todo o continente, há uma luta surda, às vezes explosiva, pelo acesso à terra.

Em um ou outro caso, a "guerra" é nefasta, impede a convivência humana e instaura a violência como "mediação" entre os homens. A emergência da globalização, por deixar as fronteiras mais porosas, acirrou o processo da intolerância e, paradoxalmente, faz emergir os sentimentos particularistas e excludentes. Em países como o Brasil, a Bahia é um estado singular e emblemático da nossa civilização.

Na Bahia, ocorreu o encontro oficial da Europa com o país, dos homens vindos pelo mar Atlântico para as costas brasileiras e os homens e mulheres que nelas viviam, numa cruel tentativa sistemática e contínua de dominação e destruição dos primeiros em relação aos segundos. As terras da Bahia também testemunharam a chegada dos homens e mulheres que vieram à força, pelo mesmo Atlântico, arrancados da África, no processo mais brutal de desterritorialização geográfica e existencial.

Esses encontros foram marcados pela desigualdade, pela submissão de uns e opressão de outros, por todo um processo de lutas e glórias e fracassos e recomeços que conformaram nossa formação social.

Configura-se então a formação da cultura brasileira/baiana e o que viria a ser a identidade aí construída, ou, contemporaneamente as nossas "identificações".

Salvador, a capital da Bahia, é a terceira cidade do Brasil em população (2.511.239 habitantes) e a segunda maior cidade negra do mundo (depois de Lagos, na Nigéria), com 80% dessa população constituída de negros-mestiços, uma forte herança genética indígena generalizada, além do sangue português que também corre nas veias brasileiras/baianas.

Mesmo com superioridade numérica absoluta, os negros são minoria porque não têm poder político, constituem uma maioria de analfabetos, desempregados, sub-empregados, detêm os menores salários e apenas 4,0% estão na universidade.

São a grande massa que se comprime nas favelas, nas prisões, nos trabalhos invisíveis (e fundamentais na sociedade), nas ocupações sazonais, intermitentes e fragmentárias e muito especialmente nas ocupações próprias dos períodos de festas e celebrações da cidade, além de constituírem a grande maioria de crianças e adolescentes que vivem nas ruas.

Isso torna visível a dimensão do processo de exclusão social vivenciado pela população pobre e negro-mestiça, nesta cidade de Salvador.

Em contraposição, essa é a população paradigmática na constituição da identidade brasileira e baiana. Essa população contamina toda a sociedade com a sua cultura, tornando-se indispensável na constituição do que é ser brasileiro. Reconhecer esse contexto sócio/político/cultural é imprescindível para se compreender o Brasil profundo e, nele, a Bahia e Salvador. É nesse cenário que se desenvolvem as atividades educativas do Projeto Axé.

Sabe-se que educar consiste num ato político e implica em formar pessoas que vão atuar no mundo com os referenciais absorvidos nesse processo. Por não ser neutra a educação, há uma intencionalidade intrínseca na sua ação, conferindo imensa responsabilidade a quem educa em qualquer nível.

Trabalhar com educação requer a compreensão dos processos históricos que perpassam a humanidade e suas repercussões no cotidiano local, na atualidade e no futuro, no sentido de reforçá-los ou negá-los.

A intolerância e a violência simbólica ou material produzida na sociedade, em processos de caráter local, regional ou universal, explodem em guerras ou em conflitos crônicos de submissão e/ou de destruição de grupos ou pessoas. Esses processos, pelo mal que representam em si, devem ser tomados, de modo sistemático, como objeto de "desconstrução" da ação educativa.

A intolerância atenta contra a liberdade e a vida. Sua desconstrução deve perpassar os conteúdos e os processos educativos na dimensão do seu microcosmo, pela via da cognição e da sensibilidade. Ou seja, apesar de cada ato educativo acontecer em espaços físicos localizados e atingir reduzido número de pessoas (educador e educandos), seu

These encounters were marked by inequality, by the subjugation and oppression of some by others, by the process of struggles and glories and defeats and new beginnings that led to our development as a society. That is how Brazilian/Bahian culture was built, together with what would become our identity (or, using the contemporary term, our "identifications"). Salvador, the capital of Bahia, is Brazil's third largest city in terms of population (2,511,239 inhabitants) and the second largest black city in the world (the largest is Lagos, Nigeria). Eighty percent of its population is black and mulatto, with a strong and omnipresent indigenous genetic heritage, together with the Portuguese blood that also flows in Brazilian/Bahian veins.

Although they are the absolute majority, blacks are also a minority group because they have no political power and make up the bulk of the illiterate, unemployed, and underemployed, earning the lowest wages. Just 4 percent go to college. They are the masses huddled in shantytowns and jails, engaging in invisible (yet socially essential) jobs—seasonal, occasional, and part-time employment, and particularly occupations associated with the season of festivals and celebrations in the city. They also constitute the great majority of children who live in the streets. This sheds light on the enormity of the process of social exclusion experienced by the poor and black-mulatto population of Salvador. On the other hand, this population is a paradigmatic factor in Brazilian and Bahian identity. It permeates society with its culture, becoming an indispensable part of what it is to be Brazilian. The recognition of this social, political, and cultural context is vital to gaining an in-depth understanding of Brazil and, within it, of Bahia and Salvador. It is within this context that Projeto Axé carries out its educational activities.

We know that teaching is a political act and involves preparing people to take action in the world as the models for this process. Because education is not neutral, there is an intrinsic intentionality in its actions, conferring immense responsibility on those who teach at any level. Working with education requires an understanding of the historical processes followed by humanity, and their repercussions on local daily life today and in the future, in order to reinforce or negate them. The intolerance and symbolic or physical violence generated in our society through local, regional, or universal processes erupts in wars and chronic conflicts involving the subjugation and/or destruction of groups and individuals. Because of the evils they represent, these processes must be addressed systematically as the targets of dismantling by educational action.

Intolerance is an assault on life and liberty. Its dismantling must follow the contents and educational processes in the dimension of its microcosm, along the path of cognition and sensibility. In other words, although each educational act takes place in physical, localized areas and affects a limited number of people (teacher and students), its objective must be universal. Therefore, all entities that work with education must make contributions at every level for the benefit of humanity.

The Quiet in the Land was developed within the scope of Projeto Axé, and from this perspective as art's contribution to the process of preparing youths to change their lives and environments in order to create a better, more just, and humane world. Within Projeto Axé's pedagogical aims, art is seen as education in and of itself, because working with the poetic stimulates people's feelings, thoughts, and actions, structuring and organizing their world, creating meaning and innovating. Thus, they transform themselves and their reality, doing all this with pleasure, or in one student's words, com gosto *(with relish). Art can touch children's souls, providing them unforgettable experiences that will light up their lives no matter where they are or what they are doing. Underscoring the power of art over the human soul, one of the several significances of the students' participation in* The Quiet in the Land *was the experience of a positive relationship with diversity, in which the people involved, who came from a variety of cultural and ethnic backgrounds, lived with their differences constructively. Art mobilizing peace and defeating war: That is how* The Quiet in the Land *and Projeto Axé are marking a new type of "meeting" between men and women from elsewhere and local children—a meeting characterized by tolerance, respect, creativity, mutual knowledge, partnership, and delight. Their mutual growth will lead to the resignification of a more humane world.*

ETHICS AND AESTHETICS AS THE DISMANTLING OF EXCLUSION

Projeto Axé works with children who live in extreme poverty, primarily benefiting those who live outside their homes, schools, and communities—in other words, the excluded, those who exist on the margins of society. The real lives of these students are marked by a process of exclusion clearly characterized by the racial and social discrimination commonly found in multiracial countries that have developed through centuries of oppression. In this socio-historical context, the students, who are members of the black-mulatto population of Salvador, are part of the bottom of the social pyramid in Brazil and Bahia and suffer all of the ills that shape the process of exclusion. This can be seen in everything from the discriminatory expressions and actions of individuals and groups, in the relationships that these segments establish with society, and even in the lack of access to the material living conditions that give people and families the smallest shred of dignity.

A student's description of how he felt about other people before joining Projeto Axé illustrates his perception of social rejection: "I felt real bad because of the way people looked at me, like this, up and down, those people on the bus. I was kind of shy and I went to the back [of the bus] feeling kind of sad" (Projeto Axé, Meninos do Axé: Caminhos, *1997). Under these circumstances, the mediation of these relationships takes place through symbolic or physical violence. Whether unconscious or explicit, there is widespread intolerance in our society that aims to keep these poor segments at*

objetivo deve ser universal.

Cabe, assim, a todas as instâncias que atuam com educação contribuírem nos mais diversos níveis para o benefício da humanidade. O projeto *A Quietude da Terra* no âmbito do Axé, enquadra-se nessa perspectiva, como uma contribuição da arte ao processo de educar jovens para que transformem sua vida, e o meio do qual são originários, na busca de um mundo melhor, mais justo, mais humano.

Na proposta pedagógica do Axé, a arte é vista como educação em si mesma porque atuando com a poética, mobiliza o ser humano na sua emoção, na sua razão e no seu fazer, estruturando e organizando o mundo, criando significado e inovando. Transformando-se e transformando a realidade, e tudo isso com prazer, com "gosto", segundo um educando.

A arte pode tocar fundo as crianças e adolescentes, marcando sua existência com experiências indeléveis que irão iluminar suas vidas independentemente de onde estejam e do que façam.

Referendado nesse poder da arte sobre a alma humana, vislumbrou-se dentre os vários significados da participação dos educandos no projeto *A Quietude da Terra*, vivenciar uma relação positiva com a diversidade, na qual as pessoas envolvidas, portadoras de culturas e etnias diversas, conviveriam com suas diferenças de modo construtivo.

A Arte mobilizando a paz e derrotando a guerra. Assim *A Quietude da Terra* e o Axé marcam um novo tipo de "encontro" entre homens e mulheres que vieram de fora e as crianças e os adolescentes locais: o encontro da tolerância, do respeito, da criatividade, do conhecimento mútuo, da parceria e do prazer. Desse crescimento conjunto, uma ressignificação para um mundo mais humano.

ÉTICA E ESTÉTICA COMO DESCONSTRUÇÃO DA EXCLUSÃO

O Axé atua junto a crianças e adolescentes em situação de extrema pobreza, beneficiando prioritariamente os que estão fora da família, da escola e da comunidade, isto é, os excluídos, os que estão à margem da sociedade.

A vida real dos educandos inclui um processo de exclusão e da qual têm clareza, e caracteriza-se pela discriminação tanto racial como social, típicas de países multi-raciais que se formaram através de séculos de opressão.

Nesse cenário sócio-histórico, os educandos do Axé, que compõem a população negro-mestiça de Salvador, fazem parte da base da pirâmide social brasileira/baiana e sofrem todas as mazelas que configuram o processo de exclusão. Isso transparece desde expressões e atitudes discriminatórias de indivíduos e grupos, nas relações que esses segmentos estabelecem com a sociedade, até na falta de acesso às condições materiais de vida, que assegurem um mínimo de dignidade às pessoas e às famílias.

A fala desse educando sobre como se sentia em relação a outras pessoas antes de entrar no Axé, ilustra a percepção da rejeição social: "Eu me sentia agoniado por causa dos olhares das pessoas, assim, de cima abaixo, das pessoas de dentro do ônibus, eu ficava meio acanhado assim e ia pro fundo meio triste" (Projeto Axé, *Meninos do*

Axé: Caminhos, 1997).

Nessas circunstâncias, a mediação dessas relações passa pela violência simbólica ou material. Há, disseminada na sociedade, uma intolerância—subliminar ou explícita—que visa manter esses segmentos da pobreza à distância e contribui para reforçar padrões estereotipados e preconceituosos, especialmente contra negros e pobres.

Em contraposição, o Axé desenvolveu uma proposta político-pedagógica alternativa que, apesar de seu caráter universal, considera as circunstâncias específicas de seus educandos e busca estimular suas potencialidades, reconhecer sua cultura, seu saber e sua experiência de vida. Oferecer aos educandos espaço de acolhimento afetivo, de crescimento pessoal e de cidadania, propiciando-lhes condições de exercício da sua humanidade.

O Axé fundamenta-se nos princípios da Ética e da Estética, entendidas aqui como Direitos Humanos e direito ao prazer da criação e fruição, no conhecimento científico e na participação ativa de seus beneficiários, aplicados no respeito aos valores e às práticas culturais do universo em que atua.

Tendo presente esses princípios, o Axé parte da observação de que o processo de exclusão social caracteriza-se também por condenar o excluído a se mover estritamente em função e no limite de sua sobrevivência. A exclusão subtrai aos indivíduos as condições mínimas de usufruir os aspectos mais prazerosos da vida, fazendo da arte e da espiritualidade que a constituem aspectos supérfluos e desnecessários, empobrecendo de forma extremada a existência. Essa questão tão sensível e delicada é um real divisor de águas entre as classes sociais, pois assegura a poucos e determinados segmentos o acesso à arte e às suas formas de representação.

O processo pedagógico-cultural do Axé busca promover espaço de experiência estética a seus educandos, como a restauração de um direito que lhe é negado, mas que, para a inteireza do ser humano que quer formar, é fundamental estar assegurado.

A atividade cultural do Axé nasce da compreensão relativa à dimensão cultural enquanto dimensão integradora, capaz de demolir muros do "gueto"-da experiência de confinamento social que toma conta das crianças excluídas e de explicitar e aprofundar conexões comunitárias. . . . As linguagens artísticas podem desempenhar um papel fundamental nesse processo de reintegração crítica, de recuperação da auto-estima e do sentimento comunitário dessas crianças, propiciando um reordenamento pessoal capaz de fazer frente à experiência desagregadora da rua e da extrema pobreza. (*Juca Ferreira*, Projeto Erê,*1991*)

Essa citação está contida no Projeto Erê, primeira proposta cultural operacionalizada no Axé, no início de suas atividades, o que já transparece a importância da cultura nos seus fundamentos e no seu ideário.

O Projeto Erê propiciou a primeira experiência de abertura do Axé na perspectiva cultural, dessa vez na direção das comunidades de origem dos educandos, colocando-os em contato direto com o complexo cultural negro-mestiço de Salvador. "Feito um exame cuidadoso na

a distance and reinforce stereotypical and prejudiced standards, particularly involving blacks and the poor.

To counter this, Projeto Axé has developed an alternative political-pedagogical approach that, in spite of its universal scope, considers the specific circumstances of its students and seeks to stimulate their potential and recognize their culture, knowledge, and experience of life. It offers these students a safe and caring environment in which they can work on their personal growth and gain awareness of their civil rights and responsibilities, while giving them the necessary conditions for exercising their humanity. It is based on the tenets of ethics and aesthetics, which are understood here as human rights and the right to the enjoyment of creation and fruition, and it is based on scientific knowledge and the active participation of its beneficiaries, applied to respecting the values and cultural practices of the world in which it works.

In light of these principles, Projeto Axé's basic premise is that the process of social exclusion is also characterized by condemning the excluded to concentrate solely on their own survival. Exclusion robs people of the minimum conditions for enjoying the more pleasurable aspects of life, making art and its inherent spirituality superfluous and unnecessary, thereby vastly impoverishing their existence. This highly sensitive and delicate issue is a true dividing line between the social classes, because it ensures that only a few specific groups will have access to art and its forms of expression.

Projeto Axé's pedagogical-cultural process seeks to give its students a place where they can enjoy the aesthetic experience as a means of restoring the dignity denied them but which must be obtained so that they can develop as full human beings:

Axé's cultural activities arose from the understanding of the cultural dimension as an integrating dimension that can demolish the walls of the "ghetto"—the experience of social restriction that dominates excluded children, and clearly define and explore community connections. . . . The languages of the arts can play an essential role in this process of critical reintegration, of restoring self-esteem and the sense of community among these children, thereby bolstering the personal restructuring that can help combat the splintering experience of the streets and extreme poverty. (Juca Ferreira, *Projeto Erê*, 1991)

This quotation, from Projeto Erê, the first cultural proposal implemented at Projeto Axé when it began its activities, demonstrates the importance of culture to the organization's basic tenets and ideology. This project led to the first experience of cultural opening at Projeto Axé, which was aimed at its students' home communities, putting the children in direct contact with the black-mulatto cultural complex of Salvador: "After carefully examining the Bahian cultural scene, we have concluded that the . . . action proposed must be carried out from the basis of the critical and creative mobilization of Candomblé terreiros [places of worship], Afro-Carnaval entities and Capoeira groups. Clearly, these are the three centers of dissemination of Bahia's black-mulatto culture, and they have a long-standing tradition of working with children" (Ferreira 1991).

Following a strategy aimed at developing the feeling of belonging and social inclusion, Projeto Erê opened the doors of black-mulatto cultural niches in the city to Projeto Axé's students, enabling them to immerse themselves in these areas, where all expressions praise the cultural world of which they themselves are the heirs. The source of the symbolic treasures in which the origins of these expressions are imprinted is Candomblé. A religion created a little over one hundred years ago in the Brazilian diaspora by slaves and former slaves, it encompasses some of the sacred entities and rituals that were brought here from Africa, particularly the countries ravaged by Brazilian slavery. The basis of Candomblé rituals is dance, gestures, percussion, song, rhythm, form, movement, color, sound, clothing, adornment, food, imagery, and a specific "stage" setting that characterizes, influences, and expresses itself in the culture of not only black people but the people of Brazil, with their rainbow of faces and ethnicities. It is characteristically a culture of resistance with an immense capacity for transformation and struggle that has withstood all of the atrocities and persecutions of its roots and leaders, and survived with sufficient strength to give Brazil and Bahia their true "look." In no other part of Brazil is this culture so strong. And in no other part of Brazil is this influence so clearly demarcated and capable of mingling with other influences in Bahia and Salvador without losing its original characteristics.

The experience resulting from this process of bringing the students into close contact with their culture of origin had the expected effect: they had a positive encounter with their own world. They recognized themselves as human beings, experiencing the joy of relating with others as equals in a constructive manner to achieve a common aim: making music, dancing, getting in touch with the black-Bahian world. This is a world that cultivates and accepts its values and signs; that likes being black and extols its own beauty; that recognizes itself as a leader, as a builder of this Brazilian nation. In response, the students' self-esteem grew, and they made a qualitative leap in their personal development. This was a process of decentralizing the work of Projeto Axé, whose overarching aim was to bring people together, build a hub, create a structure, share, give meaning. In essence, this process generated joy, creativity, information, visibility, applause, and social recognition. However, while recognizing their historical circumstances and local characteristics, Projeto Axé sought to give its students a sense of universality, considering that an in-depth experience and appropriation of their own culture is a consistent basis for this process of universalization.

At Projeto Axé, culture, art, and aesthetics presuppose the heterogeneity of human

conjuntura cultural baiana, concluiu-se que a ação . . . proposta deverá ser feita a partir da mobilização crítica e criativa de terreiros de candomblé, entidades afro-carnavalescas e grupos de capoeira. Aí estão, fora qualquer dúvida, os três principais pólos irradiadores da cultura negro-mestiça baiana- e cuja tradição, no trabalho com crianças, vem já de longa data" (Ferreira 1991).

Numa estratégia de desenvolver o sentido de pertencimento e de inclusão social, o projeto Erê abriu as portas dos nichos culturais negros-mestiços da cidade para os educandos do Axé, propiciando-lhes uma imersão nesses espaços onde todas as manifestações são de louvor a esse universo cultural, do qual são portadores.

A matriz de bens simbólicos em que está impressa a origem dessas manifestações é o Candomblé. Religião criada há pouco mais de cem anos na diáspora brasileira pelos escravos e ex-escravos, reúne parte das entidades sagradas e dos rituais que aqui chegaram trazidos do continente africano, em especial, dos países que foram aviltados pela escravidão brasileira.

No ritual do Candomblé, está o fundamento da dança, do gestual, da percussão, do canto, do ritmo, da forma, do movimento, das cores, do som, do vestuário, do adereço, da culinária, do imaginário, e de um espaço "cênico" específico que caracteriza, influencia e expressa-se na cultura do povo não apenas negro, mas de todo o povo brasileiro com suas mais variadas faces e etnias.

É uma cultura caracteristicamente de resistência, de uma imensa capacidade de transformação e luta, que resistiu a todas as atrocidades e perseguições contra seus fundamentos e protagonistas e sobreviveu suficientemente forte para dar a "cara" ao Brasil e à Bahia. Em nenhum outro lugar do Brasil, essa cultura é tão forte. Em nenhum outro lugar do Brasil, essa influência é tão demarcada e capaz de se miscigenar com outras influências quanto na Bahia, e em Salvador, sem perder suas características.

A experiência decorrida desse processo de aproximação dos educandos com a cultura de origem surtiu o efeito esperado: um encontro com seu universo de forma positiva. O reconhecimento de si mesmo enquanto ser humano. A alegria de conviver com iguais de modo construtivo direcionado para um objetivo comum: fazer som, dançar, tomar contato com o mundo negro-baiano. Universo que cultiva e assume seus valores e signos, gosta de ser negro e exalta sua beleza, reconhece-se enquanto protagonista, como construtor desta nação brasileira.

Em resposta, a auto-estima do educando elevou-se e seu desenvolvimento pessoal deu um salto qualitativo. Foi um processo de descentralização da ação do Axé, cujo objetivo maior era o de agregar, construir um eixo, formar uma estrutura, compartilhar, dar sentido. Esse processo propiciou fundamentalmente alegria, criatividade, informação, visibilidade, aplausos, reconhecimento social.

No entanto, apesar do reconhecimento das circunstâncias históricas e características locais, o Axé busca levar a seus educandos, o sentido da universalidade, considerando que o mergulho e a apropriação da sua cultura é a base consistente para esse processo de universalização.

A cultura, a arte e a estética no Axé têm como pressuposto a heterogeneidade dos grupos humanos e o direito à diferença, assegurados na Declaração Universal dos Direitos Humanos. Ou seja, a cultura expressa-se através da arte e da estética, como manifestações profundas de um determinado modo de estar no mundo e de sentir a vida, que compõe a diversidade da humanidade e que se constitui em sua grande riqueza.

Com esse espírito, o Axé recebeu a proposta para a realização conjunta do projeto *A Quietude da Terra*. Como uma experiência que gravitaria no mesmo universo do Projeto Erê, só que na direção oposta, isto é, de dentro da cultura local para fora, com dimensões incomensuráveis naquele momento, mas, certamente, de imenso potencial para o desenvolvimento dos educandos. Era uma outra imersão, agora, na cultura universal, através da arte contemporânea.

A Quietude da Terra inscrevia-se entre as atividades do Axé em busca da ampliação dos horizontes de seus educandos, como uma ação radical na perspectiva pedagógica, tendo a criatividade e a arte como âncoras do processo. Ancorado na arte como centralidade, trazendo representantes de culturas e tendências artísticas diversas, mesmo no mundo da Arte Contemporânea, o projeto também transitava no universo do pluriculturalismo, que é um tema extremamente caro a países que se constituem pela diversidade étnico-cultural, como é o caso do Brasil e, em especial ao Axé, pelo perfil dos educandos.

Nesse campo, o projeto *A Quietude da Terra* teria como contribuição ao processo educativo das crianças e adolescentes propiciar-lhes uma experiência concreta de relações com o "diferente" de modo construtivo, mediado pela arte. Nesse processo, criar, espaços de expressão da subjetividade, de fortalecimento interior, de liberação do imaginário, de partilha *afetual*, de sensações positivas, coisas que o sistema lhes sonega sistematicamente, mas que é objeto de investimento contínuo do Axé.

Sabe-se ser a arte o grande depositário das diferenças existentes na humanidade. É o legado da história da arte em todas as suas vertentes e linguagens que demonstra de modo inequívoco, simbólica e concretamente, a diversidade como essência da universalidade. Nada é mais representativo do que o produto artístico, que eterniza a vida. Na arte a vida não morre, sobrevive à morte de quem a produziu. Arte e vida são plurais em todos os sentidos.

Potencialmente, o projeto *A Quietude da Terra* teria todos os elementos para desenvolver um profícuo processo educativo, mesmo sendo uma atividade compacta e intensa a ser vivenciada pelos educandos por um tempo determinado. Mais do que um discurso ou uma percepção aproximada, seria o impacto de um corte concreto e radical no cotidiano das atividades educativas e nas suas vidas.

A proposta aí contida também atendia ao que se estabeleceu como acesso à arte no Projeto Axé, através de três vertentes: (1) o aprendizado teórico e técnico com vistas à profissionalização dos

groups and the right to be different, guaranteed by the Universal Declaration of Human Rights. In other words, culture is expressed through art and aesthetics, as profound manifestations of a given way of being in this world, which makes up the diversity of humankind and constitutes its greatest treasure. Projeto Axé received the proposal to jointly develop The Quiet in the Land *in this spirit. As an experience that would gravitate in the same universe as Projeto Erê, only in the opposite direction—from within local culture to the outside world—it had a scope that could not be measured at that time, but certainly had tremendous potential for boosting the students' development. This was another kind of immersion, this time in the cultural universe through contemporary art.*

The Quiet in the Land *was included among Projeto Axé's activities to broaden the horizons of its students as a radical development of its pedagogical perspective, using creativity and art as the anchors of this process. Using art as the axis, bringing in representatives of a variety of cultures and artistic trends, even in the world of contemporary art, the project also entered the sphere of multiculturalism, which is an extremely important subject for countries constituted by ethnic and cultural diversity, like Brazil, and particularly Projeto Axé, because of the background of its students. In this area,* The Quiet in the Land *could contribute to the educational process of these children by giving them direct experience in relating with what is "different" in a constructive way, mediated by art. During this process, they could make room for the expression of subjectivity, for the development of inner strength, for freeing their imaginations, for sharing emotions, positive feelings, things that the system systematically denies them, but that are the targets of continuous investments by Projeto Axé.*

We know that art is the greatest repository of the differences that exist among humankind. It is the legacy of the history of art in all its pathways and languages that unequivocally, symbolically, and concretely presents diversity as the essence of universality. Nothing is more representative than the artistic product, which perpetuates life. In art, life never dies; it survives the deaths of those who produced it. Art and life are multiple in every sense of the word. Potentially, The Quiet in the Land *could have all the elements required to develop a fruitful educational process, although it was a compact and intensive activity that would only be experienced by the students for a given period of time. More than a speech or an approximate perception, it would have the impact of a real and radical interruption of their daily educational activities and lives.*

The proposal also fulfilled Projeto Axé's established approaches to art, which follow three paths: (1) theoretical and technical training aimed at teaching professional skills to the students who are interested in acquiring them; (2) obtaining knowledge and heightening awareness, seeking to enchant the students with art and beauty through information and experiments with works of art, thereby enabling them to directly exercise the aesthetic experience; (3) obtaining enjoyment and fulfillment through actions aimed at giving the students a pleasurable experience of art and aesthetics, integrating them in audience-developing programs and other artistic activities inside and outside of Projeto Axé.

As planned, the intensive contact between the students and contemporary art would also fulfill another presupposition of Projeto Axé's cultural work: exposing students to all the languages of art, as well as all the styles that the institution could offer them. Thus, by coming into contact with the diversity of art, the aim was to broaden the repertoire and horizons of the students' sensibilities, enabling them to expand their aesthetic experience, giving them the necessary conditions for choosing what truly moves them. This would free them from the limitations imposed by the media and the systems of information that define and imprison them within a single aesthetic standard, the standard of the market. This process robs them of the freedom to "want" because what they "can possibly want" is already pre-established (conditioned) or, by analogy, they have been restricted to a given place in local and mainstream society. Therefore, freely exercising their aesthetic sense is an act that overcomes stigmas, loosens bonds, and gains existential freedom, which are essential conditions for being newly included in the world.

All of this had to be thought through in depth to clear up any doubts and point out the possibilities in order to maximize the results of the project for the students. Thousands of questions and possibilities, arguments, and expectations were raised. For nearly two years, Projeto Axé reflected on the project's meaning and significance for the students, both internally and in conjunction with France Morin, the organizer of The Quiet in the Land. *In the end, they set out to implement the project.*

THE MEDIATION OF ART AND TOLERANCE

Because it affected all the students, the project fulfilled the aim of universalizing art at Projeto Axé, not only by spreading information, but also through the students' participation in the processes of creation and the pleasure of fruition, in some way covering the institution's entire scope. This meant coming into contact with new aesthetic signs, new concepts of art approached differently by each participating artist and, consequently, fresh contact with the art world and a fresh look at the real world of the people at Projeto Axé involved in the project. In reality, this meeting of artists and students produced moments of tremendous human intensity. What we witnessed were exchanges between "peoples," between individuals, between human beings who wanted to understand each other, to create areas of harmony and mutual recognition, feelings, kindness, and caring.

The artists were completely open to being penetrated by the children's world, by their virtually untapped energy, their strength, their pain, and their boundless joy—by

educandos que assim o desejarem; (2) o conhecimento e a sensibilização buscando através da informação e da experimentação sobre as obras de arte, seduzir os educandos para a arte e o belo, propiciando-lhes o exercício da experiência estética; (3) o deleite e a fruição como ações voltadas para propiciar o contato prazeroso dos educandos com a arte e a estética, integrando-os em programas de formação de platéia e outras atividades artísticas dentro e fora do Axé.

O contato intensivo dos educandos com a arte contemporânea como estava previsto, atenderia a outro pressuposto da ação cultural do Axé: expô-los a todas as linguagens da arte, bem como a todos os estilos que sejam possíveis à instituição lhes oferecer.

Pretende-se, assim, que em contato com a diversidade da arte, amplie-se o repertório e os horizontes sensíveis dos educandos, possibilitando um alargamento da sua experiência estética, propiciando-lhes condições de optar pelo que realmente lhes toca. Isso os liberta dos limites impostos pela mídia ou pelos sistemas de informações que definem e os aprisionam num só padrão estético, o padrão do mercado. Esse processo que lhes tira a liberdade de "querer" porque já está pré-definido (condicionado) o que lhe "cabe querer", ou por analogia, sua circunscrição a um determinado lugar na sociedade local e na sociedade maior. Por isso, poder exercer seu senso estético com liberdade é um ato de superação de estigmas, de rompimento de amarras, de libertação existencial, condições essenciais para uma nova inserção no mundo.

Tudo isso demandou uma profunda reflexão para clarear dúvidas e apontar possibilidades na perspectiva da maximização dos resultados do Projeto para os educandos.

Foram milhares de questões, levantamentos de potencialidades, discussões, expectativas. Durante quase dois anos, o Axé refletiu internamente e com a coordenadora do projeto *A Quietude da Terra*, France Morin, sobre o seu sentido e significado para os educandos e, enfim, partiu para sua realização.

A MEDIAÇÃO DA ARTE E DA TOLERÂNCIA

O projeto, por atingir a todos os educandos, atendeu ao objetivo da transversalização da arte no Axé não só pela disseminação de informações, mas, também, pela participação dos educandos nos processos de criação e no prazer da fruição, abrangendo de alguma forma, todo o universo da instituição.

Isso implicou no contato com novos signos estéticos, novos conceitos de arte abordados diferentemente por cada artista participante e, consequentemente, novo contato com o mundo das artes e novo olhar para o mundo real dos que no Axé estavam envolvidos com o projeto.

Na realidade, o encontro dos artistas com os educandos produziu momentos de grande densidade humana. O que se viu foram trocas entre "gentes", entre pessoas, entre seres humanos que se propunham a se compreenderem, a criar zonas de harmonia e reconhecimento mútuo, afetividade, delicadeza e cuidados.

A atitude dos artistas foi de absoluta abertura para se deixarem penetrar pelo universo dos meninos, pela sua energia quase intocada, pela sua força, suas dores e sua desmesurada alegria. É o que o sociólogo francês Michel Maffesoli chama de vitalismo—a inexorável vontade de viver, apesar de tudo.

Isso permitiu o estabelecimento de relações afetuosas, densas, na medida certa para alimentar a alma das duas partes. Na fala dos meninos que têm no Axé o espaço diferenciado no qual vivenciam respeito e dignidade cotidianamente, o encantamento com aquela relação estabelecida com pessoas tão diferentes e diversas, de modo tão positivo e tão bom. E falavam da "paciência" que os artistas tiveram com eles, da atenção que lhes foi dedicada, coisas que lhes marcaram profundamente.

Por outro lado, os artistas expressavam o quanto de emoção esse processo lhes propiciou, o quanto de humanidade lhes foi reforçado nesse contato e como isso é necessário para sua vida e sua arte.

Na perspectiva cultural é que se deu a grande contribuição dos educandos, seja na definição do trabalho a ser produzido, ou no produto final. O manancial de cultura que envolve os educandos, acabou emergindo no processo e transversalizando todo o projeto, independentemente dos artistas serem estrangeiros ou não.

A arte como conhecimento e expressão do ser humano entrou definitivamente na agenda dos educandos. Não como aprendizado cumulativo por etapas ou domínio de técnicas, mas pela experiência radical com a arte e no contato intenso com o artista e com o seu processo criativo.

Todos os educandos que freqüentam as unidades do Axé participaram dessa experiência e por isso foi disseminado no corpo docente da instituição o sentido da arte em geral e uma compreensão particular de cada um sobre o significado da arte em sua vida.

Entre cada artista e o grupo de educandos estavam tradutores e assessores e a seu lado educadores, gerentes, enfim equipes que viabilizavam no aspecto estrutural o cotidiano das ações. Mas, entre ele, artista, e os educandos, fluíam sentimentos, olhares, sinais, compreensões mútuas que não passavam por nenhum intermediário. Só a tolerância e a disponibilidade interior de todos e de cada um.

A participação de artistas locais consolidou para os educandos, essa nova relação com a arte possibilitando-lhes outro olhar para o seu próprio cotidiano e para as coisas e objetos que dele fazem parte, agora ressignificados.

Essa participação do artista local de "carne e osso" no Projeto mostrou uma estética que usa elementos do dia a dia da cidade, dando concretude à experiência, conferindo veracidade ao processo e desmistificando a inacessibilidade da arte, inclusive como possibilidade de engajamento.

O que ficou para os educandos do Axé? Além do novo aprendizado do que é e como se pode fazer arte, a alegria de ter participado de uma experiência tão rica, feita de criatividade, solidariedade e sempre muita emoção. E mais uma vez ter experimentado que a "miséria" não é um destino e, sim, uma construção social que, assim como a intolerância, pode ser desfeita e esse é um caminho para desfazê-la.

what the French sociologist Michel Maffesoli calls "vitalism," the inexorable will to live, no matter what. This made it possible to establish affectionate, deep relationships that were just enough to nourish the souls of both groups. The words of the children who find in Projeto Axé a different kind of space where they experience respect and dignity on a daily basis expressed their delight in the relationship established with such different and diverse people in such a good and positive way. They spoke of how "patient" the artists were with them, of the attention they were given, the things that made a deep impression. For their part, the artists said how much this process had moved them, how much their humanity had been strengthened by this encounter and how this is necessary for their lives and art.

The students' greatest contribution was from the cultural perspective, whether deciding on the work to be produced or the final product. The wellspring of culture surrounding these children eventually emerged in the course of this process and permeated the entire project, whether the artists were foreign or not. Art as human knowledge and expression permanently entered the students' agenda, not as cumulative training provided in stages or through the mastery of skills, but through the radical experience of art and intensive contact with artists and their creative process. All of the students at Projeto Axé's units shared in this experience, and therefore the institution's entire teaching staff was imbued with the meaning of art in general, and a private understanding of the significance of art in their own lives.

Each artist and group of students was accompanied by translators and aides, and worked side by side with educators and supervisors—teams that organized the structural and daily aspects of these activities. But feelings, looks, signs, and mutual understanding flowed directly between the artists and the students, requiring no intermediaries. All that was needed was tolerance and willingness in the heart of each and every person.

The participation of local artists consolidated this new relationship with art for the students, enabling them to take a fresh look at their daily lives and the things and objects that are part of them, giving them new meanings. This "flesh and blood" participation of local artists in the project presented the children with an aesthetic that uses elements of the city's day-to-day existence, making experience real, conferring truth on the process, and demystifying the inaccessibility of art, while presenting the possibility of profound involvement.

What did the students get out of this? Apart from new lessons about what art is and how it can be created, they experienced the joy of participating in such a rich experience, made up of creativity, solidarity, and tremendous feeling. And once again, they have experienced the fact that "poverty" is not a fate but a social construct and that, like intolerance, it can be undone, and that there is a way to undo it.

ANA MARIA BIANCHI DOS REIS
A arte como instrumento de expansão de consciência

The Quiet in the Land *did not arrive at Projeto Axé by chance. Converging aims made it possible to develop this partnership, which resulted in an extremely important pedagogical experience that unfolded as a process of human development for everyone involved. As Projeto Axé's institutional mission is to cultivate the personal, social, and political development of the next generations, particularly those groups of children who are excluded from the formal educational system,* The Quiet in the Land *was a fertile ground for the seeds planted by France Morin and the artists.*

By broadening the horizons of the children's world, The Quiet in the Land *harmonized with Projeto Axé's core values: a concept of education that links history and culture and that connects the objective and conscious elements of the learning process with the subjective and unconscious ones, integrating knowledge, desire, and human rights. In this sense, the educational process aims for much more than sharing knowledge: it provides the tools and appropriate conditions essential for building knowledge. The goal of this form of education should not be confused with the reproduction of methods and results. On the contrary, it presupposes that the educator must always be aware of the objective and subjective aspects of a learning process that enables each student to create knowledge him- or herself.*

According to Projeto Axé's pedagogical approach, learning means situating oneself contextually: understanding the past and the present; seeing oneself as part of a world, society, culture, and family; accepting oneself and choosing a path; believing in the future, making plans, and organizing oneself to achieve them; developing the ability to observe, discover, transform, and create; allowing oneself to dream and to dare to make one's dreams come true. This perspective is grounded in a political conception of emancipatory educational action that is directed at the democratization of knowledge and that is opposed to the concentration of wealth, power, and knowledge, which characterizes the social system in which we live. It is also grounded in an ethical, aesthetic, and global approach to education, focused on building a critical attitude toward personal and social relations and developing the ability to reinterpret and re-create one's cultural heritage. That is why even though the pedagogical approach at Projeto Axé may derive from clear principles, it is always considered to be evolutionary. It is not a fixed model, because flexibility is inherent to its nature; it is never localized, because it is all-encompassing. And, while tailored to the Bahian context, it seeks continually to integrate the new and the universal into the students' experiences. The Quiet in the Land *energized this approach.*

A chegada do projeto *A Quietude da Terra* ao Axé não se deu por acaso. Objetivos convergentes permitiram a construção desta parceria, o que resultou em uma experiência extremamente importante do ponto de vista da educação enquanto processo de desenvolvimento humano.

O Axé com sua missão institucional comprometida com a expansão do significado pessoal, social e político da educação das novas gerações, especialmente daquelas faixas de crianças e adolescentes excluídas pelo sistema formal, constituiu-se como um campo fecundo para uma semeadura proposta por France Morin e realizada através do trabalho de cada artista.

Dilatando as fronteiras do universo de referência dos meninos, *A Quietude da Terra* sintonizou-se com o eixo central que orienta o trabalho educativo desenvolvido nas diferentes unidades e áreas do Axé—uma concepção de educação que articula a história e a cultura, os elementos objetivos e conscientes e os subjetivos e inconscientes do processo de aprendizagem, integrando conhecimento, desejo e direitos humanos.

O processo educativo, neste sentido, visa, mais do que transmitir informações, oferecer ferramentas e as condições adequadas, com as quais a construção do conhecimento seja possível. A meta deste modo não se confunde com a reprodução de métodos e resultados. Pelo contrário, supõe por parte do educador, a articulação permanente dos aspectos objetivos e subjetivos de um processo de aprendizagem que viabiliza o exercício e conquista da autoria do pensamento e do conhecimento por parte do educando.

Aprender, segundo a proposta pedagógica do Axé, significa situar-se historicamente e contextualizar-se, ou seja, conhecer e compreender o passado e o presente, auto-identificar-se, perceber-se no mundo, na sociedade, na cultura, na família, nas relações, aceitar-se e escolher um caminho, apostar no futuro, fazer projetos e organizar-se para realizá-los, desenvolver a capacidade de observação, informar-se, descobrir, transformar, criar, permitir-se o sonho e ousar realizá-lo.

Esta perspectiva no Axé está assentada sobre uma concepção política da ação educativa, de caráter emancipatório, direcionada para a democratização de saberes, em oposição à concentração da riqueza, do poder e do saber que caracteriza o sistema social em que vivemos. Também está fundamentada numa dimensão ética, estética e planetária da educação, orientada para construir uma atitude avaliadora e crítica das relações pessoais e sociais, desenvolvendo a capacidade de reinterpretar e recriar os conceitos, as informações e os significados registrados em nossa herança cultural.

É por esta razão que no Axé a proposta pedagógica, embora tenha princípios claros, nunca é considerada acabada, porque é evolutiva, nunca é modelo, porque a flexibilidade faz parte de sua natureza, nunca é localizada—porque é abrangente, desde que, embora apropriada dos conteúdos e das vivências da cultura baiana, busca integrar permanentemente o novo e o universal à experiência dos educandos. O projeto *A Quietude da Terra* trouxe em si um impulso capaz de potencializar esta proposta.

O processo de criação artística interativa entre os artistas e os meninos do Axé, constituiu-se numa experiência rica de conteúdos vivenciais nos níveis subjetivo e inter-subjetivo, social e político. Foi, acima de tudo numa experiência profundamente humana, dessa humanidade essencial, que independentemente das diferenças de classe, de nacionalidade, de raça e de língua, é capaz de captar mensagens aparentemente indecifráveis, decodificá-las e traduzi-las de dentro da própria cultura, integrando o antes desconhecido, apropriando-se dele e expressando no ato de criação o avanço da própria consciência.

Desse processo, alguns aspectos podem ser destacados: o acesso a novas formas de comunicação, verbais e não verbais; o encontro com a arte como experiência emocional, mental e corporal; a construção de um olhar novo sobre o cotidiano e os espaços da cidade; uma nova percepção de si mesmo como sujeito de relação, de criação e de transformação; a aprendizagem do planejamento à execução—e o exercício do trabalho grupal; a transição para a abstração; a definição de um novo horizonte para os projetos de vida.

Para o Axé, dar a oportunidade aos meninos desta multiplicidade de experiências, expandindo sua percepção do mundo e de estar no mundo, é uma forma de ampliar as fronteiras de origem—pobreza, exclusão, sofrimento—e de constituir um novo referencial para orientar as opções e a construção de alternativas do futuro. A expectativa com relação a *A Quietude da Terra*, neste contexto, era de que fosse mais um instrumento nesta direção.

Com Leonardo Drew, surge "o desafio de trabalhar com materiais novos e não explorados", a partir de uma concepção de arte como "representação emocional do que se busca". Sendo o primeiro a chegar, Leonardo ao trabalhar com os meninos da Casa de Cultura, inaugura no Axé e com os meninos a discussão sobre arte contemporânea. Seu trabalho surpreende, espanta, encanta, revela novas possibilidades do aparentemente estável e conseqüentemente desestabiliza, mobiliza. Não deixa espaço para a neutralidade. Desse trabalho ficaram noções da diferença entre reciclagem e arte, a estimulação para uma ressignificação dos objetos do cotidiano, ensaiada na criação de uma obra em conjunto com os meninos, utilizando o lixo recolhido nas ruas e, ainda, a compreensão do processo artístico como expressão de um processo interno.

Depoimentos tais como os que seguem revelam o processo vivenciado pelos educandos e os diferentes níveis de sintonia estabelecidos com o trabalho do artista: "a gente tirou lixo da rua e fez um trabalho de arte. . . . Hoje a gente passa na rua e olha o lixo com outros olhos, sabendo que aquilo pode virar (transformar-se) em uma coisa que a gente nunca imaginou. . . . A gente não sabia o que era arte, não valorizava as coisas que tinha ao redor". "Não posso dizer que aprendi, . . . Eu tive uma experiência e entendi aquela mensagem que ele passou, que a gente (pode) dominar as coisas. . . . Saber dominar é você pegar uma

The interactive process of artistic creation by the artists and the children was experientially rich at the subjective and the intersubjective, the social and the political levels. Above all, it was a profoundly human experience, with that essential humanity which, regardless of differences in class, nationality, race, and language, was capable of receiving seemingly indecipherable messages, decoding them, and translating them within their own culture, integrating the previously unknown and expressing it in the act of creation and the development of individual awareness.

Some noteworthy aspects of this process included: gaining access to new forms of verbal and nonverbal communication; encountering art as an emotional, intellectual, and physical experience; constructing a fresh vision of the everyday life and spaces of the city; perceiving the self as the object of relationships, creation, and transformation; learning how to work together; and establishing new horizons for plans for life.

At Projeto Axé, giving children the opportunity to engage in this variety of experiences, expanding their perception of the world and of being in the world, is a way of broadening the horizons defined by their origins—poverty, exclusion, suffering—and establishing a new model to guide their choices and build new alternatives for the future. In this context, The Quiet in the Land *proved to be yet another tool for achieving that purpose.*

Conceiving art as "the emotional representation of what is sought," Leonardo Drew, who worked with the children of Casa de Cultura, brought forth "the challenge of working with new and unexplored materials." The first artist to arrive, he collaborated with the children to create a sculpture from discarded objects they had gathered in the streets or in other sites. This experience opened up the debate on contemporary art at Projeto Axé for both the children and the educators. Astounding, astonishing, delighting, and revealing fresh possibilities, his project destabilized our expectations. It left no room for neutrality. The children had the opportunity to think about the difference between recycling and art, to find new meanings in everyday objects, and to understand the artistic process as an expression of an internal process. The following statements from some of them attest to the range of responses that his work elicited: "We took garbage from the streets and made a work of art. . . . Now when we walk in the streets we look at trash another way, realizing that it can be made [transformed] into something we'd never imagined. . . . We didn't know what art was. We didn't appreciate the things we had around us."

"I can't tell you what I learned. . . . I had an experience and understood that message

he put across, that we [can] control things. . . . Being in control is picking up something that's worthless and making it worth something to society." "Art is interesting. . . . Now I know that it comes from inside every human being, every human being has a different art [talent] inside them." "I learned to move ahead, to develop my mind, because the mind develops with every work [of art we create] if we pay attention. "I learned to bring out the artist inside me. I know that everybody has a little bit of an artist in them. . . . [Working with Leonardo,] I went looking deep inside for the artist in me."

Willie Cole, Kara Walker, and Nari Ward focused on African culture from their own unique perspectives. Cole invited the children to retrieve elements of their cultural heritage, preserved in Bahia by Candomblé terreiros (places of worship). He guided the children in the creation of monumental orixá (deity) necklaces, worn by Candomblé adherents as a form of worship and protection, of gigantic beads made from papier-mâché. As a verse recorded by the anthropologist Pierre Fatumbi Verger in his Lendas africanas dos orixás states, "In ancient times, the orixás were men./Men who became orixás because of their wisdom./They were respected for their power,/They were venerated for their virtues./We worshipped their memory and the great feats they accomplished/That is how these men became orixás" (9). By creating the necklaces, the children had the opportunity to retrieve the history, signs, concepts, and beliefs of African culture; to learn new ways of working with paper; to practice the centering, calming, and concentration required by the work of making the beads; and to discover the meaning of teamwork. One student remarked: "When I was making the first bead, I had no idea what the necklace would be like, when I made more I put them side by side and started understanding. . . . But it was only when I saw all of them on one string that I could understand all the beauty of it."

With Walker, a group of teenaged students from Modaxé played with the techniques used to make silhouettes. In the process, they found themselves through the expressive power of light and shadow and through the revelation of the unexpected. They shared the intimacy of producing images of one another, of discovering new ways of representing culture, prejudices, achievements, and beauty to reveal the other side of the story. As one student said, "I knew there was a shadow behind me, made from the sun. When I walked, I looked like this, I looked down at the ground and saw it was me, . . . but I didn't know there was an art like she created . . . and that pepped me up [encouraged me]." Walker observed, "To me, when we transformed shadows, it was as though we were transforming a small part of ourselves."

coisa que não vale e fazer aquilo valer alguma coisa para a sociedade". "A arte é uma coisa interessante. . . . Agora eu sei que ela vem dentro de cada ser humano, cada ser humano tem dentro uma arte (um dom) diferente". "Aprendi a caminhar pra frente, a desenvolver minha mente, que com cada trabalho a mente vai desenvolvendo, se prestamos atenção". "Eu aprendi a tirar o artista de dentro de mim. Eu sei que cada um tem um pouco de artista. . . . Então ali (no trabalho com Leonardo) eu fui buscar, na profundidade, o artista que eu tenho dentro de mim".

Willie Cole, Kara Walker e Nari Ward compõem, embora com propostas de trabalho distintas, uma unidade de trabalho sobre a cultura africana. Com Willie, os meninos foram convocados para resgatar elementos de sua cultura de origem, preservados na Bahia pelas casas de candomblé. A referência material do trabalho artístico foi a criação de colares de orixás em escala "monumental", para o que foram confeccionadas contas gigantes em *papier-machê*. Em *Lendas africanas dos orixás*, Pierre Fatumbi Verger reproduz os seguintes versos: "Antigamente os orixás eram homens./Homens que se tornaram orixás por causa de seus poderes./Homens que se tornaram orixás por causa de sua sabedoria./Eles eram respeitados por causa de sua força,/Eles eram venerados por causa de suas virtudes./Nós adoramos sua memória e os altos feitos que realizaram/Foi assim que estes homens tornaram-se orixás" (9). Na criação do "fio de contas" (adereço utilizado pelos seguidores dos cultos afro, como elemento de devoção e de proteção) a atuação integrada de Willie com os educadores proporcionou aos meninos diferentes níveis de experiência, pesquisa e aprendizado: a recuperação da história, signos, conceitos, crenças da cultura africana; o domínio de novas técnicas de trabalho com papel; o exercício de centramento, aquietamento, atenção, exigido pelo trabalho de produção das contas; a descoberta do significado da produção coletiva: "Quando eu fazia a primeira conta eu não tinha idéia de como seria o colar, quando eu fiz mais, eu fui colocando do lado das outras e comecei a entender. . . . Mas só quando vi assim o de cada um reunido num fio só e que deu pra entender toda a beleza."

Com Kara Walker, no jogo das técnicas de produção das silhuetas, os meninos encontraram-se com a força expressiva da luz e da sombra, com a revelação do inusitado e partilharam a intimidade da produção de imagens mútuas, descobriram novas formas de representação da cultura, dos preconceitos, das conquistas e da beleza e da arte como possibilidade de revelação do outro lado da história. Diz uma educanda: "Eu sabia que existia uma sombra atrás de mim, feita do sol. Quando eu andava eu olhava assim, olhava para o chão e via que era eu . . . mas eu não sabia que existia uma arte como ela criou . . . e isto me animou . . . (estimulou)".

Diz Kara: "Para mim, quando a gente transforma a sombra é como se a gente estivesse transformando uma partezinha da gente também".

Com Nari Ward, na Usina de Dança, o tema básico foi o trabalho, o trabalho em sua densidade histórica, associado à escravidão, à história de uma raça e às relações sociais que se reproduzem no presente e que ainda marcam profundamente a vida cada um. O processo de criação artística se construiu a partir da recuperação desta história na história do grupo e de suas famílias e na experiência de cada menino, do artista e dos educadores com a questão do trabalho. A sensibilização e o reconhecimento da identidade grupal eclodiu na busca de formas de expressão antes não imaginadas, na produção de elementos cênicos e na exploração exaustiva das possibilidades do movimento como palavra. Na criação individual e conjunta do espetáculo resultante deste processo, cumpriu-se certamente a afirmativa de Nari em sua carta proposta ao grupo, enviada antecipadamente desde N.Y.: "Encontrar uma forma para esta experiência vai ser difícil e duro, mas com confiança, disciplina, paciência e trabalho vamos estender os limites de todos nós ." E isto foi feito.

Com Janine Antoni, a proposta desenvolvido com os jovens da Usina de Dança do Axé incluiu experiências de ampliação das possibilidades da linguagem corporal a partir da redescoberta e da integração dos movimentos observados no cotidiano das ruas e das feiras populares; da leitura estética do esforço físico levado a seu limite; da observação da comunicação corporal das imagens e estátuas; da incorporação de objetos à criação dos movimentos.

A descoberta da arte com um horizonte mais amplo de expressão, o conhecimento das possibilidades de articulação de diferentes áreas de produção artística e o exercício de atenção ampliada sobre as cenas do cotidiano como fonte de pesquisa e de inspiração, foram os principais conteúdos registrados pelos educandos na avaliação deste trabalho.

Com Chen Zhen, um grupo de crianças e adolescentes do Stampaxé trabalharam com um dos arquétipos centrais de suas histórias de vida—a casa, referência de segurança, proteção, meio físico, mas especialmente meio emocional, espaço de relações, objeto de desejo. O processo incluiu inicialmente a observação da cidade e registro fotográfico de suas próprias casas, pesquisa, visitas a áreas da cidade com construções adaptadas ao meio e aos materiais disponíveis. Os projetos de criação artística resultantes, evoluíram do desenho plano para o volume e deste para a confecção de casas com velas de cera- um exercício feito de atenção e de investimento no domínio da técnica, persistência, busca permanente de soluções técnicas e de novas formas estéticas, libertação do imaginário, concentração. "A primeira casa desabou, (diz N.) e a vontade era não fazer mais nada, mas vi que os outros continuavam tentando e comecei de novo. . . . As coisas são difíceis, mas a gente resolve, se concentrar naquele objetivo. . . . Aprendi com Chen Zhen a sempre querer mais do que o possível". "O trabalho foi como uma mágica . . . a gente no começo

Focusing on the theme of labor from a historical perspective, going back to slavery, Ward and a group of children and teenagers from the Usina de Dança (Dance Workshop) addressed the legacy of a system of social relationships that are reproduced in the present and still profoundly affect the lives of every individual. They retrieved this history by discussing their own personal histories with respect to the concept of labor. The work of recognizing and establishing a group identity flowered as they searched for forms of expression that they had never imagined before: the production of theatrical elements and the exhaustive exploration of the possibilities of movement as speech. The individual and collective creation of the performance that resulted from this process fulfilled Ward's initial objectives for the project: "Finding a shape for this experience will be very difficult and hard, but with confidence, discipline, patience, and hard work, we will extend the limits in all of us."

Janine Antoni, who also worked a group of students from the Usina de Dança, experimented in expanding the possibilities of body language by rediscovering and integrating movements observed from everyday life in the streets and marketplaces; perceiving the aesthetics of extreme physical effort; observing the body language of figures in paintings and sculptures; and incorporating objects into the creation of movement. In the students' evaluation of their work with Antoni, they remarked that they discovered how art could function as a broader horizon for expression and that they had gained a new understanding of the possibilities of combining different areas of artistic production and the practice of expanded attention to scenes of daily life as a source of study and inspiration.

With Chen Zhen, a group of children and teenagers from Stampaxé investigated one of the central archetypes of their life stories: the house as an image of safety and protection and the physical environment as an emotional one, a place for relationships and an object of desire. They observed the city, photographed their own homes, and researched and visited neighborhoods where buildings are adapted to the environment and the materials available. They then made drawings of the houses of their dreams, which they subsequently built from colored candles. Freeing their imagination and deepening their powers of concentration, this exercise required persistence, close attention, technical mastery, and the constant search for new aesthetic forms and technical solutions. "The first house fell down," said one student, "and I just wanted to stop right there, but I saw that the others were still trying, so I started again. . . . Things are hard but we can find a solution if we concentrate on that objective. . . . I learned from Chen Zhen that I always have to want more than what's possible." Another observed: "The work was like magic. . . . At first we didn't know what to do, but on the way we start standing out [learning, creating] and later on we dream up more and more." For children who have spent a long time living in the streets as a consequence of extremely difficult conditions and relationships, accepting an invitation to imagine and build their own house not only means retrieving the significance of a physical home, but believing in the feelings and attachments that make the house a positive image.

With Cai Guo-Qiang, a group of children and teenagers from Casa de Cultura experienced a philosophical meeting of East and West, symbolized in the creation of cannons used for salutations. In the course of this process, they analyzed the conceptual and historical dimensions of institutions, such as the military police and the army, as well as materials, such as gunpowder, in order to understanding how these institutions and materials could be made to function in a positive way.

Vik Muniz collaborated with a group of students from Opaxé, who engaged in an intensive process that combined information, play, fantasy, imagination, creativity, and abstraction. They documented their realities through photography; drew the objects of their desires that they planned to fabricate; gave physical shape to these objects by folding paper; and then, through mime, experienced new ways of representing the objects produced and the art of revealing the invisible. They finally put the objects away in black velvet bags, and the experience of "the invisible object" culminated their work together, which introduced them to the different possibilities of perception. As one of the students recounted, "I learned to imagine the object, to draw and make it, except that [the process of] making it was visible and invisible. . . . I'll never see the object again, but I'll never forget it, because the invisible one stayed right here."

With Rivane Neuenschwander, a group of children and teenagers from Modaxé experienced fresh possibilities for the art of sewing by making self-portraits in the form of rag dolls, a seemingly casual activity that in fact revealed the students' images of themselves. They also made connections between dreams, privacy, and the construction of personal dignity by writing their names with a mixture of sunflower oil and condiments on blocks of coconut soap. And by washing their colored sheets in the sea and using them to form mosaics on the sand, they divested everyday activities and objects of their usual functions and re-encountered them through art.

With Rirkrit Tiravanija, children from Casa de Cultura, Modaxé, and Stampaxé took over an area that is generally closed to them: the kitchen. Exploring the use of utensils and the alchemy of ingredients in the preparation of food, they worked with

não sabia o que fazer, no caminho a gente vai se destacando (aprendendo, criando) e depois fica imaginando sempre mais". Para os meninos que viveram muito tempo na rua, em função de condições e relações extremamente difíceis, responder a uma proposta de imaginar e construir a sua casa, significa recuperar não só a importância de uma base física, mas especialmente apostar no sentimento e nos vínculos que fazem da casa uma referência positiva.

Com Cai Guo-Qiang, um grupo de crianças e adolescentes da Casa de Cultura vivenciou um encontro filosófico entre oriente e ocidente, simbolizado na criação de protótipos de canhões de saudação. O principal ganho deste processo foi possivelmente o exercício de desconstrução conceitual e histórica da relação com determinadas instituições, (tais como a polícia militar ou o exército), ou com determinados materiais, (no caso a pólvora), a partir da compreensão do seu significado oposto, passível de ser reconhecido ou construído pela consciência humana.

Com Vik Muniz, os meninos menores do Opaxé experimentaram um processo intenso em que se mesclaram a informação, o lúdico, a fantasia, a imaginação, a criatividade e a abstração. Através de registros fotográficos, documentaram a realidade e o contexto familiar, através do desenho, definiram o objeto a ser produzido, através de técnicas de empapelamento, deram materialidade à sua criação, através da mímica gestual, experimentaram novas formas de representação do objeto produzido e a arte de revelar o não visível.

Guardados os objetos, a experiência com "o objeto invisível" culminou o trabalho cujo eixo foi o exercício de diferentes possibilidades de percepção. Relatado por um dos educandos, é possível identificar sua contribuição neste sentido: "aprendi a imaginar o objeto, a desenhar e a fazer, só que o fazer foi visível e invisível. . . .Nunca mais vou ver o objeto, mas nunca vou esquecer, porque o invisível ficou aqui".

Com Rivane Neuenschwander, os meninos da Modaxé vivenciaram novas possibilidades de seu aprendizado de costura, confeccionando bonecas de pano como auto-retrato, um processo aparentemente casual e externo que revelou questões fundamentais para o acompanhamento pedagógico referentes à construção da identidade corporal e à auto-imagem; o trabalho com os sonhos e o valor da privacidade na construção da dignidade pessoal, ao bordar seus nomes nos lençóis brancos; os gestos e os objetos do cotidiano destituídos de sua função e reencontrados na produção artística, ao lavarem seus lençóis coloridos nas águas do mar, compondo com eles mosaicos sobre a areia.

Com Rirkrit Tiravanija, meninos da Casa de Cultura, Modaxé e Stampaxé conquistaram um espaço geralmente negado para as crianças—a cozinha, o uso dos utensílios, a alquimia dos ingredientes, a produção de alimentos. Noções como divisão de trabalho, dosagens, tempo, sabor, proximidades e diferenças culturais, foram desenvolvidas sem racionalização, prazeirosamente. Uma atividade lúdica, ágil, intensa, integradora. A produção do alimento nutrindo as relações.

such concepts as the division of labor, measurement, time, and cultural proximities and differences in a pleasurable way. In this playful, agile, intense, and integrative activity, food preparation nourished relationships as well as bodies.

Com Tunga um grupo de crianças e adolescentes do Bandaxé utilizou instrumentos de percussão projetados pelo artista para produzir o som primordial e o som inusitado, uma construção conjunta realizada a partir destes instrumentos que, contendo utensílios com possibilidades sonoras diferenciadas, estimularam a experimentação, a irreverência do imaginário, a quebra dos modelos, a criação. Estrondo e sutileza, o som mais alto e o menor som, foram experiências que ampliaram a percepção do possível, e abriram espaço para o novo.

With Tunga, a group of children and teenagers from Bandaxé used percussion instruments designed by the artist to make unusual and different sounds. Tunga encouraged the students to experiment freely, to use their imaginations irreverently, and to explore the process of creation through destruction. Making sounds that ranged from the loudest to the quietest, from the most blaring to the most subtle, these experiences broadened the perception of the possible and made way for the new.

Marepe e um grupo de crianças da Casa de Cultura investigaram a arte do cotidiano—uma proposta de reapropriação do aparentemente conhecido. Os meninos, convidados inicialmente a registrarem os caminhos que fazem todos os dias de suas casas à unidade do Axé, constataram que não tinham consciência deste percurso, dos nomes das ruas e dos logradouros.

Marepe and a group of children from Casa de Cultura investigated the art of everyday life by re-appropriating the apparently familiar. The children, who were initially invited to set down the routes they follow every day from their homes to Casa de Cultura, realized that they were unaware of their itinerary, of the names of

Em outra atividade, a confecção de sandálias de papelão, Marepe pediu que as crianças transformassem materiais do cotidiano, como papelão, em sandálias, através do estímulo das possibilidades criativas da inteligência humana.

the streets and places along it. In another activity in which they made cardboard sandals, Marepe asked the children to transform materials from everyday life, like cardboard, by invoking the creative possibilities of human intelligence.

Com Alberto Pita, um grupo de meninos constituído por representantes de diferentes unidades, recupera um recurso de sobrevivência construído pelas classes populares de Salvador—os carrinhos de cafezinho. A construção dos carrinhos de madeira, cria oportunidades extremamente significativas do ponto de vista pedagógico, integrando as etapas desde o desenho dos protótipos, planejamento do processo de produção e execução. A criatividade crescente, a aprendizagem do uso de instrumentos, a concentração e o trabalho em grupo, foram marcas centrais deste trabalho.

Alberto Pita organized a project with a group of children comprised of representatives from various units of Projeto Axé, in which they examined a means of economic survival for the low-income population of Salvador: the cafezinho pushcarts, in the shape of small trucks, from which coffee is sold. The construction of these wooden carts entailed designing prototypes, planning their fabrication, learning how to use tools, and enhancing the skills of concentration and group work.

Com João Ewerton, a criação da "arte que se veste", foi um trabalho realizado com educandos da Modaxé, que a partir de elementos pesquisados na maior feira popular da cidade, desenvolveu inicialmente a idéia da "roupa embalagem". A produção dos primeiros looks, permitiu a superação do conceito convencional de moda e o entendimento da roupa como linguagem, resultando na confecção de roupas cenográficas e conceituais. Superando as expectativas da proposta original, os meninos apropriaram-se das novas possibilidades de comunicação, ampliando a idéia das embalagens para a criação de roupas como mensagens sociais e políticas.

João Ewerton collaborated with a group of children from Modaxé to create "art you wear." Looking at goods sold at Feira de São Joaquim, Salvador's largest market, they developed the idea of "package clothes." As they produced the first outfits, which resulted in the creation of scenographic and conceptual clothes, they overcame the conventional concept of fashion and came to understand clothing as a language. The children surpassed the expectations of the original proposal and appropriated new possibilities for communication, expanding the idea of packaging to create clothes as social and political messages.

Com Mario Cravo Neto, um grupo de meninos de várias unidades documentou, através da fotografia e filmagem, cenas da Feira de São Joaquim. O ato de ver o mundo com uma outra lente, associa-se à procura da beleza, do significante, do diferente. E uma nova nitidez se revela, feita da percepção das formas, das cores, da luz e

With Mario Cravo Neto, a group of children from various units photographed and filmed scenes from Feira de São Joaquim. The act of viewing the world through a different lens is associated with the pursuit of what is beautiful, meaningful, and different. A new clarity is revealed, made up of the perception of shapes, colors, light, and space. Each child becomes both a character and creator in this world.

Doris Salcedo helped a group of children from Stampaxé experience art as a tool for healing—a profound internal experience of confronting one's own personal drama. In this archeology of the self, referring to a past that is still so brief, the children reencountered moments that have marked their lives. During this process, reality, memory, and wishes succeeded each other on a path of reflection and growing awareness that used concrete experiences as the starting point and arrived at abstraction. By expressing their pain artistically, the children cured themselves symbolically. As one child said, "In the beginning it felt bad, because I started remembering sad things from the past. Then I started trying to talk about that through a work of art and the sadness went away bit by bit. . . . In the end I looked at the same thing and felt better." Another observed: "It made it hurt less because art helps us get things off our chest."

And with Domenico de Clario, the children of Canteiro dos Desejos (The Flower Bed of Desires) engaged in a process of discovery that stimulated their desire for self-knowledge. Their perception of sound and silence helped them to become calmer and more affectionate; their work was more attentive and concentrated. "When he plays," said one child, "we calm down, and it seems like the world gets better."

From these descriptions, we can see that The Quiet in the Land nourished Projeto Axé's pedagogical approach by giving individuals the opportunity to look at themselves, at their worlds and at their lives, from a different perspective. As Rolf Gelewski wrote in "Quando o sentido rege sobre a terra," published in the January 1974 issue of Revista Ananda, "given this possibility that art has of being a road and vehicle for accessing extraordinary worlds inside ourselves and managing to transcend the highest regions of our intellectual development in its genuine proximity to intuition and true beauty, [it has] ability to be intense . . . and simple, . . . in its power to magically touch, awaken and transform" (22).

Each of the artists worked with the children within this dimension and strove to invoke another level of awareness, with different nuances and intensities, depending on their backgrounds, personal pathways, and the conditions under which they carried out their projects. Testifying to this process are the statements by the children, who have spoken of awakening to an unknown reality, whose light has remained with them even after the artists had left: "Things were there, and we were asleep, so we didn't see." "I want to thank you for this light you left."

do espaço. Cada menino é personagem e é autor.

Com Doris Salcedo, um grupo de meninos do Stampaxé experimentou a vivência da arte como instrumento de cura—uma vivência interna, profunda, de enfrentamento do drama pessoal de cada um. Nesta arqueologia de si mesmo, referida a um passado ainda tão pequeno, os meninos reencontraram os momentos mais marcantes de suas vidas. Neste processo, realidade, memória e desejo se sucederam, num caminho de reflexão e conscientização, que partindo das experiências concretas chegou à abstração. E então, a dor se expressou plasticamente e simbolicamente foi curada. "No começo foi ruim, (afirma X), porque fiquei lembrando das tristezas do passado. Depois, fui tentando contar aquilo com o trabalho de arte, e vi que a tristeza ia esvaziando. . . . No fim eu olhava a mesma coisa e me sentia mais aliviado". "Aliviou a dor porque com a arte a gente desabafa".

Com Domenico de Clario, as crianças do Canteiro dos Desejos experimentaram a descoberta e o trabalho com outras dimensões do ser humano, o estímulo para o autoconhecimento, a atenção para a subjetividade. A experiência com o som e o silêncio e os momentos de relaxamento passam a influenciar a mudança cultural e corporal da violência. Nas relações percebe-se mais suavidade e mais afetividade, nos trabalhos mais atenção e concentração. "Quando ele toca, diz F., a gente se acalma, e parece que o mundo fica melhor".

No conjunto dos relatos é possível perceber que *A Quietude da Terra*, a partir de sua identidade como projeto de arte, nutriu a proposta pedagógica do Axé de conteúdos muito particulares, porque se estrutura a partir de uma outra lógica, de um outro olhar do indivíduo sobre si mesmo, sobre o mundo e sobre a vida. Como Rolf Gelewski escreveu em "*Quando o sentido rege sobre a terra*", publicado em janeiro de 1974 na *Revista Ananda*, "dada esta possibilidade que a arte tem de nos servir de estrada e de veículo de acesso a mundos inauditos em nós, e de conseguir transcender as regiões mais altas de nosso desenvolvimento mental, em sua genuína proximidade com a intuição e a beleza real, sua capacidade de ser intensa, . . . e simples e em seu poder de magicamente tocar, acordar e transformar" (22). Cada artista do *A Quietude da Terra* atuou com os meninos Axé nesta dimensão, ou seja, de um outro patamar de consciência, com nuanças e intensidade distintas, dependendo de sua história, de seu caminho pessoal e das condições de realização de sua proposta. Testemunhos deste processo são depoimentos dos meninos que falam em "acordar" para uma realidade antes desconhecida, e de uma "luz" que ficou como resultado do trabalho desenvolvido: "As coisas estavam aí e a *gente dormindo*, não via". "Quero agradecer *esta luz* que você deixou".

ENÁ PINTO BENEVIDES
Entrevista por France Morin

Nascida em 1940, em Palmeiras, uma pequena cidade no interior da Bahia, Ená Pinto Benevides é a Coordenadora Geral do Projeta Axé. Antes de ingressar na organização em 1990, trabalhou como professora e advogada.

P. Benevides: Eu estou no Projeto Axé desde o primeiro dia. Comecei junto com Cesare de Florio La Rocca. Estamos aqui há nove anos, que se completaram no dia 1.º de junho de 99.

Morin: Ainda existe o mesmo número de crianças nas ruas que há dez anos?

P. Benevides: Acho que não, mas muitos estão indo para a rua e tentando sobreviver. Neste sentido, a situação piorou muito. As pessoas estão cada vez mais pobres. Temos que melhorar esta situação para que as crianças não sejam obrigadas a sobreviver desta maneira.

Morin: Você acha que as pessoas dão um tratamento diferente às crianças hoje em dia?

P. Benevides: Acho. Quando começamos, a polícia era muito violenta, mas hoje são nossos parceiros. O jornalista Gilberto Dimenstein, que escreve para a *Folha de São Paulo*, teve um impacto importante neste sentido. Ele foi a primeira pessoa que acreditou no Projeto Axé.

Morin: Entre o começo e agora, qual seria a diferença que os meninos apresentaram?

P. Benevides: Existe uma diferença muito grande porque logo que começamos foi muito mais difícil. Nós não éramos conhecidos e construíamos um vínculo com o menino, um vínculo de respeito e confiança. E hoje o projeto Axé é muito conhecido, então há uma diferença muito grande.

Morin: Como mulher e advogada, como viu o seu papel em relação à sociedade brasileira? E como evoluiu esse papel durante os anos?

P. Benevides: Vindo aqui como advogada, pude também usar o meu papel na área jurídica em defesa dessas crianças. Trabalhando na defesa de direitos. Eu vim para o Axé na época do Estatuto da Criança e batalhamos juntos para que tivéssemos uma lei digna para esses meninos. O Axé foi muito importante no sentido de realizações que eu sempre quis e que não foi possível realizar antes do Axé. Como cidadã brasileira eu sinto que estou dando a minha contribuição e ainda quero dar muito mais. Eu acredito que a saída deste país são as pessoas trabalhando com essas crianças, conscientizando e mostrando que isso é possível. Porque se não for por este caminho, eu não sei o que será do futuro.

Morin: Como é que sua própria origem ajuda na relação com os meninos?

P. Benevides: Vim de uma família muito humilde, e meus pais mal

ENÁ PINTO BENEVIDES
Interview by France Morin

Born in 1940 in Palmeiras, a village in the state of Bahia, Ená Pinto Benevides is presently General Coordinator of Projeto Axé. Before coming to the organization in 1990, she worked as both a teacher and a lawyer.

P. Benevides: *I have been with Projeto Axé from the very beginning, along with Cesare de Florio La Rocca. Our ninth anniversary was June 1, 1999.*

Morin: *Are there still as many children on the streets as there were ten years ago?*

P. Benevides: *I don't think so, but there are many more who come to the street trying to survive. In this respect, the situation is much worse now. People are getting poorer and poorer. We have to improve this situation so that the kids are not forced to survive this way.*

Morin: *Do you think that people treat the children differently now?*

P. Benevides: *Yes. When we started, the police were very violent, but today they are our partners. The journalist Gilberto Dimenstein, who writes for the* Folha de São Paulo, *has had a significant impact in this regard. He was the first person who believed in Projeto Axé.*

Morin: *And have the children themselves changed over time?*

P. Benevides: *A great deal, because in the beginning things were much harder. We weren't well known, and we had to build up a relationship of respect and trust with the children. Today, we are very well known, and that makes a very big difference.*

Morin: *How do you see your role in Brazilian society as a woman and a lawyer? And how has that role changed over the years?*

P. Benevides: *When I came to Projeto Axé as a lawyer, I was able to use my training to defend the children, to fight for their rights. I came here at the time of the Statute of the Child. We struggled to ensure that we passed a decent law for the children. Axé enabled me to achieve the fulfillment that I had always wanted, which had been impossible to attain before. Now, as a Brazilian citizen, I feel that I am making a strong contribution, and I want to give so much more. I believe that the solution for this country is for people to raise awareness of these children, because if we don't follow this path, I don't know what the future will bring.*

Morin: *How does your background help in your work with the children?*

P. Benevides: *I come from a very poor family, and my parents could barely read and write, but I am very proud of them because of the dignity I inherited from them. I will have that for the rest of my life. And I try to give that to my daughter, my grandchildren, and the children I work with. I tell many of them that my story was very similar to theirs. I was poor, though I never slept in the streets, and I had the opportunity to study with a scholarship I received from an American couple I met. A Protestant minister and his wife were my neighbors, and I played with their children. They were the directors of a boarding school in the interior of Bahia and asked my mother if I could go with them to study there, and I did. Then, when I was seventeen, I began working as a primary-school teacher in the interior, a region that had never had a qualified teacher before me. I worked with those children for five years. In the process, I became the woman I am today. Although the children I worked with were very poor, like the ones I presently work with, they had families and weren't influenced by drugs. I learned a lot from those people, including respect and the courage to confront life. Also, for ten years I worked as a teacher in the municipal school system in Salvador. I had always wanted to work with children with more difficult problems, and in Salvador I did, until I joined the District Attorney's office and began working at Projeto Axé. After I joined Axé, I stopped teaching, which had made a deep impression on my professional life, enabling me to give as well as to receive.*

Morin: *How do you see the development of the role of women in society over the years?*

P. Benevides: *I have always attempted to grow, and millions of women are doing the same: even those with no education are defending their roles. At Axé, we make the families aware of their rights and responsibilities, so that women will understand that their role in the family is fundamental, so that they will pursue and obtain what they want and not be submissive. They don't just take care of their homes and families; they have jobs outside the home. Women play an essential role in this society, and they have the potential to effect significant change.*

Morin: *How have the young women and men at Projeto Axé developed since they arrived here?*

P. Benevides: *When we started out, many young women lived in the streets, selling their bodies. We have worked to improve their opinion of themselves as women, to teach them to value their bodies and not to prostitute themselves, to have self-esteem. And they have learned to envision a future for themselves. For example, we recently held a workshop with a group of female students at the Hotel da Bahia, and they told us how happy they were to be there, how it made them feel important. We told them that they were important, much more than they could imagine. We said, "You can get*

sabiam escrever e ler, mas tenho muito orgulho deles porque essa dignidade eu trouxe da lá, porque eles me deram. Isso eu vou levar para o resto de minha vida. Honestidade, dignidade, isso tudo foi a minha família que me deu. E procuro dar à minha filha, aos meus netos, aos meninos com quem eu trabalho. Eu conto muito a eles a minha história. Digo que minha história foi muito parecida com a de vocês. Fui uma pessoa muito pobre. Nunca dormi na rua, não vou mentir, tive a oportunidade de estudar com uma bolsa de estudos que ganhei de um casal americano que eu conheci, um pastor protestante que era meu vizinho e eu brincava com os filhos dele. Eles foram ser diretores de um colégio no interior da Bahia e perguntaram à minha mãe se eu poderia ir com eles para estudar. E eu fui. Mais tarde, com 17 anos, comecei como professora primária numa região que nunca tinha tido uma professora formada. Lá trabalhei durante cinco anos com essas crianças, e com elas eu construí o meu mundo. Hoje, essa mulher que eu sou, aprendi a ser com esses meninos, o meu primeiro momento de professora. Era uma região muito pobre, parecida com essa realidade que eu trabalho hoje. Só que lá, eles tinham família, não tinham a influência das drogas. E, com essas pessoas, aprendi muito. Lá eu aprendi a ter o respeito, aprendi a ter a coragem que eu tenho hoje de enfrentar a vida. Aqui eu também fui professora do município de Salvador, durante uns dez anos eu trabalhei como professora na rede pública. Sempre quis trabalhar com esses meninos mais difíceis e aqui em Salvador eu continuei o meu trabalho até que entrei na procuradoria e vim para o Projeto Axé. Depois que entrei para o Axé, fiquei à disposição e deixei de lecionar. Lecionar foi o que marcou a minha vida profissional, onde pude dar e receber também.

Morin: Durante todos esses anos, como você vê a evolução do papel da mulher dentro da sociedade?

P. Benevides: Eu sempre busquei e fui tentando crescer e acho que milhões de mulheres estão fazendo a mesma coisa. Mesmo aquela mulher com pouca instrução está sabendo defender o seu papel. E isso é uma coisa que a gente faz com as famílias do Axé, conscientizando-as de seus direitos e de seus deveres. Para que elas busquem, não fiquem submissas. E, hoje, a mulher tem esse papel fundamental na economia. Ela não fica só em casa cuidando da casa e da família. É fundamental o papel da mulher nesta sociedade e ela pode mudar muita coisa.

Morin: Como está o quadro evolutivo das meninas e jovens do Projeto Axé desde de que chegaram até os dias de hoje?

P. Benevides: Quando começamos, as meninas viviam na rua se prostituindo e fizemos um trabalho de valorização da mulher. Inclusive, dela valorizar o seu corpo, não se prostituindo. Ensinando que é importante valorizar sua auto-estima. Aprenderam a pensar no futuro. Por exemplo, tivemos uma experiência no Hotel da Bahia com as meninas e elas expressaram sua felicidade em estar ali e disseram o quanto estavam se sentindo importante em estar ali. E nós lhes dissemos que elas eram importantes e muito mais do que podiam imaginar. O que vocês quiserem, vocês podem conseguir. É só querer, porque querer é poder.

Morin: Você fica em contato com as crianças mesmo quando saem do Axé?

P. Benevides: Sim. A relação que temos com os meninos que passaram pelo Axé é muito forte. Mesmo com aqueles que tiveram dificuldades e que não conseguiram ficar porque a droga foi mais forte. Nós somos ainda aquele ponto positivo deles. Aqui têm vindo meninas que não ficaram no Projeto, mas que nos procuram sempre nas questões de direitos, saúde, e ainda enquanto mulher para buscar orientação. E aqueles que saíram e que estão bem por lá, também voltam para dar um retorno à gente. Todo menino que passou pelo Axé tem a gente como referência, e buscam sempre. E, pelo fato de eu ter convivido com eles, eu tenho uma relação muito forte, tanto com as meninas, quanto com os meninos do Projeto. Tanto faz os que estão dentro ou fora. Mesmo estando na posição de Coordenadora Geral, eles não me olham com uma função de dirigente, me olham como aquela pessoa que sempre está ao lado deles. E, que eles sabem que, por mais difícil que seja o problema, podem contar conosco. Eles ligam para mim, acho que noventa por cento dos meninos do Axé têm o telefone da minha casa e, quando eles precisam, ligam para mim. Quando eu vou na unidade me sinto super bem. Se você me perguntasse se eu prefiro estar aqui ou lá, eu diria lá, junto com os meninos.

Morin: O que é importante na sua vida pessoalmente e profissionalmente?

P. Benevides: Às vezes você tem problemas e que são pequenos e a gente coloca como um grande problema. Quando você passa a conhecer esta outra realidade, vê que aquilo que considerava um problema, na verdade, não é nada. Por exemplo, na minha vida pessoal, este trabalho me ajudou muito, porque meus problemas pessoais eu deixei de lado, como se nada existisse. E hoje eu tenho uma outra maneira de viver. Eu poderia sair daqui e dizer que consegui atingir o meu objetivo, que foi fazer algo por alguém, não por piedade, mas, como profissional, crescer juntos, aprendermos. E poder trabalhar num Projeto voltado, não para um grupo de excluídos, mas para o Brasil todo. O que o Projeto Axé oferece é a perspectiva de conseguir uma política pública que atinja a todos. Partindo dos mais pobres, mostrando uma melhor educação para os

what you want. All you have to do is want it, because wanting is having."

Morin: *Do you stay in touch with the children after they have left Projeto Axé?*

P. Benevides: *Yes. Our relationship with the children who have spent time at Axé is very strong—even with those who had problems and couldn't stay because the drugs were stronger than they were. We are still their positive point of reference. Girls have come to us who didn't stay with the project but have questions about their rights and health. Even as grown women they seek guidance here. And the ones who have left and are doing well also come back to give us feedback. Every child who has passed through Projeto Axé has us as a reference and always seeks us out. And because I have spent time with them, I have a very strong relationship with these children. It doesn't matter whether they are in or out. Even in my role as General Coordinator, they don't see me as an administrator, but as a person who has always been by their side. They know that no matter how tough the problem is, they can count on us. I think 90 percent of the Axé children have my home phone number and call me when they need to. When I go to the unit, I feel terrific. If you asked me if I'd rather be here or there, I'd say there, with the children.*

Morin: *What is important in your personal and professional life?*

P. Benevides: *Sometimes we have minor problems and blow them out of proportion. When you get to know this other side of life, you realize that what you thought was a problem is really nothing at all. For example, in my personal life, this work has helped me a great deal because I have set aside my personal problems as if they didn't exist, and today I have a different kind of life. Today, I could leave here and say that I have achieved my objective, which was to do something for someone, not out of pity but as a professional, to grow and learn together. And I could work with a project that focuses on Brazil as a whole, rather than with an excluded group. Projeto Axé provides the prospect of achieving government policies that affect everyone, starting with the poorest, showing how better education can be provided to the poor. They are the ones who need a better education.*

Professionally, Axé's educational stance has also been important for me. As a teacher, I believe that education is the solution. When we have good education in this country, there won't be any more children in the streets. I am certain of that. It would be extremely fulfilling for me if one day Projeto Axé were no longer necessary.

Morin: *Do you think that schooling is one of the main objectives for the next few years?*

P. Benevides: *This path of education we are embarking on now, through the schools, is the solution. We are going to train the people here and show that it's possible. If we have a good school, the children will definitely grow. They will go much further than just finishing secondary school. I am certain that I will see many children who spent time at Axé going to college. And they will be tremendous examples because they have a tremendous life story.*

Morin: *Everyone who comes to Projeto Axé is impressed by the children's behavior, by how quickly they become dignified, strong, proud. Is that achieved by valuing ethics and aesthetics?*

P. Benevides: *When you meet a child in the streets, the first thing he says is that he has nothing to lose. These children feel that there is nothing left inside them. So we work to build their self-esteem and to let them know that Projeto Axé can help them. We don't offer them anything. Instead, we retrieve them and encourage them to dream realistically, with their feet on the ground. We show them that they can grow, and that culture can have a very strong influence in this regard. Through culture, we show them all the good things they can make that were hidden inside them. Through ethics and aesthetics, we help the children discover how important and beautiful they are. We demand that every child be respected as a citizen.*

Morin: *What makes a good teacher at Projeto Axé?*

P. Benevides: *Someone who can establish a relationship with a child, who can win respect through respect, and who can exert authority without being authoritarian. They have to know how to awaken the desire to dream in these children without pitying them, and they have to let the process of awakening flow. And they must be a positive point of reference for the children in order to help them grow.*

Morin: *Salvador is a very important place. It's full of axé. What place does axé have in your life?*

P. Benevides: *Axé gives me the energy to get things done. This positive energy makes me get up early and is with me throughout the whole day. I am fifty-nine, but I feel like I'm thirty.*

Morin: *Have you thought of changing society as a politician?*

P. Benevides: *No, I do everything I do because I'm not a politician. In government, no matter how much influence I had, I could never manage to do what I do now, so I prefer to try to help people in government from this vantage point. My world is made up of everything I have brought to it, and that has helped me a great deal. I have*

pobres. São eles que precisam de uma educação melhor.

Profissionalmente, a postura educativa do Axé também foi importante para mim. Eu, como educadora, acredito que a saída é a educação. O dia que tivermos uma boa educação neste país não teremos mais meninos nas ruas. Tenho plena consciência e certeza disso. Ficarei muito realizada no dia em que não precisarmos mais do Projeto Axé.

Morin: Você acha que um dos principais objetivos para os próximos anos é a escola?

P. Benevides: Esse veio da educação que estamos entrando agora, com a escola, é a saída. Vamos capacitar esse pessoal que está aí e mostrar que é possível. Se a gente tem uma boa escola, com certeza os meninos irão crescer, vão muito mais do que só concluir o segundo grau. Tenho certeza de que verei muitos meninos que passaram pelo Axé cursando a universidade. E eles serão grandes exemplos pois têm uma trajetória de vida muito grande.

Morin: Cada um que vem no Axé fica impressionado com o comportamento dos meninos, de como rapidamente eles se tornam dignos, fortes, orgulhosos. Isso se dá a partir da valorização da ética da estética?

P. Benevides: Esse menino, quando você o encontra na rua, a primeira coisa que ele coloca é que não tem nada a perder. Dava para sentir que ele não tinha mais nada dentro dele. Então, começamos com a auto-valorização, mostrando que é possível e que se você quiser o Axé pode lhe ajudar. A gente não foi oferecer nada a ele, mas sim resgatá-lo, estimulá-lo a sonhar e sonhar com os pés no chão. E ir mostrando que ele pode crescer, elevar sua auto-estima, e nisso a cultura teve uma influência muito grande. Através da cultura mostramos a ele quanta coisa boa ele pode fazer e que está ali escondido. Então, através da ética e da estética fizemos com que descobrissem o quanto são importantes, o quanto são belos. A gente exige que cada menino seja respeitado como cidadão.

Morin: Como é um bom educador para o Axé?

P. Benevides: O bom educador do Axé é aquele que consegue fazer um vínculo com o menino e que consegue se fazer respeitado, através do respeito oferecido a cada ser. É aquele que sabe impor autoridade sem ser autoritário. Tem que saber despertar nos meninos esse desejo de sonhar, sem piedade, deixar que esse processo de despertar flua nos meninos. É aquele que é um referencial positivo para levar o menino a crescer.

Morin: Salvador é um lugar muito importante, muito cheio de axé. Qual o lugar do axé na sua vida?

P. Benevides: O axé é essa própria energia propulsora que me levou a fazer esse mundo de coisas. Eu sinto em mim essa energia positiva que me faz acordar cedo, cheia de axé. É essa energia que rege o meu dia. Tenho 59 anos e me sinto com 30.

Morin: Já pensou em mudar a sociedade fazendo parte do governo?

P. Benevides: Não. Eu acho que faço tudo isso que faço, porque não sou política. Lá, talvez, por mais que tivesse influências não conseguiria ser o axé que eu sou. Então eu prefiro, daqui, tentar ajudar quem está lá.

Morin: O que você não fez na sua vida e que gostaria de ter feito?

P. Benevides: Acho que foi o que eu não fiz pela minha cidade. Eu gostaria de retornar à minha cidade e dar aos meninos de lá um pouco daquilo que dou no Axé. Eu disse isso essa semana ao encontrar com a esposa do prefeito. Ela disse que estava orgulhosa de mim pelo que estava fazendo pela Bahia.

Morin: Onde você acha que estará o Axé daqui a uns vinte anos?

P. Benevides: Será a educação que sonhamos. Talvez até antes disso, eu acredito que sim.

Morin: E você mesma?

P. Benevides: Não, talvez não esteja aqui. Mas os frutos que a gente plantou ficarão. Daqui a dez anos, não seremos eu ou o Cesare, mas os meninos que aprenderam com a gente e que estão aí na luta. Que já cresceram, foram à universidade e que devem estar movimentando essa educação que a gente tanto quer.

Morin: A sociedade brasileira está se responsabilizando financeiramente por esses projetos sociais, não é?

P. Benevides: O Axé deu uma certa dignidade ao trabalho social. Eu vejo isso e quando as pessoas e os próprios financiadores nos procuram, eles colocam isso para a gente. Os nossos financiadores têm uma visão da área social bem como a que o Axé possui. A gente vê que esse menino nem está querendo muito que você dê comida, roupa, ele quer dignidade, ser cidadão e ter o direito de lutar pelos seus direitos. O Axé teve um papel fundamental em Salvador, implantando uma política de forma diferente na área da criança. Inclusive a nível de governo. Um dos sonhos do Axé era que um dia o poder público pudesse absorver a nossa metodologia e a gente continuar fazendo isso através do centro de informação, irradiando no Brasil aquilo que a gente pode dar. E este sonho se realizou.

Enquanto morava e trabalhava em Salvador, France Morin fotografou muitas das crianças do Projeto Axé que participaram do projeto *A Quietude da Terra*. Apersentamos uma seleção destes retratos fotográficos nas páginas seguintes.

brought a lot of internal baggage with me, and here I have been able to develop all the potential I had inside and hadn't had an opportunity to realize before. I started this process when I was teaching. I wasn't the kind of teacher who goes to work just for the wages.

Morin: *Is there anything you haven't done that you'd like to do?*

P. Benevides: *I haven't done anything for my hometown. I'd like to go back there and give the children something of what I give at Axé. I said that this week, when I met with the mayor's wife. She said that she was proud of me for what I was doing for Bahia.*

Morin: *Where do you think Projeto Axé will be in twenty years?*

P. Benevides: *It will be the organization of our dreams. Maybe even sooner.*

Morin: *And what about you?*

P. Benevides: *Although I may not be here, the fruits of what we have planted will be. In ten years' time, it won't be me or Cesare, but the children who have learned from us and have joined the struggle. Those who grew up and went to college should be driving forward the education we want so much.*

Morin: *Brazilian society is beginning to take financial responsibility for social projects, isn't it?*

P. Benevides: *Projeto Axé has given a certain dignity to social work. When sponsors themselves seek us out, they tell us that. Although children need food and clothing, they also need and want dignity, to be full citizens and to have the ability to fight for their rights. Axé has played a vital role in Salvador, and it has helped to establish a different kind of policy approach to children's issues, even at the government level. Axé dreamed that one day the government would absorb our methodology and that we could continue functioning as a center of information, disseminating what we have to give throughout Brazil, and this dream has come true.*

While she was living and working in Salvador, France Morin photographed many of the children from Projeto Axé who participated in The Quiet in the Land. *A selection of these photographic portraits is reproduced on the following pages.*

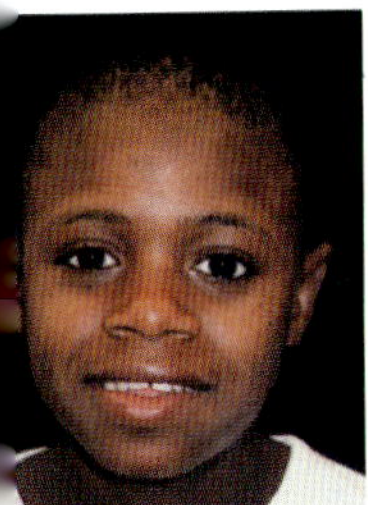

Luis Cláudio Passos

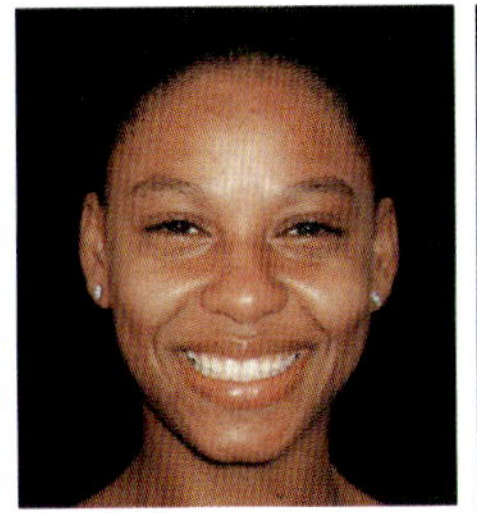

Jaquison Santana

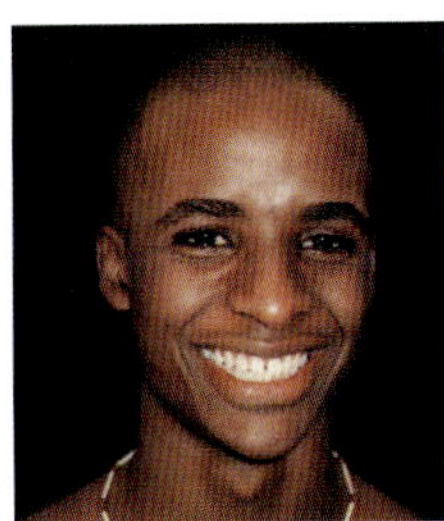

Vanessa Santos

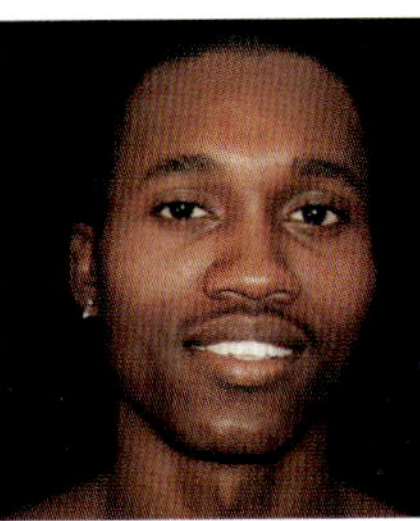

Eduardo Vieira

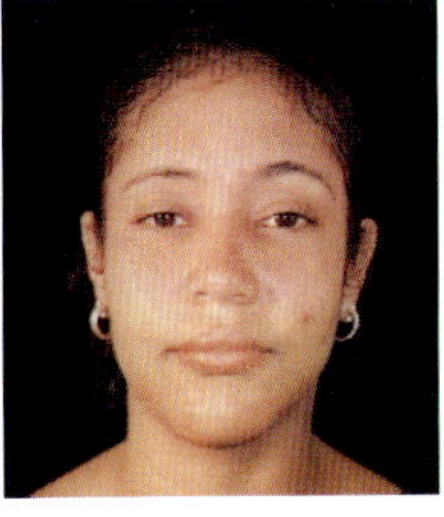

Julivaldo Santiago

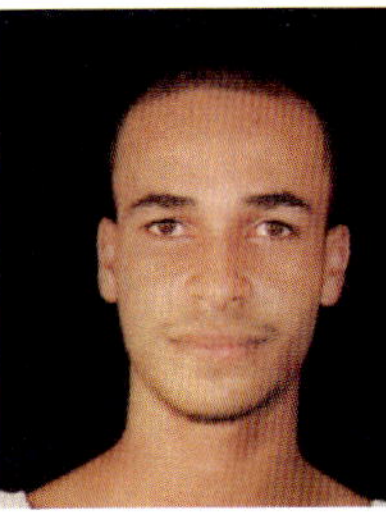

M.ª Conceição Divino

Jodair Gonçalves

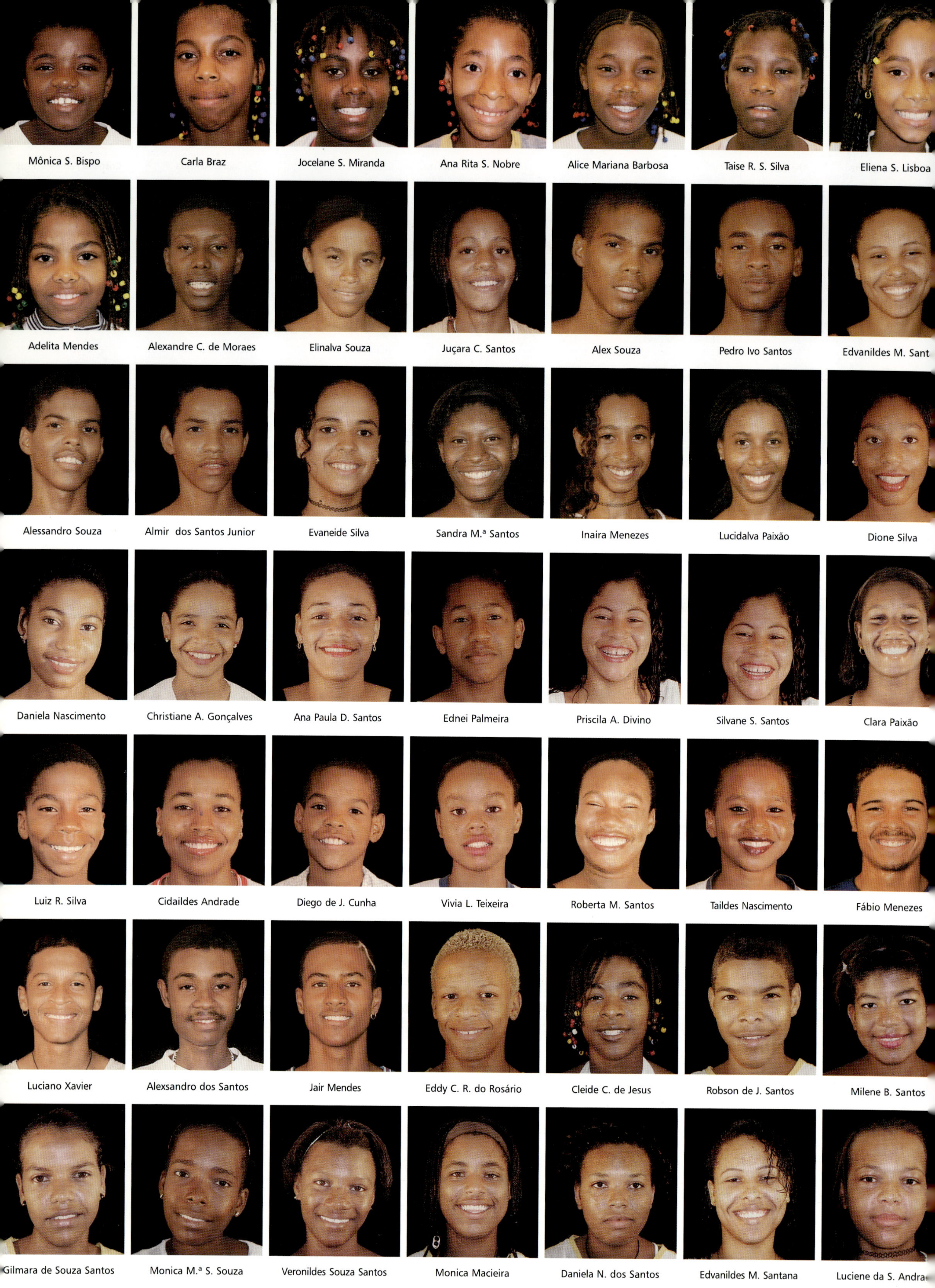

Mônica S. Bispo	Carla Braz	Jocelane S. Miranda	Ana Rita S. Nobre	Alice Mariana Barbosa	Taise R. S. Silva	Eliena S. Lisboa
Adelita Mendes	Alexandre C. de Moraes	Elinalva Souza	Juçara C. Santos	Alex Souza	Pedro Ivo Santos	Edvanildes M. Sant
Alessandro Souza	Almir dos Santos Junior	Evaneide Silva	Sandra M.ª Santos	Inaira Menezes	Lucidalva Paixão	Dione Silva
Daniela Nascimento	Christiane A. Gonçalves	Ana Paula D. Santos	Ednei Palmeira	Priscila A. Divino	Silvane S. Santos	Clara Paixão
Luiz R. Silva	Cidaildes Andrade	Diego de J. Cunha	Vivia L. Teixeira	Roberta M. Santos	Taildes Nascimento	Fábio Menezes
Luciano Xavier	Alexsandro dos Santos	Jair Mendes	Eddy C. R. do Rosário	Cleide C. de Jesus	Robson de J. Santos	Milene B. Santos
Gilmara de Souza Santos	Monica M.ª S. Souza	Veronildes Souza Santos	Monica Macieira	Daniela N. dos Santos	Edvanildes M. Santana	Luciene da S. Andra

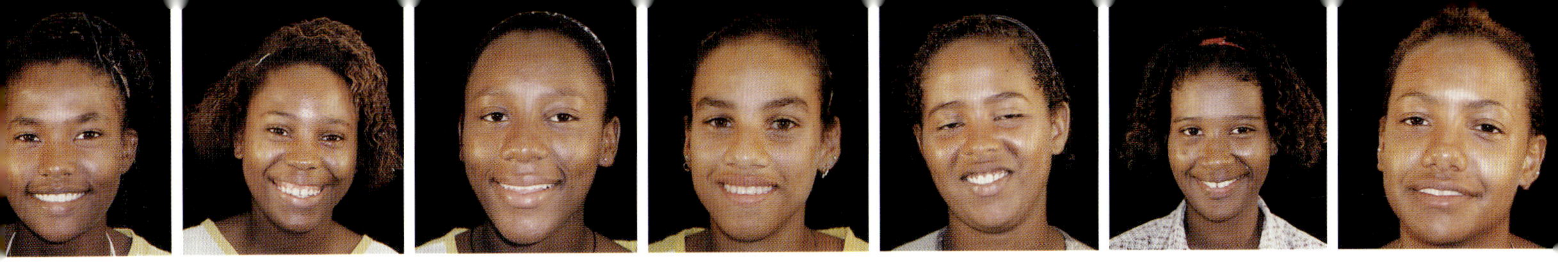

de Cassia C. Lima	Ana Paula S. Santana	Jeanne S. S. Viegas	Sileneide S. da Silva	Gisele da S. Souza	Ingrid Almeida	Cristiane Pereira Santos
rcos Silva Batista	Wellington Fonseca	Claudio da Silva Souza	Deise Ana S. dos Santos	Debora C. do Nascimento	Cibele Santos Silva	Carla T. Silva Costa
Paula C de Jesus	Edvaldo G. Oliveira	Patricia Santos Silva	Edvandro Santos	Katia Santos de Jesus	Luciana Xavier dos Santos	Milena da Silva Cardosa
nci Santos Silva	Neirilandia S. Bulcão	Sonia Cardeal de Assis	Tais Gonçalves Nascimento	Marilene Alves	Gilvan Santos Santana	Cristina Gomes Barreto
aracy Cerqueira	Anderson Jorge A. da Silva	Soraia Oliveira Souza	Julio Cesar dos Santos	Alexandre Reis Lira	Felipe Reis Batista	Samuel Rocha dos Santos
odrigo Coutinho	Nadiel Santos Costa	Manuel Rocha dos S. Filho	Adriano A. dos Santos	Leonardo dos Santos	Isaias Muniz Barbosa	Fabio Bastos Cardoso
queline S. Santos	Rosenildo da Silva Araújo	Adailson Santos Sacramento	José Francisco S. Filho	Ednei R. do Rosário	Rubem Daniel de J. Mota	Alexsandro Santos Silva

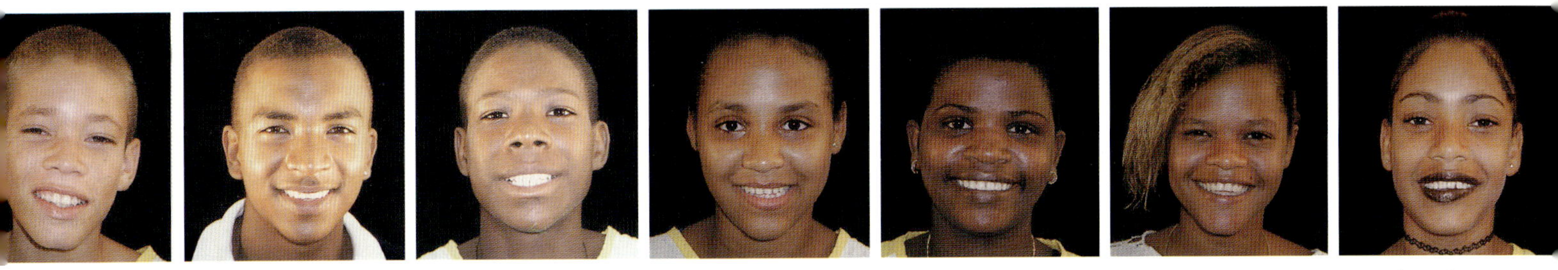

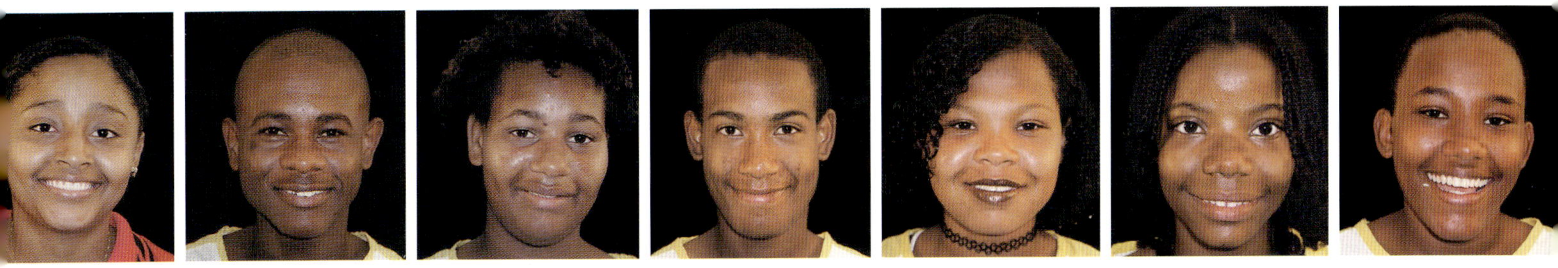

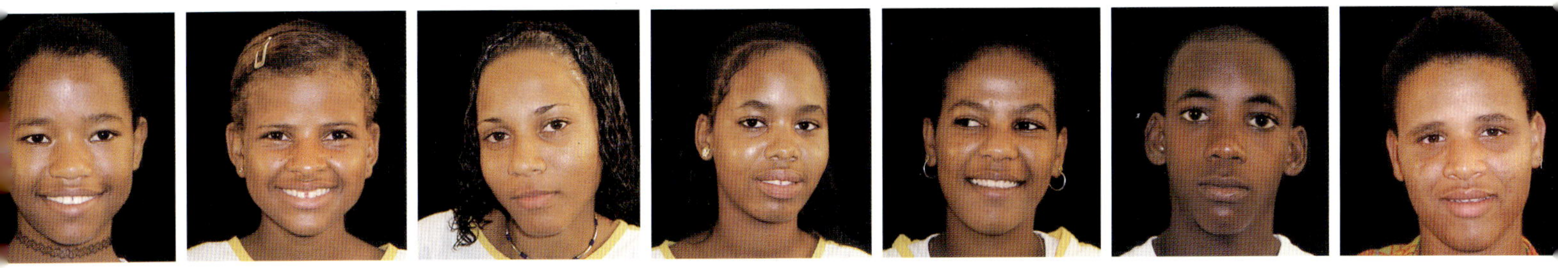

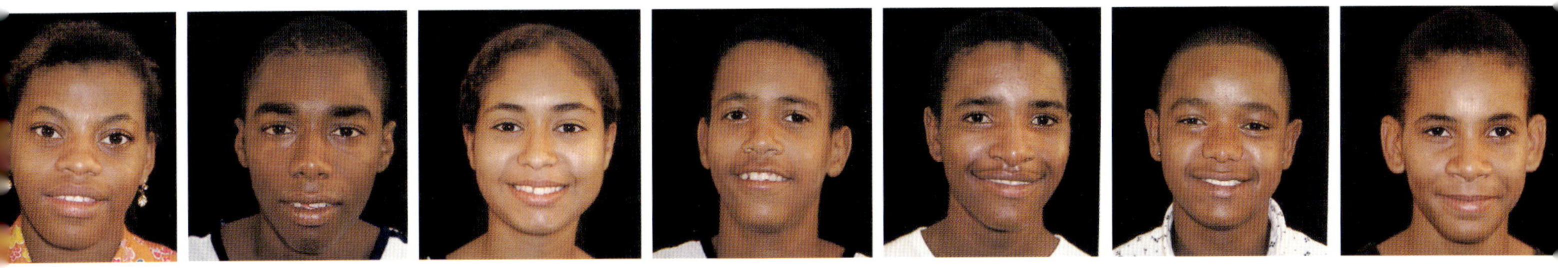

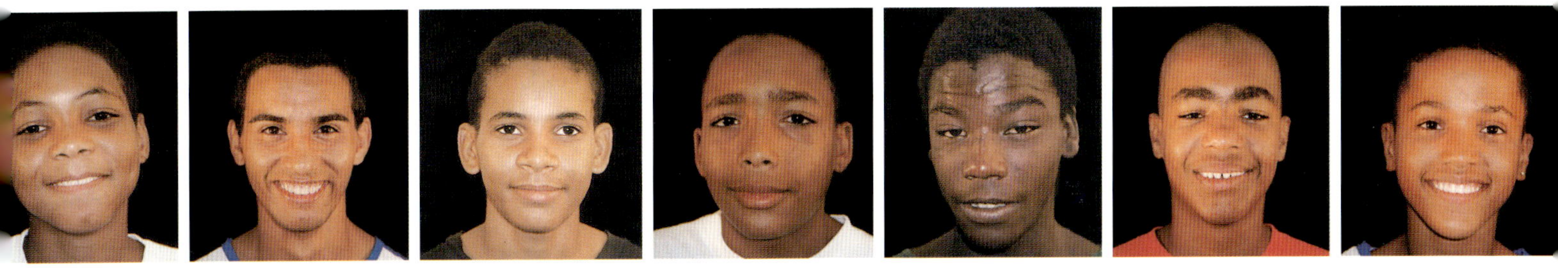

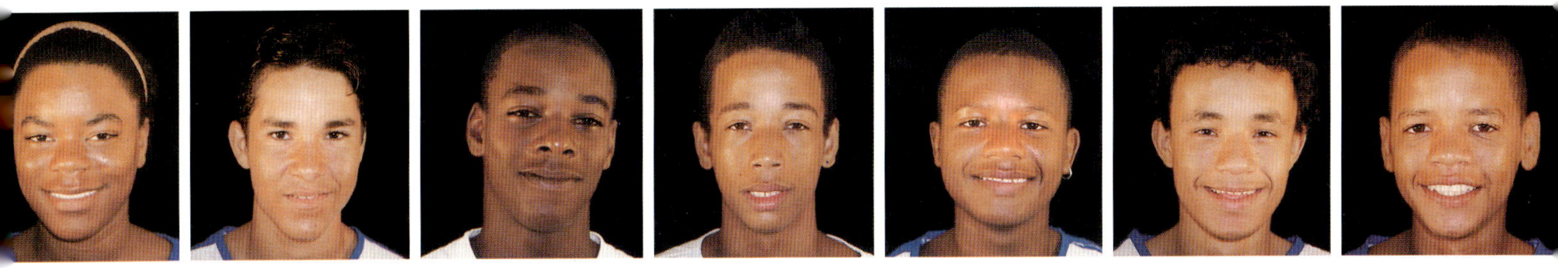

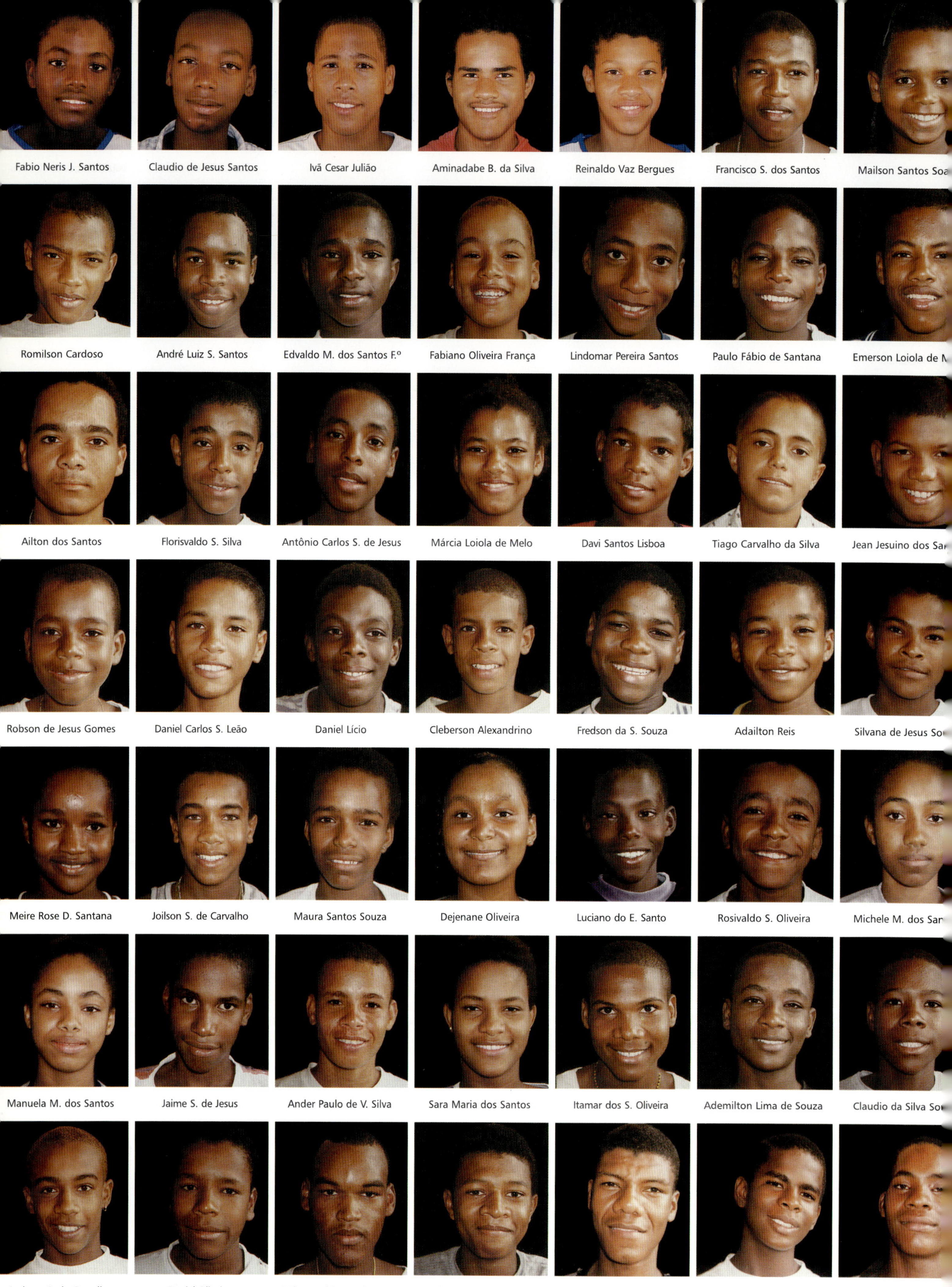

Fabio Neris J. Santos
Claudio de Jesus Santos
Ivã Cesar Julião
Aminadabe B. da Silva
Reinaldo Vaz Bergues
Francisco S. dos Santos
Mailson Santos Soa
Romilson Cardoso
André Luiz S. Santos
Edvaldo M. dos Santos F.º
Fabiano Oliveira França
Lindomar Pereira Santos
Paulo Fábio de Santana
Emerson Loiola de N
Ailton dos Santos
Florisvaldo S. Silva
Antônio Carlos S. de Jesus
Márcia Loiola de Melo
Davi Santos Lisboa
Tiago Carvalho da Silva
Jean Jesuino dos Sa
Robson de Jesus Gomes
Daniel Carlos S. Leão
Daniel Lício
Cleberson Alexandrino
Fredson da S. Souza
Adailton Reis
Silvana de Jesus So
Meire Rose D. Santana
Joilson S. de Carvalho
Maura Santos Souza
Dejenane Oliveira
Luciano do E. Santo
Rosivaldo S. Oliveira
Michele M. dos Sa
Manuela M. dos Santos
Jaime S. de Jesus
Ander Paulo de V. Silva
Sara Maria dos Santos
Itamar dos S. Oliveira
Ademilton Lima de Souza
Claudio da Silva So
Jackson S. de Carvalho
Daniel Oliveira
Valter Rodrigues de Jesus
Wilson Carlos de Jesus
João Paulo A. da Silva
Hamilton da Silva Paiva
José William dos R

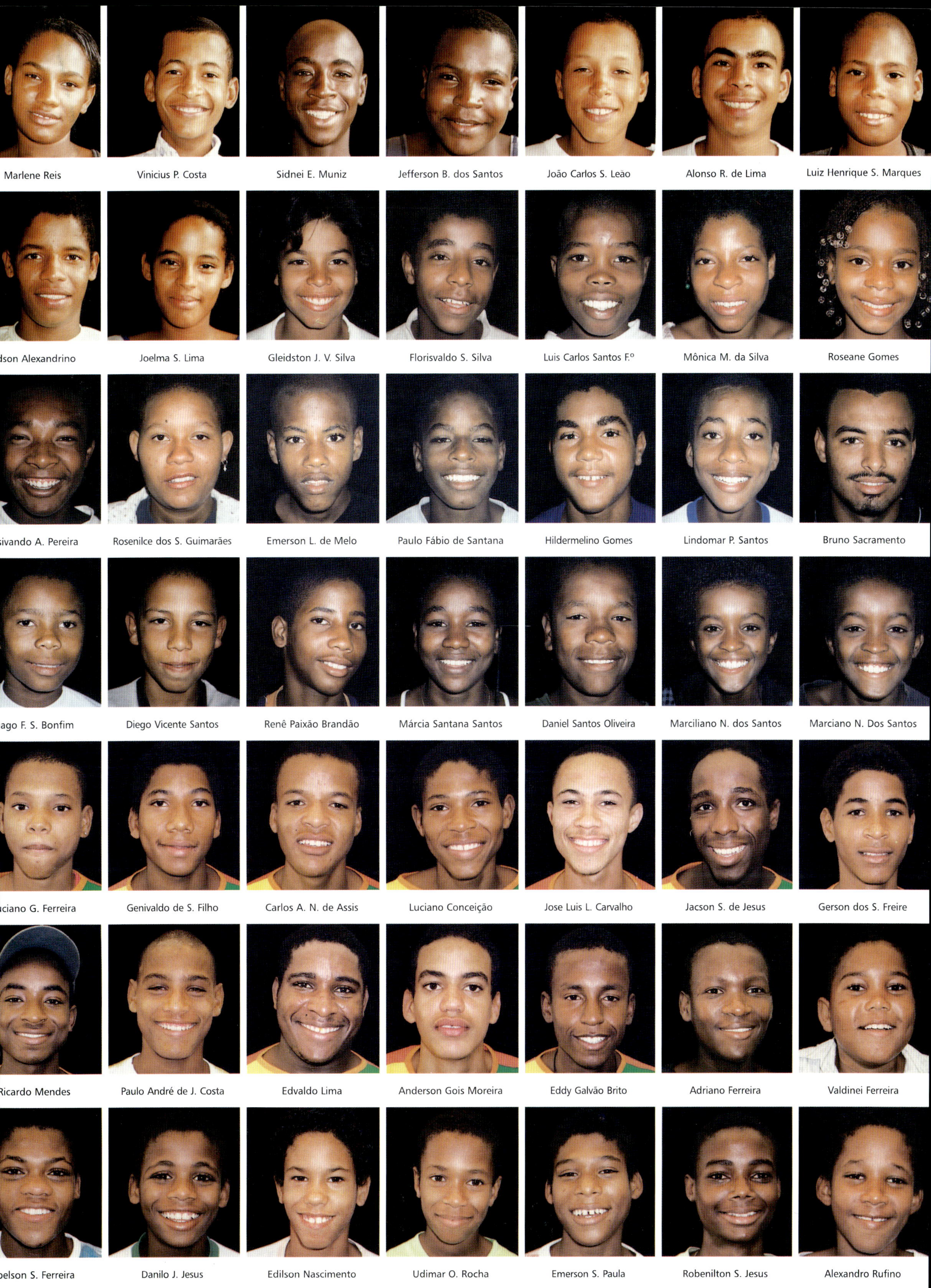

Marlene Reis	Vinicius P. Costa	Sidnei E. Muniz	Jefferson B. dos Santos	João Carlos S. Leão	Alonso R. de Lima	Luiz Henrique S. Marques
...lson Alexandrino	Joelma S. Lima	Gleidston J. V. Silva	Florisvaldo S. Silva	Luis Carlos Santos F.º	Mônica M. da Silva	Roseane Gomes
...sivando A. Pereira	Rosenilce dos S. Guimarães	Emerson L. de Melo	Paulo Fábio de Santana	Hildermelino Gomes	Lindomar P. Santos	Bruno Sacramento
...ago F. S. Bonfim	Diego Vicente Santos	Renê Paixão Brandão	Márcia Santana Santos	Daniel Santos Oliveira	Marciliano N. dos Santos	Marciano N. Dos Santos
...ciano G. Ferreira	Genivaldo de S. Filho	Carlos A. N. de Assis	Luciano Conceição	Jose Luis L. Carvalho	Jacson S. de Jesus	Gerson dos S. Freire
...Ricardo Mendes	Paulo André de J. Costa	Edvaldo Lima	Anderson Gois Moreira	Eddy Galvão Brito	Adriano Ferreira	Valdinei Ferreira
...belson S. Ferreira	Danilo J. Jesus	Edilson Nascimento	Udimar O. Rocha	Emerson S. Paula	Robenilton S. Jesus	Alexandro Rufino

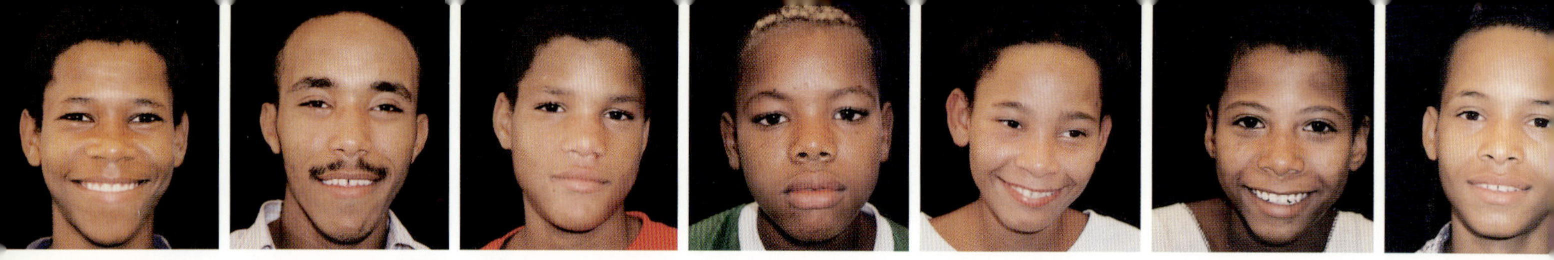

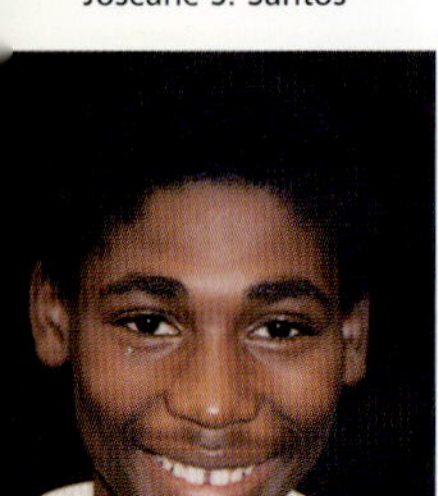

Roque Rufino

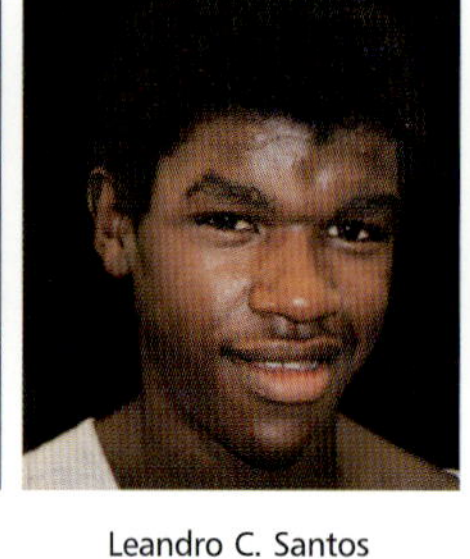

Alex Rosa

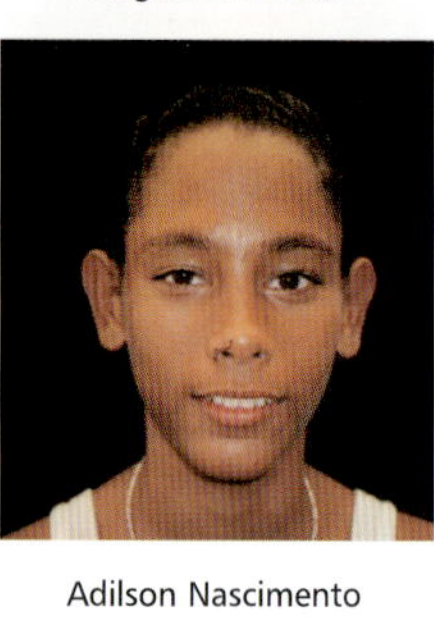

Jonatan S. Reis

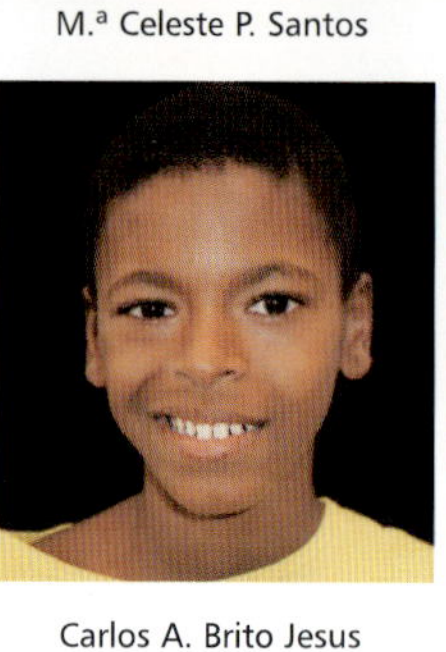

Renato Bispo

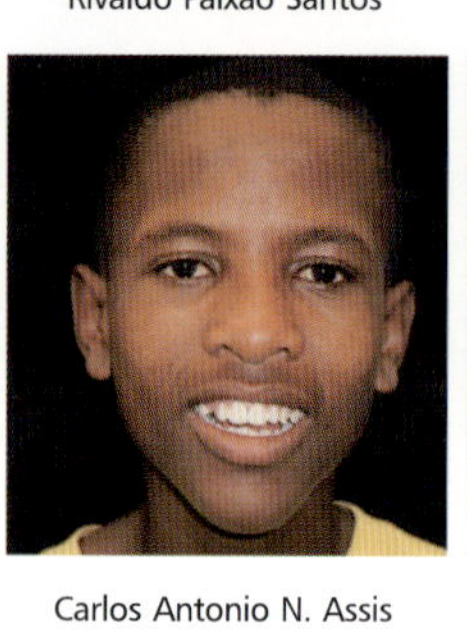

Clério Barbosa

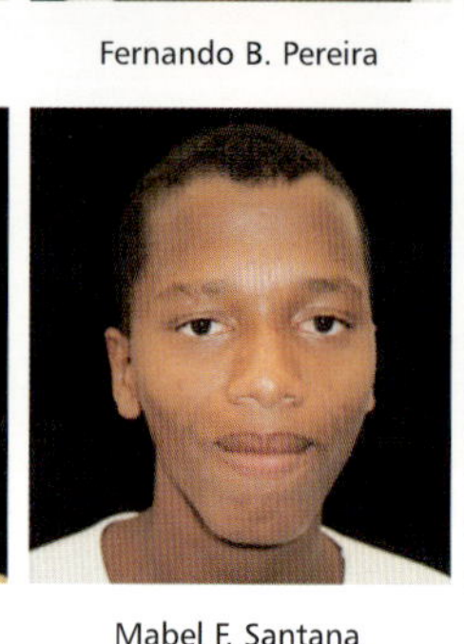

Flávio Neri

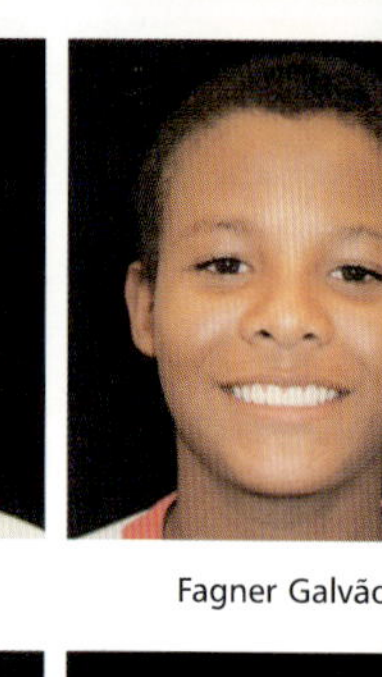

Edvan Moura

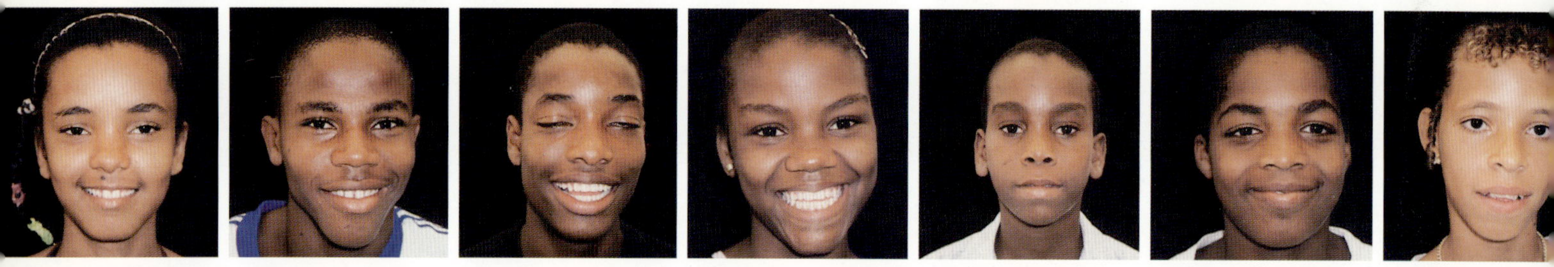

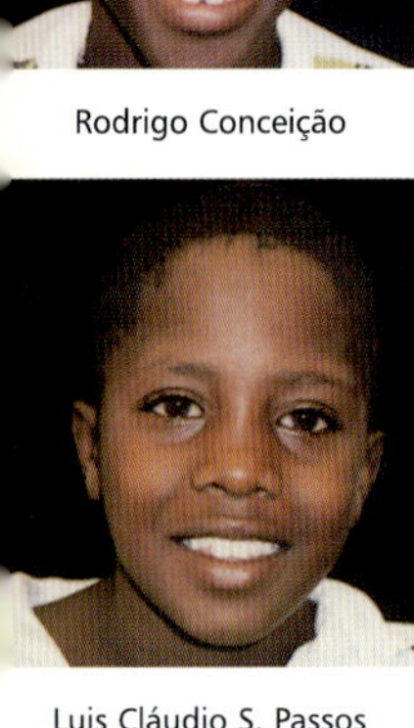

Joseane S. Santos

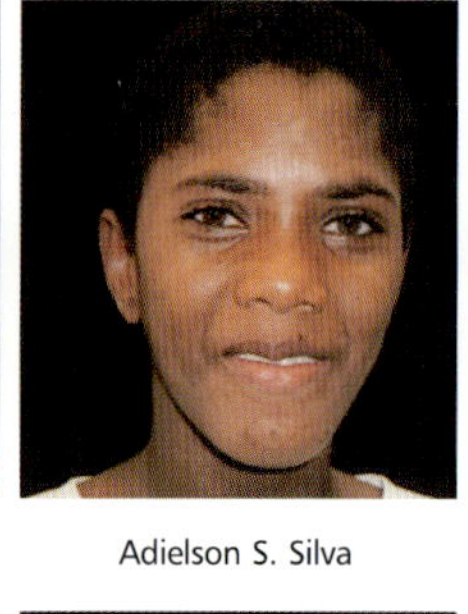

Armando P. O. Filho

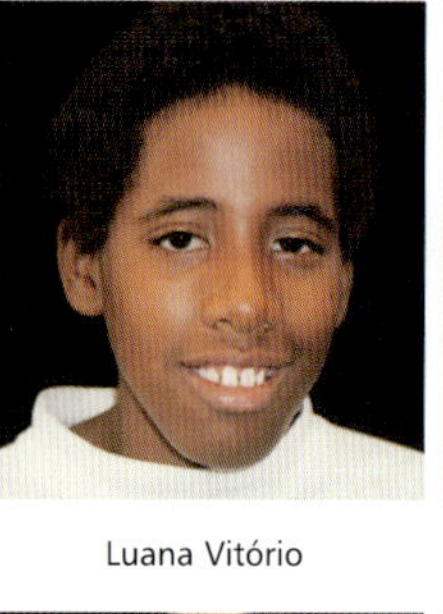

Augusto S. Jesus

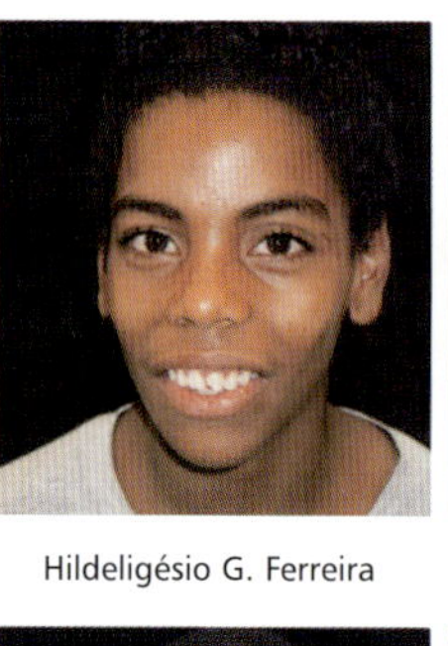

M.ª Celeste P. Santos

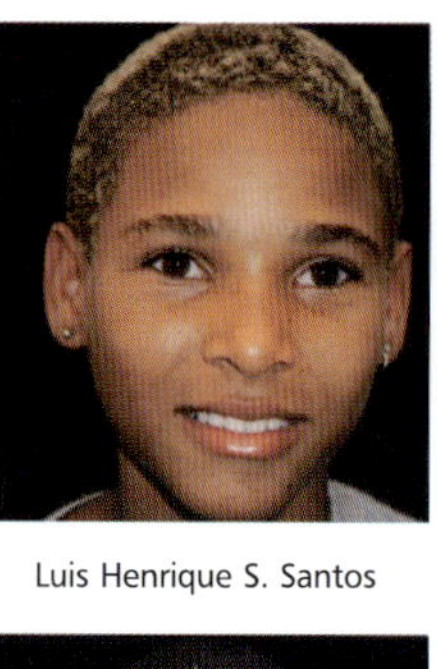

Rivaldo Paixão Santos

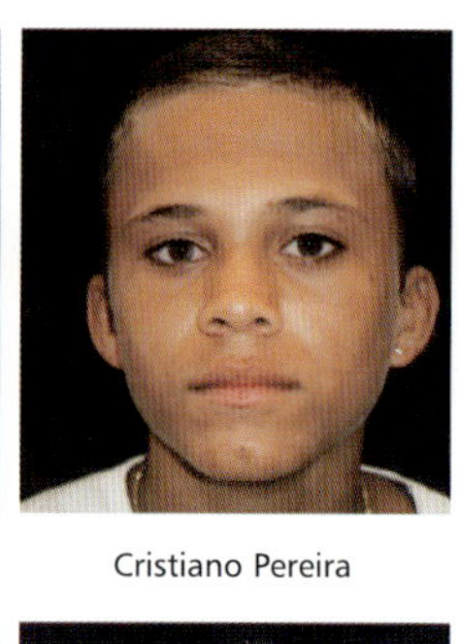

Fernando B. Pereira

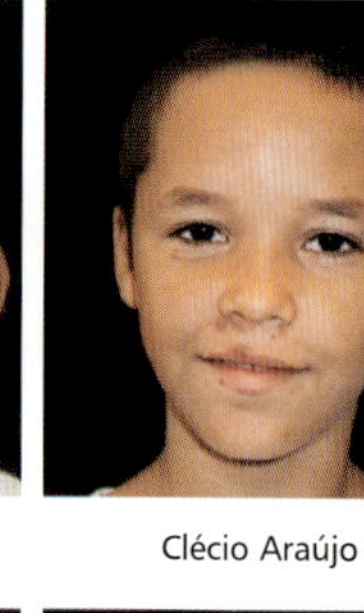

Mariana Gama

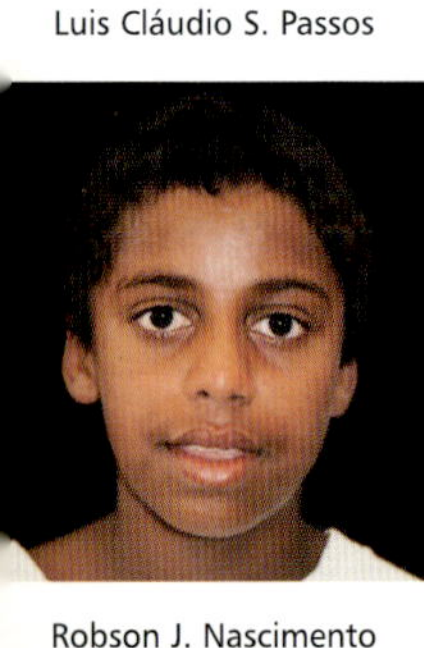

Rodrigo Conceição

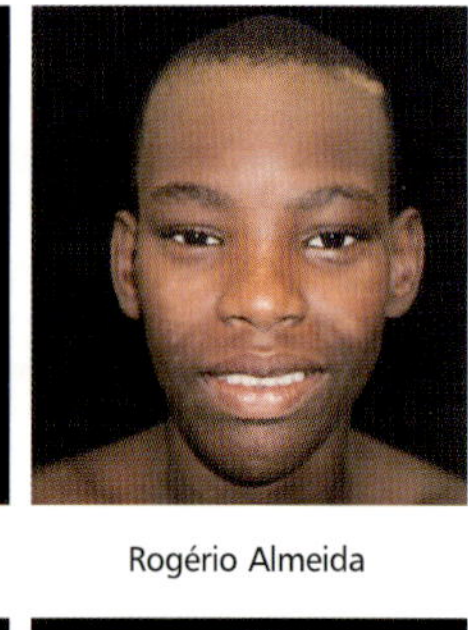

Leandro C. Santos

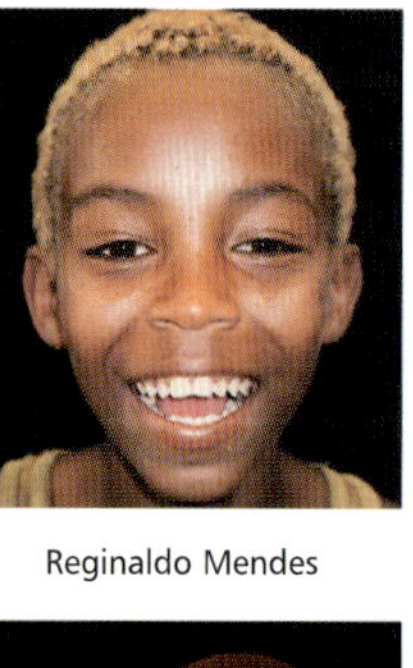

Adilson Nascimento

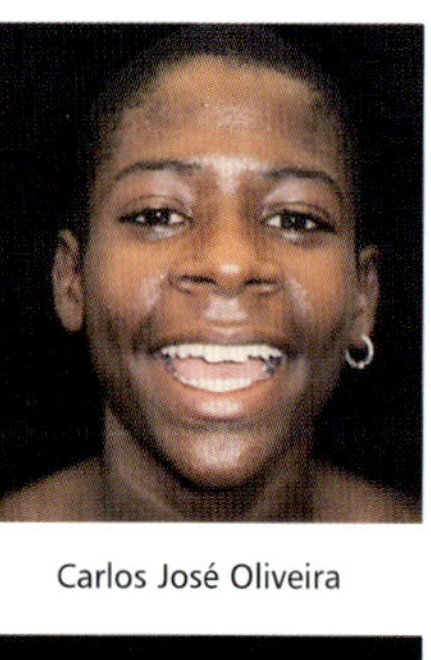

Carlos A. Brito Jesus

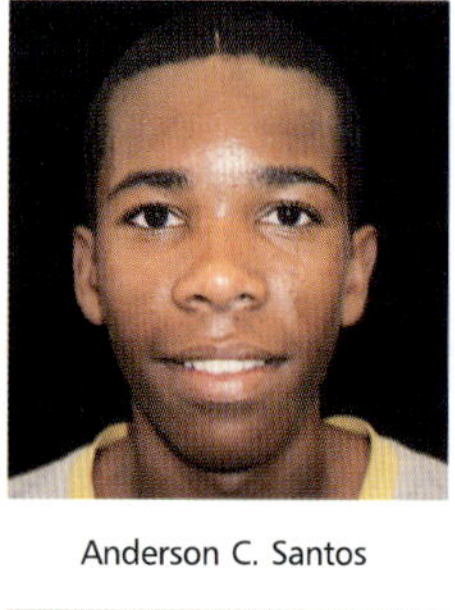

Carlos Antonio N. Assis

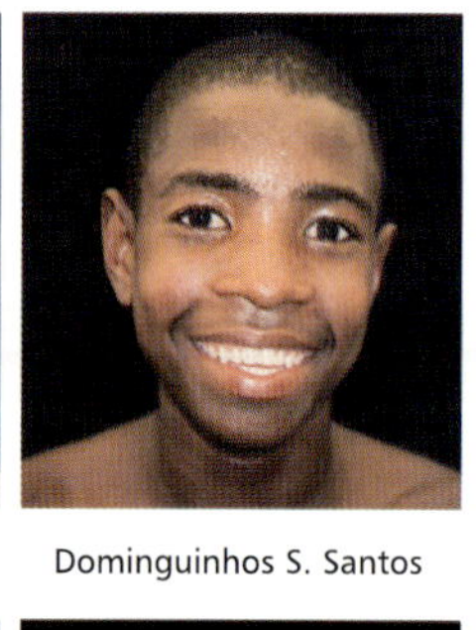

Mabel F. Santana

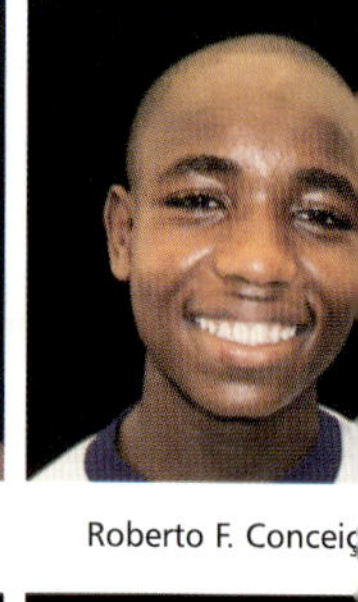

Fagner Galvão

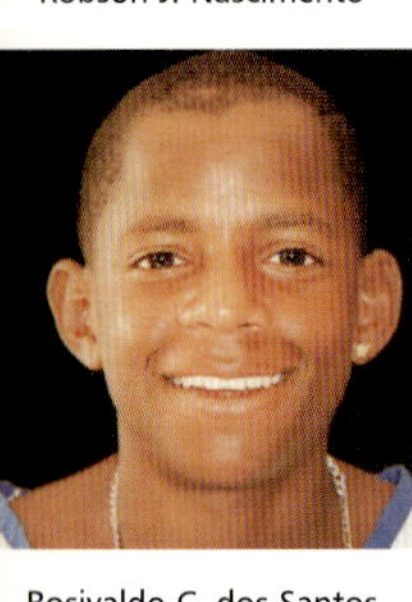

Luis Cláudio S. Passos

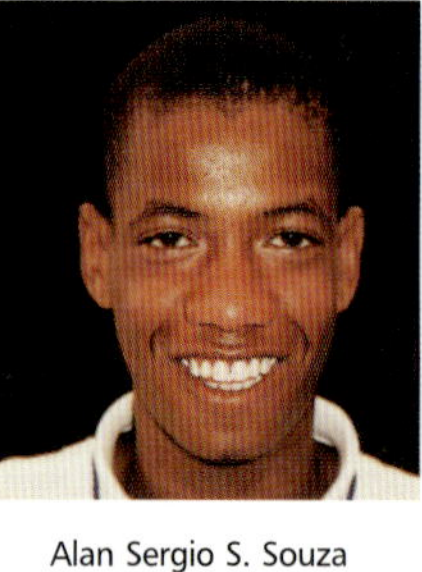

Adielson S. Silva

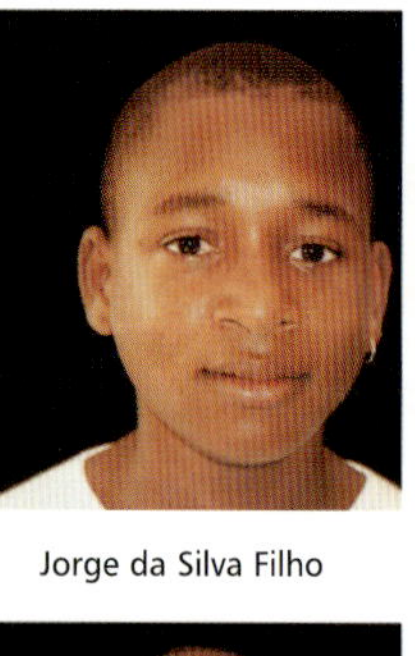

Luana Vitório

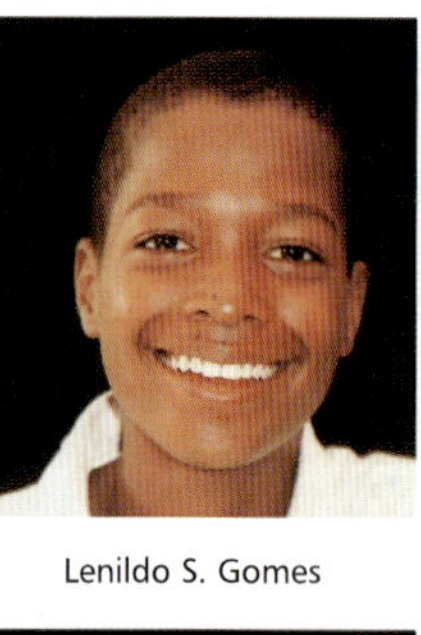

Hildeligésio G. Ferreira

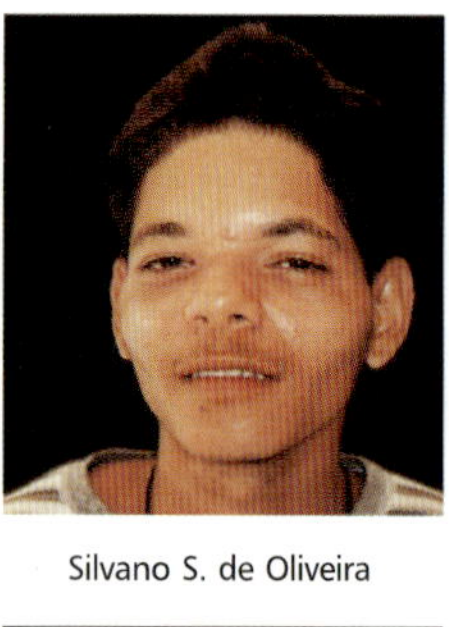

Luis Henrique S. Santos

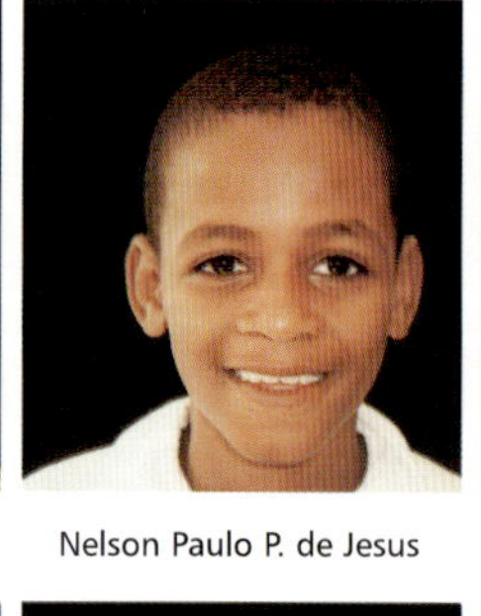

Cristiano Pereira

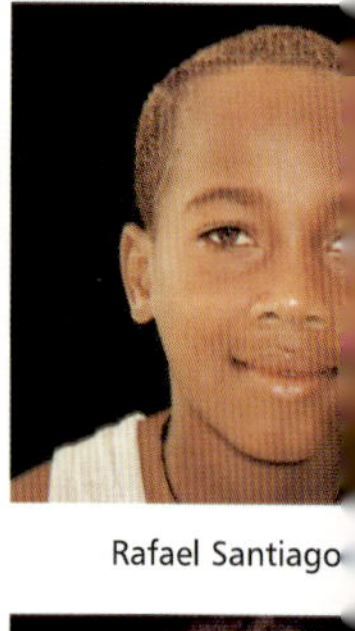

Clécio Araújo

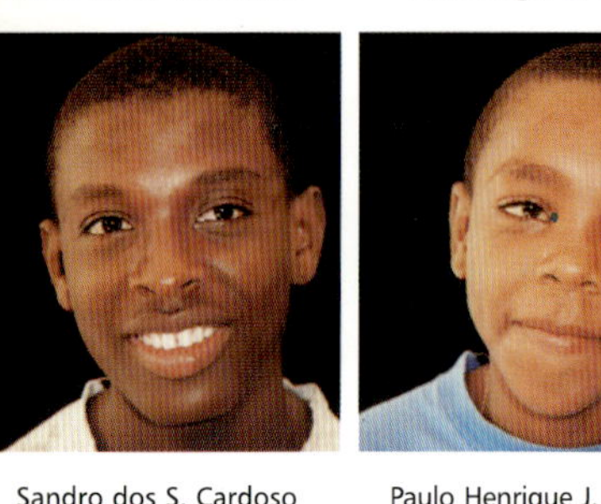

Robson J. Nascimento

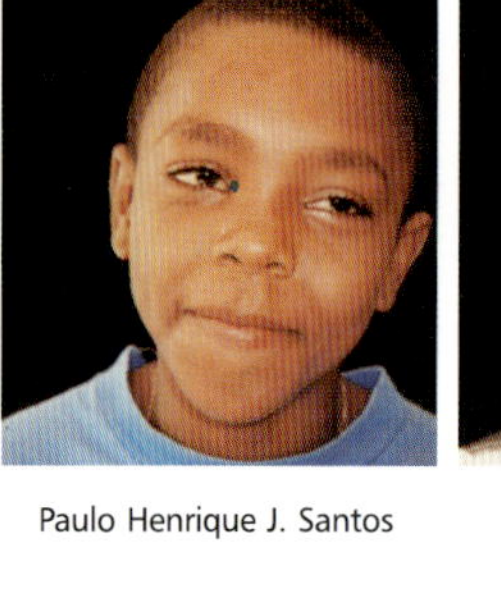

Rogério Almeida

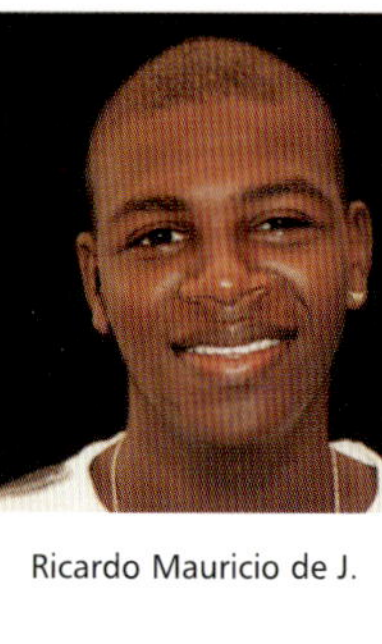

Reginaldo Mendes

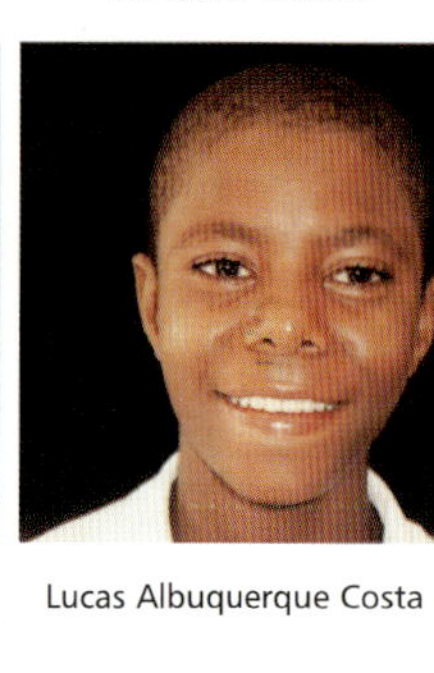

Carlos José Oliveira

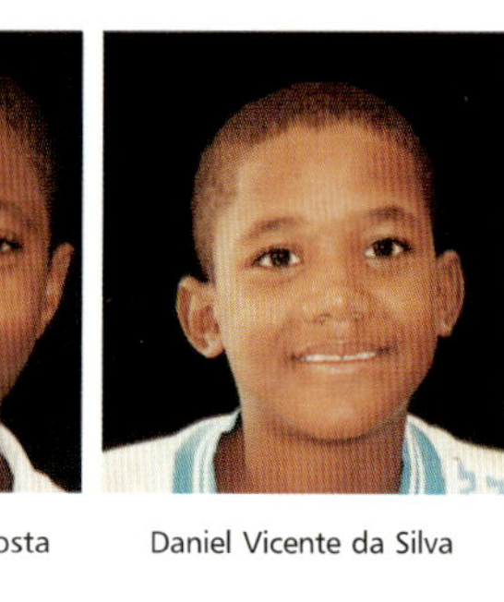

Anderson C. Santos

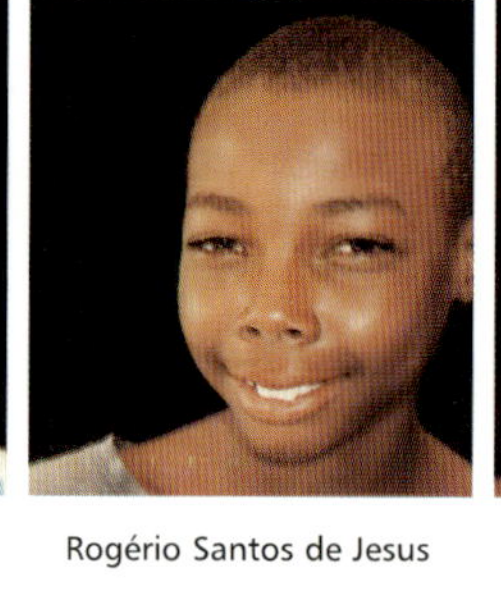

Dominguinhos S. Santos

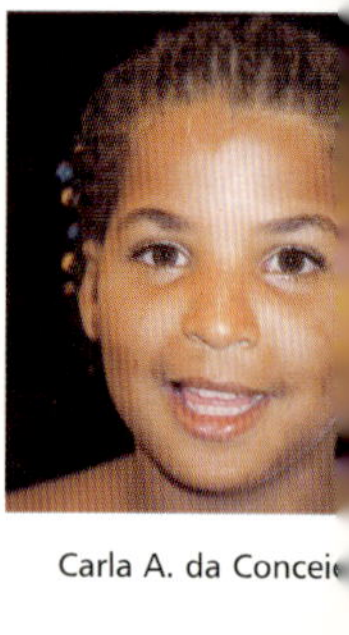

Roberto F. Conceiç

Rosivaldo C. dos Santos

Alan Sergio S. Souza

Jorge da Silva Filho

Lenildo S. Gomes

Silvano S. de Oliveira

Nelson Paulo P. de Jesus

Rafael Santiago

Sandro dos S. Cardoso

Paulo Henrique J. Santos

Ricardo Mauricio de J.

Lucas Albuquerque Costa

Daniel Vicente da Silva

Rogério Santos de Jesus

Carla A. da Conceiç

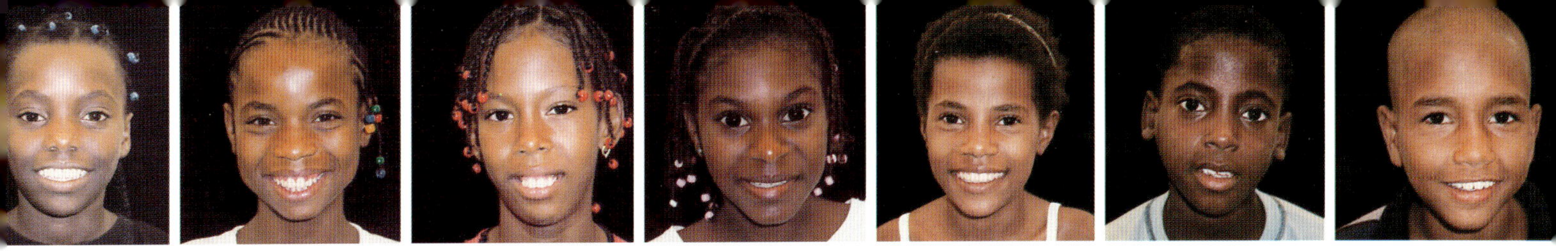

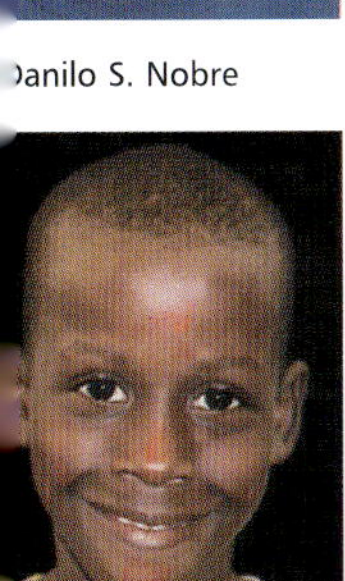 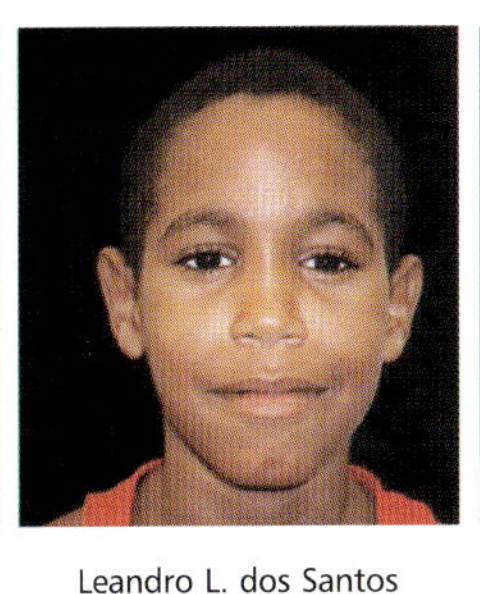 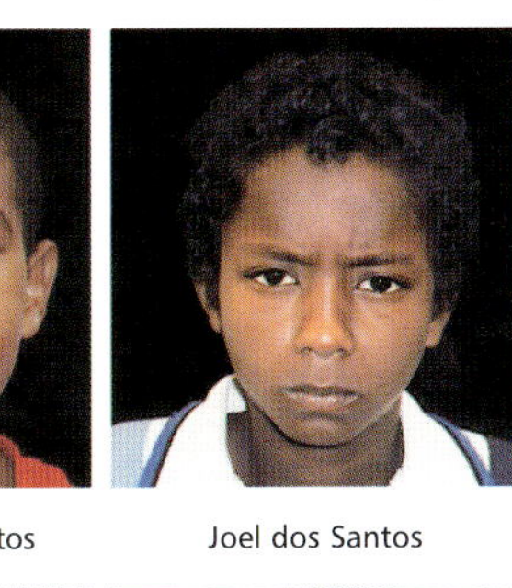 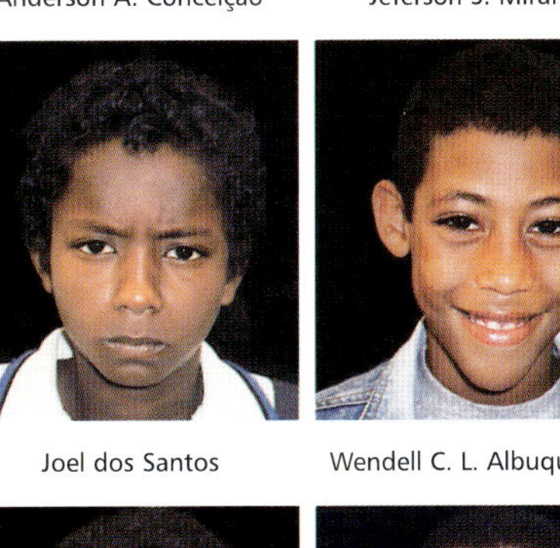

eisa Nascimento | Elizângela Nascimento | Sheila Santana | Rosineide Santos | Jeane Ramos de Jesus | Janderson Miranda | Cassio N. de Jesus

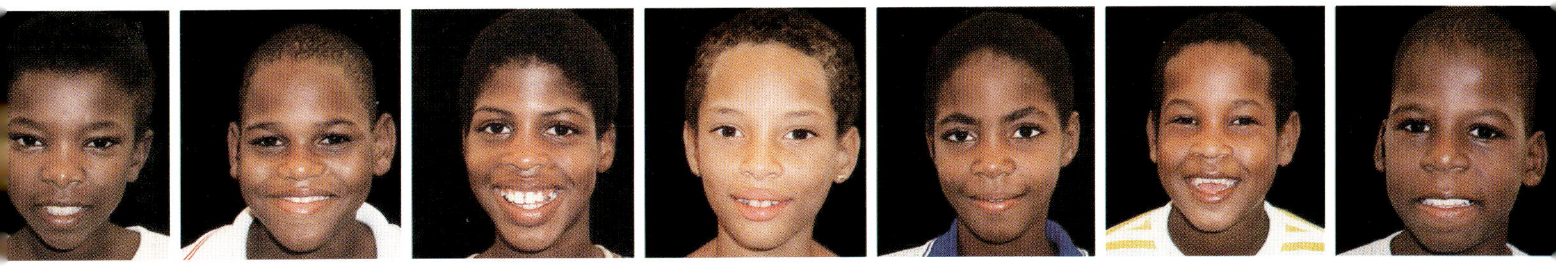

e de Jesus Santos | Eider Silva Souza | Edelvando S. Rangel | Girlene T. dos Santos | Antoniel Teles de Lima | Vendesson Pinheiro | Daniel Silva Jr.

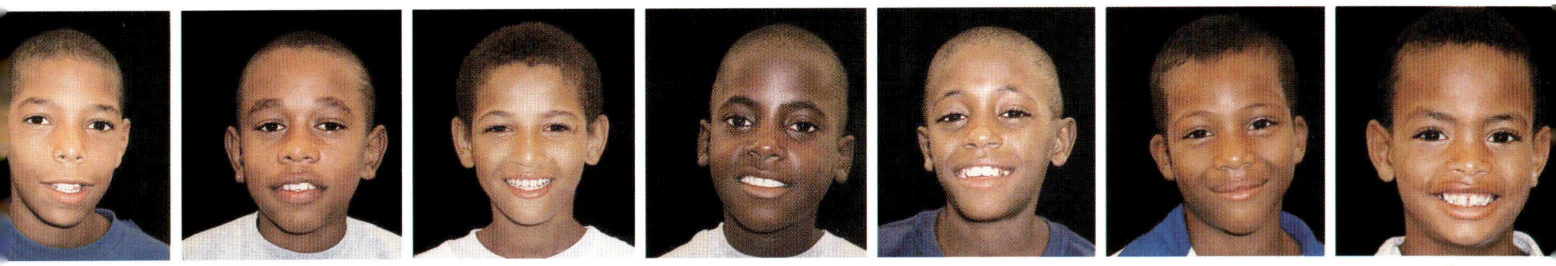

Danilo S. Nobre | Robson Sacramento | Anderson A. Conceição | Jeferson S. Miranda | Rafael Santana | Rodrigo S. Nascimento | Anderson S. Santos

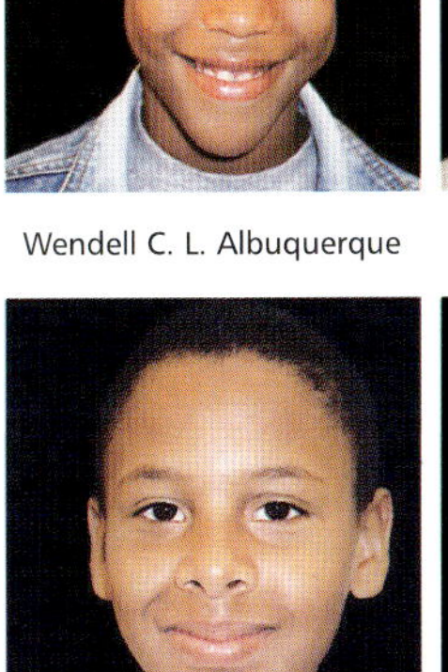 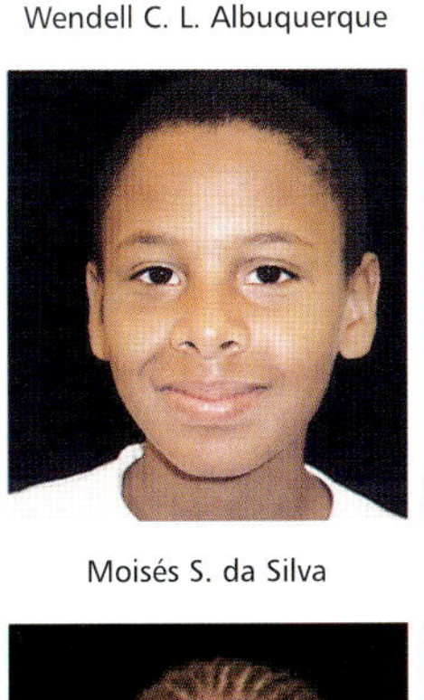 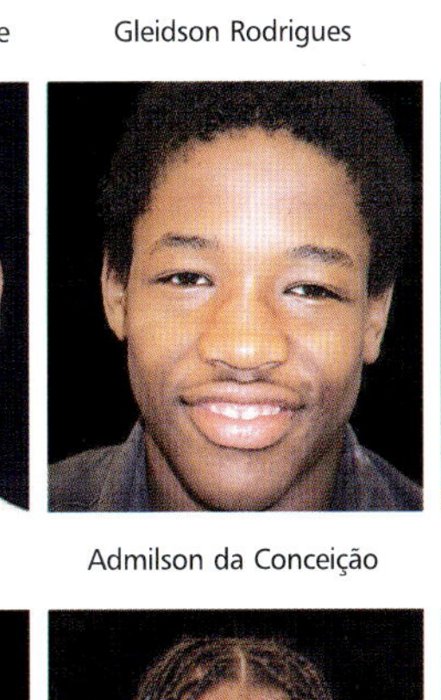 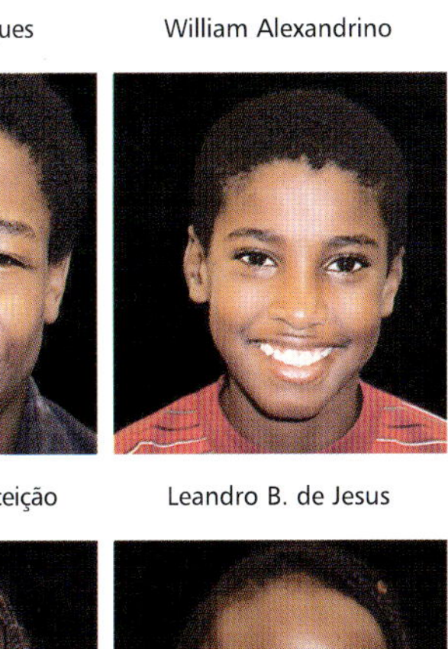 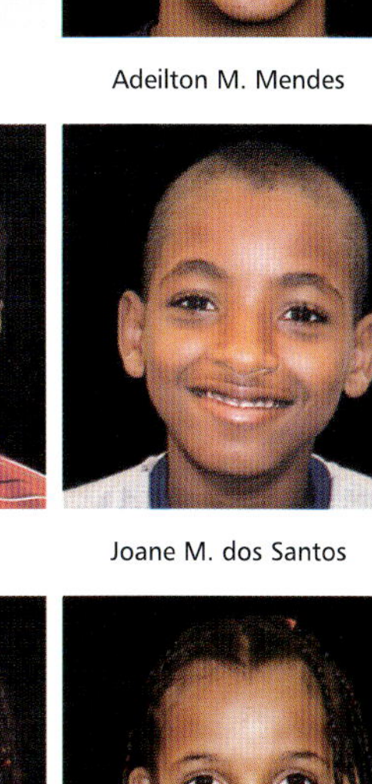

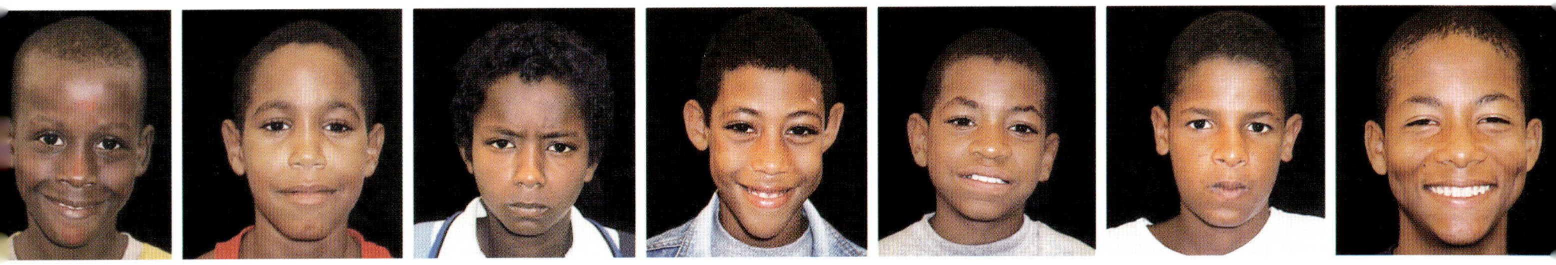

son dos S. Adorno | Leandro L. dos Santos | Joel dos Santos | Wendell C. L. Albuquerque | Gleidson Rodrigues | William Alexandrino | Adeilton M. Mendes

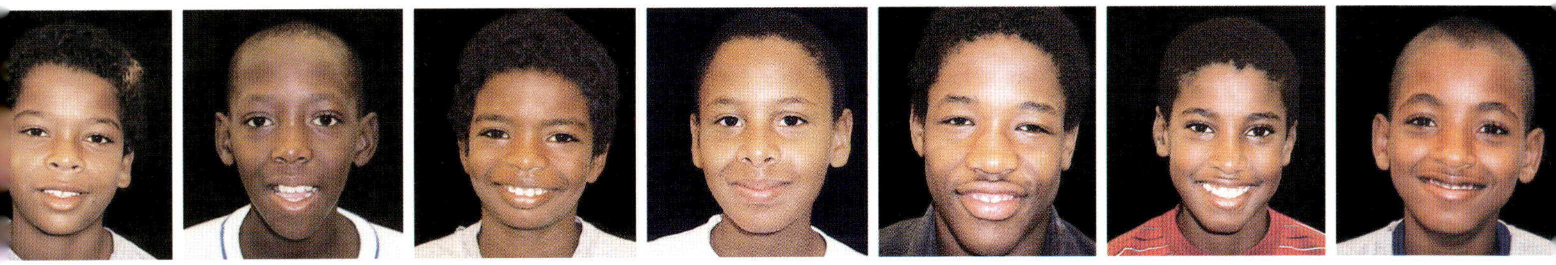

bson S. Cardoso | Ariosvaldo B. dos Santos | Edilson S. Santos | Moisés S. da Silva | Admilson da Conceição | Leandro B. de Jesus | Joane M. dos Santos

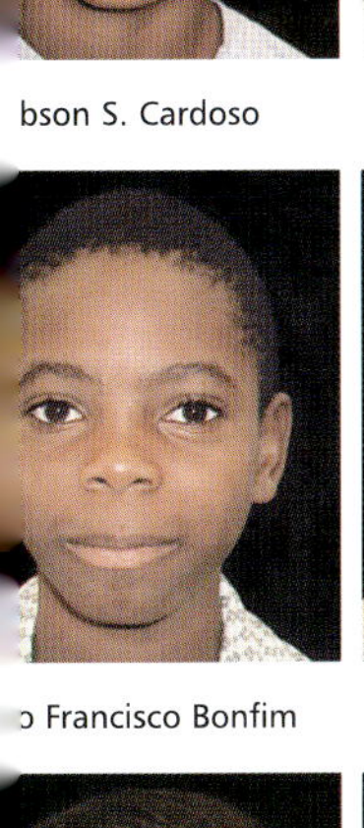 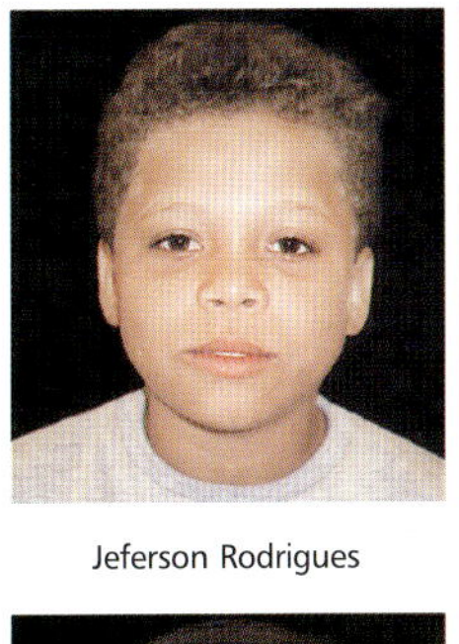 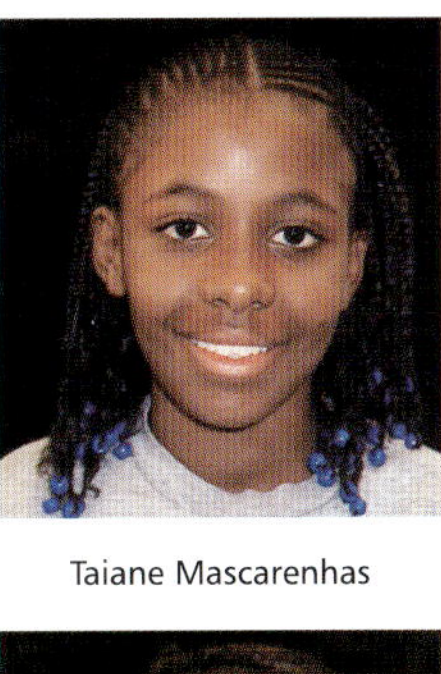 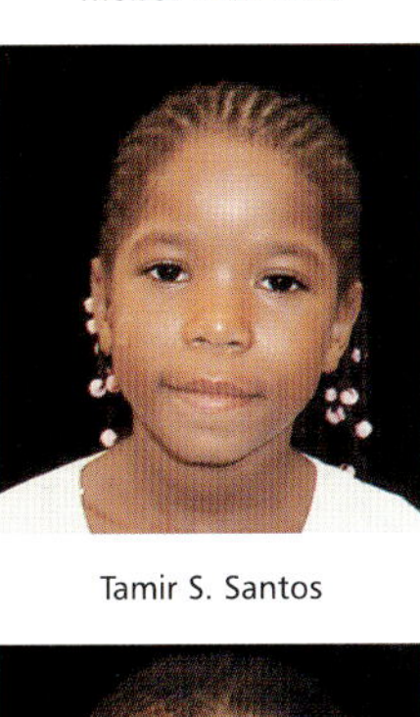 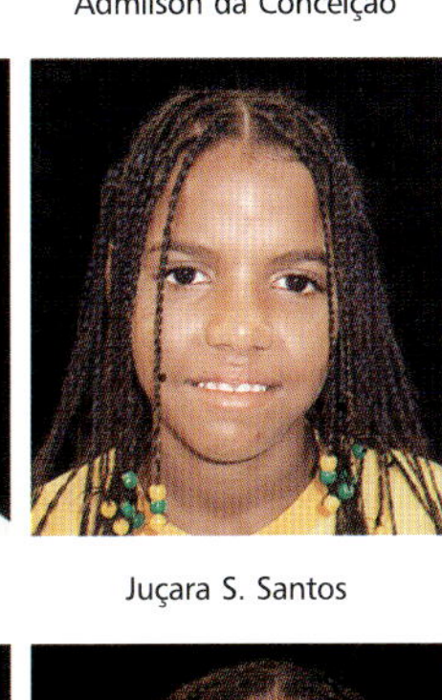 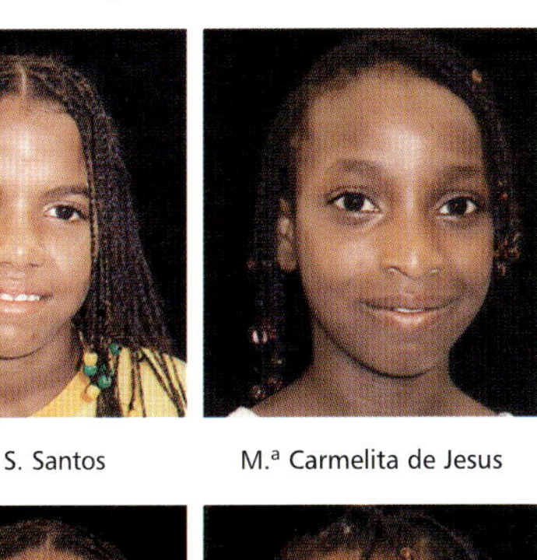 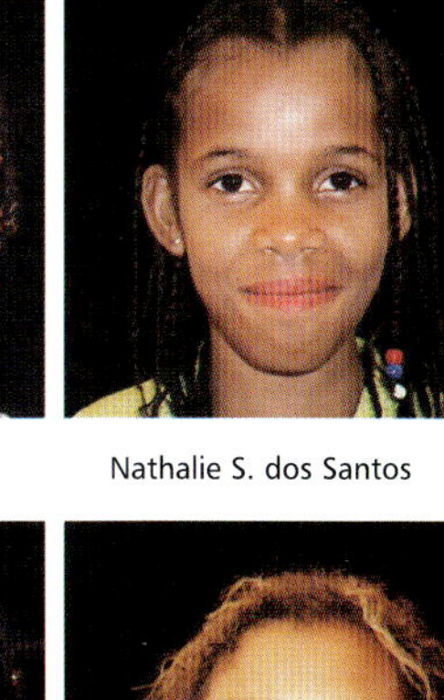

o Francisco Bonfim | Jeferson Rodrigues | Taiane Mascarenhas | Tamir S. Santos | Juçara S. Santos | M.ª Carmelita de Jesus | Nathalie S. dos Santos

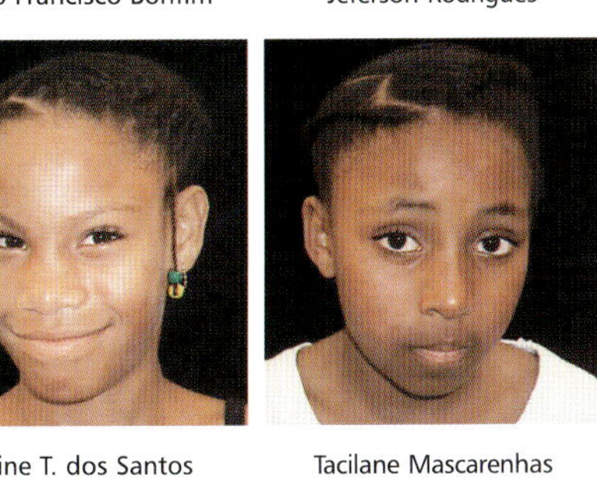 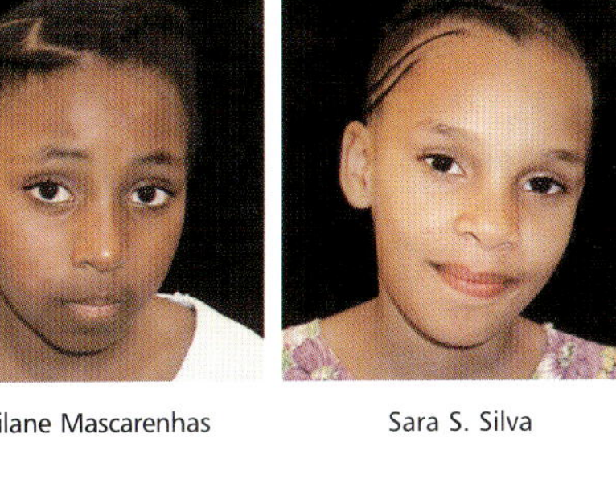 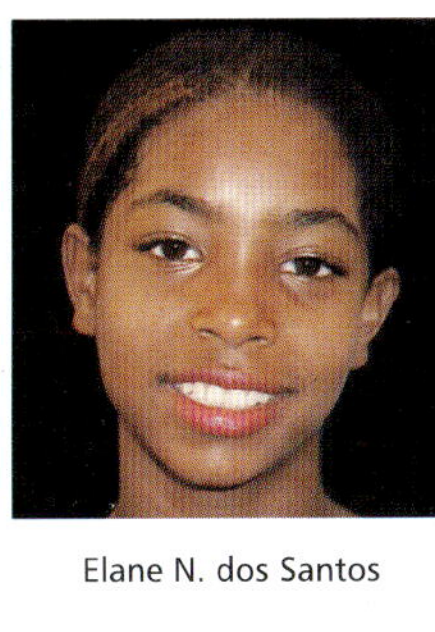 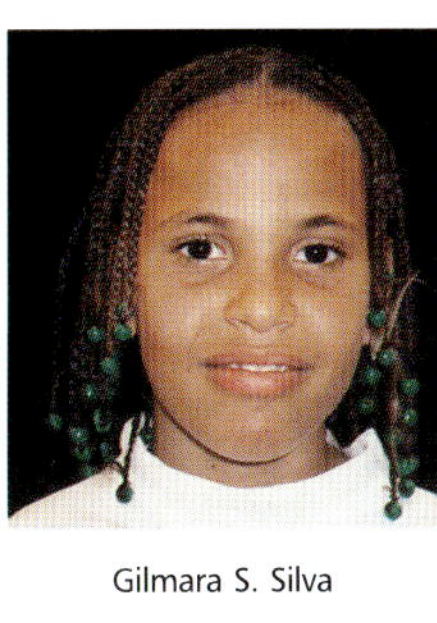 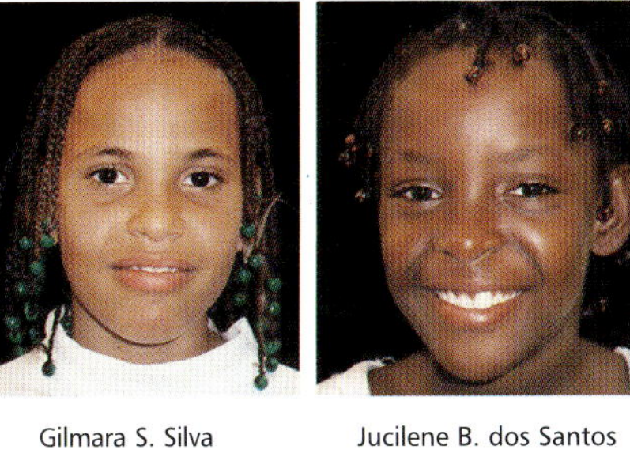 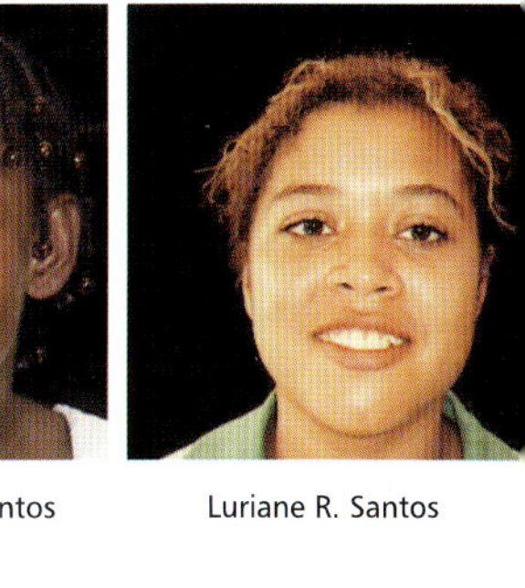

rine T. dos Santos | Tacilane Mascarenhas | Sara S. Silva | Elane N. dos Santos | Gilmara S. Silva | Jucilene B. dos Santos | Luriane R. Santos

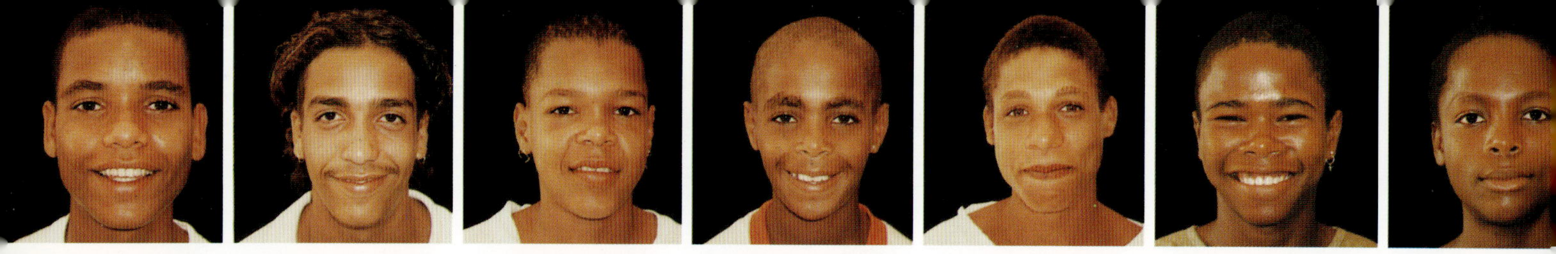

Marcio Santos da Rocha Moises dos S. Cerqueira Alessandro Bispo Edilson Silva Santos Reginaldo de Souza Paula Carlos Alexandre Costa Antonio Carlos F. Sa...

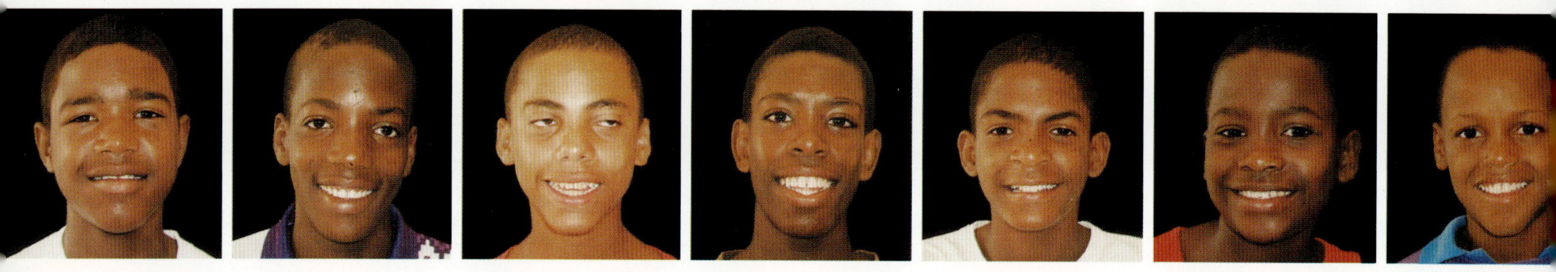

Fabricio dos Santos Melo Cesar Santos Maia Roberto de J. Nascimento Paulo de Andrade Paulo Bispo Roberto de Jesus Adeilton Nunes dos S...

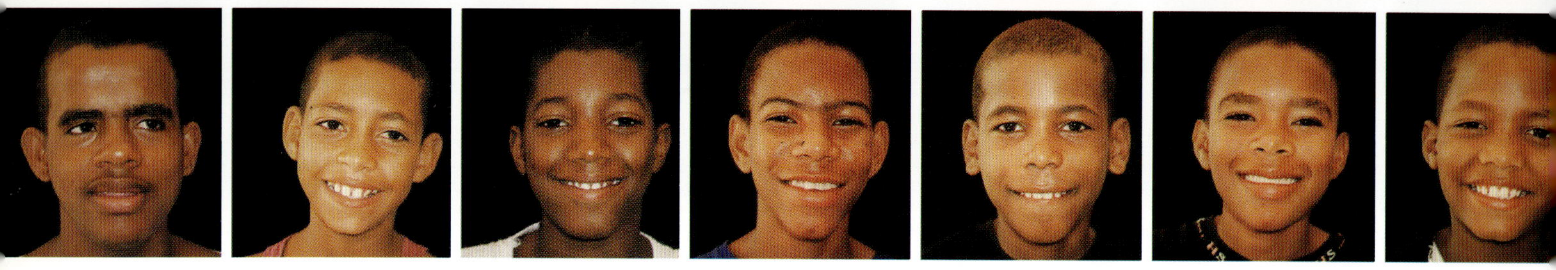

Sidnei Reis Ferreira Marcelo Faleta Luis Paulo S. Barbosa Raimundo Nonato S. Silva Marcos Vinicius da Silva Marcio Santos Carvalho Danilo Vicente da S...

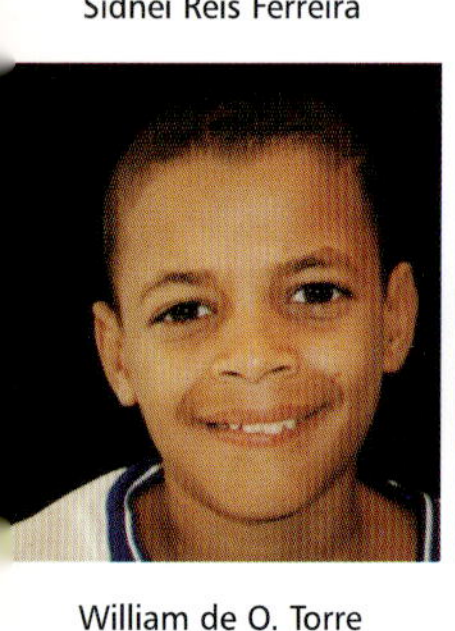

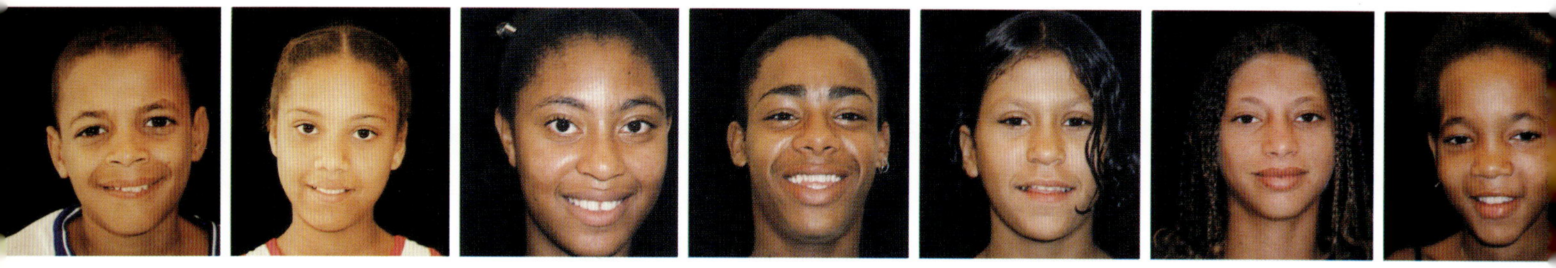

William de O. Torre Aline de Jesus Conceição Fabiana Rebouças da Silva Carlos Roberto G. da Silva Irla Daiane Silva Jaqueline da Silva Miranda Rosiele de Ferrei...

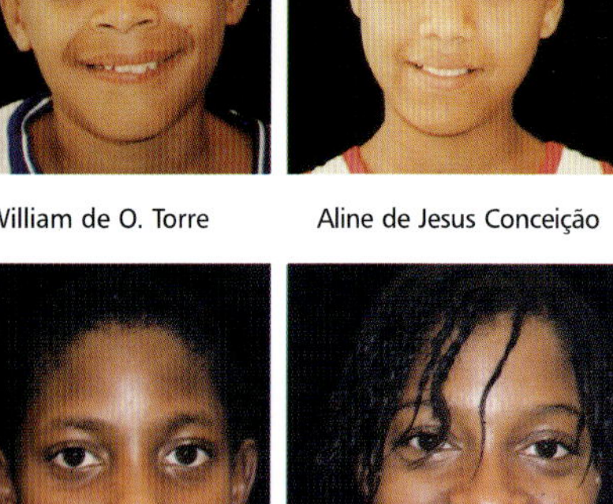
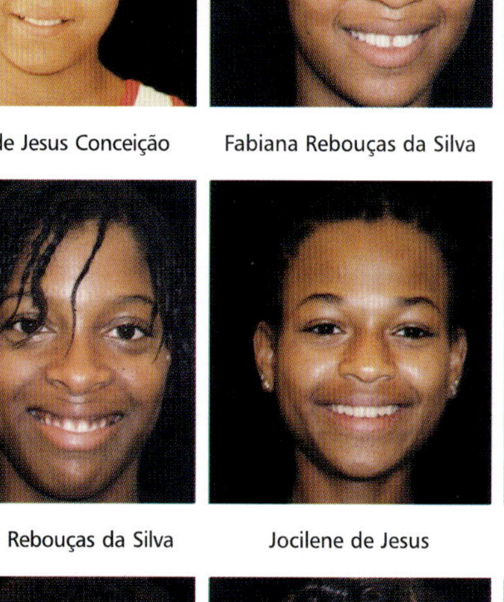
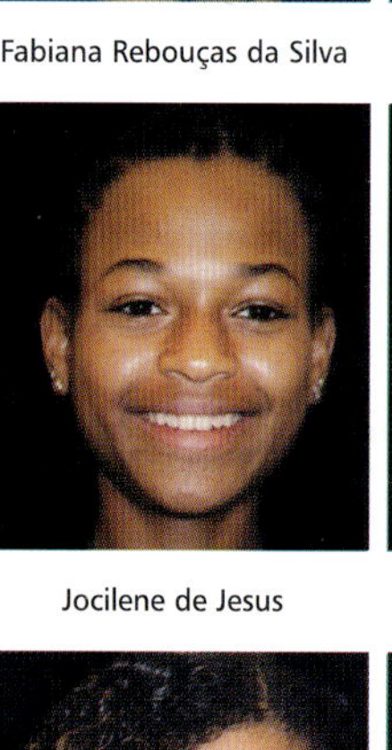

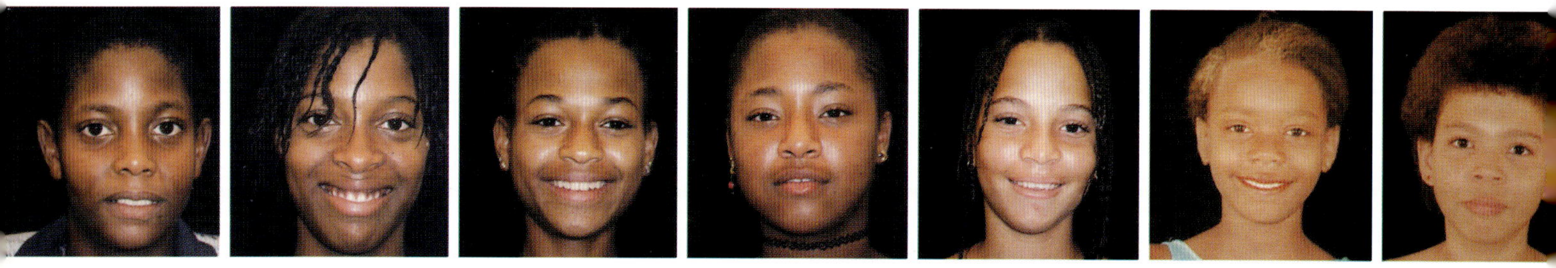

Cristian Rebouças da Silva Daniela Rebouças da Silva Jocilene de Jesus Meire Josi dos S. Souza Vanessa Alves Amorim Roseane Gomes de Jesus Débora Silva Barb...

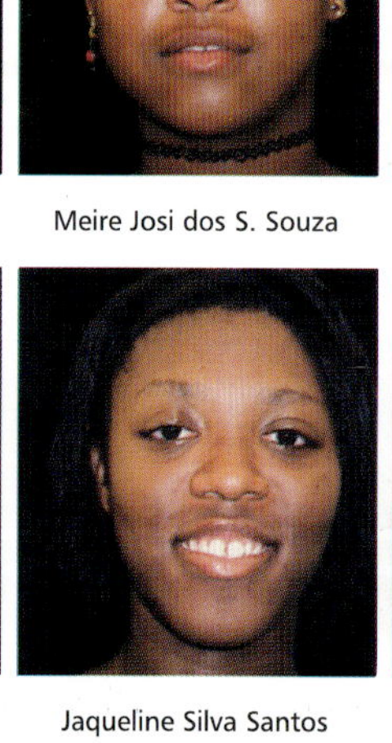
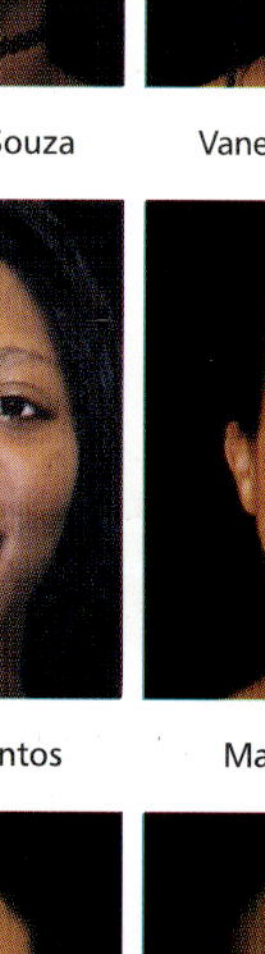
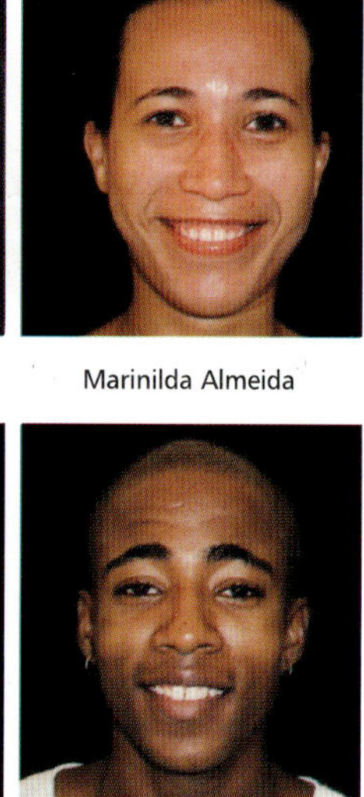
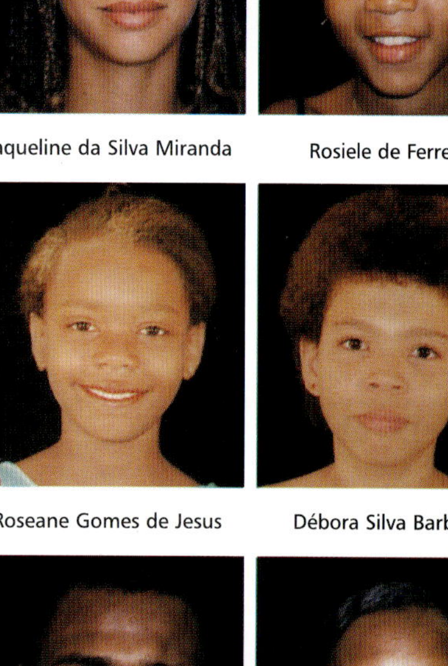

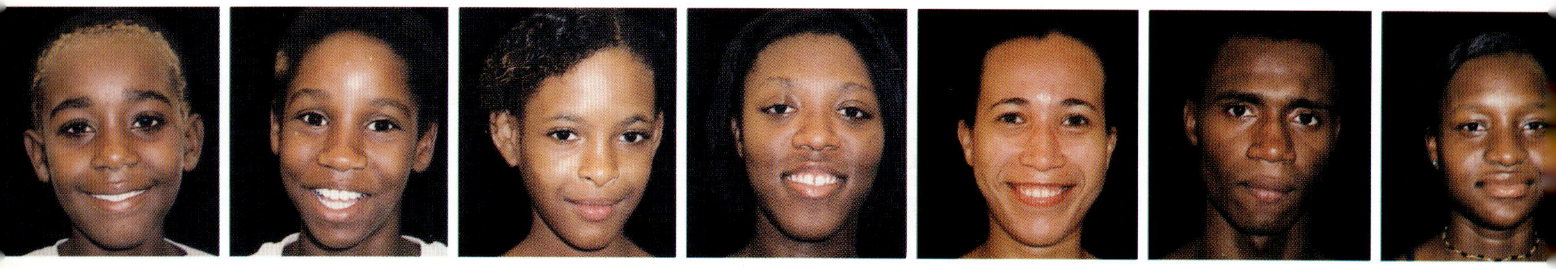

Rogerio Gomes de Jesus Josana de Jesus Jaqueline Ferreira Jaqueline Silva Santos Marinilda Almeida Ademilton Santos Lucinéa de Jesus

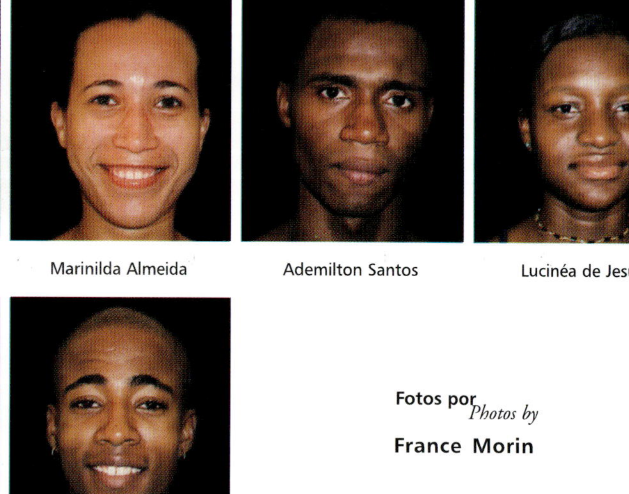
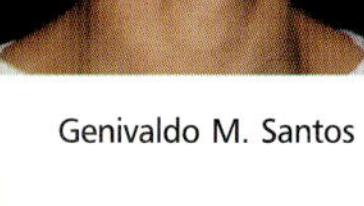
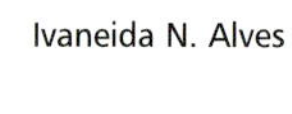

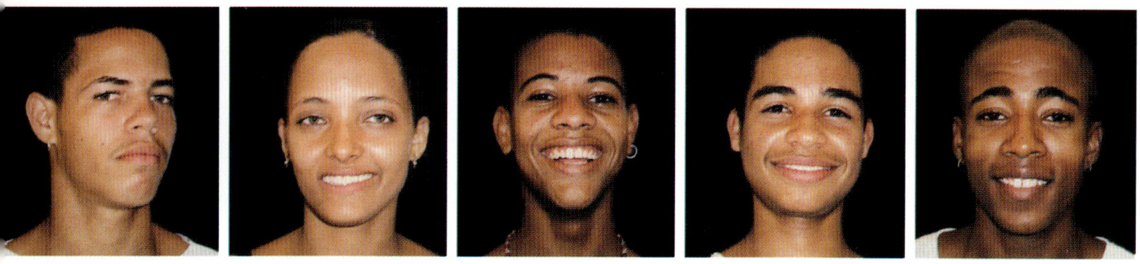

Genivaldo M. Santos Ivaneida N. Alves Leandro Nascimento Jamildo A. Gonçalves José Reis Conceição

Fotos por *Photos by*

France Morin

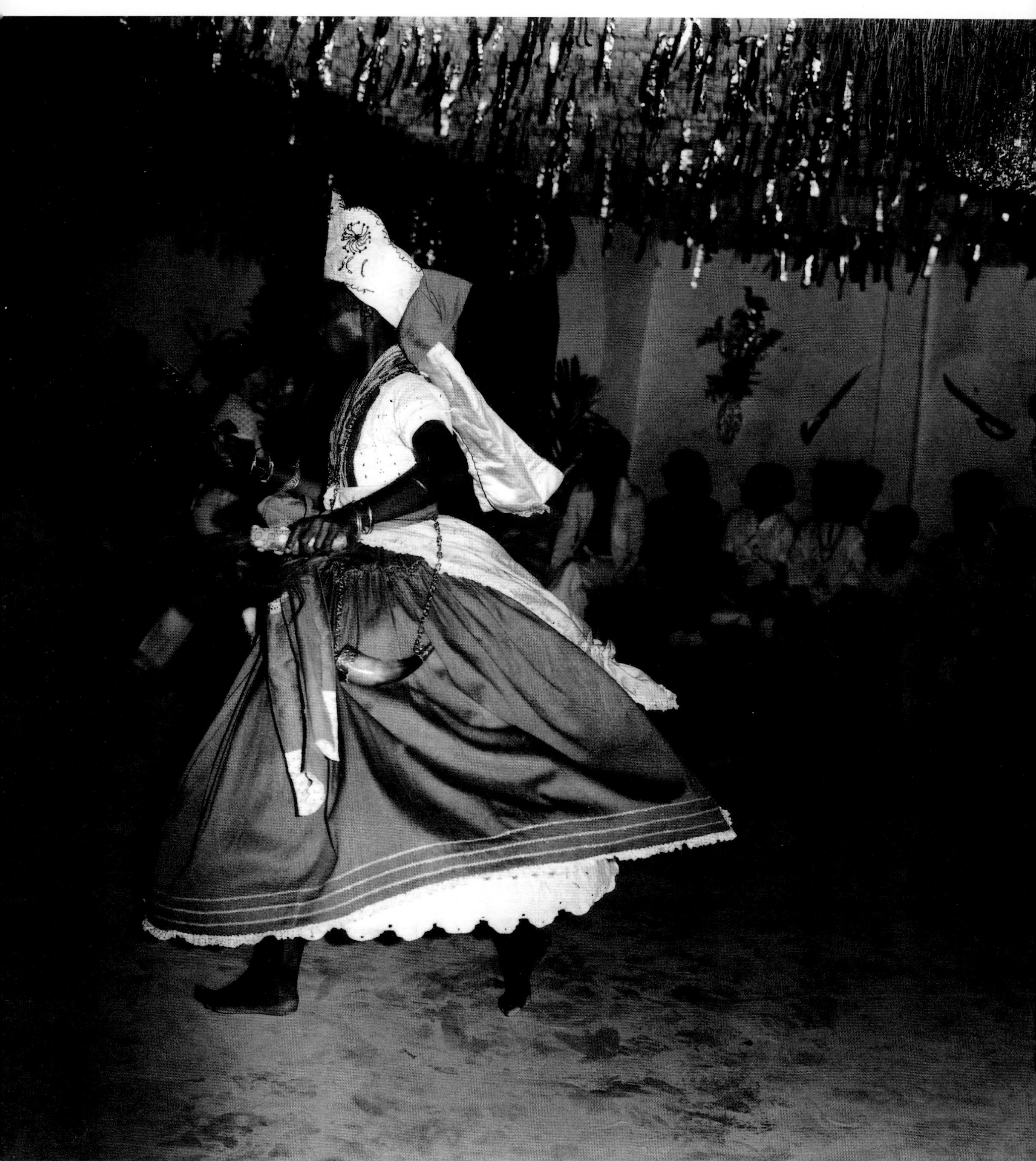

Oiá dança com energia, Candomblé Axé Opô Aganjú, Lauro de Freitas, Bahia / Tempestuous dance of Oyá, Axé Opô Aganjú Candomblé, Lauro de Freitas, Bahia, 1973

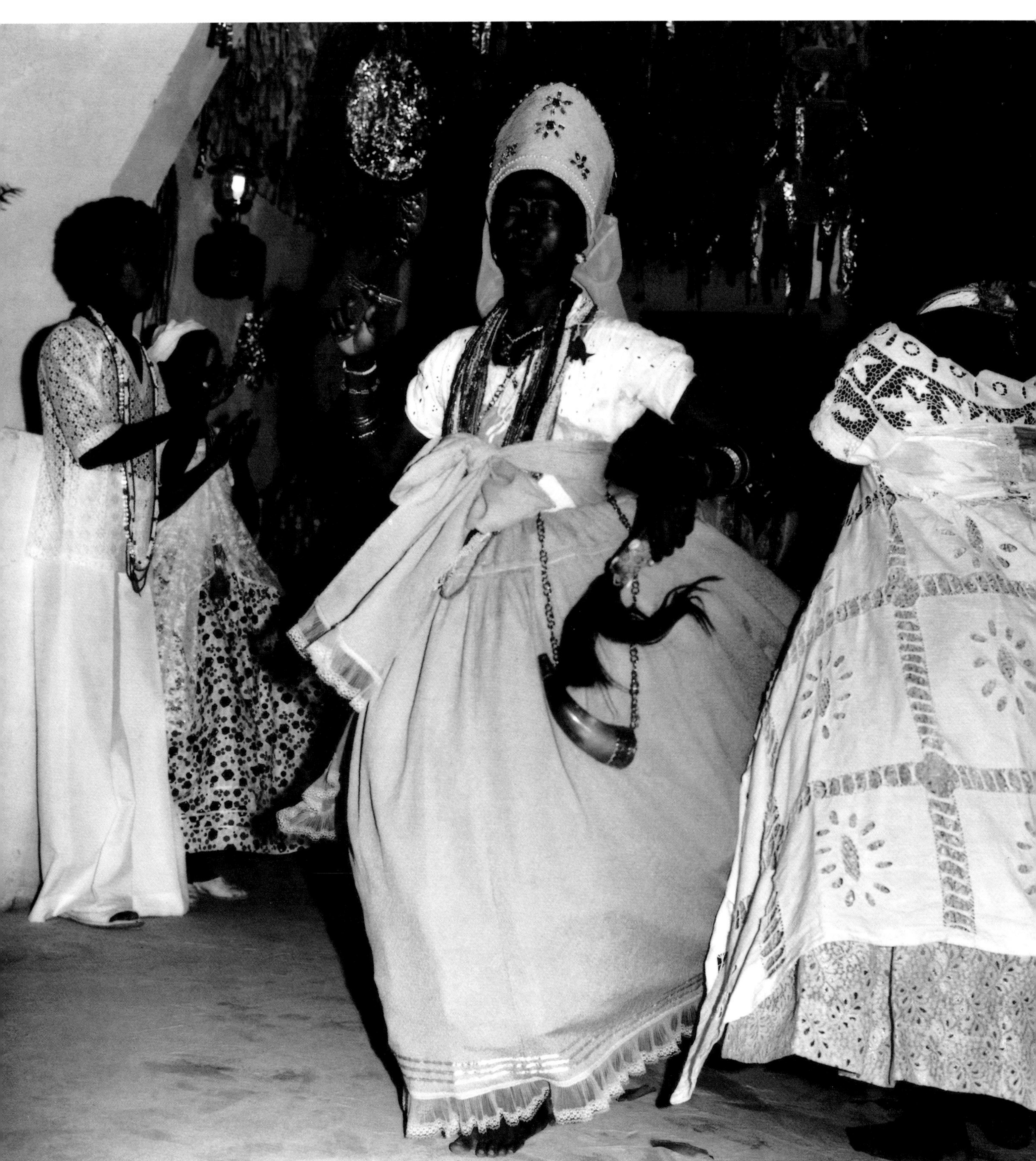

..., a divindade dos ventos de tempestades e primeira mulher de Xangô, dançando, Candomblé Axé Opô Aganjú, Lauro de Freitas, Bahia / Dance of Oyá, the divinity of windstorms and principal wife of Xangô, Axé Opô Aganjú Candomblé, Lauro de Freitas, Bahia, 1973

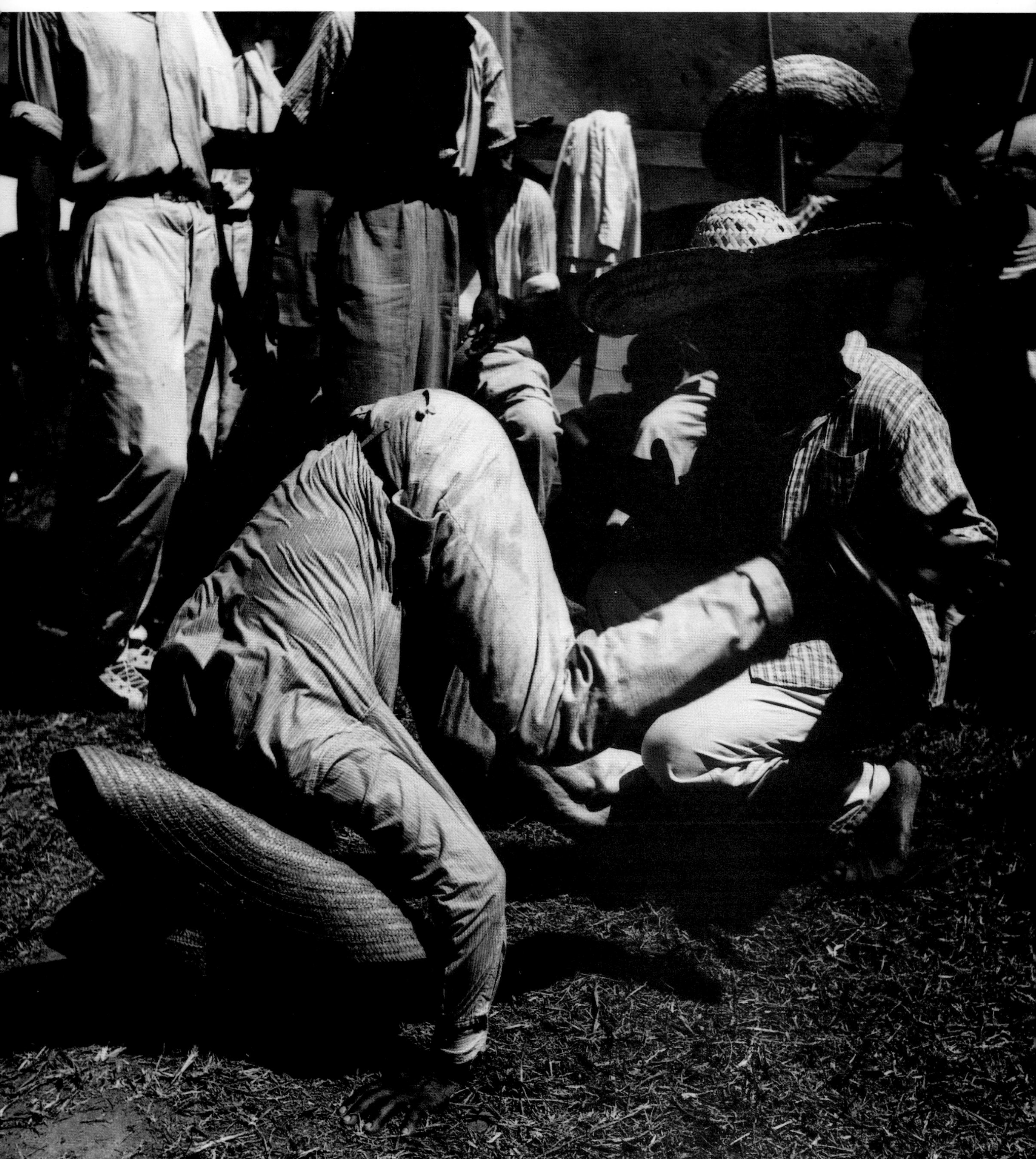

Capoeiristas se apresentam na festa do Bom Jesus dos Navegantes, Salvador, Bahia / Capoeiristas performing at the Jesus of the Navigators Festival - Salvador, Bahia, 1948

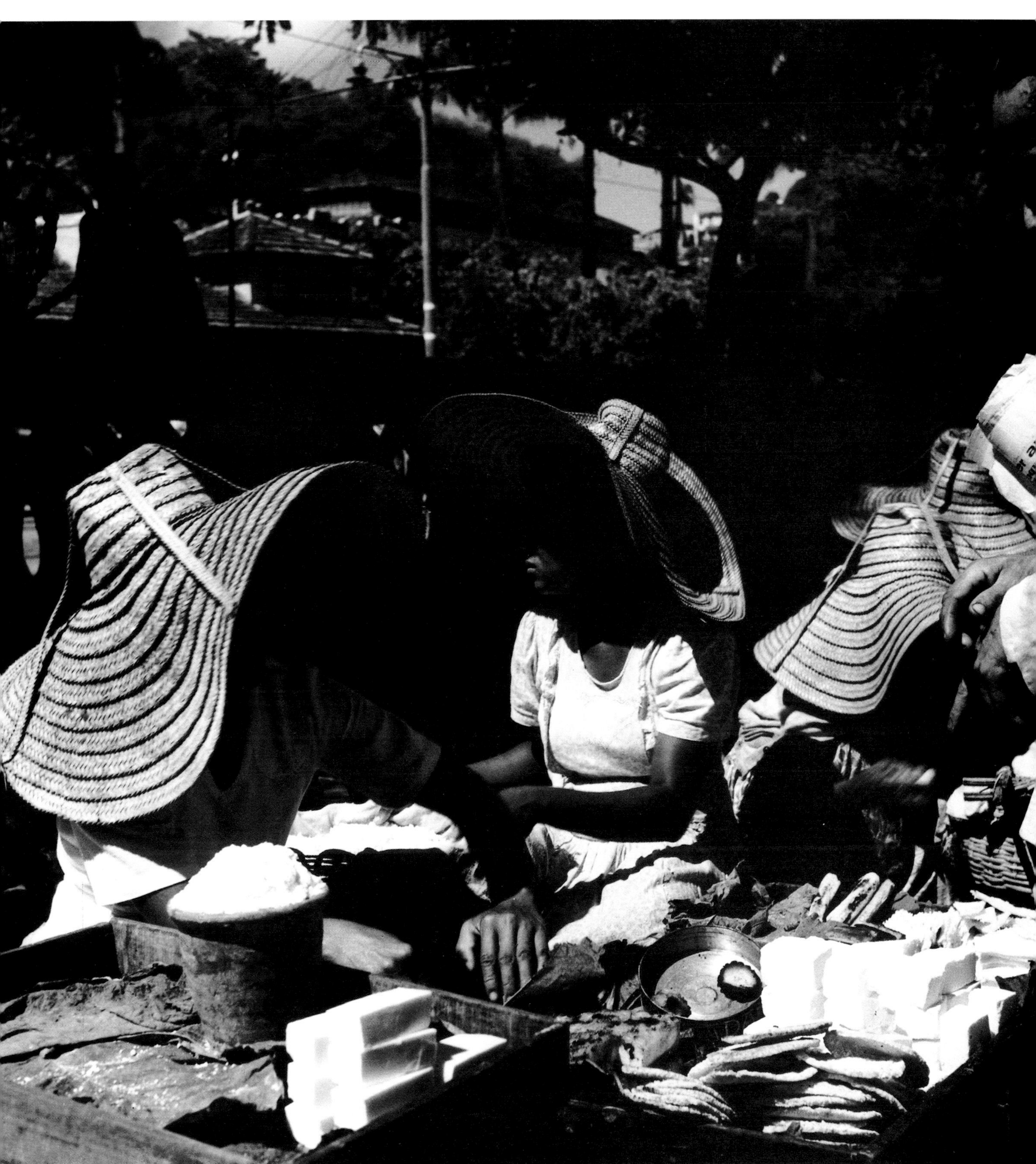

Vendedoras na Feira de "Água de Meninos", Salvador, Bahia / Sellers at "Água de Meninos" market, Salvador, Bahia, 1948

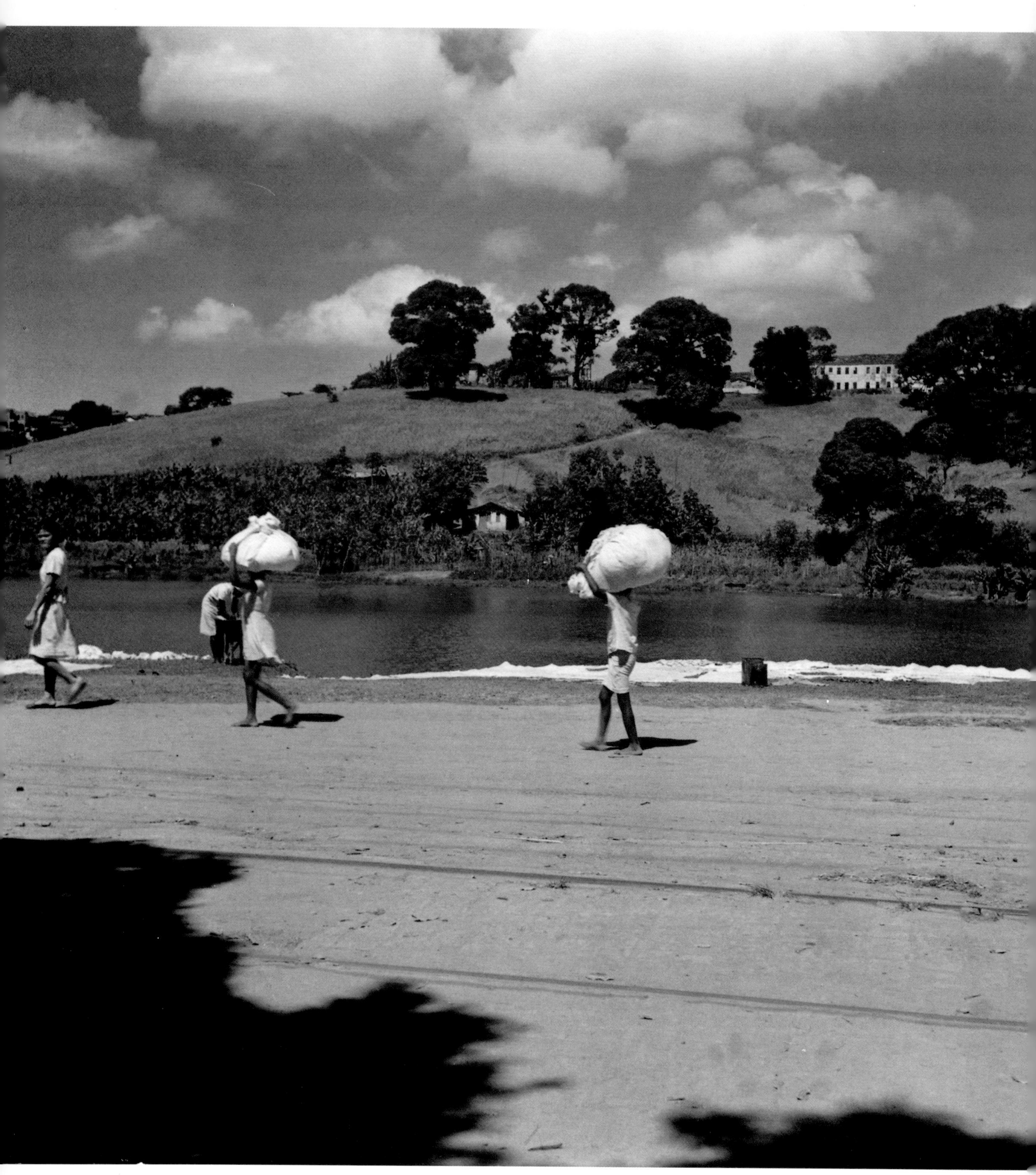

Crianças ajudando as lavadeiras, carregam trouxas de roupas, Dique do Tororó, Salvador, Bahia / Children help laundresses by carrying bundles of washing, Dique do Tororó, Salvador, Bahia, 1948

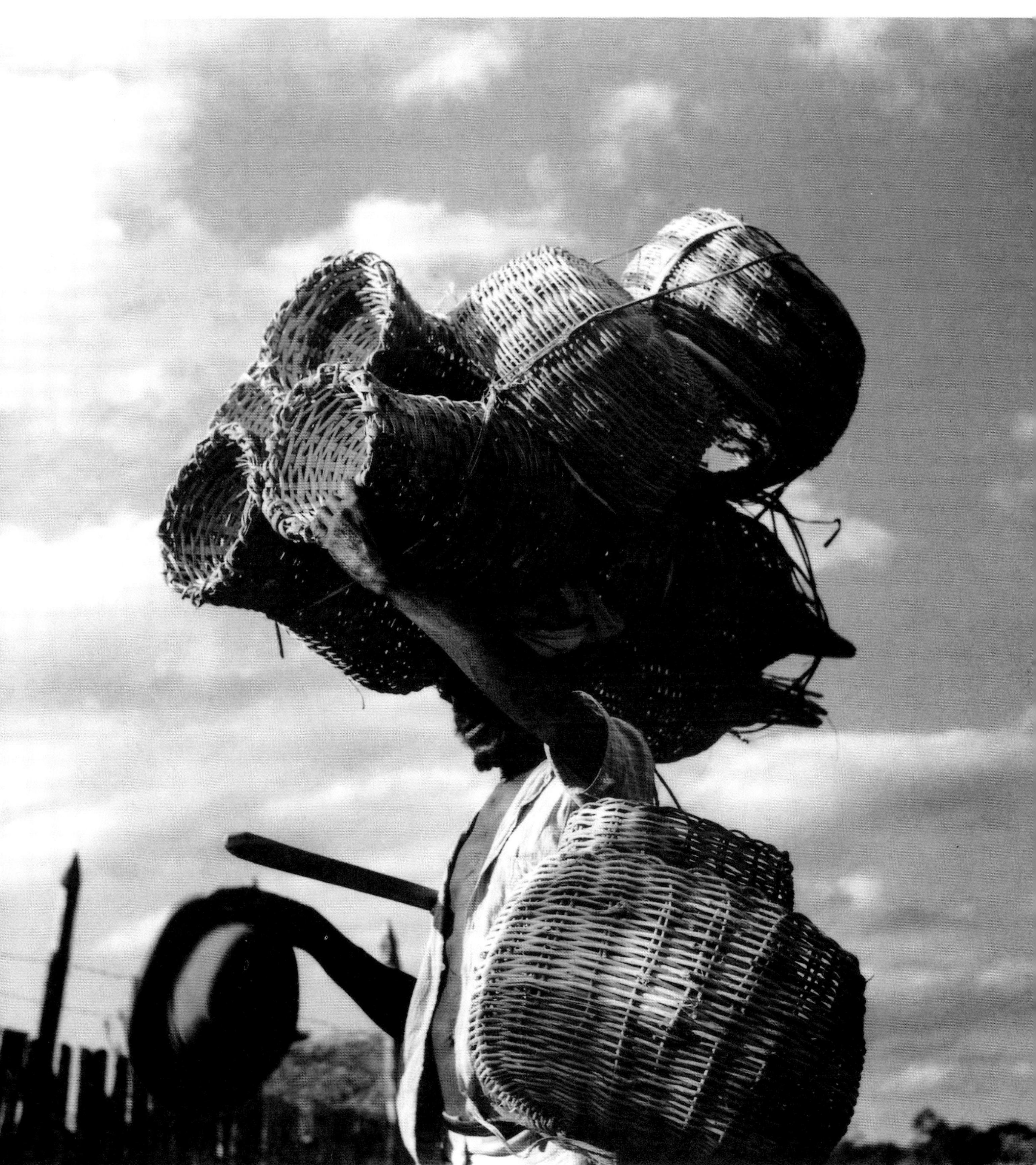

Vendedor de cestos, Rio Novo, Bahia / Basket seller, Rio Novo, Bahia, 1947

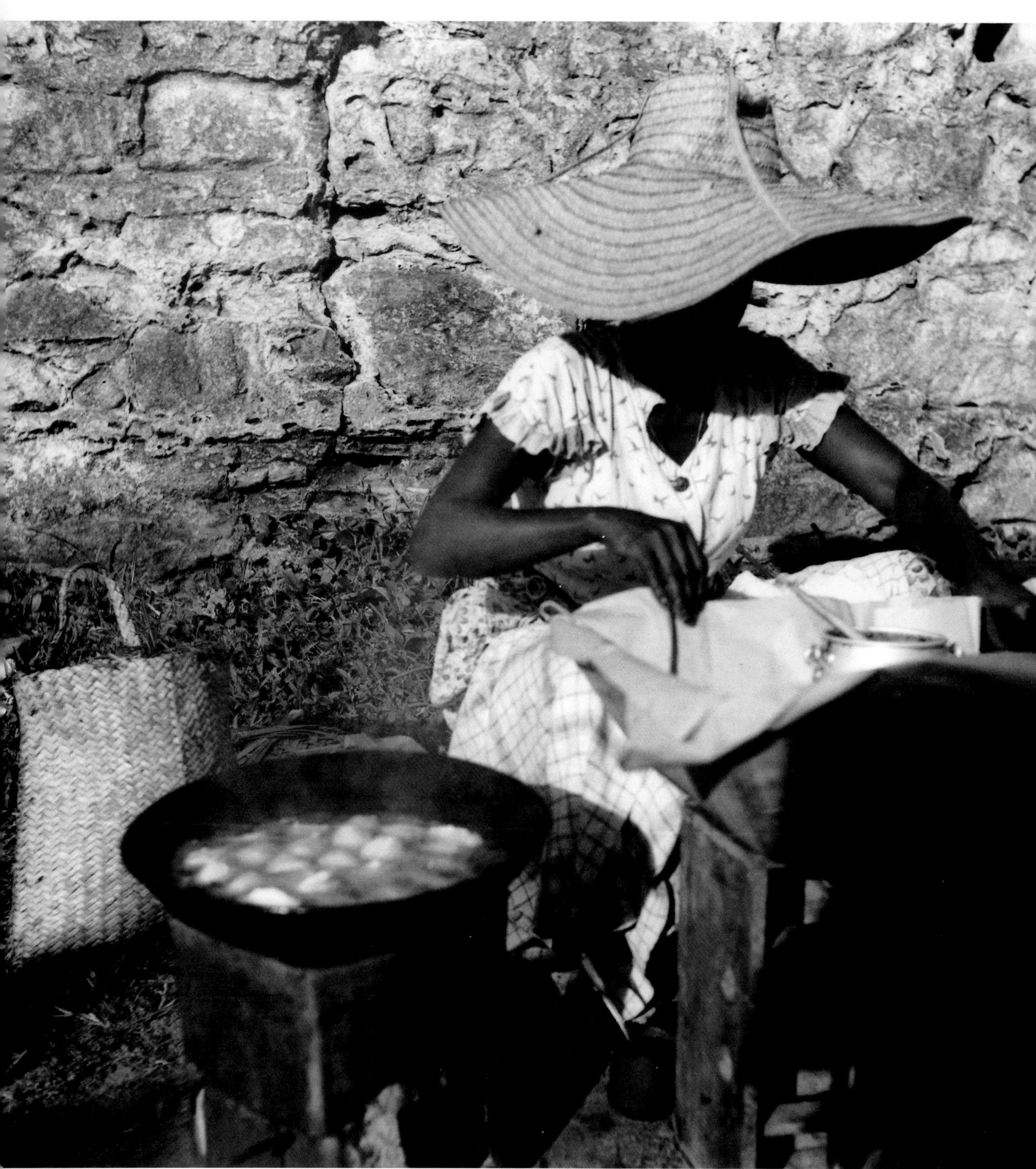

Baiana frita acarajé na festa de Bom Jesus dos Navegantes, Salvador, Bahia / Baiana frying acarajé at the Jesus of the Navigators Festival, Salvador, Bahia, 1948

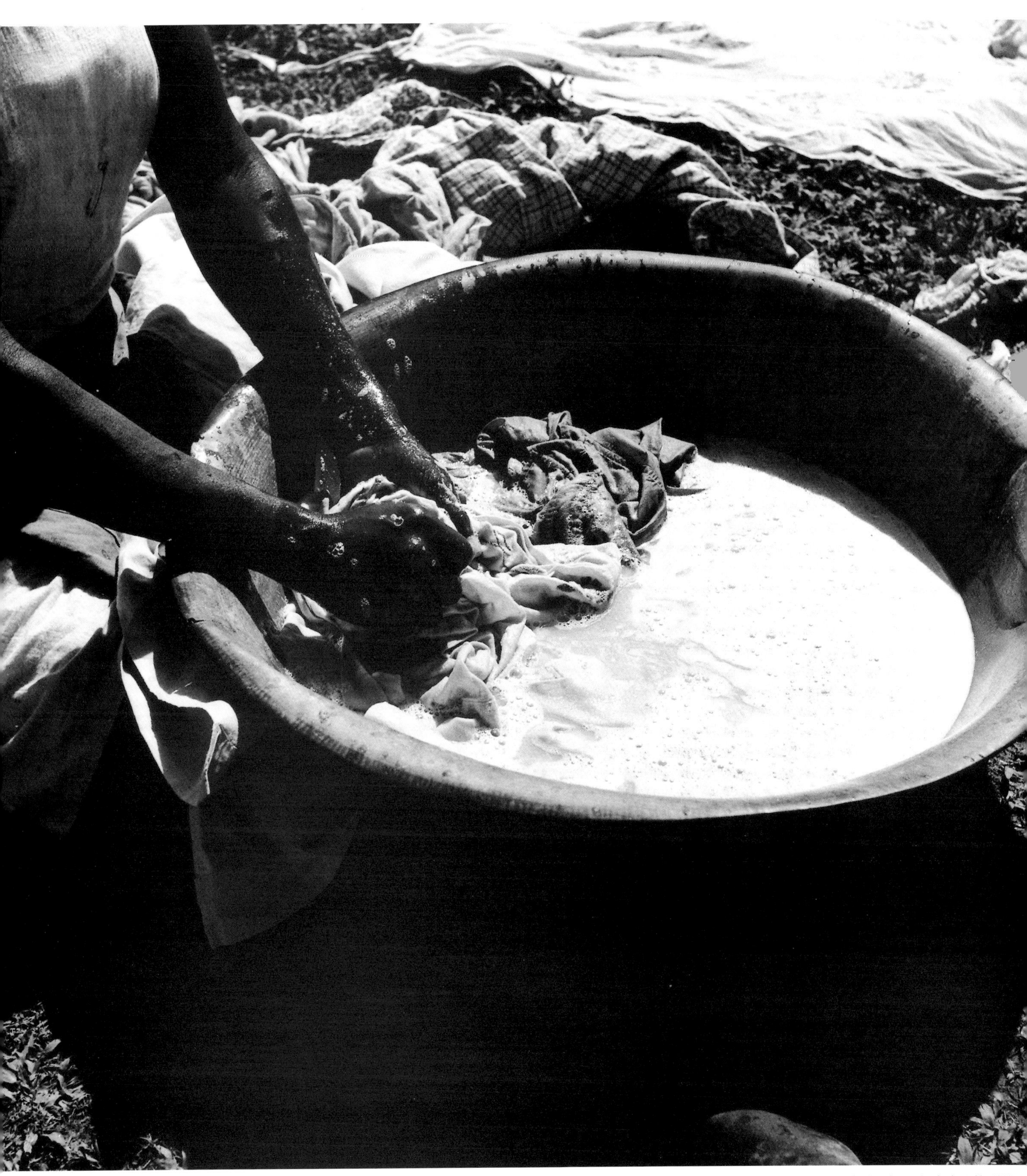

Lavadeira durante o trabalho, Dique do Tororó, Salvador, Bahia / Laundress at work, Dique do Tororó, Salvador, Bahia, 1948

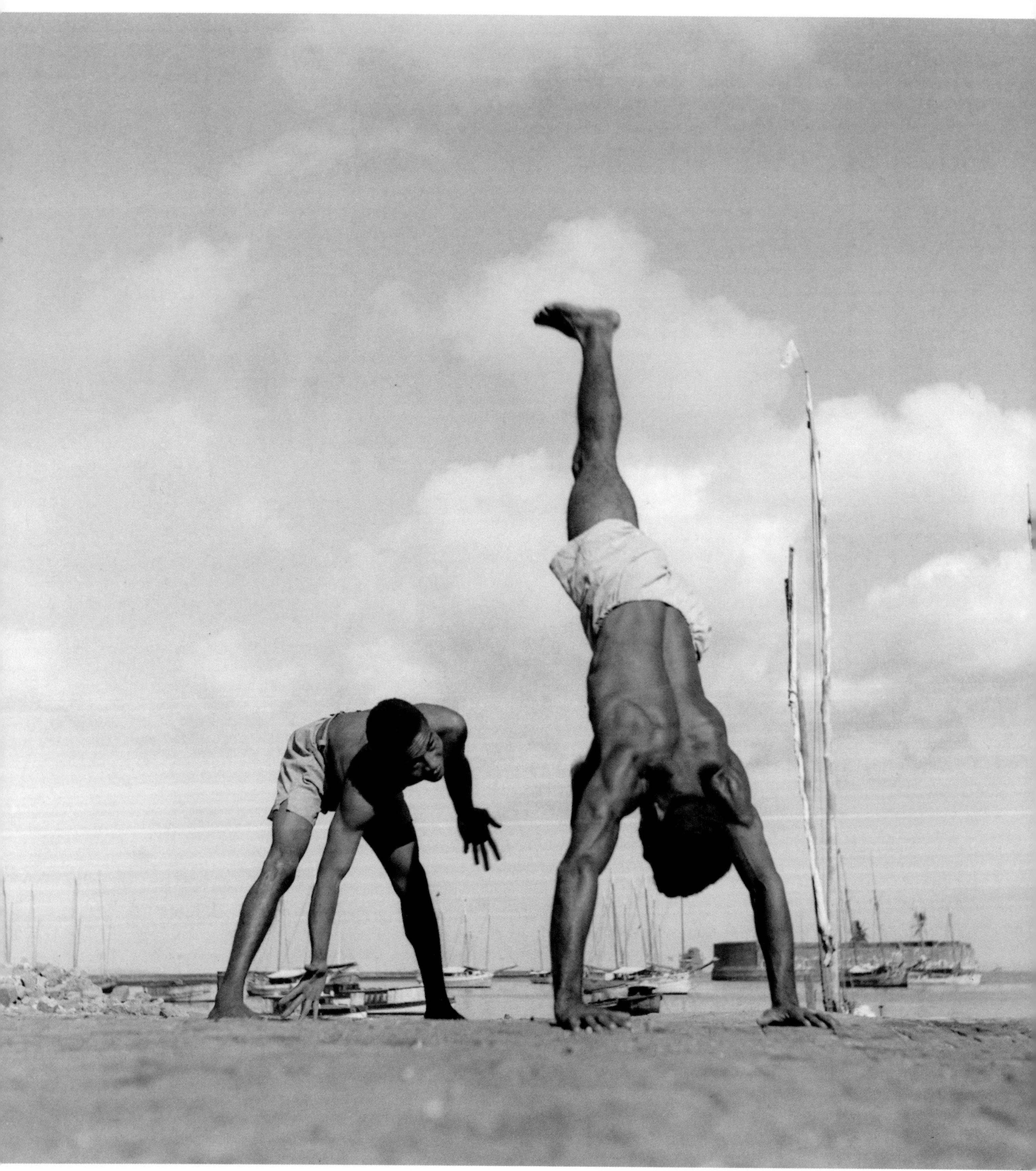

Capoeira, 1947

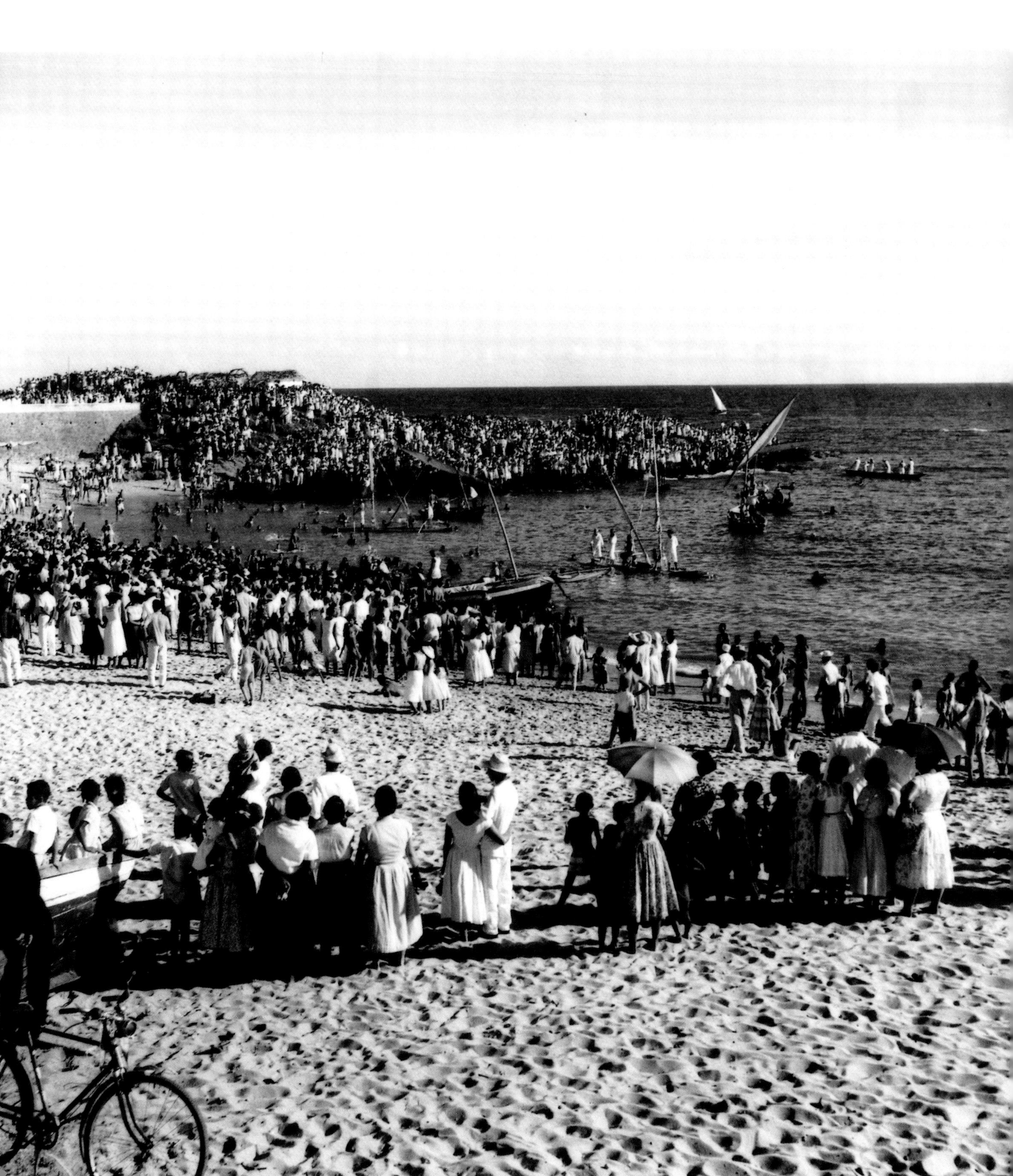

Cena do presente para Iemanjá. Praia do Rio Vermelho, Salvador, Bahia / Scene of the offering to Yemanjá, Rio Vermelho Beach, Salvador, Bahia, 1948

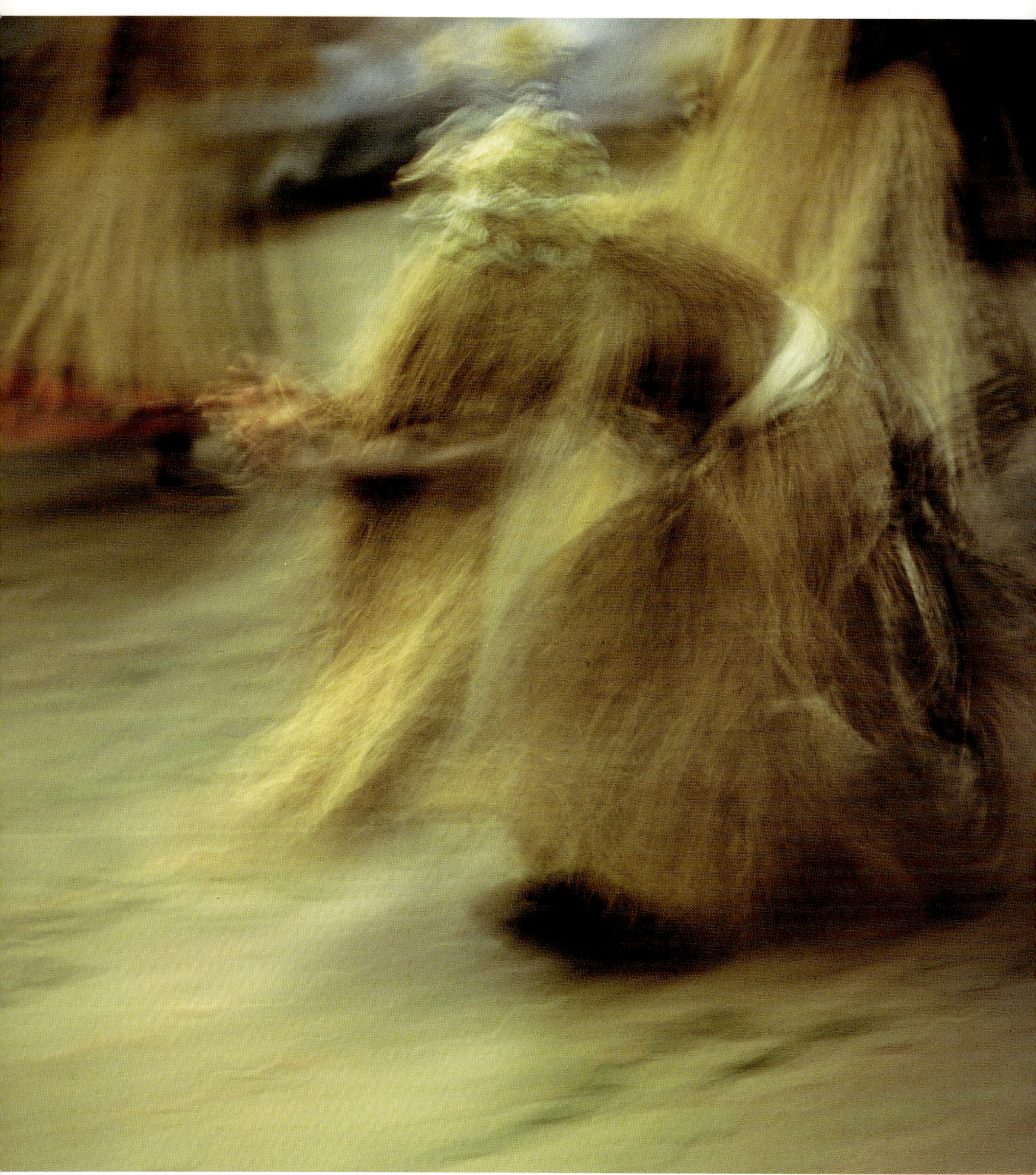

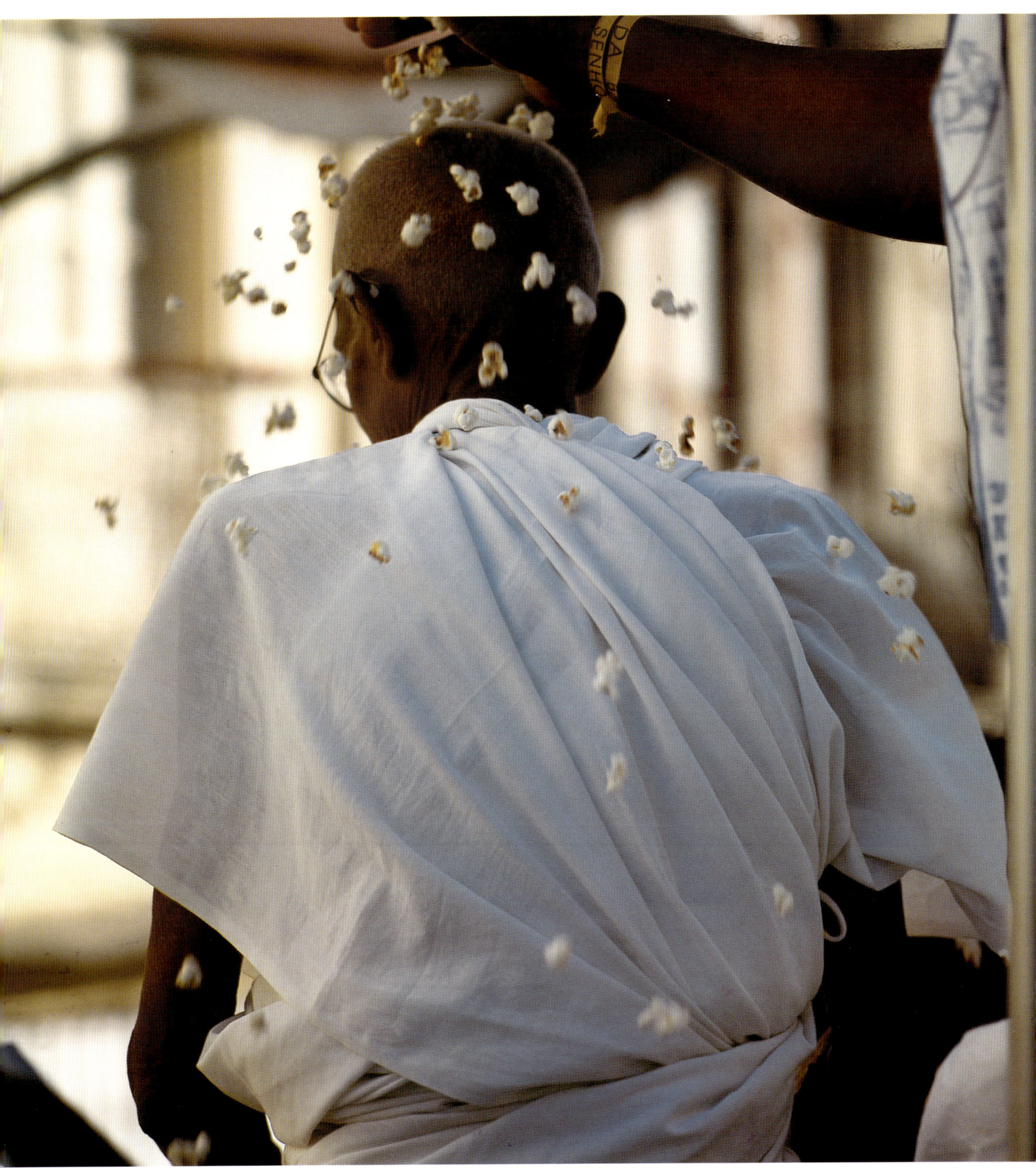

JANINE ANTONI
Omolu e Maria, Estrela do Mar

Janine Antoni was born in Freeport, The Bahamas, in 1964; she lives in New York. Antoni arrived in Salvador on May 15, 1999, and her husband Paul Ramirez-Jonas arrived on June 15. She worked with the Ballet Company of Projeto Axé. Challenged by Projeto Axé's conviction that art and culture can transform lives, Antoni worked hard to discover what her art could offer these former street children. Concluding that it did not make sense for her to teach them art, she decided to open up her creative process to them to give them the space, as she has stated, "to experience the power of their imagination and intuition and to think about how they could use the knowledge they had gained through their experiences." To create this space, in which they could question the very reasons they were dancing, as well as ask themselves what they were communicating through dance, she organized workshops with the dancers, in which they looked at everyday life. They also visited Feira de São Joaquim, Salvador's main market, and the Mercado de Peixe (Fish Market) to observe and photograph people carrying things. In addition, they visited a church to see how statues communicate emotions such as sorrow, pain, ecstasy, and transcendence through bodily expression. Back in the studio, Antoni showed the dancers images of contemporary art and tied them to images she was taking of Bahia.

Inspired by the group's discussions and the discoveries they made by exploring movement, Antoni developed several performative objects to be used in their final performance: a dance they had choreographed after she had returned home, which they performed for the opening of the exhibition at the Museu de Arte Moderna da Bahia. Combining the materials used in the market to make slingshots and brooms, Antoni used tree branches, tire rubber, elastic hospital tubing, and leather to make five brooms with forked handles, from which she made slingshots. Each broom-slingshot represented the fusion of male and female: slingshots, sold everywhere at São Joaquim, are traditionally toys that boys play with, while brooms are more associated with women's work. Inspired by experiments in which Antoni and the dancers moved corn kernels across the studio floor and explored different ways in which it influenced their movement, the artist decided that for their final performance, some of the dancers should use the brooms as slingshots to burst a series of hanging balloons filled with popcorn, which would fall on the dancers. They would then begin to dance with the popcorn and sweep it away with the same brooms.

Antoni connected the objects the dancers used with Omolu, the much feared Candomblé orixá (deity) of smallpox and infectious disease. An ancient, wrathful orixá with deformed limbs and pockmarked skin, Omolu has complex and contradictory characteristics: he has the power to prevent disease, but also the knowledge to release it. In addition, as Robert Farris Thompson observes in Flash of the Spirit: African and Afro-American Art and Philosophy, *he has the power "to shock the thoughtless into social awareness and concern." He hides his body with raffia, and his emblems include the club and the lance, with which he pricks the skin*

Janine Antoni nasceu em Freeport, nas Bahamas, em 1964 e vive em Nova York. Janine aportou em Salvador em 15 de maio de 1999, e seu marido Paul Ramirez-Jonas chegou no dia 15 de junho. Ela trabalhou com a Companhia de Balé do Projeto Axé.

Janine Antoni trabalhou muito para descobrir o que sua arte poderia oferecer às antigas crianças de rua, motivada pela convicção do Projeto Axé de que arte e cultura transformam vidas. Chegou à conclusão de que não fazia sentido simplesmente ensinar arte e decidiu alargar seu processo criativo para lhes proporcionar o espaço, conforme afirmou, de "vivenciar o poder da imaginação e da intuição e para pensar como poderiam usar o conhecimento adquirido com as experiências". Para criar um espaço onde pudessem questionar a razão de dançar e de perguntar o que comunicavam através da dança, organizou oficinas com os dançarinos, durante as quais podiam observar o cotidiano. Também visitaram a Feira de São Joaquim e o Mercado do Peixe para observar e fotografar pessoas carregando objetos. Além disso, visitaram uma igreja para ver como as estátuas comunicam emoções como a tristeza, a dor, o êxtase e a transcendência pela expressão corporal. De volta ao estúdio, Janine mostrou aos dançarinos imagens da arte contemporânea e prendeu-as às fotografias que estava tirando da Bahia.

Janine Antoni desenvolveu vários objetos performáticos para serem usados durante a representação final: uma dança cuja coreografia foi desenvolvida depois que voltou para casa, e que foi representada durante a abertura da exposição no Museu de Arte Moderna da Bahia, buscando inspiração nas discussões do grupo e durante as descobertas feitas ao explorar o movimento. Combinando os materiais usados no mercado para fazer bodoques e vassouras, Janine usou galhos de árvores, tiras de borracha, tubos de borracha utilizados em hospitais e couro para fazer cinco vassouras com cabos em forquilha, das quais fez os bodoques. Cada vassoura-bodoque representava a fusão do masculino e do feminino: os bodoques, que são vendidos em quase todos os lugares da Feira de São Joaquim, são tradicionalmente brinquedos de meninos, enquanto as vassouras são associadas ao trabalho feminino. Usando como inspiração a experiência dos dançarinos deslocarem caroços de milho pelo chão do estúdio e estudarem as formas diferentes que isto influenciava seus próprios movimentos, Janine decidiu que para a representação final alguns dos dançarinos usariam as vassouras como bodoques, estourando vários balões suspensos cheios de pipoca, que cairiam sobre os dançarinos. Em seguida, começariam a dançar no chão coberto de pipoca e a varrê-la com as mesmas vassouras.

Janine Antoni associou os objetos que os dançarinos usaram a Omolu, o orixá da varíola e das doenças infecciosas, muito temido no Candomblé. Um orixá ancião, colérico, com os membros deformados e a pele marcada pela varíola, Omolu possui características complexas e contraditórias. Tem o poder de evitar as doenças, mas também o conhecimento para liberá-las. Além disso, como Robert Farris Thompson observa em *Flash of the Spirit: African and Afro-American Art and Philosophy* (Reluzir do Espírito: Arte e filosofia africana e afro-americana), esse orixá tem o poder de "chocar os insensatos para o despertar da consciência e a preocupação social". Esconde o corpo com ráfia, e seus emblemas incluem o bastão e a lança, com a qual espeta a pele dos infelizes (armas, da mesma forma que os objetos de Janine funcionavam como bodoques). Como Robert Thompson também observa, Omolu também está relacionado ao vasto imaginário da vassoura. Vestido no seu traje de ráfia, ele dança nos terreiros com seu cetro, que lembra uma vassoura, usando gestos "suaves e orquestrados, como se estivesse sugerindo que se varresse o terror . . . no meio de nuvens de pó". Suas comidas prediletas são a pipoca e o milho assado, e em Salvador as pessoas doentes visitam a Igreja de São Lázaro toda segunda-feira pela manhã para participar de uma cerimônia de cura, onde se joga pipoca sobre os fiéis, lembrando as marcas da varíola.

Janine Antoni desenvolveu uma representação explorando o aspecto de sincretismo de Iemanjá, orixá poderoso dos oceanos que criou Omolu, quando o encontrou deitado numa cesta na praia, encenada em conjunto com a representação final dos dançarinos. Na Bahia, Iemanjá é sincretizada com Nossa Senhora, pois ambas representam o amor sagrado, a pureza e a fé. Janine se interessava pelas figuras de Iemanjá, devido à sua curiosidade sobre o sincretismo, e da Virgem (foi criada na Igreja Católica e fez vários trabalhos tendo Nossa Senhora como tema). Para a representação, desenhou dois vestidos costurados juntos, um da Virgem e o outro de Iemanjá. Durante a abertura, Janine e uma dançarina do Projeto Axé lentamente se transformavam ora na Virgem, ora em Iemanjá. No momento da transformação, surgiu um complexo na forma de uma escultura, metade Iemanjá, metade Nossa Senhora. Esse objeto evocava as noções católicas da incorporação (de um corpo no outro) e a transubstanciação (do pão e vinho na carne e sangue, como na Eucaristia), enquanto também fazia referência ao momento de *giça* no Candomblé (quando o orixá entra no corpo de uma pessoa e esta entra em transe). Janine transformou os objetos usados nas duas representações numa instalação para a exposição.

Janine Antoni sentiu a força do sincretismo como um método que procura uma forma de unir, e não de separar as culturas, enquanto aceitava as diferenças complexas entre o Candomblé e o Catolicismo, entre as crianças do Projeto Axé e ela própria. Durante seu projeto, tentou focalizar a grande diferença entre sua realidade e a dos dançarinos, mas também a ligação entre eles. Uma das mais fortes, na sua opinião, foi o poder de transgressão como um meio de transformação pessoal, social e cultural. "Foi uma revelação, quando descobri que a transgressão seria uma base comum tanto para mim quanto para as crianças do Projeto Axé. Como artista, aprendi a reconhecer o meu papel na sociedade, como também o que tenho a oferecer. A transgressão também foi a posição dessas antigas crianças de rua, que lhes deu o conhecimento e a visão que não tive como uma criança protegida e privilegiada. Disse-lhes que a sua força é não negar o passado, mas usar o conhecimento e o espirito de transgressão para fazer mudanças reais na sociedade".

A Companhia de Balé: Ademilton José dos Santos, Eduardo Barbosa Vieira, Genivaldo Muniz dos Santos, Ivaneide Nunes Alves, Jamildo de Alencar Gonçalves, José Reis Conceição, Julivaldo Santiago dos Santos, Leandro Santos Nascimento, Lucinea Santos de Jesus, Maria da Conceição do Amor Divino, Marinilda Oliveira Almeida, Vanessa Fabian, Conceição dos Santos

of the hapless (weapons, just as Antoni's objects functioned as slingshots). As Thompson further notes, Omolu is also associated with extensive broom imagery. Dressed in his raffia costume, he dances in terreiros *(places of worship) with his scepter-like broom, in gestures "that are smooth and orchestrated, as if to suggest a sweeping away of terror, . . . amid dark clouds of dust." His favorite foods include popcorn and roasted corn, and in Salvador sick people come every Monday morning to the Church of São Lázaro to participate in a healing ceremony, in which popcorn, whose form evokes smallpox pockmarks, is poured over them.*

In conjunction with the dancers' final performance, Antoni developed a performance exploring the syncretic identity of Yemanjá, the powerful orixá *of the ocean who raised Omolu, when she found him lying in a basket by the seashore. In Bahia, the personae of Yemanjá and the Virgin Mary fused, because both represent sacred love, purity, and faith. Antoni was interested in Yemanjá because of her interests in syncretism and in the Virgin (she was raised Catholic and has made several works dealing with the Virgin). For her performance, she designed two dresses sewn together: one, the Virgin's; the other, Yemanjá's. During the opening, Antoni and a female dancer from Projeto Axé slowly transformed back and forth from the Virgin to Yemanjá. At the moment of transformation, a sculpturally complex form consisting of half of the Virgin and half of Yemanjá emerged. This emerging object evoked Catholic notions of incorporation (of one body into another) and transubstantiation (of bread and wine to flesh and blood, as in the Eucharist), while simultaneously referencing the moment of* giça *in Candomblé (when the* orixá *enters one's body and one goes into a trance). Antoni transformed the objects used in both performances into an installation for the exhibition.*

Antoni saw the power of syncretism as an approach that looks for the things that unite rather than separate cultures, while nevertheless understanding the complex differences between Candomblé and Catholicism and the children of Projeto Axé and herself. In her project, she sought to bring into focus the tremendous gap between her reality and that of the dancers, but also to find the connections between them. One of the strongest, she found, was the power of transgression as a means of personal, social, and cultural transformation: "It was a revelation when I found transgression to be the common ground between the children of Axé and myself. As an artist, I have come to know this as my role in society, as well as what I have to offer. Transgression has also always been the position of these former street kids, and it has given them knowledge and insight that I, as a sheltered and privileged child, did not have. I told them that their power is not in denying their past, but in using that knowledge and spirit of transgression to make real change in society."

The Ballet Company: Ademilton José dos Santos, Eduardo Barbosa Vieira, Genivaldo Muniz dos Santos, Ivaneide Nunes Alves, Jamildo de Alencar Gonçalves, José Reis Conceição, Julivaldo Santiago dos Santos, Leandro Santos Nascimento, Lucinea Santos de Jesus, Maria da Conceição do Amor Divino, Marinilda Oliveira Almeida, Vanessa Fabian Conceição dos Santos

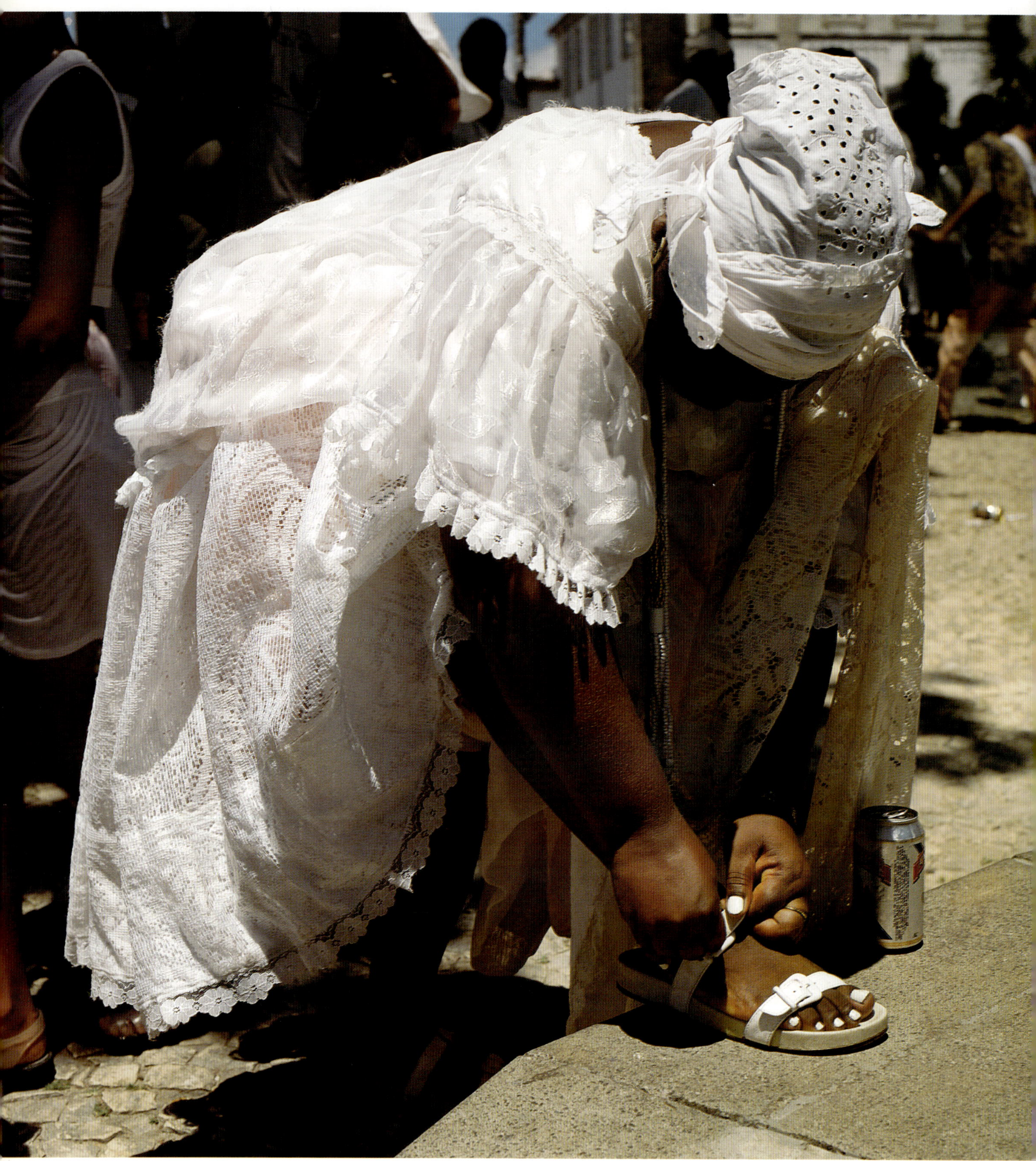

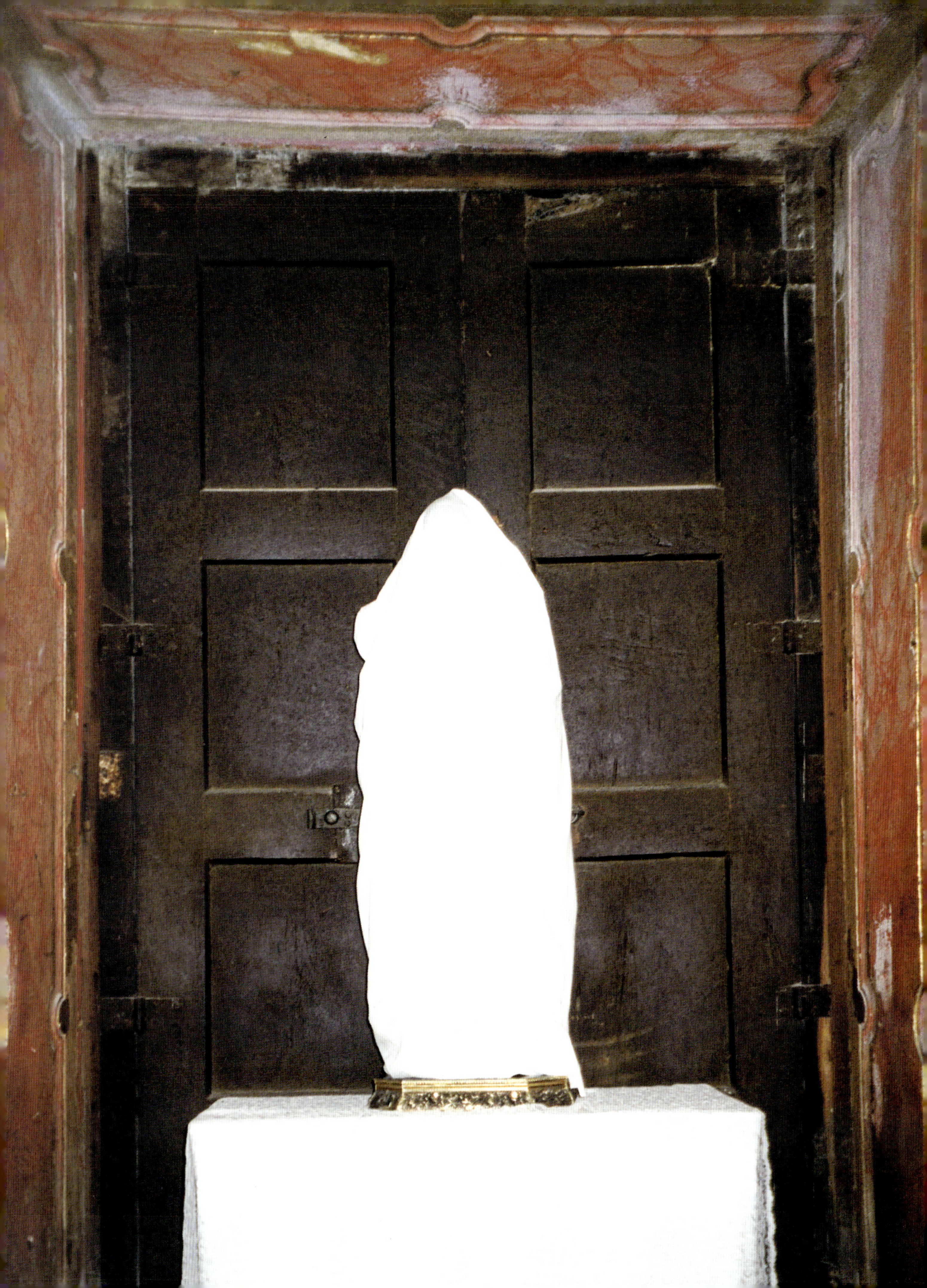

When it became apparent that Montien Boonma, who was born in Bangkok in 1953, and lives in Nonthaburee, Thailand, would not be able to make the journey to Salvador because he was ill with cancer, France Morin tried to figure out how she could ensure his continued involvement in The Quiet in the Land. Upon returning unexpectedly to New York in May 1999 for the funeral of her friends Penny and David McCall, who had died in a tragic car accident in Albania on a relief mission, she ran into Rirkrit Tiravanija. Born in Buenos Aires, Argentina, in 1961, and now living in New York, Tiravanija is a friend of Boonma's who had studied with him in Thailand. Morin asked Tiravanija, who is perhaps best known for integrating the activities of cooking and eating into his work, if he would be interested in coming to Salvador to prepare a series of meals with the children of Projeto Axé. He said yes, arrived in Salvador on September 1, and dedicated his project to Boonma.

Of his work, Tiravanija has stated: "I grew up around the kitchen of my grandmother, who was a well known teacher of both Thai and Continental cuisine; besides teaching, she had her own restaurant and her own television show. This became a significant factor in my development as an artist. I learned the arts of sharing and giving. This sharing and giving came in the form my grandmother knew best: the preparation of food and the sharing of meals. In my work of the last ten years, I have become known as the 'cook' of the art world. I have, more or less, used the kitchen and cooking as the base from which to conduct an assault on the cultural aesthetics of Western attitudes toward life and living. I have found food to be a common medium for creating conditions and experiences for communicating that does not always entail language, but has a spiritual dimension. In the communal act of cooking and eating together, I hope that it is possible to cross physical and imaginary boundaries."

For his project, Tiravanija organized a meal at each of the three units with which the group of artists with whom he was overlapping were working: Opaxé (Vik Muniz), Modaxé (Rivane Neuenschwander), and Casa de Cultura (Marepe). He regarded

Quando ficou claro que Montien Boonma, nascido em Bangcoc em 1953 e atualmente residindo em Nonthaburee, Tailândia, não poderia viajar para Salvador devido à saúde, pois estava com câncer, France Morin tentou encontrar uma forma de assegurar a participação dele no projeto *A Quietude da Terra*. Ao retornar inesperadamente a Nova York em maio de 1999 para o enterro dos amigos Penny e David McCall, que faleceram num trágico acidente de carro na Albânia numa missão de ajuda humanitária, encontrou-se com Rirkrit Tiravanija. Nascido em Buenos Aires, na Argentina, em 1961 e atualmente residindo em Nova York, Rirkrit é amigo de Montien Boonma e ambos estudaram juntos na Tailândia. France Morin perguntou a Rirkrit Tiravanija, talvez mais conhecido pela capacidade de integrar as atividades de cozinhar e de comer em seu trabalho, se teria interesse em vir a Salvador preparar algumas refeições juntamente com as crianças do Projeto Axé. Ele aceitou, chegou a Salvador no dia primeiro de setembro, e dedicou seu projeto a Montien.

Falando sobre seu trabalho, Rirkrit Tiravanija afirmou: "Cresci em volta da cozinha da minha avó, renomada professora de cozinha tailandesa e continental, que além de ensinar possuía seu próprio restaurante e um programa de televisão. Isto tornou-se um fator decisivo para meu desenvolvimento como artista. Aprendi a arte de repartir e dar. O repartir e dar como minha avó tão bem o fazia: preparar a comida e compartilhar as refeições. Durante os últimos dez anos de meu trabalho, fiquei conhecido como o "cozinheiro" do mundo da arte. De uma forma ou de outra, uso a cozinha e a culinária como base para investir na estética cultural do Ocidente em relação à vida e ao saber viver. Descobri que a comida é um meio comum que cria as condições e as experiências de comunicação, muitas vezes desvinculada da linguagem, porém com uma dimensão espiritual. Espero ser possível ultrapassar as barreiras físicas e imaginárias na arte comunitária de cozinhar e de compartilhar a comida".

Durante seu projeto, Rirkrit organizou uma refeição em cada uma das três unidades onde um grupo de artistas estava trabalhando em paralelo ao desenvolvimento de seu trabalho: Opaxé (Vik Muniz), Modaxé (Rivane Neuenschwander) e Casa de Cultura (Marepe). Visualizou seu projeto como um complemento do projeto de cada um

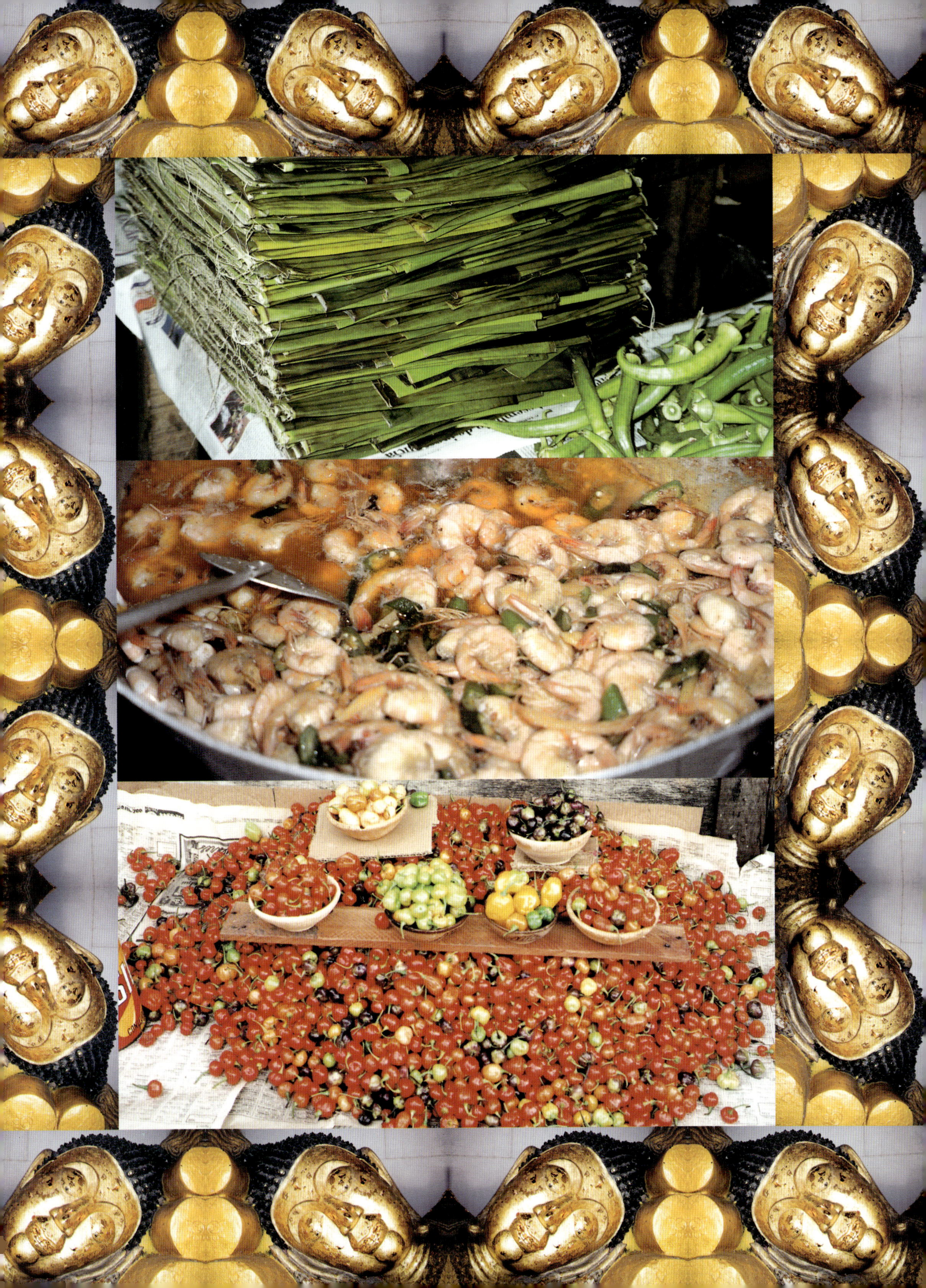

his project as a supplement to each of these artists' projects, as well as to Projeto Axé's own commitment to providing three nutritionally balanced meals a day to the one thousand children it serves to help ensure that they thrive physically. However, the primary function of Tiravanija's project was not to provide the children with nutritious food, but to give them, and to receive from them, spiritual sustenance:

"The energy of the children, both young and old, is both paralyzing and inspiring, and I have tried to come close to how Projeto Axé thinks and shares. I hoped to be able to reciprocate in the works, or rather nonworks, I produced. I hoped that these works would embody a spirit that would carry us to another place and show us another reason for being. The rituals of cooking and eating are as much a part of the cultural identity of the community as music or the movements of Capoeira. How is it possible to spend the time of preparing and sharing a meal in a productive way, rather than just for subsistence?"

The first meal took place at Opaxé on September 7, the last day of Muniz's stay and a celebration of the whole unit. Tiravanija prepared a Thai meal with the children, involving their participation by asking them to cut vegetables, pluck mint and basil leaves, and do other preparatory work. While they were preparing the meal, he talked with them about their ideas of giving: to whom would they give if they could, and what would they give? Stressing the meal's communal aspect, over dinner he talked about the ingredients used in the meal and about the similarities and differences between Thai and Bahian food. He prepared similar meals with the children of Modaxé and Casa de Cultura.

In January 2000, Tiravanija traveled to Bangkok, where he visited Boonma. Inspired by sources ranging from the agricultural society in which he was raised to the religious practices of Buddhism, of which he is a devout believer, Boonma's sculptures and installations investigate the human condition and the spiritual aspects of existence. Many of his works express his hopeful quest to find a symbolic path toward a more healthy and spiritual life. In House of Hope *(1996), for example, he*

desses artistas, como também o próprio compromisso do Projeto Axé em oferecer diariamente, três refeições adequadas e balanceadas para mil educandos, assegurando assim seu bem-estar físico. Entretanto, a função básica do projeto de Rirkrit Tiravanija não era oferecer comida nutritiva às crianças, senão dar e receber delas o sustento espiritual: "A energia dessas crianças, tanto das mais jovens quanto das mais adultas, paralisa e inspira ao mesmo tempo, e tentei me aproximar da forma de pensar e compartilhar do Projeto Axé. Esperava fazer uma troca durante os trabalhos, ou melhor dito, não-trabalhos, que produzia. Esperava que esses trabalhos personificassem um espírito que nos transportasse para outro lugar, mostrando-nos uma outra razão de existência. Os rituais de cozinhar e comer fazem parte da identidade de uma comunidade, assim como a música e os movimentos da Capoeira. Como podemos dedicar tempo à preparação e ao compartilhamento de uma refeição de forma produtiva, ao invés de apenas garantir o próprio sustento?"

A primeira refeição foi servida no Opaxé no dia sete de setembro, o último dia de permanência de Vik Muniz e uma comemoração de toda a unidade. Rirkrit preparou uma refeição tailandesa com a participação das crianças, encarregando-as de cortar verduras, colher folhas de hortelã e de manjericão e de fazer outros trabalhos preparatórios. Enquanto preparavam a comida, conversou com elas sobre o conceito de dar: a quem e o que dariam, se pudessem? Enfatizando o aspecto comunitário da refeição, durante o jantar falou sobre os ingredientes usados na sua preparação e sobre as similitudes e diferenças entre as comidas tailandesas e baianas. Também preparou refeições semelhantes com as crianças da Modaxé e da Casa de Cultura.

Em janeiro de 2000, Rirkrit Tiravanija viajou para Bancoc e visitou Montien Boonma. As esculturas de Montien e suas instalações investigam a condição humana e os aspectos espirituais da existência, buscando inspiração nas fontes da sociedade agrícola, na qual foi criado, e nas práticas religiosas do budismo, do qual é um fiel seguidor. Muitos de seus trabalhos expressam sua busca esperançosa de encontrar o caminho simbólico de uma vida mais saudável e mais espiritual. Por exemplo, no trabalho intitulado *Casa da Esperança* (1996), transformou uma galeria num espaço parecido com um templo, impregnado pelo aroma de dezoito ervas medicinais: a expressão de sua esperança de cura para alguns dos males da sociedade moderna, graças ao retorno dos valores espirituais, da medicina natural tradicional e do envolvimento tradicional da comunidade.

Montien Boonma e Rirkrit Tiravanija iniciaram uma série de longos diálogos, que foram gravados; trechos selecionados de suas conversas são apresentados nas páginas seguintes. Acabaram desenvolvendo uma proposta para um outro projeto que permitiria a participação mais direta de Montien, no qual este colaborou com um grupo de crianças de Bangcoc, muitas das quais se deparam com os mesmos desafios enfrentados pelos educandos do Projeto Axé em Salvador. Neste projeto, Montien Boonma e as crianças trabalhariam com cartões postais e fotografias.

Além do diálogo, as seguintes páginas contêm uma seleção de fotografias que registram as refeições realizadas no Projeto Axé e uma fotografia tirada em Bangcoc, quando France Morin acompanhou Montien ao seu templo budista para uma cerimônia numa manhã de domingo, onde faz parte da tradição os fiéis trazerem comida para alimentar os monges. Estes sentam-se ao redor do templo, comendo enquanto os fiéis rezam. A idéia de incluir esta foto ocorreu a France quando Rirkrit, olhando para as centenas de crianças na sala de jantar da Casa de Cultura que comiam uma deliciosa refeição tailandesa feita com camarões grandes, carne e talharim, perguntou-lhe:
"France, quando você esteve em Bangcoc, Montien convidou-lhe para alimentar os monges de seu templo?" Olhando para as crianças, France Morin respondeu que sim.

Para a exposição no Museu de Arte Moderna da Bahia, Tiravanija organizou uma representação inspirada num ritual tradicional que acontece no norte da Tailândia, normalmente próximo do Ano Novo Lunar, durante o qual balões de papel de arroz são soltos e sobem bem alto no céu, simbolizando a soltura dos problemas. A imagem das balões que flutuam mar adentro é uma metáfora comovente que simboliza a libertação da dor, do sofrimento e das doenças e de viajar para um lugar melhor, um desfecho particularmente adequado para todos que participaram neste projeto.

transformed a gallery into a temple-like space infused with the scent of eighteen medicinal herbs: an expression of his hope for a cure for some of the ills of modern society through a return to traditional spiritual values, traditional natural medicine, and traditional community involvement.

Boonma and Tiravanija began to have a series of long conversations, which they taped; an edited version is published on the following pages. They eventually developed a proposal for another project that would enable Boonma to participate more directly: Boonma would collaborate with a group of children in Bangkok, many of whom confront the same types of challenges that the children of Projeto Axé in Salvador face. For this project, Boonma and the children would work with postcards and photographs.

In addition to the interview, the following pages also include a selection of photographs documenting the meals that took place at Projeto Axé, as well as a photograph taken in Bangkok, when Morin accompanied Boonma to his Buddhist temple for a Sunday morning ceremony, when the parishioners traditionally bring food to feed the monks, and the monks sit around the temple and eat while the parishioners pray. The idea of including this photograph came to Morin when Tiravanija, looking at the hundreds of children in the dining room at Casa de Cultura eating a delicious Thai meal made of large shrimps, beef, and noodles, said to her: "France, when you were in Bangkok, did Montien invite you to feed the monks at his temple?" Morin replied yes, as she was looking at the children.

For the exhibition at the Museu de Arte Moderna da Bahia, Tiravanija organized a performance inspired by a traditional ritual performed in northern Thailand, usually around the Lunar New Year, in which balloons made of rice paper are sent aloft into the sky—a metaphor for letting go of one's troubles. The image of the balloons floating out to sea was a moving symbol of letting go of pain, suffering, and illness and of traveling to a better place—an especially suitable culmination for everyone involved in this project.

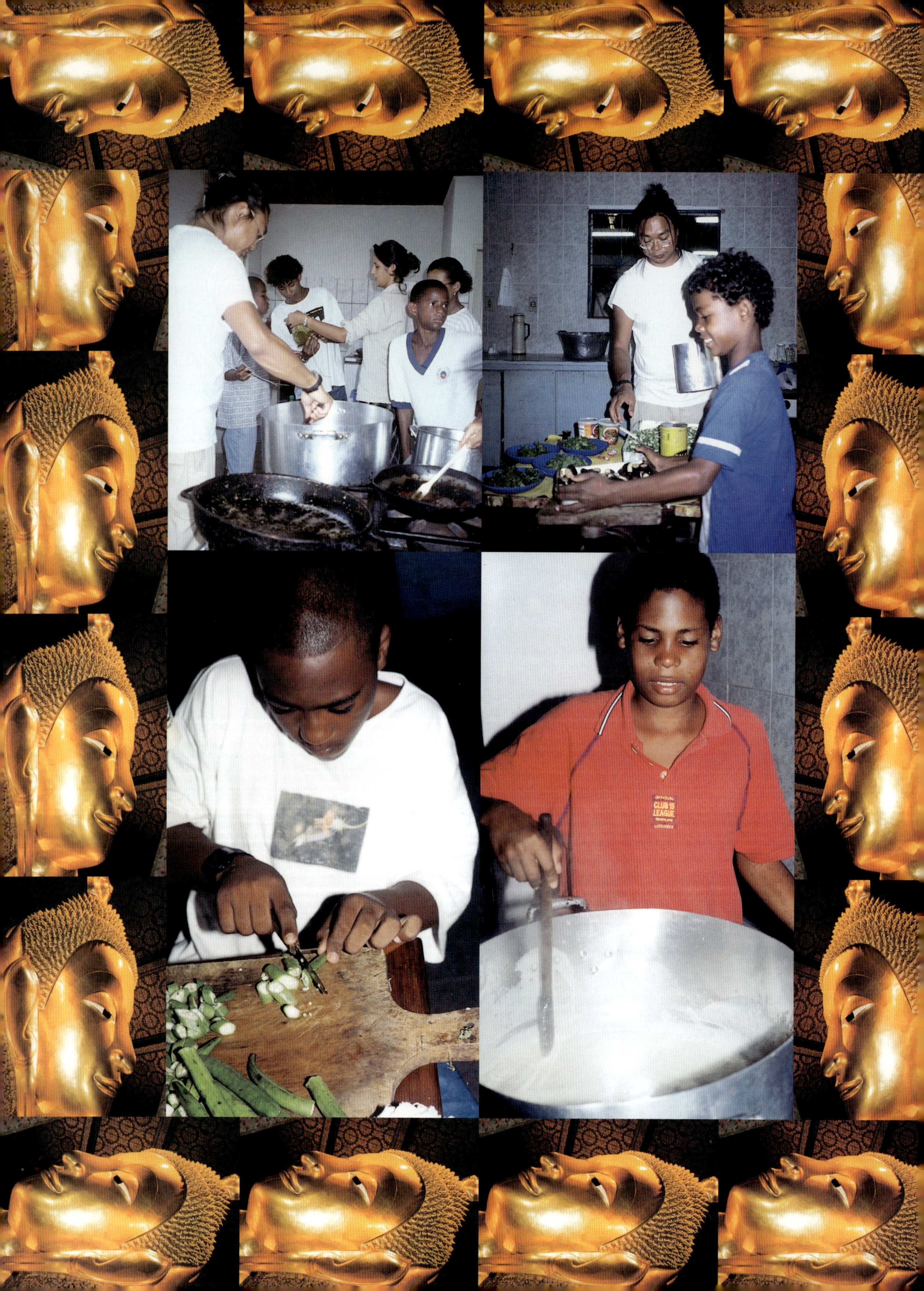

13 de dezembro de 1999, Bangcoc

Boonma: Que atividade você fez junto com as crianças do Projeto Axé durante sua estada em Salvador?

Tiravanija: Preparei comida com as crianças de três das unidades do Axé. São muito parecidas com as crianças tailandesas. Sabem se cuidar e sobreviver sozinhas.

Boonma: Como é que as crianças entram para o Axé?

Tiravanija: Os educadores vão para as ruas, onde estão as crianças. Pode levar meses ou anos para um educador convencer a criança a se juntar ao Axé. A maioria das crianças fugiram de casa e foram para as ruas porque lá podiam ganhar dinheiro. Os educadores lhes ensinam as habilidades necessárias para florescer como integrantes da sociedade. Tentam encorajar as crianças a valorizarem suas raízes e ajudá-las a criar um futuro melhor para elas mesmas.

Boonma: Me parece que não temos nenhuma entidade parecida na Tailândia. Mas o futuro está nas mãos daquelas crianças. São muito inteligentes.

Tiravanija: Você tem algumas idéias sobre trabalhos que poderia fazer com as crianças aqui, em Bancoc?

Boonma: Já pensei em trabalhar com as crianças que vendem Poang Ma Lai (guirlandas de flores) nas ruas. Uma idéia que tive foi de fazer fotos das crianças e trabalhar com elas para dobrar estas fotos em forma de uma Poang Ma Lai Através deste projeto, ensinaria a elas a aprender a se concentrar, meditar e refrescar a mente e o espírito.

Tiravanija: Vik Muniz desenvolveu um projeto de fotografia com metas parecidas. E muitos dos artistas que foram para Salvador desenvolveram projetos que enfocavam o lado espiritual. Com Chen Zhen, as crianças construíram casas com velas de cera. Existem tantas igrejas em Salvador—praticamente uma em cada esquina—e as velas evocam a espiritualidade destes lugares. Cai Guo-Qiang pediu às crianças com as quais trabalhou que confeccionassem um canhão—para transformarem-se em canhões. Algumas destas crianças, sobretudo as menores, ficaram muito irritadas às vezes e não souberam canalizar sua raiva de uma maneira produtiva. Os educadores conversaram com elas e tentaram explicar que, quando têm problemas, devem se unir e procurar soluções sem violência. Cai viu no canhão uma maneira de ajudar as crianças a soltar sua raiva. Qual é a importância do budismo para seu trabalho?

Boonma: Sou uma pessoa muito espiritual e já fiz muitos trabalhos que incorporam o budismo, mas, diferente de muitas pessoas do Ocidente, não me considero um 'artista budista'. Vejo o budismo como um portal. Quando entramos, podemos vislumbrar outra dimensão da realidade. Recentemente, ouvi que, no Japão, existe uma imagem de Buda na qual as pessoas podem literalmente entrar, andando. É impressionante.

Tiravanija: Seu trabalho ajuda as pessoas a engajar-se com o budismo.

Boonma: É verdade. No passado, criei imagens flutuantes de Buda e de

---

MONTIEN BOONMA AND RIRKRIT TIRAVANIJA

December 13, 1999, Bangkok

Boonma: *What did you do with the children of Projeto Axé when you were in Salvador?*

Tiravanija: *I cooked with children from three of Axé's units. They are much like Thai children. They are poor, but very clever. They know how to take care of themselves, how to survive on their own.*

Boonma: *How do the children become associated with Axé?*

Tiravanija: *The educators go out to the streets, where the children themselves are. It may take months or years before an educator persuades a child to join Axé. Most of the children have run away from home and turn to the streets because they can earn money there. The educators teach the children the skills they need to flourish as members of society. They try to encourage the children to value where they came from and to help them make a better future for themselves.*

Boonma: *I don't think we have an institution quite like this in Thailand. But the future is in the hands of those children. They are very intelligent.*

Tiravanija: *Do you have any ideas about how you might work with the children here in Bangkok?*

Boonma: *I have thought about working with children who sell Poang Ma Lai (flower garlands) on the streets. One idea I had was to take portrait photographs of the children and work with the children to fold the photographs into the form of a Poang Ma Lai. Through this project, I would like to help them to learn how to concentrate, to meditate, to refresh their minds and spirits.*

Tiravanija: *Vik Muniz developed a photography project that shared similar goals. And many of the artists who came to Salvador developed projects that focused on the spiritual. With Chen Zhen, the children made houses from candles. There are so many churches in Salvador—virtually one on every corner—and candles evoke the spirituality of these places. Cai Guo-Qiang asked each of the children with whom he worked to make a cannon—to be a cannon. Some of the children, especially the small ones, get angry at times and don't know how to channel their anger productively. The educators sit down and try to explain to them that when they have problems, they should get together and try to find solutions without violence. Cai approached the cannon as a means through which the children could release their anger. What is the importance of Buddhism to your work?*

Boonma: *I am a very spiritual person, and I have made many works involving Buddhism, but don't perceive myself as a "Buddhist artist," as many Westerners do. I see Buddhism as a door. By walking inside, we are able to see another dimension of reality. I heard recently that in Japan there is an image of the Buddha that people can literally walk inside. It's amazing.*

Tiravanija: *Your work helps people to engage with Buddhism.*

Boonma: *Yes. In the past I have made floating images of the Buddha and Christ, as well as of the alms bowls that monks use; and for* The Quiet in the Land, *I thought about creating an image of the Buddha that would float in the sea and then gradually sink, but I concluded that the waves would be too strong. And I should probably stop drawing so much from religion, since I have been doing so since 1994. I am not a monk. I am not searching for anything. I am just an observer, just like the audience is when they themselves experience the work.*

Tiravanija: *When a monk speaks, people contemplate what he says. This is similar to your role. You are an inspiration to me.*

Boonma: *I started doing art eight years ago, when I was thirty-six, because I received a scholarship to study in France. My teachers encouraged me a lot.*

Tiravanija: *You yourself have taught numerous students who have gone on to become talented artists. As you have said, students should learn from artists as they learn from life itself.*

Boonma: *Yes. When I began to work in Chiang Mai, my study of French and Italian art influenced me, but my engagement with Thai culture was just as important. I remember once trying to find a bamboo cage for cocks and hens, which I wanted to use for a work. I didn't have much money to make art at the time, so I used what was available to me. I would use objects from everyday life, like the cage, or shovels like those used by people from the countryside—people like my Uncle Reaun, who fabricated some of my sculptures. He used to make terracotta bowls, plates, and cups that he would sell in the city, and once I asked him to make terracotta sculptures in the shape of hands for me. He had no idea what I was going to do with those hands!*

Tiravanija: *Do you think it is important to go abroad?*

Boonma: *I think it's very important. You should come to visit our neighbors: Laos, Vietnam, and Cambodia. They are beautiful. Vietnam is unlike anywhere else in the world. Laos is an interesting country. We should travel to different places to see a diversity of cultures.*

Tiravanija: *How is your health?*

Boonma: *I was using herbs to help boost my immune system, but I had to stop because they were not working well with the Western medicine. I often have very little energy, and my right hand is not functioning properly, which makes it difficult to work. I also sometimes have difficulty sleeping. But every time I pray, I sleep well.*

Tiravanija: *What do you eat?*

Boonma: *Mostly vegetables, but also fish and shrimp. It is difficult to eat here. I usually have to cook for myself, and what I cook is not tasty.*

Tiravanija: *Next time I must cook for you.*

Cristo, bem como das tigelas que os monges usam para pedir esmolas. Para *A Quietude da Terra*, pensei em criar uma imagem de Buda que flutuasse no mar e afundasse aos poucos, mas conclui que as ondas seriam fortes demais. Provavelmente, eu devesse parar de fazer tantos desenhos fundamentados na religião, como faço desde 1994. Não sou um monge. Não procuro nada. Sou apenas um observador, como os integrantes da platéia quando eles mesmos experimentam o trabalho.

Tiravanija: Quando um monge fala, as pessoas contemplam aquilo que diz. Isto é parecido com o seu papel. Para mim, você é uma inspiração.

Boonma: Comecei a fazer arte há oito anos, quando tinha 36 anos, porque recebi uma bolsa para estudar na França. Meus professores me estimularam muito.

Tiravanija: Você mesmo já ensinou a muitos alunos que tornaram-se artistas de talento. E você já disse que os alunos devem aprender com os artistas da mesma maneira como aprendem com a própria vida.

Boonma: É. Quando comecei a trabalhar em Chiang Mai, meus estudos da arte da França e da Itália me influenciaram, mas meu engajamento com a cultura tailandesa teve a mesma importância. Uma vez, lembro que tentei encontrar uma gaiola de bambu para galos e galinhas que queria usar num trabalho. Na época, não dispunha de muito dinheiro para fazer arte, portanto utilizava aquilo que estava dentro de minhas possibilidades. Usava objetos cotidianos, como a gaiola, ou pás como aquelas utilizadas por pessoas do interior—pessoas como meu tio Reaun, que fabricou algumas de minhas esculturas. Ele fazia tigelas, pratos e copos de terracota para vender na cidade e me dirigi a ele uma vez, pedindo que fizesse esculturas para mim na forma de mãos. Ele não tinha idéia do que eu ia fazer com aquelas mãos!

Tiravanija: Você acha importante viajar para outros países?

Boonma: Acho muito importante. Você deveria visitar nossos países vizinhos: Laos, Vietnã e Campuchéia. São muito bonitos. O Vietnã é diferente de qualquer outro lugar do mundo. O Laos é um país interessante. Devemos visitar lugares diferentes para ver a diversidade das culturas.

Tiravanija: Como vai sua saúde?

Boonma: Estava utilizando ervas para fortalecer meu sistema imunológico, mas tive que parar porque não estavam combinando bem com os remédios ocidentais. Muitas vezes, tenho pouca energia e minha mão direita não está funcionando a contento, o que dificulta meu trabalho. Às vezes, tenho dificuldade para dormir. Mas sempre quando rezo, durmo bem.

Tiravanija: De quê você se alimenta?

Boonma: Principalmente de verduras, mas como peixe e camarão também. Aqui, comer é difícil. Geralmente tenho que preparar minhas próprias refeições e aquilo que preparo não é saboroso.

Tiravanija: Na próxima oportunidade, devo cozinhar para você.

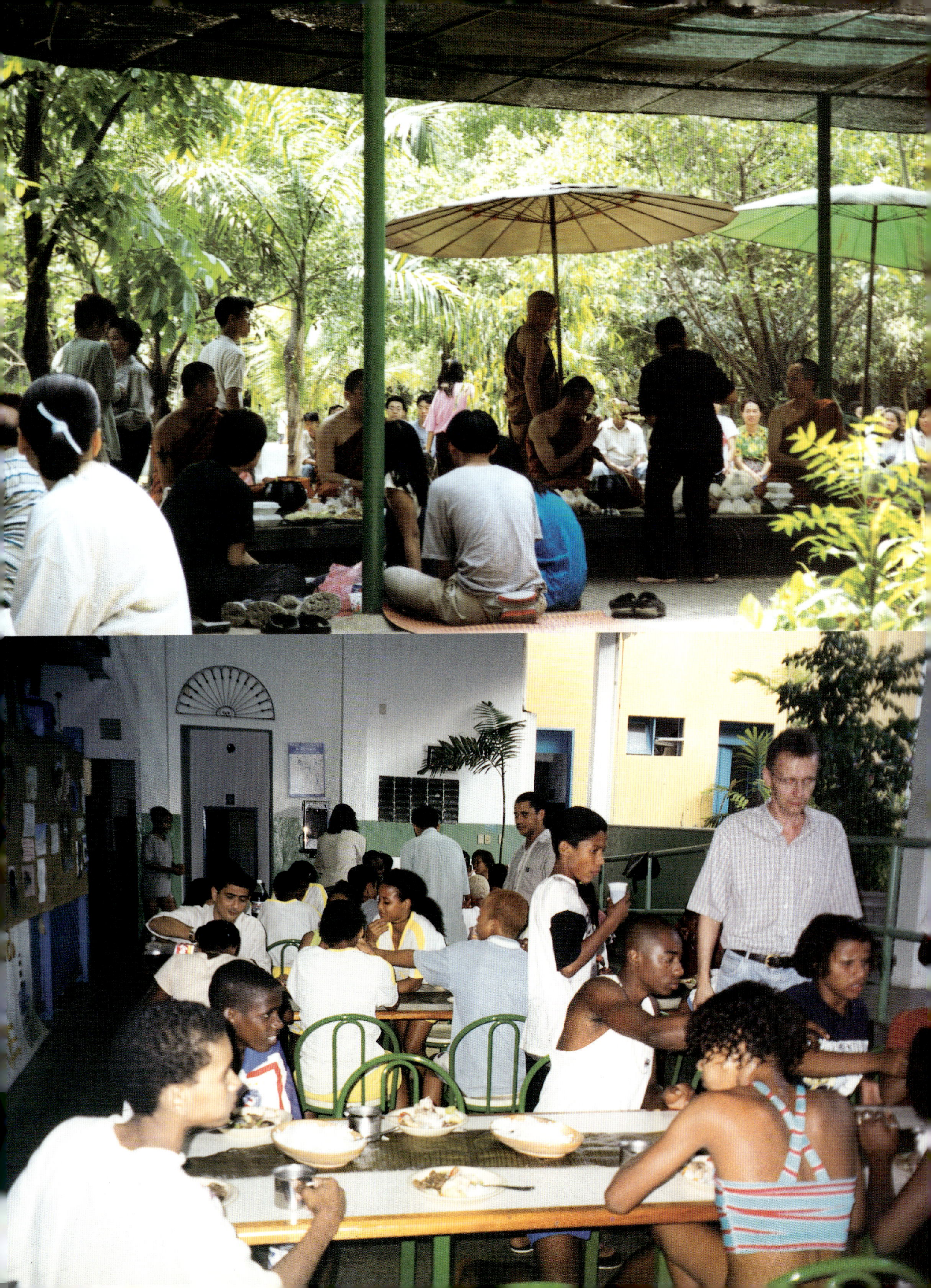

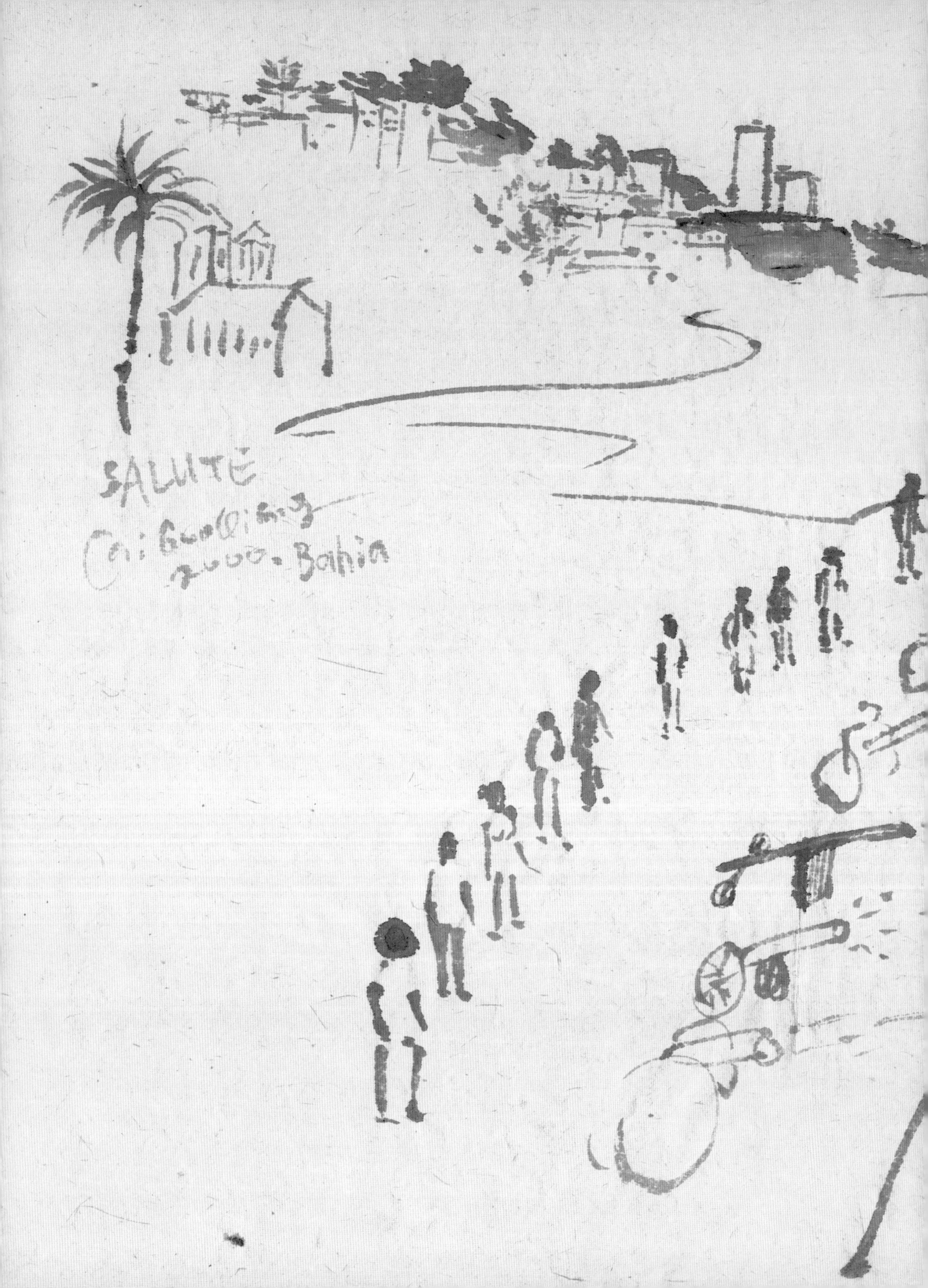

SALUTE
Cai Guoliang
2000. Bahia

CAI GUO-QUIANG

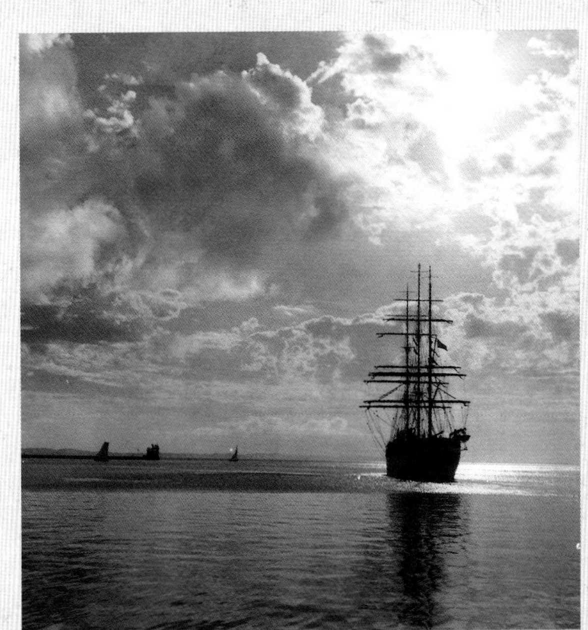

CAI GUO-QIANG
Salute

CAI GUO-QIANG
Saudação

Cai Guo-Qiang was born in Quanzhou, Fujian Province, China, in 1957, and lives in New York. He arrived in Salvador on July 15, 1999, with Chen Zhen. He chose to work with a morning group of fourteen children and teenagers, ten to eighteen years old, from Projeto Axé's Casa de Cultura unit; these children were members of Bandaxé. Cai's wife, Hong Hong, and nine-year-old daughter, Wen-You Cai, arrived on August 8 and worked with him for the last two weeks.

For their project, Cai and the children addressed the history of social and political violence in Bahia, including acts of violence committed by the military and the police. Then, with Cai's guidance, each child built a cannon based on their drawings. The project was intended not only to deepen the children's understanding of the historical causes of racially motivated violence in Bahia, but also to reclaim a symbol of destruction, cannons, as one of hope. As Cai has remarked, the project focused on the passages from violence to beauty and destruction to construction; it mined history to create a new art for a new society.

Cai's work draws from his deep engagment with Chinese culture: history, technology, philosophy, and medicine. He is perhaps best known for the drawings and events he creates by exploding gunpowder, which the Chinese invented in the tenth century (his birthplace, Fujian Province, is famous for the manufacture of firecrackers). Cai produced his first gunpowder paintings in 1984, by laying a canvas or other support on the ground, distributing gunpowder over the canvas, covering the image area with a blanket, and then detonating the gunpowder. The explosions would leave traces on the canvas; in this manner, he transformed acts of destruction into acts of creation. In 1989 he produced his first gunpowder painting using the earth as his canvas. These projects are shaped by the historical, cultural, and political significance of the site or occasion for which they are intended. From the perspective of traditional Chinese culture, they are situations that the artist creates to activate the flow of qi (energy) between the artist, the event, and the public.

As Cai learned more about Bahian culture, he became intrigued by the similarities between the significance of gunpowder in ancient China and Bahian Candomblé. In both cultures, exploding gunpowder functions as "poison against poison," in that the

Cai Guo-Qiang nasceu em Quanzhou, província de Fujian, China, em 1957, e mora em Nova Iorque. Chegou a Salvador no dia 15 de julho de 1999, com Chen Zhen. Escolheu trabalhar com um grupo de catorze crianças e adolescentes da Casa de Cultura do Projeto Axé, na faixa etária de dez a dezoito anos, no período da manhã. Essas crianças eram membros da Bandaxé. A mulher de Cai, Hong Hong, e sua filha, Wen-You Cai, com nove anos de idade, chegaram no dia oito de agosto e trabalharam com ele durante as duas últimas semanas.

Durante o projeto, Cai Guo-Qiang e as crianças abordaram o histórico da violência social e política na Bahia, incluindo os atos de violência cometidos pelos militares e pela polícia. Em seguida, com a orientação de Cai, cada criança construiu um canhão baseando-se nos seus próprios desenhos. O objetivo do projeto era não só aprofundar a compreensão das crianças em relação à violência racial na Bahia, mas também reivindicar um símbolo de destruição, o canhão, como símbolo de esperança. Como Cai observou, o projeto se concentrou nas passagens da violência à beleza, e da destruição para a construção; explorava a história para criar uma nova arte para uma nova sociedade.

O trabalho de Cai Guo-Qiang aflora de sua profunda ligação com a cultura chinesa: história, tecnologia, filosofia e medicina. Talvez seja mais conhecido pelos desenhos e eventos que cria explodindo pólvora, que foi inventada pelos chineses no século X (sua terra natal, a província de Fujian, é famosa pela produção de fogos de artifício). Cai produziu a sua primeira pintura utilizando pólvora em 1984, colocando tela ou outro suporte no chão, espalhando pólvora sobre a tela, cobrindo a imagem com um cobertor e em seguida detonando a pólvora. As explosões deixavam traços na tela; dessa forma, transformava atos de destruição em atos de criação. Em 1989 produziu sua primeira pintura utilizando pólvora e usando a terra como tela. Esses projetos são moldados pelo significado histórico, cultural e político do local ou a ocasião em questão. Do ponto de vista da cultura tradicional chinesa, são situações criadas pelo artista para motivar o fluxo de *qi* (energia) entre o artista, o acontecimento e o público.

À medida em que aprendia mais sobre a cultura baiana, Cai Guo-Qiang ficou cada vez mais intrigado com as semelhanças entre o significado da pólvora na China antiga e no Candomblé da Bahia. Nas duas culturas, a explosão da pólvora funciona como "veneno contra veneno", pois acredita-se que purificava o espírito despachando o mal. De fato, a palavra chinesa para pólvora, *huo yao*, é formada por dois símbolos: o primeiro significa as chamas que sobem ou o fogo, e o segundo, o remédio.

Cai Guo-Qiang começou o projeto mostrando às crianças imagens de seu trabalho e como fazer um desenho utilizando pólvora. Depois pediu-lhes que fizessem dois desenhos. No primeiro, expressariam suas impressões pessoais do trabalho; no segundo, desenhariam figuras de sua própria cultura pelas quais demonstrassem interesse especial. Em seguida, Cai e as crianças começaram um estudo do histórico da violência racial na Bahia e o papel da pólvora nesse histórico. Suas atividades em conjunto incluíam visitas a museus e locais históricos e militares, como por exemplo os fortes antigos construídos para defender a cidade do Salvador, e um debate com dois policiais treinados pelo Projeto Axé. Completadas as atividades, Cai pediu a cada uma das crianças que projetasse um canhão. Construíram canhões usando materiais que escolheram, variando do papel à madeira, ferro e bambu. No último dia de Cai no projeto, ativaram-se os canhões no pátio da unidade na presença dos convidados. Na cerimônia de abertura no Museu de Arte Moderna da Bahia, os canhões foram ativados mais uma vez como instrumentos de celebração.

O processo de confeccionar os canhões permitiu às crianças sentir como a energia pode ser canalizada para a destruição ou para algo positivo com significado. Para Cai Guo-Qiang, disparar os canhões é um gesto simbólico de resistência, de cura e de libertação dos maus espíritos. Sua filha expressou esse sentimento: "Minha vida em Nova York é altamente privilegiada. É muito difícil ser pobre. Acho que o que Cai fez foi o máximo. Fez canhões para ajudar as crianças a esquecerem todo o mal que sofreram, e mandar todas as coisas ruins embora".

As crianças: Aline de Jesus Conceição, Carlos José Xavier Oliveira, Edson Santos Souza, Evangival Barbosa Bispo, Genival dos Santos Barros, Gilmar Silva Purificação, Jefferson Santos Sousa, Jorge da Silva Filho, Julivaldo Pinto de Azevêdo, Luriane Rodrigues dos Santos, Marcio Santos da Rocha, Mário Pinto de Azevêdo, Ricardo Maurício de Jesus, Silvano Santos de Oliveira.

explosion is believed to cleanse the spirit by sending away evil. Indeed, the Chinese word for gunpowder, huo yao, *is composed of two characters: the first signifies rising flames or fire; the second, medicine.*

Cai began the project by showing the children images of his work and how to make a gunpowder drawing. He subsequently asked them to make two drawings. In the first, they expressed their personal impressions of the work; in the second, they drew pictures of things from their own culture that interested them the most. Then Cai and the children began a study of the history of racially motivated violence in Bahia and the role of gunpowder in that history. Their activities together included visits to historical and military museums and sites, such as the old fortresses built to defend Salvador, and a discussion with two police officers trained by Projeto Axé. After they had completed their activities, Cai asked each of the children to design a cannon. They built the cannons using materials of their own choice, which ranged from paper to wood, iron, and bamboo. On Cai's last day, they fired the cannons in the courtyard of the unit in front of invited guests. In a ceremony on the opening day of the exhibition at the Museu de Arte Moderna da Bahia, they fired their cannons again as instruments of celebration.

The process of making the cannons allowed the children to experience how energy can be channeled into destruction, or into something meaningful and positive. For Cai, firing the cannons was a symbolic gesture of resistance, healing, and getting rid of evil spirits. His daughter echoed this sentiment: "My life in New York is very privileged. It is hard to be poor. I think that what Cai did was great. He made cannons to help the children forget all the bad that had happened to them, to send all the bad things away."

The children: Aline de Jesus Conceição, Carlos José Xavier Oliveira, Edson Santos Souza, Evangival Barbosa Bispo, Genival dos Santos Barros, Gilmar Silva Purificação, Jefferson Santos Sousa, Jorge da Silva Filho, Julivaldo Pinto de Azevêdo, Luriane Rodrigues dos Santos, Marcio Santos da Rocha, Mário Pinto de Azevêdo, Ricardo Mauricio de Jesus, Silvano Santos de Oliveira

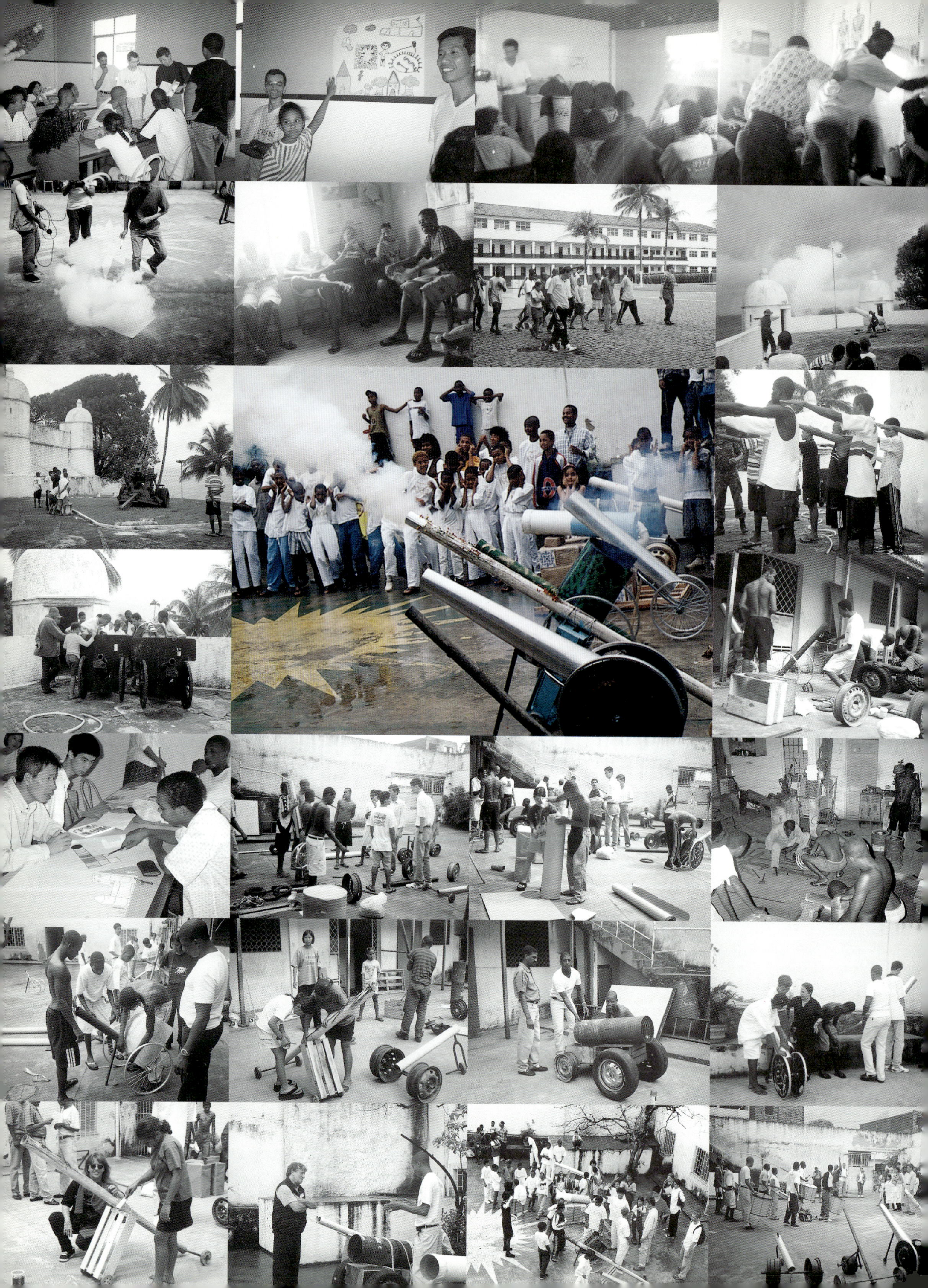

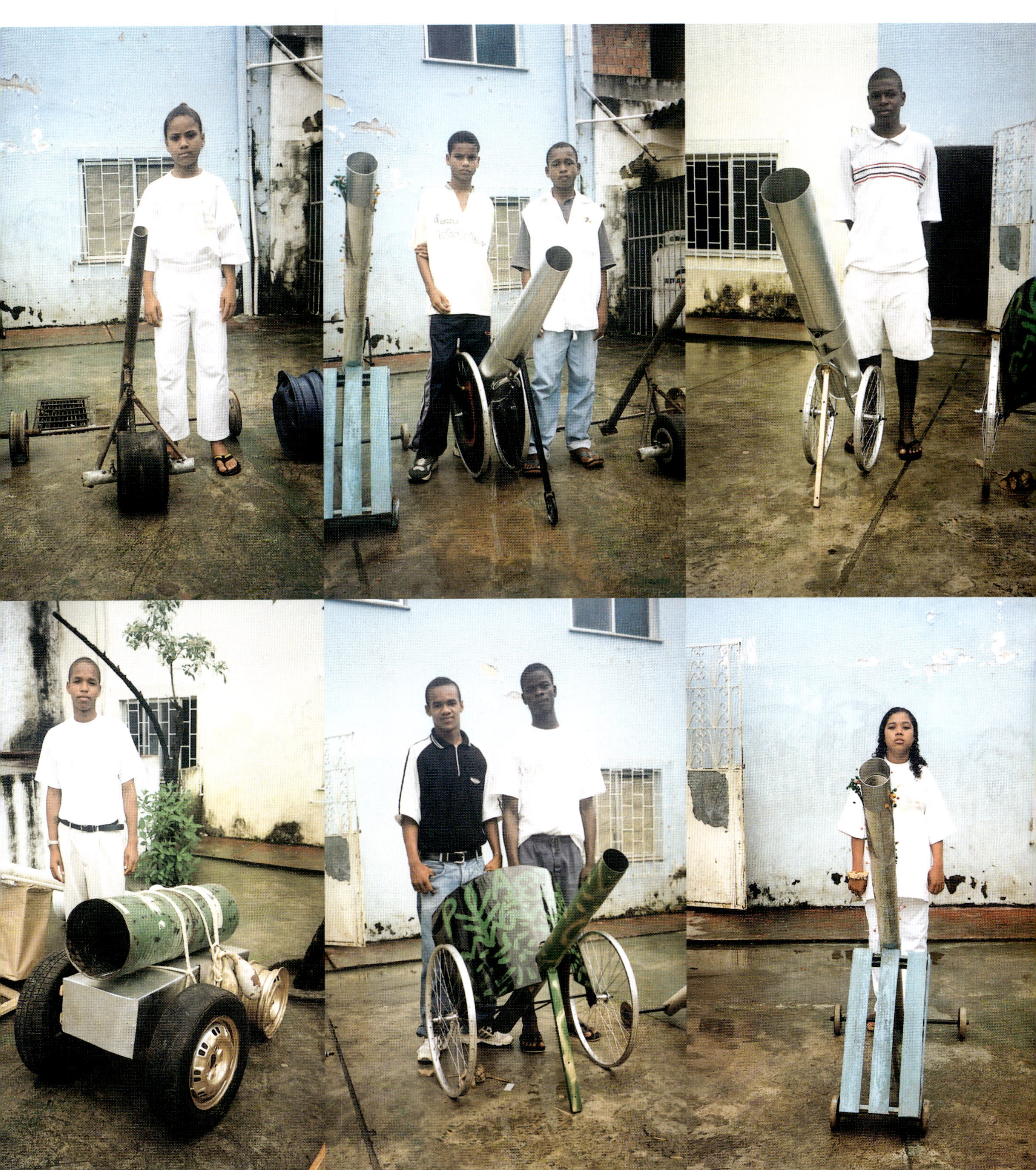

CHEN ZHEN
Além da vulnerabilidade

Chen Zhen was born in Shanghai in 1955, and lives in Paris. He arrived in Salvador on July 15, 1999, with Cai Guo-Qiang. Chen chose to work with a morning group of about twenty teenagers from Stampaxé, in collaboration with the educator Raimundo Aquila. Chen's wife, Xu Min, and fourteen-year-old son, Chen Bo, arrived on August 6 and worked with him for the last two weeks of his stay.

Chen has stated that after he arrived in Salvador, he began to see that many of the problems he encountered there, especially the poverty, were similar to problems he had encountered as a young man in China, when he was sent to the countryside for reeducation during the Cultural Revolution, because he was considered to be a "petit bourgeois" intellectual. But at the same time, he has observed that because the problems in Salvador were rooted in the city, rather than the countryside, in confrontations between poor neighborhoods and rich ones, their tenor was different. The city as a physical and as an imaginary space eventually became the focus of his project. Because the idea of the city, architecture, and home had so much resonance for Chen, he decided with his family and the children to form an office of urbanism, which culminated in the construction of an imaginary city of houses built of colored candles. He emphasized that his intention with this project was not to teach the children, but to give them the space to release their inner creativity as artists: to let them know that they could make their own choices in life.

Chen inaugurated the project by presenting his work to the group. In his installations, which he has produced since 1990, Chen poetically employs both his study of traditional Chinese culture and his knowledge of Western avant-garde art to engage with contemporary social issues. In these works, he seeks to re-read Chinese culture and society from a Western context and Western culture and society from a Chinese one, often to engage with such issues as the relationships between nature and humanity, tradition and modernity, and the local and the global in contemporary society. He develops most of these installations in dialogue with the geographical, social, cultural, and historical characteristics of the sites in which the installations are installed. He later invented the term transexperience to describe the experience of living between cultures and using this perspective as the basis for the creation of socially meaningful art.

After his presentations, Chen and the children researched the history of popular habitation in Salvador, beginning with the first slave ship and concluding with the houses built on stilts over the water in the Alagados neighborhood. In order to develop a deeper understanding of Salvador's built environment and how it materialized social relationships, they made visits to a cross-section of neighborhoods, rich and

Chen Zhen nasceu em Xangai em 1955 e vive em Paris. Chegou a Salvador no dia 15 de julho de 1999 com Cai Guo-Qiang. Chen escolheu trabalhar com um grupo de vinte adolescentes da Stampaxé no período da manhã, colaborando com o educador Raimundo Aquila. A mulher de Chen, Xu Min, e seu filho, Chen Bo, de catorze anos, chegaram no dia seis de agosto e trabalharam com ele durante as duas últimas semanas de sua estada.

Chen Zhen afirmou que assim que chegou a Salvador, começou a ver que muitos dos problemas que encontrou no local, especialmente a pobreza, eram semelhantes aos problemas com os quais se deparara quando jovem na China, quando foi mandando para o campo, para ser reeducado durante a Revolução Cultural, pois era considerado um intelectual burguês. Mas, ao mesmo tempo, observou que levando-se em conta que os problemas de Salvador eram enraizados na cidade e não no campo, o contraste entre bairros pobres e ricos, seu teor era diferente. A cidade como espaço físico e imaginário acabou tornando-se o foco de seu projeto. Já que a idéia da cidade, da arquitetura e do lar significavam tanto para Chen, decidiu formar um escritório de urbanismo com sua família e as crianças, que culminou na construção de uma cidade imaginária de casas feitas com velas coloridas. Enfatizou que sua intenção no projeto não era a de ensinar às crianças, mas dar-lhes o espaço para liberar a sua criatividade interior de artistas: conscientizá-los de que podem fazer suas próprias escolhas na vida.

Chen Zhen abriu o projeto apresentando seu trabalho ao grupo. Nas suas instalações, que produz desde 1990, Chen emprega poeticamente o estudo da cultura chinesa tradicional e o conhecimento de arte *avant-garde* para encaixar as questões sociais contemporâneas. Nesses trabalhos, tenta fazer uma releitura da cultura chinesa e da sociedade do contexto ocidental e da cultura ocidental e da sociedade chinesa, para abordar questões como os relacionamentos entre natureza e humanidade, tradição e modernidade, e sociedade contemporânea local e internacional. Desenvolve a maioria das instalações em sintonia com as características geográficas, sociais, culturais e históricas dos locais onde coloca suas instalações. Posteriormente, cunhou o termo *transexperiência* para caracterizar a experiência de viver entre culturas e usar essa perspectiva como a base de criação de arte com cunho social significativo.

Após suas apresentações, Chen Zhen e as crianças pesquisaram a história da habitação popular em Salvador, começando com o primeiro navio negreiro e terminando com as palafitas no bairro de Alagados. Fizeram visitas a faixas representativas de bairros, ricos e pobres, incluindo Arembepe e Alagados, para desenvolver um conhecimento mais profundo do ambiente construído de Salvador e a materialização das relações sociais. Chen Zhen apresentou às crianças seis *habitats*

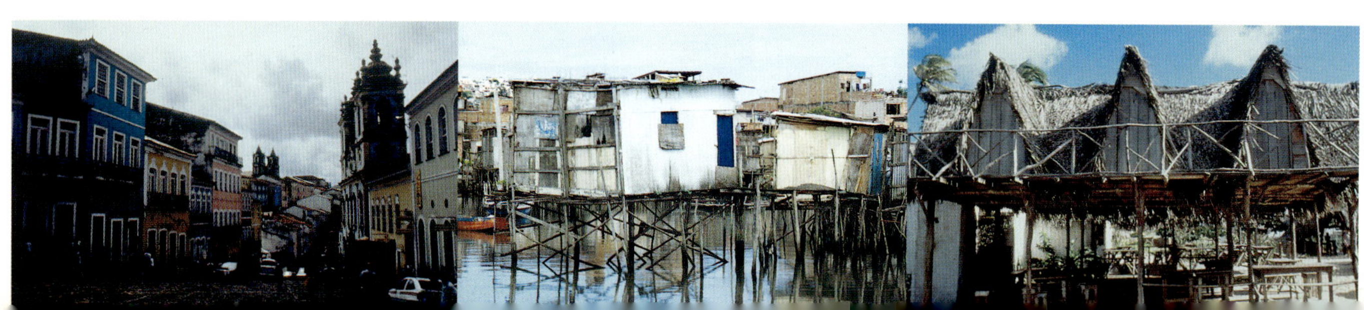

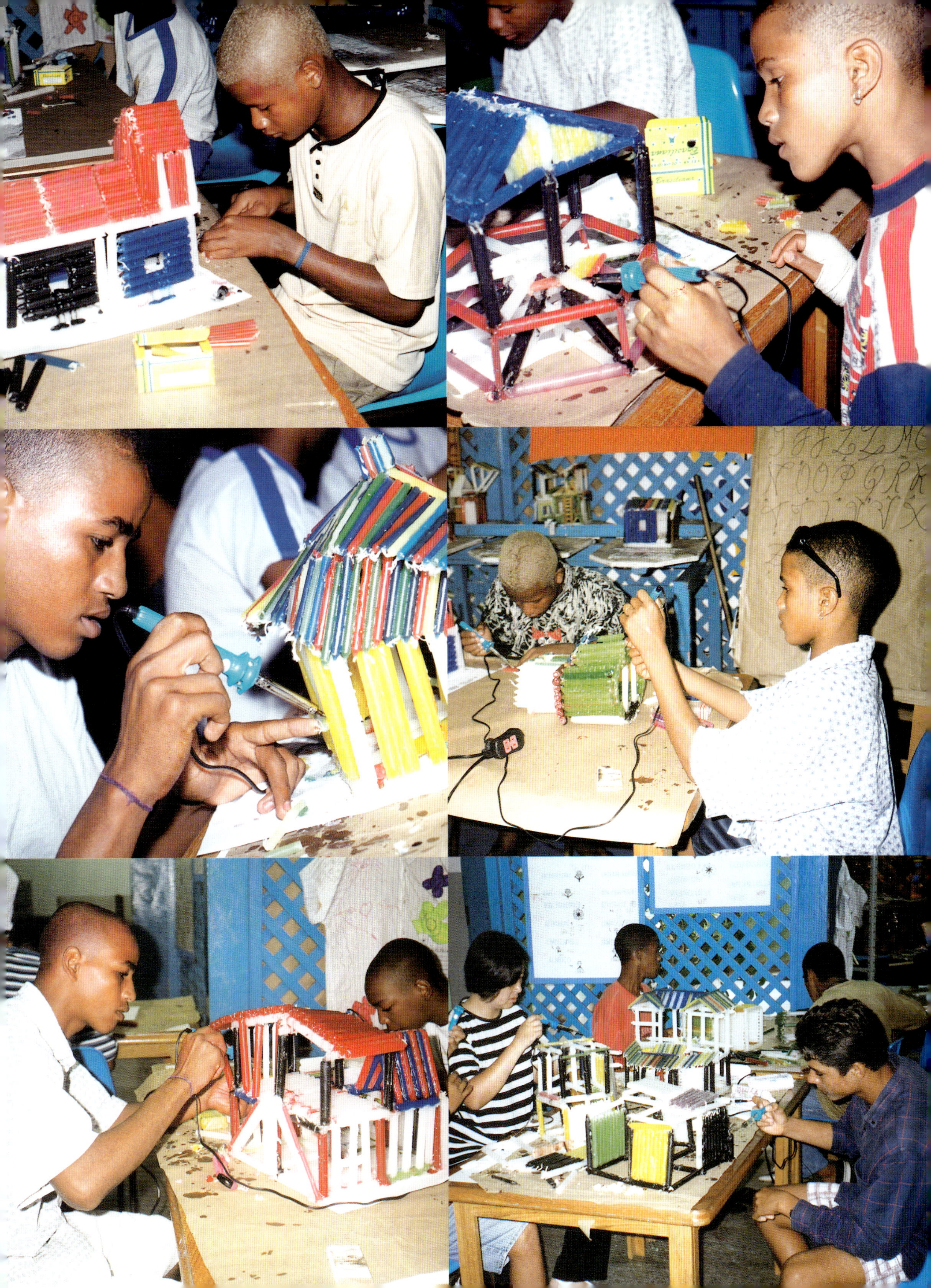

poor, including Arembepe and Alagados. Chen introduced the children to six different habitats in particular: Centro de Salvador, Cidade Alta (Upper City); houses on stilts, Alagados, Itapagipe; Arembepe; Graça, Cidade Alta; favelas (slums), Avenida Suburbana; Bonfim, Itapagipe; Cidade Baixa (Lower City). He also gave each of the children a disposable camera and asked them to photograph architectural elements of their own houses in order to give him and his family a better understanding of their houses and living environments. Then the children discussed what their city, neighborhood, streets, and homes meant to them and imagined what the home of their dreams would look like.

In the next phase of the project, the children, with Chen's help, made drawings of different types of homes. They used these drawings to develop actual models of the homes from candles. Chen was interested in using candles as a building material because they were inexpensive, easily available, and objects that the children liked to play with. They also have great symbolic resonance in Candomblé, and Chen selected candles in colors corresponding to each Candomblé orixá (deity). In addition, making houses of candles also seemed to evoke the beauty and magic, but also the fragility, of the children's dreams for the future. As Bo observed, "My father's project permitted the children to concretize the objects of their imagination."

With this project, Chen hoped to give the children the knowledge that they could imagine a brighter future for themselves—the knowledge that they had choices. As he has stated, "Of course, their problems are not solved. They still live with a lot of uncertainty. But they also asked me if I thought that one day they would be able to live abroad, to make their own choices, like I had done, when I left China. These children had rarely been in the position to make many choices, apart from the crucial exceptions of leaving their homes to live on the streets and then deciding to leave the streets to return home and to school and join Projeto Axé. I tried to help them see that they have many choices, that they are on a road of recovery. In China we have a saying: Like a little boat heading into the immensity of the ocean, it is not where we are going or how we will get there that is important, but that we have embarked on the journey. Fourteen years ago, I arrived in Paris with nothing but two suitcases; the rest is history."

The children: Adailson Santos Sacramento, Adriano Aparecido dos Santos, Alexsandro Santos Silva, Alme Sena de Medeiros, Aminadade Barbosa da Silva, Anderson Carvalho de Jesus, Claudio de Jesus Santos, Ednei Rodrigues do Rosário, Fábio Bastos Cardoso, Fábio Neris Julião Santos, Isaias Muniz Barbosa, Iva Cesar Julião, Jailson Inácio Correia, Jailson Santos de Jesus, Jaqueline Santana Santos, João Victor Boaventura Reis, José Francisco Santos Filho, Luis Alberto Santos Palmeira, Marcos Antônio Soares dos Santos, Nadiel Santos Costa, Reinaldo Vaz Bergues Júnior, Rosenildo da Silva Araújo, Rubem Daniel de Jesus Mota

diferentes em particular. O Centro de Salvador, Cidade Alta; palafitas de Alagados, Itapagipe; Arembepe; Graça, Cidade Alta; favelas, Avenida Suburbana; Bonfim, Itapagipe, Cidade Baixa. Também deu a cada uma das crianças uma máquina descartável e pediu-lhes que fotografassem elementos arquitetônicos de suas próprias casas para proporcionar a ele e à sua família uma melhor compreensão de suas moradias e ambientes. Em seguida, as crianças discutiram o que significava para elas sua cidade, bairro, ruas e casas e imaginaram como seria a casa de seus sonhos.

Na fase seguinte do projeto, com a ajuda de Chen Zhen, as crianças desenharam diversos tipos de casas. Usaram os desenhos para desenvolver modelos reais das casas feitos com velas. Chen ficou interessado em usar velas como material de construção, uma vez que é um material barato, fácil de ser encontrado e são objetos com os quais as crianças gostam de brincar. A vela também possui um significado simbólico no Candomblé, portanto Chen escolheu velas cujas cores correspondiam a cada orixá. Além disso, fazer casas de velas também parecia evocar não só a beleza e a magia, mas também a fragilidade dos sonhos das crianças para o futuro. Como Bo observou, "O projeto de meu pai permitiu que as crianças concretizassem os objetos que imaginavam".

O objetivo de Chen Zhen nesse projeto era proporcionar às crianças a possibilidade de imaginar um futuro melhor—o conhecimento de que poderiam fazer escolhas. Conforme afirmou, "É claro que seus problemas não foram solucionados. Elas ainda vivem com muita incerteza. Elas também me perguntaram se eu achava que conseguiriam morar em outro país, fazer suas próprias escolhas, como fora meu caso, ao deixar a China. Essas crianças raramente se encontravam na posição de fazer muitas escolhas, a não ser as exceções decisivas de sair de casa para viver nas ruas e depois decidir deixar as ruas para se juntar ao Projeto Axé , e voltar para casa e para a escola. Tentei ajudá-las a ver que as escolhas são muitas, que estão no caminho da recuperação. Na China temos um ditado: "Como um barquinho que segue em direção à imensidão do oceano, o importante não é para onde vamos ou como chegaremos, mas sim o fato de termos começado a viagem". Catorze anos atrás, cheguei em Paris somente com duas malas; o resto da história já sabemos".

As crianças: Adailson Santos Sacramento, Adriano Aparecido dos Santos, Alexsandro Santos Silva, Alme Sena de Medeiros, Aminadade Barbosa da Silva, Anderson Carvalho de Jesus, Claudio de Jesus Santos, Ednei Rodrigues do Rosário, Fábio Bastos Cardoso, Fábio Neris Julião Santos, Isaias Muniz Barbosa, Iva Cesar Julião, Jailson Inácio Correia, Jailson Santos de Jesus, Jaqueline Santana Santos, João Victor Boaventura Reis, José Francisco Santos Filho, Luis Alberto Santos Palmeira, Marcos Antônio Soares dos Santos, Nadiel Santos Costa, Reinaldo Vaz Bergues Júnior, Rosenildo da Silva Araújo, Rubem Daniel de Jesus Mota.

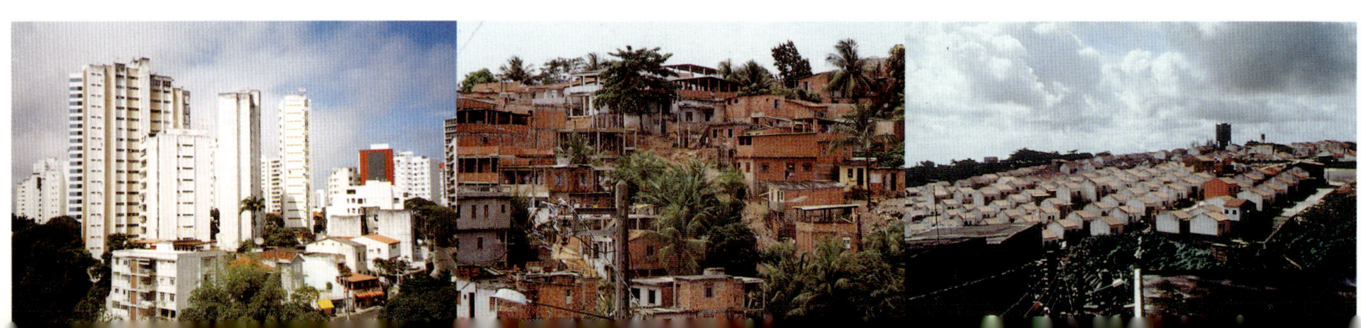

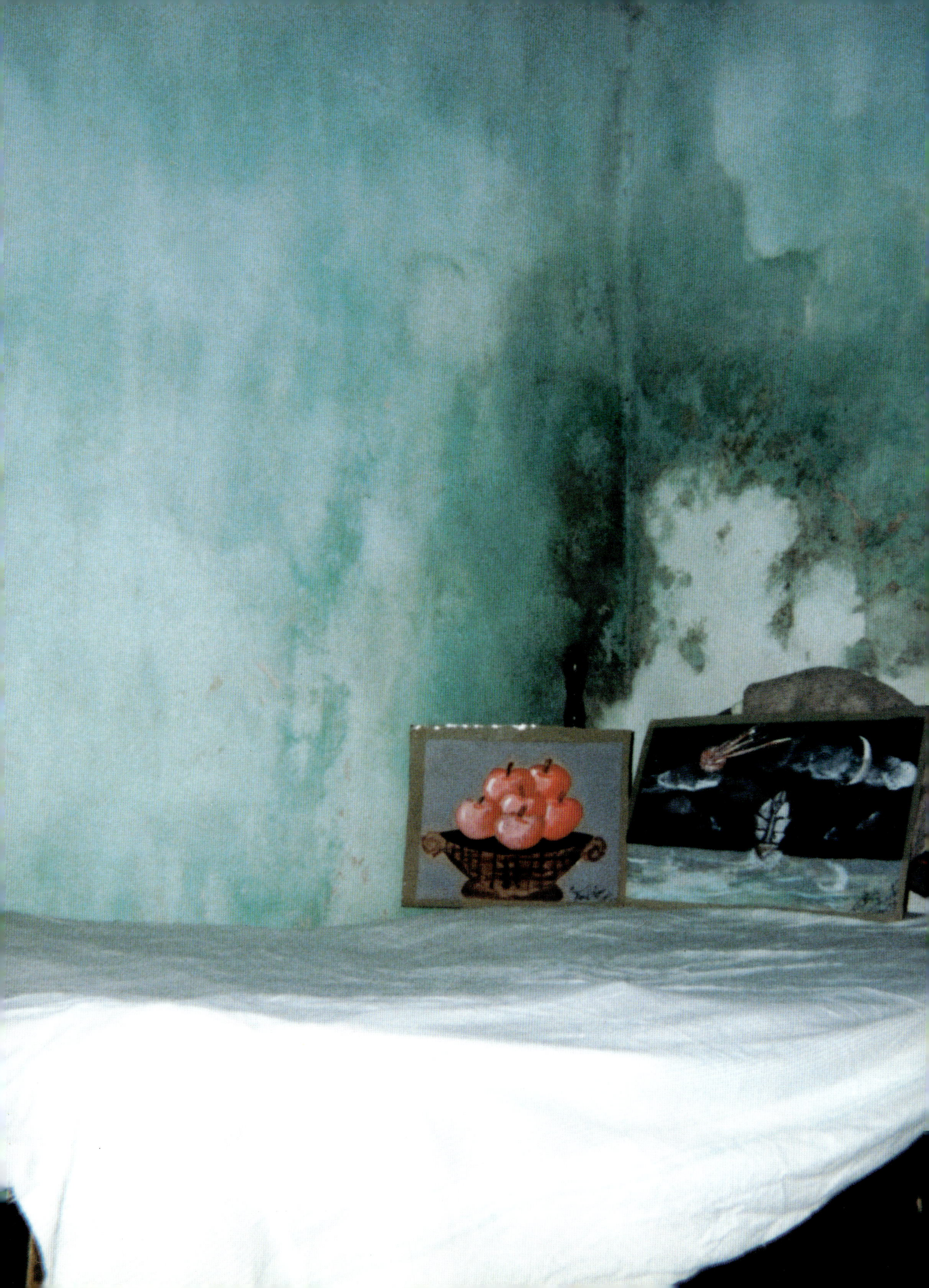

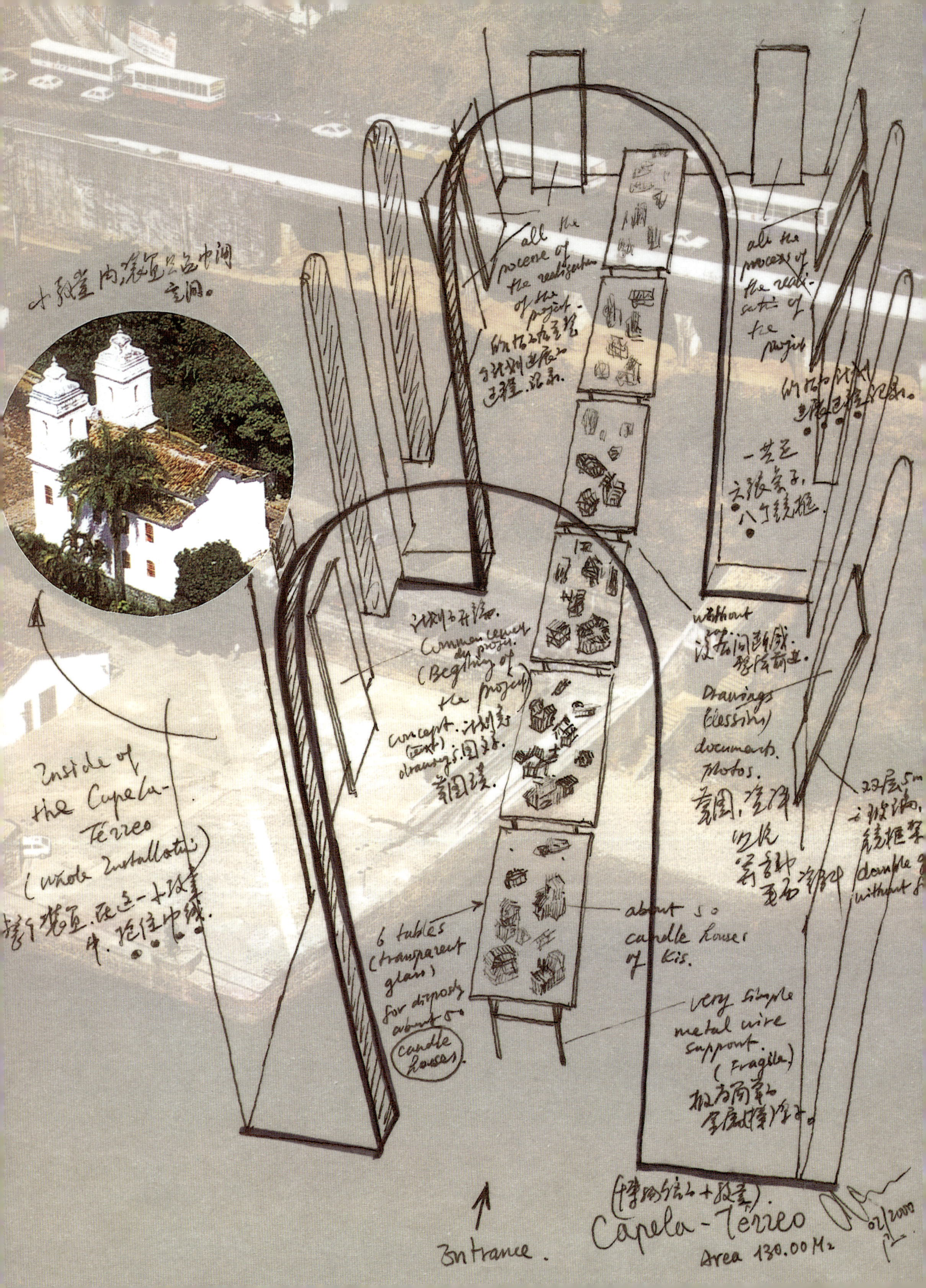
小教堂內裝置品的中間空間。
all the process of the realisation of the project
all the process of the realisation of the project
Inside of the Capela - Térreo (whole Installation)
Commencement du projet (Begining of the project)
concept. (TEXT) drawings. plans.
without
Drawings (blessing) documents. photos.
about 50 candle houses of Kis.
6 tables (transparent glass) for dispose about 50 candle houses.
very simple metal wire support. (fragile)
Entrance.
Capela - Térreo
Area 130.00 M2
02/2000

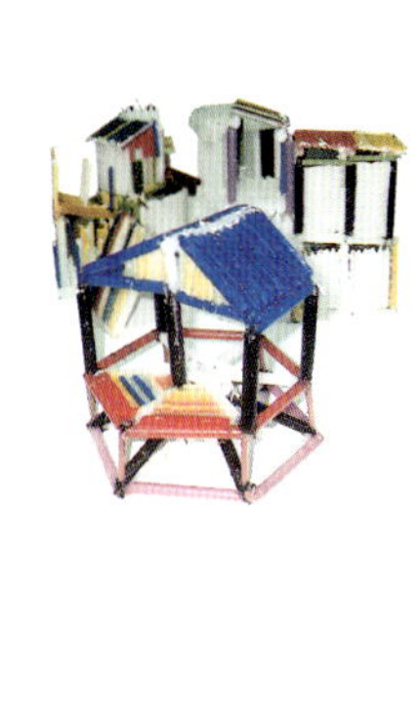
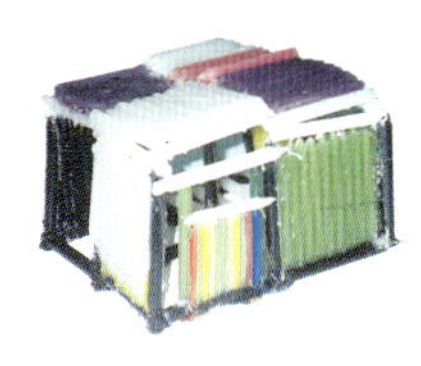
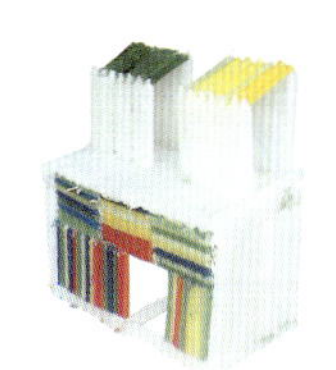
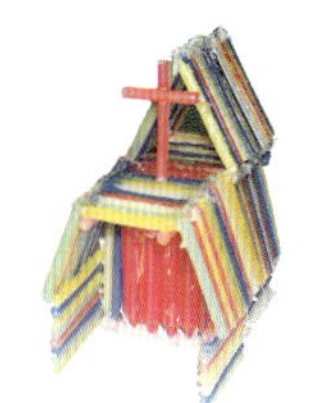
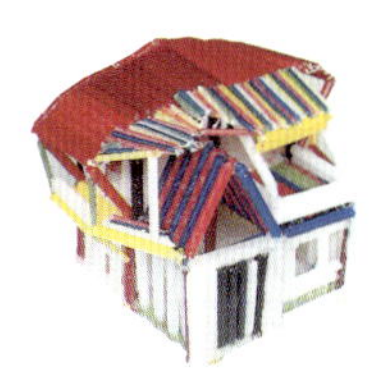
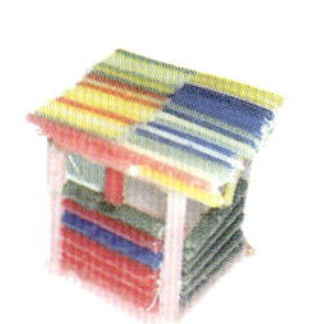
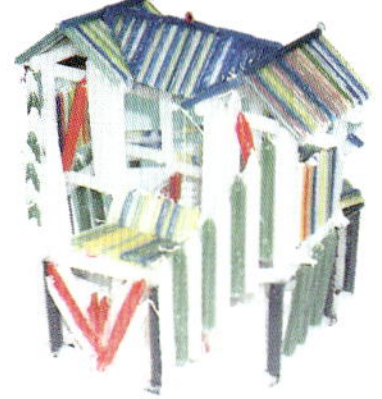
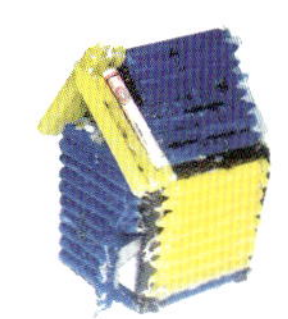
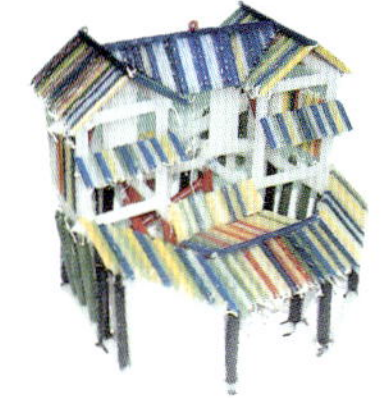
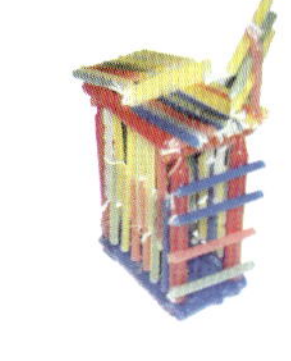
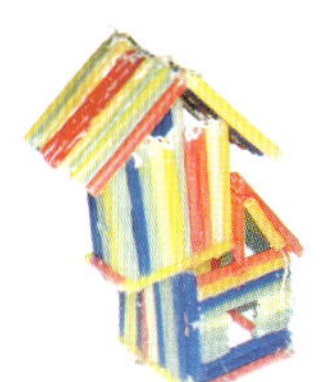

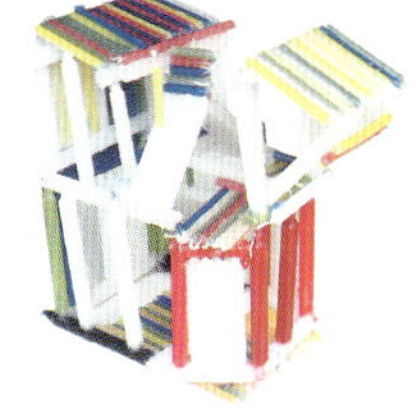
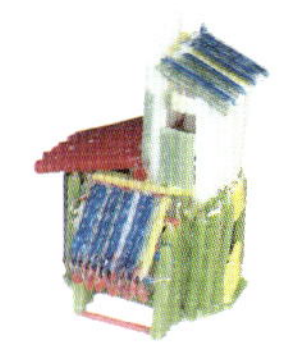
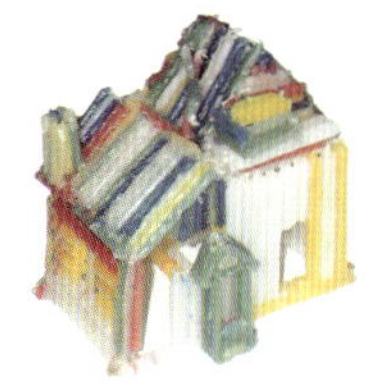
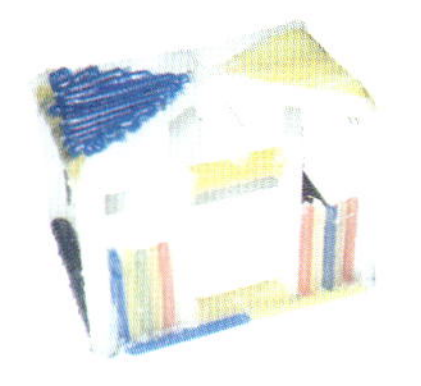
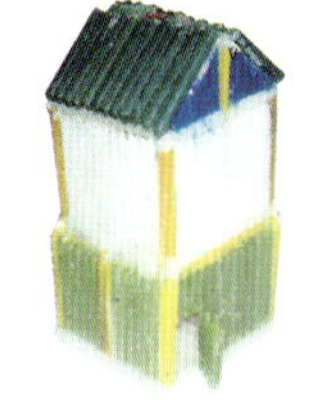
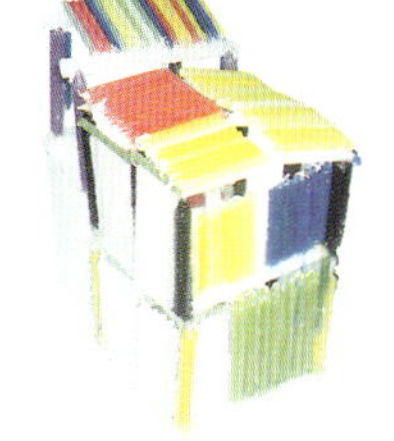
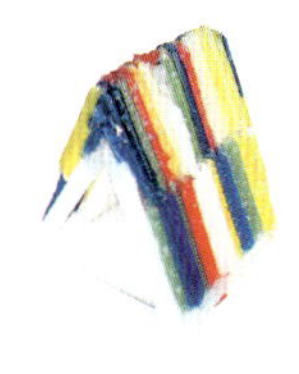
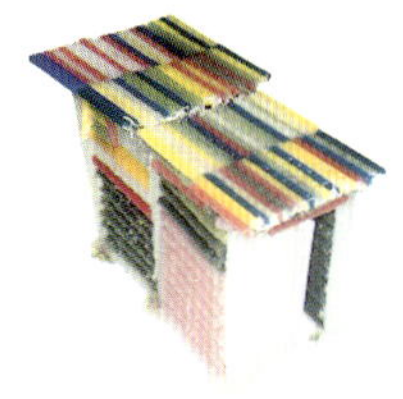
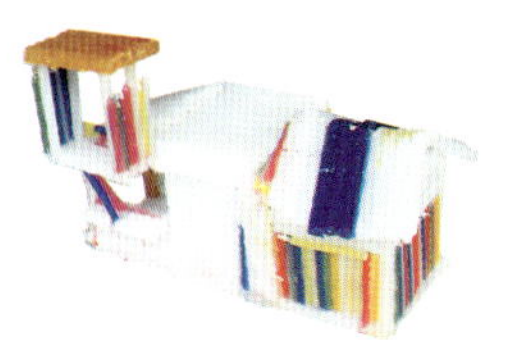
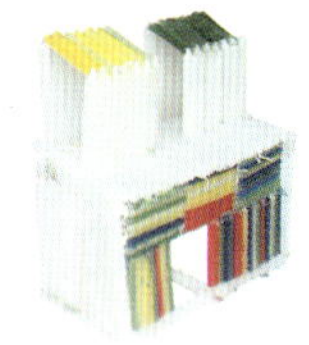
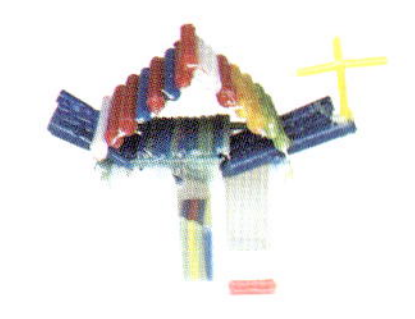
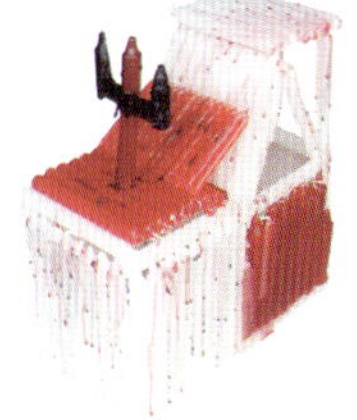
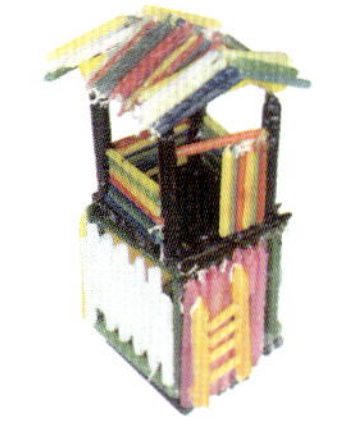
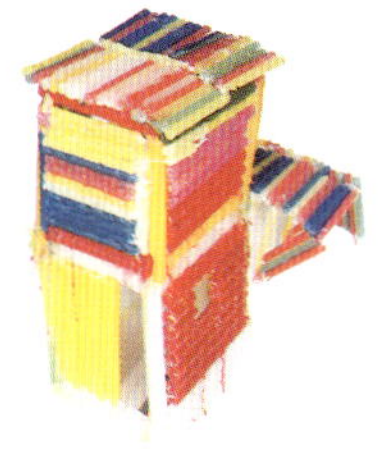
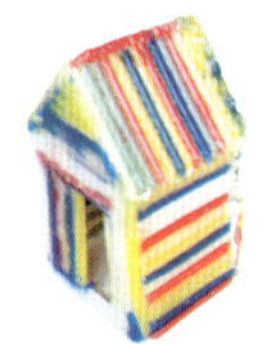
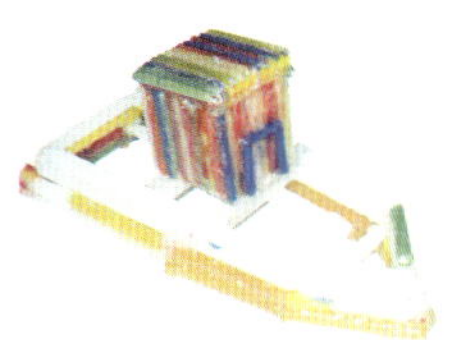
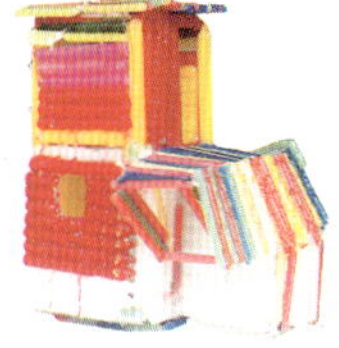
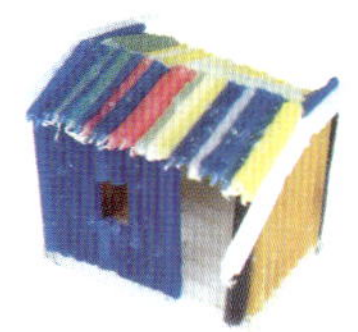
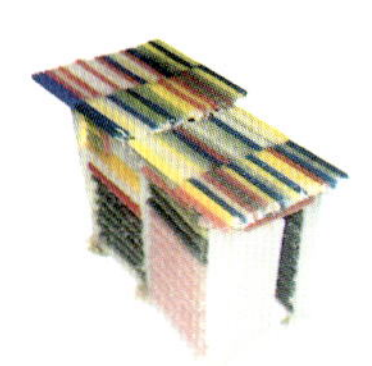
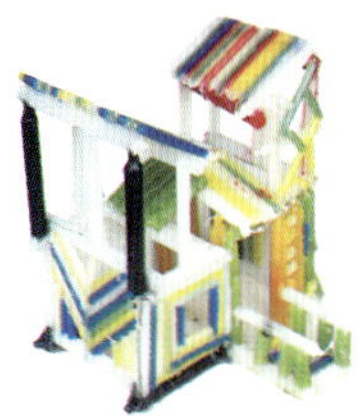
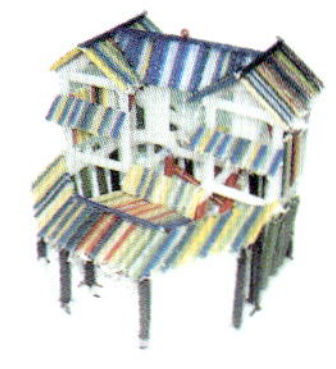

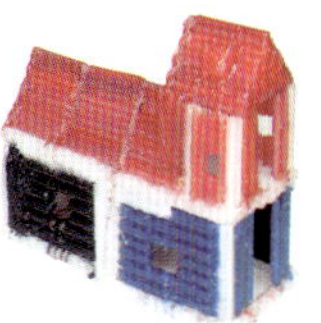

LARRY CLARK

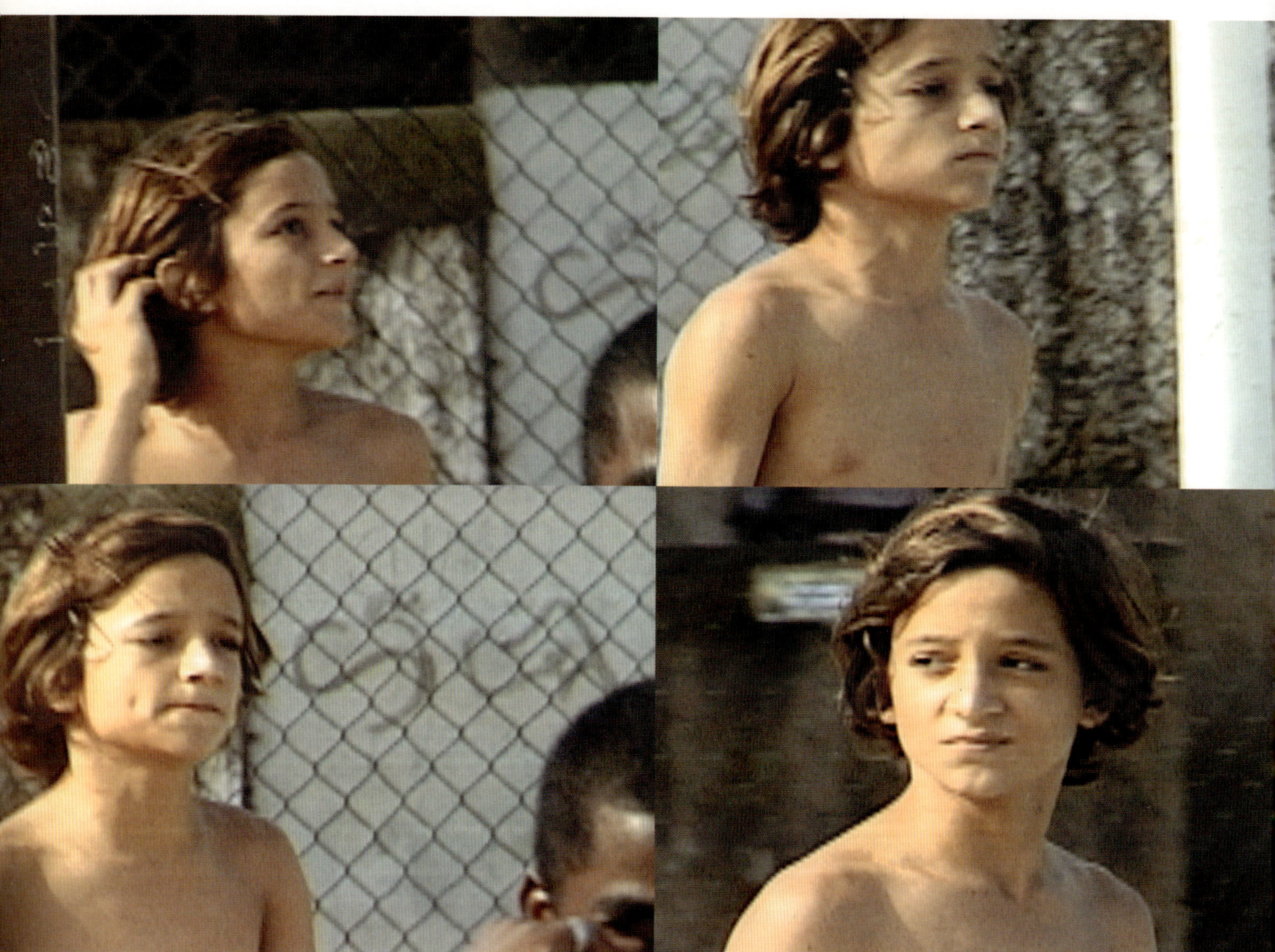

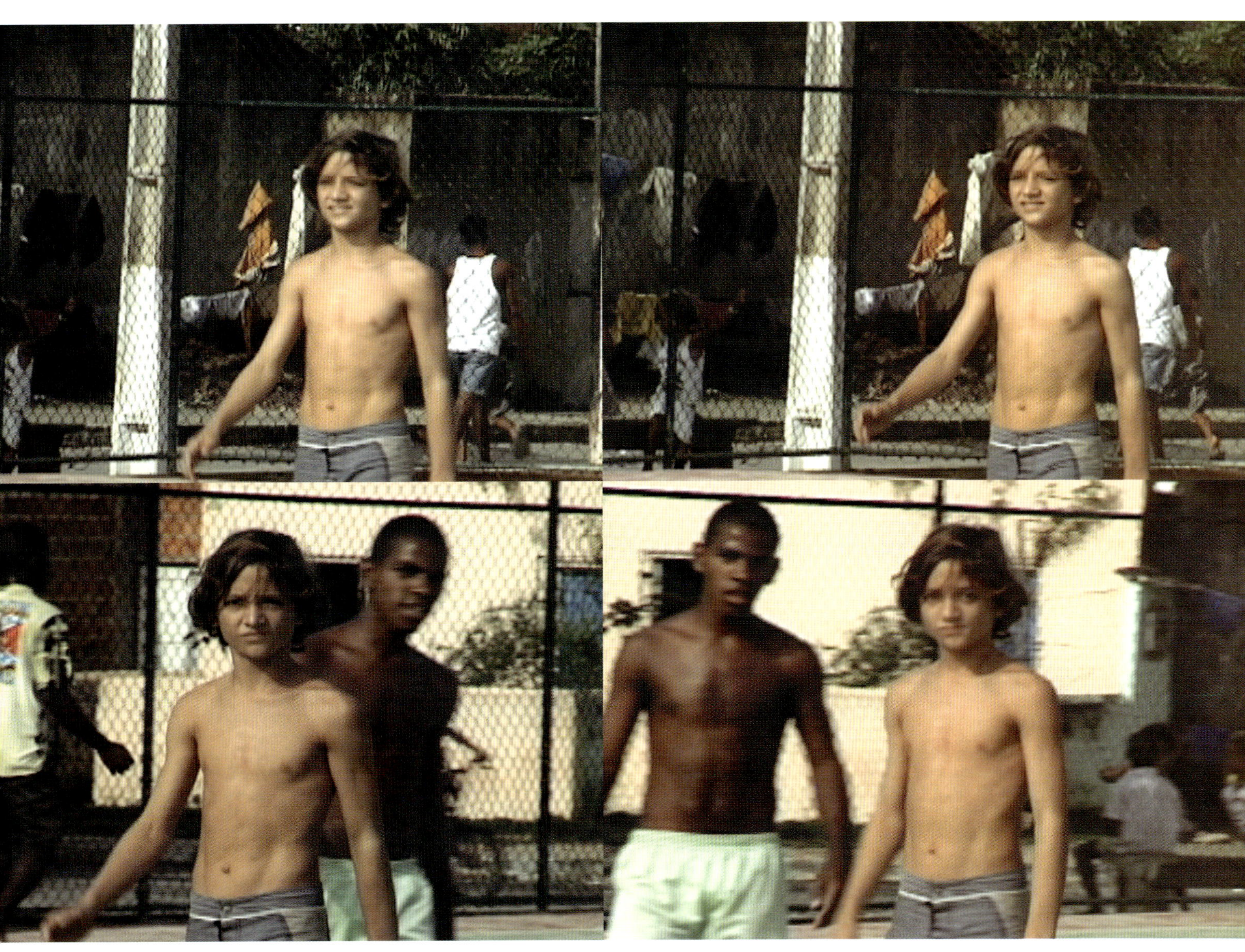

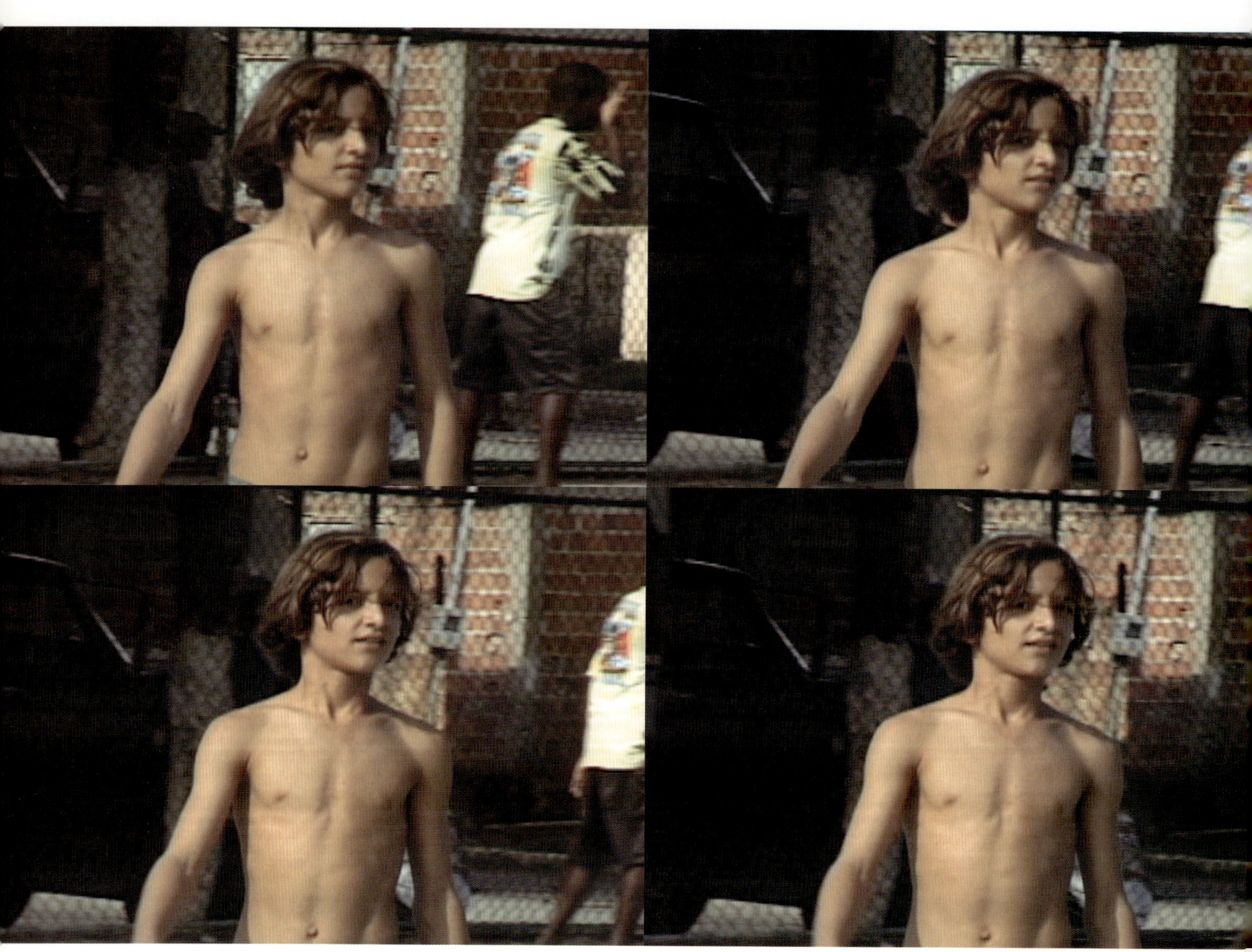

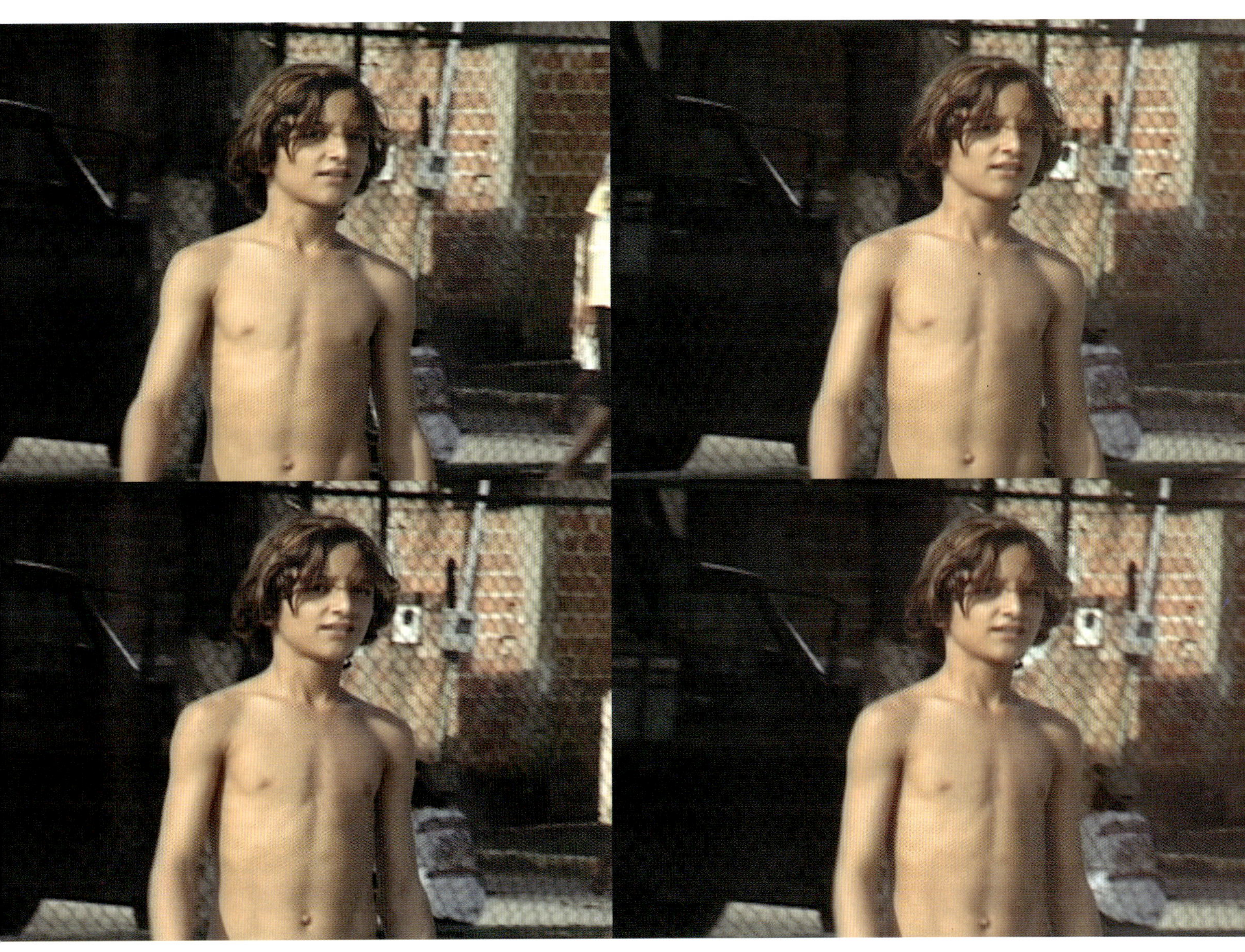

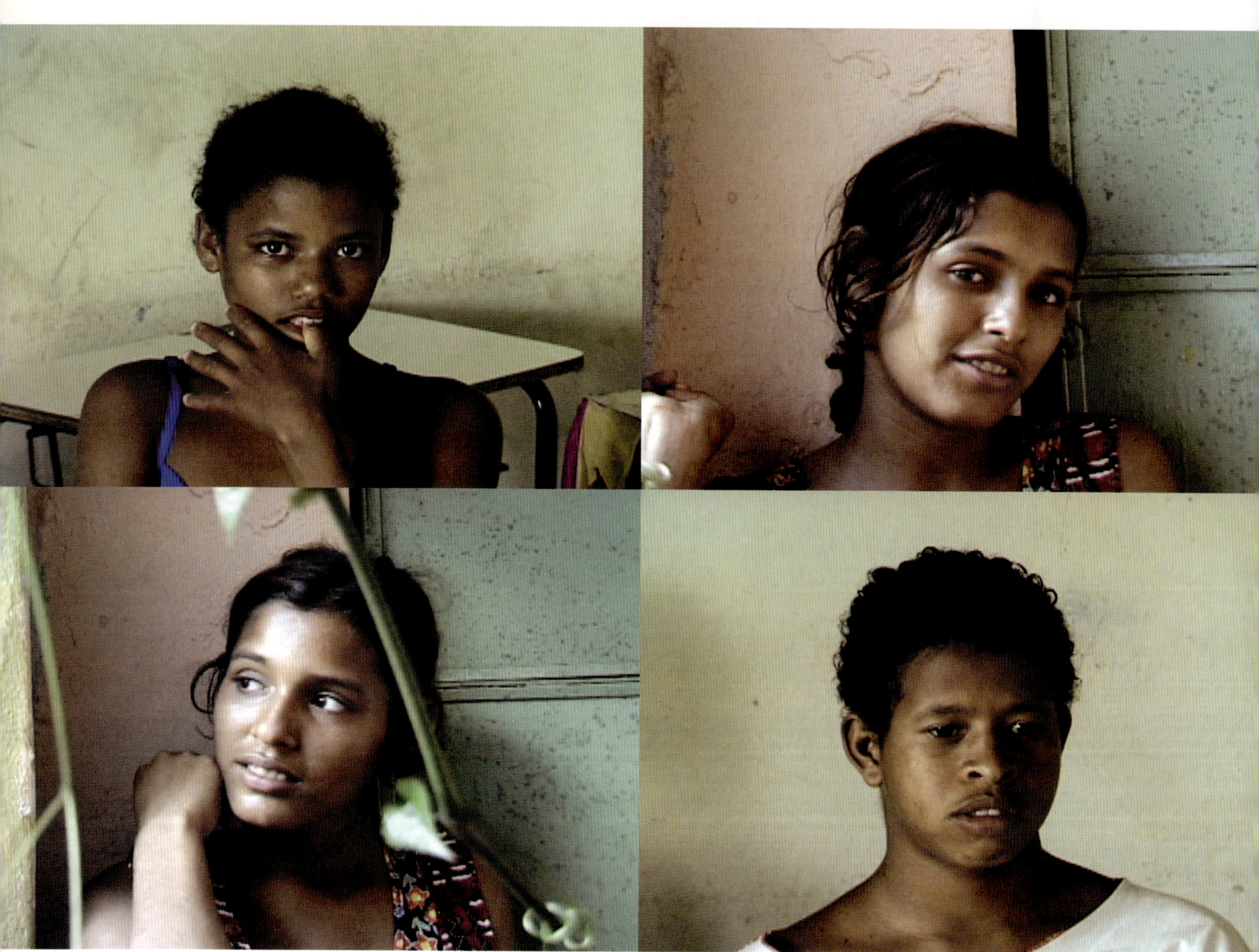

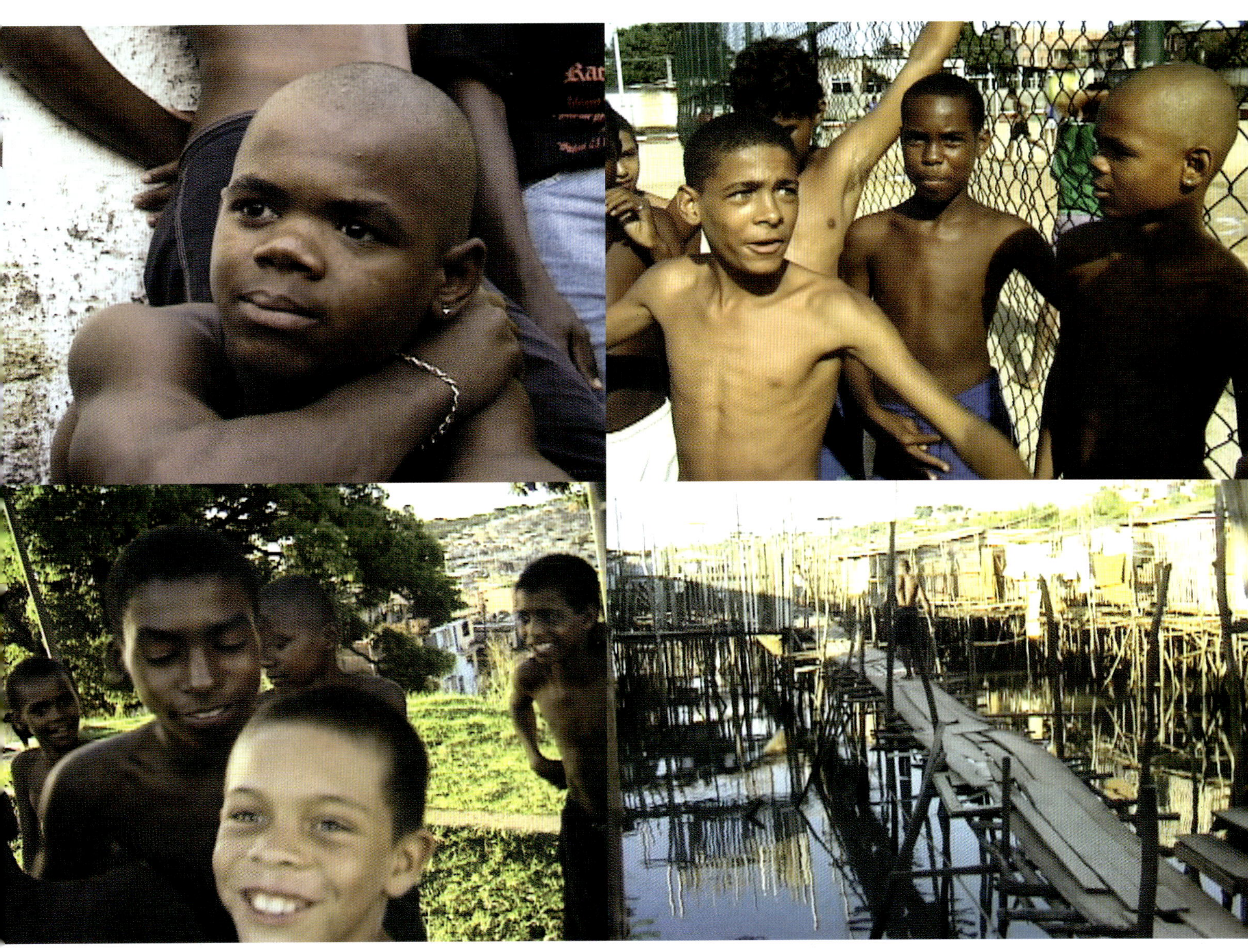

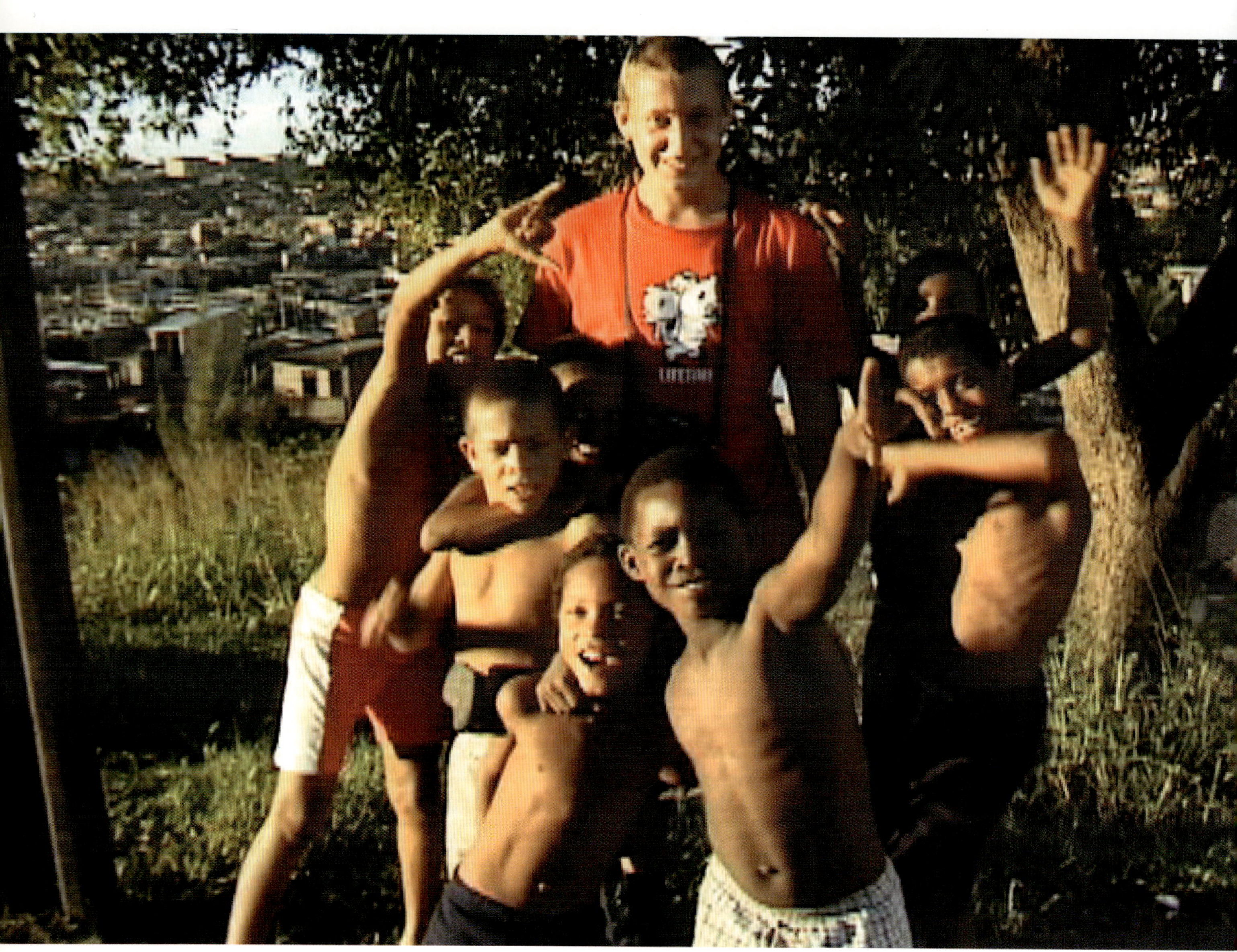

LARRY CLARK *LARRY CLARK*

Larry Clark nasceu na cidade de Tulsa, em Oklahoma, em 1943; hoje mora em Nova York. Ele chegou a Salvador em 16 de junho de 1999, acompanhado de seu filho Matthew, de quinze anos. Sua estada coincidiu com a de Domenico de Clario e Janine Antoni.

Larry Clark é mais conhecido por suas fotografias e filmes onde focaliza imagens espontâneas de adolescentes em crise, particularmente aqueles para quem as drogas, o sexo e a violência fazem parte do cotidiano. Três de seus livros de fotografias—*Tulsa, Teenage Lust* (Luxúria de adolescente) e *The Perfect Childhood* (A infância perfeita)—são autobiográficos. Entretanto, suas fotografias também evocam significados sociais mais amplos através da revelação das vidas freqüentemente desesperadas de adolescentes das classes operária e média dos Estados Unidos, mostrando a desintegração do Sonho Americano.

Em meados dos anos 90, Larry Clark começou a produzir filmes de longa metragem. Seu primeiro foi *Kids* (1995), que mostra um dia na vida de um grupo de adolescentes de Nova York, uma dos quais, a Jenny, descobre que está contaminada com o virus da Aids e vaga pela cidade à procura de Telly, a única pessoa com quem teve relações. O segundo filme de Larry foi *Another Day in Paradise* (Um dia no paraíso), lançado em 1998.

No projeto que desenvolveu para *A Quietude da Terra*, Larry Clark procurou mostrar o impacto positivo do Projeto Axé na vida da Cidade do Salvador, através de uma filmagem de crianças e adolescentes que ainda vivem nas ruas, onde pede que falem sobre suas vidas; e de outra sobre crianças e adolescentes que deixaram as ruas para se integrarem ao Axé, no qual pede que conversem sobre como suas vidas mudaram desde que entraram para o projeto.

Os Alagados e o Pelourinho foram dois dos bairros visitados por Larry Clark. Nestas visitas, às vezes ia acompanhado de seu filho, de Riccardo Cappi, um criminologista que trabalha no Axé, ou de France Morin, a coordenadora do projeto *A Quietude da Terra* e de um intérprete. Nem ele nem seu filho tinham visto tamanha miséria antes e Larry descreve os Alagados como um bairro que não deveria existir, mas existe. Ele documentou as crianças que conheceu com uma filmadora digital, da qual as fotografias nas páginas anteriores foram extraídas. Enquanto algumas de suas imagens mostram as crianças no contexto de seus bairros, outras são mais parecidas com retratos. Ele mostrou uma seleção destas fotografias na exposição montada no Museu de Arte Moderna da Bahia.

O artista estende seus agradecimentos especiais a Luis Berrios, por sua assistência técnica.

Larry Clark was born in Tulsa, Oklahoma, in 1943; he lives in New York. He arrived in Salvador on June 16, 1999, with his fifteen-year-old son Matthew, overlapping with Domenico de Clario and Janine Antoni.

*Clark is best known for his photographs and films featuring candid images of adolescents in crisis, especially teenagers for whom drugs, sex, and violence are a part of everyday life. Three of his books of photographs—*Tulsa, Teenage Lust, *and* The Perfect Childhood*—are autobiographical. However, his photographs also evoke broader social meanings by revealing the often desperate lives of working-class and middle-class adolescents in the United States—the disintegration of the American Dream.*

In the mid-1990s, Clark began to make feature-length films. His first was Kids *(1995), which depicts a day in the life of a group of New York teenagers, one of whom, Jenny, discovers that she is HIV-positive, and roams from place to place in a quest to bring the news to Telly, the only person with whom she has had sex. His second feature film,* Another Day in Paradise, *was released in 1998.*

For the project he developed for The Quiet in the Land, *Clark sought to reveal the positive impact that Projeto Axé has had on the life of Salvador by filming children and teenagers still living on the street and asking them to talk about their lives, and also by filming children and teenagers who have left the street to join Axé, and asking them to discuss how their lives have changed since joining the organization.*

Among the neighborhoods that Clark visited were Alagados and Pelourinho. On these visits, he was at times accompanied by his son; Riccardo Cappi, a criminologist who works at Projeto Axé; France Morin, the organizer of The Quiet in the Land; *and an interpreter. Neither he nor his son had seen such devastating poverty before, and he has described Alagados as a neighborhood that is not supposed to exist but does. He filmed the children he met with a digital video camera, from which the photographs on the preceding pages are taken. While some of his photographs show the children in the context of their neighborhoods, others are more like portaits. For the exhibition at the Museu de Arte Moderna da Bahia, he showed a selection of these photographs.*

The artist would like to thank Luis Berrios for his technical assistance.

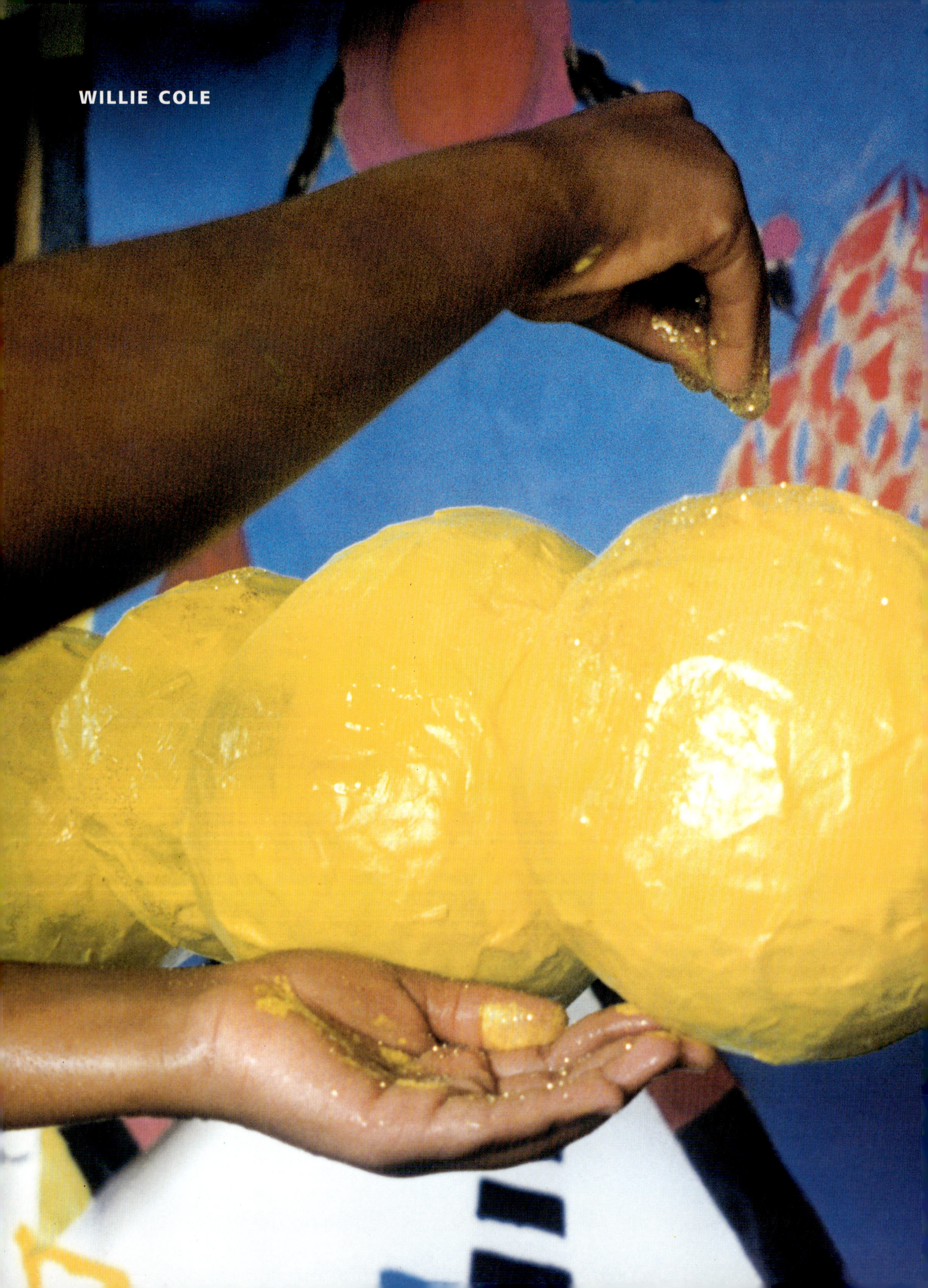
WILLIE COLE

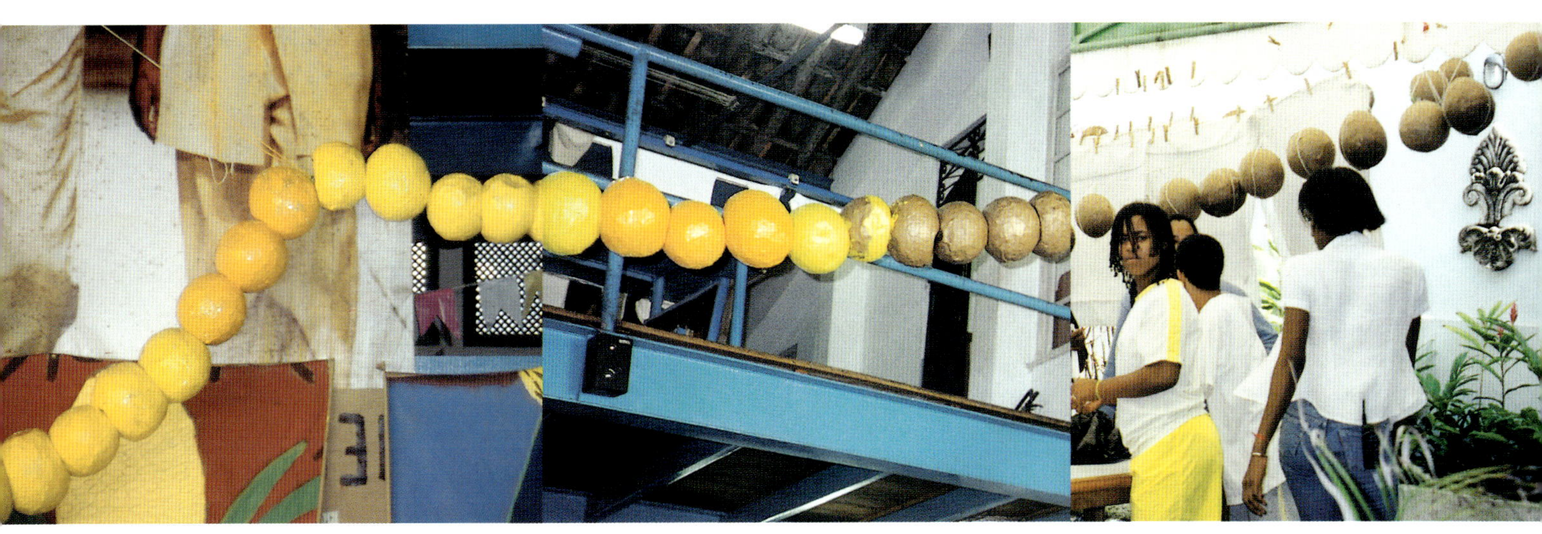

WILLIE COLE
As cores dos orixás

Willie Cole was born in Somerville, New Jersey, in 1955; he lives in Mine Hill, New Jersey. Cole arrived in Salvador on May 15, 1999, overlapping with Janine Antoni and Tunga. He chose to collaborate with about three hundred children and teenagers from Casa de Cultura, Modaxé, and Opaxé.

Cole has been interested in the persistence of West African culture in the Americas for many years. Since the late 1980s, he has created sculptures and installations in which he explores the formal, personal, and social meanings of ordinary domestic objects—especially abandoned household objects, such as irons, ironing boards, hair dryers, doors, and shoes. By transforming these objects, he reveals how aspects of the historical experience of African Americans continue to resonate in everyday life in the present. One of his most ambitious works is an installation entitled The Elegba Principle *(1995), which is dedicated to Elegba, also known as Exu, the Candomblé* orixá *(deity) who functions as the guardian of doorways, streets, and crossroads. Excited by the fact that the educators of Projeto Axé strongly support the teaching of*

Willie Cole nasceu em Somerville, Nova Jersey, em 1955 e atualmente vive em Mine Hill, no mesmo estado. Cole chegou a Salvador no dia 15 de maio de 1999, coincidindo com a estada de Janine Antoni e Tunga. Escolheu colaborar com aproximadamente trezentas crianças e adolescentes da Casa de Cultura, Modaxé e Opaxé.

Há muito tempo Willie Cole vem demonstrando interesse pela persistência da cultura da África Ocidental. Desde o final da década de 80 cria esculturas e instalações nas quais explora os significados formais, pessoais e sociais de objetos domésticos comuns—especialmente objetos domésticos descartados como ferros elétricos e tábuas de passar roupa, secadores de cabelo, portas e sapatos. Ao transformar esses objetos, ele revela como os aspectos da experiência histórica da África Ocidental continuam a ecoar no cotidiano do momento. Um de seus trabalhos mais ambiciosos chama-se *O princípio de Elegba* (1995), dedicado a Elegba, também conhecido como Exú, o orixá que age como o guardião de portões, ruas e encruzilhadas. Entusiasmado pelo apoio substancial que os

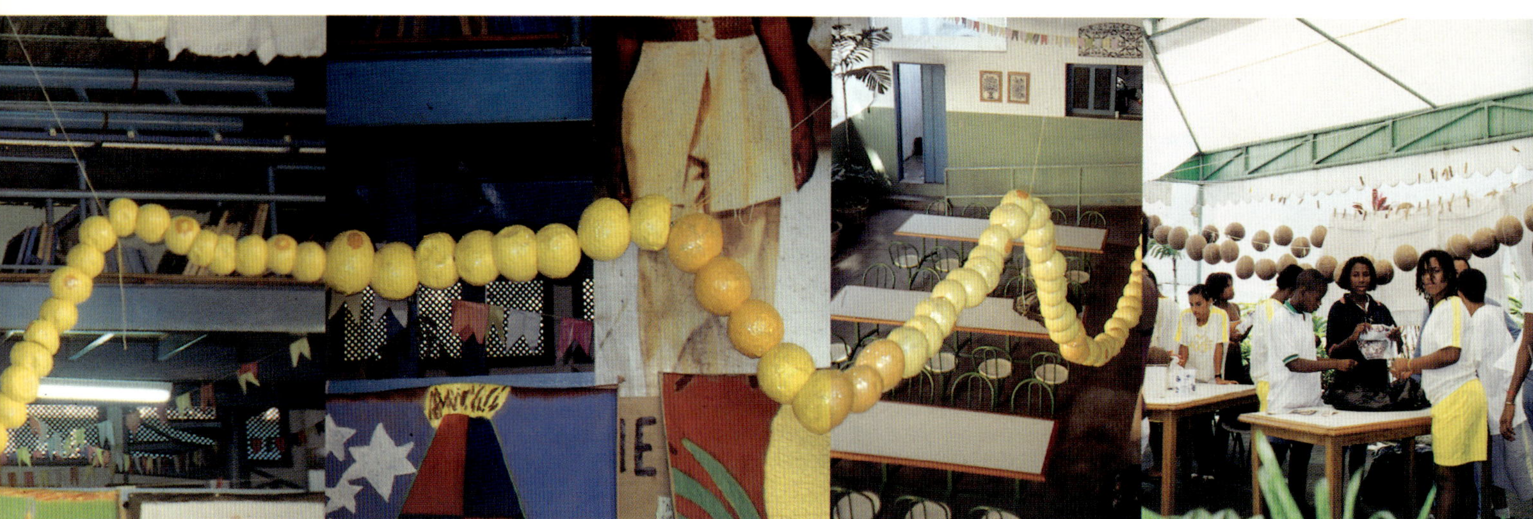

African culture, Cole developed a project in which he worked with children ranging in age from about ten to about sixteen from three of Axé's units to create a series of monumental works of art in the form of Candomblé orixá *necklaces, traditionally worn by adherents in the color of the* orixá *being worshipped. The project's purpose was to deepen the children's knowledge of and respect for the African roots of Candomblé.*

During the first phase, Cole showed images of his work to the children and discussed it with them. Then he showed them an actual orixá *necklace and asked them to guess how many beads it was composed of (over five hundred). He next told the children that each unit was going to make a necklace as large as their classroom, which would then be displayed in the exhibition at the Museu de Arte Moderna da Bahia. Each unit chose the* orixá *to whom their necklace would be dedicated: Casa de Cultura made a blue and white necklace for Oxóssi (male* orixá *associated with the forest and hunting), Modaxé made a gold one for Oxum (female* orixá *associated with love and beauty), and Opaxé made a multicolored one for Ibeji (child* orixás *associated with*

educadores do Projeto Axé dão ao ensino da cultura africana, Willie desenvolveu um projeto em que trabalhou com crianças na faixa etária de dez a dezesseis anos, em três das unidades do Axé, criando uma série de trabalhos monumentais de arte na forma de contas de Candomblé, tradicionalmente usadas pelos seus adeptos nas cores dos orixás que cultuam. O objetivo do projeto foi aprofundar o conhecimento e respeito das crianças pelas raízes africanas do Candomblé.

Durante a primeira fase, Willie Cole mostrou fotografias de seu trabalho às crianças e trocou idéias com elas. Em seguida, mostrou as contas autênticas de um orixá e pediu que calculassem quantas miçangas haviam no colar (mais de quinhentas). Em seguida, disse às crianças que cada unidade iria fazer um colar do tamanho da sala de aula, que seria posteriormente exibido no Museu de Arte Moderna da Bahia. Cada unidade escolheu um orixá a quem dedicar o colar: a Casa de Cultura fez um colar azul e branco para Oxóssi (orixá masculino ligado à floresta e à caça), a Modaxé fez um colar dourado para Oxum (orixá feminino ligado ao amor e à beleza) e o Opaxé fez um colar multicolorido para os Ibeji (orixás gêmeos ligados ao nascimento e protetores das crianças).

As crianças fizeram os colares enchendo bolas de soprar, revestindo-as com *papier mâché* para confeccionar as contas, pintando os cascos, estourando os balões e em seguida enfiando as contas para formar os colares. Cada criança revestiu de três a seis balões. Algumas vezes o processo tornou-se extremamente caótico, pois Willie tentou orientar sessenta crianças de uma só vez. A grande maioria delas esqueceu-se do trabalho, encantada pela brincadeira de estourar as bolas de soprar. Quando retornou aos Estados Unidos, somente um dos colares estava pronto; os educadores do Axé supervisionaram a finalização dos outros. Esse projeto suscitou muitas dúvidas nos pais das crianças que não eram adeptos do Candomblé, mas católicos ou protestantes evangélicos, e que se sentiam incomodados pelo fato dos filhos estarem trabalhando num projeto que aparentemente favorecia uma religião em detrimento das outras. Consequentemente, o Projeto Axé pediu a **Alberto Pita**, educador e adepto do Candomblé, para explicar o projeto de Willie Cole em todas as unidades dentro do contexto da

birth, who are the protectors of children).

The children made the necklaces by inflating balloons, covering them with papier mâché, *painting the shells, punching holes in the balloons, and then stringing the shells together to form the necklaces. Each child made three to six balloons. At times the process was intensely chaotic, as Cole sought to guide sixty children at a time, the vast majority of whom became gleefully distracted when they discovered the fun of popping the balloons. Although only one of the necklaces was completed by the time he had to return to the United States, the educators of Projeto Axé supervised the completion of the others. This project raised many questions from several of the children's parents, who were not necessarily Candomblé adherents, but Catholics or evangelical Protestants, who felt uncomfortable with their children working on a project that was seemingly proselytizing one religion over others. Consequently, Axé asked Alberto Pita, an educator and Candomblé adherent, to speak to all the units about Cole's project in the context of Afro-Brazilian culture. This episode revealed some of the cross-cultural complexities of what it means to be an African-identified*

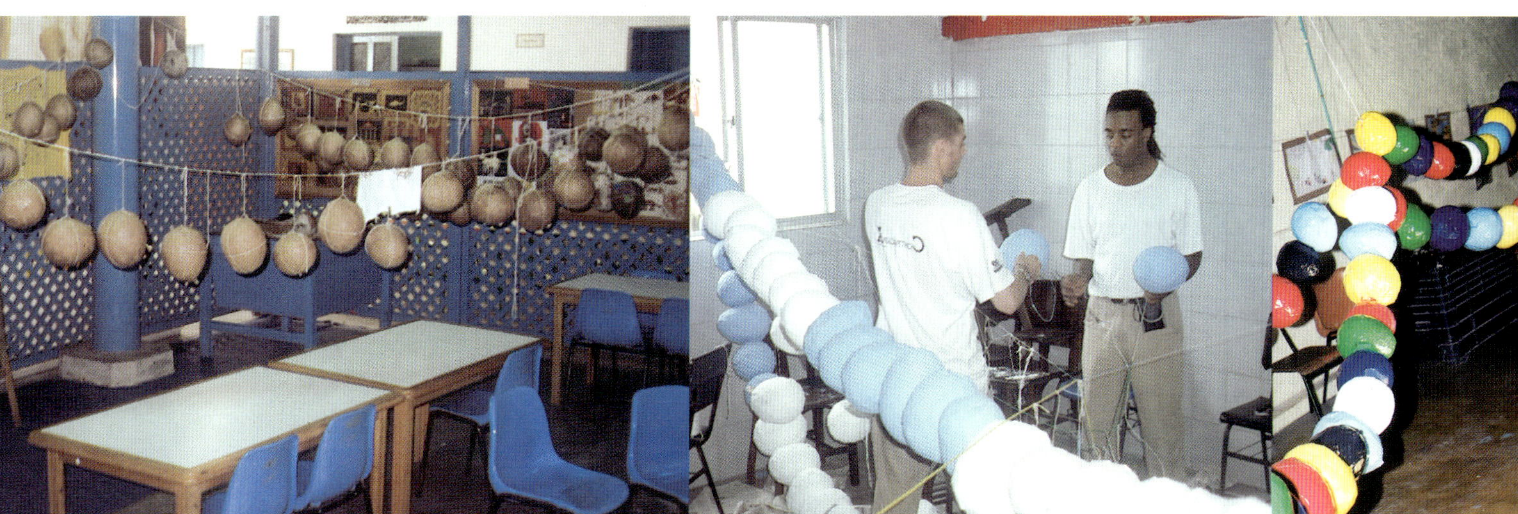

cultura afro-brasileira. Esse episódio mostrou algumas das complexidades transculturais do que significa atualmente ser uma pessoa negra que se identifica com sua herança africana.

Willie ficou muito sensibilizado pela visibilidade da cultura africana em Salvador, pois reside numa comunidade predominantemente branca onde as contribuições da cultura africana em relação à sociedade dominante são desvalorizadas ou até desprezadas. Ficou impressionado com o número de pessoas que viu usando camisetas com frases do tipo "Orgulho de ser negro" e com a presença de estátuas dos orixás nos parques. Lembra que teve um susto agradável ao ver as cerimônias de Candomblé sendo praticadas em público por um grande número de pessoas, uma vez que nos Estados Unidos, quase sempre são praticadas de forma fechada para um grupo seleto de pessoas. Talvez a maior emoção surgiu ao ver os pequenos do Canteiro dos Desejos encenarem uma peça sobre Iemanjá (orixá feminino ligado ao mar), uma experiência que encheu seus olhos de lágrimas.

black person today.

As a resident of a predominantly white community in a society in which the contributions of African culture to mainstream society are typically undervalued and even ignored, Cole was very moved by the visibility of African culture in Salvador. He was struck by the number of people he saw wearing T-shirts with such slogans as "I Am Proud to Be Negro" (in Portuguese, the word negro *does not have a negative connotation, but the same sense as the word* black *in English) and by the sight of statues of the* orixás *in the parks. And he remembers being pleasantly shocked by seeing Candomblé ceremonies being practiced in public by large numbers of people, since in the United States, they are almost always held in private for a select few. He was perhaps most moved when he saw the young children of the Canteiro dos Desejos (The Flower Bed of Desires) performing a play about Yemanjá (female* orixá *associated with the sea), an experience that brought him to tears.*

MARIO CRAVO NETO

MARIO CRAVO NETO

Mario Cravo Neto nasceu em Salvador em 1947, onde reside até hoje.

Um dos mais conhecidos dos fotógrafos brasileiros, desde a década de setenta vem documentando a Cidade do Salvador e seus habitantes. O cantor Caetano Veloso, comentando as fotografias de Mario, escreveu: "Podemos sentir sua maneira carinhosa de tocar cada parede, cada grão de areia, cada ruga. Cada mente nesta cidade: tudo é acariciado por sua expectativa serena de luz". Registrando a vida da cidade na sua total complexidade, ele a fotografa da forma que somente um morador antigo poderia fazê-lo: completamente habituado com seu rico passado e seu presente sutilmente texturizado. Vemos as águas azuis da Bahia de Todos os Santos, que deu nome à cidade, brilhando ao sol do cair da tarde: a Feira de São Joaquim, o mercado principal de Salvador, não simplesmente o local de vender e comprar mercadorias, mas sim onde é possível medir o pulsar da vida da cidade com maior intensidade; os bairros, como por exemplo, o Pelourinho, no Centro Histórico, onde eram leiloados os escravos; e cartões postais como o Forte de Santa Maria, o Forte São Marcelo e o Elevador Lacerda, que liga a Cidade Baixa à Cidade Alta. Também podemos presenciar os eventos anuais que marcam os ritmos cíclicos do tempo, principalmente o Carnaval, que ecoam nas atividades cotidianas de trabalho e lazer que moldam a cultura da cidade. Também são retratados os habitantes de Salvador: os meninos de rua, os políticos, os vendedores, as baianas do acarajé, os músicos, os pescadores, os pais de santo, as mães de santo e os artistas. No seu conjunto, estas imagens esboçam o retrato em branco e preto da cidade, entrelaçadas pela realidade e a poesia.

No seu projeto, Mario trabalhou com seis crianças e adolescentes de várias unidades do Projeto Axé. Acompanhado de Marcus Gonçalves, supervisor de Opaxé, levou-os para a Feira de São Joaquim e ensinou-lhes a usar uma máquina digital. Depois, os meninos compartilharam a máquina e fotografaram o mercado, enquanto Mario tirava fotos com outra máquina. As fotografias de autoria das crianças e as de Mario estão dispostas lado a lado nas páginas seguintes.

As crianças: Debora Silva Barbosa (Usina de Dança e Cia.), Jeferson Simões Miranda (Canteiro dos Desejos), Meire Rose Dantas Santana (Opaxé), Paulo Oliveira Saldanha (Casa de Cultura), René Paixão Brandão (Opaxé), Robson de Jesus Santos (Modaxé)

Mario Cravo Neto was born in 1947 in Salvador, where he currently lives.

One of Brazil's best known photographers, Cravo Neto has documented the city of Salvador and its inhabitants since the 1970s. Of his photographs of the city, the singer Caetano Veloso has written, "We can feel how he lovingly touches each wall, each grain of sand, each wrinkle. Each mind in this city: all is caressed by his serene expectation of light." Documenting the life of the city in all its complexity, he photographs it as only a lifelong inhabitant, thoroughly familiar with its rich past and its subtly textured present, could. We see the blue waters of the Bay of All Saints, which gave the city its name, shimmering in the late afternoon sun; Feira de São Joaquim, Salvador's main market—not only a place where goods are bought and sold, but a site where the pulse of the city's life can be measured most strongly; neighborhoods, such as the historical district of Pelourinho, where slaves were once auctioned; and landmarks such as Forte de Santa Maria, Forte São Marcelo, and Elevador Lacerda, which links the Cidade Baixa (Lower City) with the Cidade Alta (Upper City). We also see the annual events that mark the cyclical rhythms of time, most of all Carnaval—rhythms echoed by the repetitive activities of daily life, of work and leisure, that shape the city's culture. And we see the Salvadorans themselves: street children, politicians, merchants, baianas (the Bahian women who sell food on the street in their traditional costumes), musicians, fishermen, pais and mães de santo (Candomblé high priests and priestesses), artists. Collectively, these images etch a portrait of a city in light and dark, in which reality and poetry are intertwined.

For his project, Cravo Neto worked with six children and teenagers from the various units of Projeto Axé. Accompanied by Marcus Gonçalves, the supervisor of Opaxé, he took the children to Feira de São Joaquim for one day and showed them how to operate a digital camera. Afterwards, the children shared the camera and filmed in the market, while Cravo Neto took photographs with another camera. The photographs by the children and by Cravo Neto are shown side by side on the following pages.

The children: Debora Silva Barbosa (Usina de Dança e Cia.), Jeferson Simões Miranda (Canteiro dos Desejos), Meire Rose Dantas Santana (Opaxé), Paulo Oliveira Saldanha (Casa de Cultura), René Paixão Brandão (Opaxé), Robson de Jesus Santos (Modaxé)

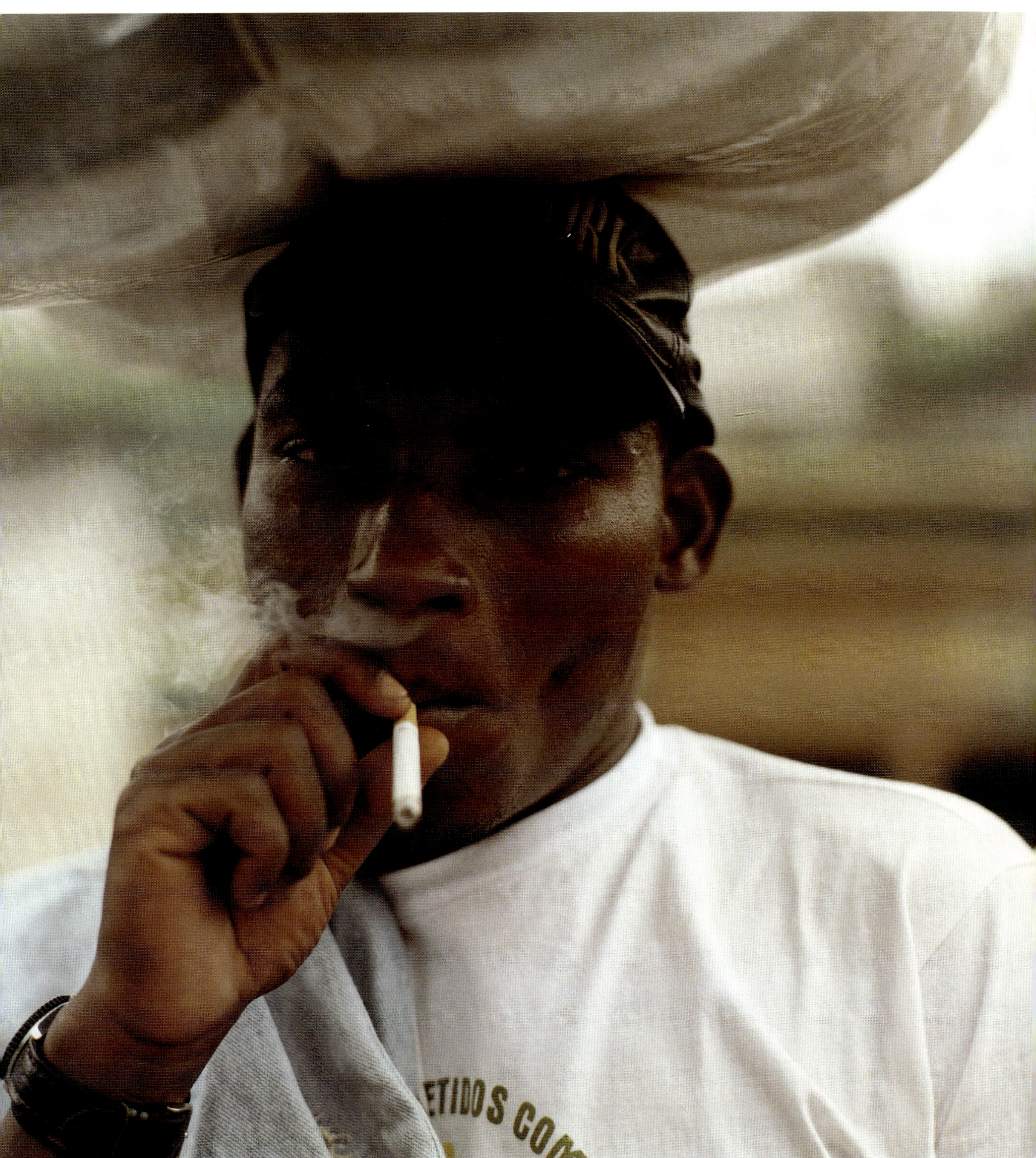

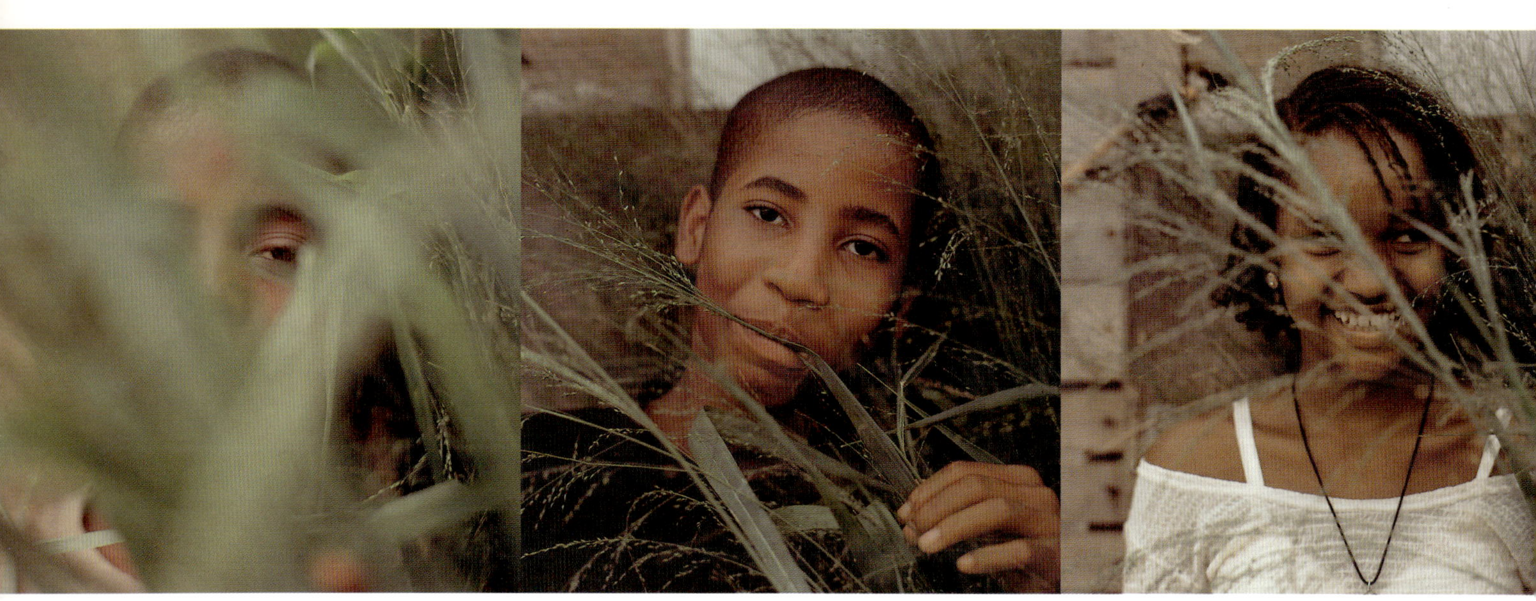

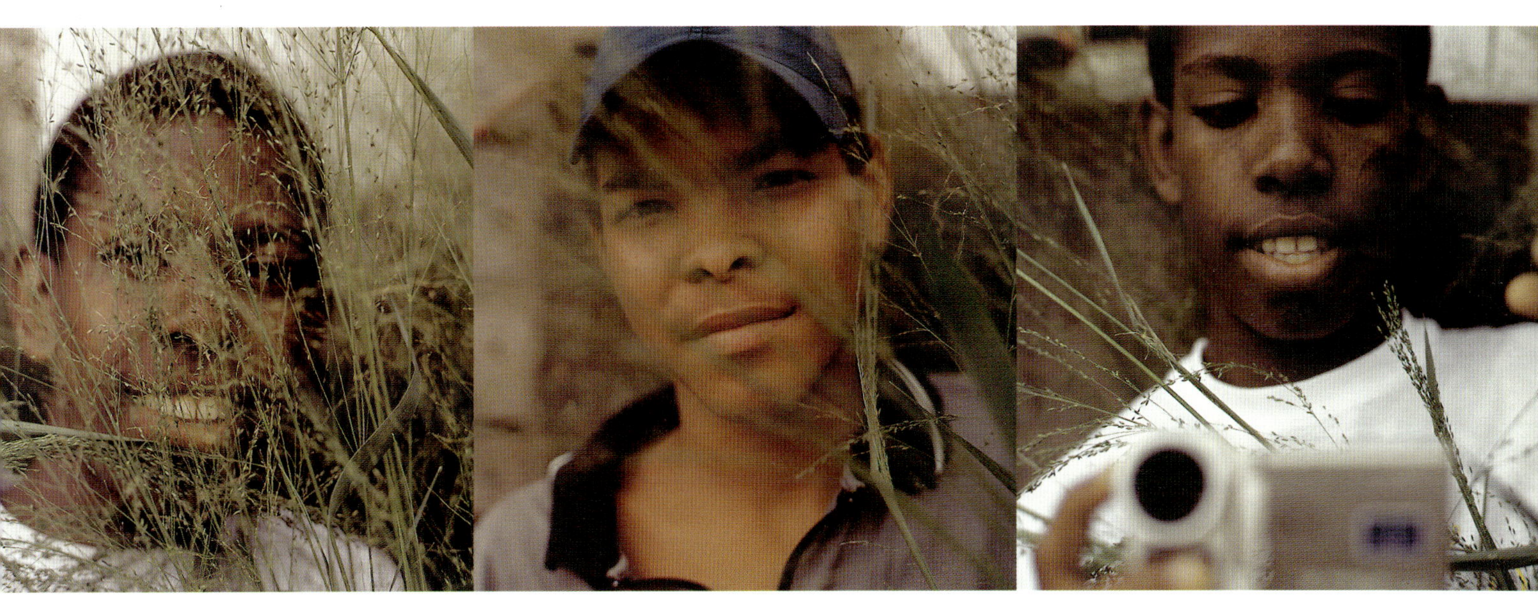

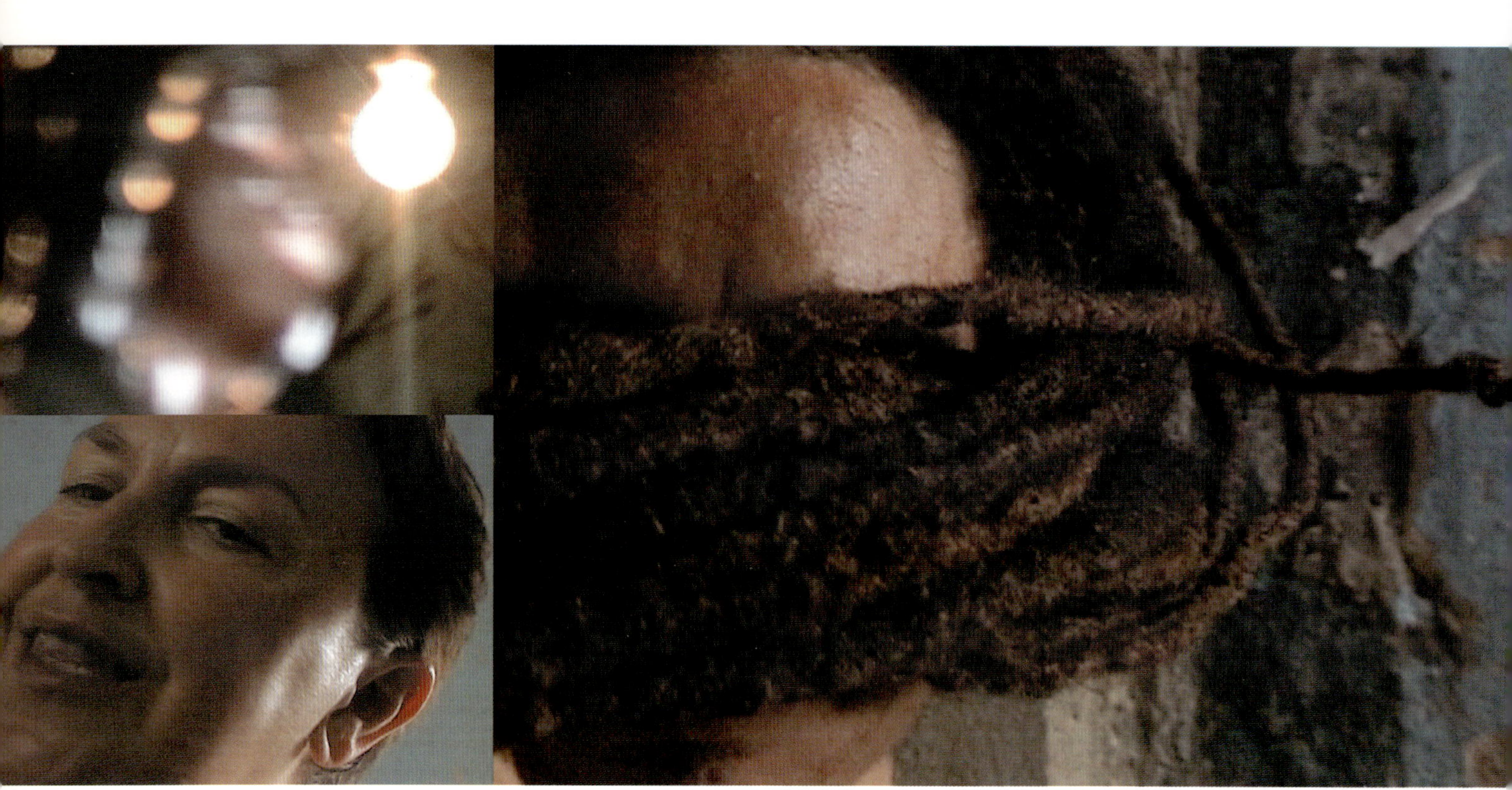

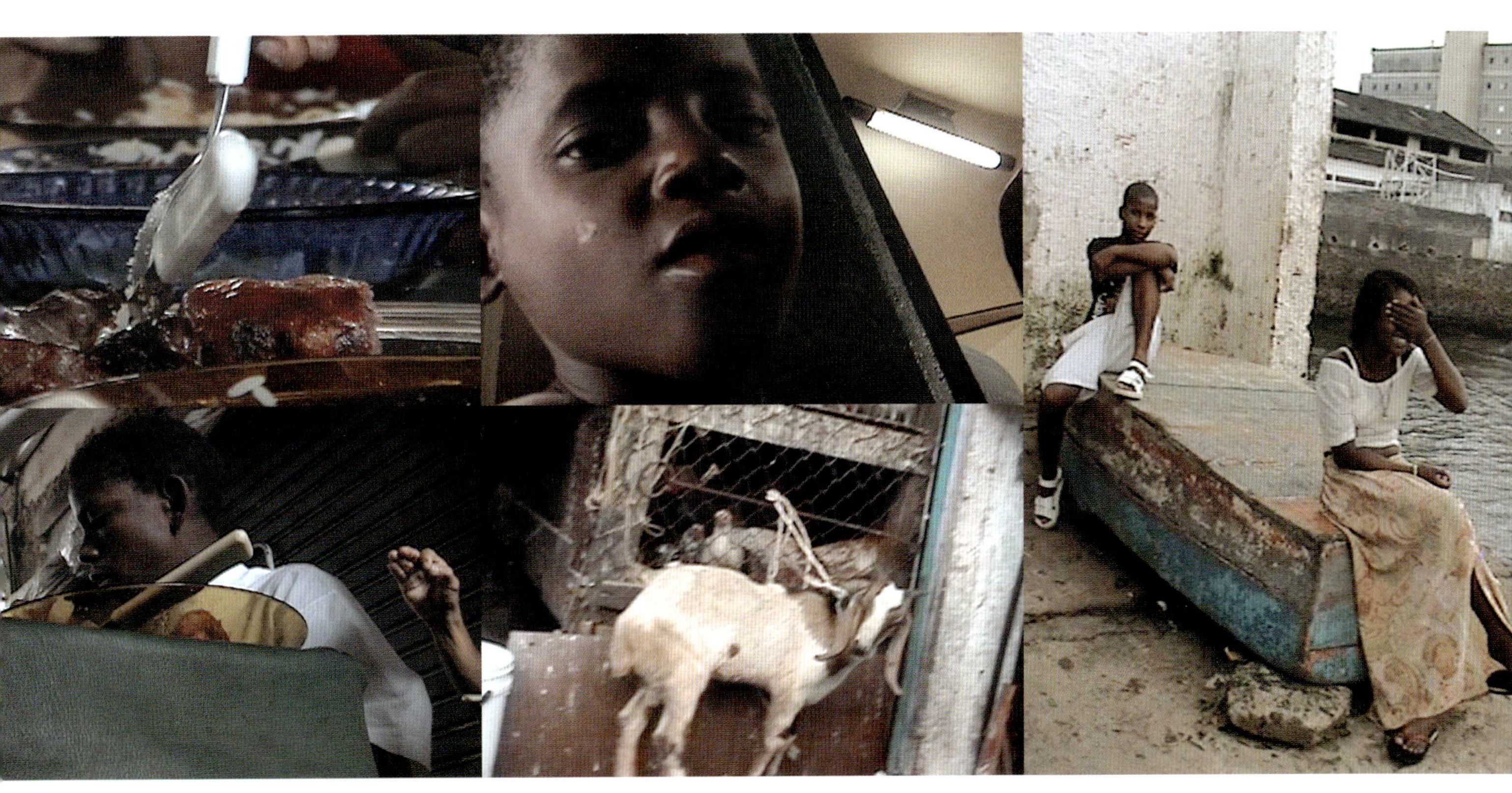

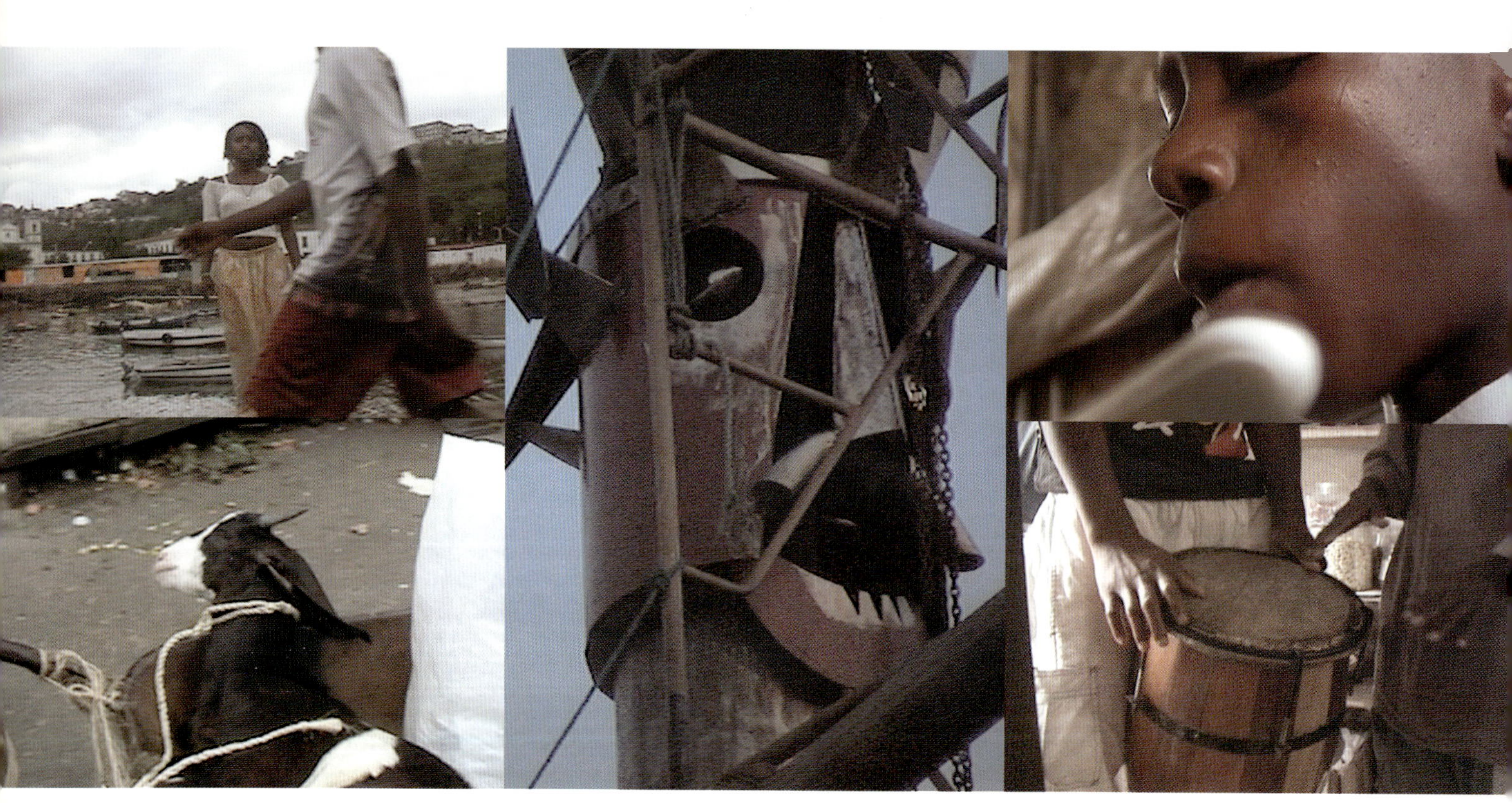

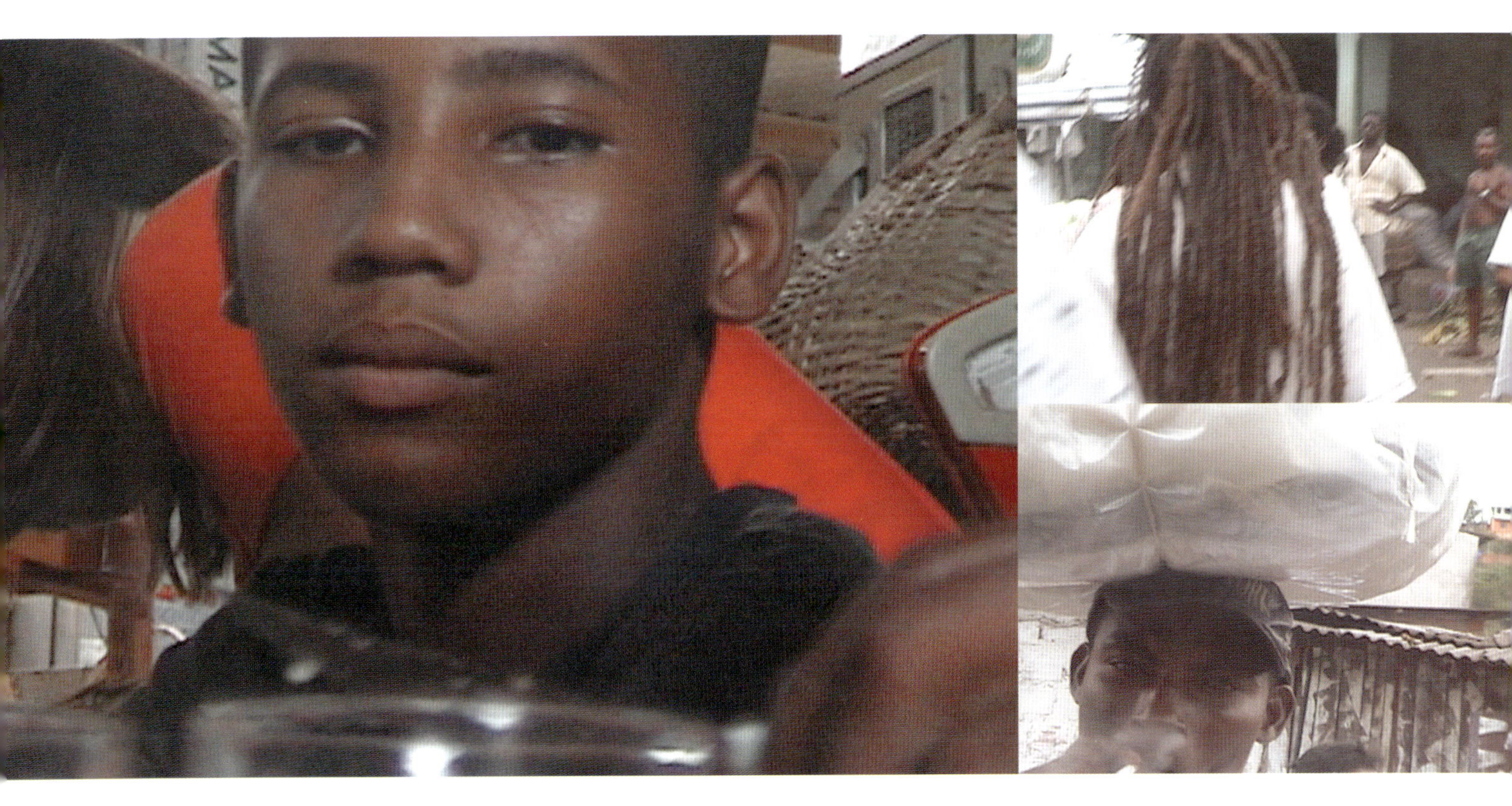

DOMENICO DE CLARIO
Cantar alto: O Canteiro dos Desejos

Domenico de Clario was born in Trieste, Italy, in 1947, and lives in Melbourne, Australia. De Clario arrived in Salvador on June 9, 1999, and his assistant-collaborator Lila Meleisea arrived on July 9. De Clario and Meleisea worked with eight groups of children ranging in age from five to eleven from the Canteiro dos Desejos (The Flower Bed of Desires).

In the project he developed with the children, de Clario continued to explore his longstanding interest in creating art from the ordinary events and objects of life, transforming these events and objects in a manner informed by his study of Eastern and Western spiritual traditions, and in the process revealing what he believes to be the invisible structures of consciousness manifested by various architectural and geographical spaces.

Each day proceeded as follows. While all the children breakfasted, de Clario played improvised sounds on the piano; after Meleisea's arrival, she joined him by playing the saxophone during breakfast time as well. After breakfast, they began to work with one of the eight groups into which the educators had divided the children. Each group was assigned a chakra—*in Yogic philosophy, an energy center located at a certain point on the body—and the color corresponding to that* chakra. *The session began with a discussion and an explanation of both that particular* chakra *and its functions, as well as the* chakra *system as a whole. During this time, the children were encouraged to question what was being said and to engage in a conversation in which all sorts of free associations could be made.*

After this wound down as the children's abilities to concentrate faded, the improvised piano and saxophone sounds would begin while the children, who were blindfolded, were encouraged to lie comfortably on sheets of colored material corresponding to both the chakra *and the blindfold color. The educator assigned to the group would talk to the children quietly, settle them down, and begin to massage them. Sometimes the children would fall deeply asleep, as occasionally would some educators. This would last approximately forty-five minutes or more. At the end of this time, they would awaken the children slowly by making slight sounds with implements and objects symbolic of the element associated with each* chakra. *The importance of the sounds being made with everyday objects cannot be stressed too much, because the children had to be encouraged to see the manifestation of invisible energy through visible means in everyday objects that they previously may have taken for granted—objects that had to become catalysts for other possibilities. The children would engage themselves in brief conversations about dreams they had while sleeping; they were encouraged to express themselves freely, and often the conversation would take place between the children, rather than with the adults. During subsequent sessions with other educators, the children made images with paints and colored pencils of what they had experienced earlier that day. These images were displayed in the various*

Domenico de Clario nasceu na cidade italiana de Trieste, em 1947 e mora em Melbourne, na Austrália. Domenico chegou a Salvador no dia 9 de junho de 1999, e sua colaboradora e assistente Lila Meleisea chegou no dia 9 de julho. Domenico e Lila trabalharam com oito grupos de crianças, na faixa etária de cinco a onze anos, do Canteiro dos Desejos.

No projeto que desenvolveu com as crianças, Domenico continuou a explorar seu interesse duradouro pelo desenvolvimento da arte a partir dos acontecimentos corriqueiros e objetos do cotidiano, transformando esses acontecimentos e objetos conforme moldados pelo estudo das tradições espirituais orientais e ocidentais, e no processo revelador que ele acredita ser o das estruturas invisíveis da consciência, manifestadas por diferentes espaços arquitetônicos e geográficos.

Cada dia começava da mesma forma. Enquanto as crianças estavam tomando o café da manhã, Domenico de Clario tocava sons improvisados ao piano, e quando Lila Meleisea chegava, juntava-se a ele tocando saxofone também durante o café da manhã. Depois do café, começavam a trabalhar com um dos oito grupos de crianças divididos pelos educadores. Cada grupo recebeu um *chakra*, na filosofia iogue um centro de energia localizado em determinado local no corpo—e a cor correspondente a cada *chakra*. A sessão começava com a discussão e a explicação sobre a função do *chakra* em questão, como também do sistema dos *chakra* como um todo. Nesse período, as crianças eram estimuladas a questionar o que estava sendo dito e a participar de uma conversa durante a qual poderiam ser feitos todos os tipos de associações livres.

Depois desse estímulo, quando a habilidade de concentração das crianças diminuía, voltavam os sons improvisados de piano e de saxofone, enquanto as crianças, de olhos vendados, eram estimuladas a se deitarem confortavelmente nos lençóis feitos de material colorido correspondente à cor do *chakra* e à venda dos olhos. O educador encarregado da turma começava a falar mansamente com as crianças, a acalmá-las e a massageá-las. Algumas vezes as crianças adormeciam profundamente, e, algumas vezes, os próprios educadores também. Esse período durava aproximadamente quarenta e cinco minutos ou mais. Decorrido o período, acordavam suavemente as crianças fazendo sons baixos com instrumentos e objetos simbólicos do elemento associado a cada *chakra*. Não era aconselhável enfatizar os sons feitos com os objetos da vida diária, pois as crianças precisavam ser estimuladas a ver a manifestação da energia invisível pelos meios visíveis nos objetos do dia-a-dia que anteriormente não tinham importância—objetos que tornaram-se catalisadores de outras possibilidades. As crianças conversavam sobre os sonhos que tiveram quando estavam dormindo; eram estimuladas a se expressar livremente, e muitas vezes a conversa acontecia entre as crianças e não entre os adultos.

Durante seções subseqüentes com outros educadores, as crianças reproduziram com tintas e lápis de cor o que vivenciaram naquele dia.

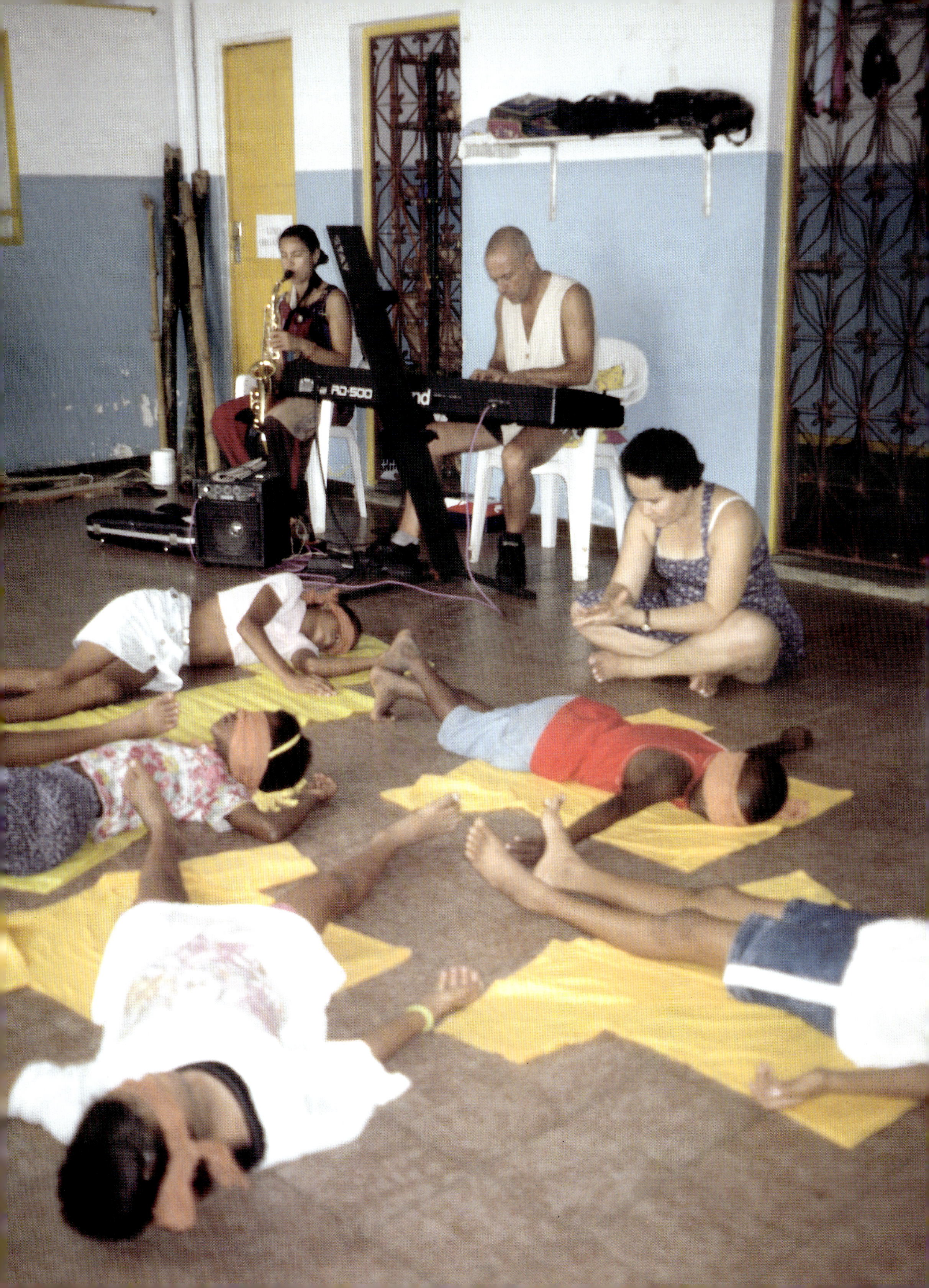

rooms of the Canteiro.

During his stay, de Clario organized two performances. The first took place at the Museu de Arte Moderna da Bahia on July 25, 1999. The children were divided into the eight groups. In the month prior to the performance, each group played with the possibilities of making sounds with everyday objects that relate somehow to the elemental characteristics of each chakra. *An elemental structure was built in the museum's courtyard, which the children inhabited throughout the performance. They were grouped around the soundmaking objects: chairs, water containers, various flutes, bells, the voice, and so on. They filed out dressed in white with the color of their* chakra *featuring strongly (this color was removable). De Clario and Meleisea then began with a short improvised session and were subsequently joined by each* chakra *group in turn, punctuated also in turn by a short burst of all the* chakra *groups playing together. At the end of the eighth session, the sound performance ended, the children removed their colors, and then they all filed out in a spiral dressed, like de Clario, Meleisea, and the educators, completely in white. They then gathered in the center of the courtyard and crouched down low, until all could hold hands or touch one another. They subsequently turned to the audience and applauded them for their attention and support. The performance was recorded both on video and on DAT tape. The second performance was an improvised, all-night, solo performance for piano and saxophone on the steps of Carmo Church that began at sunset on July 28 and ended at sunrise on July 29, the night of the full moon.*

Singclear: The Flower Bed of Desires *is not defined by the idea of a final product or conclusion, but by a desire to construct a process that allows the participants to contribute as creatively as possible to the spiritual and educational advancement of each individual taking part; to manifest an increasing individuation through an expression of one's creative voice and to have this voice heard and validated by others through a final collaboration/performance. This performance was constructed around the principle that the children of Axé form one body and one entity. Within this macro-body, the interdependent yet autonomous micro-body of the Canteiro forms a separate entity. This entity included the educators, the building itself and everything in it, the two sound collaborators (de Clario and Meleisea), the cook and her assistant, the cleaner, and the security person. De Clario believes that the body can only manifest positive energy when its component parts (the* chakras*) are maintaining an harmonious relationship between themselves.*

The success of the project depended on the quality of information that de Clario passed on to the children; this in turn defined the capabilility of each child to absorb what was being transmitted. Education (information) is universally accepted as the most powerful ally in the struggle to realize the self, and the most powerful weapon against ignorance and poverty. De Clario chose to work with the children of the

Essas imagens foram exibidas em diversas salas do Canteiro.

Durante sua estada, Domenico de Clario organizou duas representações. A primeira aconteceu no Museu de Arte Moderna da Bahia no dia 25 de julho de 1999. As crianças foram divididas em oito grupos. No mês anterior à representação, cada grupo brincou com as possibilidades de tirar sons dos objetos do cotidiano de alguma forma relacionados com as características elementares de cada *chakra*. Construiu-se uma estrutura elementar no pátio do museu, que acolheu as crianças durante a representação. As crianças agruparam-se em volta dos objetos que produziam sons: cadeiras, reservatórios de água, várias flautas, sinos, e vozes, dentre outros. Fizeram uma fila, vestidos de branco com a cor do *chakra* em destaque (esse destaque de cor podia ser retirado). Domenico e Lila começaram então uma sessão curta improvisada, e em seguida cada grupo de *chakra*, por sua vez, juntou-se ao grupo, culminando com uma explosão rápida de todos os grupos de *chakra* tocando juntos. Quando a oitava sessão terminou, a representação sonora cessou, as crianças retiraram o destaque colorido e fizeram uma fila como uma espiral, todos vestidos de branco, da mesma forma que Domenico, Lila e os educadores. Em seguida juntaram-se no centro do pátio e agacharam-se, até que todos pudessem dar as mãos ou tocar-se uns aos outros. Em seguida voltaram-se para a platéia e aplaudiram, agradecendo o apoio e a atenção. A representação foi gravada em vídeo e áudio e em fita DAT. A segunda representação foi uma improvisação de solo para piano e saxofone, que durou uma noite inteira, na escadaria da Igreja do Carmo, começando no dia 28 de julho durante o pôr do sol de uma noite de lua cheia, e culminando com a aurora do dia 29 de julho.

Cantar alto: O Canteiro dos Desejos não pode ser definido como produto final, mas sim como o desejo de construir um processo que permite aos participantes contribuir da forma mais criativa possível para o desenvolvimento espiritual e educacional de cada participante; manifestar uma individualização crescente através da expressão da própria voz criativa, fazendo com que essa voz seja ouvida e reconhecida pelos outros por meio da colaboração/representação final. A base dessa representação é o princípio de que as crianças do Axé formam um só corpo e uma só entidade. Dentro desse macrocorpo, o microcorpo interdependente, porém autônomo do Canteiro constitui uma entidade separada. Essa entidade inclui os educadores, o próprio prédio e tudo dentro dele, os dois colaboradores de som (Domenico e Lila), a cozinheira e sua assistente, o faxineiro e o segurança. Domenico de Clario acredita que o corpo só pode manifestar energia positiva quando seus componentes (os *chakra*) estão em harmonia.

O sucesso do projeto dependia da qualidade de informação que Domenico transmitia às crianças; o que por sua vez definiu a capacidade de cada criança absorver o que estava sendo transmitido. Educação (informação) é universalmente aceita como o aliado mais poderoso na luta para atingir o Eu, e a arma mais poderosa contra a ignorância e a pobreza. Domenico de Clario escolheu trabalhar com as crianças do Canteiro pois acreditava que na sua tenra idade, o processo educativo que permite uma compreensão mais profunda da invisibilidade da vida interior do corpo é recebido de forma mais aberta, vindo a enfatizar os efeitos benéficos na fisiologia e psicologia das crianças. Na faixa de idade de cinco e onze anos, a percepção que se tem do mundo ainda está no estágio de formação e esse tipo de informação transmitida nesse estágio surte um efeito mais eficaz, do que quando recebido numa fase posterior da vida. Domenico abordou seu projeto da mesma forma que se relaciona com sua prática: ser o catalisador para a experiência do *nexus* entre os mundos visíveis e invisíveis, concentrando-se no sistema energético dos *chakra* como a matriz de percepção básica, através da qual determinados aspectos do mundo fenomenológico (o contexto no qual esse *nexus* se manifesta visivelmente) pode ser confrontado diretamente. Essas experiências levam à conclusão de que o visível e invisível são por fim indivisíveis.

Para a exibição no Museu de Arte Moderna da Bahia, Domenico reconstruiu a instalação que serviu de estrutura básica para a representação com as crianças, como também a estrutura para coletar as túnicas e objetos sonoros. Ele também apresentou um vídeo em circuito completo da exibição e um CD gravado com trechos selecionados de ambas representações.

Texto redigido com a colaboração do artista.

Canteiro because he believed that at their young age, the educative process that allows for a deeper understanding of the invisibility of the body's inner life would be more openly received and would consequently maximize any beneficial effect on the children's physiology and psychology. Between the ages of five and eleven, one's perception of the world is still in the formative stages, and receiving such information at this point may have far more effective results than if received later in life. De Clario approached his project in the way he approaches the rest of his practice: to function as a catalyst for a more direct experience of the nexus between the visible and invisible worlds, focusing on the chakra *energy-system as the primary perceptual matrix through which certain aspects of the phenomenological world (the context in which this nexus visibly manifests) may be directly confronted. These experiences may lead to the conclusion that visible and invisible are ultimately indivisible.*

For the exhibition at the Museu de Arte Moderna da Bahia, de Clario reconstructed the installation that served as the primary structure for the performance with the children, as well as a structure for collecting their tunics and sound objects. He also presented a looped video of the performance and an edited audiotape (CD) of both performances.

This text was written in collaboration with the artist.

CHAKRA	COR	ELEMENTO	OBJETOS USADOS NA REPRESENTAÇÃO
raiz	vermelho	terra	vários objetos de percussão; objetos de plástico usados como por exemplo tambores domésticos, congas, pandeiros, etc.
baço	laranja	água	vários utensílios de cozinha usados para captar e derramar água, como por exemplo, tinas, conchas, coadores, etc.
plexo solar	amarelo	fogo	várias superfícies de madeira e varas usadas para fazer uma variedade de sons.
coração	verde	ar	vários ventiladores, cordas, sopradores de bola de sabão, sacos plásticos cheios de ar, feijão, arroz, etc.
timo	água-marinha	éter	sinos de vários tamanhos.
garganta	azul	som	a voz humana numa variedade de expressões (cantando, sussurrando, gritando, etc.)
fronte	anil	luz	várias flautas (ocarinas, gaitas, garrafas, flautas de cenoura)
coroa	violeta	pensamento	partes de cima de caneta para serem sopradas, apitos, garrafas

CHAKRA	COLOR	ELEMENT	OBJECTS USED FOR THE PERFORMANCE
root	*red*	*earth*	*various percussive objects, such as plastic objects, used as household drums, congas, tambourines, etc.*
spleen	*orange*	*water*	*various kitchen implements used to hold and pour water, such as washing tubs, ladles, colanders, etc.*
solar plexus	*yellow*	*fire*	*various wooden surfaces and sticks used to make a variety of sounds*
heart	*green*	*air*	*various fans, whirring ropes, soap bubble blowers, plastic bags filled with air, beans, rice, etc*
thymus	*aquamarine*	*ether*	*bells of various sizes*
throat	*blue*	*sound*	*the human voice in a range of expressions (singing, whispering, shouting, etc.)*
brow	*indigo*	*light*	*various flutes (ocarinas, pipes, bottles, carrot flutes)*
crown	*violet*	*thought*	*pen tops to be blown, pencils to be struck, whistles, bottles*

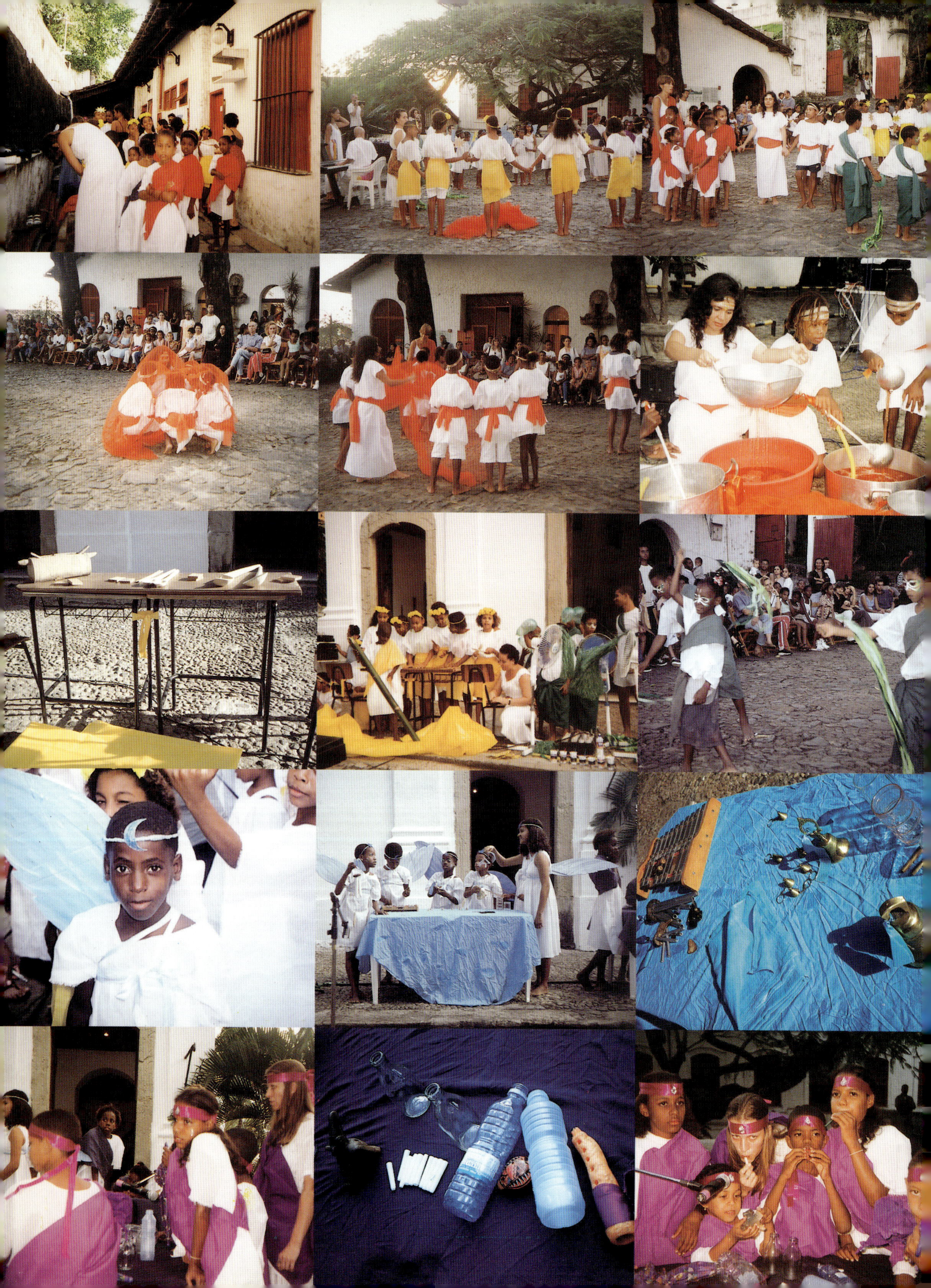

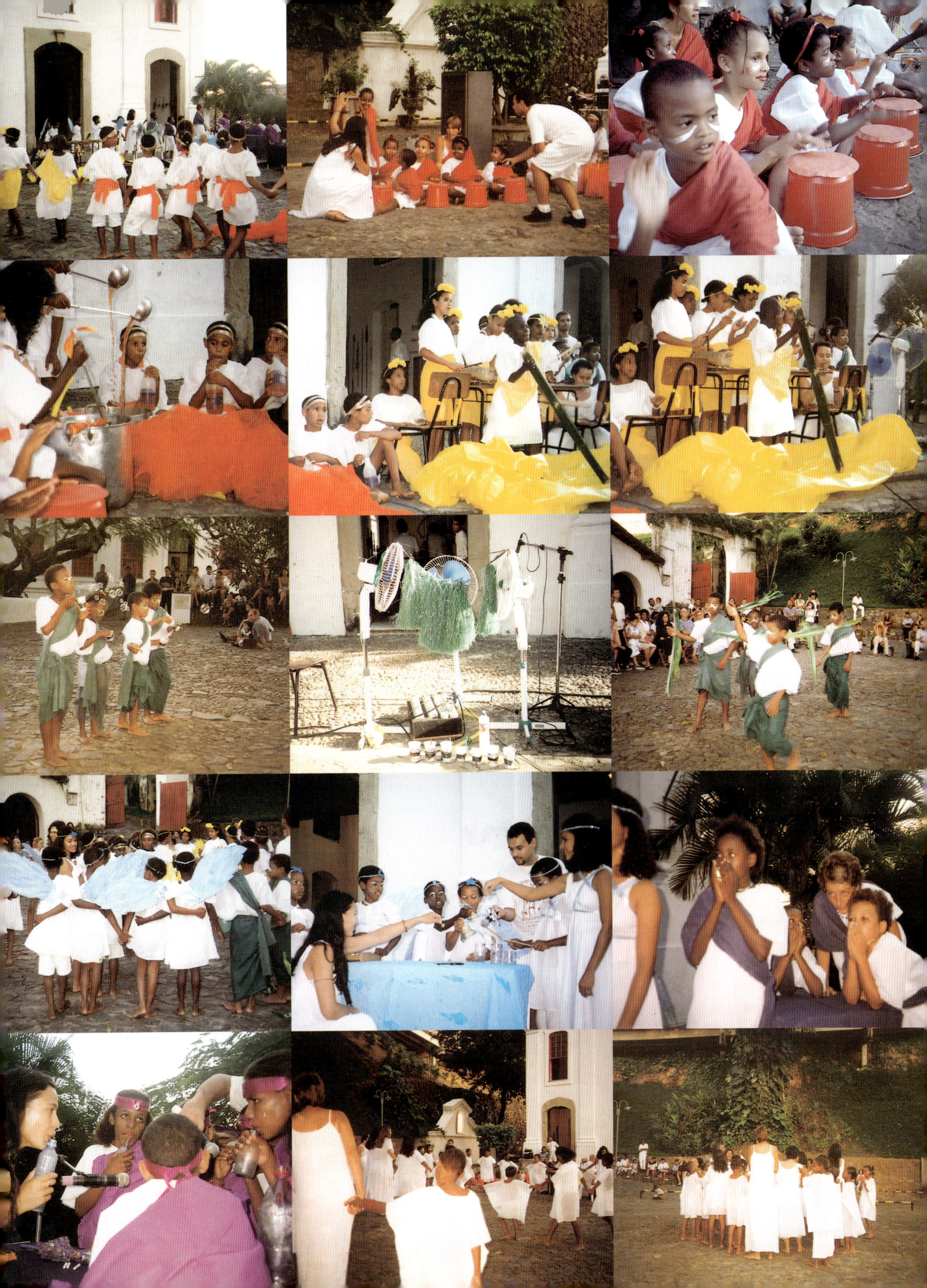

LEONARDO DREW

Leonardo Drew was born in Tallahassee, Florida, in 1961; he lives in Brooklyn, New York. Drew came to Salvador on April 3, 1999, on the same flight as Nari Ward. He collaborated with more than 180 children and teenagers from Casa de Cultura and more than 80 children and teenagers from Opaxé.

Drew was in the first group of artists to come to Salvador. During this early phase, neither the artists, nor the children, nor the educators of Projeto Axé knew quite what to expect, and everyone had to reexamine his or her beliefs about what contemporary art was and how it could function as an agent of personal and social transformation. Initially, many of the educators were skeptical about Drew's proposal to make a large-scale installation in which the children would sew discarded objects they found in the streets into a large fishnet that would be hung on a wall. But the discussions that ensued ultimately helped everyone to understand one another more deeply, to let go of their stereotypes, and to find a place of common ground. And Drew succeeded in helping the children to see how it was their choice to perceive the dignity and beauty of their world: "I sought to evoke the transforming potential of every individual. Life is a constant matter of choosing, and I question at what point we are responsible for the permanent choices in our everyday life."

Drew's project was nurtured by his numerous twelve-hour walks through Salvador's various neighborhoods, in which he absorbed the sights, sounds, and character of each. In addition, in contrast to the other artists, he chose to live on his own in a home in Candeal de Brotas, a poor neighborhood. He has stated that this experience was essential to his working process: "I grew up in a similar situation, which I had the chance to see by living in Candeal. I needed access to that, to those energies coming at you, which you digest and then give back." When he was a child, Drew and his family lived in public housing projects in Bridgeport, Connecticut, where drugs, crime, and violence were a part of everyday life. From an early age he made art as a means of

Leonardo Drew nasceu nos Estados Unidos, em Tallahassee, na Flórida, em 1961 e mora em Nova York, no distrito de Brooklyn. Chegou a Salvador no dia 3 de abril de 1999 no mesmo vôo de Nari Ward. Colaborou com mais de 180 crianças e adolescentes da Casa de Cultura e mais de 80 crianças e adolescentes do Opaxé.

Leonardo Drew fez parte do primeiro grupo de artistas que veio para Salvador. Durante a fase inicial, os artistas, as crianças e os educadores do Projeto Axé não sabiam o que estava para acontecer e todos tiveram que reavaliar suas crenças sobre o que era a arte contemporânea e como funcionaria como agente de transformação pessoal e social. A princípio, muitos dos educadores mostraram-se descrentes quanto à proposta de Leonardo de fazer uma escultura suspensa na qual as crianças costurariam objetos descartados encontrados na rua numa grande rede de pesca. Entretanto, as discussões que se seguiram terminaram ajudando todos a se entenderem mais profundamente, a livrarem-se dos estereótipos, e a encontrarem uma base comum a todos. Leonardo conseguiu ajudar as crianças a ver que cabia a elas enxergar a dignidade e a beleza no seu mundo: "Tentei evocar o potencial de transformação de cada indivíduo. A vida é uma questão constante de escolha, e me questiono até que ponto somos responsáveis pelas escolhas permanentes do nosso cotidiano".

O projeto de Leonardo Drew foi sendo alimentado durante os vários passeios de doze horas pelos diversos bairros de Salvador, período em que absorvia o que via e ouvia, assim como as características de cada um. Além disso, diferente dos outros artistas, optou por morar numa casa no Candeal de Brotas, um bairro pobre. Afirma que essa experiência foi essencial para seu processo de trabalho: "Cresci numa situação semelhante, e tive a oportunidade de revê-la morando no Candeal. Eu precisava ter acesso a isso tudo, as energias que chegam até nós, para serem assimiladas e devolvidas". Quando criança, Leonardo e sua família viveram em projetos de moradia para pessoas de baixa renda em Bridgeport, Connecticut, onde as drogas, o crime e a violência faziam parte do cotidiano. Começou a produzir arte numa idade tenra como forma de escapar, de refletir e de transcender a degradação ao seu redor.

Leonardo Drew começou o projeto apresentando seu trabalho para as crianças e depois discutindo-o com elas. Desde o final da década de 80, cria esculturas monumentais de material comum que cata nas ruas ou adquire em lojas, submetendo-o a processos de degradação, e depois arrumando-o em grades ou em outras estruturas. Nos seus trabalhos mais conhecidos, usa metal, algodão, ossos, plástico e objetos encontrados em depósitos de lixo. Em seguida enferruja, carboniza e mancha esses materiais por intermédio de processos de trabalho intensivo e os arruma em relevos semelhantes a grades, presas na parede. Ao criar trabalhos de artes lúgubres, porém belos, com materiais desse tipo, sugere a possibilidade de transcender a memória do passado histórico.

Depois de apresentar seu trabalho, Leonardo pedia às crianças para saírem pela cidade catando os objetos de sua escolha. Voltavam com uma grande variedade deles, conforme as fotografias seguintes mostram. Em seguida, discutiam porque haviam escolhido esses objetos, se eles eram lixo, e o que significa para eles vê-los como parte de um trabalho de arte. Em seguida, arrumavam os objetos de forma aleatória numa grande rede de pesca estendida no chão. Conforme Leonardo afirmou "A idéia é de que fosse uma peça desenvolvida por eles". Eu era simplesmente o catalisador, mostrando-lhes como fazer arte com esse material. Entretanto, a impressão que tive quando cortamos e olhamos para o trabalho, era de que se parecia com uma de minhas peças. Voltou para mim". Quando colocaram a escultura no pátio da Casa de Cultura, era marcante a semelhança com as mercadorias penduradas nos postes e paredes da Feira de São Joaquim, o principal mercado da Bahia, e em toda a cidade. Embora o peso da escultura e a chuva constante terminassem derrubando o trabalho, o fato de tê-lo criado proporcionou às crianças uma impressão inesquecível. No Natal, por exemplo, um grupo do Opaxé montou uma árvore de Natal feita com garrafas verdes de plástico reciclável que cataram pela cidade e costuraram.

escaping, reflecting on, and transcending the degradation around him.

Drew initiated his project by presenting his work to the children and then discussing it with them. Since the late 1980s, he has created monumental sculptures and sculptural installations from ordinary materials he collects on the streets or purchases in stores, subjects to processes of decay, and then organizes into grids or other structures. In his best known works, he uses materials such as metal, cotton, bone, plastic, and discarded objects from refuse dumps. He then rusts, chars, and stains these materials through labor-intensive processes and arranges them into grid-like sculptural reliefs displayed against the wall. By creating somber yet beautiful works of art from such materials, he suggests the possibility of transcending the memory of the historical past.

After presenting his work, Drew asked the children to go out into the city and collect objects of their choice. They came back with a wide variety, as the photographs that follow show. They then discussed why they had selected these objects, whether they were garbage, and what it meant to perceive them as part of a work of art. Next they randomly arranged the objects onto a large fishnet laid out on the ground. As Drew has stated, "It was conceived as their piece; that was the idea. I felt I was just the catalyst, showing them how they could make art out of this material. However, when we cut it down and looked at it, it looked like one of my pieces. It came back to me." When they installed the sculpture in the courtyard at the Casa de Cultura, its visual similarities to the bundles of goods hung from poles and walls throughout Feira de São Joaquim, Salvador's main market, and all across the city, became dramatically visible. Although the sculpture's weight, and the constant rain, eventually made it fall down, creating it made an indelible impression on the children. For example, at Christmas, a group from Opaxé made a Christmas tree out of recycled green plastic bottles that they collected and sewed together.

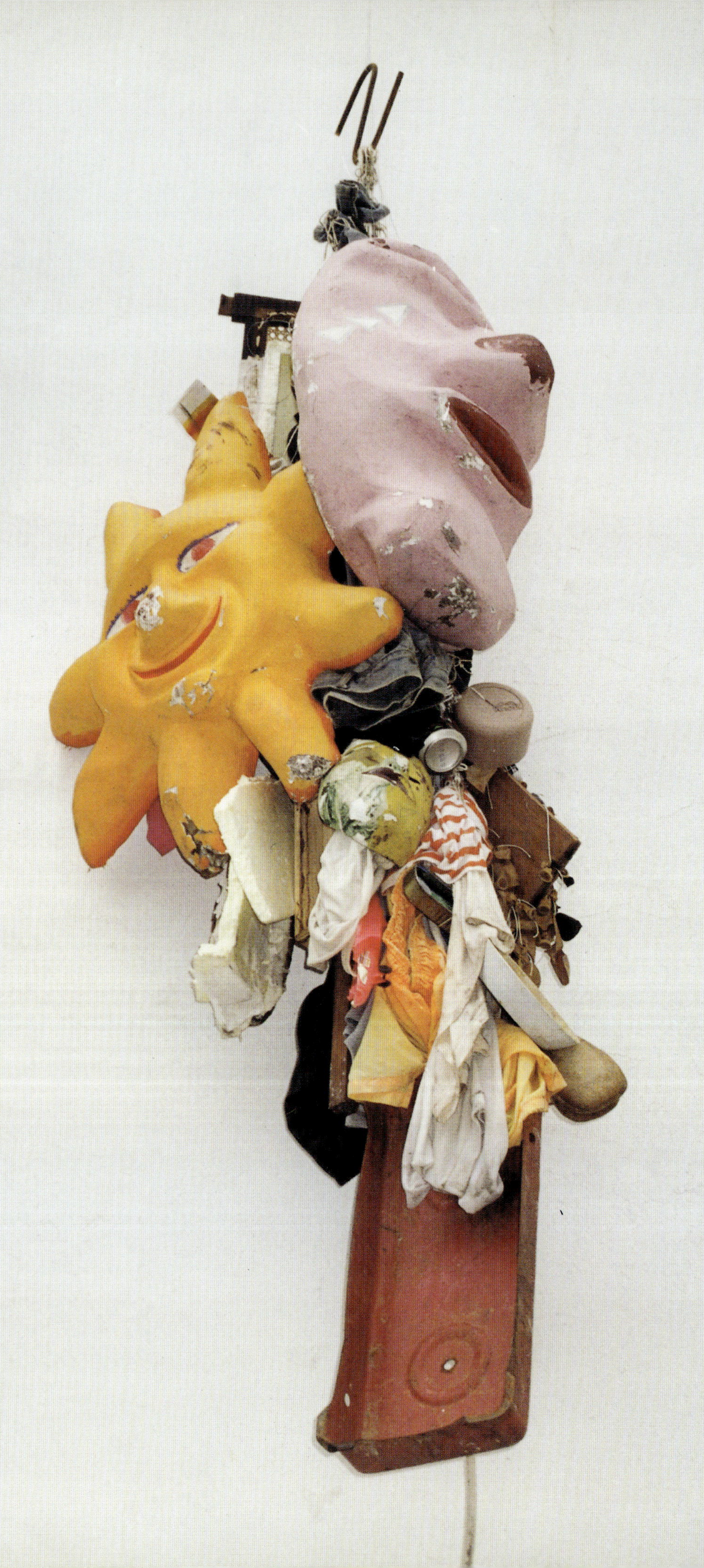

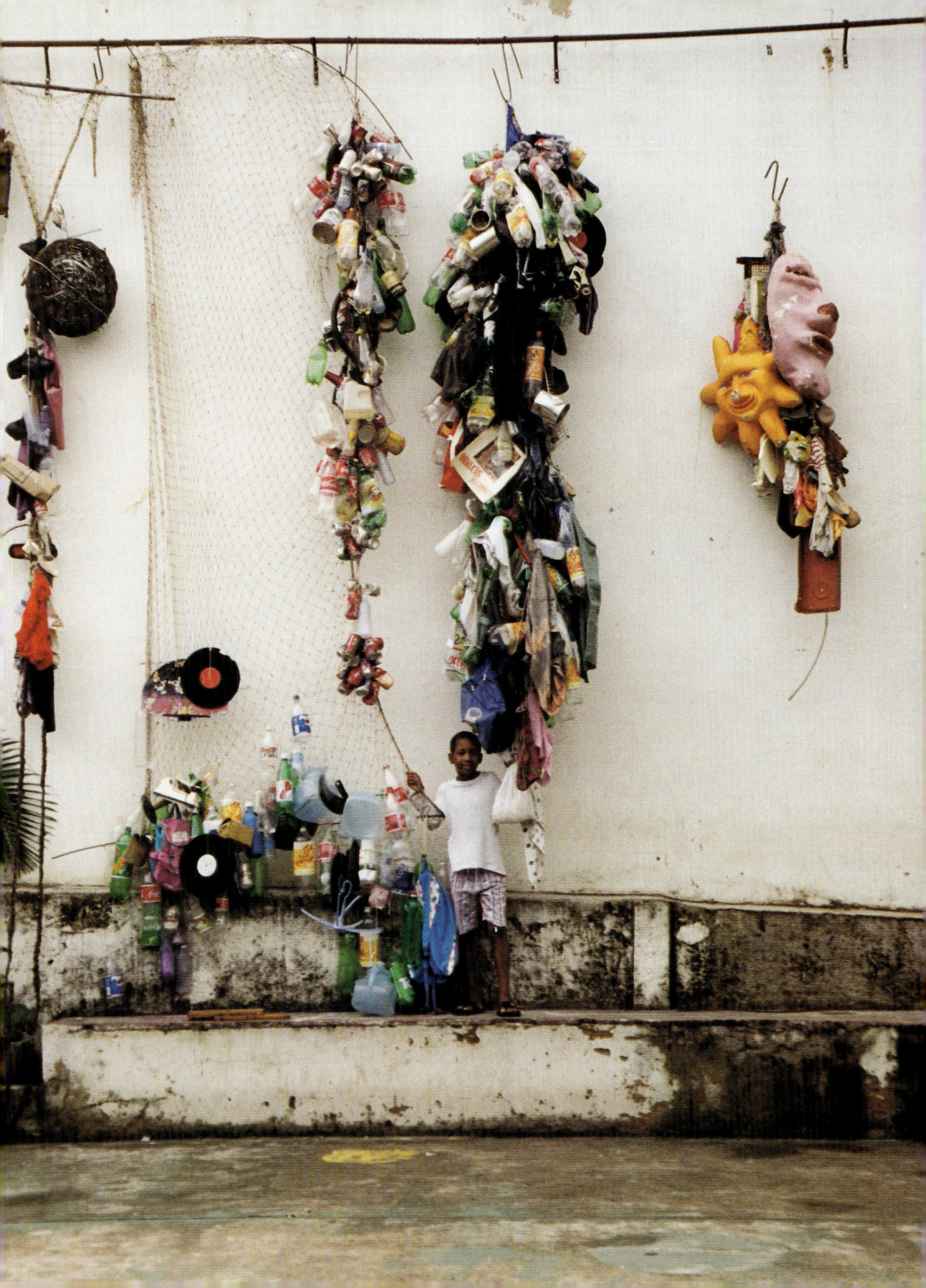

JOÃO EWERTON
Pacote

Working with a group of thirty children and teenagers from Modaxé, João Ewerton, who was born Bacuritiba, in the state of Maranhão, Brazil, in 1957, and now lives in Salvador, developed a project revolving around the idea of "wearable art." This idea emerged from his conceptual understanding of clothing as a wrapping that functions not just to protect the body, but as a mode of expressing one's identity in all of its complexities—social, cultural, racial, religious, sexual, among others.

Ewerton, who works at Projeto Axé as a fashion designer, initiated his project in November 1999. To show that clothing functions as a system of signification, and that the sources of contemporary art lie in everyday life, he collaborated with the children to create a series of twelve outfits made from materials that they found at Feira de São Joaquim, Salvador's main market. In African society, the market is not just a place where people go to buy and sell goods, but a place for social exchange, where they go to be part of a community. São Joaquim, a microcosm not only of Salvadoran but of human society, carries on this tradition. Continuously assaulted by a panoply of strange and familiar sights, smells, sounds, and tastes, one can buy fruits, vegetables, meats, herbs, and spices, for both cooking and medicinal purposes, as well as for use in Candomblé, in addition to handmade and manufactured goods. Redolent with an atmosphere of intense vitality, São Joaquim is a place of beauty and ugliness, comfort and danger, work and leisure, structure and chaos.

Ewerton and the children made several trips to São Joaquim to collect materials used to hold or wrap a variety of goods, which they used to make the outfits. Working in groups, they developed designs for twelve. The first three used perishable organic materials. For example, one outfit from this group consisted of a bustier made of banana leaves and decorated with flowers and a cashew fruit; it was complemented by a skirt also made of banana leaves and trimmed with blossoms. The second six used manufactured objects, such as woven baskets and wooden utensils. Particularly striking examples from this series include an outfit consisting of a bodice and a skirt

João Ewerton nasceu em Bacuritiba, no estado do Maranhão, no Brasil, em 1957 e atualmente vive em Salvador. Desenvolveu um projeto trabalhando com um grupo de trinta crianças e adolescentes da Modaxé, voltado para a idéia da "arte que se pode vestir". Essa idéia brotou de sua visão conceptual da vestimenta como invólucro, cuja função não é só proteger o corpo, mas uma forma de expressar a própria identidade, em toda sua complexidade—social, cultural, racial, religiosa e sexual, dentre outras.

João Ewerton, que trabalha no Projeto Axé como estilista de moda, começou seu projeto em novembro de 1999. Para mostrar que a roupa funciona como sistema de significação, e que as fontes da arte contemporânea encontram-se no cotidiano, colaborou com as crianças na elaboração de doze peças de roupa confeccionadas com materiais encontrados na Feira de São Joaquim, o principal mercado da Bahia. Na sociedade africana, o mercado não é só o lugar onde se compra e vende mercadorias, mas sim um local que propicia o intercâmbio social, onde as pessoas se tornam parte de uma comunidade. São Joaquim tem a tradição de ser um microcosmo não somente para o soteropolitano, mas para a sociedade humana. Continuamente tomado por uma aura de visões, cheiros, sons e gostos estranhos e familiares, é possível comprar frutas, verduras, carnes, ervas e temperos, tanto para objetivos culinários ou medicinais, como também para o Candomblé, além de objetos criados de forma artesanal ou em fábricas. Envolto num clima de vitalidade intensa, São Joaquim é um lugar de beleza e feiura, conforto e perigo, trabalho e laser, estrutura e caos.

João Ewerton e as crianças fizeram várias excursões a São Joaquim para coletar materiais usados para prender ou embrulhar vários tipos de mercadorias, e que foram utilizados para fazer as peças. Trabalhando em grupos, desenvolveram-se desenhos para doze vestidos. Os primeiros três grupos usaram materiais orgânicos perecíveis. Por exemplo, a peça confeccionada por um grupo foi um bustier feito com folhas de bananeira e decorado com algumas flores e com um caju, acompanhado de uma saia também feita de folhas de bananeira e contendo flores na barra. O segundo grupo, com seis integrantes, usou objetos fabricados, como por exemplo, cestas e utensílios de madeira. Exemplos especialmente marcantes dessa série incluem um corpete e saia formando uma só peça, feito com colheres de pau e pequenos sacos de plástico contendo ervas e temperos. Outra peça foi composta de chapéu, *bustier* e saia feita de cestas. Na confecção dos três últimos vestidos, usaram-se plásticos flexíveis de várias formas, incluindo folhas, telas e material semelhante à ráfia. A peça azul explorou as transformações trazidas pela descoberta do plástico, a amarela investigou as propriedades de risco desse material, e a preta concentrou-se no plástico e produtos petroquímicos dos quais é produzido, tornando-se poluente do meio ambiente (a indústria petroquímica é parte importante da economia de Salvador e fonte principal de emprego da população afro-brasileira).

João Ewerton afirma que durante o projeto aprendeu mais do que ensinou, especialmente no tocante às dimensões sociais e políticas. Ele tem uma lembrança marcante de um diálogo sobre uma peça criada por um grupo de crianças. Era um *bustier* feito de revólveres de plástico de brinquedo e uma saia balão feita de arroz cru, feijão e farinha. Quando uma criança perguntou qual a relação do *bustier* com a saia, uma outra respondeu que os dois abordam dois grandes problemas com os quais a sociedade contemporânea se depara: a violência e a fome; ambas envolvem o corpo e precisam ser descartadas.

As crianças apresentaram todo o conjunto de peças durante a abertura da exibição no Museu de Arte Moderna da Bahia. Muitas das peças confeccionadas com materiais não perecíveis também foram incluídas na exposição.

As crianças: Ailton Carvalho Da Silva, Ana Carla De Santana, Anderson de Oliveira, Cláudio da Silva Souza, Cleide Conceição de Jesus, Cristiane Pereira, Daniela Barbosa Nascimento, Daniela Gazineu, Daniela Neris dos Santos, Daniele Costa, Débora Kelly Santana, Diana Francisca Santos, Gilmara de Souza, Gisele da Silva, Inácio do Carmo, Ingrid Almeida, Jaqueline Santana, Jeanne Santos, Lidiane Santos, Luciene da Silva, Lucineia Souza, Marcos Silva Batista, Mônica Macieira, Mônica Santos Souza, Rita de Cassia Carvalho, Robson de Jesus, Rodolfo Nascimento, Sileneide Santos, Veronildes Souza, Wellington Fonseca.

sewn together from wooden spoons and small plastic bags containing spices and herbs and another outfit featuring a hat, bustier, and skirt made of woven baskets. Finally, the last three used pliable plastic in a variety of forms, including sheets, meshes, and a raffia-like material. A blue garment explores the transformations wrought by the discovery of plastic, a yellow one investigates the hazardous properties of this material, and a black one focuses on plastic and the petrochemicals from which it is produced as an environmental pollutant (the petrochemical industry is an important part of Salvador's economy and a major source of employment for the African Brazilian population).

Ewerton has stated that he learned more than he taught from the project, especially about its social and political dimensions. He remembers in particular discussing one garment created by a group of children. It consisted of a bustier made of plastic toy guns and a skirt in the form of a globe made of uncooked rice, beans, and flour. When one child asked what the bustier had to do with the skirt, another replied that they address the two biggest problems confronting contemporary society: violence and hunger, both of which wrap the body and need to be cast off.

The children presented the entire ensemble for the opening of the exhibition at the Museu de Arte Moderna da Bahia. Most of the outfits made of nonperishable materials were also included in the exhibition.

The children: Ailton Carvalho Da Silva, Ana Carla De Santana, Anderson de Oliveira, Cláudio da Silva Souza, Cleide Conceição de Jesus, Cristiane Pereira, Daniela Barbosa Nascimento, Daniela Gazineu, Daniela Neris dos Santos, Daniele Costa, Débora Kelly Santana, Diana Francisca Santos, Gilmara de Souza, Gisele da Silva, Inácio do Carmo, Ingrid Almeida, Jaqueline Santana, Jeanne Santos, Lidiane Santos, Luciene da Silva, Lucineia Souza, Marcos Silva Batista, Mônica Macieira, Mônica Santos Souza, Rita de Cassia Carvalho, Robson de Jesus, Rodolfo Nascimento, Sileneide Santos, Veronildes Souza, Wellington Fonseca

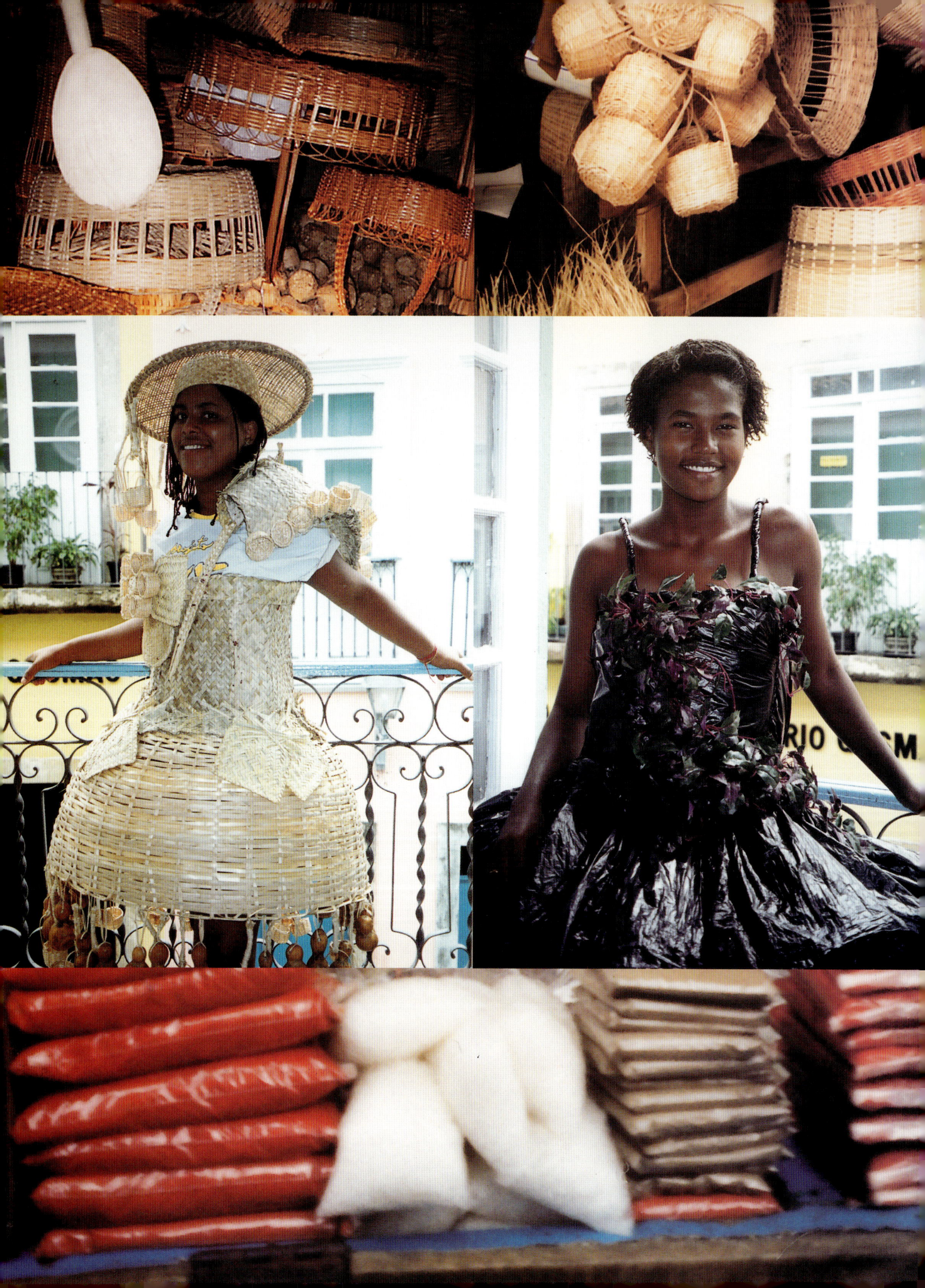

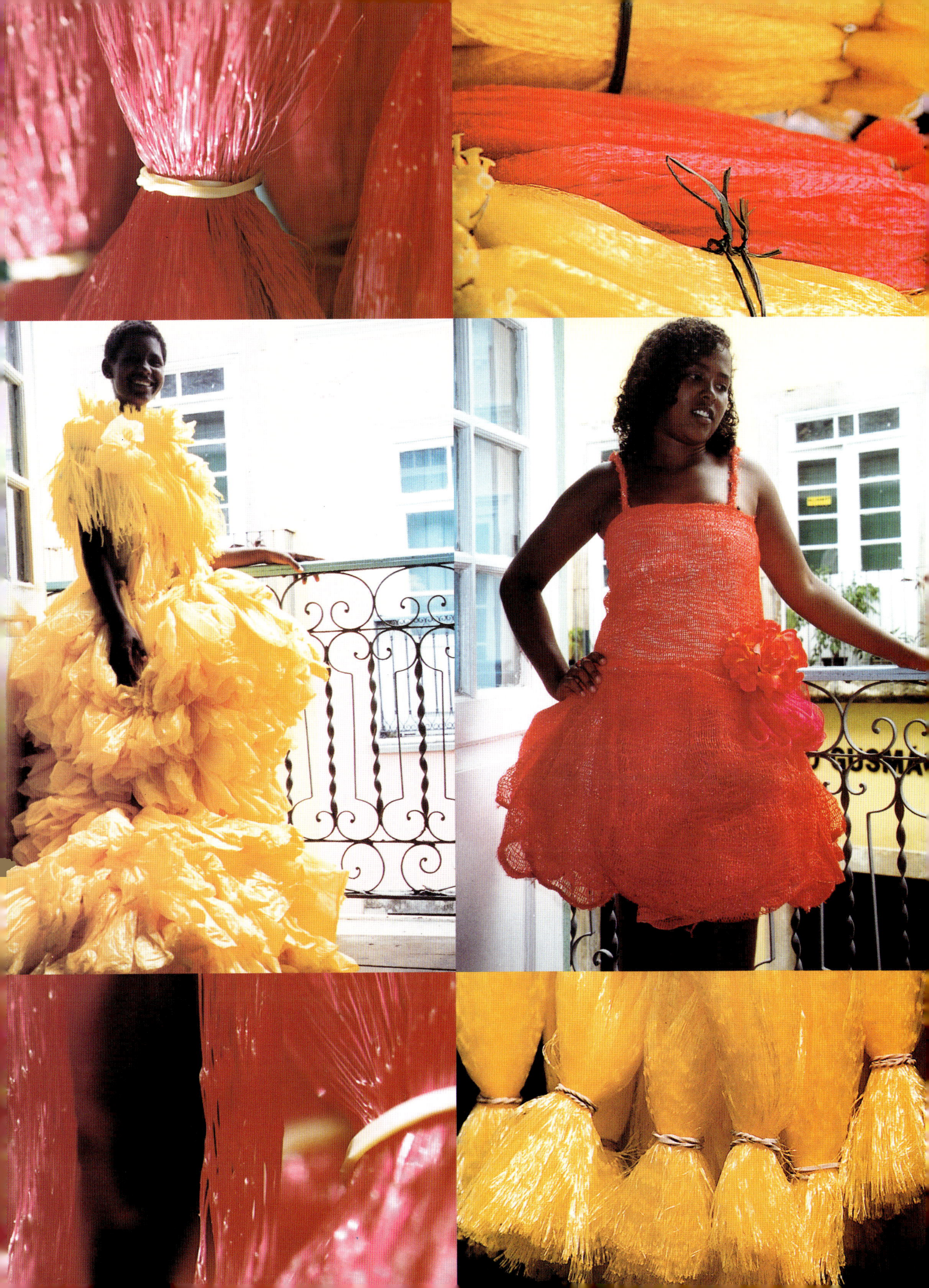

MAREPE
Vá e retorne nécessaire

Marepe was born in Santo Antônio de Jesus, Bahia, in 1970, and now lives in Salvador. His project overlapped with those of Vik Muniz, Rivane Neuenschwander, and Rirkrit Tiravanija. Working with an afternoon group of twenty-four children and teenagers from a Capoeira class at Casa de Cultura, he developed a series of activities that emerged out of his previous work. Often using found objects he finds on the streets, Marepe creates sculptures and sculptural installations in which he evokes the beauty and inventiveness of the popular culture of the Brazilian Northeast. His installation Os ambulantes *(The Itinerant Merchants, 1996), which engages with the innumerable ways in which Bahian merchants display their goods on the streets and in the markets, would emerge as a particularly crucial work during his collaborations with the children.*

Marepe first presented images of his work to the children. He then showed them images of the work of Jean-Baptiste Debret (1768-1848), a French artist who lived in Brazil from 1816 to 1831. Debret produced a series of paintings and drawings that recorded everyday Brazilian life with a combination of documentary fidelity and exoticism; these images were published as lithographs in the three-volume book, Voyage pittoresque et historique au Brésil *(1834-39). Many of them convey the low social and economic status of African Brazilians: men and women sell goods in the street, take care of the children of their white masters, and receive beatings from overseers. After looking at images of his own work and that of Debret, Marepe took the children on walks throughout their neighborhoods and asked them to draw subjects from everyday life, focusing on the life of the street. They drew a variety of street scenes, which included popcorn sellers, shoe shiners,* cafezinho *pushcart vendors, and Capoeira practitioners, among others. The purpose of this aspect of the project was not only to give the children a deeper historical perspective on their daily lives and to help them see their own environments from a new perspective, but to empower them as the creators and possessors of their own their fates: to give them the opportunity to act as agents of their own transformation, rather than live as the objects of a colonialist gaze.*

During his time with the children, Marepe also organized three related activities that

Marepe nasceu em Santo Antônio de Jesus, na Bahia, em 1970 e atualmente vive em Salvador. Seu projeto coincidiu com os de Vik Muniz, Rivane Neuenschwander e Rirkrit Tiravanija. Trabalhando com um grupo de vinte e quatro crianças e adolescentes da turma de Capoeira do turno vespertino, na Casa de Cultura, ele desenvolveu uma série de atividades que surgiram de seus trabalhos anteriores. Sempre usando objetos que encontra nas ruas, Marepe cria esculturas e instalações de esculturas, nas quais ressalta a beleza e inventividade da cultura popular do nordeste do Brasil. Sua instalação *Os ambulantes* (1996), que se ocupa das inúmeras formas com que os comerciantes baianos exibem as mercadorias na rua e nos mercados, surge como um trabalho especialmente importante durante sua colaboração com as crianças.

Primeiro Marepe apresentou imagens de seu trabalho às crianças. Em seguida mostrou-lhes imagens do trabalho de Jean-Baptiste Debret (1768-1848), artista francês que viveu no Brasil de 1816 a 1831. Debret fez uma série de pinturas e gravuras, registrando o cotidiano da vida brasileira, com uma combinação de fidelidade e exotismo. Essas imagens foram publicadas como litografias num livro de três volumes, *Voyage pittoresque et historique au Brésil* (1834-39). Muitas delas refletem as péssimas condições sociais e econômicas dos afro-brasileiros: homens e mulheres vendem mercadorias nas ruas, cuidam das crianças dos senhores brancos, e são açoitados pelos feitores. Depois de olhar as imagens do seu próprio trabalho e aquelas dos trabalhos de Debret, Marepe passeou com as crianças pelos seus bairros e pediu-lhes que retirassem temas do cotidiano, concentrando-se na vida das ruas. Desenharam várias cenas das ruas, incluindo pipoqueiros, engraxates, vendedores de cafezinho com seus carrinhos, e Capoeiristas, dentre outros. O objetivo desse aspecto de seu projeto era não somente oferecer às crianças uma perspectiva histórica mais profunda do seu cotidiano, mas também ajudá-las a enxergar seu dia-a-dia através de um outro ponto de vista, dar-lhes o poder de criadores e de donos de seus próprios destinos; proporcionar-lhes a oportunidade de agir como agentes da própria transformação, ao invés de viver como objetos de uma contemplação colonialista.

Durante seu período com as crianças, Marepe também organizou três atividades relacionadas, cujo objetivo comum era o de ajudar as crianças a ver que sua cultura estava impregnada de beleza e de dignidade. Foram feitas sandálias de cartolina—uma atividade que sugeria que mesmo com uma educação modesta, a pessoa possui os recursos dentro de si mesma para transpor os desafios. Também extraíram música dos instrumentos musicais feitos por Marepe: bacias de metal e grelhas de metal transformadas em instrumentos, uma atividade que sugeria que a arte pode ser encontrada no dia-a-dia.

Entretanto, a atividade mais importante foi a experiência com duas máquinas de fazer algodão doce. Marepe queria que eles trabalhassem com as máquinas, pois sabia que agradaria às crianças e proporcionaria a ampliação das questões sociais, políticas e econômicas. O algodão doce é feito de açúcar, um produto que foi a base da economia e da sociedade colonial do Brasil. Depois de uma busca exaustiva, Marepe encontrou duas máquinas antigas, que ele e as crianças desmontaram e montaram (infelizmente não conseguiram fazer com que funcionassem). Essa atividade foi projetada não só para ajudar as crianças a entender que as fontes da arte contemporânea estão nos objetos do cotidiano, mas também para lhes oferecer a experiência real de compreender como as coisas funcionam, aplicando nelas o cuidado e a inventividade que os criadores colocam nos objetos comuns, tornando-os extraordinários.

Para a exposição no Museu de Arte Moderna da Bahia, Marepe apresentou duas máquinas de algodão doce, uma das quais estava funcionando. Ele também colocou aquarelas feitas pelas crianças nas paredes, nas quais desenharam o itinerário dos pontos de ônibus da casa deles até o Projeto Axé, imitando os mapas urbanos.

As crianças: Alex Evangelista, Alexandro Rufino Gomes Santos, Aline Borges, Ambrósio Souza Júnior, Carlos Silva dos Santos, Clécio Araújo, Cristiano de Jesus, Daniel Santos Lopes, Edilson Nascimento, Eduson Santos Nunes, Edvan Moura Santana, Emerson Souza Paula, Joelson Silva Ferreira, Jonatan Santos Reis, José Marivaldo Maia, Luana de Jesus Vitório, Marcela de Jesus Santos, Márcia Ferreira, Mariana Santos Ramos, Moisés Santos Nunes, Paulo André Costa, Rosângela Silva, Udmar Oliveira Rocha, Valdinei Ferreira

shared the purpose of helping the children to see that their culture was full of beauty and dignity. They made sandals out of cardboard—an activity that suggested that even if one comes from a modest background, one always has the resources within oneself to survive challenges. The also made music with instruments created by Marepe out of metal wash basins and chicken roasters—an activity that suggested that the sources of art could be found in the realm of everyday life.

But their most important activity was their experimentation with two máquinas de algodãos *(cotton candy machines). Marepe wanted to work with these machines because he knew that they would appeal to the children, but also because they opened up broader social, political, and economic issues: cotton candy is made of sugar, a product that was the foundation of Brazil's colonial economy and society. After an extensive search, Marepe found two old-fashioned machines, which he and the children disassembled and then reassembled (unfortunately, they were not able to make the machines work). This activity was designed not only to help the children understand that the sources of contemporary art lie in the objects from their own everyday life, but also to give them hands-on experience in understanding how things work and to impress upon them the care and inventiveness that the makers put into these ordinary objects, revealing them to be extraordinary.*

For the exhibition at the Museu de Arte Moderna da Bahia, Marepe presented two machines that made cotton candy, one of which actually worked. He also presented plaques of watercolor on paper that the children made, in which they wrote the itinerary of their bus stops from their houses to Projeto Axé, in imitation of the route signs one sees on busses.

The children: Alex Evangelista, Alexandro Rufino Gomes Santos, Aline Borges, Ambrósio Souza Júnior, Carlos Silva dos Santos, Clécio Araújo, Cristiano de Jesus, Daniel Santos Lopes, Edilson Nascimento, Eduson Santos Nunes, Edvan Moura Santana, Emerson Souza Paula, Joelson Silva Ferreira, Jonatan Santos Reis, José Marivaldo Maia, Luana de Jesus Vitório, Marcela de Jesus Santos, Márcia Ferreira, Mariana Santos Ramos, Moisés Santos Nunes, Paulo André Costa, Rosângela Silva, Udmar Oliveira Rocha, Valdinei Ferreira

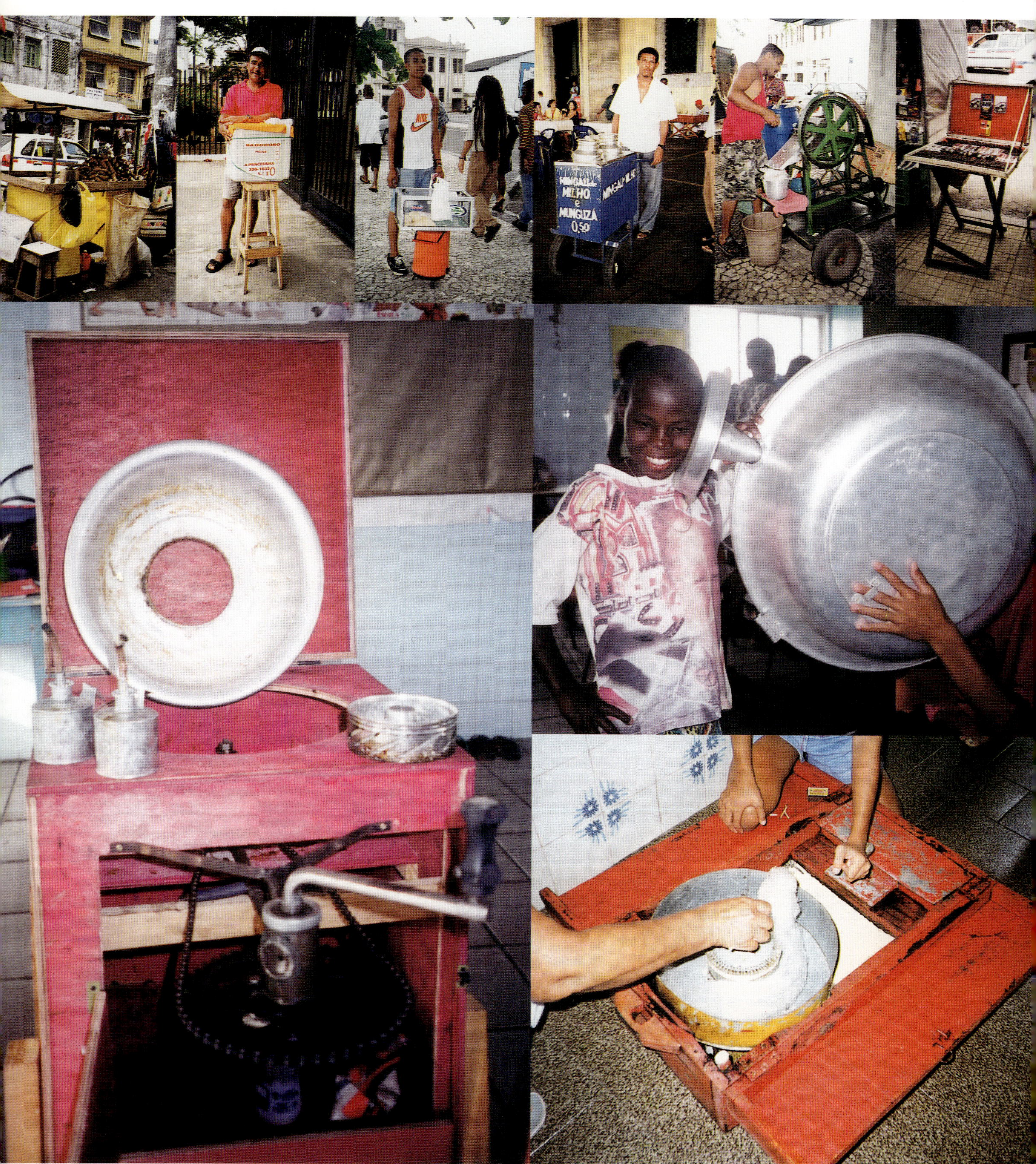

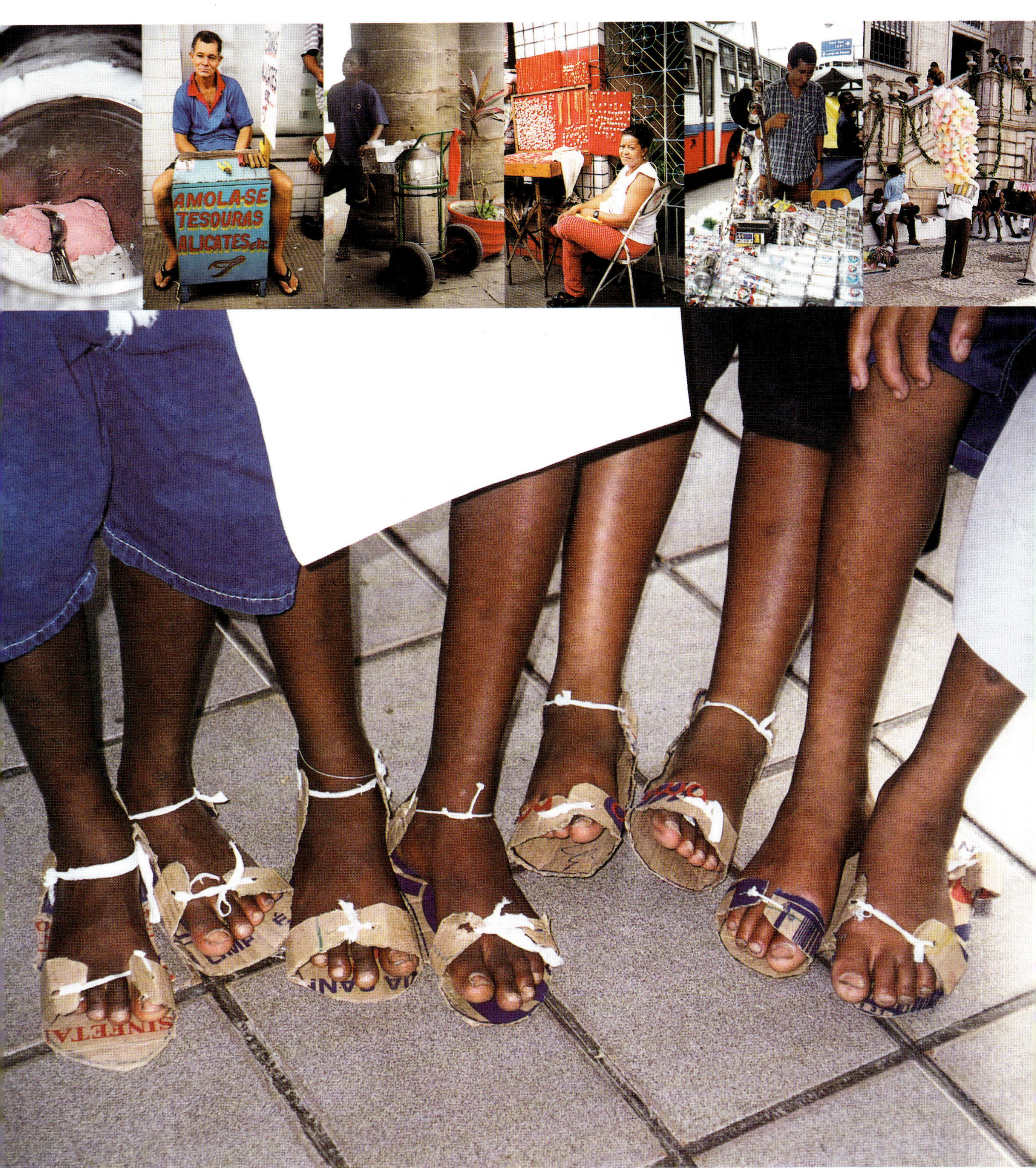

VIK MUNIZ
O objeto invisível

Vik Muniz was born in São Paulo in 1961, and lives in Brooklyn, New York. He arrived in Salvador on August 11, 1999, a day after he became a U.S. citizen, overlapping with Marepe, Rivane Neuenschwander, and Rirkrit Tiravanija. He worked with an afternoon group of twenty-four children and teenagers from Opaxé.

For Muniz, living in Salvador and working with the children was an incredibly intense experience. He had made work touching on children and childhood before. For example, The Sugar Children *(1996) is a series of gelatin-silver prints of his drawings of photographs of six children of workers on a sugar cane plantation on the Caribbean island of St. Kitts, and the series* Aftermath *(1998) features images of Brazilian street children. But he was especially moved by the courage that he witnessed in the children at Projeto Axé, particularly their ability to create a rich and vibrant culture out of struggle. "The poor black people here," he has remarked, "are the cultivated people, the intelligentsia. They are the ones who own Brazilian culture, which you see in the way people walk and talk. It is the skin of these children. The culture that they—the oppressed and abandoned, people who have less than what they need to live—developed is one of the most beautiful cultures in the world."*

Muniz identified strongly with these children because they spoke the same language and because he himself grew up in a poor family: "I see myself as a child every time I come to Brazil. When I arrived in Salvador, I tried to think first about how the child inside of me is feeling, and I remembered not having things that I would see in stores or on television. I would tell my mother that I had to have certain things, and she would say that I couldn't. I suffered so much because of that. One of the things I did to ease the pain was to draw the things I wanted and to make objects based on the drawings. Sometimes I destroyed the objects. It was like an exorcism."

This memory inspired his project, whose title refers to a sculpture by Alberto Giacometti (1901-1966) entitled Hands Holding the Void (The Void) *(1934). In this sculpture, a figure formally influenced by Giacometti's study of African sculpture holds her hands in front of her breasts as if she were holding an object,*

Vik Muniz nasceu em São Paulo em 1961, e vive no Brooklyn em Nova York. Chegou a Salvador no dia 11 de agosto de 1999, um dia após ter se tornado cidadão norte-americano, coincidindo com a estada de Marepe, Rivane Neuenschwander e Rirkrit Tiravanija. Trabalhou com um grupo de vinte e quatro crianças e adolescentes do período vespertino do Opaxé.

Para Vik Muniz, viver em Salvador e trabalhar com as crianças foi uma experiência incrivelmente intensa. Já abordara a criança e a infância em trabalhos anteriores. Por exemplo, *Os filhos do açúcar* (1996) é uma série de impressos de gelatina prateada dos seus desenhos, copiados de fotografias de seis filhos de trabalhadores de uma plantação de cana-de-açúcar na Ilha de St. Kitts, no Caribe, e a série *Conseqüências* (1998) que retrata imagens de crianças de rua do Brasil. Sentiu-se especialmente comovido com a coragem que percebeu nas crianças do Projeto Axé, especialmente sua habilidade em criar uma cultura rica e vibrante da luta. Ele observou: "Aqui os negros pobres são as pessoas de cultura, a intelligentsia. São os donos da cultura brasileira, refletida na forma de andar e falar. Está na pele dessas crianças. A cultura que essas pessoas oprimidas e abandonadas desenvolveram, pessoas que possuem menos do que precisam para viver, é uma das mas belas do mundo."

Vik Muniz identificou-se muito com essas crianças, pois falavam a mesma linguagem. Ele também cresceu numa família pobre. "Sempre que venho ao Brasil me sinto criança de novo. Quando cheguei a Salvador, tentei primeiro pensar como a criança dentro de mim estava se sentido, e me lembrei das coisas que não podia ter, do que via nas lojas ou na televisão. Costumava dizer à minha mãe que precisava de determinadas coisas, e ela, por sua vez, dizia que não era possível. Sofri muito. Uma das minhas estratégias para minorar a dor era desenhar os objetos que queria e criar outros objetos a partir dos desenhos. Algumas vezes destruía os objetos. Era como se estivesse realizando um ato de exorcismo".

Essa lembrança inspirou seu projeto, cujo título faz referência a uma escultura de Alberto Giacometti (1901-1966) denominada *Mãos segurando o vazio (O vazio)* (1934). Nessa escultura, uma figura inicialmente influenciada pelo estudo de Giacometti de esculturas africanas, coloca as mãos na frente dos seios, como se estivesse segurando um objeto invisível. Vik relacionou esse gesto com a lembrança de sua relação com objetos que não podia possuir quando criança, e o seu desejo de dar poder às crianças como criadores e árbitros de seus próprios desejos. O *objeto invisível* desenvolveu-se como um projeto mágico, comovente, abordando a relação entre a visualização e a visão, o físico e o imaginário, o processo criativo e o poder dos sonhos.

Depois de falar com as crianças sobre o que significava ser um artista contemporâneo e sobre seu próprio trabalho, Vik Muniz pediu que desenhassem os objetos de seus desejos, que eles então produziram. Em seguida pediu-lhes que tornassem os objetos invisíveis, guardando-os dentro de sacos de veludo negro, que agrupou numa escultura coletiva. Ele observou: "Ao guardar os objetos, as crianças estavam criando e controlando seus desejos. Um poder que dificilmente exercem. Uma sensação prazerosa de poder. Disse-lhes que as pessoas nos estimulam a desejar bens, e que podemos transformar os objetos em símbolos, fazer o que quisermos com eles e isolá-los". Para poder grifar a importância simbólica de suas ações, os objetos foram colocados dentro dos sacos durante uma cerimônia especial.

Vik Muniz achou que trabalhar com as crianças foi uma experiência transformadora. "Quando você pergunta a uma criança qual o objeto de seu desejo, e ela lhe responde que são as caixas onde pode esconder sua comida ou uma caixa de papelão que pode usar para dormir nas ruas, não é possível evitar sentir-se emocionado. Ao comparar seus próprios problemas com os das crianças, você sente que os seus são muito pequenos. A compreensão faz com que você deixe de ter pena de si mesmo e tente entender quem você é."

As crianças: Adailton dos Reis Santos, Adson Alexandrino Jesus, Antonio Carlos S. de Jesus, Cleberson A. Jesus, Daniel Lício Sampaio, Davi Santos Lisboa, Fredson Silva Souza, Inaldo De J. Sacramento, Jean Jesuíno dos Santos, Jiago Carvalho Silva, Joema Santos Lima, Luís Carlos Santos Pilho, Luís Henrique S. Marques, Marcia Loyola de Melo, Marcos Paulo Lima, Renato Ferreira Lima, Robson Gomes de Jesus, Rosana Maria J. Santos, Wellington G. Ferreira

which is invisible. Muniz made connections between this gesture; his memories of his own relationship to objects that he could not have as a child; and his wish to empower the children as the creators and arbiters of their own desires. The Invisible Object *developed as a movingly poetic project about the relationship between visualization and vision, the physical and the imaginary, and the creative process and the power of dreams.*

After talking with the children about what it meant to be a contemporary artist and about his own work, Muniz asked them to make drawings of objects of their desires, which they then fabricated. He then asked the children to make the objects invisible by hiding them in black velvet bags, which they put together in a collective sculpture. "By putting the objects away," he has remarked, "the children would be the creators of their desires, and the ones who controlled it. That kind of empowerment is very rare for them. It's a pleasurable feeling of power. I told them that people will make you want things, and you can make these things into symbols and do whatever you want to them and take them out of your system." In order to underscore the symbolic importance of their actions, they put the objects into the bags during a special ceremony.

Muniz found the experience of working with the children transformative. "When you ask a child what the object of his desire is, and he says boxes in which he can hide food or a cardboard box he can use to sleep in the streets, you cannot help but to be moved. You see in comparison to the problems they face, yours are nothing. This realization helps you to stop feeling sorry for yourself and to start figuring out who you are."

The children: Adailton dos Reis Santos, Adson Alexandrino Jesus, Antonio Carlos S. de Jesus, Cleberson A. Jesus, Daniel Lício Sampaio, Davi Santos Lisboa, Fredson Silva Souza, Inaldo De J. Sacramento, Jean Jesuíno dos Santos, Jiago Carvalho Silva, Joema Santos Lima, Luís Carlos Santos Pilho, Luís Henrique S. Marques, Marcia Loyola de Melo, Marcos Paulo Lima, Renato Ferreira Lima, Robson Gomes de Jesus, Rosana Maria J. Santos, Wellington G. Ferreira

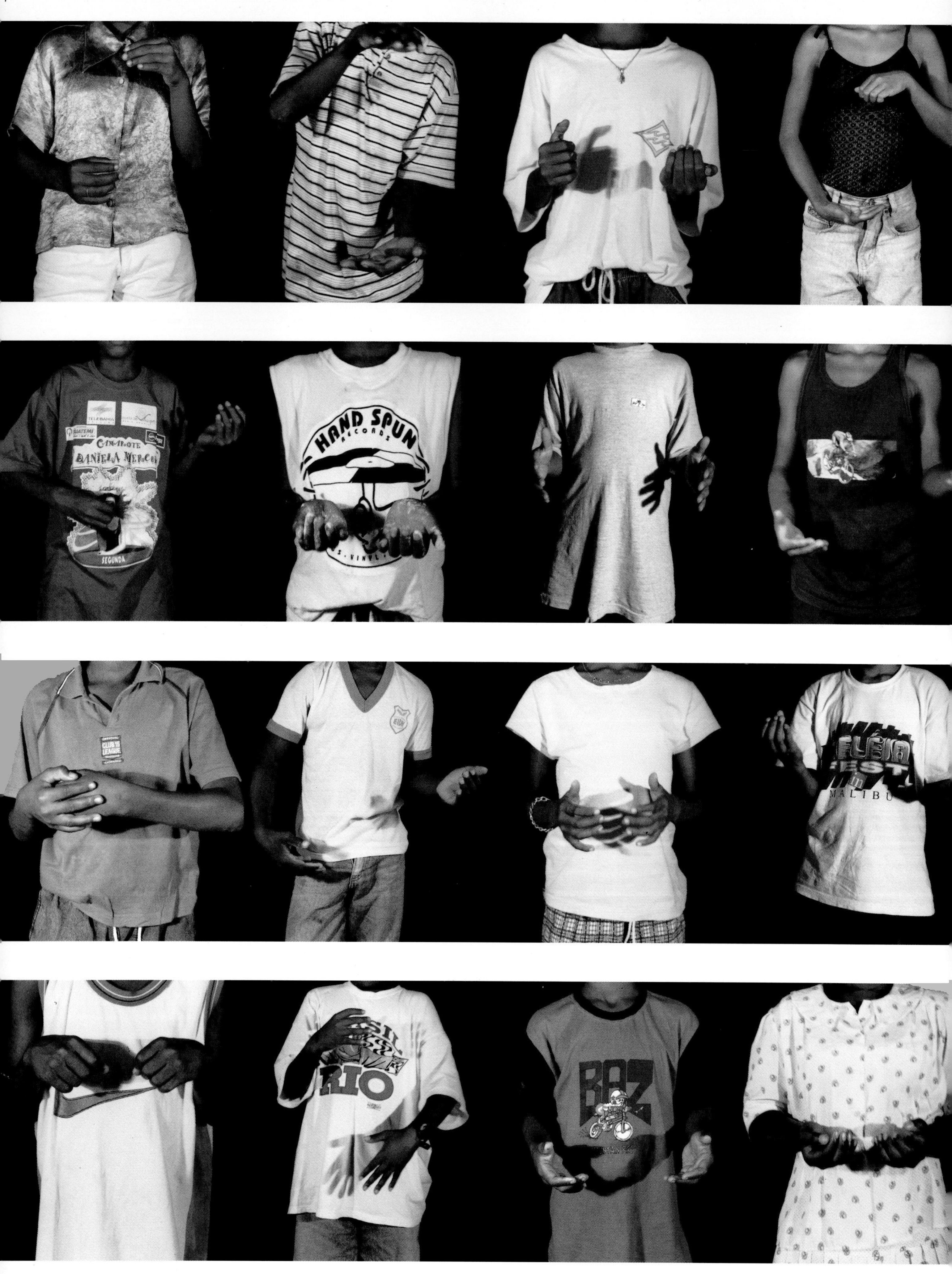

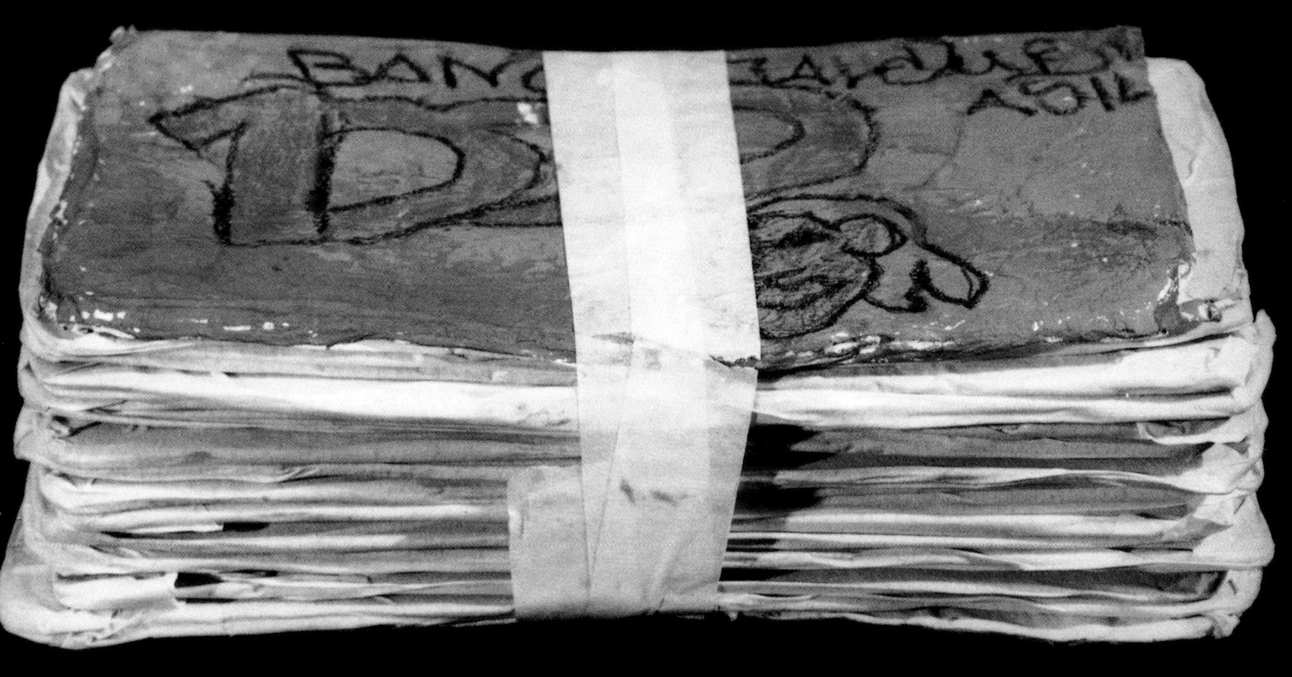
BANQUE
AGIL

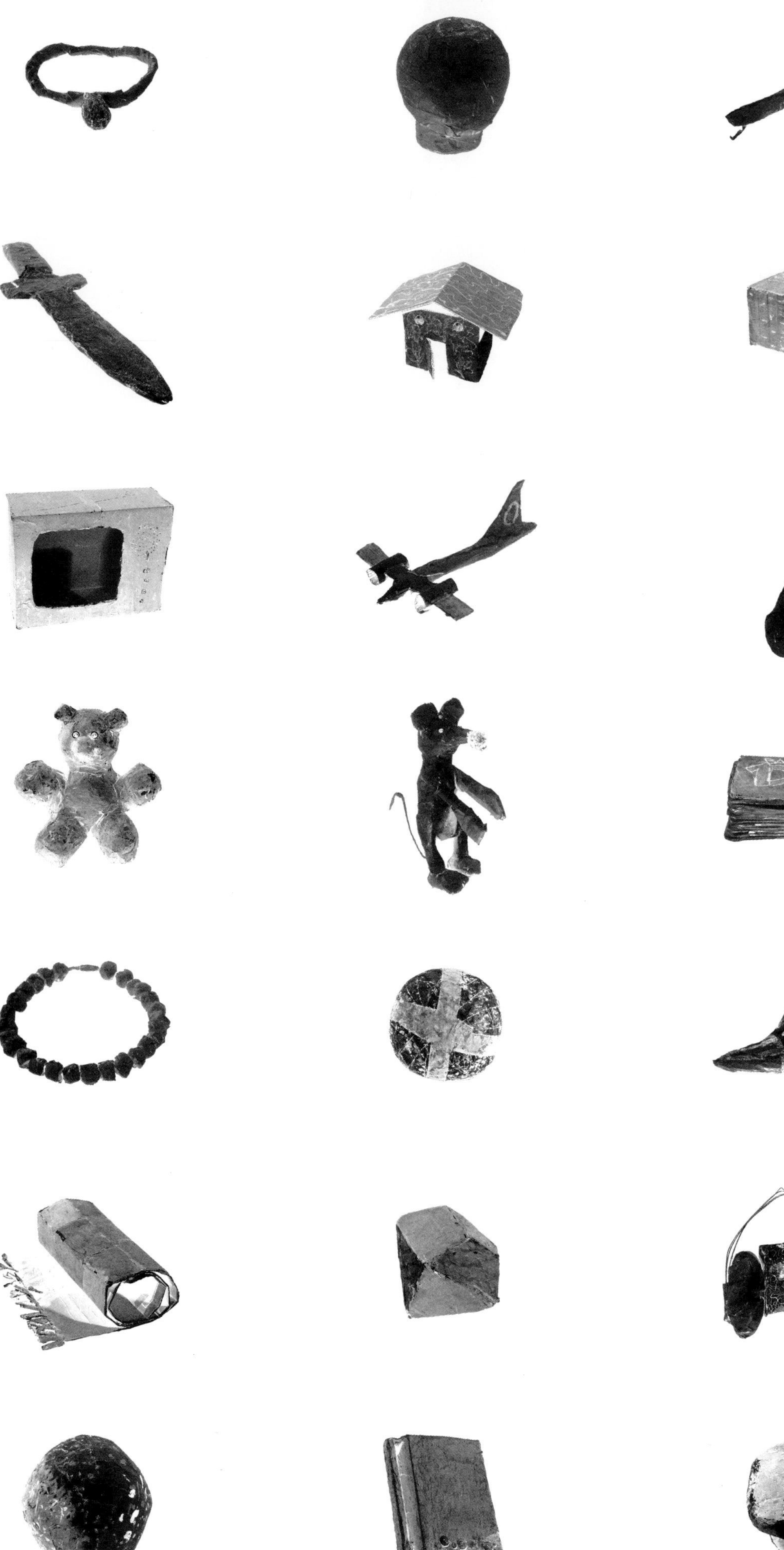

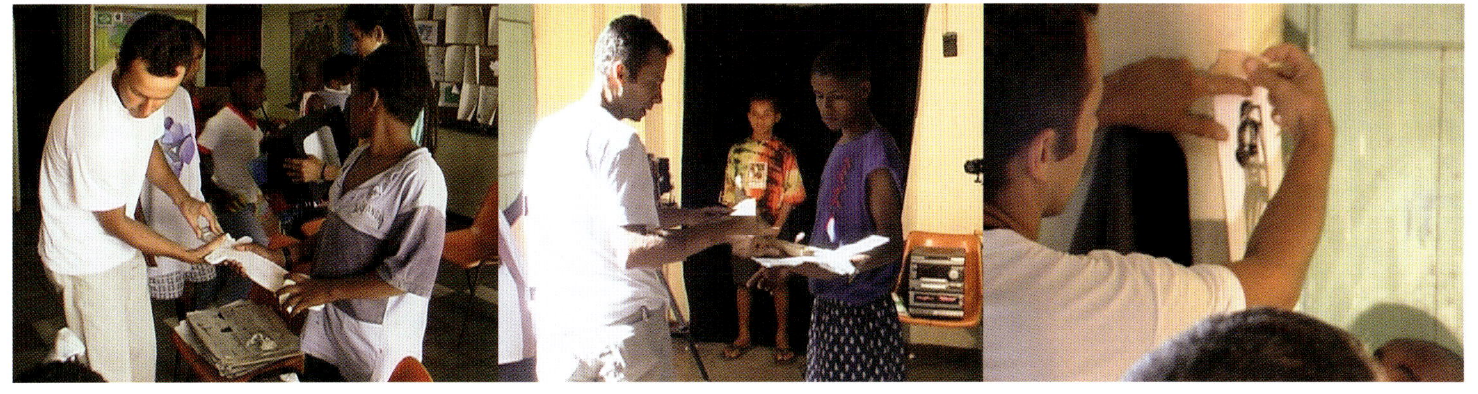
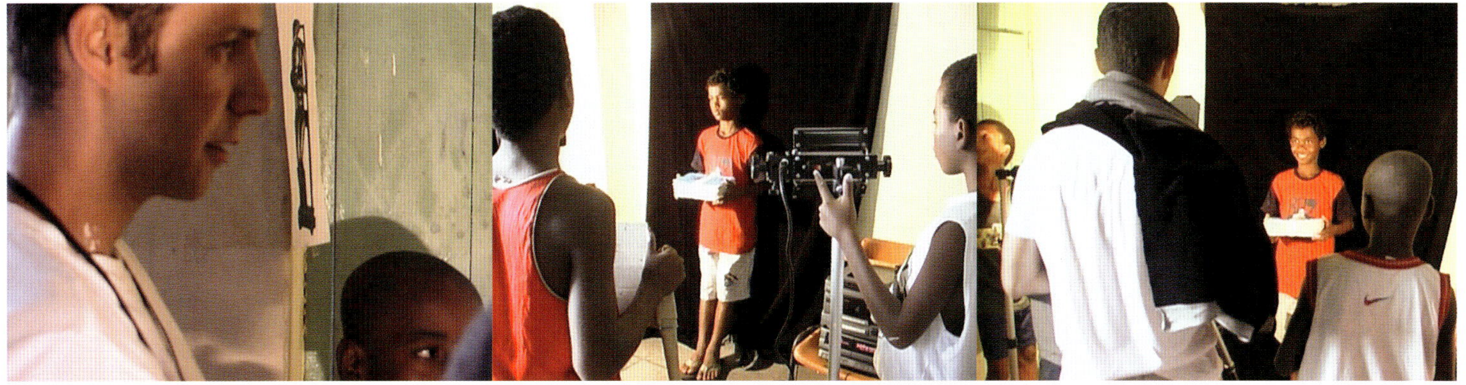
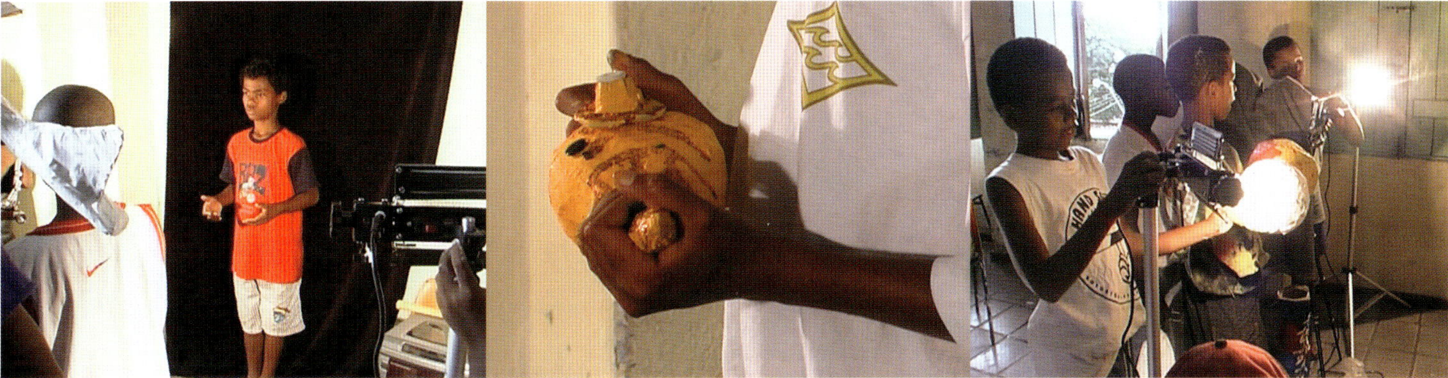
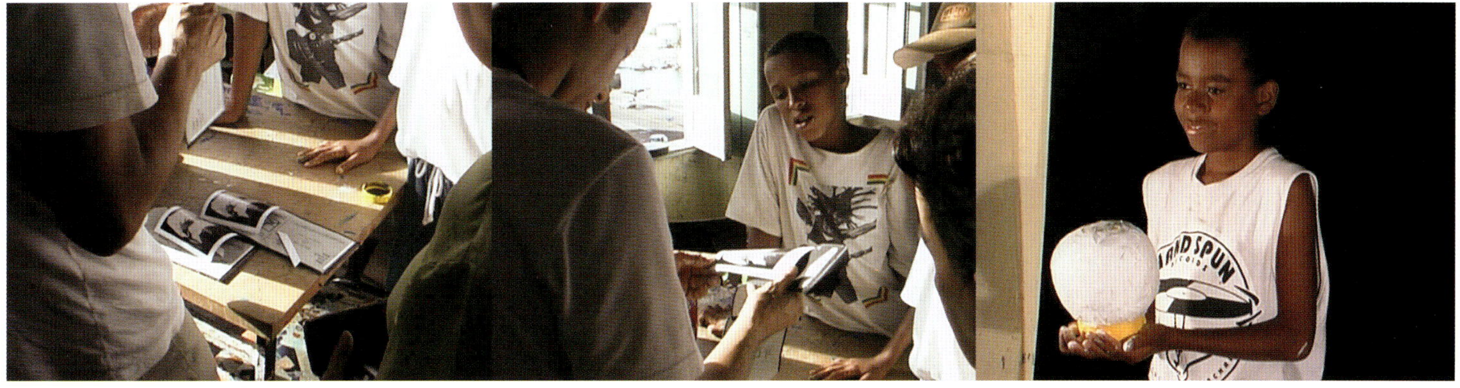
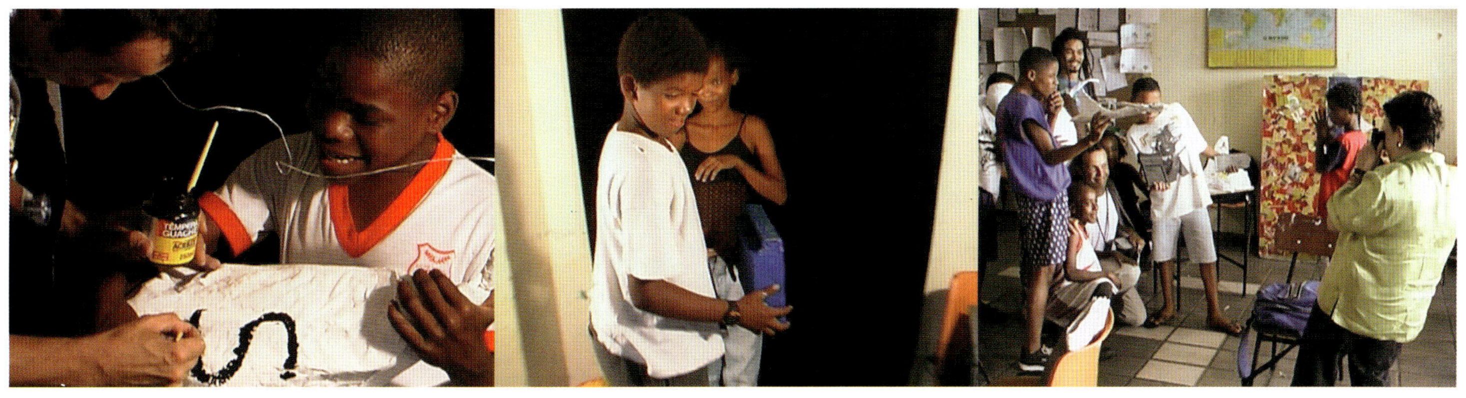

RIVANE NEUENSCHWANDER
Quarar

Rivane Neuenschwander was born in Belo Horizonte, in the state of Minas Gerais, Brazil, in 1967, where she currently lives. She arrived in Salvador on August 22, 1999, overlapping with Marepe, Vik Muniz, and Rirkrit Tiravanija. Working with an afternoon group of children and teenagers from Modaxé and the educators Rui Vídero Caldas and Ana Paula Sadeu-Bispo, she developed, among others, a project centered on the everyday activity of washing, using domestic objects including sheets, wash basins, and soap. This project grew out of her interest in using mundane substances from the home, including foods, insects, and even household dust, as the basis for her sculptures. She transforms these materials by gluing, burning, scraping, and other processes. The resulting sculptures are fragile, delicate, ephemeral, and often barely visible. Many are charged with an almost ritualistic quality.

Neuenschwander asked each child to bring a set of old bed sheets from home; in exchange for the old sheets, she gave each child new ones to take back home. She was interested in working with sheets because of their associations with resting, sleeping, and dreaming, as well as the image of the body lying on a sheet, enclosed within its rectangular geometry, its delimited field. She and the children then prepared to wash the sheets: they would transform the act of washing into a ritual rooted in the traditional manner in which poor Afro-Brazilian women in Bahia used to wash clothes with white coconut soap and basins by the shores of rivers, streams, and other bodies of fresh water. In a classroom at Modaxé, she asked each child to write his or her first and last name with a condiment mixed with sunflower oil into blocks of coconut soap; in most cases, several blocks were required to spell out a name. The children then put the blocks together to form their names. For Neuenschwander, it was important that each child understood the importance of having a name, an identity, written with pride and care.

On a subsequent day, Neuenschwander took a group of children to a beach near the Museu de Arte Moderna da Bahia, where they began to wash the sheets. The shift from river to sea signified the spatial displacement that invested the activity with new meaning. The children quickly discovered that the salt water inhibited the soap's foaming properties, and the waves kept drawing their basins into the sea. And while the ceaseless approach and retreat of the waves resonated with the repetitiveness of everyday domestic activities such as washing, what

Rivane Neuenschwander nasceu em Belo Horizonte, Brasil, em 1967, onde vive atualmente. Chegou a Salvador em 22 de agosto de 1999, coincidindo com a estada de Marepe, Vik Muniz e Rirkrit Tiravanija. Juntamente com um grupo de crianças e adolescentes do período da tarde da Modaxé e com os educadores, Rui Vídero Caldas e Ana Paula Sadeu-Bispo, desenvolveu, entre outros, um projeto voltado para a atividade diária de lavar roupa, usando objetos domésticos como lençóis, bacias e sabão. O projeto originou-se de seu interesse em usar materiais normalmente encontrados em casa, como por exemplo alimentos, insetos e até mesmo poeira doméstica, como base de suas esculturas. Transforma esses materiais através de processos como colar, queimar, raspar, entre outros. As esculturas resultantes são frágeis, delicadas, efêmeras e freqüentemente quase invisíveis. Muitas estão carregadas de uma qualidade quase ritualista.

Rivane Neuenschwander pediu que cada criança trouxesse um lençol velho de casa para trocar por um lençol novo que levariam de volta. O interesse dela em trabalhar com lençóis deve-se à associação dos mesmos com o descanso, o sono e o sonho. Além disso, evoca a imagem de um corpo deitado num lençol, enquadrado dentro de uma geometria retangular, ocupando um campo delimitado. Em seguida, ela e as crianças se prepararam para lavar os lençóis, transformando o ato de lavar roupa em um ritual cujas raízes têm origem na forma tradicional das mulheres afro-brasileiras na Bahia de lavarem roupas com sabão de coco e bacias nas praias dos rios, riachos e outras fontes de água doce. Numa sala de aula da Modaxé, pediu a cada criança que escrevesse seu nome e sobrenome nas barras de sabão de coco, com um condimento misturado com óleo de cozinha; em alguns casos eram necessárias várias barras para escrever um nome. Em seguida as crianças agrupavam as barras para a composição de seus nomes. Para Rivane era importante que cada criança entendesse a importância de ter um nome, uma identidade, escrita com orgulho e carinho.

No dia seguinte, Rivane Neuenschwander levou um grupo de crianças a uma praia próxima do Museu de Arte Moderna da Bahia, onde começaram a lavar os lençóis usados. A mudança do rio para o mar representou o deslocamento espacial que deu um novo significado à atividade. Entretanto, as crianças logo perceberam que a água salgada impedia que o sabão espumasse e que as bacias eram levadas pelas ondas. O vai e vem constante das ondas estava associado à repetição das atividades domésticas diárias, como por exemplo, lavar roupas, e o

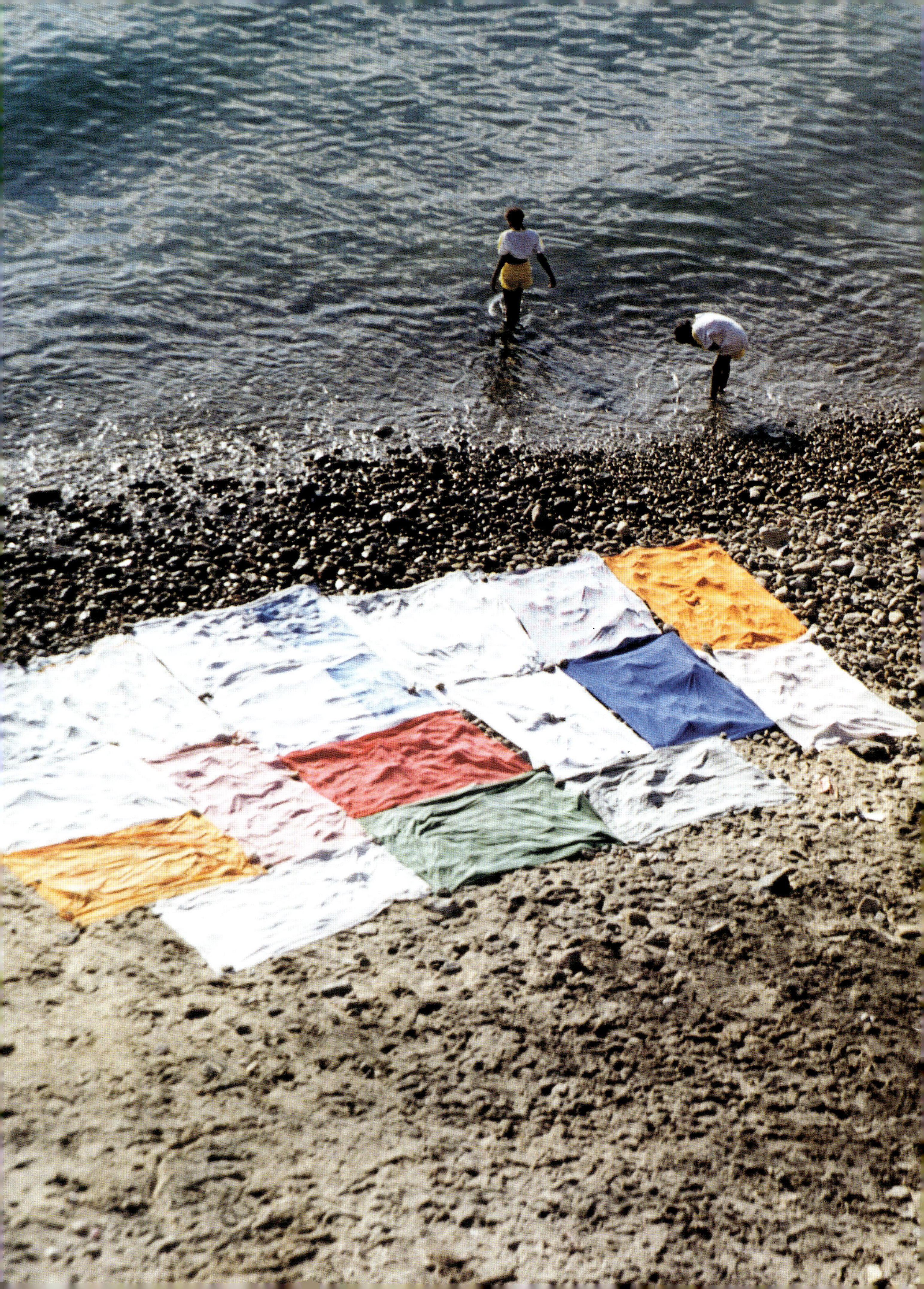

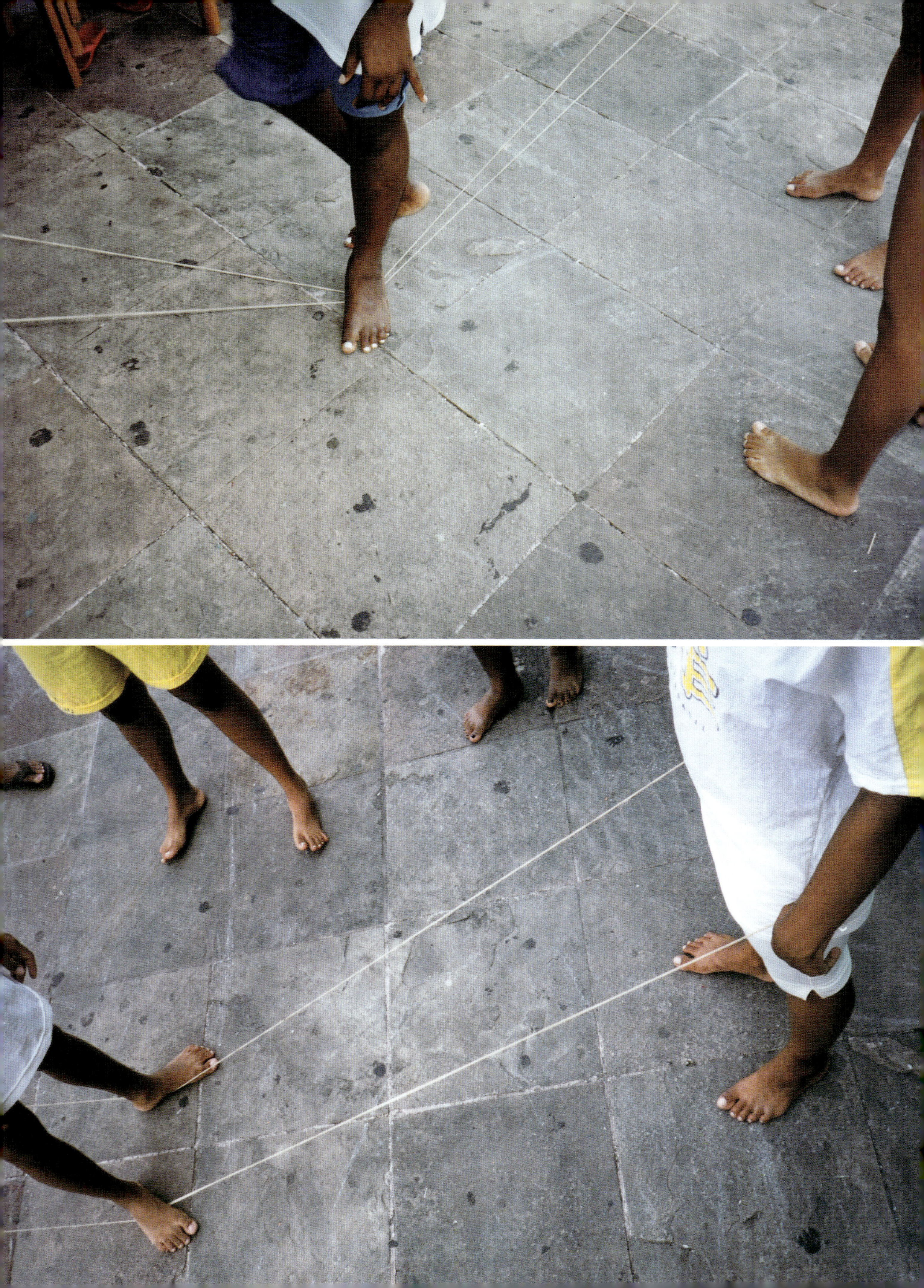

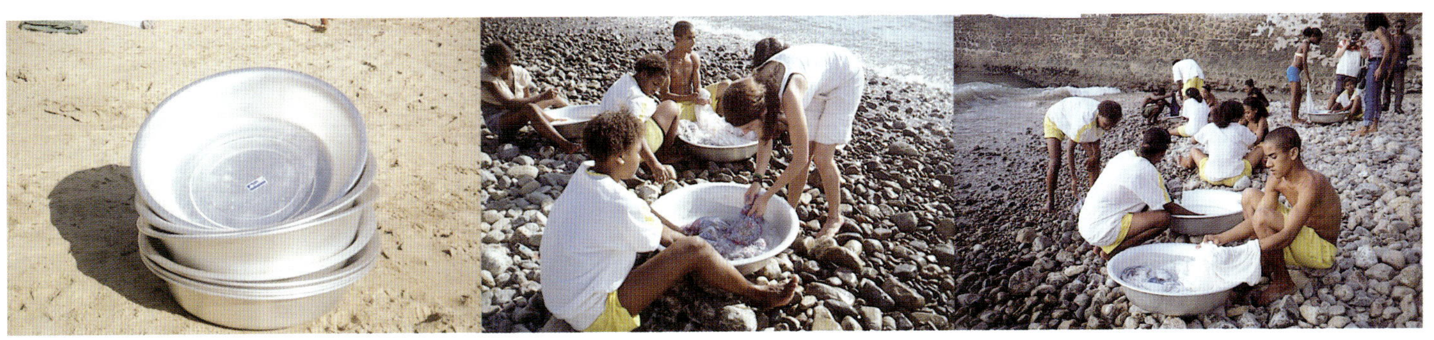

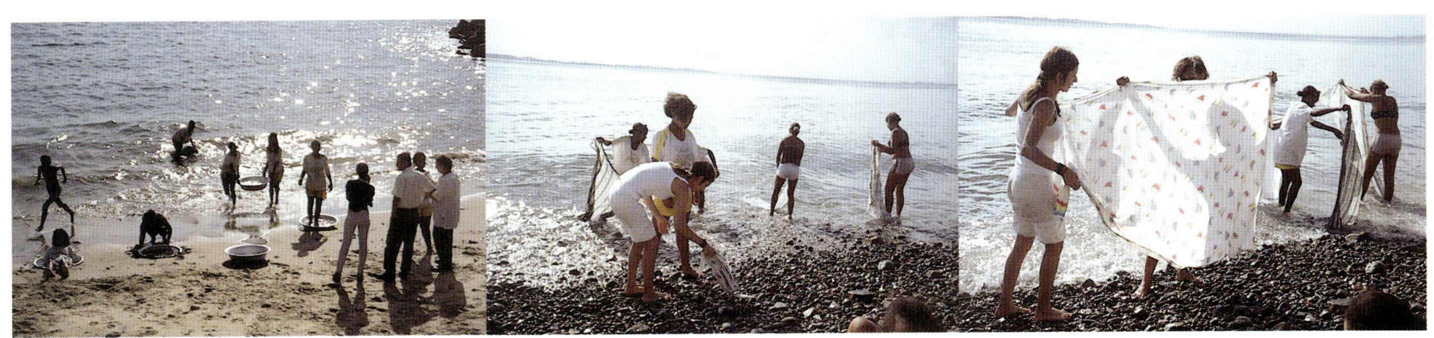

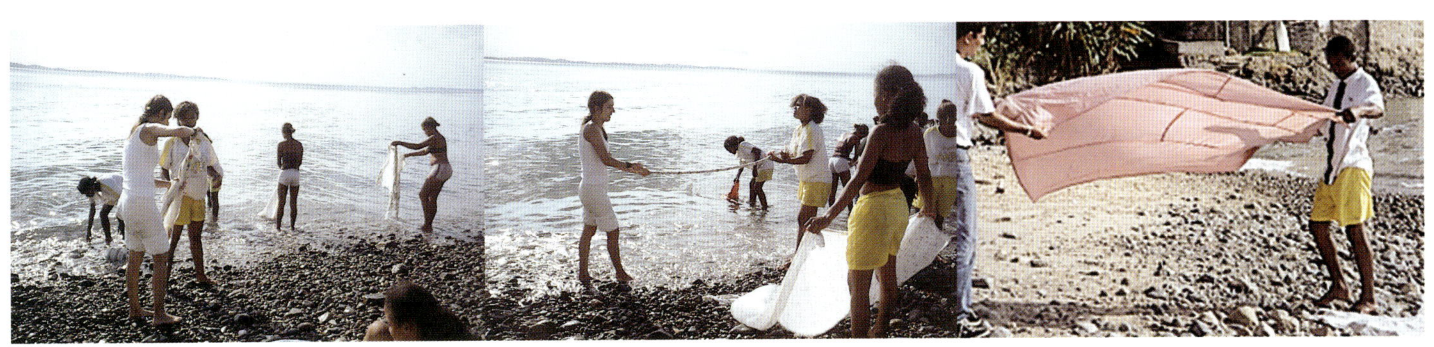

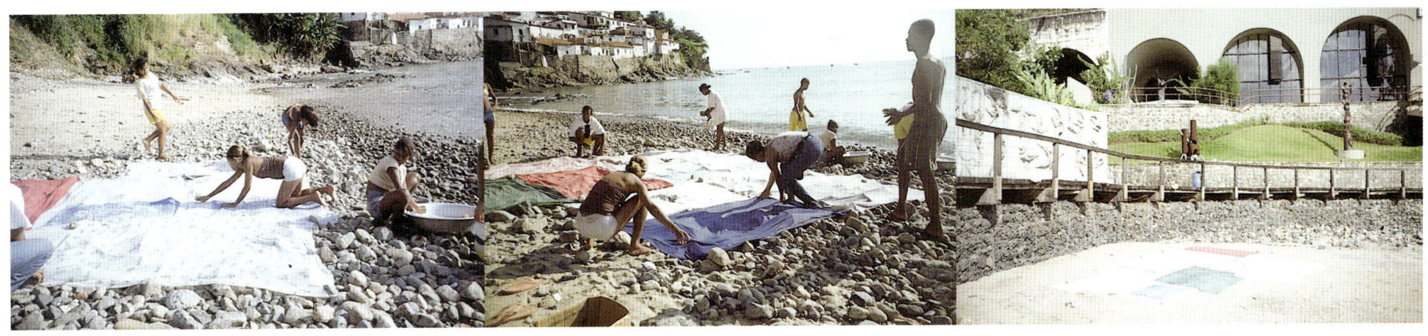

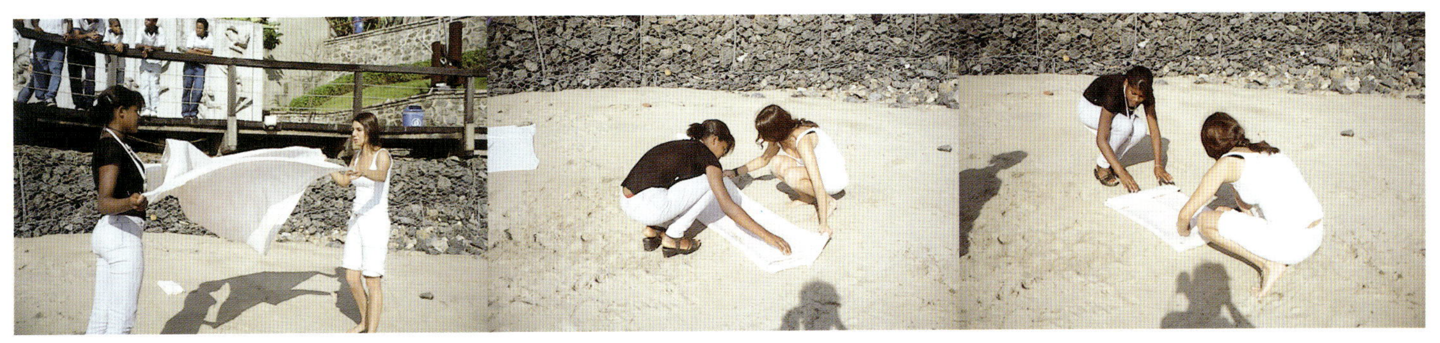

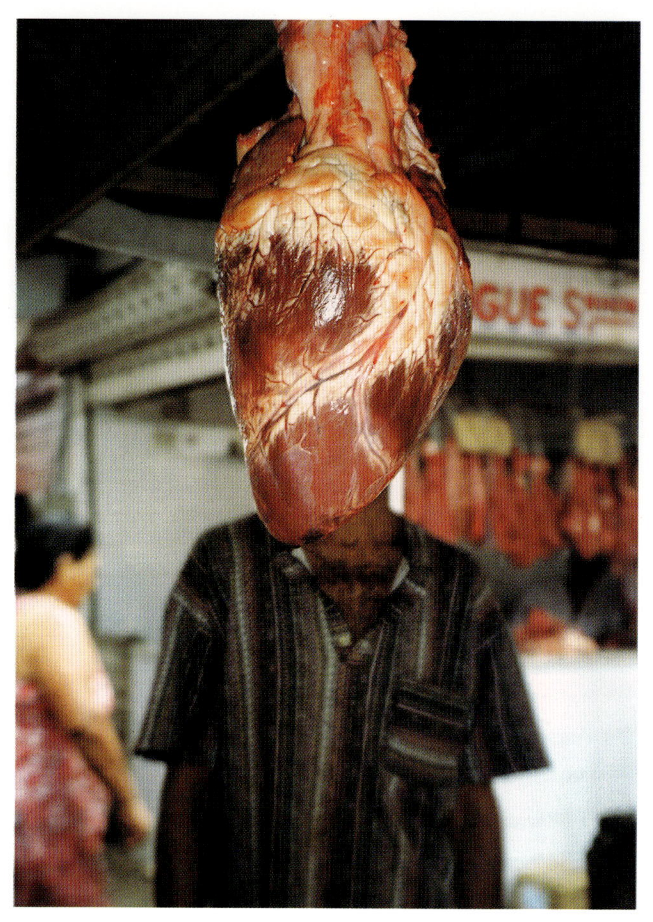

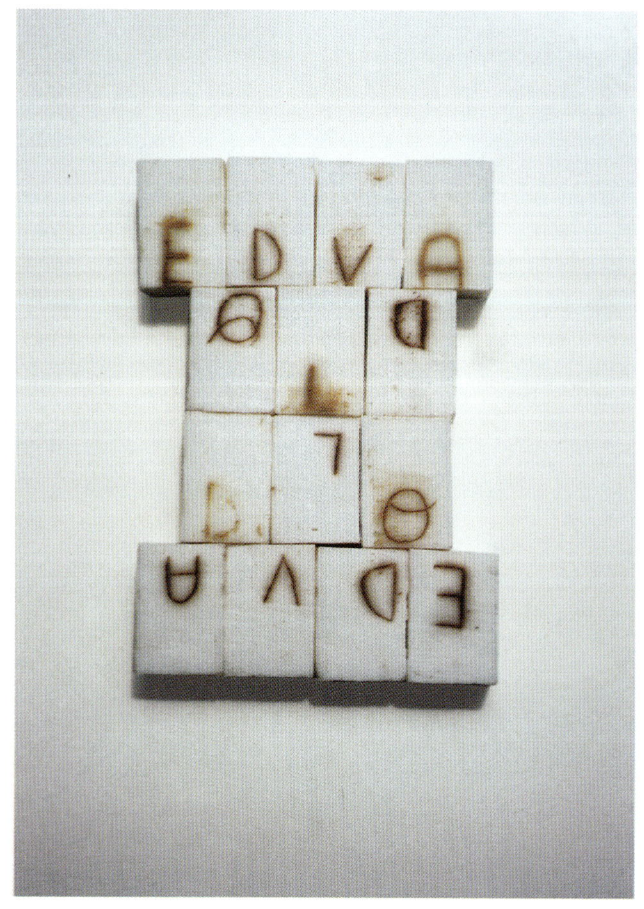

que Rivane e as crianças imaginaram que seria uma atividade solene tornou-se lúdica, uma oportunidade para brincar. Quando terminaram de lavar os lençóis, estenderam-nos na praia para quarar (método comum no Brasil onde se expõe as roupas molhadas ao sol para alvejar, corar.). Quando as crianças viram a grade de lençóis, comentaram que parecia uma pintura geométrica, o que originou um diálogo sobre o que é uma pintura. Terminaram o dia juntando os lençóis e dobrando-os em diferentes formas geométricas. No outro dia Rivane repetiu essa atividade com um grupo maior de crianças, em uma outra praia próxima ao museu.

A intenção original do projeto foi tornar digno o trabalho doméstico, tradicionalmente de responsabilidade da mulher, quer sejam elas mães que lavam as roupas da família ou empregadas domésticas lavando a roupa dos patrões, dando-lhe um novo significado em termos de arte. Embora fosse esta certamente uma dimensão importante do projeto, talvez o mais interessante tenha sido a transformação desta atividade doméstica numa atividade lúdica.

Rivane Neuenschwander concebeu um outro projeto para as crianças e em seguida pediu a Rui para desenvolvê-lo, uma vez que não tinha tempo suficiente. Baseava-se numa brincadeira tradicional no Brasil na qual duas pessoas se juntam num retângulo feito de uma grande tira de elástico presa em torno dos tornozelos, joelhos ou cintura, conforme as etapas do jogo. Uma ou mais pessoas entram neste campo retangular e executam uma série de diferentes posições com o elástico. Além do fato desse projeto ter refletido o interesse de Rivane na relação do corpo com a geometria, uma das razões que a inspirou a trabalhar com lençóis, também manifestava seu interesse em explorar a relação entre criança/lazer e adulto/afazeres.

As crianças: Marilene Alves, Sônia Cardeal de Assis, Ana Paula Carvalho de Jesus, Debora Cardoso do Nascimento, Milena da Silva Cardoso, Regina dos Santos Reis, Fabiene Galvão, Taís Golçalves Nascimento, Edvaldo Gonzaga Oliveira, Ivana Jesus Souza, Edvandro Santos, Neirilandia Santos Bulcão, Kátia Santos de Jesus, Cibele Santos Silva, Nanci Santos Silva, Patrícia Santos Silva, Carla Tauana Silva Costa, Deise Ana Souza dos Santos, Luciana Xavier dos Santos.

A artista gostaria de agradecer aos educandos e educadores do Modaxé, (especialmente Rui Videro Caldas), Lisette Lagnado e Suely Rolnik.

Neuenschwander and the children thought was going to be a solemn activity became an opportunity for play. After they finished washing the sheets, they laid them out in a grid on the shore to whiten in the sun, an ancestral practice in Brazil called quarar. When the children saw the grid of sheets, they remarked that it looked like a geometric painting, which sparked a conversation about what constitutes a painting. They concluded the day by gathering the sheets and folding them into different geometric shapes. On another day, Neuenschwander repeated this activity with a larger group of children on another beach near the museum.

The original intention of the project had been to dignify a mode of domestic work, traditionally the responsibility of women, whether they are mothers washing clothes for their families or maids washing clothes for their employers, by resignifying it as art. And while this was certainly an important dimension of the project, what was perhaps more interesting was the transformation of this domestic activity into play.

Neuenschwander conceived another project for the children that she asked Vídero Caldas to realize, since she did not have enough time. It was based on a traditional game in Brazil, in which two players join themselves together into a rectangle by strapping an elastic cord around their ankles, knees, or waists, according to the stage of the game. One or more players enter this rectangular field by performing different operations with the elastic cord. In addition to the fact that this project reflected Neuenschwander's interest in the relationship of the body to geometry, one of the reasons that inspired her to work with sheets, it also manifested her interest in exploring the relationship between childhood/play and adulthood/work.

The children: Ana Paula Carvalho de Jesus, Carla Tauana Silva Costa, Cibele Santos Silva, Debora Cardoso do Nascimento, Deise Ana Souza dos Santos, Edvaldo Edvandro Santos, Gonzaga Oliveira, Fabiene Galvão, Ivana Jesus Souza, Kátia Santos de Jesus, Luciana Xavier dos Santos, Marilene Alves, Milena da Silva Cardoso, Nanci Santos Silva, Neirilandia Santos Bulcão, Patrícia Santos Silva, Regina dos Santos Reis, Sônia Cardeal de Assis, Taís Golçalves

The artist would like to thank the children and educators of Modaxé, especially Rui Vídero Caldas, and Lisette Lagnado and Suely Rolnik.

ALBERTO PITA
Carrinhos de cafezinho: Uma intervenção estética

Alberto Pita was born in 1961 in Salvador, where he currently lives. An artist who makes works for Carnaval and is employed as Assistant Coordinator of Culture, Aesthetics, and Art with Projeto Axé, Pita initiated his project in November 1999 as a collaboration with twenty-one children and teenagers from Opaxé, Modaxé, and Stampaxé.

Born and raised in Salvador, Pita developed a project emerging out of his longstanding involvement with cafezinho *pushcarts—pushcarts typically in the form of a small truck, very common in the city, from which street vendors sell coffee, usually sweetened with sugar, dispensed from carafes and served in small plastic cups. At about the age of thirteen, Pita himself created the first* cafezinho *pushcart in Salvador. Originally, street vendors had sold coffee on the street by simply carrying boxes that held everything they needed. Pita has stated that he was inspired to add wheels to his box, thereby transforming it into a cart, by observing the cars of the Plano Inclinado Gonçalves, a popular mode of transportation between Salvador's Cidade Baixa (Lower City) and Cidade Alta (Upper City). Although he decorated his* cafezinho *pushcart with blue and white geometric patterns, he never regarded it as an object of aesthetic or cultural value.*

But many years later, the cafezinho *pushcart would find its way into Pita's art. He initiated his project by discussing* The Quiet in the Land *and his own work with the children. As part of this discussion, he explained why* cafezinho *vendors are an important part of Salvador's urban culture. Subsequently, he screened a videotape entitled* Preto no Branco *by the filmmaker Joel de Almeida, whom Pita had invited to talk to the children about his project—a sociological portrait featuring interviews with several of Salvador's* cafezinho *vendors about their lives. The video helped the children to understand that the* cafezinho *pushcarts are not just objects, but an essential means of livelihood (the typical vendor earns R$15-20 on an average day and R$70 on a good one), as well as an important form of self-expression and self-identity, for these men. Indeed, for many* cafezinho *vendors, making and decorating*

Alberto Pita nasceu em 1961 na Cidade do Salvador, onde vive atualmente. É um artista que faz trabalhos para o Carnaval e que trabalha como Assessor da Coordenação de Cultura, Estética e Arte do Projeto Axé. Alberto começou seu projeto em novembro de 1999, colaborando com vinte e uma crianças e adolescentes do Opaxé, Modaxé e Stampaxé.

Nascido e criado em Salvador, Alberto Pita desenvolveu um projeto inspirado no seu envolvimento duradouro com carrinhos de cafezinho, feitos na forma de um caminhão de brinquedo, muito comum na cidade, usados pelos vendedores ambulantes para vender café, normalmente já adoçado com açúcar, colocado em garrafas térmicas e servido em copos de plástico. Quando tinha treze anos, o próprio Alberto criou o primeiro carrinho de cafezinho em Salvador. Anteriormente os vendedores ambulantes vendiam café de caixas onde colocavam tudo o que precisavam. Pita afirmou que, ao observar os bondinhos do Plano Inclinado Gonçalves, um meio popular de transporte entre a Cidade Baixa e a Cidade Alta em Salvador, sentiu-se inspirado a acrescentar rodas à sua caixa, transformando-a assim num carrinho de mão. Embora tivesse decorado seu carrinho de cafezinho com desenhos geométricos nas cores azul e branca, nunca os considerou um objeto de valor estético ou cultural.

Decorridos alguns anos, o carrinho de cafezinho encontrou seu espaço na arte de Alberto Pita. Começou seu projeto discutindo *A Quietude da Terra* e seu próprio trabalho com as crianças. Como parte deste debate, explicou que os vendedores de cafezinho são uma parte importante da cultura urbana de Salvador. Em seguida, mostrou um vídeo intitulado *Preto no Branco*, realizado por Joel de Almeida, que foi convidado por Alberto para conversar com as crianças sobre seu trabalho—um retrato sociológico mostrando entrevistas com vários vendedores de cafezinho abordando suas vidas. O vídeo ajudou as crianças a entender que os carrinhos de cafezinho não são meramente objetos, mas um meio essencial de subsistência (num dia normal um vendedor ganha em média de R$15,00 a R$20,00 e até R$70,00 num dia especial), como também uma forma importante de auto-expressão e auto-identidade desses homens. Na realidade, para muitos vendedores de cafezinho, fazer e decorar seus carrinhos é um verdadeiro trabalho de amor. Joel também ensinou às crianças como usar uma filmadora.

Em seguida, Alberto Pita pediu às crianças que se dividissem em sete grupos de três, e que dessem nomes aos grupos: entre os nomes dos grupos destacaram-se *Raça, Consciência Negra, Afoxé, Consciência Humana e Os Morenos*. Cada grupo era responsável pelo projeto e construção de dois carrinhos de cafezinho: catorze é o número de Ogun, o orixá da devoção de Alberto, associado às ruas, que sempre abre os caminhos. Alberto, Joel e as crianças enveredaram-se pela cidade durante vários dias, encontrando, entrevistando e gravando os ambulantes, na maioria das vezes nas imediações do Mercado Modelo e no Pelourinho. De volta ao Opaxé, desenharam os carrinhos de cafezinho que pretendiam construir. Uma criança fez um desenho bastante arrojado, baseando-se no Elevador Lacerda, localizado bem em frente ao Mercado Modelo, que liga a Cidade Alta à Cidade Baixa. Terminados os desenhos, o grupo começou a construir os seus carrinhos de cafezinho, uma experiência com carpintaria e pintura. Durante a abertura e exibição dos trabalhos no Museu de Arte Moderna da Bahia, as crianças circularam com seus carrinhos de cafezinho na área em torno do museu, juntamente com os vendedores de cafezinho que foram convidados para a ocasião, distribuindo o café de um dos carrinhos. Com esse projeto, Alberto Pita procurou ajudar as crianças a ver a própria cultura a partir de uma perspectiva nova, para que compreendessem que as fontes da arte contemporânea podem estar em qualquer lugar, inclusive nas atividades e nos objetos do cotidiano.

As crianças: Adenilton Lima de Souza, Ailton dos Santos Brito, Ander Paulo de V. Silva, André Luis S. Santos, Bruno Sacramento, Edvaldo Muniz dos S. Filho, Fábio Bastos Cardoso, Itamar dos S. Oliveira, Jackson S. de Carvalho, Lindomar Pereira Santos, Marcos Santos de Oliveira, Marcos Silva Batista, Paulo Fábio de Santana, Sidnei Evangelista Muniz, Valter Rofrigues de Jesus, Wilson Carlos de Jesus.

their cafezinho pushcarts is a true labor of love. De Almeida also showed the children how to use a video camera.

Pita next asked the children to divide themselves into seven groups of three and to name themselves; the group names included Raça (Race), Consciencia Negra (Black Consciousness), Afoxé, Consciencia Humana (Human Consciousness), and Os Morenos (The Browns). Each group was responsible for designing and building two cafezinho pushcarts each: fourteen is the number of Ogum, Pita's orixá (deity), associated with the street, who opens up pathways. Pita, de Almeida and the children ventured into the city for several days, meeting, interviewing, and videotaping the vendors, mostly around Mercado Modelo and in Pelourinho. Back at Opaxé, they made drawings of the cafezinho pushcarts that they intended to build. One child made an especially ambitious drawing that incorporated the Elevador Lacerda, located just in front of Mercado Modelo, which connects the Cidade Baixa and the Cidade Alta. After the groups finished their drawings, they began to construct their cafezinho pushcarts, which gave them hands-on experience in carpentry and painting. They held a party at Opaxé to celebrate the completion of the project on February 4, 2000. During the opening of the exhibition at the Museu de Arte Moderna da Bahia, the children circulated with their cafezinho pushcarts in the area around the museum, along with the other cafezinho vendors who had been invited for the occasion; coffee was distributed from one of the pushcarts. With this project, Pita sought to help the children see their own culture from a new perspective and to understand that the sources of contemporary art can lie anywhere, including within the activities and objects of one's everyday life.

The children: Adenilton Lima de Souza, Ailton dos Santos Brito, Ander Paulo de V. Silva, André Luis S. Santos, Bruno Sacramento, Edvaldo Muniz dos S. Filho, Fábio Bastos Cardoso, Itamar dos S. Oliveira, Jackson S. de Carvalho, Lindomar Pereira Santos, Marcos Santos de Oliveira, Marcos Silva Batista, Paulo Fábio de Santana, Sidnei Evangelista Muniz, Valter Rofrigues de Jesus, Wilson Carlos de Jesus

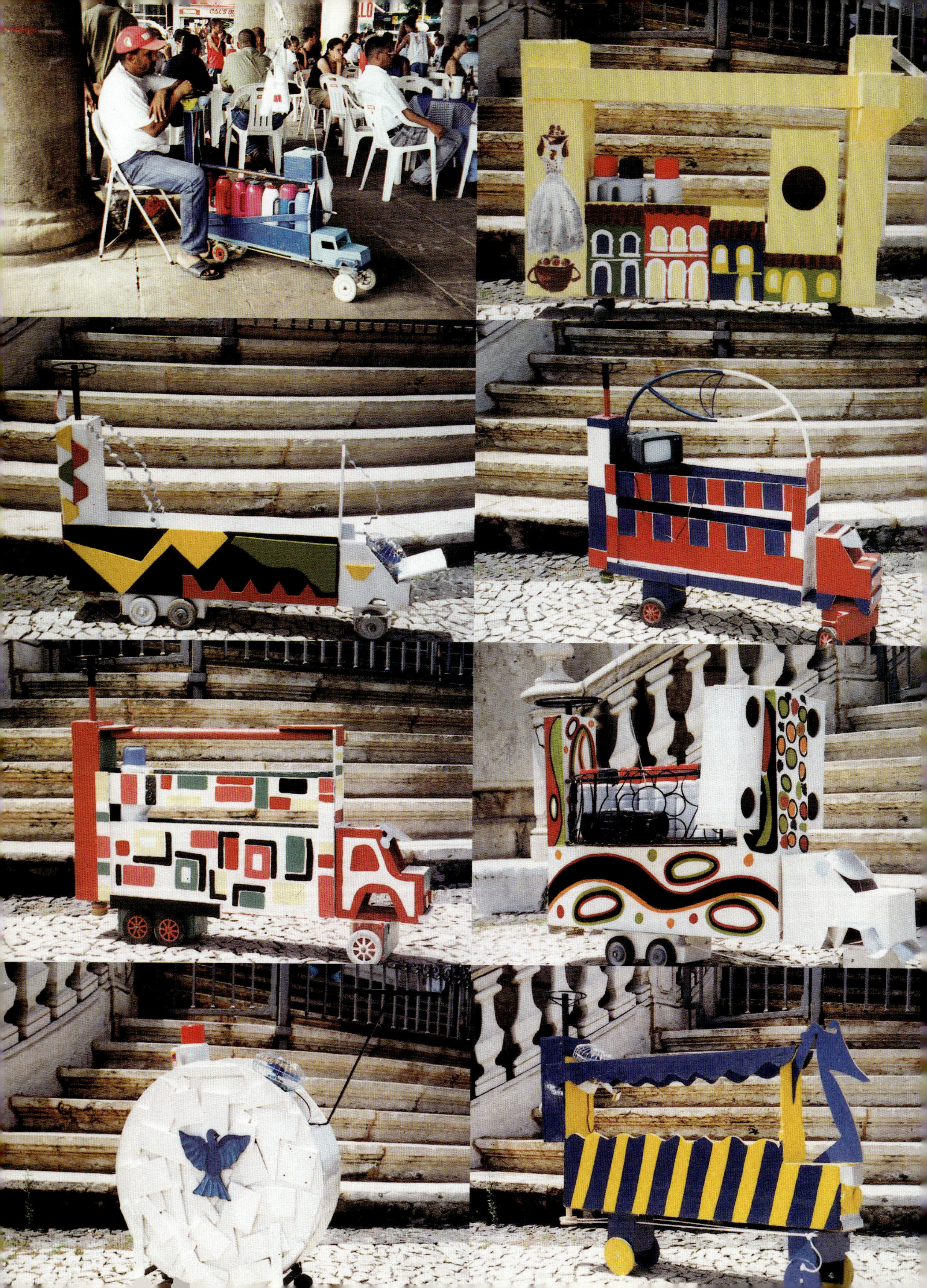

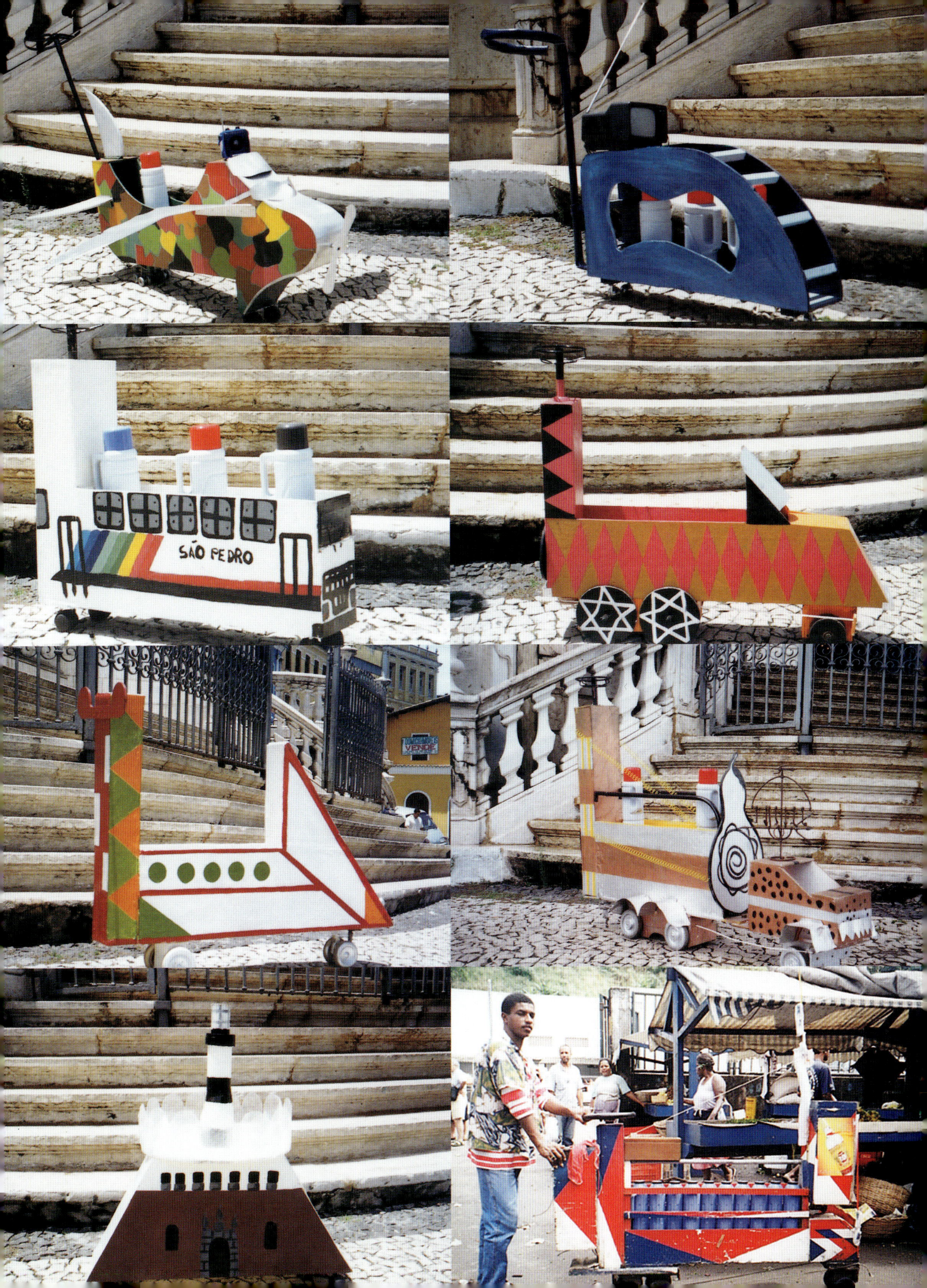

SÃO PEDRO

DORIS SALCEDO

DORIS SALCEDO

Doris Salcedo nasceu em Bogotá, na Colômbia, em 1958, onde vive atualmente. Chegou a Salvador no dia 17 de julho de 1999 e sua estada coincidiu com as de Cai Guo-Qiang, Chen Zhen, Domenico de Clario, Kara Walker e Nari Ward. Trabalhou com um grupo de vinte crianças e adolescentes da Stampaxé do turno matutino, colaborando com o educador Raimundo Aquila.

Doris Salcedo foi convidada a participar do projeto em parte pelo fato de seu trabalho de lidar com questões de violência social, pois lida extensivamente com as vítimas da violência no seu país natal, e também por acreditar que a arte funciona como instrumento de cura social e pessoal. Uma vez que raramente faz trabalhos de arte fora da Colômbia, concordou que seu papel no projeto não seria produzir uma obra de arte, mas sim compartilhar sua perspectiva em relação à violência, arte e cura com as crianças. Ao mesmo tempo em que aceitou de bom grado a oportunidade de trabalhar com as crianças, mostrou-se mais interessada pelo fato de todas elas terem sido vítimas de violência. Nesse aspecto, a realidade de Doris se assemelhava à das crianças.

Conhecer essas crianças foi uma experiência surpreendente. Doris Salcedo afirmou: "Não idealizo a pobreza. Não acho que seja poética. Não a acho bonita. Entretanto, apesar de todos os problemas que a pobreza acarreta, senti uma energia incrível nessas crianças. Eram dogmáticas, abertas e prontas para fazer qualquer coisa. Quando percebi isso, a sensação foi a de ter que dar a elas tudo o que possuía. Sentimos uma grande empatia. Falávamos a mesma linguagem, em termos do que queríamos fazer e o que significava ter e não ser humilhado. Elas entenderam muito bem o âmbito de trabalhar nesse processo de recuperar a dignidade".

Esse processo foi o espírito guia da colaboração de Doris Salcedo. Todas as crianças tinham alguém na família desaparecido ou que fora assassinado. Todas tinham sido perseguidas e ameaçadas com violência. Entretanto, não tinham idéia de que podiam reparar essa dor, transformando-a em fonte de cura. Mostraram-se bastante curiosas quando Doris lhes disse que ela mesma foi capaz de transformar sua própria vida para melhor, e que poderia sobreviver aprofundando-se nesse lugar e tirando daí a arte; algo que também poderiam fazer.

Doris Salcedo e as crianças começaram a discutir as lembranças das experiências de suas próprias vidas. Cada criança contou uma história que tinha mudado sua vida, 90% das quais eram atos de violência que

Doris Salcedo was born in Bogotá, Colombia, in 1958, where she still lives. She arrived in Salvador on July 17, 1999, overlapping with Cai Guo-Qiang, Chen Zhen, Domenico de Clario, Kara Walker, and Nari Ward. She worked with a morning group of twenty children and teenagers from Stampaxé, in collaboration with the educator Raimundo Aquila.

Salcedo was asked to participate in the project in part because her work deals with issues of social violence, because she has worked extensively with victims of violence in her native Colombia, and because of her commitment to her belief that art can function as an instrument of personal and social healing. But since she rarely makes art outside of Colombia, it was agreed that her role in the project would not be to produce a work of art but to share her perspective on violence, art, and healing with the children. While she welcomed the opportunity to work with children, she was more interested in the fact that they were all victims of violence. In this respect, their reality was similar to her own.

Meeting these children was an eye-opening experience. "I do not idealize poverty," Salcedo has stated. "I do not find it poetic. I do not find it beautiful. But in spite of all the problems that poverty brings with it, I saw an amazing energy in these children. They were opinionated, open, and ready to do anything. When I saw that, I felt like I had to give them everything I had. We understood each other very well. We spoke the same language in terms of what we wanted to do and what it meant not to have and to be humiliated. They understood very well that the process of working is the process of recovering dignity."

This process was the guiding spirit of Salcedo's collaboration. All the children had missing or murdered family members. All had been persecuted and threatened with violence. But they had no idea that they could redeem this pain and transform it into the source of their healing. And they were intrigued when Salcedo told them that she had been able to transform her own life for the better and is even able to make her living by delving into this place and creating art from it, and that they could, too.

Salcedo and the children began by discussing their memories of experiences from their own lives. Each child talked about a story that had changed his or her life, 90 percent of which were about acts of violence that they had experienced themselves.

So that they would understand the purpose of verbalizing these stories, Salcedo

introduced the children to the philosophy of sickness, healing, and art of Joseph Beuys (1921-1986), who believed that all human knowledge derived from art and that the creative principle that lies within everyone was the source of personal, social, and spiritual transformation.

After sharing their stories, Salcedo asked the children to further externalize and exorcise their pain by writing the stories down and by creating objects. "These children had never processed the idea of violence," she has stated. "So when they thought of healing, they felt a sense of liberation. They felt that they could move away from reality toward desire. That's why healing was essential for them. I tried to suggest that there were many ways in which you could heal, including imagining that things could be better. Even though they were not artists, I think that through art they can understand that there are other ways to live than the ones that the police show them."

For the exhibition at the Museu de Arte Moderna da Bahia, Salcedo contributed a sculpture from her series Atrabiliarios (1992-93). It consists of two small niches cut into the wall at eye level, covered by translucent windows of animal skin stitched directly into the wall. Inside the niches are three shoes. The skin prevents viewers from seeing the shoes clearly. Resembling images one might see in dreams, the work provokes viewers to wonder what happened to the person or persons who wore the shoes. Indeed, Salcedo collected the shoes for the series from the families of victims of violence. They are relics that stand for the remains of the dead.

The children: Adailson Santos Sacramento, Adriano Aparecido dos Santos, Alexsandro Santos Silva, Alme Sena de Medeiros, Aminadade Barbosa da Silva, Anderson Carvalho de Jesus, Claudio de Jesus Santos, Ednei Rodrigues do Rosário, Fábio Bastos Cardoso, Fábio Neris Julião Santos, Isaias Muniz Barbosa, Iva Cesar Julião, Jailson Inácio Correia, Jailson Santos de Jesus, Jaqueline Santana Santos, João Victor Boaventura Reis, José Francisco Santos Filho, Luis Alberto Santos Palmeira, Marcos Antônio Soares dos Santos, Nadiel Santos Costa, Reinaldo Vaz Bergues Júnior, Rosenildo da Silva Araújo, Rubem Daniel de Jesus Mota

elas próprias sofreram. Doris apresentou às crianças a filosofia de doença, cura e arte de Joseph Beuys (1921-1986), que acreditava que todo o conhecimento humano é derivado da arte, e que o princípio criativo subjacente é a fonte da transformação pessoal, social e espiritual, para que pudessem entender o objetivo de verbalizar essas histórias.

Depois de compartilhar as histórias, Doris Salcedo pediu às crianças que expressassem e exorcizassem a dor escrevendo as histórias e criando objetos. Ela afirmou: "Essas crianças nunca processaram a idéia de violência, portanto, quando pensaram em cura, sentiram a sensação de libertação. Sentiram que podiam se afastar da realidade em direção ao desejo. Esse é o motivo pelo qual a cura é essencial para elas. Tentei sugerir que havia várias formas de cura, inclusive imaginar que a vida pode ser melhor. Muito embora não fossem artistas, acho que através da arte entenderam que há outras formas de viver, além daquelas mostradas pela polícia".

Para a exposição no Museu de Arte Moderna da Bahia, Doris Salcedo contribuiu com uma de suas escultura da série Atrabiliários (1992-93). É formada por dois nichos cortados na parede ao nível dos olhos, cobertos por janelas translúcidas feitas de peles de animais presas diretamente na parede. Dentro desse nicho encontram-se sapatos. As peles impedem a visão nítida e clara dos sapatos. Lembrando imagens que vemos nos sonhos, o trabalho provoca os espectadores a imaginar o que aconteceu com quem usava esses sapatos. Na verdade, Doris obteve esses sapatos das famílias das vítimas da violência. São relíquias que representam o que restou dos mortos.

As crianças: Adailson Santos Sacramento, Adriano Aparecido dos Santos, Alexandro Santos Silva, Alme Sena de Medeiros, Aminadade Barbosa da Silva, Anderson Carvalho de Jesus, Claudio de Jesus Santos, Ednei Rodrigues do Rosário, Fábio Bastos Cardoso, Fábio Neris Julião Santos, Isaias Muniz Barbosa, Iva Cesar Julião, Jailson Inácio Correia, Jailson Santos de Jesus, Jaqueline Santana Santos, João Victor Boaventura Reis, José Francisco Santos Filho, Luis Alberto Santos Palmeira, Marcos Antônio Soares dos Santos, Nadiel Santos Costa, Reinaldo Vaz Bergues Júnior, Rosenildo da Silva Araújo, Rubem Daniel de Jesus Mota

Atrabiliarios, 1992-93. Wall installation with plywood, three shoes, animal fiber, and surgical thread. 54.6 x 49 x 11.4 cm. Private Collection, New York. Courtesy Alexander and Bonin. Photo: Orcutt & Van Der Putten.

Atrabiliários, 1992 a 93. Instalação mural: compensado, três sapatos, fibra animal e seda cirúrgica. 54,6 x 49 x 11,4 cm. Coleção Particular, Nova York. Cedida por Alexander e Bonin, Nova York. Foto Orcutt & Van Der Putten

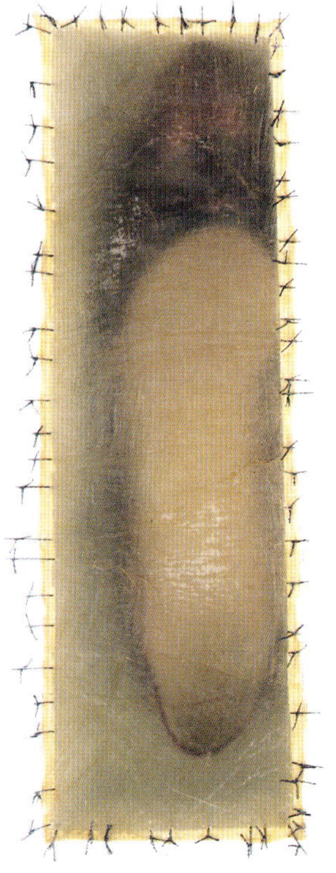

Tunga was born in Palmares, in the state of Pernambuco, Brazil, in 1952; he lives in Rio de Janeiro. He arrived in Salvador on May 15, 1999, overlapping with Janine Antoni and Willie Cole, and returned twice more during the course of the project. Tunga collaborated with several groups of children and teenagers from Bandaxé, at the Casa de Cultura unit.

Since the mid-1970s, Tunga has organized his work not as series of discrete sculptures but as a series of projects that feature a repertory of interrelated forms, images, and materials through which he destabilizes our perception of art, life, and the relationship between the two. Although the components of these projects often take sculptural form as objects from everyday life, they cannot be easily categorized: a bundle of interwoven copper wires is not just that, but a sculpture, a conductor of invisible energy, braided hair, intertwined snakes; it is all and none of these things. Equally destabilizing is the fact that the components of these projects infect one other through a process of contágio mútuo *(mutual contagion), a phrase the artist first used in 1982, in which the categories we use to define reality interpenetrate and mutate. Heightening our awareness of the limiting constraints of conventional sensory experience, this process has the potential to transform our consciousness. On his first trip to Salvador, Tunga developed the idea for his project and decided to work with several percussion groups from Bandaxé. He designed an ensemble of about twenty-five drums, ranging in size from small to large, fabricated according to his specifications out of* folha de flandres, *a type of industrial galvanized iron. The drums resonated with the popular culture of Salvador, which is Brazil's most important center for rhythm and is especially renowned for its percussion groups. When the steel cover of each drum is opened, one sees a chain attached to the cover's interior. Linked to each chain are a variety of domestic objects made of the same galvanized iron—funnels, graters, roasting pans, and storage containers, which the artist collected rather than fabricated. The chains resonated with another aspect of popular Salvadoran culture:* balangadas, *ornamental silver or gold buckles to which amulets are attached, which Candomblé adherents wear hanging from the neck or from their clothing or belts. Because each amulet represents a Candomblé* orixá *(deity), the* balangada *is invested with great magical power. Tunga conceived the drums with the chains as the primary locus of mediation between the artist, the children, the educators, and the public; they existed fluidly in the space between*

Tunga nasceu em Palmares, no estado brasileiro de Pernambuco, em 1952, e mora no Rio de Janeiro. Chegou a Salvador no dia 15 de maio de 1999, coincidindo com as estadas de Janine Antoni e Willie Cole, e retornou duas outras vezes durante o projeto. Tunga colaborou com vários grupos de crianças e adolescentes da Bandaxé, na unidade da Casa de Cultura.

Desde meados da década de setenta, Tunga vem organizando seu trabalho não como uma série de esculturas individuais, mas como uma série de projetos que caracterizam um repertório de formas interrelacionadas, imagens e materiais, que questionam nossa percepção da arte, da vida e do relacionamento entre os dois. Embora os componentes desses projetos quase sempre assumam a forma de escultura como objetos do cotidiano, não é fácil categorizá-los. Um feixe de fios de cobre entrelaçados não é simplesmente o que se vê, mas sim uma escultura, um condutor de energia invisível, o cabelo trançado, serpentes entrelaçadas; pode ser tudo ou nada disso. Igualmente desestabilizante é o fato dos componentes do projeto contaminarem um ao outro através do processo de *contágio mútuo*, uma frase do autor, empregada pela primeira vez em 1982, no qual as categorias que utilizamos para definir a realidade se interpenetram e mudam. Esse processo tem o potencial de transformar nossa consciência, elevando-a em relação às preocupações limitadoras da experiência convencional dos sentidos.

Durante sua primeira estada em Salvador, Tunga desenvolveu a idéia do projeto e decidiu trabalhar com vários grupos de percussão da Bandaxé. Projetou um conjunto de aproximadamente vinte e cinco tambores, cujos tamanhos variavam de pequenos a grandes, fabricados em folha-de-flandres (folha de ferro galvanizado), de acordo com suas especificações. Os tambores ressoavam com a cultura popular de Salvador, o centro rítmico mais importante e renomado do Brasil, sobretudo, por seus grupos de percussão. Quando se abre a tampa de aço de cada tambor, vê-se uma corrente presa ao verso da tampa. Presos na corrente encontram-se vários objetos domésticos feitos da mesma folha-de-flandres—funis, grelhas, frigideiras, e latas de mantimentos colhidos pelo artista, em vez de fabricados. As correntes fazem lembrar outro aspecto popular da cultura de Salvador: os balangandãs, enfeites de prata, nos quais são presos os amuletos que os adeptos do Candomblé usam pendurados no pescoço, na roupa ou na cintura. Uma vez que cada amuleto representa um orixá, o balangandã está revestido de grande força mágica. Tunga imaginou os

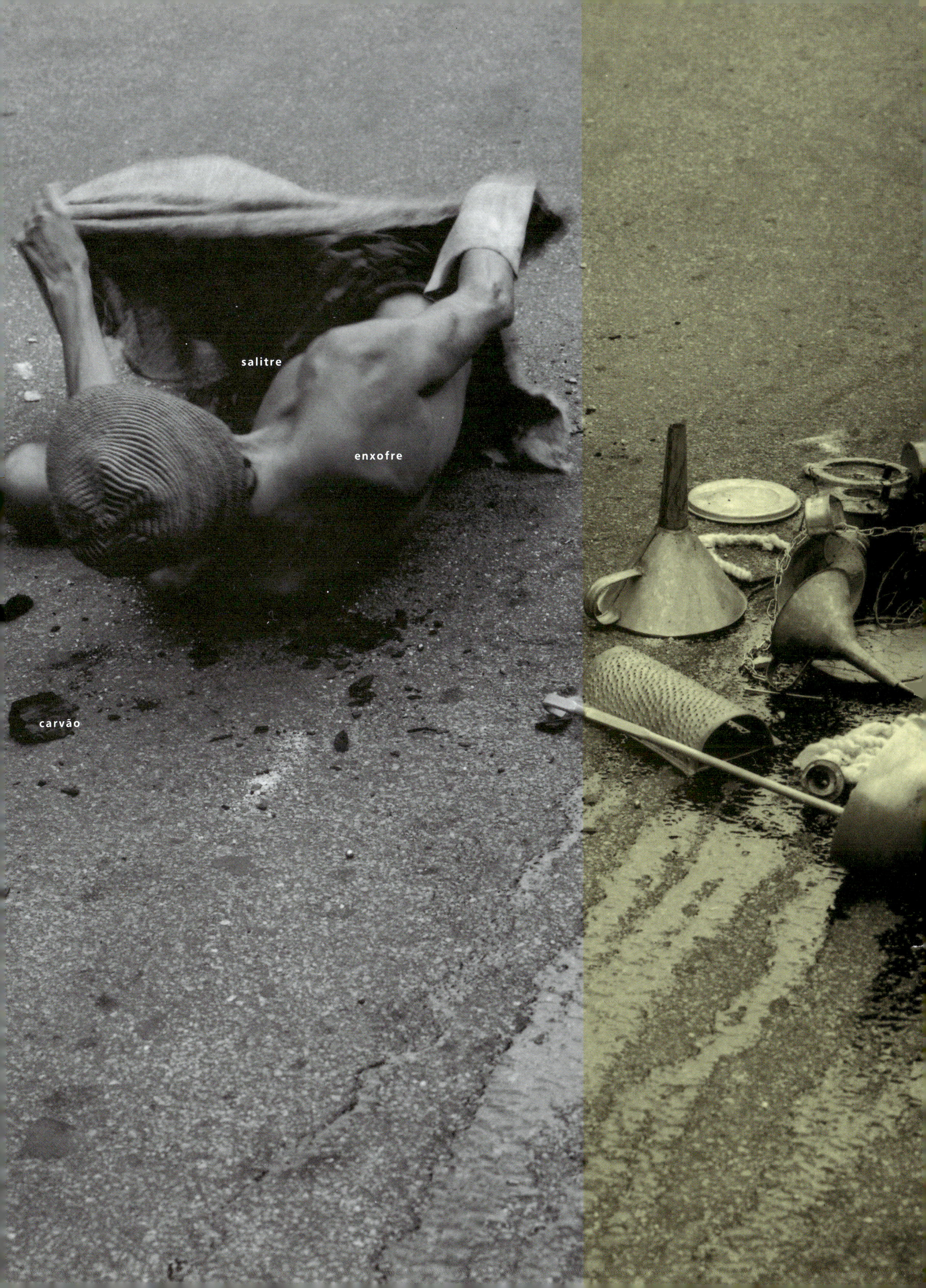

salitre
enxofre
carvão

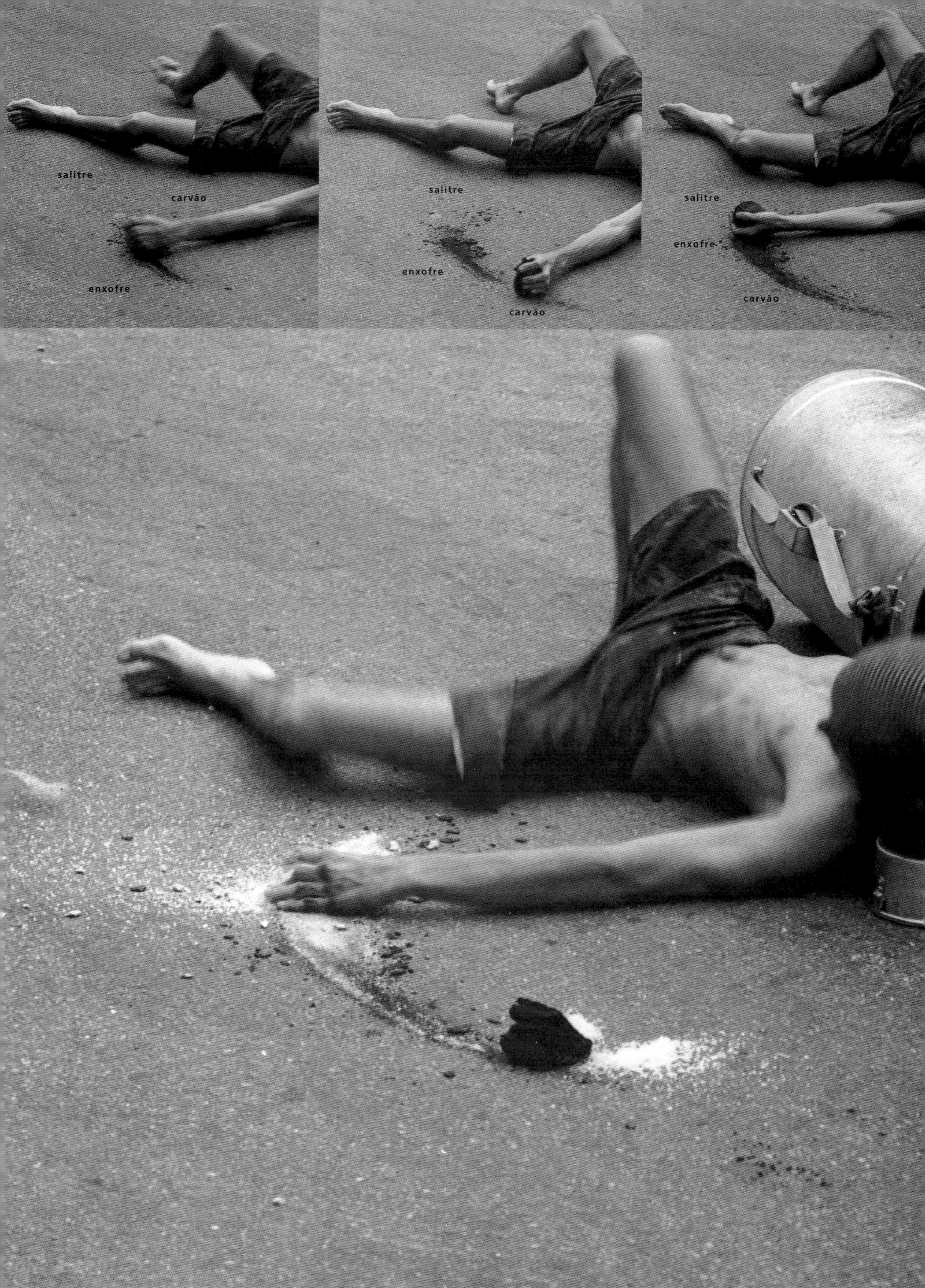
salitre
carvão
enxofre
salitre
enxofre
carvão
salitre
enxofre
carvão

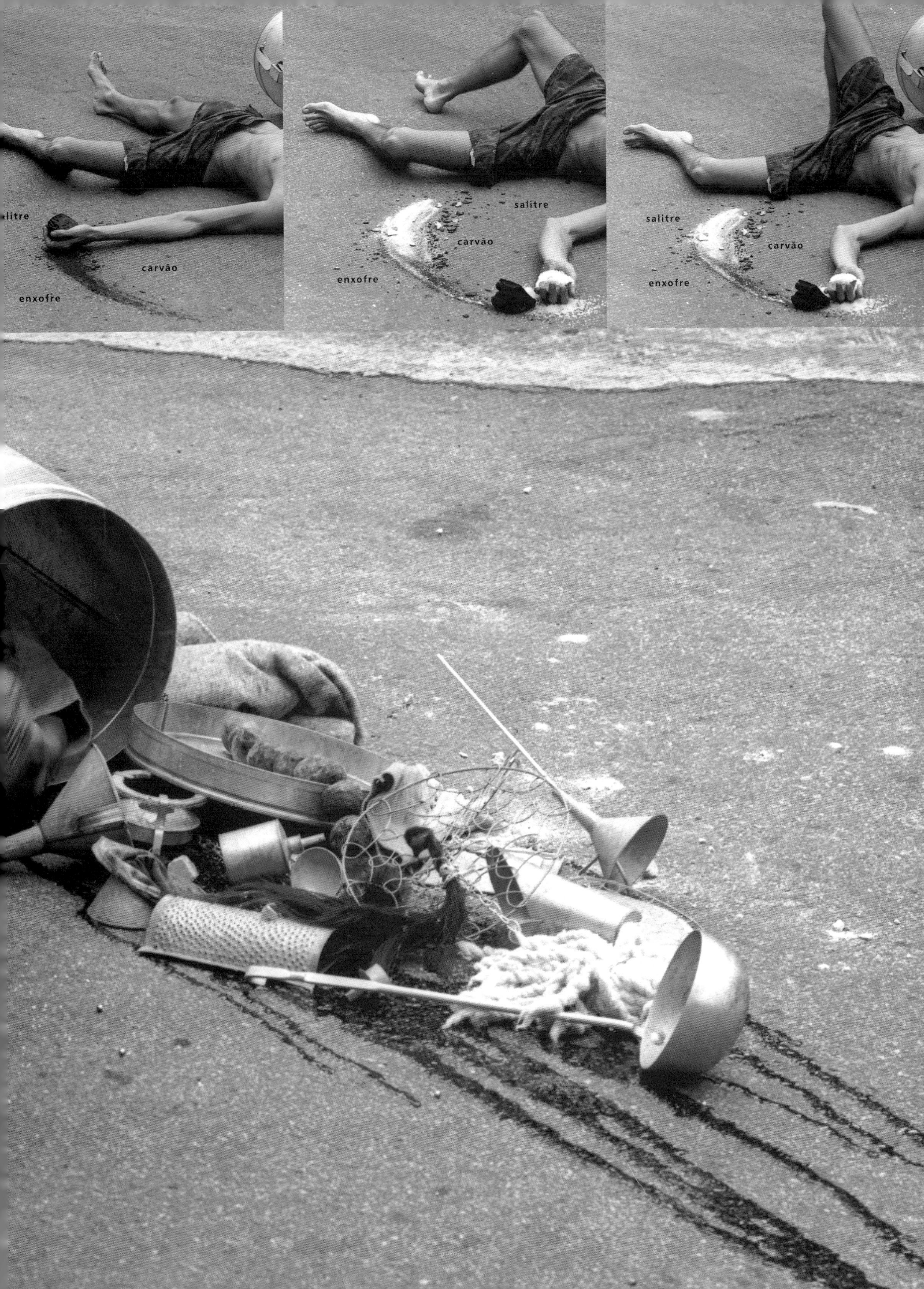
salitre
carvão
enxofre
salitre
carvão
enxofre
salitre
carvão
enxofre

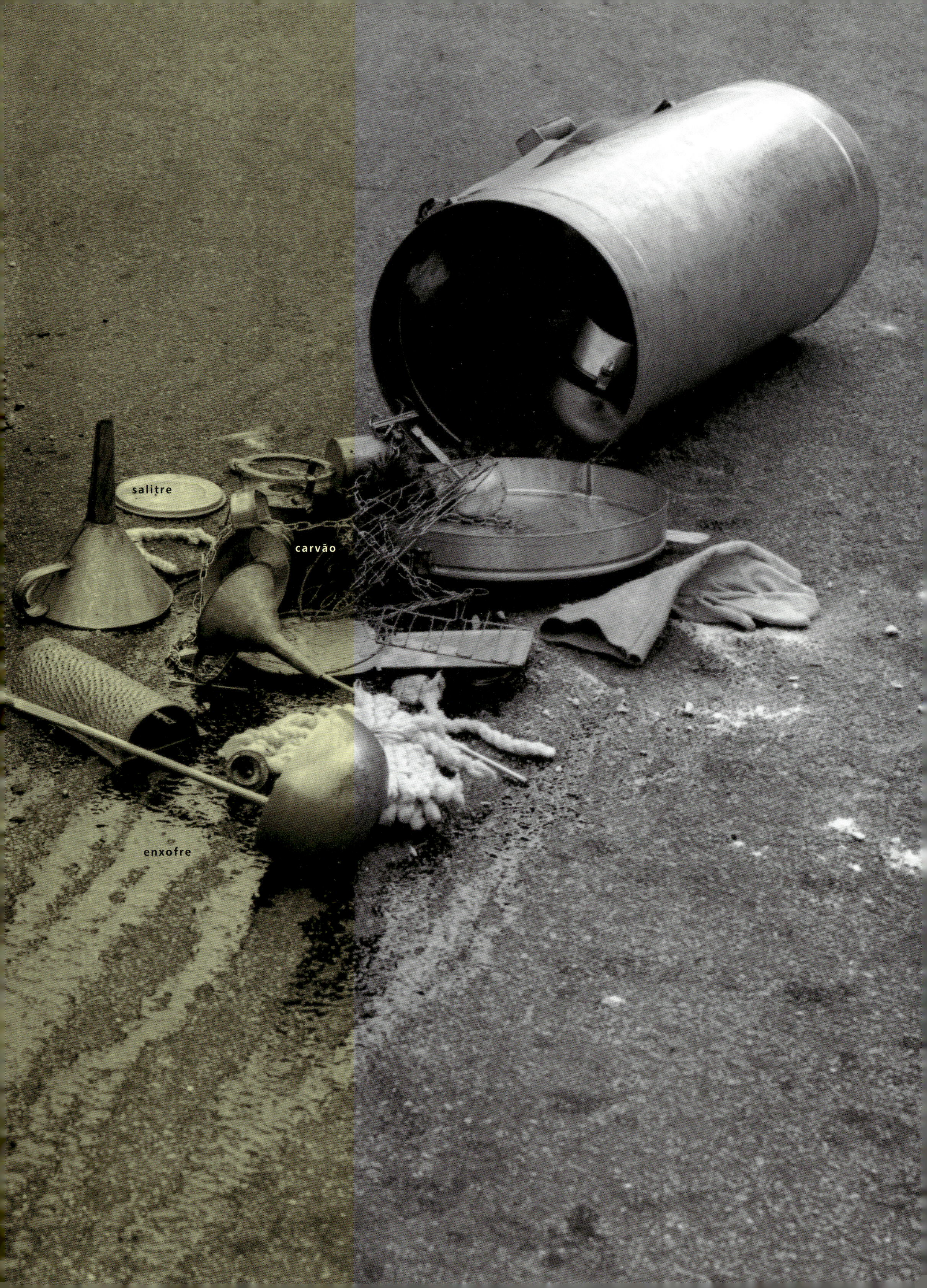

salitre
carvão
enxofre

tambores com correntes como o *locus* primário da mediação entre o artista, as crianças, os educadores e o público; permaneceram fluindo no espaço entre as esculturas, instrumentos de percussão, utensílios domésticos e amuletos.

Durante sua segunda estada, os tambores foram trazidos para a sala de aula da Casa de Cultura, onde Tunga organizou o primeiro ensaio com as crianças. Ele instruiu-as para que tentassem descobrir o tipo de som que existia antes do som orquestrado (no Projeto Axé, as crianças aprendem a orquestrar o som) e pediu que criassem um trovão sônico, com o qual podiam até destruir seus próprios instrumentos. A cena resultante foi intensamente caótica. As crianças bateram, jogaram e até destruíram alguns dos tambores, numa poderosa liberação de energia. Pareciam integrantes de um bloco de Carnaval se libertando das regras de ordem de forma festiva, porém, às vezes, agressiva.

Durante sua terceira estada, Tunga, as crianças e os educadores se reuniram para realizar o segundo ensaio, que aconteceu do lado de fora do Museu de Arte Moderna, próximo ao mar. Surpreendeu a todos apresentando mechas de algodão, seringas e outros objetos miúdos, que pediu que usassem com os tambores para fazerem sons quase imperceptíveis. As crianças tiveram que se aquietar da melhor forma possível para ouvir sons tão abafados, como por exemplo, o arranhar de uma agulha numa superfície de metal. Começaram a ver que, ficando quietos, poderiam começar a ouvir sons que normalmente eram inaudíveis, o que metaforicamente incluía suas próprias vozes internas, seus desejos e as escolhas que poderiam fazer.

No dia de abertura da exposição no museu, Tunga organizou a representação final com as crianças. Também criou uma instalação escultural de tambores para a exposição. Experimentando com a criação de sons—uns dissonantes como num ato dionisíaco de liberação da ordem, estrutura e sistema, outros quase inaudíveis, nos quais as crianças tiveram que se concentrar e focalizar de forma intensa para poder perceber…elas mesmas começaram a entender que poderiam tornar-se agentes de sua própria auto-transformação.

As crianças: Fabio Trindade, Gilmar Purificação, Jefferson Souza, Jorge Filho, Josenilton Amorin, Julivaldo Pinto, Luis Cleber, Luiz Silva, Mario Pinto, Reginaldo Souza, Ricardo Mauricio, Silvano Santos Afternoon Alex Rosa, Anderson Gois, Armando Pereira, Augusto Santana, Carlos Antonio Nascimento, Carlos Jose Oliveira, Eddy Galvão, Edvaldo Galvão, Edvaldo Lima, Fabio Rosa, Jackson Santana, Jefferson Freire, Jose Luis Lopes, Renilson Lopes, Roberto Ferreira

sculptures, percussion instruments, domestic utensils, and amulets.

On his second trip, the drums were brought to a classroom at Casa de Cultura, where Tunga organized the first rehearsal with the children. He instructed the children to try to discover the type of sound that existed before orchestrated sound (at Projeto Axé, the children are taught how to orchestrate sound) and told them to create a sonic thunderball, in which they could even destroy their instruments. The scene that ensued was intensely chaotic. The children struck, threw, and even destroyed some of the drums in a powerful release of energy. They were like the members of a carnival bloco (contingent), in which they joyfully but at times aggressively liberated themselves from the rule of order.

On his third trip, Tunga, the children, and the educators met for the second rehearsal, which took place outside of the Museu de Arte Moderna da Bahia near the ocean. He surprised everyone by presenting a series of cotton swabs, needles, and other small objects, which he asked the children to use with the drums to make almost imperceptible sounds. The children had to become as quiet as possible to hear such faint sounds as a needle being scratched on a steel surface. They began to see that by becoming quiet, they could begin to hear sounds that were ordinarily inaudible, which metaphorically included their own internal voices, their desires, and the choices they could make.

On the opening day of the exhibition at the museum, Tunga organized a final performance with the children. He also created a sculptural installation of the drums for the exhibition. By experimenting with making sound—cacophonous noise in a dionysian act of liberation from order, structure, and system, to barely audible sounds on which the children had to concentrate in a focused and intense manner in order to perceive—the children began to realize that they could become the agents of their own self-transformation.

The children: Fabio Trindade, Gilmar Purificação, Jefferson Souza, Jorge Filho, Josenilton Amorin, Julivaldo Pinto, Luis Cleber, Luiz Silva, Mario Pinto, Reginaldo Souza, Ricardo Mauricio, Silvano Santos Afternoon Alex Rosa, Anderson Gois, Armando Pereira, Augusto Santana, Carlos Antonio Nascimento, Carlos Jose Oliveira, Eddy Galvão, Edvaldo Galvao, Edvaldo Lima, Fabio Rosa, Jackson Santana, Jefferson Freire, Jose Luis Lopes, Renilson Lopes, Roberto Ferreira

KARA WALKER
Apresentando a Fábula de um Inferno Doce povoado por Anjos Negros e visitado por Monstros

Kara Walker was born in Stockton, California, in 1969; she lives in Providence, Rhode Island. Walker arrived in Salvador on July 5, 1999, with her husband, Klaus Bürgel, and her twenty-one-month-old daughter, Octavia. She overlapped with Cai Guo-Qiang, Chen Zhen, Domenico de Clario, Doris Salcedo, and Nari Ward. She worked with a morning group of children and teenagers from Modaxé and was assisted by the educator, Ana Paula Sadeu-Bispo.

Most of the children with whom Walker worked were teenaged girls. "I learned from these children," she has stated, "that they liked and needed to see their own image and that they liked to some extent thinking about their exterior projections and interior musings." She developed a project with them in which they used their stories to make self-portraits by casting shadows of themselves onto a screen, which they traced and then cut out. Her idea for this project grew in part out of a previous body of work, in which she would make large installations of life-size silhouettes made of cut black paper arranged into narratives on the wall. The narratives, many of which convey fictional scenes set in the southern United States before the Civil War, are replete with stereotypical images of white and black men and women abusing one another and attempting to subvert their status. In contrast to conventional silhouettes, Walker's typically portray scenes in which African American slaves are the victims of brutal violence, but they also portray scenes in which the slaves retaliate against their abusers. They are especially disturbing because their often comical appearance contrasts so starkly with the horrific subjects they depict.

Walker was interested in the children's images of themselves as a potential source for personal and social transformation and focused especially on their identity as young black people living in a society controlled politically and economically by a small white minority. She has noted: "I wanted them to understand how there is power in looking and power in controlling the gaze of others. I wanted them to understand that sometimes there is power in invisibility, but I think they knew this instinctively, from street life. And I wanted them to be aware of their Shadow Self (their dark side? their light side?) the imaginary self that we can call into being, that can change a life by knowing and loving. And I wanted them to know their ever-present history. I wanted them to see images of black folk in history paintings and have them recognize where we have been and reflect on where we are, and on what is different and what is not. To reflect on who did the looking and how they could change the look."

Kara Walker nasceu na cidade de Stockton, na Califórnia, em 1969. Atualmente mora em Providence, no estado de Rhode Island. Kara Walker chegou a Salvador no dia 5 de julho de 1999, juntamente com o marido, Klaus Bürgel, e a filha, Octavia, na época com um ano e nove meses. A estada dela coincidiu com as de Cai Guo-Qiang, Chen Zhen, Domenico de Clario, Doris Salcedo e Nari Ward. Trabalhou com um grupo de crianças e adolescentes da Modaxé na parte da manhã e foi auxiliada pela educadora Ana Paula Sadeu-Bispo.

A maioria das crianças com as quais Kara Walker trabalhou eram meninas na adolescência. Kara afirmou: "Aprendi com essas crianças que elas gostavam e precisavam ver suas próprias imagens e que até determinado ponto gostavam de refletir sobre as próprias projeções exteriores e reflexões interiores". Desenvolveu um projeto juntamente com as crianças, no qual baseavam-se nas suas estórias para fazer auto-retratos, lançando suas sombras numa tela, que desenhavam e depois recortavam. A idéia desse projeto surgiu em decorrência de um corpo de trabalho anterior, no qual criou grandes instalações de silhuetas de tamanho natural, feitas de papel preto cortado, montando narrativas na parede. As narrativas, muitas das quais transportam cenas imaginárias que aconteceram no Sul dos Estados Unidos antes da Guerra de Secessão, estão repletas de imagens estereotipadas de homens e mulheres negros e brancos abusando uns dos outros, tentando subverter suas condições sociais. Contrastando com as silhuetas convencionais, as silhuetas de Kara Walker reproduzem cenas nas quais os escravos afro-americanos são vítimas de violência brutal, mas também mostram cenas nas quais os escravos se voltam contra seus carrascos. São muito perturbadoras, devido ao forte contraste entre sua aparência, quase sempre cômica, e os assuntos terríveis que retratam.

Kara Walker ficou interessada pelas imagens das próprias crianças como fonte em potencial de transformação pessoal e social, concentrando-se especialmente nas suas identidades como jovens negros vivendo numa sociedade controlada política e economicamente por uma minoria branca. Ela observa: "Queria que entendessem que existe força no olhar, e força para controlar o olhar dos outros; que entendessem que às vezes existe força na invisibilidade, mas acho que já sabiam disso instintivamente, da vida nas ruas. Minha intenção era que tivessem consciência do Eu Sombrio (o lado de sombra? o lado da luz?), o eu imaginário que concretizamos e que pode transformar a vida pelo amor e o conhecimento. Queria que conhecessem sua história sempre presente, que vissem imagens do folclore negro nas pinturas históricas, e que reconhecessem onde chegamos e pensassem onde estamos, e o que é ou não diferente. Pensar no olhar lançado por alguém e na forma de modificá-lo."

Kara Walker pediu às crianças que escrevessem nos seus cadernos

...rônica Moura dos Santos
de 1999

...ser mui...
...a por que...
...al colocar outras pessoas...
mulher também têm. mas...
se arruma, spra ser dona...
só muitas vezes a mulher...
...olhar que os homem, mas som...
...utras mulheres que obrem.
o privilégio se pai...
algumas

To encourage them to think about their personal relationship to these issues, Walker asked the children to keep notebooks, in which they could write about whatever they wished, and which they were obligated to share with the rest of the group only if they chose to. Their reflections in these notebooks became one of the sources for their shadow portraits. They made these portraits by tracing one another's shadows on paper and then using the sewing techniques they had acquired at Modaxé to transform the patterns into black fabric cut-outs on white fabric backgrounds. Sometimes they added to their portraits images such as arms, and in one case a baby growing in the womb, to express their inner selves.

As the children began to develop their portraits, Walker was struck by the differences between her own works, many of which are social critiques, and theirs, which had less of an edge. In fact, most of the children seemed happy just to make their own image, in spite of the social and economic difficulties they struggled with, and many times they would even begin to dance and sing while they were working. While she found this strength moving, she also asked herself what effect it might have on the quest for social change, a question she was not able to answer. As she has remarked, "I wasn't there to turn them into my work or even into contemporary artists or model citizens, just to make them aware of the connection between the things they think and do. To have them know that their being in the world means something, has a history, and that they may have the power to make that something work on others, and to change history. Every afternoon, I would tell them to be aware of where your shadow falls, know that it is always with you—a part of you, but apart."

The children: Ana Paula Souza Santana, Claudio da Silva Souza, Cloide Conceição de Jesus, Cristiane Pereira dos Santos, Daniela Barbosa Nascimento, Daniela Netis dos Santos, Débora Kelly Santana Menezes, Diana Francisca Santos Bonfim, Eddy Carlos Rodrigues do Rosário, Edvanildes Moura Santana, Fernanda Senhoria Braz, Gilmara de Souza Santos, Jeanne Santos Silva Viegas, Juçara Batista Santos, Ingrid Almeida, Lidiane Santos Rodrigues, Luciene da Silva Andrade, Lucineia Souza Lima, Marisa dos Santos Reis, Marcos Silva Batista, Milene Barbosa Santos, Monica Maciera, Monica Maria Santos Souza, Rita de Cassia Carvalho Lima, Robson de Jesus Santos, Rodolfo Nascimento de Jesus, Sileneide Santos da Silva, Veronildes Souza Santos

The artist would like to thank the children and educators of Projeto Axé.

sobre o que quisessem, cabendo a elas decidir se queriam compartilhar com o restante do grupo ou não, para estimulá-las a pensar sobre seus relacionamentos pessoais referentes a essas questões. As reflexões nos cadernos tornaram-se uma das fontes para os retratos de sombras. Fizeram os retratos desenhando as próprias sombras no papel, e em seguida usando a técnica de costura que aprenderam na Modaxé, transformaram os moldes em recortes de tecido preto em fundo de tecido branco. Algumas vezes acrescentavam braços nos seus retratos. Também fizeram um bebê crescendo no útero para representar o ser interior de cada uma delas.

À medida em que as crianças começaram a desenvolver seus retratos, Kara Walker ficou impressionada com as diferenças entre seus próprios trabalhos, muitos dos quais são críticas sociais, e os das crianças, que pareciam menos cortantes. Na realidade, a maioria das crianças parecia feliz só em desenhar a própria imagem, apesar das dificuldades sociais e econômicas com que se deparavam. Muitas vezes começavam a dançar e cantar enquanto estavam trabalhando. Comovida por essa força, ela também se perguntou qual o efeito que a mesma surtiria na busca de uma mudança social, uma questão que não conseguiu responder. E observa: "Eu não estava lá para fazer com que assimilassem meu trabalho, ou até mesmo os trabalhos dos artistas contemporâneos ou cidadãos modelos, e sim para torná-los conscientes da conexão entre o que pensam e fazem. Despertar nelas o conhecimento de que a permanência no mundo tem um significado, uma história, e que elas têm o poder de transformar, de mudar a história. Todas as tardes eu costumava dizer que era preciso ter consciência do local onde sua sombra vai, saber que ela está sempre com você, como uma parte integrante, mas sempre à parte."

As crianças: Ana Paula Souza Santana, Claudio da Silva Souza, Cloide Conceição de Jesus, Cristiane Pereira dos Santos, Daniela Barbosa Nascimento, Daniela Netis dos Santos, Débora Kelly Santana Menezes, Diana Francisca Santos Bonfim, Eddy Carlos Rodrigues do Rosário, Edvanildes Moura Santana, Fernanda Senhoria Braz, Gilmara de Souza Santos, Jeanne Santos Silva Viegas, Juçara Batista Santos, Ingrid Almeida, Lidiane Santos Rodrigues, Luciene da Silva Andrade, Lucineia Souza Lima, Marisa dos Santos Reis, Marcos Silva Batista, Milene Barbosa Santos, Monica Maciera, Monica Maria Santos Souza, Rita de Cassia Carvalho Lima, Robson de Jesus Santos, Rodolfo Nascimento de Jesus, Sileneide Santos da Silva, Veronildes Souza Santos.

A artista gostaria de agradecer os educandos e os educadores do Projeto Axé.

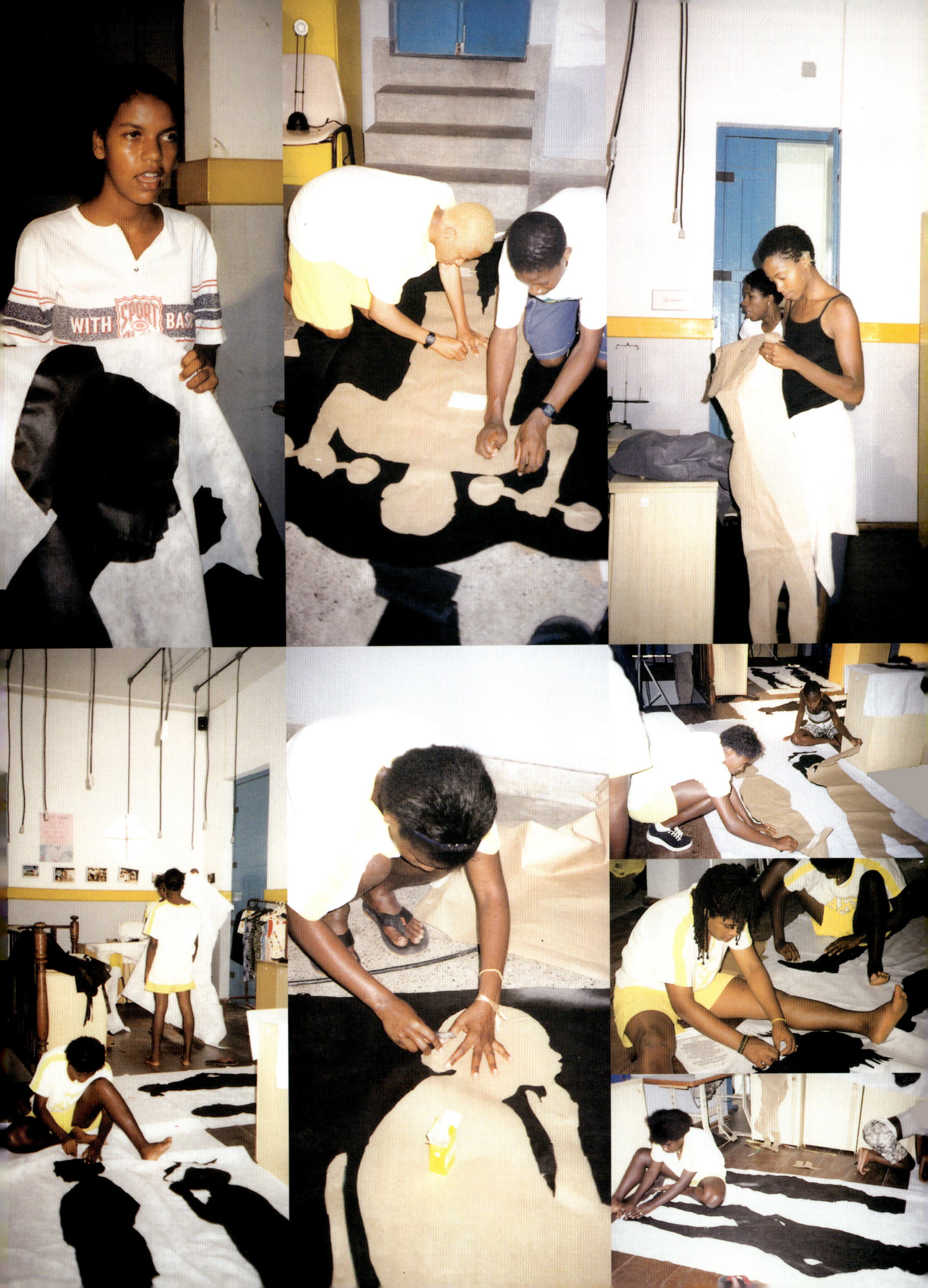

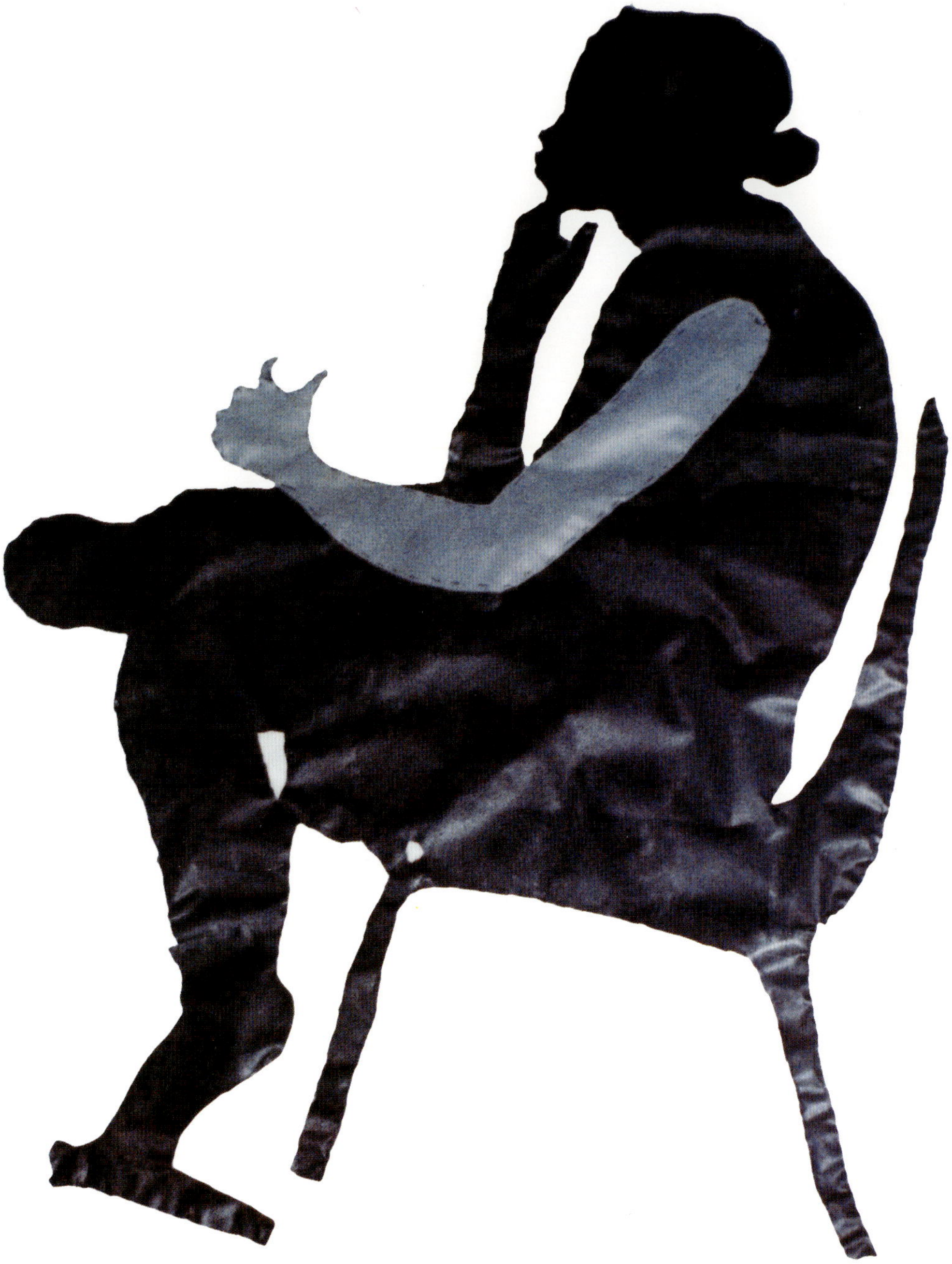

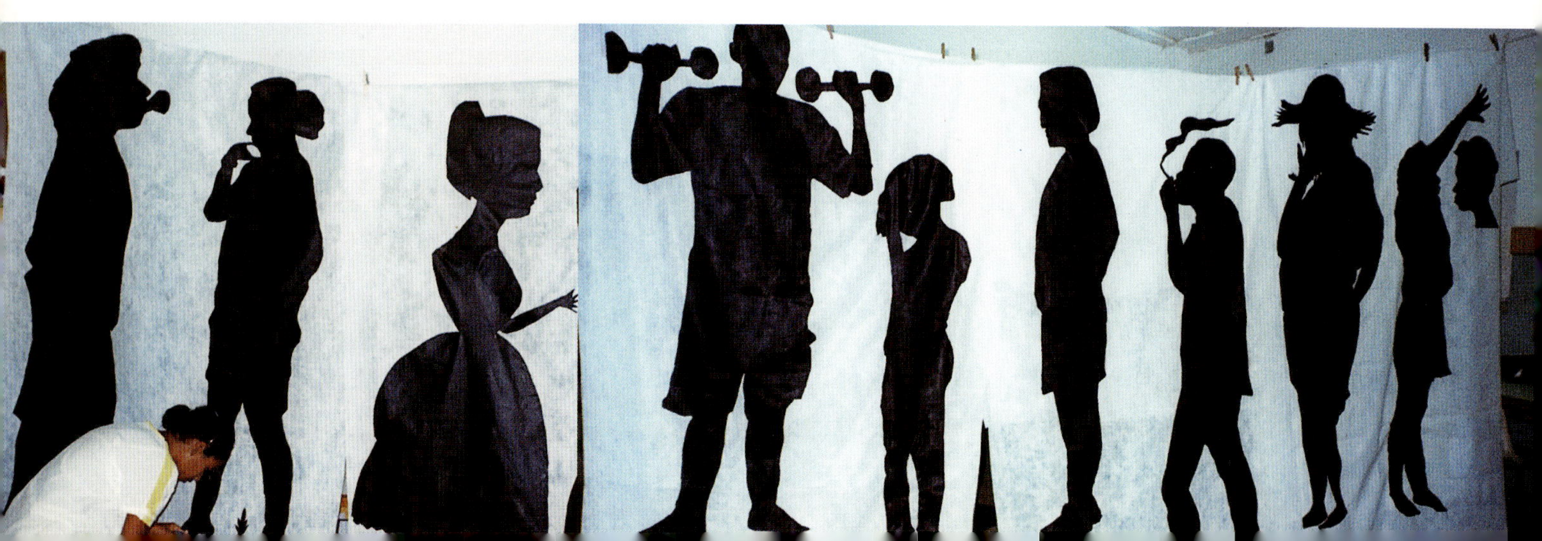

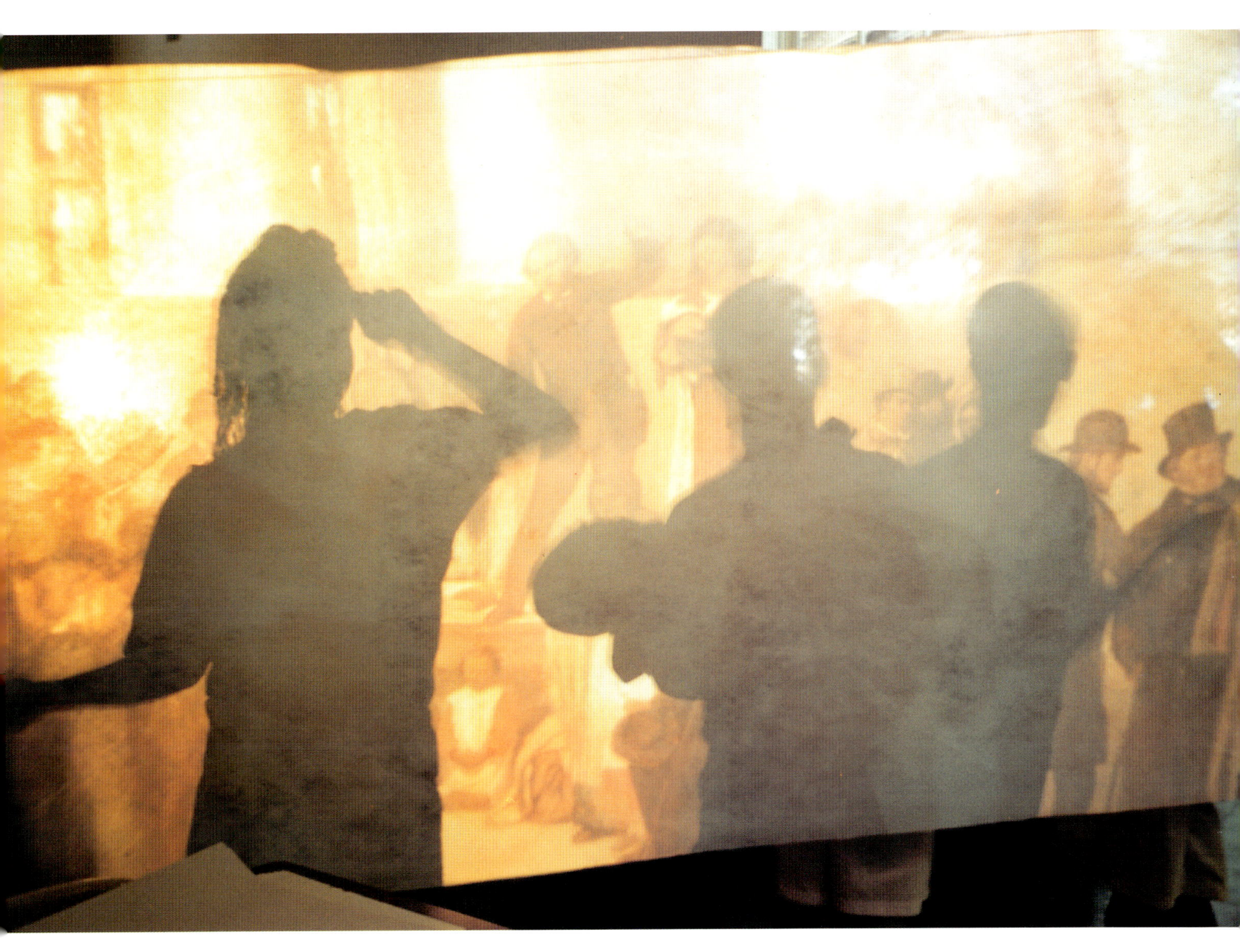

NARI WARD
Coleção permanente

Nari Ward was born born in Kingston, Jamaica, in 1963; he lives in New York. Ward arrived in Salvador on April 3, 1999, on the same flight as Leonardo Drew, in the first group of artists. He stayed for a few weeks, left, and then returned on July 10, overlapping with Cai Guo-Qiang, Chen Zhen, Domenico de Clario, Doris Salcedo and Kara Walker. Ward worked with a group of intermediate-level children and teenagers from Projeto Axé's Usina de Dança (Dance Workshop).

Ward stated in his initial project proposal that he wanted to work with three elements that evoked related aspects of Salvador's cultural history and its intersections with the children's daily lives: sugarcane, cafezinho pushcarts (carts built in the shape of small trucks from which coffee is sold on the street), and ceramic piggy banks. His challenge was to discover with the children how these elements fit together and how to give them meaningful form.

Ward collaborated with dancers because he had worked with choreographers in the past and because he was intrigued with the stage as both a place and a symbol—a place in which the children could extract themselves from and reflect on their everyday lives. He asked the children to talk about their everyday tasks, and each child gave him a movement associated with a specific task, including washing, cleaning, sweeping, cutting sugarcane, dusting, washing car windows, and so on. By isolating these movements, he hoped to help the children look at them from another perspective and then to see what the results would be: could art change how the children thought about or lived their lives?

Ward and the children also discussed the meanings of the three elements. Sugarcane was the crop on which the plantation system was based; it represented the type of labor, slavery, that was historically imposed on the children's ancestors. Ward was surprised to learn how present this history was for many of them, some of whom had relatives who still cut cane. "That was an important revelation for me," he has remarked, "because, as an African American, that history felt so distant to me, but for them it is so real. I had a lot of problems as a black person looking at the situations that these black children find themselves in because it all felt so overwhelming and because there were so few inroads for them to gain access to power within the society." The piggy banks signified hopefulness: "The idea of being able to extract yourself from the here and now and plan for the future," Ward has stated. Finally, the cafezinho pushcarts signified the resourcefulness and inventiveness that Salvadorans have developed to lift themselves above social, political, and economic limitations.

Ward then asked the children to imagine an object that they could use to perform their respective tasks if the ones they ordinarily used were not available. He took their suggestions, figured out how to give them form, made drawings of them, and then fabricated them using materials he found at Feira de São Joaquim, Salvador's main

Nari Ward nasceu na cidade de Kingston, na Jamaica, em 1963 e vive em Nova York. Nari Ward chegou a Salvador no dia 3 de abril de 1999, no mesmo vôo que Leonardo Drew, fazendo parte do primeiro grupo de artistas. Permaneceu durante algumas semanas, foi embora, e retornou no dia 10 de julho, coincidindo com as estadas de Cai Guo-Qiang, Chen Zhen, Domenico de Clario, Doris Salcedo e Kara Walker. Nari trabalhou com um grupo de crianças e adolescentes do Projeto Axé de nível intermediário, da Usina de Dança.

Na sua proposta inicial de trabalho, Nari Ward afirmou que queria trabalhar com três elementos que evocavam aspectos relacionados com a cultura histórica de Salvador e suas interseções com o cotidiano das crianças: cana-de-açúcar, carrinhos de cafezinho e cofrinhos (porquinhos de barro). Seu desafio era descobrir, juntamente com as crianças, como esses elementos se encaixam e como é possível dar-lhes uma forma significativa.

Nari Ward colaborou com os dançarinos, pois trabalhara com coreógrafos no passado, e o palco exercia nele grande fascínio como local e símbolo. Um espaço onde as crianças extraíam algo de si, refletindo seu cotidiano. Pediu-lhes que falassem sobre suas tarefas diárias, e cada criança fazia um movimento relacionado com um tarefa específica, incluindo lavar roupa, limpar, varrer, cortar cana, tirar o pó, lavar pára-brisa de carros, etc. Isolando esses movimentos, Nari esperava ajudar as crianças a olhar para si mesmas de uma outra perspectiva e em seguida ver qual seria o resultado. Será que a arte poderia mudar a forma de pensar ou de viver das crianças?

Nari Ward e as crianças também discutiram o significado desses três elementos. A cana-de-açúcar era a colheita de base do sistema agrícola; representava o tipo de trabalho, a escravidão, historicamente imposta aos ancestrais das crianças. Nari ficou surpreso ao perceber a presença marcante dessa história em muitas das crianças. Algumas delas têm parentes que cortam cana até hoje. "Foi uma revelação importante para mim, pois como afro-americano, essa história estava muito distante, mas para eles é real. Como uma pessoa negra, era muito difícil analisar as situações nas quais as crianças negras se encontravam, pois tudo era avassalador e havia poucas alternativas para que tivessem acesso ao poder dentro da sociedade", observou. O cofrinho simboliza a esperança: "A idéia de que é possível abstrair-se do agora e planejar o futuro", afirmou Nari. Finalmente, os carrinhos de cafezinho significavam os recursos e a criatividade que os soteropolitanos desenvolveram para se elevar acima das limitações sociais, políticas e econômicas.

Nari Ward pediu às crianças que visualizassem um objeto que normalmente usam para realizar suas tarefas, caso aqueles normalmente empregados não estivessem disponíveis. Anotou suas sugestões, imaginou como poderia lhes dar forma, fez desenhos para eles e, em seguida, desenvolveu os objetos usando materiais que

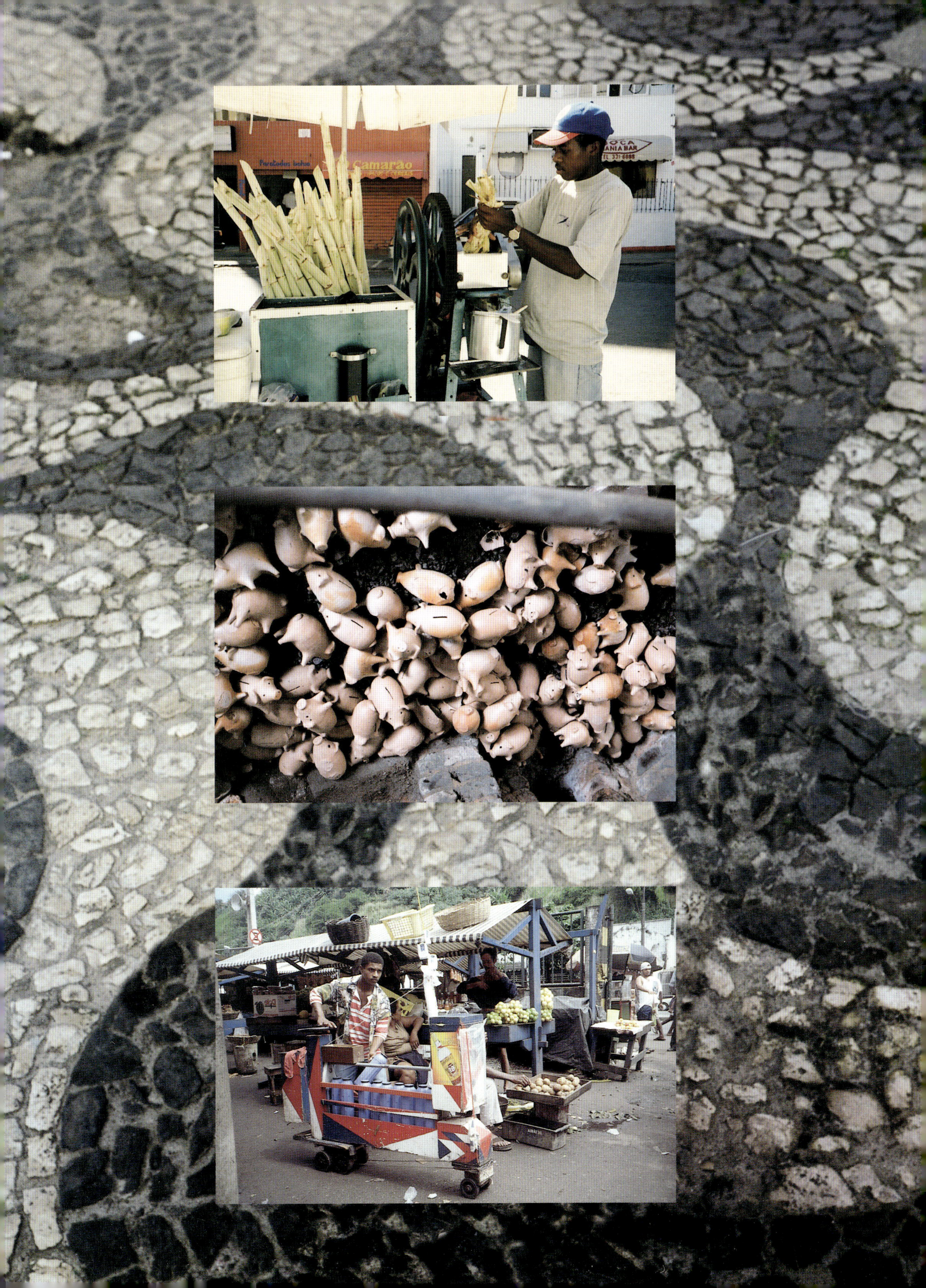

market. For example, he made a silk broom, a feathered shovel, a duster with electrical cords, and a machete of broken glass and aluminum. He then gave the objects to the children and let them play with them. He and Augusto Omolu, an educator at Projeto Axé, asked the children to repeat their movements several times rapidly and slowly, extending the limits of their bodies and seeing what happened. Indeed, for Ward, play was the common denominator that linked all of the artists' projects: "Play is how the children access that other place of invention, of acting out, or going outside of yourself and becoming something else. As artists, we go there naturally."

Ward and Omolu also took the children to the Museu de Arte Moderna da Bahia, where the exhibition would be held. He asked each child to bring ten plastic bags from home (because they were inexpensive and easily available), and he provided them with yellow ones from Feira de São Joaquim. In the galleries where he would later build his installation, the children improvised with the bags while doing their movements. They tore the bags, made sounds with them, and transformed them into costumes, and Ward videotaped the entire process. As Ward has stated, "The children's bodies began to occupy the space in a very sculptural way."

For the exhibition, Ward created an installation integrating the three elements that had initially inspired the project with documentation of the children's activities. The installation consisted of a circular stage slightly raised from the floor; its surface was bisected, with the two segments elevated slightly toward the center, so that one could see beneath the stage shards of broken ceramic pigs, symbols of broken dreams. The stage's surface was covered with black and white shoe foam arranged in geometric patterns evoking the pavements of certain streets in Salvador. Its perimeter was bordered with sugarcane stalks, and four cafezinho pushcarts designed by the artist and fabricated according to his specifications were placed around it. They were mirrored, evoking the idea of a mirrored dance studio (even though the studio the children used had no mirrors) and the experience of the dancers reflecting on their movements. Finally, on top of the stage he placed the objects the children used, and adjacent to it he presented documentation of the children playing with the objects and with the bags in the museum.

The children: Alessandro do Jesus Souza, Alex de Jesus Souza, Alexandre Carlos Moraes, Alexandro dos Santos, Almir dos Santos Júnior, André Barbosa dos Santos, Ednéia Pinto Silva, Edvanildes Moura Santana, Evaneide Santos da Silva, Elinalva Santos de Souza, Enivalda Jesus Santos, Inaira Menezes de Mendonça, Juçara Conceição dos Santos, Lucidalva Paixão de Oliveira, Pedro Ivo dos Santos, Sandra Maria dos Santos, Valmira.

encontrou na Feira de São Joaquim. Por exemplo, fez uma escova de seda, uma pá de penas, um espanador de fios elétricos e um facão de vidro quebrado e alumínio. Em seguida deu os objetos às crianças e deixou que brincassem com eles. Juntamente com Augusto Omolu, educador do Projeto Axé, pediu que as crianças repetissem seus movimentos, várias vezes, rápida e lentamente, estendendo os limites de seus corpos e vendo o que acontecia. Na realidade, segundo Nari, a atividade lúdica era o denominador comum que engloba todos os projetos dos artistas: "A brincadeira é a forma da criança ter acesso a um outro local de criação, de representação, de sair de dentro de si mesma e tornar-se algo mais. Como artistas, naturalmente recorremos a ela".

Nari e Augusto também levaram as crianças ao Museu de Arte Moderna da Bahia, onde seria realizada a exibição. Pediram a cada criança para trazer dez sacos de plástico de casa (baratos e fáceis de serem encontrados), e deu-lhes sacos amarelos da Feira de São Joaquim. Nas salas onde construiriam sua instalação, as crianças improvisaram com os sacos, enquanto faziam os movimentos. Rasgaram os sacos e fizeram sons com eles, transformando-os em fantasias. Nari gravou todo o processo em vídeo. Conforme afirmou: "Os corpos das crianças começaram a ocupar o espaço de uma maneira bastante escultural".

Para a exposição, Nari criou uma instalação que integrou os três elementos que inicialmente inspiraram o projeto com a documentação das atividades das crianças. A instalação consistiu em um palco circular, um pouco acima do chão, com sua superfície dividida ao meio, mostrando dois segmentos levemente elevados em direção ao centro, possibilitando visualizar os cacos dos cofrinhos de cerâmica embaixo do palco, símbolos dos sonhos não realizados. A superfície do palco foi coberta com espuma branca e preta disposta em padrões geométricos, lembrando as calçadas de algumas ruas de Salvador. Seu perímetro foi ladeado por talos de cana-de-açúcar e ao redor foram colocados quatro carrinhos de café, projetados pelo artista e fabricados segundo suas especificações. Eram espelhados, lembrando a idéia de um estúdio de dança com espelho (embora o estúdio das crianças não tivesse espelho), refletindo os movimentos dos dançarinos. Finalmente, na parte de cima do palco colocou os objetos que as crianças usaram, e próximo deles apresentou a documentação registrando as crianças que brincavam com os objetos e com os sacos no museu.

As crianças: Alessandro do Jesus Souza, Alex, Alexandre Carlos Moraes, Alexandro dos Santos, Almir dos Santos Júnior, André, Ednéia, Edvanildes Moura Santana, Evaneide Santos da Silva, Elinalva Santos de Souza, Enivalda, Inaira Menezes de Mendonça, Juçara Conceição dos Santos, Lucidalva Paixão de Oliveira, Pedro Ivo dos Santos, Sandra Maria dos Santos, Valmira.

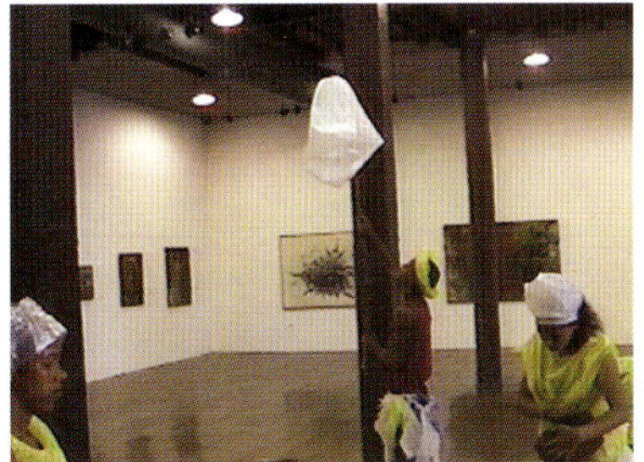

group 10

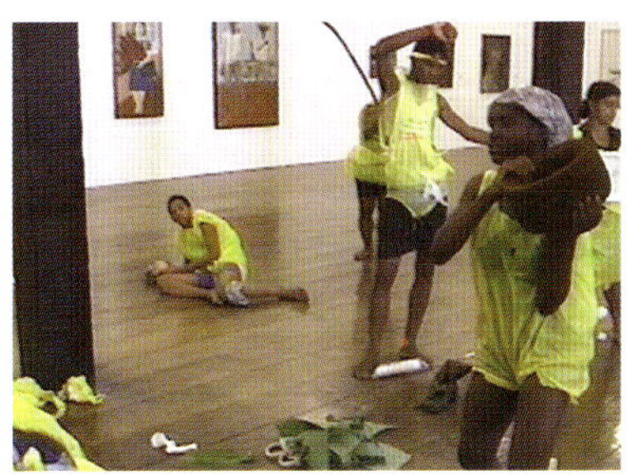

group 4

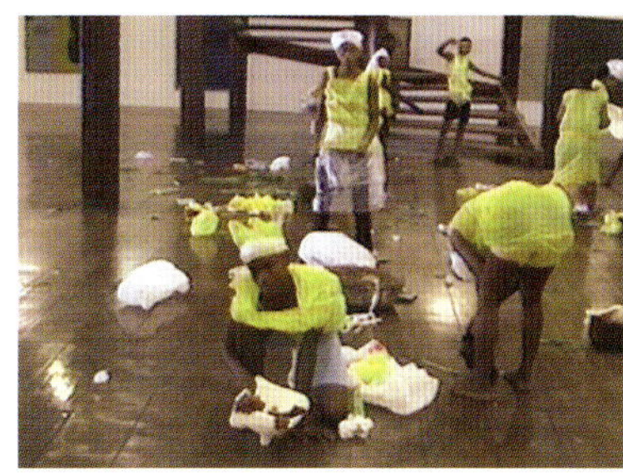

group 6

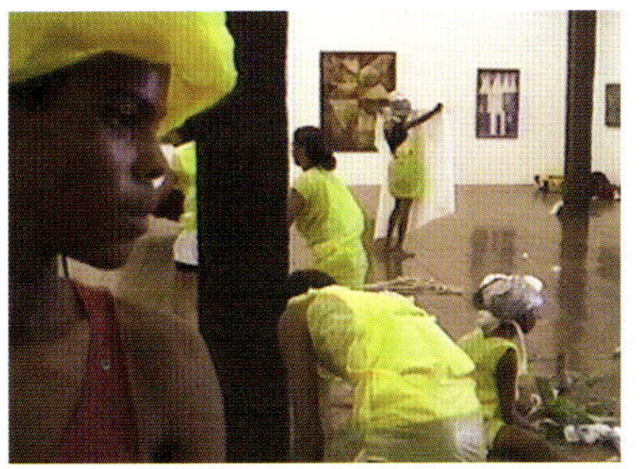

group 8

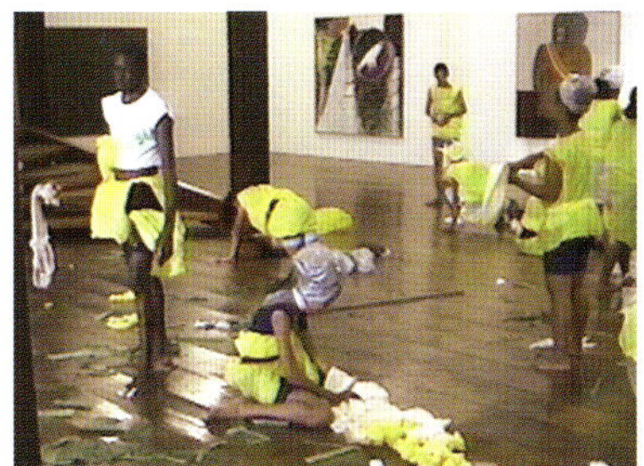

group 9

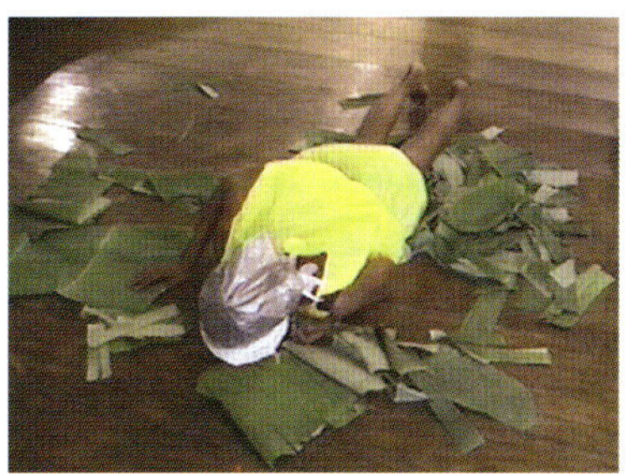

jucara leaves

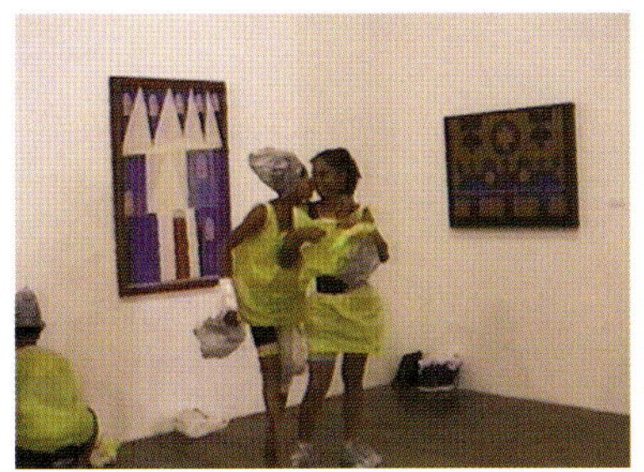

kiss

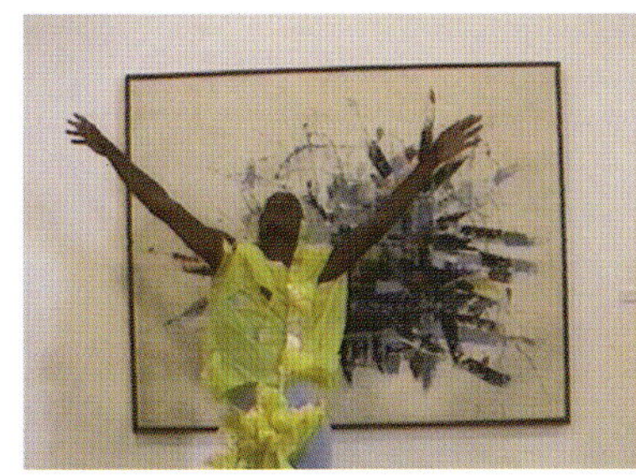

pedro 1

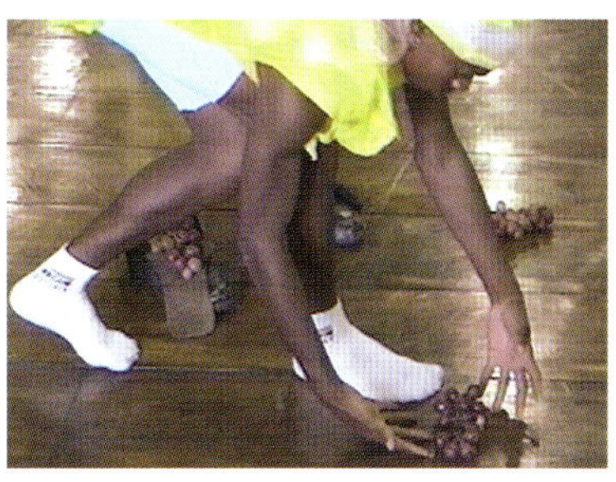

pedro grapes 3

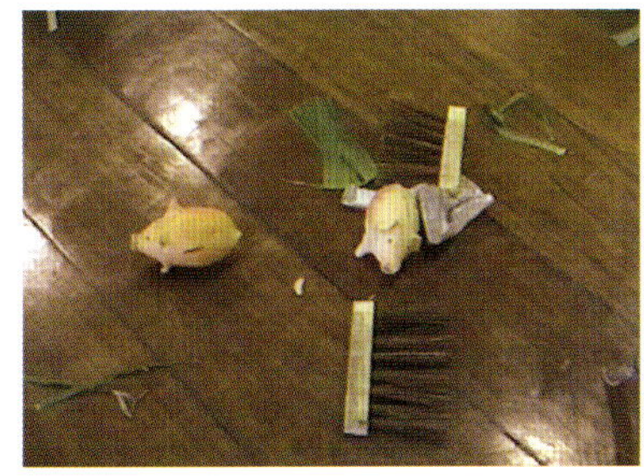

pigs broom

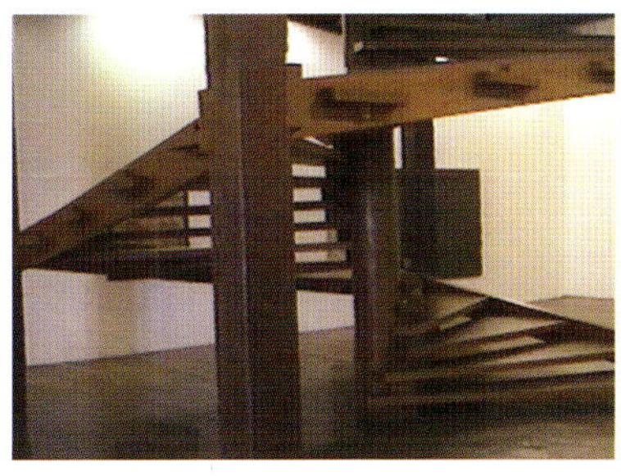

stairs 2

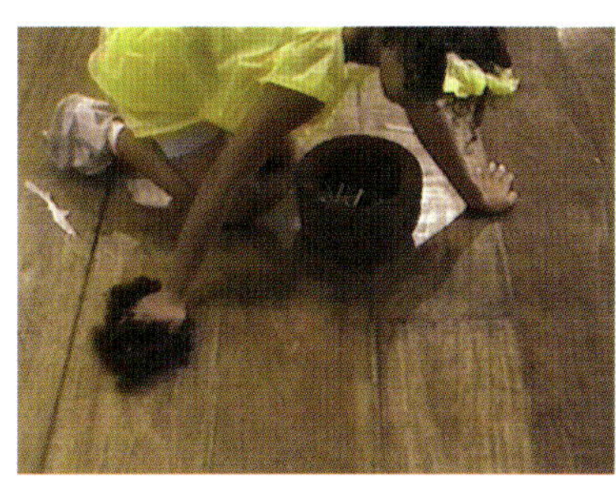

wiping floor

EVANEIDE

BONE?
WOOD

spoon mallet

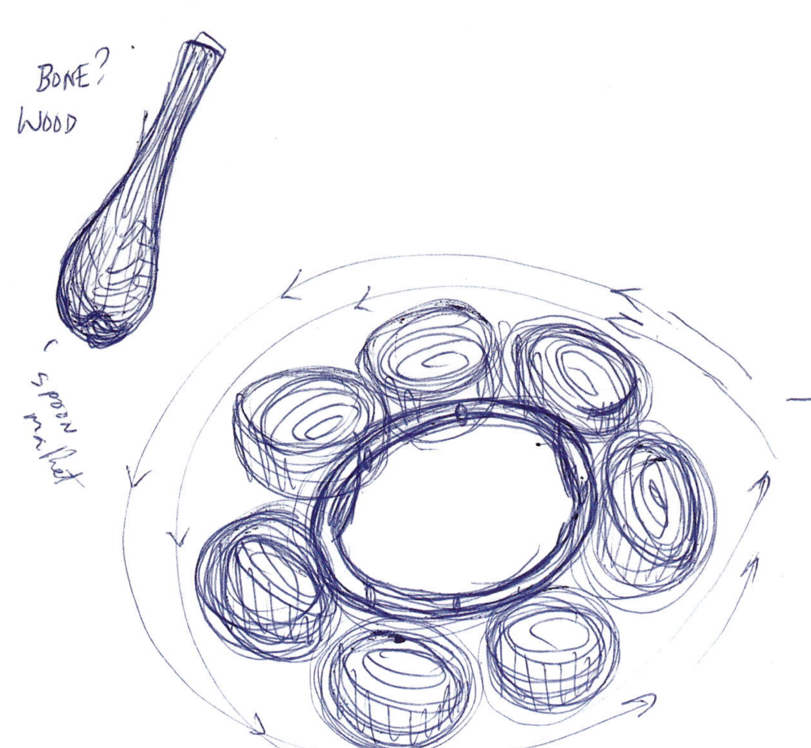

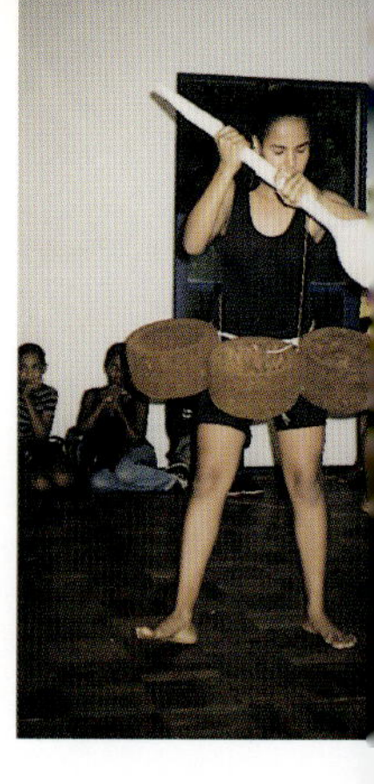

WAIST RING
TURNING CAQUEIRO

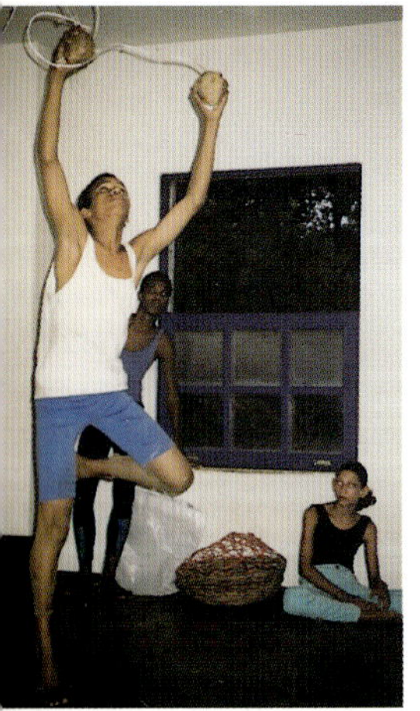

ANDRE

SHELL SHOVEL

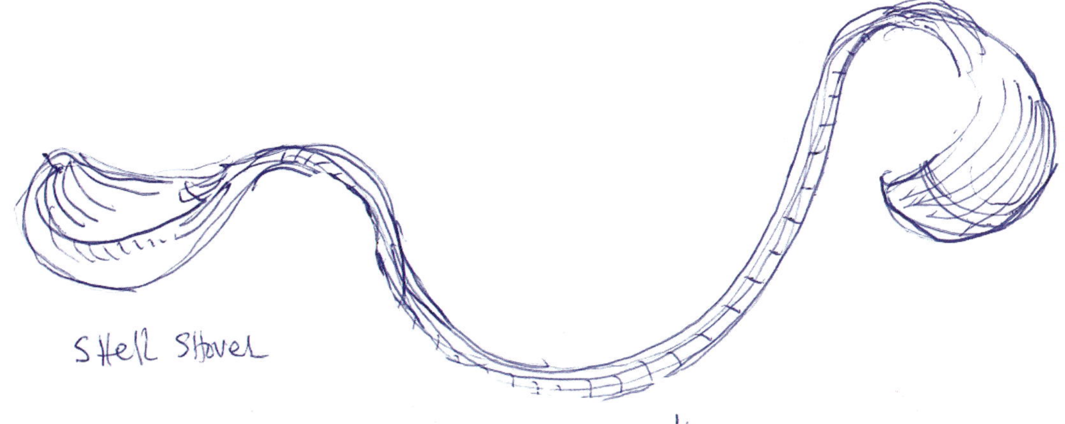

CARDBOARD Hoe
WITH GLASS

Handle
WOOD
SUGAR CANE

186

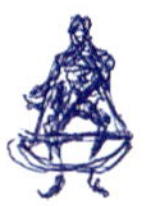

JUGARA

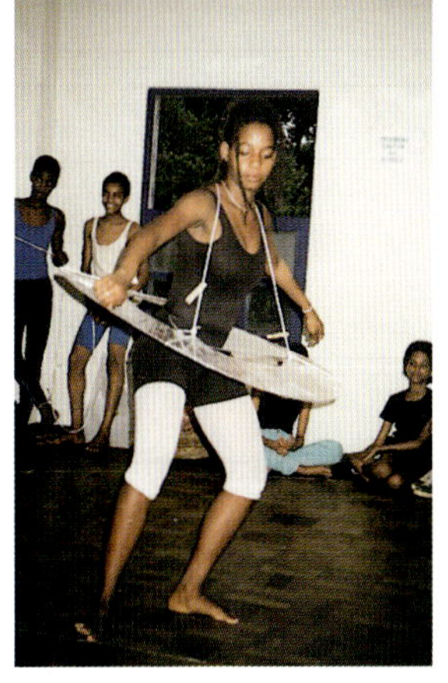

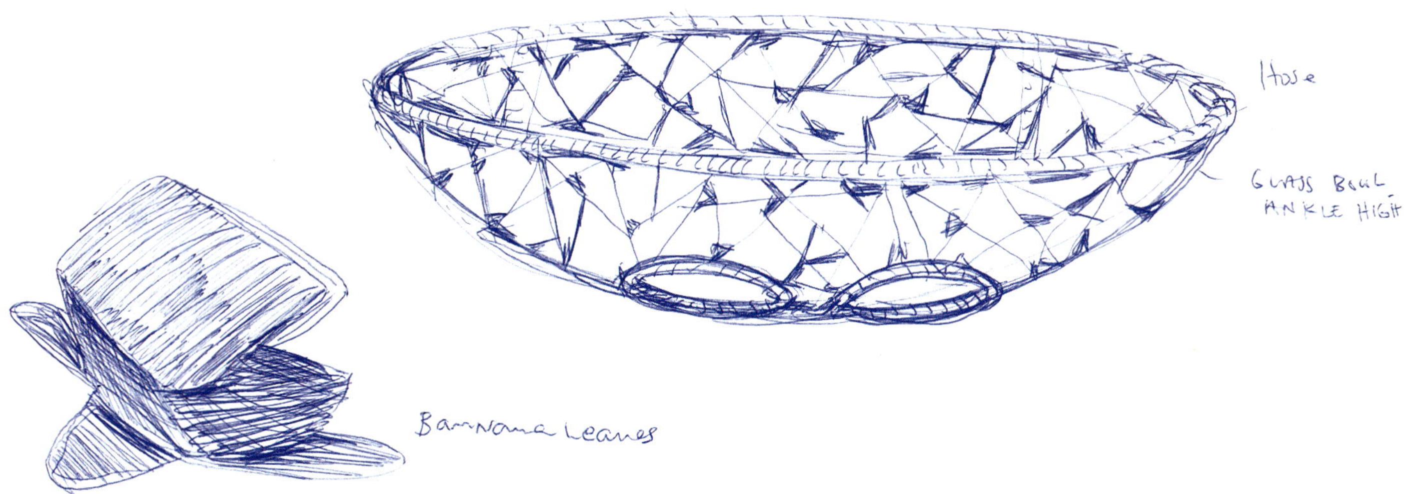

Hose

GLASS BOWL
ANKLE HIGH

Bannana Leaves

NEGA

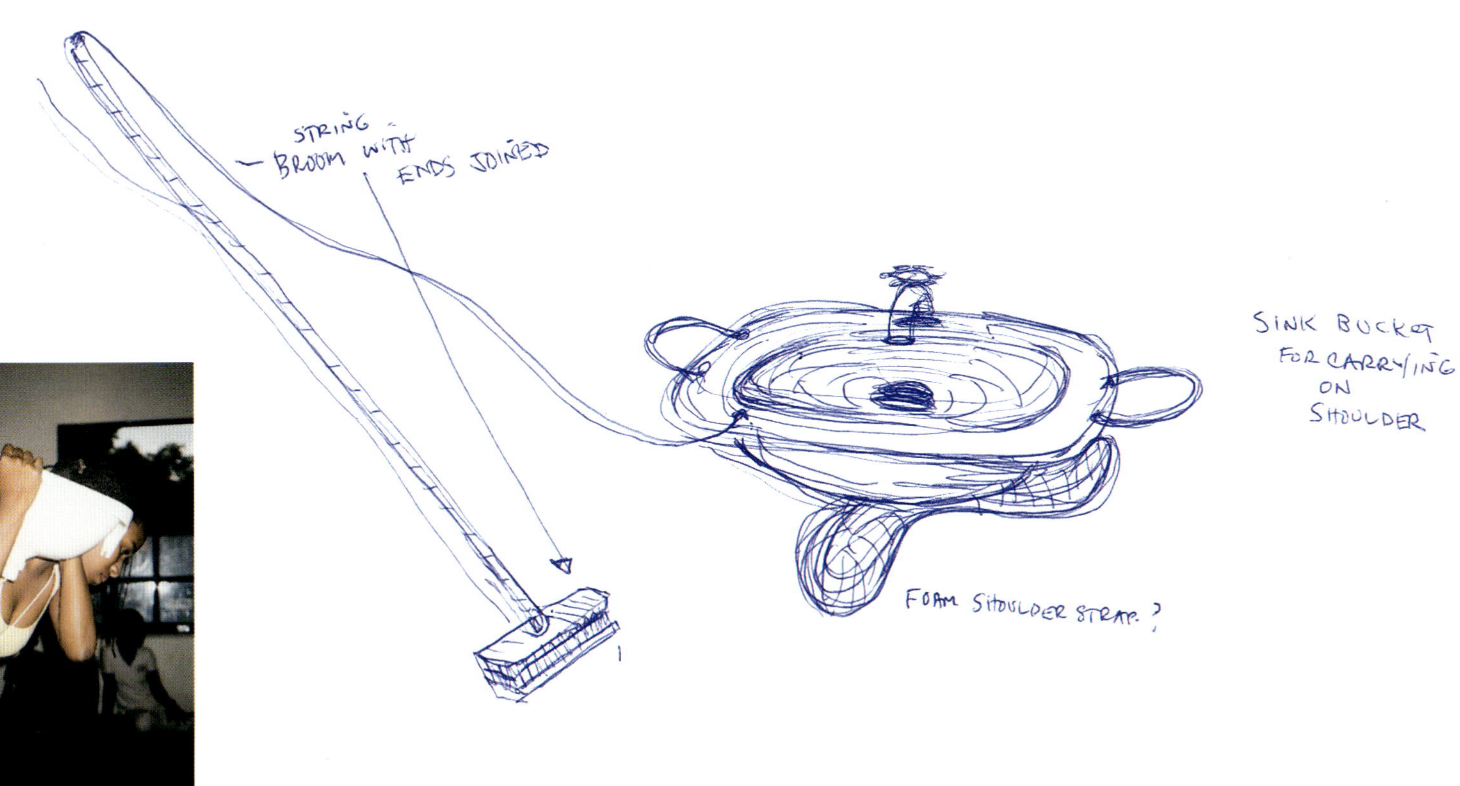

STRING -
BROOM WITH
ENDS JOINED

SINK BUCKET
FOR CARRYING
ON
SHOULDER

FOAM SHOULDER STRAP. ?

187

MESTRE DIDI ALAPINI
(DEOSCOREDES MAXIMILIANO DOS SANTOS)
Axé: Traditional Power

MESTRE DIDI ALAPINI
(DEOSCOREDES MAXIMILIANO DOS SANTOS)
Axé: Força tradicional

Projeto Axé reminds me of Eugenia dos Santos, better known as the late lamented Mother Aninha, Iya Òbá-Biyi, who founded the Axé Opô Afonja Terreiro (temple) in the São Gonçalo do Retiro district of Salvador da Bahia in 1910.

O Projeto Axé me fez lembrar da Sra. Eugenia Ana dos Santos, mais conhecida por Mãe Aninha, Iya Òbá-Biyi de saudosa memória, fundadora do terreiro Axé Opô Afonja em São Gonçalo do Retiro no ano 1910, Salvador da Bahia.

In 1935, during the Waters of Oxalá Festivals at the Terreiro, the other boys and I were so busy running around and playing tag that we forgot some of our duties, particularly going to school. When Mother Aninha discovered what was going on, she had all the kids called in and made them see that they were wrong to disobey their parents by playing hooky from school and vocational classes.

Corria o ano de 1935 pelas Festas das Águas de Oxalá no terreiro. Eu e demais garotos, nas correrias, brincando de picula, esquecíamos de algumas obrigações, principalmente a de ir para o colégio. Quando Mãe Aninha ficou sabendo o que estava acontecendo, mandou chamar toda a garotada e fez-lhes ver que não estavam agindo direito desobedecendo seus pais, não indo para o colégio e faltando às tendas de ofício.

"You can go on playing your games. There's nothing wrong with that. But I want to see you in school and vocational classes so you can study and graduate to worship Xangô while preserving the traditions of our Axé with a diploma in your hand."

Vocês podem continuar com suas brincadeiras. Não há nenhuma inconveniência, mas eu quero ver vocês freqüentando o colégio, suas tendas de ofícios a fim de estudarem, se formarem para adorar a Xangô preservando a tradição de nosso Axé e também com um anel no dedo.

I finished primary school, learned the carpenter's art, and became a civil servant at SUTURSA (Superintendência de Turismo S.A.) at Belvedere da Sé, traveling and sharing our culture. The years went by, and Mother Aninha's words—that she wanted to see us preserving the traditions of the Axé with a diploma in our hands—stuck in my mind. Finally, I decided to do something to help our kids by encouraging them to study and get "that diploma" and help preserve our Axé as Mother Aninha had wished.

Completei o curso primário, a arte de carpina, me tornando um funcionário público da Superintendência de turismo de Salvador SUTURSA (Superintendência de Turismo S.A.) no Belvedere da Sé, viajando e divulgando nossa cultura.

Os anos foram passando e aquelas palavras de Mãe Aninha, dizendo que queria nos ver preservando a tradição do Axé e com um anel no dedo, não saia de meu pensamento, até que idealizei fazer algo para ajudar aos nossos garotos incentivando seus estudos para ter condições de colocar "aquele anel" no dedo ajudando na preservação do nosso Axé conforme o desejo de Mãe Aninha.

With the help of Rosita Salgado, a teacher, and Juana Elbein dos Santos, we developed the Òbá-Biyi Mini Community, which was officially presented to Célia Nogueira, then the city of Salvador's Secretary for Education and Culture.

Com a ajuda da Prof.a Rosita Salgado e a Dr.a Juana Elbein dos Santos, preparou-se o projeto Mini Comunidade Òbá-biyi que foi entregue a professora Célia Nogueira, secretária naquela época da Secretaria de Educação e Cultura da prefeitura.

Thanks to the Inter-American Foundation and later the NOVIB (Nederlandse Organisatie voor Internationale Ontwikkelingssamenwerkung) Foundation, and through a partnership with SECNEB (Sociedade de Estudos da Cultura Negra no Brasil), we obtained valuable help in building a school on a parcel of land donated by the Cruz Santa Axé Opô Afonjá Society. To implement this experiment, we also obtained the city government's approval of the project and an agreement with the LBA (Legião Brasileira de Assistência) signed in 1977.

Graças à Fundação Interamericana e depois a Fundação Holandesa NOVIB (Nederlandse Organisatie voor Internationale Ontwikkelingssamenwerkung), e por intermedio e parceria com a SECNEB (Sociedade de Estudos da Cultura Negra no Brasil), conseguimos uma grande ajuda para a construção do prédio num terreno doado pela Sociedade Cruz Santa Axé Opô Afonjá e para a implantação da experiência contando ainda com a aprovação do Projeto pela Prefeitura e de um convênio com a LBA (Legião Brasileira de Assistência), em 1977.

The Òbá-Biyi Mini Community was launched with the aim of not only preserving the cultural roots of the community's children, but preparing them for life outside the Terreiro, which meant attempting to socialize them at two levels: the Terreiro and mainstream society.

Foi inaugurada a Mini Comunidade Òbá-Biyi com o objetivo não só da preservação das raízes culturais das crianças da comunidade, mas também sua preparação para a vida fora do terreiro, ou seja, ensejar uma socialização em dois níveis: a do terreiro e a da sociedade global.

A Mini Comunidade chegou a funcionar com 140 crianças de 02 a 14 anos de idade e 08 professoras. As crianças eram alfabetizadas a partir de atividades da própria vida da comunidade-terreiro, de cantos, danças e das histórias míticas, sistematizando tradições e ensinamentos transmitidos oralmente durante gerações.

As crianças participavam ativamente da criação e representação de peças teatrais aproveitando o acervo cultural da comunidade, através dos contos de mestre Didi, com a dramatização de "A Vendedora de Acaçá", "Odá e os Orixá do Mato", "A Chuva dos Poderes" e outros com a utilização de instrumentos musicais, de percussão, danças e cânticos, criação de figurinos e cenários.

A Mini Comunidade foi um esforço de conscientização das crianças, dos valores culturais e históricos-comunitários, de modo a não permitir a alienação quando do contato com a sociedade global e as escolas públicas.

Decorridos 07 anos de existência da Mini Comunidade Òbá-Biyi, incluindo 02 anos da implantação do currículo pluri-cultural, por falta de apoio à proposta e falta de verba para a manutenção da Mini, retiramo-nos do projeto e atualmente, em vez da Mini Comunidade Òbá-Biyi, homenagem a nossa ancestralidade, funciona hoje uma escola pública denominada Escola Eugênia Ana dos Santos.

Um grupo de jovens, alguns que participaram do Projeto Òbá-Biyi e outros integrantes da comunidade—terreiro Ilê Axipá, continuam hoje estudando, profissionalizando-se e integrando o novo projeto Odomode Ecre Axipá — Juventude da Sociedade Axipá, instalado no próprio terreiro Ilê Axipá com orientação de sua cúpula e parceria da SECNEB.

Convicto de que através dos projetos Mini Comunidade Òbá-Biyi e Odomode Egbe Axipá, conseguimos a base para a realização do desejo de Mãe Aninha, vejo hoje a maior parte dos jovens que freqüentaram a Mini Comunidade e participa do Ilê Axipá, ocupando cargos de destaque na sociedade global e continuando sempre a tradição e preservação do Axé, força herdada e atualizada de nossos antepassados.

Salvador, 11 de outubro de 1999

The Community came to have one hundred forty children, aged two to fourteen, and eight teachers. The children learned to read and write through activities based on their lives at the Terreiro, including songs, dances, and myths, systematizing traditions and teachings that had been passed on orally for generations.

They actively participated in the creation and presentation of plays that developed the community's cultural heritage through the tales told by Mestre Didi, dramatizations of "The Acaçá Seller," "Odà and the Orixás of the Forest," "Raining Powers," and others. The plays included percussion instruments, dances, and chants, and the creation of costumes and sets.

The Community was an effort to raise the children's awareness of their community's cultural and historical values in order to prevent them from feeling alienated when they entered mainstream society and public schools.

Seven years after it came into being, including the two years it took to develop the multicultural syllabus, we left the project because of a lack of funding and support for its aims. Today, where the Community once stood as a tribute to our heritage, there is now a public school named after Eugênia Ana dos Santos.

Presently, a group of young people, some of whom participated in the Òbá-Biyi project, and other members of the Ilê Axipá terreiro community, are still studying, learning professions, and joining the new Odomode Egbe Axipá—Youth of the Axipá Society, established at the Ilê Axipá terreiro with the guidance of its administration and in partnership with SECNEB.

With the firm conviction that through the Òbá-Biyi Mini Community and Odomode Egbe Axipá projects, we have laid the foundations for fulfilling Mother Aninha's wishes, I now see the majority of the children who attended the Community and participate in the Ilê Axipá holding important posts in mainstream society and perpetuating the traditions and maintenance of Axé, the spiritual power passed on and renewed by our ancestors.

Salvador, October 11, 1999

BERND REITER
Art, Culture, and Social Justice:
New Strategies of the Bahian Poor

BERND REITER
Arte, cultura e justiça social:
Novas estratégias para os pobres da Bahia

A gente não quer só comida,/A gente quer comida, diversão e arte

(We don't want only food,/We want food, leisure, and art)

—from Comida *(Arnaldo Antunes, Marcelo Fromer, Sergio Britto)*

INTRODUCTION

Beginning in the sixteenth century, thousands of West African slaves were brought to Bahia to work for Portuguese landholders. These slaves forged a rich culture of resistance that drew on African and Portuguese traditions. This culture—especially Afro-Brazilian music, dance, religion, and Capoeira—flourishes today in Salvador, the capital of Bahia, which has become one of the country's most important cultural centers. In order to understand the role that this culture can play in the struggle for social justice, it is necessary to understand the historical formation of Bahian society, especially the historical construction of race relations and its underlying ideology. One of the basic mechanisms of Brazilian racism is the division of society into the white and the black, the worthy and the unworthy, or, as Brazilians say, the gente *(the people) and the* gentinha *(the small people). Many of the thousands of non-governmental organizations that have emerged in Brazil since the end of the military regime in 1985 have centered their struggle for dignity, citizenship, and human rights in the realm of culture. They have sought to transform cultural work into a tool in the collective struggle for social justice. This intersection of art, culture, and social work opened the way for one of the most successful of these organizations, Projeto Axé, and ultimately for* The Quiet in the Land.

BAHIA: THE COLONIAL LEGACY

Bahia is one of the largest states in Brazil. In 1996 it had a population of over twelve million; its capital, Salvador da Bahia de Todos os Santos *(Salvador at the Bay of All the Saints) had over two million. The Catholic Portuguese began to colonize Brazil in 1500 and later made Salvador their capital. The first thirty years of Portuguese occupation were marked by what is called* escambo *in Portuguese: the exchange of goods. The most valuable good was Brazil wood, from which red dye was extracted. Between 1500 and 1530, Portuguese colonial activity was reduced to exchanging Brazil wood for trinkets. After Dutch and French intrusions, the Portuguese had to figure out how to defend their huge territory. The solution was to*

A gente não quer só comida/A gente quer comida, diversão e arte

—de *Comida* (Arnaldo Antunes / Marcelo Fromer / Sergio Britto)

APRESENTAÇÃO

A partir do século XVI, milhares de escravos vindos da África foram levados à Bahia para trabalhar para os donos de engenho portugueses. Estes escravos forjaram uma rica cultura de resistência que alimentava-se de tradições da África e de Portugal. Hoje, esta cultura, especialmente a música, dança, religião afro-brasileiras e a Capoeira, floresce em Salvador, a capital da Bahia, que tornou-se um dos centros culturais mais importantes do país. Para entender o papel que esta cultura pode desenvolver na luta pela justiça social, é necessário entender a formação histórica da sociedade baiana, particularmente a construção histórica das relações raciais e sua ideologia fundamental. Um dos mecanismos básicos do racismo brasileiro é a divisão da sociedade em duas partes: o branco e o negro, o digno e o indigno, ou, como dizem os brasileiros, "gente" e "gentinha". Muitas das milhares de organizações não-governamentais (ONGs) que surgiram no Brasil desde o fim do regime militar em 1985 concentram-se na luta pela dignidade, a cidadania e os direitos humanos na área da cultura. Eles procuram transformar o trabalho cultural numa ferramenta na luta coletiva pela justiça social. Esta convergência da arte, da cultura e do trabalho social abriu o caminho para uma das mais bem sucedidas destas entidades, o Projeto Axé e enfim, *A Quietude da Terra*.

BAHIA: A HERANÇA COLONIAL

A Bahia é um dos maiores estados do Brasil. Em 1996, tinha uma população de mais de doze milhões de pessoas. Sua capital, a Cidade do Salvador da Bahia de Todos os Santos, contava com mais de dois milhões de habitantes. Os portugueses católicos iniciaram a colonização do Brasil no ano 1500 e mais tarde fizeram de Salvador sua capital. Os primeiros trinta anos de ocupação portuguesa foram marcados pelo escambo—a troca direta de mercadorias. O produto mais cobiçado era o pau-brasil, utilizado na época para extrair um corante vermelho. Entre os anos 1500 e 1530, a atividade colonial dos portugueses limitava-se à troca de pau-brasil por bugigangas. Após incursões realizadas pelos batavos e os franceses, os portugueses tiveram que encontrar uma maneira de defender seu vasto território. A solução foi a divisão da terra em partes iguais, que foram doadas a fidalgos portugueses, os quais tinham a obrigação de administrar suas donatarias. As capitanias hereditárias foram divididas em sesmarias e a mesma obrigação foi passada para aqueles que realmente ocupavam a terra. Portanto, as estruturas aristocráticas formaram a base da colonização brasileira desde o início.

Os poucos homens que vieram para o Brasil geralmente chegaram sem esposas. Ao invés de lutar contra vastos e bem organizados reinos urbanos, como os dos astecas e dos incas, os portugueses enfrentaram sociedades rurais e menos complexas. Embora o antropólogo brasileiro Gilberto Freire tenha escrito sobre a "atração mútua" que existiria entre os portugueses e as índias, o estupro e o abuso sexual foram práticas comuns, cometidas pelos portugueses longe de qualquer autoridade oficial que aplicasse a lei. Pelo menos para alguns, este era o Paraíso Encontrado, o tão sonhado "El Dorado". As atividades procriadoras dos colonizadores preocuparam a Igreja Católica, tanto que por duas vezes durante a época colonial, o Santo Ofício foi enviado ao Brasil para vigiar suas atividades. Durante os primeiros anos do Brasil Colônia, registraram-se casos de homens com mais de cem "esposas". Foi desta maneira que os portugueses trouxeram a "salvação cristã" aos índios gentios e conseguiram ocupar o Brasil.

O maior impulso da colonização foi econômico. Para a metrópole, o maior problema apresentado pelo Brasil era a aparente falta de ouro. Seguindo o escambo daqueles primeiros anos, os portugueses finalmente encontraram a solução: a cana-de-açúcar, introduzida no Brasil nos anos trinta do século XVI. O açúcar era uma produto raro e muito caro na Europa quinhentista e os portugueses já cultivavam a cana nas suas ilhas mediterrâneas e africanas. A maneira mais rentável de produzir o açúcar era o sistema dos engenhos, que faziam uso intensivo da mão-de-obra. Obter mão-de-obra barata, ou melhor, gratuita, iria maximizar os lucros. Os portugueses já haviam escravizado africanos para trabalhar na lavoura em suas colônias mediterrâneas e suas primeiras experiências no Brasil com o trabalho escravo indígena trouxeram vários problemas. Como conheciam bem o terreno, os nativos podiam fugir e esconder-se facilmente. O tráfico de escravos africanos fornecia uma fonte de renda para traficantes europeus e o escravo africano tornou-se a base da afluência colonial de Portugal. Até o ano 1550, os primeiros escravos africanos foram trazidos ao Brasil para trabalhar nos engenhos. Não sabemos o número exato de africanos enviados para o Brasil como escravos, mas segundo o primeiro censo realizado em Salvador, a capital da colônia até o ano 1763, tinha uma população de aproximadamente quarenta

split the land into equal parts and bequeath it to Portuguese noblemen, who were obligated to administer their estates. The capitanias hereditarias *were further divided into* seismarias, *with the same obligation passed on to the actual occupants. Aristocratic structures were therefore the basis for Brazilian colonization from the very beginning.*

The few men who came to Brazil typically arrived without wives. Instead of fighting vast and well organized urban kingdoms, like the Aztecs and the Inka, the Portuguese confronted less complex rural societies. Although the Brazilian anthropologist Gilberto Freyre wrote about the "mutual attraction" between Portuguese men and Indian women, rape and sexual abuse by the Portuguese, far from any law enforcement, was all too common. This was, at least for some, paradise found, or the long promised "El Dorado." The procreative activities of the colonizers preoccupied the Catholic Church so much that twice in colonial times, the Inquisition was sent to Brazil to monitor their activities. It is reported that some men had over one hundred native "wives" during the early years of colonization. In this manner, the Portuguese brought "Christian salvation" to the heretic Indians and were able to occupy Brazil.

The main impetus for colonization was economic. Brazil's major problem for the Portuguese was its apparent lack of gold. After the initial years of escambo, *the Portuguese finally discovered a solution: sugarcane, which was introduced into Brazil in the 1530s. Sugar was a very scarce and expensive product in Europe in the sixteenth century, and the Portuguese had experience cultivating it on their Mediterranean and African islands. The most lucrative mode of producing sugar from cane was the labor-intensive plantation system. Cheap or, even better, free labor would maximize profits. The Portuguese had already enslaved Africans to labor in their Mediterranean colonies, and their first experiences with enslaving Native Americans in Brazil were fraught with problems. Familiar with the countryside, the natives could run away and hide with ease. The African slave trade offered a source of income to European traders, and African slaves became the basis of Portuguese colonial affluence. By 1550, the first African slaves were introduced into Brazil to work on plantations. Although the number of Africans shipped to Brazil as slaves is unclear, according to the first census, Salvador, the capital of the colony until 1763, had a population of approximately 40,000 during the eighteenth century. By the mid-nineteenth century, it had a population of approximately 70,000; by 1870, 100,000; and by 1900, 150,000. Since the seventeenth century, about 70 to 80 percent of Salvador's residents have been classified as "black" or "nonwhite."*

By the eighteenth century, Bahia began to decline as Brazil's economic center. The price of sugar had dropped on the European market, and slave owners were less able to sustain their lifestyles. The establishment of the first coffee plantations in Rio de Janeiro also diverted attention from Bahia, and the gold boom in Minas Gerais resulted in the mass shipment of Bahian slaves to Ouro Preto and other towns to work in the gold mines. After the boom had faded at the end of the eighteenth century, Bahia experienced a short but intense economic revival when the French colony of Saint Domingue, formerly the largest producer of sugarcane in the Americas, dropped out of the market: A revolution led by Toussaint L'Ouverture brought about the world's first free black republic, Haiti, under Jean-Jacques Dessalines.

In October 1804, Dessalines declared Haiti's independence, after having fought back a large French army that Napoléon had sent. News of the revolution spread throughout the Americas, and eyewitnesses from Brazil reported that Brazilian slaves protested in Rio, carrying with them Toussaint's portrait. Bahia's racial composition was almost the same as Haiti's: A small white minority controlled a majority of Afro-Brazilian slaves and free blacks. While illiteracy among the land- and slave-owners was high, some of the imported slaves not only spoke Portuguese, but also Yoruba or other West and Central African languages. The Revolt of the Malês in 1835 revealed that some Hausa slaves and free Africans in Salvador knew how to speak and write Arabic and had established Koran schools. Until the nineteenth century, the authorities were careful never to allow too many slaves from one ethnic or linguistic group to gather together in one place. Their strategy was to divide and conquer by forcing together people from as many different groups as possible so that inter-ethnic rivalries and the difficulty of effective communication would make it virtually impossible for them to unite and organize a mass rebellion.

When Haiti ceased to function as a major sugar producer, demand for Bahian sugar

mil escravos no século XVIII. Até meados do século XIX, Salvador tinha uma população de cerca de setenta mil; até 1870, cem mil, e até 1900, cento e cinqüenta mil. Desde o século XVII, aproximadamente setenta a oitenta por cento dos habitantes de Salvador foram classificados como "negros" ou "pardos".

No século XVIII, a Bahia entrou em decadência como centro econômico do Brasil. O preço do açúcar caiu no mercado europeu e os senhores de escravos não conseguiram manter seus estilos de vida. O estabelecimento das primeiras fazendas de café no Rio de Janeiro também desviou as atenções da Bahia e o ciclo do ouro em Minas Gerais levou um grande número de escravos para Ouro Preto e outras cidades para trabalhar nas minas de ouro. Quando esse ciclo terminou no final do século XVIII, a Bahia experimentou um rápido mas intenso renascimento econômico quando a colônia francesa de Saint Domingue (Santo Domingo), antes a maior produtora de cana-de-açúcar da América, saiu do mercado: uma revolução liderada por Toussaint L'Ouverture criara a primeira república negra livre do mundo, o Haiti, presidida por Jean-Jacques Dessalines.

Em outubro de 1804, Dessalines declarou a independência do Haiti, depois de repelir o grande exército francês enviado por Napoleão. A notícia da revolução espalhou-se pela América, e testemunhas oculares no Brasil relataram que escravos brasileiros fizeram um protesto no Rio, levando consigo o retrato de Toussaint. A composição racial da Bahia era muito parecida com a do Haiti: uma pequena minoria branca controlava uma maioria de afro-brasileiros escravos, libertos e livres. Enquanto o analfabetismo era grande entre os proprietários de terras e escravos, alguns dos escravos importados falavam, além do português, o nagô (ioruba) e outras línguas da África ocidental e central. A Revolta dos Malês, em 1835, revelou que alguns escravos hauçá e africanos livres de Salvador sabiam falar e escrever o árabe e estabeleceram escolas para estudar o Alcorão. Até o século XIX, as autoridades cuidaram de reunir o maior número possível de pessoas de línguas e etnias diferentes. A estratégia de dividir e conquistar representava a maior garantia de segurança, já que as rivalidades inter-étnicas e dificuldades de comunicação eficaz entre eles tornava a união e conseqüentemente a rebelião em massa, praticamente impossível.

Quando o Haiti deixou de ser o maior produtor de açúcar, a demanda pelo açúcar baiano ressurgiu. Entre 1794, quando as revoltas começaram no Haiti, e 1850, quando o tráfico transatlântico de escravos acabou, a economia da Bahia floresceu. Mas, ao invés de investirem em novas tecnologias, os senhores-de-engenho baianos preferiram continuar utilizando o sistema de mão-de-obra escrava intensiva. Quando a corte portuguesa fugiu de Napoleão e se estabeleceu no Rio de Janeiro, em 1808, o triângulo tradicional do comércio entre a África, Europa e América do Sul foi rompido e, pela primeira vez, o comércio entre o Brasil e a África pode ser conduzido diretamente. O tráfico de escravos ficou mais intenso do que nunca, com grande número de escravos sendo enviado da Costa da África para a Bahia, um processo facilitado pelos grandes conflitos internos da África ocidental. Tanto os prisioneiros de guerra, como africanos e africanas livres, que haviam sido simplesmente seqüestrados, foram vendidos como escravos.

No decorrer deste período, houve uma mudança radical na população escrava da Bahia. De repente, uma grande maioria de africanos nagô do reino de Oyó, jeje de Daomé e hauçá da religião islâmica se estabeleceu na Bahia, e o ioruba tornou-se a língua predominante entre os escravos de etnias diferentes. Além disso, no início do século XIX, surgiu uma nova categoria de escravos: o escravo de ganho, cujo senhor era pobre e não podia pagar pela moradia e comida do escravo. Os escravos de ganho tiveram que viver fora da casa do senhor e cada semana ou mês pagar uma determinada quantia a ele. Além de ter mais autonomia para circularem pela cidade, também puderam juntar o dinheiro necessário para comprar sua alforria.

O fato da maioria da população da sociedade baiana ser negra gerou ansiedade em alguns visitantes europeus e habitantes brancos. Agora, em plena decadência, a classe escravocrata enfrentava uma cidade cuja população crescia rapidamente, mas de certa forma fugia do controle. A mistura de calor tropical e a falta de saneamento básico criava um cenário infernal. De noite, ouviam-se as batucadas africanas, vindas de vários cantos da cidade; a prostituição era generalizada; a carestia alcançava níveis antes desconhecidos. Criaram-se cultos secretos de "magia negra", revoltas de escravos irrompiam com freqüência e os negros capoeiras tornavam-se parte integrante da vida da cidade. Os quintais dos sobrados dos brancos foram o berço da atividade e resistência da cultura afro-brasileira. A Bahia tornou-se um reduto da África ocidental, administrada por uma minoria branca e sobressaltada.

Em meados do século XIX, a prosperidade da Bahia chegou ao fim. A abolição foi decretada em 1888 e, na Europa, o mercado de açúcar

rebounded. Between 1794, the beginning of the revolts in Haiti, and 1850, when the trans-Atlantic slave trade ended, the Bahian economy boomed. But instead of investing in the new technology, Bahian plantation owners favored the labor-intensive slave system. After the Portuguese crown fled from Napoléon and established its court in Rio de Janeiro in 1808, the traditional triangle of trade between Africa, Europe, and South America was broken; and, for the first time, direct trade could be conducted between Brazil and Africa. The slave trade was more intense than ever, as slaves were shipped in great numbers from West Africa to Bahia—a process facilitated by severe inner conflicts in West Africa. War prisoners, as well as free African men and women who had simply been captured, were sold into slavery.

During this period, the slave population of Bahia changed radically. Suddenly, an overwhelming majority of Yorubas from the Oyo kingdom, Aja-Fons from Dahomey, and Islamic Hausas established themselves in Bahia, and Yoruba became the dominant language among slaves of different ethnic groups. In addition, at the beginning of the nineteenth century, a new category of slaves arose: the escravo de ganho, *the slave of an impoverished owner who could not provide for his or her living expenses. The* escravos de ganho *had to live on their own and earn a certain amount of money to pay their owner every week or month. They not only had more freedom to move in the city, but also were more able to gather the funds to buy their freedom.*

The mostly black population of Bahian society aroused anxiety among some European visitors and white locals. An impoverished white slave-owning class in plain decadence was confronted with a city rapidly increasing in population, and in some sense growing out of control. The mixture of tropical heat and the lack of a sewage system provided the background of an inferno atmosphere. African drumming could be heard at night, coming from different corners of the city; prostitution was common; and inflation reached formerly unknown heights. Secret cults of "black magic" were formed, slave revolts were frequent, and Capoeira-fighting blacks became part of the city's reality. The backyards of the whites' own colonial houses were the birthplace of Afro-Brazilian cultural activity and resistance. Bahia had become a West African enclave, governed by a fearful white minority.

By the mid-nineteenth century, the Bahian boom had ceased. Slavery was abolished in 1888, and the European sugar market found a substitute to sugarcane in the sugar beets and cane exported as raw sugar from the United States after the Civil War (1861-65). In the aftermath of these events, Brazil's economic center moved first to Rio, then to São Paulo. There were few work opportunities for the newly freed blacks; consequently, competitition for jobs was intense, and wages were low. The vast majority of blacks in Salvador were unemployed, with no chance of finding a regular job, for the small number of jobs that paid a living wage had long been dominated by the white colonial elite. At the beginning of the twentieth century, the first researcher in Afro-Brazilian studies, Nina Rodrigues, was able to find African men standing in groups at certain corners, waiting for someone to hire them. African women sold sweets and cakes in the streets, mostly African dishes—some influenced by Portuguese cuisine, others more traditional. The "Bahianas de Acarajé," the black women who wear traditional clothes and sell African food in the streets of Salvador, emerged at this time, out of the necessity of making a living for themselves, their children, and their husbands. Afro-Brazilian women in Bahia provided their families with food and shelter long before the West started to recognize the strength and ability of women as income providers for their families.

Only in the 1960s did Bahia receive attention from the central government. After Brazil's military coup in 1964, the government pushed modernization, which greatly expanded the oil industry and then the petro-chemical industry in Bahia, providing regular jobs for at least some of the black population. Until today, the traditional route of black upward social mobility has been to study chemistry and get a job at the Pólo Petro Químico (Petro-Chemical Complex). With this important, though still very restricted, opportunity, the first black power or black consciousness movements arose. (Dock workers had organized somewhat earlier, in the 1950s, and founded the first black carnival group, the Filhos de Gandhi, or Gandhi's Sons.) In the 1970s, a new black middle class employed in the petro-chemical complex of Camaçari founded Ilé Ayé. Subsequent black groups include Olodum, Malê de Balé,

encontrou uma alternativa para a cana-de-açúcar na beterraba e na cana importada dos Estados Unidos na forma de açúcar bruto, depois da Guerra de Secessão (1861 a 65). Na esteira destes fatos, o centro econômico do Brasil se deslocou, primeiro para o Rio e depois para São Paulo. A escravidão na Bahia entrou em uma nova fase, desta vez informal. Recebendo salários de fome, os negros libertos e livres foram obrigados a trabalhar para os donos da pequena força produtiva. A grande maioria dos negros de Salvador estava desempregada, sem chances de obter um emprego fixo, porque o pequeno número de cargos que forneciam um salário digno era dominado, há muito tempo, pela elite branca tradicional. No início do século XX, o primeiro pesquisador na área de estudos afro-brasileiros, Nina Rodrigues, observou africanos reunidos nas esquinas, esperando quem os contratasse. As africanas vendiam doces e iguarias nas ruas, principalmente pratos africanos—alguns influenciados pela cozinha portuguesa e outros mais tradicionais. As baianas do acarajé, negras que até hoje vestem roupas tradicionais e vendem comidas africanas nas ruas de Salvador, apareceram nesta época, movidas pela necessidade de sustentar a si mesmas, a seus filhos e a seus maridos. Na Bahia, a mulher afro-brasileira fornecia comida e abrigo à sua família bem antes que o Ocidente começasse a reconhecer a força e a habilidade da mulher no sustento de seu lar.

Foi apenas na década de 60 que o governo federal começou a dar atenção à Bahia. Depois do golpe militar no Brasil, ocorrido em 1964, o governo incentivou a modernização, ampliando o setor petroleiro e depois a indústria petroquímica à Bahia, o que forneceu empregos fixos a pelo menos uma parte da população negra. Até hoje, o caminho tradicional da ascensão social para o negro tem sido formar-se em Química e empregar-se no Pólo Petroquímico de Camaçari. O primeiro movimento de *black power* ou consciência negra surgiu através desta oportunidade importante, mas ainda muito restrita. (Os estivadores organizaram-se antes, na década de 50, e criaram o primeiro afoxé, os Filhos de Gandhi). Nos anos 70, a nova classe média negra que trabalhava no Pólo Petroquímico criou o Ilê Aiyê. Outros blocos afro foram surgindo, como o Olodum, Malê de Balê e Muzenza.

REFLEXOS INTELECTUAIS E IDEOLOGIA RACIAL

"O Brasil é um paraíso racial". Até hoje, esta é a caracterização oficial dada às relações raciais neste País. Esta visão remonta-se ao sociólogo brasileiro Gilberto Freyre, que respondia a uma ideologia dominante mais antiga, conhecida como embranquecimento, que existia desde o século XIX, mas foi articulada com mais força na década de 20, fundamentada nas obras de intelectuais brasileiros como Sílvio Romero, Ladislau Neto, João Batista Lacerda, Nina Rodrigues e Francisco José Oliveira Vianna. Para estes intelectuais, o grande número de afro-brasileiros "incivilizados" teria sido o motivo do atraso econômico do País desde a Abolição. Propuseram uma solução: incentivar a imigração de europeus, que aos poucos iria embranquecer a sociedade brasileira. Utilizaram teorias racistas européias e norte-americanas como o arianismo e o darwinismo social, assim como a ideologia colonial de "pureza de sangue" para sustentar sua teoria de embranquecimento.

O Brasil começou a receber um crescente número de imigrantes europeus a partir do fim do tráfico transatlântico de escravos em 1850 (trinta mil em 1870; cinqüenta e cinco mil em 1887; cento e trinta e três mil em 1888; e mais de cem mil por ano até 1900, segundo registros reunidos por Thomas E. Skidmore), mas o embranquecimento da sociedade brasileira não aconteceu. Portanto, surgiu a necessidade de se criar uma nova hipótese. Filho de uma família tradicional do Recife, proprietária de terras desde os tempos do Brasil Colônia, Freyre desenvolveu sua tese sobre a "democracia racial" no Brasil em seu maior trabalho, *Casa grande e senzala*, lançado em 1933 e traduzido para o inglês alguns anos depois com o título *The Masters and the Slaves*. Neste livro, Freyre sustenta que a mistura racial dos portugueses, africanos e ameríndios criou uma nova raça brasileira que adaptou-se melhor à região do que qualquer uma das três raças de origem. Possuíam uma nova religião, a Umbanda, também produto da mistura do catolicismo português com as tradições indígenas e africanas. No decorrer do tempo, afirmava Freyre, a raça africana iria desaparecer na medida em que se confundia com esta nova e superior raça brasileira. Apesar das qualidades inovadoras de seu livro, Freyre estava profundamente comprometido com as ideologias racistas da sua época: segundo o sociólogo, os africanos só seriam "bons" se tivessem pele clara e fossem os herdeiros da cultura islâmica; as africanas eram vistas como objetos sexuais, sem qualquer outra qualidade positiva. Os descendentes dos colonizadores eram os *brasileiros*, mesmo que constituíssem a minoria da população, negando assim a plena cidadania dos africanos e dos ameríndios. Estes seriam apenas povos exóticos que não fizeram mais do que influenciar o colonizador português. Apesar de ter criado a escola de pensamento conhecida

and Muzenza.

INTELLECTUAL REFLECTIONS AND RACIAL IDEOLOGY

"Brazil is a racial paradise". This has been the official version of the nature of the nation's race relations until today. This perception goes back to the Brazilian sociologist Gilberto Freyre, who responded to an older dominant ideology, known as embranquecimento *(whitening), that had existed since the nineteenth century, but was articulated most forcefully in the 1920s, based on the writings of such Brazilian intellectuals as Silvio Romero, Ladislau Neto, João Batista Lacerda, Nina Rodrigues, and Francisco José Oliveira Vianna. For these intellectuals, the large number of "uncivilized" Afro-Brazilians was the reason for the nation's economic backwardness since the decline of slavery. One way to solve this problem, they proposed, was to foster European immigration, thereby gradually whitening Brazilian society. They used European and U.S. racialist theories, such as Aryanism and Social Darwinism, as well as the colonial ideology of* purity of blood, *to support their theory of* embranquecimento.

But even though Brazil began to welcome an ever-growing number of European immigrants after the end of the trans-Atlantic slave trade in 1850 (30,000 in 1870; 55,000 in 1887; 133,000 in 1888; and more than 100,000 each year until 1900, as Thomas E. Skidmore has documented), the whitening of Brazilian society did not occur, and new theories were needed. Freyre, the son of rich colonial landowners from Recife, first developed his understanding of Brazil as a "racial democracy" in his most important book, Casa grande e senzala, *published in 1933 and translated into English a few years later as* The Masters and the Slaves. *In this book, he argued that the racial mixing of the Portuguese, Africans, and Native Americans resulted in a new Brazilian race that was better adapted to life in the region than any of the three origin races. They even had a new religion, Umbanda, equally a product of the mixture of Portuguese Catholicism with Native American and African traditions. In time, he maintained, the African race would eventually disappear as it blended into the new and superior Brazilian race. In spite of the innovative qualities of his book, Freyre was deeply caught in the racist ideologies of his time: Africans were good if they were light-skinned and the recipients of Islamic culture; African women were regarded only as sexual objects, with no other redeeming aspects for him. The descendants of the colonizers were the Brazilians, even though they constituted a minority of the population, thus negating the status of Africans and Native Americans as full citizens. Indeed, the latter are exotic peoples who merely influence the Portuguese colonizers. The founder of the school of thought known as Tropicalism, Freyre nevertheless planted the seeds for understanding the dynamic of Brazilian society in the dichotomy between the powerful and the weak.*

THE CURRENT SITUATION

Brazil leads the world in terms of the unequal distribution of income and the disparities between the rich and the poor, which have been increasing steadily during the past few decades. It is a nation not only dealing with the legacy of the colonial system, but also with inequalities and social exclusions created and sustained by capitalism. As studies of racism in Brazil have demonstrated, Brazil is not only a racist society, but one that excludes a significant portion of the nation from even participating as full citizens. People from the poor Northeast, most of whom are black and residents of the metropolitan favelas (slums) in Rio de Janeiro, São Paulo, Salvador, Recife, and other large cities are not considered full members of society. Governmental programs often aim at hiding, instead of helping, these people. In the larger cities, most of the poor neighborhoods are invasões *(squatters' settlements) that are not indicated on the city maps. Why should they? The people living there are nearly invisible. With no money to shop or to frequent the theater or the movies, they mostly stay in their favelas or* invasões, *where the only governmental presence is the police. Even though they constitute about half the population, they are the* gentinha *(small people), whereas the others are the* gente *(people). The middle and upper classes dominate public life, and the rich almost exclusively administer political life. The Brazilian sociologist Raimundo Faoro termed this group* os donos do poder *(the owners of power).*

From this perspective, Brazilian society is a divided *society. The middle and upper classes are generally more bothered than concerned about the poor because they threaten their security and lifestyle. The typical Brazilian politician has become known as a "promise-maker," because he goes into the* favelas *and promises to help the people. But once the election is won, the promises made are usually forgotten. This*

como o Tropicalismo, Freyre conseguiu plantar os sementes da compreensão da dinâmica da sociedade brasileira, na dicotomia entre os poderosos e os fracos.

A CONJUNTURA ATUAL

O Brasil lidera o mundo na desigualdade da distribuição de renda e o abismo entre os ricos e os pobres, que vem crescendo cada vez mais nas últimas décadas. É um país que ainda está às voltas com o legado do sistema colonial, além das desigualdades e as exclusões sociais criadas e sustentadas pelo capitalismo. As pesquisas sobre o racismo no Brasil demonstram que além de ser uma sociedade racista, também nega os direitos de cidadania a uma grande porção da população. As pessoas originárias da região pobre do Nordeste, a maioria negra e os habitantes das favelas urbanas do Rio de Janeiro, São Paulo, Salvador, Recife e outras capitais, não são consideradas plenos cidadãos. Programas oficiais muitas vezes têm como objetivo esconder, ao invés de ajudar estas pessoas. Nas grandes cidades, a maioria dos bairros pobres são invasões que não são indicados nos mapas urbanos. Porque deveriam? Seus habitantes são quase invisíveis. Sem dinheiro para ir às compras ou freqüentar o teatro ou o cinema, geralmente ficam em suas favelas ou invasões, onde a única presença oficial é a da polícia. Mesmo constituindo quase metade da população, são apenas "gentinha", enquanto os outros são "gente". As classes média e alta dominam a vida pública e os ricos administram a vida política quase que com exclusividade. O sociólogo brasileiro Raimundo Faoro denominou este grupo "os donos do poder".

Vista desta perspectiva, a sociedade brasileira é uma *sociedade dividida*. Em geral, as classes média e alta sentem-se mais incomodadas do que preocupadas pelos pobres, porque estes representam uma ameaça à segurança e ao estilo de vida das elites. O típico político brasileiro tornou-se conhecido como "prometedor" porque vai às favelas e promete ajudar às pessoas. Mas, uma vez que ganhou a eleição, suas promessas são geralmente esquecidas. Isto significa que a época pré-eleitoral é um tempo de muita agitação na favela. Os candidatos compram material de construção, oferecem serviços odontológicos, fornecem assistência médica gratuita, e dão outros produtos e serviços ao povo. Sabendo que esta é a única vez que terão a oportunidade de ver o político, os favelados tentam aproveitar o máximo possível. Esta prática é muito comum no Nordeste, a nível local, onde poucos votos são necessários para eleger-se como vereador. Na cidade do Salvador, por exemplo, é preciso receber apenas quatro mil votos para garantir um emprego bem remunerado pelos próximos quatro anos.

O QUE FAZER?

No Brasil, existe uma longa tradição de organizações não-governamentais (ONGs) imbuídas com a missão de atender os pobres, os excluídos e os marginalizados. Durante a ditadura militar, as entidades que resistiram ao governo e à Igreja Católica forneceram a elas uma estrutura institucional para que pudessem atuar dentro da legalidade. Grupos com fundamentação política eram proibidos e grupos recreativos e esportivos tinham restringida a sua ação social. Portanto, as ONGs devem ser entendidas dentro do contexto dos movimentos de direitos humanos que surgiram após o ano 1968 e opuseram-se à repressão. Depois da abertura democrática, especificamente depois da promulgação da nova constituição de 1988, estes grupos ancoraram-se na constituição brasileira e um número crescente vem surgido desde aquela época. Rubem César Fernandes registrou 1.010 ONGs cadastradas no Brasil em 1994, enquanto Leilah Landim contou três mil em 1997. Hoje, há um total de 200 mil entidades sem fins lucrativos cadastradas pelo Ministério da Fazenda do Brasil.

Na década de 90, muitas ONGs estabelecidas no Brasil definiram como sua proposta principal a luta pela cidadania, um assunto analisado com mais profundidade no livro de Sonia E. Alvarez et alii, *Cultures of Politics, Politics of Cultures: Re-Visioning Latin American Social Movements* (Culturas de Política, Política de Culturas: Re-visando os movimentos sociais da América Latina, publicado em inglês em 1998). O surgimento destes grupos deve-se a vários fatores: a persistência da exclusão de um grande segmento da população dos direitos da cidadania; o reconhecimento por parte do governo de sua incapacidade de atender adequadamente às necessidades sociais e a crescente consciência social e política das massas brasileiras, apoiada em melhor acesso a fontes de informações. A exploração não pode mais ser justificada como "o jeito que as coisas têm que ser".

De onde virão, então, as mudanças necessárias? Certamente, não virão das elites, porque é de seu interesse manter o *status quo*, do qual são os principais beneficiários. As mudanças devem partir daqueles que têm mais a perder. A luta da sociedade civil organizada para conquistar espaços democráticos para o debate público deve ser interpretada como a luta para ampliar as estruturas democráticas de decisão e ancorar estas estruturas dentro da área social. Como

WHAT IS TO BE DONE?

In Brazil, there is a long tradition of non-governmental organizations (NGOs) with the mission of serving the poor, the excluded, and the disenfranchised. During the military dictatorship, these organizations resisted the government, and the Catholic Church provided an institutional frame for them to operate legally. Politically motivated groups were declared illegal, while recreational and sporting groups limited their public action. NGOs must be understood within the context of post-1968 human rights movements against repression. After democratization, and specifically since the new constitution of 1988, these groups were anchored into the Brazilian constitution, and an ever-growing number have emerged since then. Rubem César Fernandes listed 1,010 registered NGOs in Brazil in 1994, whereas Leilah Landim counted 3,000 in 1997. A total of 200,000 non-profit organizations are currently registered in the Brazilian federal treasury.

In the 1990s, many NGOs founded in Brazil defined their primary aim as the struggle for civil rights, a subject explored in more detail in Sonia E. Alvarez et al.'s Cultures of Politics, Politics of Cultures: Re-Visioning Latin American Social Movements *(1998). The emergence of these groups is the result of several factors: the persistent exclusion of a large segment of the population from full civil rights, the government's recognition of its inability to respond adequately to public needs, and the growing social and political consciousness of the Brazilian masses, supported by better access to information sources. Exploitation can no longer be justified as the way things ought to be.*

Where then can change be expected? Surely not from the elites, because it is in their

interest to maintain the status quo, as they are its main beneficiaries. Change must come from those who have the most at stake. The struggle of organized civil society to conquer democratic spaces of public discussion must be interpreted as a struggle to amplify democratic structures of decision making and to anchor these structures within the public sphere. As Alvarez et al. have observed, "emergent redefinitions of concepts such as democracy and citizenship point in directions that confront authoritarian culture through a re-signifying of notions of rights, public and private spaces, forms of sociability, ethics, equality and difference, and so on. These multiple processes of re-signification clearly reveal alternative definitions to what counts as political" (Alvarez 1998:10). It is in the elite's interest that the poor remain divided and skeptical toward politics: The reigning culture of mistrust and cynicism helps to maintain undemocratic social structures and erode the popular capacity of perceiving them, much less organizing against them.

Social movements, NGOs, and other organized groups have shown that they are able to act most effectively through solidarity. Although some groups repeat the logic of power and money in their decision making, many are able to establish democratic discourse and decision making as their basic logic. Some are even able to expand this communicative logic to a broader public, thereby questioning the traditional elites' privilege to exclusively define and dominate political life. A culture of mistrust, cynicism, and political abstinence is thereby contested, and a more active and critical understanding of what it means to be a citizen is conquered by the people.

Culture has become the most important battlefield for such a conquest. The Bahian weapons are drums, berimbaus, Capoeira, *dance, and art. By questioning dominant definitions of culture and fighting hegemonic power structures by stepping out of the shadows, Bahian cultural groups affirm themselves as active cultural agents. Affirming one's culture becomes an act of resistance and a pursuit of freedom.*

It is a way of saying: We are here, we are alive, we have rights, dreams, hopes, and wants. Deal with us, we are the majority.

If culture is understood anthropologically, as a shared system of knowledge and signification, cultural movements that manipulate significations have the potential to re-signify elements within society, which not only relate to culture, but to political,

observaram Alvarez *et alii*, "redefinições emergentes de conceitos como a democracia e a cidadania apontam para direções que enfrentam a cultura autoritária através de uma re-significação das noções de direitos, espaços públicos e privados, formas de convivência, ética, igualdade e diferença etc. Estes múltiplos processos de re-significação revelam claramente definições alternativas do que é e não é política" (Alvarez 1998:10). É do interesse das elites manter a divisão e descrença entre os pobres quanto à política: a cultura dominante de desconfiança e cepticismo ajuda a manter estruturas sociais antidemocráticas e a desgastar a capacidade popular de percebê-las, muito menos organizar-se contra elas.

Os movimentos sociais, ONGs e outros grupos organizados têm demonstrado que são capazes da agir com mais eficácia através da solidariedade. Embora alguns grupos reproduzam a lógica do poder e do dinheiro em seu processo de decisão, muitos conseguem estabelecer a democracia no debate e na tomada de decisão como sua lógica fundamental. Alguns até conseguem ampliar esta lógica comunicativa para o público em geral, questionando assim o privilégio das elites tradicionais de definir e dominar a vida política com exclusividade. Assim, contestam a cultura da desconfiança, descrença e abstinência política e o povo conquista uma consciência mais ativa e crítica da cidadania.

A cultura tornou-se o mais importante campo de batalha para alcançar esta conquista. As armas da Bahia são os atabaques, berimbaus, Capoeira, dança e arte. Através do questionamento das definições reinantes de cultura e saindo das sombras para lutar contra as estruturas hegemônicas de poder, os grupos culturais baianos estão se afirmando como agentes culturais ativos. A afirmação da sua própria cultura torna-se um ato de resistência e a busca da liberdade. É uma maneira de dizer: Estamos aqui, estamos vivos, temos direitos, sonhos, esperanças e necessidades. Trate conosco, porque somos a maioria.

Se entendemos a cultura de maneira antropológica, como um sistema compartilhado de conhecimentos e significação, os movimentos culturais que manipulam as significações podem re-significar elementos da sociedade que se relacionam com a cultura e as esferas da política, economia e democracia. Escrevendo sobre movimentos sociais da América Latina, Evelino Dagnino faz o seguinte resumo da influência mais abrangente dos movimentos sociais:

Os movimentos sociais avançaram no conceito da democracia que transcende os limites das instituições políticas tradicionais e da 'democracia concreta'. O aspecto mais diferenciado deste conceito, que aponta para a extensão e o aprofundamento da democracia, é que sua referência básica não é apenas a democratização do regime político mas da sociedade como um todo, portanto abrangendo as práticas culturais incorporadas nas relações sociais de exclusão e desigualdade...

A operacionalização deste conceito da democracia está sendo realizada pela redefinição da noção de cidadania e sua referência essencial, a noção dos direitos.

Esta ênfase social não implica, como uma parte da literatura inicial sobre movimentos sociais argumenta, a rejeição da institucionalidade política e do estado, mas uma reivindicação radical da sua transformação. (Dagnino in Alvarez 1998:47)

Agindo dentro da "sociedade civil organizada", grupos brasileiros mudaram o objetivo de sua luta para outro, igualmente desafiador e mais abrangente: transformar as bases da sociedade através da conquista de espaços exclusivos; alcançando visibilidade, voz e cor; redefinindo o que a sociedade é, o que não pode ser e o que deve ser no futuro. Lutando contra fatores limitadores como a escassez econômica, a falta de educação formal, o desemprego, o racismo, as estruturas de poder repressivas e a cegueira das elites intelectuais, estes grupos lutam para conseguir muito mais do que a sobrevivência material. Eles lutam pelo respeito, a representação e acesso ao poder e a tomada de decisões. Também lutam pelo direito de ser diferente. Os movimentos negros do Brasil alcançaram esta perspectiva através da vivência da ideologia racista de embranquecimento como estratégia de ascensão social. O conceito do embranquecimento dá um recado muito claro: quanto mais branco, melhor. Mas através da luta para serem eles mesmos, os movimentos negros e indígenas no Brasil lutam para redefinir todo o sistema de valores, fundamentando-se numa herança que é mais antiga do que a conquista da América do Sul pelos europeus. Portanto, as ONGs baianas com enfoque cultural agem em duas frentes: na frente externa, conquistam novos espaços públicos e democráticos; na interna, oferecem uma maneira de alcançar a afirmação cultural e o desenvolvimento individual e coletivo do prestígio e da auto-estima. A mudança para uma sociedade mais democrática só pode acontecer se os grupos excluídos alcançarem acesso, representação e voz; e a

economic, and democratic realms. Writing about social movements in Latin America, Evelina Dagnino has summarized this broader influence of social movements:

[S]ocial movements have advanced a conception of democracy that transcends the limits both of political institutions as traditionally conceived and of "actually existing democracy." The distinctive feature of this conception, which points toward the extension and deepening of democracy, is the fact that it has a basic reference not to democratization of the *political regime* but of society as a whole, including therefore the cultural practices embodied in social relations of exclusion and inequality. . . . [T]he operationalization of this conception of democracy is being carried out through the redefinition of the notion of citizenship and of its core referent, the notion of rights. . . . [T]his societal emphasis does not imply, as some of the early literature on social movement argued, a refusal of political institutionality and the state but rather a radical claim for their transformation. (Dagnino in Alvarez 1998: 47)

Brazilian groups within the "organized civil society" have shifted the aim of their struggle not to a less ambitious objective, but on the contrary, to a broader one: transforming society at its very basis, by conquering exclusive space; gaining visibility, voice, and color; redefining what society is, what it cannot be, and what it should be tomorrow. Fighting against such limiting factors as economic scarcity, lack of formal education, unemployment, racism, repressive power structures, and the blindness of the intellectual elites, these groups struggle for more than their physical survival: They struggle for respect, representation, and access to power and decision making. They also struggle for the right to be different. Black power movements in Brazil gained this perspective from the experience of the racist ideology of embranquecimento as a strategy for social upward mobility. Embranquecimento expresses a clear message: the whiter, the better. By fighting for the right to be what one is, black power and indigenous groups in Brazil fight to redefine a whole value system, based on a heritage that is older than the South American conquest by Europeans. Culturally oriented NGOs in Bahia therefore act on two fronts: Externally, they conquer new democratically inclusive public spaces, and internally they offer a way of cultural affirmation and the development of individual and group prestige and self-esteem.

Change toward a more democratic society can only occur if the excluded groups are able to gain access, representation, and a voice; and culture offers that possibility. Culturally active children can affirm their sense of self and at the same time question dominant culture and cultural values. Official culture in Bahia, in which about 80 percent of the population is nonwhite, is white and European. Afro-Brazilian culture is still dealt with as not being of value, as not belonging to "high culture."

Grupo Cultural Bagunçaço, Pracatum Professional School for Street Musicians, and Projeto Axé are some of the many Bahian NGOs that act in the cultural arena. Grupo Cultural Bagunçaço (meaning "the big mess") operates in Alagados, one of the poorest neighborhoods in Salvador. There, some 100,000 people live in precarious huts constructed over the sea, as available space became scarce and people coming mostly from the countryside in the 1960s and 1970s had no other choice but to build their homes over the water. Huts were built along the shore, electricity is drawn illegally from nearby wires, and all sewage is emptied directly into the sea, untreated. The huts are connected with bridges and small, unstable walkways, posing a great risk, especially for children. The whole neighborhood, where control is impossible, has become a refugee camp for the poorest of the poor, and lately also for people hiding from the police. Mobility is very high, as residents try to move as their financial situations improve. The average household includes five to six children and is often headed by a woman.

Grupo Cultural Bagunçaço was founded in 1992 by a local adolescent who built a more permanent structure around a phenomenon common in Alagados: the tin drum band. A leisure activity for kids aged six to sixteen who come together to make music on old tin cans they find, these bands form frequently. They typically do not last for more than a few weeks, when the three to twelve members find other activities more attractive, or when they reach a point where their musical knowledge finds limits. Normally such bands have one or more members initiated in Candomblé, who typically play the ritual drums for Candomblé ceremonies. Since 1992, Bagunçaço has been able to secure a center; organize drum, singing, and band lessons; provide courses in handicrafts; give regular support for school homework; and offer other pedagogical services. But most important, it has been

cultura oferece esta possibilidade. As crianças que trabalham a cultura podem afirmar seu senso de ser e ao mesmo tempo questionar a cultura e os valores culturais regentes. Na Bahia, onde aproximadamente oitenta por cento dos habitantes são pessoas de cor, a cultural oficial é branca e européia. A cultura afro-brasileira continua sendo tratada como uma coisa sem valor, que não pertenceria à "alta cultura".

O Grupo Cultural Bagunçaço, Pracatum, Escola Profissionalizante de Músicos de Rua, e o Projeto Axé são algumas das muitas ONGs baianas que atuam na área cultural. O Grupo Cultural Bagunçaço atua no bairro dos Alagados, uma das áreas mais pobres de Salvador. Lá, cerca de cem mil pessoas vivem em precárias palafitas erguidas sobre o mar, porque a terra tornou-se escassa e as pessoas vindas principalmente do interior nos anos 60 e 70 não tiveram outra escolha a não ser construir suas casas na água. As palafitas foram erguidas perto da praia, a energia elétrica é captada clandestinamente, através de "gatos", e as águas servidas e os dejetos das casas são despejados diretamente no mar sem qualquer tratamento. Os casebres são ligados por pontes e passarelas instáveis que representam um grande perigo, principalmente para as crianças. O bairro inteiro, onde é impossível exercer qualquer tipo de controle, tornou-se um campo de refugiados para os miseráveis e, recentemente, um esconderijo para aqueles que fogem da polícia. A mobilidade é muito grande, já que os habitantes fazem de tudo para saírem assim que suas situações econômicas melhorarem. Em média, cada família tem de cinco a seis crianças e é freqüentemente chefiada por uma mulher.

O Grupo Cultural Bagunçaço foi criado em 1992 por um adolescente da comunidade que construiu uma estrutura mais duradoura em torno de um fenômeno comum dos Alagados: a batucada. Procurando uma forma de lazer, as crianças e adolescentes de seis a dezesseis anos de idade formam freqüentemente estas bandas para fazer música com latas velhas encontradas na rua. Geralmente duram apenas algumas semanas, até que os integrantes da banda (de três a doze) encontram atividades mais interessantes ou chegam ao ponto em que seus conhecimentos musicais acabam. Normalmente, um ou mais dos integrantes das batucadas é um filho-de-santo que geralmente toca o atabaque nas festas de Candomblé. Desde 1992, o Bagunçaço tem conseguido uma base, organizando aulas de percussão, canto e batucada, fornecendo cursos de artesanato, oferecendo ajuda com trabalhos escolares e outros serviços pedagógicos. Mas o que é mais importante, já gravou seu próprio CD, realizou turnês na Europa durante três anos seguidos e participa em vários programas de intercâmbio educacional e atividades profissionais. Agindo como uma força positiva para a mudança em sua comunidade, oferece uma oportunidade realista e atraente aos jovens que atende enquanto os prepara para a vida adulta. Os mais talentosos podem integrar-se à banda profissional, enquanto os outros passam as tardes ou manhãs (dependendo de seu turno na escola, já que estudar é um pré-requisito para participar no projeto) participando de ensaios, a confecção de instrumentos, aulas sobre a prevenção de AIDS e preparos para a escola. Os jovens integram-se ao Bagunçaço, não como indivíduos, mas como integrantes de uma banda de batuque, procurando a oportunidade de ensaiar e aperfeiçoar seu som. O Bagunçaço aproveita esta oportunidade para oferecer mais do que um espaço para ensaiar e a relevância de seu trabalho está no fato da entidade ser dirigida pelos próprios jovens, sem qualquer interferência por parte de adultos. As decisões são tomadas de maneira democrática durante reuniões semanais de planejamento e avaliação e esta experiência ensina aos jovens a cultura de planejamento racional, tomada de decisões e organização.

Cerca de 150 jovens de 10 a 20 anos freqüentam o projeto regularmente e o Bagunçaço normalmente patrocina pelo menos dez batucadas de vários níveis de qualidade musical. Além de tocarem nas bandas, as crianças fabricam seus próprios instrumentos e compõem músicas que podem representar o melhor índice do sucesso deste trabalho: as letras falam da justiça social e da violência; do futuro; de esperanças, medos e sonhos. Os jovens que deixam o Bagunçaço depois de alguns anos são mais questionadoras, democráticas e exigentes que outras crianças da mesma idade. Pelo menos de seu ponto de vista, eles são cidadãos. Se a sociedade insiste em negá-los seus direitos, eles têm consciência da sua própria opressão e das estratégias que podem utilizar para libertar-se.

A Pracatum, Escola Profissionalizante de Músicos de Rua, criada e liderada pelo músico brasileiro Carlinhos Brown, atua no bairro de Candeal de Brotas, outra área pobre de Salvador. Foi a primeira entidade a assinar um acordo com o Governo do Estado da Bahia, articulado por outra ONG da região. Esta colaboração compreende a reabilitação de cerca de 150 casas, a construção de centros de saúde

able to record its own CD, tour Europe for three consecutive years, and participate in several educational exchanges and professional activities. A positive force for change in the neighborhood, it offers a reasonable and attractive opportunity to the young people it serves by preparing them for adult life. The most talented can join the professional band, while the others spend their afternoons or mornings (depending on when they go to school, which is a prerequisite to joining) with such activities as rehearsing, making instruments, learning about AIDS prevention, and preparing for school. Young people join Bagunçaço not as individuals, but with their tin drum band, looking for the opportunity to rehearse and refine their sound. Bagunçaço uses this opportunity to offer something more than just a rehearsal space, and the importance of their work lies in the fact that the organization is run by the youth themselves, without any adult interference. Decisions are made democratically during weekly planning and evaluation meetings, an experience that teaches the culture of rational planning, decision making, and organization. Some 150 young people between the ages of ten and twenty attend regularly, and Bagunçaço normally sponsors at least ten tin drum bands at different stages of musical quality. The kids not only play, but build their own instruments and compose. The songs they write are probably the best indication of the success of this work: They speak of social justice and violence; their future; and their hopes, fears, and dreams. Youngsters who leave Bagunçaço after a few years are more questioning, democratic, and demanding than other children of the same age. They are citizens, at least from their perspective. If society still denies them their rights, at least they are aware of both their oppression and the strategies to liberate themselves from it.

Pracatum, Professional School for Street Musicians, founded and led by the Brazilian musician Carlinhos Brown, provides a professionalizing school in Candeal de Brotas, another poor neighborhood in Salvador. It was the first institution to sign a treaty the Bahian state government negotiated with a local NGO. The collaboration involves the rehabilitation of some 150 houses, the construction of health and day care centers, and the development of the whole neighborhood, with the purpose of integrating it into the city. The total investment *has been more than US$5 million to date. The school's pedagogical approach is based on the conquest of formerly exclusive spaces for the close to two hundred students between the ages of fourteen and twenty it is prepared to serve. Pracatum is a school in which the students may satisfy their curiosities and envision new ones, in Brown's words. The studies range from percussion, string, and brass, to composition, arrangement, and reading music, to geography, history, math, English, music production, theater, dance, and so on. Pracatum makes use of the fact that Salvador offers a large music market, with a significant number of bands, growing numbers of recording studios, and a whole industry catering to Carnaval. But even if the students do not intend to pursue careers in music, Pracatum provides them a parallel education that complements, rather than replaces, their regular school, which is particularly important for students attending public schools, which often have limited resources. Pracatum is a school of excellence for the poor, conquering new spaces through music, dance, and affirmative action.*

Finally, Projeto Axé is an institution founded in 1990 that has gained recognition for its innovative policy of amplifying the concept of education to encompass a "pedagogy of desire," which encourages positive citizenship by offering new possibilities to excluded children based on their own desires. The more than one thousand children who participate in Axé's various units have the opportunity to realize their desires, dreams, and hopes. They are introduced to and professionally trained in such areas as fashion design, dancing, percussion, and paper recycling. While the positive results of this approach are evident in the enriched education that they receive, they are perhaps most visible in the impact on the personalities of these former street children. Perceived by most citizens as a threat, these young people discover their creative potential and possibilities and thereby recover their dignity and their faith in themselves.

Organizations such as Cultural Group Bagunçaço, Pracatum, and Projeto Axé, among many others, use culture and art to fight a form of exclusion that has forced the Bahian black majority into a minority status by denying its very base: their human integrity. These groups fight against a hegemonic power that is cultural, in that it has defined an entire people as the gentinha, whose struggle is to be accepted

e creches, e o desenvolvimento do bairro inteiro com o objetivo de integrá-lo à cidade. O investimento total realizado até hoje supera U$ 50 milhões. A abordagem pedagógica da escola é fundamentada na conquista de espaços outrora exclusivos por parte dos quase 200 alunos na faixa etária de 14 a 20 anos que a escola está equipada a atender. Segundo Carlinhos Brown, a Pracatum é uma escola onde os educandos podem satisfazer suas curiosidades e visualizar outras. Seus estudos abrangem conhecimentos de instrumentos de percussão, cordas e sopro, composição e arranjos de músicas e a leitura de partituras, a Geografia, História, Matemática, inglês, produção musical, teatro, dança etc. A Escola Pracatum aproveita o grande mercado musical oferecida pela cidade do Salvador, com um grande número de bandas, um número crescente de estúdios de gravação e toda a indústria do Carnaval baiano. Mesmo que os educandos não pretendam seguir uma carreira musical, a Pracatum oferece uma educação paralela que complementa, ao invés de substituir, à escola oficial. Isto é muito importante para os alunos que freqüentam as escolas públicas, que geralmente têm recursos limitados. A Pracatum é um centro de excelência para os pobres, que conquistam novos espaços através da música, a dança e a luta pela cidadania.

Finalmente, o Projeto Axé é uma entidade criada em 1990 que ficou reconhecida pela sua política inovadora de ampliar o conceito da educação para incluir a "pedagogia do desejo", que estimula a cidadania positiva através da oferta de novas possibilidades para crianças excluídas, fundamentadas em seus próprios desejos. As mais de mil crianças que freqüentam as várias unidades do Axé têm a oportunidade de realizar seus desejos, sonhos e esperanças. São apresentados e profissionalizados em áreas como criação de moda, dança, percussão e reciclagem de papel. Os resultados positivos desta abordagem são evidentes na educação enriquecida que os educandos recebem, mas talvez fiquem ainda mais claros no impacto que tem nas personalidades destes ex meninos de rua. Percebidos como uma ameaça pela maioria dos cidadãos, estes jovens descobrem seu potencial criativo e possibilidades e assim recuperam sua dignidade e fé em si mesmos.

Entidades como o Grupo Cultural Bagunçaço, Pracatum e o Projeto Axé, entre muitos outros, utilizam a cultura e a arte para combater uma forma de exclusão que tem obrigado a maioria negra da Bahia a ficar numa posição minoritária pela negação de sua essência: sua integridade humana. Estes grupos lutam contra um poder hegemônico que é cultural, porque define como "gentinha" um povo inteiro que luta para ser aceito como "gente". O primeiro passo desta luta, talvez o mais difícil, acontece no íntimo de cada um: Aprendendo a acreditar em sua própria força e capacidade como ser humano. Depois de séculos de abusos físicos, psicológicos e políticos e da justificação ideológica destes abusos, a maioria dos prejudicados acabou acreditando na sua própria inferioridade. A cultura e a arte oferecem ao pobre da Bahia uma maneira de alcançar a auto-estima enquanto redefine os espaços públicos e políticos.

FONTES CITADAS

Alvarez, Sonia E., Evelina Dagnino, and Arturo Escobar. *Cultures of Politics, Politics of Cultures: Re-Visioning Latin American Social Movements*. Boulder: Westview Press, 1998.

Fernandes, Rubem César e Leandro Piquet Carneiro. "Brazilian NGOs in the 1990s: A Survey." In Charles A. Reilly, ed. *New Paths to Democratic Development in Latin America: The Rise of NGO-Municipal Collaboration*. Boulder: Lynne Rienner Publishers, 1995.

Freyre, Gilberto. *Casa grande e senzala: Formação da familia brasileira sob o regime de economia patriarcal*. Rio de Janeiro: J. Olympio, 1943. (*The Masters and the Slaves: A Study in the Development of Western Civilization*. Trans. Samuel Putnam. Berkeley: University of California Press, 1974.)

Landim, Leilah. "Defining the Nonprofit Sector in Developing Societies, Brazil." In Lester M. Salamon e Helmut K. Anheier, eds. *Defining the Nonprofit Sector: A Cross-National Analysis*, 323-49. Manchester: Manchester University Press, 1997.

Skidmore, Thomas E. *Black into White: Race and Nationality in Brazilian Thought*. Nova York: Oxford University Press, 1974.

as gente. *The first and perhaps most difficult step in that fight is one that happens on the inside: Learning to believe in one's strength and capacity as a person. After hundreds of years of physical, psychological, and political abuse, and its ideological justification, most of the mistreated have ended up believing in their inferiority. Culture and art offer the Bahian poor a way to attain self-esteem and at the same time to redefine public and political spaces.*

SOURCES CITED

Alvarez, Sonia E., Evelina Dagnino, and Arturo Escobar. Cultures of Politics, Politics of Cultures: Re-Visioning Latin American Social Movements. *Boulder: Westview Press, 1998.*

Fernandes, Rubem César, and Leandro Piquet Carneiro. "Brazilian NGOs in the 1990s: A Survey." In Charles A. Reilly, ed. New Paths to Democratic Development in Latin America: The Rise of NGO-Municipal Collaboration. *Boulder: Lynne Rienner Publishers, 1995.*

Freyre, Gilberto. Casa grande e senzala: Formação da familia brasileira sob o regime de economia patriarcal. *Rio de Janeiro: J. Olympio, 1943. (*The Masters and the Slaves: A Study in the Development of Western Civilization. *Trans. Samuel Putnam. Berkeley: University of California Press, 1974.)*

Landim, Leilah. "Defining the Nonprofit Sector in Developing Societies, Brazil." In Lester M. Salamon and Helmut K. Anheier, eds. Defining the Nonprofit Sector: A Cross-National Analysis, *323-49. Manchester: Manchester University Press, 1997.*

Skidmore, Thomas E. Black into White: Race and Nationality in Brazilian Thought. *New York: Oxford University Press, 1974.*

OKWUI ENWEZOR
Entrevista por John Alan Farmer

Farmer: How does the philosophy of The Quiet in the Land *resonate with your own philosophy of the role and potential of the contemporary art exhibition?*

Enwezor: For me, making exhibitions, or rather curatorial practice in and of itself, is an intellectual practice. If one were to think of an exhibition as a way of constituting a new public sphere, it would be important to develop the question of the necessity of art and its place in the construction of a given social, political, or cultural space. I think making such exhibitions in the context of the new turn in global discourse is an especially difficult challenge, particularly in countries that lie outside the context of the West, because it necessitates finding new models, languages, and possibilities for articulating the discontinuous mechanisms through which the ideas of culture and art are expressed. Although neither the gallery, nor the museum, context is sufficient in this regard, both have roles to play in the articulation of new ways of seeing and reading against the grain. Nevertheless, it is also important to find other platforms through which an exhibition can express itself as an ongoing process of cultural interpretation, rather than as an ossified body of information that ideologically holds the public that comes to it hostage.

The Quiet in the Land *became very attractive for me because it is searching for those spaces with a charged cultural, critical, and philosophical dimension into which artists can make new artistic insertions. By activating such spaces, new interpretations of the relationship between art and ideas, between art and the public, become possible. Going to a place like Projeto Axé in Salvador demands of the curator a new set of positions through which he or she must negotiate his or her way, and it also demands a new set of positions for the artists themselves, because they are coming in contact with the lived realities of other people that may not always be congruent with what obtains in the domain of contemporary art, which has a very specific language, especially in the metropolitan context. I see such attempts as ways to extend and open up the critical operations of contemporary art exhibitions, and perhaps to give us the possibility of taking more risks in our individual practices.*

Farmer: What are the risks in embarking on a project like The Quiet in the Land? *Specifically, how does one avoid the risk of reproducing the very colonialist dynamic that the project seeks to contest?*

Enwezor: Having been born in Nigeria, I think it is dangerous not to think about

---

Farmer: Como é que a filosofia do projeto *A Quietude da Terra* ressoa com a sua filosofia sobre o papel e o potencial da exposição de arte contemporânea?

Enwezor: Ao meu ver, montar uma exposição, ou melhor, a prática da curadoria em si, é uma prática intelectual. Se pensássemos em uma exposição como uma maneira de constituir uma nova arena pública, seria importante desenvolver a questão da necessidade da arte e seu lugar na construção de um determinado espaço social, político ou cultural. Os parâmetros para a criação de tais exposições no contexto do novo rumo do discurso internacional é um desafio muito grande, particularmente em países que se encontram fora do contexto do Ocidente, porque requer a busca de novos modelos linguagens e possibilidades para articular os mecanismos desconexos através dos quais os conceitos da cultura e da arte são expressos. Embora nem o contexto da galeria, nem o do museu, sejam suficientes neste sentido, ambos têm seu papel na articulação de novas maneiras de olhar e ler às avessas. Não obstante, também é importante encontrar outras plataformas através das quais a exposição possa expressar-se como um processo contínuo de interpretação cultural, ao invés de um ossificado corpo de informações que mantém o visitante como refém da ideologia.

A Quietude da Terra tornou-se muito atraente para mim, porque busca os espaços que tenham uma dimensão carregada de sentidos culturais, críticos e filosóficos, onde o artista pode realizar novas inserções artísticas. A ativação de tais espaços possibilita novas interpretações da relação entre a arte e as idéias, entre a arte e o público. Ir a um lugar como o Projeto Axé em Salvador requer do curador um novo conjunto de posições através das quais ele ou ela deve negociar seu caminho. Também requer um novo conjunto de posições dos próprios artistas, porque eles entram em contato com as realidades vividas por outras pessoas que talvez não sejam sempre congruentes com aquilo que prevalece no âmbito da arte contemporânea, que tem uma linguagem muito específica, particularmente no contexto metropolitano. Vejo as tentativas deste tipo como formas de ampliar e abrir as operações críticas da exposição de arte contemporânea, e talvez nos dêem a possibilidade de correr mais riscos em nossa prática individual.

Farmer: Quais são os riscos de embarcar num projeto como *A Quietude da Terra*? Especificamente, como podemos evitar o risco de reproduzir a mesma dinâmica colonialista que o projeto procura questionar?

Enwezor: Como nasci na Nigéria, acho perigoso esquecer a realidade da relação desproporcional entre o Ocidente e o dito Terceiro Mundo, entre as sociedades que têm fartos recursos tecnológicos, institucionais e acadêmicos e aquelas que não os têm. Ao mesmo tempo, estou muito consciente das maneiras pelas quais as relações do poder freqüentemente obscurecem o entendimento da intensa riqueza das práticas regionais. É importante aceitar a riqueza cultural de um lugar como Salvador, por exemplo, e seu lugar na vida do Brasil e do mundo, apesar de sua situação econômica. É essencial dar início ao processo de destrinçar e encontrar maneiras de relacionar-se com a densidade da experiência cultural, crítica e política de um determinado lugar. Desta maneira, ao invés do olhar paternalista freqüentemente dirigido a eles, o que devolvemos àqueles lugares é uma nova forma de relacionamento que permita que nos entreolhemos além do marco da marginalização econômica ou institucional. A consciência da riqueza de um dado lugar abre a possibilidade de idéias contagiantes que percebemos como sendo completamente elaboradas, mas logo se tornam instáveis. É importante encontrar novos espaços políticos e éticos para contatos deste tipo e projetos como *A Quietude da Terra* oferecem oportunidades de construir novas áreas de contato. Isto não significa que estas questões serão resolvidas. Isto não significa que não serão problemáticas. Isto não significa que não haverá momentos de tradução incorreta ou interpretações sobredeterminadas. Isto não significa que as noções hegemônicas que freqüentemente carregamos conosco e as quais ignoramos não começarão a permear a própria natureza desta relação. Isto faz parte do risco. Mesmo que o fracasso também acabe fazendo parte deste risco, oferece a possibilidade de começarmos novamente, de criticar nossas práticas individuais e buscar maneiras de formar alianças com outros contextos culturais.

Farmer: Como é que um projeto como *A Quietude da Terra* oferece a oportunidade de questionar nossas noções do que significa ser negro no mundo de hoje? Será que existe uma experiência negra universal?

Enwezor: Esta pergunta é muito complexa. Não faz sentido falar da existência de uma experiência negra monolítica ou homogênea, porque isto em si é uma falsa construção. Se olharmos para a constituição da dita consciência negra contemporânea, tornar-se-ia muito claro que existem diversos microprocessos embutidos nestas construções. Alguns são políticos, outros culturais; alguns são

the reality of the disproportionate relationship between the West and the so-called Third World, between societies that have a surfeit of technological, institutional, and academic resources and those that do not. At the same time, I am quite aware of the ways in which power relations often obscure an understanding of the intense richness of local practices. It is important to accept the cultural richness of a place like Salvador, for example, and its place in the life of Brazil and of the world, in spite of its economic situation. It is vital to begin to tease out and to find ways of relating to the density of cultural, critical, and political experience in a given place. By doing so, what we return back to those places is not the patronizing attitude that is often directed to them, but a new kind of relationship—one that allows us to look at each other beyond the framework of economic or institutional marginalization. Having an awareness of the richness of a given place opens up the possibility of contaminating ideas that we perceive to be fully elaborated, but which are then made unstable. It's important to find new political and ethical spaces for these kinds of contacts, and projects like The Quiet in the Land *offer opportunities for building new contact zones. This does not mean that the issues are going to be resolved. This does not mean that they will not be problematic. This does not mean that there will not be moments of mistranslation or overdetermined interpretations. This does not mean that the hegemonic notions that we often carry and are oblivious of will not begin to seep into the very nature of this relationship. That's part of the risk. But even though failure may ultimately also be part of that risk, it offers us the possibility to begin again, to critique our own individual practices and to find ways through which we can form alliances with other cultural contexts.*

Farmer: *How does a project like* The Quiet in the Land *offer one the opportunity to question one's notions about what it means to be black in the world today? Is there such a thing as a global black experience?*

Enwezor: *This question is quite complex. It makes absolutely no sense to talk about the existence of a monolithic or homogenous black experience, because that in itself is a false construction. If one were to look at the constitution of a so-called contemporary black consciousness, it would become very clear there are many different micro-processes lodged inside some of those constructions. Some are political, some are cultural, some are economic, some are intellectual. Some are oppositional, while others mythologize Africa. These different layers impinge on a very easy reading of race and identity in relationship to the notion of Africa, blackness, and diaspora. Yet, we often disregard the fact that there isn't one black universe. Or that even within a singular black universe, there are still many different terrains that remain unmapped, unarticulated, undertheorized, and so on.*

To live as a black person in the context of the global moment we are currently experiencing is to live a life of what I would call "continuous discontinuity." By this I mean that the spatial and temporal patterns that we live as modernity and that we live as contemporary experience are not circumscribed in any way by our relationship to this idea of Africa. It's a very complex issue that continues to play itself out in many different domains, depending on the colonial, postcolonial, or neocolonial contexts that we live in. To be black is to live within modernities, to live within different critical paradigms, to live within different cultural and political horizons. The issues that emerge in the process of living these questions are themselves part of what being black means.

Farmer: *In the context of Salvador, there are several expressions of African Brazilian culture, ranging from Capoeira to Candomblé, that have been used historically as strategies of resistance and healing. You are presently organizing a project called* The Short Century: Independence and Liberation Movements in Africa. *Can you talk about how art can be used as a means of resistance, drawing on your knowledge of independence and liberation movements in Africa?*

Enwezor: *Let me look at this question first in the context of how dislocated, displaced, or reterritorialized communities reaffirm their own critical consciousness within the domain of colonization, within the domain of repression, within the domain of discrimination, of separation from home, race, identity, culture, and language. These forms of resistance are one of the critical forms of the avant-garde. They imply the possibility of inhabiting different temporalities in order to be able to evade the institutional forces that may circumscribe one's identity or one's ethical or political place in the world within a given construct. When I think of Afro-Brazilian, Afro-American, or even African experiences in the context of the twentieth century, I think of those forms of resistance in which the cultural*

econômicos, outros intelectuais. Alguns são antagônicos enquanto outros transformam a África em mito. Estas várias camadas intrometem-se na fácil leitura da raça e da identidade em relação à noção da África, da negritude e da diáspora. Mas muitas vezes ignoramos o to que não existe um único universo negro, ou mesmo que, dentro de um universo negro singular, há muitos terrenos que nunca foram mapeados ou articulados, ou sobre os quais poucas teorias foram desenvolvidas etc.

Viver como um negro no contexto do momento mundial pelo qual estamos passando é levar ao que eu chamaria uma vida de "descontinuidade contínua", ou seja, os padrões espaciais e temporais que vivemos como a modernidade e que vivemos como a experiência contemporânea não são restringidos de maneira alguma pela nossa relação com esse conceito da África. É uma questão muito complexa que continua a desenvolver-se em diversos âmbitos, dependendo do contexto colonial, pós-colonial ou neo-colonial em que vivemos. Ser negro é viver no meio de modernidades, viver no meio de diferentes paradigmas de crítica, viver no meio de diferentes horizontes culturais e políticos. Os próprios assuntos que surgem do processo de viver estas questões fazem parte do que ser negro significa.

Farmer: No contexto de Salvador, há várias expressões da cultura afro-brasileira, da Capoeira ao Candomblé, que foram utilizadas tradicionalmente como estratégias de resistência e de cura. No momento, o senhor está organizando um projeto intitulado *O Breve Século: Movimentos de Independência e Libertação na África*. Poderia nos falar sobre a maneira como a arte pode ser utilizada como um meio de resistência, lançando mão do seu conhecimento dos movimentos africanos de independência e de libertação?

Enwezor: Primeiro, devo examinar esta pergunta no contexto da maneira pela qual as comunidades deslocadas, refugiadas ou transferidas de um território para outro reafirmam sua própria consciência crítica no âmbito da colonização, no âmbito da repressão, no âmbito da discriminação, da separação do lar, da raça, da identidade, da cultura e da língua. Estas modalidades de resistência são uma das modalidades críticas da vanguarda. Implicam na possibilidade de habitar várias temporalidades para conseguir esquivar as forças institucionais que possam restringir a identidade do indivíduo ou seu lugar ético ou político no mundo, dentro de uma determinada construção. Quando penso nas experiências afro-brasileiras, afro-americanas ou até africanas no

contexto do século XX, penso nas formas de resistência nas quais as experiências ou os paradigmas culturais que muitas comunidades deslocadas carregam consigo são de alguma maneira remoldadas e materializadas dentro do corpo do hóspede, quase como um Cavalo de Tróia: o corpo do hóspede carrega em si esse processo de fertilização cruzada para deixar que estas comunidades deslocadas possam falar de suas próprias posições críticas em situações repressivas.

O breve século: Movimentos de independência e libertação na África aborda a questão da resistência política à colonização. A colonização decorre da posição de que o nativo não possui direitos políticos, sociais ou históricos e portanto deve submeter-se às autoridades colonizadoras. A partir de 1945, tornou-se claro que o horizonte da emancipação não pertencia apenas à Europa, mas devia estender-se ao resto do mundo também. Neste projeto, percebe-se nitidamente que as novas subjetividades não desenvolveram-se em oposição ao paradigma colonial, que era muito limitante. Ao contrário, as novas subjetividades desenvolveram-se durante o processo de busca de novas maneiras de expressão que pareciam ser auto-suficientes para as operações críticas, culturais ou intelectuais de um determinado lugar. Isto trouxe dentro do marco da história mundial do século XX a noção de que a resistência também produz aquele momento pelo qual o colonizado pode chegar à posição de ser o sujeito, com plenos poderes intelectuais, culturais e vivenciais, e a capacidade de narrar sua própria vida.

Farmer: Pode falar sobre a questão da arte e da cura?

Enwezor: Não sei se a arte realmente tem a capacidade de curar. Para mim, o assunto da resistência é mais relevante. A resistência pode ser vista pela metáfora do *trickster* (malandro, figura brincalhona e contraditória, por exemplo, Exu), uma figura como Janus, de duas faces, que fica sentada na encruzilhada e pode olhar simultaneamente para frente e para trás. É aquele lugar do indeterminado que permite que a consciência crítica do artista seja sempre rejuvenescida, porque não está localizada em uma única área. Por esse motivo, a metáfora do *trickster* é o paradigma da cura por excelência, porque não existe encerramento em si, mas a constante formação de novas temporalidades, novas articulações, novos temas para os quais o artista ou a artista pode se abrir. Ao meu ver, o processo de cura é esse: encontrando formas pelas quais se possa lidar com complexos sistemas de representação, com questões de linguagem, tradução, etc. Devemos possuir esta multiplicidade de

experiences or paradigms that many dislocated communities carry with them are somehow reshaped and given form by inhabiting the body of the host almost like a Trojan Horse: the body of the host carries inside itself this process of cross-fertilization in order to allow those displaced communities to be able to speak about their own critical positions in repressive situations.

The Short Century: Independence and Liberation Movements in Africa *addresses the issue of political resistance to colonization. Colonization proceeds from the position that the native has no political, social, or historical rights and therefore must be subservient to the colonizing authorities. In the post-1945 period, it became clear that the horizon of emancipation could not just simply be for Europe, but had to obtain for the rest of the world. You will see very clearly in this project that new subjectivities developed not in opposition to the colonial paradigm, which was very restrictive. Instead, new subjectivities developed in the process of searching for new modes of expression that seemed to be self-sufficient for the critical, cultural, or intellectual operations of a given place. This brought into the framework of the international history of the twentieth century the notion that resistance also produces that moment through which the colonized can arrive at a position of being a subject with full intellectual, cultural, and experiential powers and with the ability to narrate his or her own life.*

Farmer: *Could you talk about the issue of art and healing?*

Enwezor: *I do not know if art really heals anything. For me, the issue of resistance is more relevant. Resistance can be seen through the trope of the trickster, the trickster being a Janus-faced figure who sits at the crossroads and is able simultaneously to look forward and backward. That place of indeterminacy allows the critical consciousness of the artist to be constantly rejuvenated because it is not placed in only one zone. For this reason, the trope of the trickster is the ultimate paradigm for healing, because there is no closure as such, but instead the continuous formation of new temporalities, new articulations, new subjects to which the artist can open him- or herself up to. For me, this is the process of healing: finding ways in which to be able to deal with complex systems of representation, with issues of language, translation, and so on. One has to have this multitude of references in order to be able to speak out the very complicated and contradictory nature that art has in relationship to the individual and society.*

Farmer: *But what role can art really play in the struggle against dominant ideologies and structures? Wouldn't the resources devoted to art be better used if devoted to social or political work, for example?*

Enwezor: *I've often thought about the concept of the mask in African societies, and how with the donning of the mask, the individual ceases to be represented by himself and is transformed into a higher ethical being beyond the reproach of the institution. Thus, by donning the mask, the individual can critique the authorities, because the punishment that would have been inflicted on him as an individual does not come to pass because he has been transformed. The mask is the one that speaks. That is also how the trickster functions. The trickster dons the mask in order to be able to critique, in order to be able to resist, and therefore in order to be able to translate and transform given notions. The proposition that it means more to devote precious economic resources to social or political work than to art is, for me, almost derogatory toward art, because it implies that art and culture have no role in intervening ethically within society. I think that art in itself can be a politic in a very powerful way, but it is necessary to ascertain the ethical responsibility of art to society, so that it does not merely function in the service of ideology. We need to be able to make a space for art to reach its fullest potential, whether it is for aesthetic contemplation, or whether it serves the purpose of healing, or institutional critique, or building a larger awareness of the social conditions of the world in which we live, and pointing us to the symbols of oppression in our midst. Artists are people who build ideas, as well as people who create things, and the more complex those ideas, the more critical they can be in relation to the community in which they are positioned. Given the economic circumstances of a city like Salvador, yes, it would be ideal to contribute economic resources to practical things. But it very important to work with those communities not only to feed their bodies, but to forge paths through which they can creatively express their own desires.*

Farmer: *What sort of meaningful collaborations can artists have with communities?*

Enwezor: *Because we always assume that art has a need to accomplish something, when it is seen in the context of serving a community, we must ask what community should it serve: is it serving a physical community or a community of ideas, and to*

referências para que possamos falar da natureza extremamente complicada e contraditória da arte em relação ao indivíduo e à sociedade.

Farmer: Mas qual é o papel que a arte realmente pode desempenhar na luta contra as ideologias e estruturas dominantes? Não seria melhor que os recursos destinados à arte fossem destinados, por exemplo, a obras sociais ou políticas?

Enwezor: Já pensei muito sobre o conceito da máscara nas civilizações africanas e como, ao vestir a máscara, o indivíduo deixa de ser representado por ele mesmo e se transforma numa entidade ética maior, além da censura da instituição. Assim, ao colocar a máscara, o indivíduo pode criticar as autoridades, porque o castigo que sofreria como indivíduo não é aplicado, porque ele sofreu uma transformação. É a máscara que fala. É assim, também, que funciona a figura do *trickster*. O *trickster* veste a máscara para poder criticar, para poder resistir, e portanto, poder traduzir e transformar determinadas noções. A proposta de que seria mais importante dedicar preciosos recursos econômicos a obras sociais ou políticas do que à arte é, ao meu ver, quase derrogatória quanto à arte, porque implica que a arte e a cultura não tenham nenhum papel na intervenção ética dentro da sociedade. Acho que a própria arte pode ser política de uma maneira muito forte, mas é necessário determinar a responsabilidade ética da arte perante a sociedade, para que não funcione meramente a serviço da ideologia. Precisamos abrir um espaço onde a arte possa alcançar seu máximo potencial, seja para promover a contemplação estética ou para colocá-la ao serviço da cura, ou da crítica institucional, ou da construção de uma consciência mais ampla das condições sociais do mundo em que vivemos, apontando os símbolos da opressão que existem em nosso meio. O artista é uma pessoa que constrói idéias, ao mesmo tempo que cria objetos; e quanto mais complexas essas idéias sejam, mais críticas serão em relação à comunidade em que se posicionam. Vendo a conjuntura econômica de uma cidade como Salvador, sim, o ideal seria contribuir com recursos econômicos para finalidades práticas. Mas é muito importante trabalhar com estas comunidades para, além de alimentar seus corpos, abrir caminhos pelos quais possam expressar seus próprios desejos com criatividade.

Farmer: Quais seriam as formas de colaboração relevante que o artista pode ter com a comunidade?

Enwezor: Uma vez que sempre presumimos que a arte tem a necessidade de realizar alguma coisa, quando a vemos no contexto de servir a comunidade, devemos perguntar a qual comunidade ela deve servir: está a serviço de uma comunidade física ou de uma comunidade de idéias; e qual é a finalidade deste serviço? Não tenho muita fé nessa idéia da arte e da comunidade. Entretanto, acho que a arte e o artista têm responsabilidades quanto à construção da noção da sociedade civil e da cidadania. E também acho que a arte pode ter um papel na expansão do marco pelo qual enxergamos estas questões. É muito claro, dado a história de violência do século XX em diversas partes do mundo, a arte realmente tem um papel a desempenhar neste sentido e os artistas e intelectuais tiveram papéis muito fortes na luta pela sociedade civil. Muitos dos dissidentes da antiga União Soviética, por exemplo, foram poetas, escritores ou artistas. O escritor Wole Soyinka foi preso na década de 60 por sua resistência à guerra de secessão da Biafra na Nigéria. Os trabalhos de vários artistas, de Pablo Picasso a Max Beckman, a Kurt Weill a Berthold Brecht a James Baldwin, se diferenciam pelo seu profundo compromisso moral. Todos são papéis fundamentados no compromisso com os ideais do humanismo.

Há diversas maneiras pelas quais o artista pode forjar uma relação com a comunidade, como parte integrante do processo da formação da sociedade civil que pode, de fato, desempenhar um papel na expansão de nossa noção do que a comunidade pode ser. Podemos falar da mesma maneira das instituições de arte, sejam museus ou academias. Estas instituições não podem colocar-se sempre ao serviço de um conceito abstrato da arte, da glorificação da arte e da excelência estética. Devem comprometer-se com a busca de maneiras de dar às comunidades que servem uma voz na expressão de seus próprios desejos, na expressão de suas próprias questões. Esta é a única maneira na qual posso conceber a relação entre o artista e a comunidade.

Farmer: Gostaria de acrescentar mais alguma coisa?

Enwezor: A Quietude da Terra é um modelo corajoso. De um lado, enseja o risco, uma vez que artistas do mundo todo vivem em apenas um curto período em locais cujos contextos culturais e políticos não podem ser compreendidos por eles em tão pouco tempo. Entretanto, este projeto representa um avanço no processo de ampliar as plataformas pelas quais novas idéias possam ser elaboradas e pelas quais o artista possa entrar em contato com outra realidade—um processo que tem o potencial de informar e enriquecer, além do processo de curadoria, as próprias vidas e os trabalhos da comunidade e do artista.

what end is this service directed? I'm not one who has much faith in this idea of art and community. However, I think there are responsibilities that art and artists have toward the construction of the notion of civil society and citizenship. And I also think that art can play a role in enlarging the framework through which we see these issues. It is very clear, given the history of violence in the twentieth century in different parts of the world, that art indeed does have a role in this regard and that artists and intellectuals have played very strong roles in the struggle for civil society. Many dissidents in the former Soviet Union, for example, were poets, writers, and artists. Wole Soyinka was imprisoned in the 1960s because of his resistance to the Biafran civil war in Nigeria. The work of artists from Pablo Picasso to Max Beckman to Kurt Weill to Berthold Brecht to James Baldwin is distinguished by a profound ethical commitment. These are all roles based on a commitment to the ideals of humanism.

There are many different ways in which artists can forge relationships with communities, as part of the process of the formation of a civil society, which may, in fact, play a role in broadening our notion of what a community may be. One may speak in the same way about art institutions, be they museums or academies. These institutions cannot forever be only in service of an abstract idea of art, of the glorification of art and aesthetic excellence. They must make a commitment to finding ways to give the communities they serve a voice in the articulation of their own desires, in the articulation of its own issues. This is the only way I can begin to conceive of the relationship between artists and communities.

Farmer: Is there anything else you would like to add?

Enwezor: The Quiet in the Land *is a courageous model. On the one hand, it entails a risk, in that artists from all over the world live only for a short period of time in places whose cultural and political contexts they cannot possibly understand in that time. However, this project is a step forward in the process of expanding the platforms through which new ideas can be elaborated and through which artists can come into contact with other realities—a process that has the potential not only to inform and enrich the curatorial process, but also the lives and works of the communities and of the artists.*

To sleep in the open, in a tense city, anywhere, anyhow—probably one of the roughest moments for those who live in the streets. It is the deprivation of that ritual which, once a day, establishes a pause in reality and creates a mental shelter away from the world, its demands, its torments. The resting of the body and the spirit, the territory of the dream, the source of energy, and even, in some cultures, the alcove of love surrendering. From cozy bourgeois houses to nomad tents, this unique ritual varies, through which this kind of scenery comes into substance each night; however, no matter what its configuration, it always exists. When this ceases to occur, it is the cruelty of being thrown into the world, without any truce, danger always imminent, tension of a never-ending state of alertness, uneasiness. This experience is probably even more cruel when the one who lives in the streets is a child; the paroxysm of the distress for a child who has lost (or not even received, ever) the caring protection of the adult, important component to the creation of the caring protection of oneself, the most intimate of territories. To sleep in the open, in a tense city, anywhere, anyhow, that is what Rivane Neuenschwander chooses to problematize. The bed sheet will be the privileged material of her strategy, which will last six weeks.

Beginning of the work. The artist asks that each child create a self-portrait on a doll made of clothes. Without exception, a sophisticated perception of oneself appears embodied in each doll. The first step of the strategy is completed with a session of photographs of each child holding tight their self-portrait doll. There is something more in these photographs than the classical childhood photographs for family albums: the place that each child trims to him- or herself in the visible becomes palpable, which is the least for each one to be able to access their moving place in the dream.

Rivane, next, asks the children to bring an old set of bed sheets, made up of one, two, or three pieces, to be replaced by a new set, complete, totally white, page or canvas on which the work will be done. On the upper sheet, each one writes and then embroiders his or her own name, with or without a surname; on the sheet underneath, each one draws or writes a dream or a piece of a dream, past or present, a desire, a fantasy, trying to occupy the whole extension of the sheet. Once the names and dreams have been written, the sheets are carefully folded, allowing one to see, on the upper sheet, the name, and on the sheet underneath, a fragment of the dream.

Fragments of a dream, the invisible face of the name, its real consistency. It is when a name indicates a territory in construction, work in progress of a feeling of the self being created and re-created with the remains of the experience in a body that became vulnerable. Nothing to do with a supposed identity, besides

Dormir ao relento de uma tensa cidade, em qualquer lugar, de qualquer jeito—provavelmente um dos momentos mais ásperos na vida de um morador de rua. É a privação do ritual que uma vez por dia instaura uma pausa na realidade e forma um nicho mental, protegido do mundo, suas exigências, suas tormentas. Repouso do corpo e do espírito, território do sonho, fonte de energia e ainda, em algumas culturas, alcova da entrega amorosa. Da casa burguesa à tenda nômade, varia o ritual singular através do qual um cenário deste tipo toma corpo a cada noite, mas seja qual for sua configuração ele sempre existe. Quando deixa de acontecer é a crueldade de estar lançado no mundo sem trégua, perigo sempre eminente, tensão de um estado infindável de alerta, desassossego. Experiência certamente mais cruel ainda, quando quem mora na rua é uma criança: paroxismo do desamparo de um menino que perdeu (ou sequer chegou a ter) a garantia da proteção amorosa do adulto, importante ingrediente para formar a proteção amorosa de si mesmo, o mais íntimo dos territórios. Dormir ao relento de uma tensa cidade, em qualquer lugar, de qualquer jeito, é o que Rivane Neuenschwander escolhe problematizar. O lençol será o material privilegiado em sua estratégia que se estenderá por seis semanas.

Início dos trabalhos. A artista pede que cada menino crie um auto-retrato num boneco de pano. Sem exceção, uma refinada percepção de si aparece corporificada em todos eles. A primeira etapa da estratégia se completa com uma seção de fotos de cada um segurando contra o corpo o boneco de si mesmo. Há naquelas imagens algo mais do que a clássica foto de infância para um álbum de família: torna-se palpável o lugar que cada um recorta para si no visível, mínimo indispensável para que cada um possa acessar seu lugar em trânsito no sonho.

Na seqüência, Rivane pede que tragam uma roupa de cama velha, composta de uma a três peças, para trocá-la por um jogo novo, completo, todo branco, página ou tela sobre a qual se fará o trabalho. No lençol de cima, cada um escreve e, em seguida, borda o próprio nome, com ou sem sobrenome; no lençol de baixo, cada um desenha ou escreve um sonho ou pedaço de sonho, passado ou atual, um desejo, uma fantasia, procurando ocupar toda a extensão do lençol. Uma vez inscritos nomes e sonhos, os lençóis são cuidadosamente dobrados, deixando à vista, no lençol de cima, o nome e, no de baixo, um fragmento de sonho.

Fragmentos de sonho, face invisível do nome, sua verdadeira consistência. É quando o nome designa um território em construção, *work in progress* de um sentimento de si que se cria e recria com os vestígios da experiência num corpo que pôde tornar-se vulnerável. Nada a ver com uma suposta identidade, além de que imutável e, pior ainda, irremediavelmente desqualificada. Reativar o sonhar e a memória do sonho, tão tolhidos naquelas existências: segunda etapa da estratégia.

Depois é o trabalho com sabão de coco, daqueles de lavar o delicado. Cada um cria uma composição feita de barras de sabão, blocos onde serão diagramadas as letras do nome, em sulcos escavados com palito de dente e preenchidos com temperos em óleo de cozinha. O auto-retrato feito de boneco de infância e fragmentos de sonho, conteúdos de um nome até aqui escrito e bordado, a partir de agora ficará também gravado. Finda a terceira etapa da estratégia.

Os meninos estão prontos para aproximar-se da memória amarga associada aos lençóis velhos: memória da privação de tudo, que culmina com a privação do próprio direito ao descanso, sem o qual não há sonho. Memória da humilhação e seus efeitos colaterais: o desvalor de si, a descrença no futuro, a paralisia do desejo. Memória do desamparo e do medo.

São convocados então os lençóis velhos: última etapa desta singular estratégia. O grupo se dirige à praia do Museu de Arte Moderna da Bahia onde os lençóis serão lavados na beira do mar, como se fazia em beira de rio antigamente, e se faz hoje ainda em alguns poucos lugares. As mesmas bacias de alumínio, os mesmos velhos gestos de ensaboar, esfregar, bater na pedra e quarar. "Quarar", magia de um gesto através do qual a força humana alia-se à força do sol para eliminar as impurezas que o olho não alcança e tornar os tecidos mais amorosos. Mas neste dia, além da magia que traz por si só o gesto, o quarar é um acontecimento privilegiado: molhados e ensaboados, os lençóis de diferentes formas e tamanhos, estendidos sobre pedregulhos, criam uma geometria feita da profusão de cores primárias de tecido popular com estampas semi desaparecidas, irregularmente desbotadas pelo gasto. O inesperado concretismo brejeiro de uma instalação ao ar livre. Do alto de uma escada, cada um tomará seu tempo para contemplar aquela paisagem, nascida de seus gestos. Depois da pausa virão o enxaguar e o torcer, últimos atos que se fazem na beira do mar. Na volta, esta etapa da estratégia completa-se com o repassar e o dobrar dos lençóis velhos, montando-se pilhas coloridas de grafismo variado. O puído ganha um frescor e uma dignidade. E o trabalho se encerra.

Lavar, quarar e repassar o passado. Primeiro, os lençóis novos, o

immutable, and even worse, irremediably disqualified. The reactivating of the dreaming and the memory of the dream, so disabled in those existences: second step of strategy.

Then comes the work with coconut soap, the kind used to wash delicate items. Each child creates a composition made of soap bars, blocks in which the letters of the name will be diagrammed into furrows carved with a toothpick and filled in with condiments in cooking oil. The self-portrait made of childhood doll and fragments of dream, contents of a name, up to now written and embroidered, will also, from now on, be carved. End of third step.

The children are ready to approach the bitter memories associated with the old sheets: memory of the deprivation of everything, which culminates with the deprivation of the very right to rest, without which there can be no dream. Memory of the humiliation and its side effects: the "nonvalue" of oneself, the "nonbelieving" in the future, the paralysis of desire. Memory of the distress and the fear.

The old sheets are then summoned: last step of this unique strategy. The group heads to the beach of the Museu de Arte Moderna da Bahia, where the sheets will be washed at the sea's edge, the way it was done at the river's edge in the past, and as it is still done in a few places. The same aluminum basins, the same old gestures to soap, to rub, to beat the sheets on the stone, to spread them out in the sun. Spreading out wet and soaped clothes in the sun, quarar: the magic of a gesture through which the strength of the human being makes an alliance with the strength of the sun to remove the imperceptible impurities and to vitalize materials. But this time, beyond the magic created by this very gesture, the quarar is an exceptional moment: the wet, soaped sheets, spread out all over the stones, in different ways, shapes, and sizes, create a geometry made of the profusion of the primary colors of popular cloth with almost disappearing prints, irregularly discolored by use. The unexpected plain of Concretism of an installation in the open. From the top of a ladder, each child will take his or her time to contemplate this landscape, born of their gestures. After the pause will come the rinsing and the wringing out, last actions done at the sea's edge. On the way back, this step of the strategy is completed by the ironing and folding of the old sheets, setting up colorful piles of diverse graphics. The worn gains freshness and dignity. And work ends.

Washing, spreading out, and ironing the past. First, the new sheets, the coziness of a place for the name, and, its other side, the singularity of a dream. Coziness to be seen and welcomed. Invisible sketching of a territory from which one might catch a glimpse of "possibles." Then, more protected now against the danger of being contaminated by the "nonvalue" of everything, the revisiting of the past. Unfolding and refolding the memory: reactivating the sweet memory, the vanishing sensation of a territory being built in the soul, the pleasure and the dream, against the side effects of the bitter memory of a soul ever since the beginning that has always been prisoner of a refuse-identity. Folding the past again, the wounds being washed, their poison neutralized and particles of dream remembered. Concluding this visit to the memory, leaving everything carefully folded and put away.

It is the very subjectivity that suffers this resignification: washed, spread out, ironed, and folded, subjectivity establishes itself as a more habitable territory. "I washed my soul," is the comment of one of the girls during the final meeting, organized by the group's instructor, Rui Vídero Caldas.

The proposition of the partnership between The Quiet in the Land and Projeto Axé inserts itself into the set of ideas about the relinking of art and life, a utopia that has been following modernity in art since its foundation, and even beyond it, repositioning itself in the contemporary in new terms. Its own way to insert itself in this horizon seems to meet a challenge: to make art have a real, disruptive effect on the subjectivity of the children who live in the streets, so that they will be able to take as their own the sharp lucidity generated by the trauma of their social position, in order to fight the devitalization created by the same trauma when one remains entangled in its terror. And reciprocally, to make this challenge rise to the artist, a demand for the problematization of the very statute of art. Some artists established this challenge as the center of their projects. Would Rivane be one of them? How would the subtle work of detoxification of desire develop in her strategy?

The artist uses materials that populate the universe of the most prosaic domestic activities, as she has done, as a matter of fact, in a large number of previous works. However, differently from the previous works, only few materials are dissociated from their functions, and therefore, from the gestures that follow them—toothpicks are not used to clean teeth, but to carve the name into soap bars; oil and condiments are not used in the kitchen, but to fill in the furrows in order to emphasize the names. This time, most of the materials and actions maintain their function and are decontextualized in time and space only. In time, because ancestral habits practically fallen into disuse have here been brought back to the present. In space, because they do not happen at home, their

aconchego de um lugar para o nome e, seu avesso, a singularidade de um sonho. Conforto de estar sendo visto e acolhido. Esboço invisível de um território de onde se vislumbram possíveis. Então, já mais protegidos contra o perigo de contaminar-se do desvalor de tudo, revisitar o passado. Desdobrar e redobrar a memória: reativar a memória doce, a sensação fugaz de um território se fazendo na alma, o prazer e o sonho, contra os efeitos colaterais da memória amarga de uma alma desde sempre prisioneira de uma identidade-refugo. Voltar a dobrar o passado, já com as feridas mais lavadas, seu veneno mais neutralizado e partículas de sonho rememoradas. Finalizar a visita à memória deixando tudo cuidadosamente dobrado e guardado.

É a própria subjetividade que passa por esta ressignificação: lavada, quarada, repassada e dobrada, ela se constitui como um território mais habitável. "Lavei a alma", comenta uma das meninas na conversa que reuniu o grupo ao final da experiência, por iniciativa do educador, Rui Vídero Caldas.

A proposta da parceria entre A Quietude da Terra e o Projeto Axé insere-se no ideário da religação arte e vida, utopia que acompanha a modernidade na arte desde sua fundação e para além dela, recolocando-se em novos termos na contemporaneidade. Sua maneira própria de inserir-se neste horizonte parece passar fundamentalmente por um desafio: fazer com que a arte tenha um efeito disruptivo na subjetividade da criança que vive na rua, de modo que ela possa apropriar-se da lucidez cortante que o trauma de sua condição social lhe dá, para lutar contra a desvitalização que este mesmo trauma provoca quando se permanece enredado em seu terror. E reciprocamente, que este desafio coloque para o artista uma exigência de problematização do próprio estatuto da arte. Alguns artistas fizeram deste desafio o eixo de seu projeto. Teria sido Rivane um deles? Como teria se operado em sua proposta este trabalho sutil de desintoxicação do desejo?

A artista parte de materiais que povoam o universo de hábitos domésticos os mais prosaicos, como aliás em muitos de seus trabalhos anteriores. No entanto, diferentemente dos trabalhos anteriores, apenas alguns materiais desvinculam-se aqui de suas funções e, portanto, dos gestos que os acompanham—palitos não são usados para limpar dentes, mas para cravar o nome nas barras de sabão; óleo e temperos não são usados na cozinha, mas para preencher os sulcos de modo a destacar os nomes. Desta vez, a maior parte dos materiais e ações preservam sua função e são descontextualizados apenas no tempo e no espaço. No tempo, porque hábitos ancestrais praticamente em desuso, eles são aqui trazidos para o presente. No espaço, porque eles não acontecem na casa, seu habitat natural, mas no âmbito de um projeto cultural. A água de rio foi substituída por água de mar, onde a lavagem não vinga: o sabão de coco, no salgado, não espuma e as bacias de alumínio, levadas pelas ondas, desaparecem.

Esta ínfima diferença de estratégia promove uma diferença significativa no resultado do trabalho. É que, desta vez, problematizar o hábito, não visa apenas a suspensão denunciadora de seu sentido ordinário—sentido exclusivamente instrumental dos materiais, sentido exclusivamente pragmático das ações, repetição mecânica e desalmada dos gestos, etc.—, de modo a mobilizar a percepção de seu sentido estético. Aqui, se quer explicitar igualmente o sentido sócio-político impregnado nas ações e nos materiais através dos quais estas se fazem: a violência da miséria, o abandono, a injustiça social, e seu efeito tóxico, o desprazer de viver.

No entanto estamos longe do proselitismo que só serve para aquietar a má-consciência. Na doutrinação, o outro não existe efetivamente, a relação se dá com um personagem imaginário, que também no imaginário será salvo pelas boas ações e belas idéias do militante. Nenhuma circulação de afeto entre eles, nenhum contágio, nenhum encontro, apenas um respeito politicamente correto onde ninguém sai do lugar, com exceção da culpa, que com essa estratégia é expulsa de cena, pelo menos por um tempo. Diferentemente de um trabalho de denúncia e conscientização do sentido sócio-político impregnado nas ações cotidianas, tal como acontece na doutrinação, o que se pretende aqui é favorecer a libertação dos efeitos nefastos deste estado de coisas na alma de quem o vive. Criar as condições para reativar o lúdico, o afetivo e o poético nos gestos cotidianos e, consequentemente, nos territórios existenciais que se produzem através deles. Convidados pelo monitor a perguntar-se "o que é arte?", na reunião de fechamento do trabalho com Rivane, uma das meninas pondera: "arte é a beleza que está em tudo que a gente faz todos os dias". Reencantar o mundo.

Esta libertação sutil requer uma relação onde o outro exista. Os gestos cotidianos evocados na proposta da artista são portadores de uma carga afetiva, que impregna a memória tanto dela própria, quanto daquelas crianças. Ao compartilhar esta memória, derrubam-se momentaneamente as barreiras identitárias que separam, no imaginário, artista e crianças sem teto, distensionando os conflitos

natural environment, but in the scope of a cultural project. The water of the river has been replaced by the water of the sea, where the washing is not successful: coconut soap, in salty water, does not lather, and the aluminum basins, carried away by the waves, disappear.

This minor difference in strategy creates a significant difference in the result of the work. Because, this time, problematizing the habit does not only aim at the denunciatory suspension of its ordinary sense—exclusively instrumental sense of the materials, exclusively pragmatic sense of the actions, mechanical and soulless repetition of the gestures, etc.—in order to mobilize the perception of its aesthetic sense. Here also become explicit the social and political senses impregnated in the actions and the materials through which they happen: the violence of poverty, the abandonment, the social injustice, and their toxic effect, the displeasure of living.

We are, however, far from proselytizing, whose sole use is to quiet down a guilty conscience. In that kind of indoctrinating practice, the other does not really exist; the relationship occurs with an imaginary character, who will be saved, still in the imaginary, by the good actions and beautiful ideals of the militant. No circulation of affects between them, no contamination, no real meeting, just a politically correct respect, where nothing moves, except guilt, which is evicted from the stage, at least temporarily. This work is different from a work of denunciation and conscientization of the social and political sense impregnated in daily actions, as it is the case in indoctrination. The aim here is to support the liberation of the negative effects of this situation in the soul of the one who is living it. To create conditions to reactivate the playful, the affective, and the poetical in daily gestures, and consequently in the existential territories that they produce. During the concluding meeting, when the group was invited by the educator to think about what art is, one of the girls suggested: "Art is the beauty that exists in each thing we do each day." Re-enchant the world.

This subtle liberation requires a relationship where the other should exist. The daily gestures evoked by the artist's proposition carry an emotional load that impregnates the artist's memory as well as the children's. With the sharing of this memory, the identity barriers that, in the imaginary, separate the artist and the homeless children are momentarily knocked down, which relaxes the social conflicts that block the affect. A genuine empathy between them is then established, an indispensable weapon in the struggle for the reversion of the nonvalue that weakens those lives. This happens, according to Rivane, in the "small acts where the experience has actually been shared," "on the most absurd and unscheduled days," "in the blanks" . . . Almost imperceptible, vanishing movements, but not less powerful.

Summoning the aesthetic sense of the actions and materials that compose domestic activities is obviously the aim of the artist's proposition. Nevertheless, the operation gains stronger implications here, for aesthetics are intrinsically associated with ethics and politics. Ethics, because rescuing poetry from daily activities is inseparable from rescuing their dignity, essential to the healing of its disqualification, etiology of the affective intoxication that weakens and immobilizes. Politics, because reactivating the creative power of life is to fight against humiliation, which effect is precisely to sap this very power. A politics of resistance that operates in the invisible.

It is in the core of the desire and the subjectivity of the participants that the proposition intends to take place. A subtle weapon for social interference. Art effectively reconnects to life, taking over again its function as an embodied social critique.

That was the strategy developed by Rivane for the partnership between The Quiet in the Land *and Projeto Axé, during her daily life with the children, which I could share for some days. The sense of my essay is the registering of this process: the backstage or, more precisely, the entrails of an exhibition at the Museu de Arte Moderna da Bahia, which would take place some months later, together with the launching of this publication about the partnership. The challenge of the exhibition will be to find the ways to inscribe on the institutional space of culture the work developed with the children. Each artist will look for a formal expression of the issue that stirred their experience, in a dialogue with contemporary art, its questions, its materials, its formulae, its languages, its inventions. Each one will have to find the ways to avoid some dangers that lurk in propositions of this nature—such as fetishizing aesthetization, romantic folklorization, militant hallucination—easy solutions that would empty the project of its singularity, its value, its sense.*

The exhibited works will therefore be the residues of a process of creation, re-arranged for this purpose. (Wouldn't this be, by the way, the statute of any work of art?) Some of those remains will be left backstage, without any trace on the museum stage. In Rivane's case, it is the embroidering that will be put aside, for it too often refers in contemporary art to a supposedly feminine writing, sterilized in its use because of an excessive impregnation of this indigent sense. The obscenity in justifying art by gender, of making use of bad conscience. For the

sociais que travam o afeto. Uma empatia genuína se estabelece entre eles, arma indispensável na luta pela reversão do desvalor que enfraquece aquelas vidas. Isso aconteceu, segundo Rivane, nas "pequenas ações em que a experiência era efetivamente trocada", "nos dias mais absurdos e desprogramados", "nos espaços em branco" . . . Movimentos fugazes, quase imperceptíveis, mas não menos poderosos.

Mobilizar o sentido estético das ações e materiais que compõem os hábitos domésticos, não deixa de ser a meta nesta proposta da artista. No entanto, a operação ganha aqui implicações mais fortes, pois a estética manifesta-se intrinsecamente associada à ética e à política. Ética, porque resgatar a poesia dos hábitos cotidianos é inseparável do resgate de sua dignidade, essencial na cura da desqualificação, causadora da intoxicação afetiva que enfraquece e imobiliza. Política, porque reativar a potência criadora da vida é resistir contra a humilhação cujo efeito é exatamente miná-la. Uma resistência política que opera no invizível.

É no coração do desejo e da subjetividade dos participantes que a proposta se realiza: arma sutil de interferência no social. A arte se reconecta efetivamente com a vida, reassumindo sua função de crítica social encarnada.

Esta foi a estratégia que Rivane desenvolveu para a parceria entre *A Quietude da Terra* e o Projeto Axé em seu convívio cotidiano com os meninos, experiência que compartilhei por alguns dias. O sentido de meu ensaio é o registro deste processo: bastidores, ou melhor, entranhas de uma exposição no Museu de Arte Moderna da Bahia, que deverá acontecer alguns meses depois, junto com o lançamento do livro/catálogo. O desafio da exposição, será encontrar a via de inscrição, no espaço institucional da cultura, do trabalho desenvolvido com os meninos ao longo dos sete meses. Cada artista deverá buscar um modo de expressão formal do problema que perpassou sua experiência, em diálogo com a arte contemporânea, suas questões, seus materiais, suas fórmulas, suas linguagens, suas invenções. Cada um deverá encontrar meios de contornar certos perigos que rondam propostas deste tipo—tais como estetização fetichizadora, folclorização romântica, alucinação militante—, soluções de facilidade que esvaziariam o projeto de sua singularidade, seu sentido, seu valor.

As obras expostas na mostra serão portanto aparas de um processo de criação rearranjadas para este fim (não é este, aliás, o estatuto de toda obra de arte?). Algumas serão deixadas nos bastidores, sem qualquer rastro na cena do museu. No caso de Rivane, será posto de lado o bordado, demasiadamente referido na arte contemporânea a uma suposta escritura feminina, esterilizado em seu uso por impregnação excessiva deste sentido indigente. A obscenidade de justificar a arte pelo gênero, valendo-se para isso da má-consciência. Pela mesma razão, os bonecos de pano sairão igualmente de cena.

É verdade que também de lençóis abusou-se nesta direção empobrecedora, mas estes Rivane decide assim mesmo manter. É que, para ela, eles preservariam na exposição o sentido que tiveram no processo: o alerta sensível para a aspereza de dormir ao relento de uma tensa cidade, em qualquer lugar, de qualquer jeito, na vida de quem não tem direito ao repouso. Mas é principalmente por seu valor formal que a artista irá privilegiar os lençóis: depurados dos bordados de nomes e dos desenhos de sonhos, uma geometria branca inesperada poderá apresentar-se ao olhar. Sem os nomes, porque insculpidos nas barras de sabão de coco, eles teriam encontrado uma formalização mais feliz do que bordados: "o exercício da composição dos blocos, o raciocínio geométrico, a caligrafia dada em função de um campo retangular pequeno", observa Rivane. Sem os sonhos, porque se o exercício de desenhá-los serviu para mobilizar a percepção do sonhar e instaurar um espaço para esta experiência na alma dos meninos, mesmo que fugaz, no contexto de uma exposição tal sentido certamente se perderia. Manter os desenhos torna-se então mera redundância, pois o lençol já traz em si virtualmente a memória de todos os sonhos.

Há também, portanto, sobras do processo que permanecerão na exposição: lençóis molhados, lençóis empilhados, imagens do lavar e do quarar, composições de sabão de coco com os nomes inscritos. Aparas que se desdobram, agenciadas a novos materiais e gestos aos quais serão de algum modo associadas, imprimindo ao trabalho outras direções.

De elementos novos, Rivane irá introduzir basicamente, o pular elástico: brincadeira tradicional da infância brasileira, que a artista reviveu por acaso com os meninos, num daqueles momentos desprogramados, espaços em branco inesperados numa tarde qualquer, em que se deu a magia de uma experiência compartilhada. A que vem esta aproximação entre o pular elástico, o lavar roupa em beira de rio com barras de sabão e o quarar sobre a relva, que Rivane imaginou para a exposição?

Para a artista, a aproximação tem dois sentidos. A possibilidade de o

same reason the dolls made of clothes will depart.

It is true that there has been an equally abusive use of bed sheets in this impoverishing direction, but these, Rivane has decided to retain. Because to her, they would evoke in the exhibition the sense they had during the process: a sensitive alert to the roughness of sleeping in the open, in a tense city, anywhere, anyhow, in the life of one who does not possess a right to rest. But it is mainly because of their formal value that the artist will privilege the sheets: purified from the embroidered names and the drawings of the dreams, an unexpected white geometry appears to the eyes. Without any names, because when carved in soap bars they would find a better formalization than when embroidered, "the exercise of the composition of the blocks, the geometrical reasoning, the calligraphy obtained in keeping with a small rectangular field," remarks Rivane. Without any dreams, because, if the exercise of sketching them helped mobilize the perception of the dreaming and create a space for this experience in the children's soul, even short-lived, in the context of an exhibition, this sense would certainly be lost. To maintain the drawings therefore becomes mere redundancy, for the sheet already carries, virtually, the memory of all dreams.

So, some residues of the process also remain in exhibition: wet sheets, piles of sheets, images of the washing and spreading out, compositions made of coconut soap with carved names. Residues that unfold, paired with new materials and gestures which they will be somehow associated with, propelling the work toward new directions.

As a new element, Rivane will introduce the skipping of elastics: a traditional game of Brazilian childhood, which the artist unexpectedly revived with the children, in one of those unscheduled moments, unexpected blanks when the magic of a shared experience occurred. Why this juxtaposition of skipping elastics, washing clothes at the river's edge with soap bars, and spreading out sheets in the sun, which Rivane imagined for this exhibition?

To the artist, this association has two senses. The possibility for the skipping of elastics to contaminate domestic activities, which would make visible the playful sense that permeates them. But it is mainly from a formal point of view that this closeness interests her. The stretched elastic of the game, as well as the bed sheet, creates geometrical shapes. Equally, in both situations, it is in the body's movement that the shape is being drawn again and again. In the case of the elastic, the movement of the body that sustains and the one that jumps; in the case of the bed sheet, the movement of the body that sleeps, dreams and makes love; but also the body that, during washing, twists it, wrings it out, beats it, spreads it out, and creates a geometrical field through the gesture of quarar, *ironing, folding, and piling.*

Did Rivane manage to keep in the exhibited objects the vital vibration of the process that generated their configuration? Did she manage to resist the call for a reductionist formalism that the art system makes to the artists' souls, in order to receive them in its salons? The exhibition will tell us.

Let us stay, for now, with the memory of the process. What could have generated, in Rivane's imagination, the association of the game with stretched elastics, the act of washing clothes at the river's edge and their spreading out on the grass, which she shared with the children? Probably the fact that all of them are ancestral gestures. We may imagine that those experiences had the flavor of the time that dissolves the blindness generated by habit, and therefore discloses the intimacy between body and creation of a universe. Generous opportunity for the artist, and maybe for the children, to rediscover that gestures constitute spaces and fix boundaries to territories of existence, which provide a feeling of the self and the possibility of insertion into the world. Here has been revealed how the production of aesthetics and the production of existence can become co-extensive. Rivane's work helps to relink reality and poetry.

NOTES

1. This word refers to an ancestral Brazilian domestic activity that corresponds to spreading clothes out in the sun, but is not exactly the same. The word, as well as the gesture, have a poetical sense impossible to translate into English. The original title of this text in the Portuguese version is "Quarar a alma"—literally, "Spreading Out the Soul."

2. Concretism and, later, Neoconcretism were important Brazilian art movements of the 1950s. They were a reactualization of Constructivist tendencies that had appeared in Europe at the end of World War I, in resonance with the new local landscape. At the same time, similar movements occurred in other countries of Latin America.

3. This game starts with two standing children, one in front of the other, connected by an elastic strip, which creates a rectangle at ankle level, than knee level, and so on, until it reaches the neck. The other children successively skip the elastic.

pular elástico contaminar os afazeres domésticos, o que daria visibilidade ao sentido lúdico que os permeia. Mas é principalmente do ponto de vista formal, que esta vizinhança lhe interessa. Tanto o elástico estendido da brincadeira, quanto o lençol, formam figuras geométricas. Igualmente, nos dois casos, é no movimento dos corpos que se desenha e redesenha sua forma. No elástico, o movimento do corpo que serve de suporte e do corpo que salta; no lençol, o movimento do corpo que dorme, que sonha e que faz amor; mas também do corpo que, na lavagem, o torce, retorce, bate, estende e cria um campo geométrico nos gestos de quarar, repassar, dobrar e empilhar.

Terá Rivane conseguido manter nos objetos expostos a vibração vital do processo que os configurou? Terá conseguido resistir ao apelo por um formalismo reducionista que o sistema da arte dirige à alma do artista para acolhê-lo em seus salões? A exposição o dirá.

Fiquemos, por ora, na memória do processo. O que teria aproximado, na imaginação de Rivane, a brincadeira do elástico do ato de lavar roupa em beira de rio e quarar sobre a relva que ela compartilhou com os meninos? Provavelmente o fato de serem, todos eles, gestos ancestrais. Dá para imaginar que experimentá-los teve o sabor do tempo que dissolve a cegueira do hábito e, com isso, expõe a intimidade que existe entre corpo e formação de universo. Generosa oportunidade para a artista, e talvez para as crianças, de redescobrir que gestos constituem espaços e demarcam territórios de existência, aquilo que provê um sentimento de si e a possibilidade de inserção no mundo. Revela-se que produção estética e produção da existência podem de fato ser coextensivas. O trabalho de Rivane ajuda a reatar realidade e poesia.

NOTA

1. A brincadeira consiste em duas crianças ficarem de pé, frente à frente, unidas por uma fita de elástico que forma um retângulo na altura dos tornozelos, depois dos joelhos, e assim por diante até chegar ao pescoço. As outras crianças vão pulando o elástico assim estendido, uma de cada vez.

Despachos no museu: Sabe-se lá o que vai acontecer...

SUELY ROLNIK

Despachos at the museum: Who knows what may happen . . .

Trata-se de liberar a vida lá onde ela é prisioneira, ou de tentar fazê-lo num combate incerto.

-Gilles Deleuze e Félix Guattari, *O que e filosofia?*

It is a question of freeing life where it has been imprisoned, or trying to do so in an uncertain combat.

—Gilles Deleuze and Félix Guattari, What Is Philosophy?

Uma "instauração" é o que Tunga propõe para a parceria entre *A Quietude da Terra* e o Projeto Axé. Ela acontecerá na abertura da exposição no Museu de Arte Moderna da Bahia.

Como vários outros artistas que participaram desta parceria, o material que Tunga escolhe para sua proposta, são objetos e substâncias extraídos do cotidiano da vida popular em Salvador. Entre os objetos, privilegia os de folha de Flandres, utensílios artesanais que imitam aqueles de alumínio fabricados industrialmente, e recriam à sua maneira no dia-a-dia das casas mais humildes, um certo cenário das casas abastadas. No interior de tambores de tamanhos variados, o artista colocará funis, raladores, assadeiras, batedores de clara, pás de pegar farinha ou açúcar em barracas de feira, lamparinas, fiofós, agulhas e fios. Acrescentará ainda, objetos de algodão: rolos e cotonetes, mas também limpadores de copo e garrafa, coadores de café, etc. E mais outros tantos apetrechos: luvas de borracha de operário, rabinhos de coelho e coisas quetais. Entre as substâncias, ceras, farinhas e ingredientes do gênero. Os meninos do Projeto Axé serão os protagonistas de sua instauração e é com este repertório familiar que eles farão obra.

A instauração terá início com os garotos reunidos numa área lateral da exposição, como numa concentração de escola, formando um grupo compacto e fazendo uma certa algazarra. Com um aceno de Tunga, a arruaça se generalizará sob a forma de um bloco que desfilará arrastando e rolando os tambores pelo chão, armando uma verdadeira hecatombe musical. Aos poucos, cada um irá se desgarrando do grupo, sozinho ou em par, com a tarefa de encontrar seu lugar naquele espaço. Uma vez instalado, abrirá seu tambor, descobrindo os utensílios domésticos. Com curiosidade investigativa, ele deverá improvisar um uso musical daqueles elementos, com a única ressalva de evitar qualquer alusão a referências conhecidas.

É portanto a potência viva do ritmo o que será convocado nesta instauração. Este será o eixo central da proposta do artista, e não por acaso: o ritmo tem o poder de produzir subjetividades vigorosas, inalienáveis territórios de existência. Ele é provavelmente o bem mais primitivo e mais poderoso de que são portadores aqueles meninos baianos de origem popular, o único de que não se consiga desapropriá-los por completo. É exatamente por esta sua força vital que o capitalismo encontra no ritmo uma fonte privilegiada para o

An "instauration": this is Tunga's proposition for the partnership between The Quiet in the Land *and Projeto Axé. It will take place during the opening of the exhibition at the Museu de Arte Moderna da Bahia.*

Like many other artists who took part in this partnership, the materials that Tunga chose for his proposition are objects and substances extracted from the everyday life of simple homes in Salvador. Among the objects, he privileges the ones made of tinplate, handicrafts that imitate industrial aluminum tools and re-create in their own way, within simple houses, a certain scenery belonging to wealthier neighborhoods. Into drums of different sizes, the artist will put funnels, graters, roasting pans, egg beaters, shovels, objects found in market stalls to measure flour or sugar, oil lamps, needles, and threads. He will also put cotton objects: cotton rolls and Q-tips, as well as glass and bottle cleaners, cloth coffee filters, and so on. And more objects, including workmen's rubber gloves and rabbit tails.

Among the substances, waxes, flours, and materials of the same type. The boys and girls of Projeto Axé will be the protagonists of the instauration, and this familiar repertory will be the one they will use to realize the work.

The instauration will begin by gathering the children to the side of the exhibition space, like a school assembly, into a compact and quite noisy group. On Tunga's signal, the tumult will spread, taking the shape of a bloco *that will parade, hauling and rolling the drums on the floor, generating a real musical hecatomb. Gradually, the children will move apart from the group, whether alone or in pairs, the assignment being to find their place in the space. Once in place, they will open their drums, discovering the substances and household implements. Using investigative curiosity, they will have to improvise a musical use of these elements, the only condition being to avoid any allusions to known references.*

What will be summoned in this instauration is the live power of rhythm. This will be the main subject of the artist's proposition, and it is not by chance: rhythm has the power to produce vigorous subjectivities, nonalienable territories of existence. It is probably the most primitive and potent possession of these destitute children from Bahia, the only possession that cannot be totally taken away from them. It is precisely because of its vital force that capitalism finds in rhythm a privileged source for the practice of one of its main current investment strategies, turning it into the object of its forces, at the same time strengthening and demoniacal, immanently entwined. It is exactly in the nerve center of this ambiguity, which constitutes contemporary capitalism, and its implications for the so-called art system, that each of Tunga's instaurations acts. But what exactly is this current strategy of capitalism and its intrinsic ambiguity?

Once the visible horizons of the expansion of capitalism's investments are exhausted, it is in the invisible that it will discover an unexplored mine: life. To extract formulae for creating life in its different manifestations will be its goal, as well as the cause of its inevitable ambiguity: on the one hand, to meet its aim, capitalism will necessarily have to invest in research, which increases the chances for the expansion of life; on the other, the aim of its investment is not this expansion, but rather the production and the commercialization of its clones in order to produce capital, its leading principle. The most obvious example is genetic research resulting in a DNA databank that feeds the biotechnological industry with matrices to be reproduced, even in a very remote future. However, not only from biological life is capitalism interested in extracting formulae, but also from subjective life, where the feeling of the self is being generated and where the territory of existence is being shaped, without which one can hardly survive. Just like biodiversity in nature, a neverending source of investment for capital, there is a multiculturalism in the modes of constituting subjectivity.

Thus, neocapitalism summons and supports singular modes of subjectivation, but only to reproduce them, detached from their connection with life, and turned into products: mass-produced clones, commercialized as prêt-à-porter *identities. What is sold are images of those identities/goods that will be consumed even by those whose subjective marrow capital sucks to produce the clones. In the contemporary re-invention of capitalism, the distance between producing and consuming vanishes: the consumer him- or herself becomes its raw material and its product.*

Subjectivity clones form patterns of ephemeral normality. To make this market function, new types of clones have to be produced over and over, while others go out of production and become obsolete. The difference between anomaly and abnormality could take this reflection further. Anomaly is a word of Greek origin that indicates the rough, the uneven, the singular, while abnormality is a word of

exercício de uma de suas principais estratégias de investimento na atualidade, fazendo dele o objeto de suas forças ao mesmo tempo potencializadoras e diabólicas, imanentemente entrelaçadas. É precisamente no nervo desta ambigüidade constitutiva do capitalismo contemporâneo, e suas implicações no chamado "sistema da arte", que agem todas as instaurações de Tunga. Mas em que consiste exatamente esta estratégia atual do capitalismo e sua ambigüidade intrínseca?

Esgotados os horizontes visíveis para a expansão de seu investimento, é no invisível que o capitalismo irá descobrir uma mina inexplorada: a vida. Extrair as fórmulas de criação da vida em suas diferentes manifestações, será seu alvo e também a causa de sua inelutável ambigüidade: é que se, por um lado, para atingir seu alvo, lhe será indispensável investir em pesquisa, o que aumenta as chances de expansão da vida, por outro lado, não é esta expansão a meta de seu investimento, mas sim a fabricação e a comercialização de seus clones de modo a produzir capital, seu princípio norteador. O exemplo mais óbvio são as pesquisas genéticas que resultam num banco de dados de DNA, que alimenta a indústria biotecnológica com matrizes a serem reproduzidas, até mesmo num futuro remoto. Porém, não é só da vida biológica que interessa ao capitalismo extrair a fórmula, mas igualmente da vida subjetiva, na qual se produz o sentimento de si e um território de existência se configura, sem o qual dificilmente se consegue sobreviver. Como a biodiversidade na natureza, fonte exuberante de investimento para o capital, há um multiculturalismo de modalidades de constituição de subjetividade.

Assim o neo-capitalismo convoca e sustenta modos de subjetivação singulares, mas para serem reproduzidos, separados de sua relação com a vida, reificados e transformados em mercadoria: clones fabricados em massa, comercializados como "identidades *prêt-à-porter*". O que se vende são imagens destas identidades/mercadoria que serão consumidas inclusive por aqueles de cuja medula subjetiva o capital se alimentou para produzí-las. Na reinvenção contemporânea do capitalismo, a distância entre produção e consumo desaparece: o próprio consumidor torna-se a matéria-prima e o produto de sua maquinação.

Clones de subjetividade constituem padrões de normalidade efêmeros. Para fazer girar este mercado, é necessário que novos tipos de clone sejam produzidos o tempo todo, enquanto outros saem de linha, tornam-se obsoletos. A diferença entre anomalia e anormalidade, pode nos ser útil para avançar nesta reflexão. "Anomalia" é uma palavra de origem grega que designa o rugoso, o desigual, o singular e "anormalidade", uma palavra de origem latina que qualifica aquele que contradiz a regra e, portanto, se define em relação a características genéricas, absolutizadas. No modo de produção atual, o estatuto da anomalia é ambíguo: ela tem não só lugar garantido, como incentivo e prestígio, mas desde que possa ser parasitada, e os territórios que ela inventa, apropriados como matéria-prima para a fabricação de novos clones, novas formas genéricas de viver, novos tipos de normalidade homogeneizadora. Em outras palavras, a anomalia é festejada, mas desde que o princípio de sua produção deixe de ser prioritariamente a vida (a problematização do que impede sua expansão e a criação de territórios que a viabilizem), para submeter-se ao capital como princípio organizador central. Caso contrário, por não haver outras vias de reconhecimento social a não ser por semelhança e analogia em relação aos padrões, a anomalia tende a ser desqualificada e corre o risco de cair na marginalização. Ou seja, as subjetividades neste regime têm duas opções: serem criadoras, mas para converter-se em matéria-prima de identidades prêt-à-porter, ou serem suas passivas consumidoras. Fora disso, as invenções da vida tendem a não ter qualquer sentido ou valor.

Exploração invisível de um bem invisível, a vida, é igualmente no invisível que deverão operar as artimanhas para combatê-la. O desafio está em colocar-se no âmago da ambigüidade desta estratégia contemporânea do capitalismo, aproveitando o investimento na potência criadora, que lhe é imanente, mas privilegiando a vida como princípio ético organizador. Este é um desafio que se coloca hoje em todos os meios, com problemas específicos em cada um deles.

A arte é um meio onde tal estratégia incide com especial vigor. É que a arte constitui um manancial privilegiado de potência criadora, ativa na subjetividade do artista e materializada em sua obra. Artistas são por princípio anômalos: subjetividades vulneráveis aos movimentos da vida, cuja obra é a cartografia singular dos estados sensíveis que sua deambulação pelo mundo mobiliza. A anomalia dos artistas e suas criações é o que faz girar o mercado da arte. Mas se isto intensifica as oportunidades de criação e circulação no mercado, por outro lado, para entrar no circuito, a obra tende a ser clonada, esvaziada do problema vital que ela cartografou; também clonada, tende a ser a subjetividade do artista, esvaziada de sua singularidade em processo, e transformada em identidade, de preferência glamurizada. Juntas, obra e subjetividade traficadas, formam o pacote a ser veiculado pela mídia e vendido no mercado da arte, cujo valor será determinado por seu poder de sedução. Se atingir um valor alto, poderá ser ainda vendido em outros mercados, como é o caso da moda, para agregar

Latin origin that qualifies what goes against the rules and is therefore determined in relation to absolutized, generic characteristics. In the current mode of production, the statute of the anomaly is ambiguous: it not only has a reserved place, but also encouragement and prestige. The one condition, however, is that the very anomaly and the territories it invents can be taken as raw material to produce new clones, new generic forms of living, new kinds of homogenizing normality. In other words, anomaly is praised, but only if the principle of its production ceases to prioritize life, only if it submits to capital as its leading principle. If not, lacking other means of social recognition—other than likeliness and analogy in relation to the patterns— anomaly tends to be disqualified and may be exposed to the risk of falling into marginalization. In a nutshell, subjectivities in this regime have two options: either to be creative but to become raw material of prêt-à-porter identities, or to be its passive consumers. Besides this, life inventions tend to have neither sense nor value.

Invisible exploration of an invisible good, life. It is also in the invisible that ruses will have to operate in order to fight this exploration. The challenge is to settle in the core of the ambiguity of this contemporary strategy of capitalism, taking advantage of the investment in creative power, but maintaining life as its leading ethical principle. This is a challenge that occurs today in every milieu, with specific issues to be problematized in each one. Art is a milieu in which such a strategy develops with special strength. Thus, it forms a privileged source of creative potency, active in the artist's subjectivity and materialized in his or her work. In principle, artists are anomalous: subjectivities vulnerable to life movements, whose work is the unique cartography of the sensitive states mobilized by their wandering through the world. What makes the art market function is the artist's anomaly and his or her creations. However, if this increases the opportunities of creation and circulation on the market, so as to be accepted into the circuit, the work tends to be cloned, emptied of the vital problem that it has mapped. The artist's subjectivity also tends to be cloned, emptied of its changing singularity and turned into identity, preferably a glamorized one. Both eviscerated work and subjectivity together form the package to be transmitted by the media and sold on the art market; their value will be determined by their power of seduction. Attaining a high value, it can also be sold on other markets, as is the case of fashion, in order to add value to the brand that will buy it. As for the noncloned artist, few possibilities for the circulation of his or her work are usually left. Most are fated to work for the creative departments of the very agencies that produce the prêt-a-

porter *identities: design, advertising, etc. It is within the milieu of art that this renewed capitalism will find the artisans of its cloning.*

According to this policy of dissociating art and life, specific to the contemporary, the utopian ideal of re-linking them, which has existed throughout modern art history, continues to be on the agenda, but in new terms. It is at that point exactly that we find Tunga and his instaurations. Singular devices that, with sagacity and humor, settle in the core of contemporary capitalism ambiguity, and, from within it, problematize and try to play tricks with its new mode of relationship with art, its perversion of the artist's political-poetical function in order to extract plus-value from it.

Even though the artist has only recently given the name instauration *to his work, this kind of proposition has existed in his work since the beginning. The possibility of giving it a name occured after a precise point in his work's trajectory, in which this process has been refined and radicalized, becoming more explicit. That is when the series of instaurations begin to occur more systematically—those instaurations in which objects, materials, questions, characters, and elements from which they are created are not only extracted from the very milieu where the instauration takes place, but, more significantly, where they are the components of the unique ways to generate a territory within the referenced milieu. Besides, the chosen universes are not only the most distant from the universe of art, but they are mainly the ones in which the perverse vector of the ruling mode of production reaches its extremes.*

At one end, the office boys, the extras, the jobless, the homeless, the landless, the former prisoners, and now the children who once lived in the streets. The remainders of the system, those who cannot even be either a clone-matrix or its consumers, and therefore don't even come close to stepping into the circuit. At the other end, the top models, the ones who have been most radically reduced to mere supports of prêt-a-porter *identities, teenagers whose main desire is to lend themselves to the cloning, as well as to consume their own clones—to such an extent that when adolescence ends and the models are expelled from this market, their emptied subjectivity commonly falls into depression.*

Thus, the protagonists selected by Tunga for his instaurations are the ones who stay completely out of the field of visibility, and the ones who, on the contrary, occupy the whole extension of the field and are themselves mere images. The completely excluded and the completely included. Two aspects of the impoverishment of life as creative potency. Material and social poverty for some; spiritual and subjective

valor à marca que o comprar. Ao artista não clonado, restam em geral poucas saídas para fazer circular sua obra. O destino de muitos é trabalhar nos departamentos de criação das agências que produzem as identidades *prêt-à-porter*: design, publicidade, etc. É no meio da arte que este capitalismo renovado irá encontrar os artífices de suas clonagens.

Em função desta política específica de separação entre arte e vida, própria do contemporâneo, a utopia de religá-las, que atravessa toda a história da arte moderna, continua na ordem do dia, mas recoloca-se hoje em novos termos. É exatamente neste ponto que encontramos Tunga e suas instaurações. Dispositivo singular que, com sagacidade e humor, instala-se no âmago da ambigüidade do capitalismo contemporâneo, e de dentro dele problematiza e tenta driblar sua nova modalidade de relação com a arte, sua perversão da função político-poética do artista para dela extrair mais-valia.

Embora o nome "instauração" seja uma invenção recente do artista, a proposta que designa encontra-se em sua obra desde os primórdios: É a possibilidade de nomeá-la que surge certamente depois de um determinado ponto de sua trajetória, em que o procedimento se refina e se radicaliza, ganhando uma explicitação maior.5 É quando passam a acontecer mais sistematicamente as séries de instaurações em que os objetos, materiais, questões, personagens e elementos com as quais a obra se cria, não apenas são extraídos do próprio meio onde a instauração se faz, mas, o que é mais significativo, eles são componentes do modo de fazer território no meio em questão. Além disso, os universos escolhidos são não apenas os mais distantes do universo da arte, mas principalmente aqueles em que o vetor perverso do modo de produção dominante atinge seus extremos.

Numa ponta, office boys, figurantes classe D, desempregados, sem-teto, sem-terra, ex-presidiários e, agora, meninos que já viveram na rua. As sobras do sistema, aqueles que não podendo ser nem matriz de clone, nem seu consumidor, não chegam sequer a entrar no circuito. Na outra ponta, top-models, as mais radicalmente reduzidas a suporte de identidade *prêt-à-porter*, adolescentes cujo maior desejo é prestar-se à clonagem, assim como consumir os clones de si mesmas. A tal ponto que quando acaba a adolescência e são expelidas deste mercado, é comum sua subjetividade esvaziada cair em depressão.

Assim, os protagonistas que Tunga elege para suas instaurações são aqueles que ficam totalmente fora do campo de visibilidade e aqueles que, ao contrário, ocupam toda a extensão do campo e que são eles mesmos pura imagem. Os totalmente excluídos e os totalmente incluídos. Duas formas de empobrecimento da vida enquanto potência criadora. Miséria material e social de uns. Miséria espiritual e subjetiva de outros. O que acontece quando estas figuras tornam-se personagens de si mesmos no cenário da arte? Examinemos algumas instaurações de Tunga, antes de voltarmos à experiência baiana. Convidado pelo Instituto Itaú Cultural para propor uma obra na avenida Paulista, Tunga decide trabalhar com office boys, numa instauração que ele chamará de *Cem Terra*. Office boys transitam pela avenida durante todo o horário do expediente, pois são eles os mensageiros não eletrônicos entre os escritórios de luxo das corporações que substituíram as mansões dos barões do café, e entre a elegante avenida e outras áreas da cidade. E, no entanto, é como se não pertencessem à paisagem oficial, a qual se interpõe entre o olho e a realidade, como um filtro que impede de enxergá-los e os transforma em "sem-terra". Quando Tunga leva uma centena deles a ocupar um quarteirão inteiro da avenida, o que se instaura ali é uma terra que eles criam a seu modo, com a cultura de seus gestos, suas marmitas, as redes onde descansam seus corpos nordestinos, sua facilidade em montar barraca em qualquer lugar a qualquer hora, habituados que estão a nomadizar pela cidade. É a instauração deste mundo que se fará aqui obra de arte. O nada daquelas vidas supostamente inexistentes reanima-se, sai do limbo e volta a pulsar. Anarquiza-se a cartografia da avenida: instalados ali inteiramente à vontade, eles ganham uma existência na paisagem, agora não mais passível de ser ignorada: o espectador/transeunte é obrigado a vê-los, e a relação entre eles não pode mais ser denegada. A força do resultado formal, tanto na escolha dos objetos e corpos, quanto em sua disposição na avenida, é inseparável da problematização bem sucedida que a obra opera, seu efeito disruptivo.

Já em *Tereza*, Tunga trabalhará com um grupo de sem-teto. O nome da instauração vem de uma conhecida prática dos presidiários que consiste em usar os cobertores disponíveis para fazer tranças de vários metros com as quais tentam fugir da prisão. Os sem-teto deverão fazer "terezas" que, neste caso, servirão para fugir do museu ou galeria onde a instauração se faz. Como pontua o próprio artista, a obra aqui é ao mesmo tempo individual e coletiva, ao mesmo tempo escultura e instrumento de fuga do espaço da arte, instauração de uma ligação entre o espaço do museu e o espaço da rua onde vivem os sem-teto. Mais uma vez, instaura-se uma confusão no mapa dominante, ao qual estes personagens não estavam incorporados, como os office boys *Cem terra*. Enquanto escultura, *Tereza* remete a esculturas anteriores de Tunga, onde a trança é uma forma recorrente,

poverty for others. What happens when these people become actors of themselves on the art scene? Let us examine some of Tunga's instaurations, before we return to the Bahian experience. Invited by the Instituto Itau Cultural to suggest a work of art on Paulista Avenue, Tunga decides to work with office boys, for an instauration that he will call Cem terra. *Office boys walk across the avenue during the whole period of working hours, because they are the nonelectronic messengers between the sumptuous offices of the corporations that replaced the mansions of the* Barões do café, *and between the elegant avenue and other areas of the city. However, it appears as if they did not belong to the official landscape, which interposes itself between the eyes and the reality, like a filter that keeps from perceiving them and turns them into the "landless." When Tunga brings one hundred of them to occupy a whole block on the avenue, they create a land in their own way, from the culture of their gestures, their pans, their hammocks where they rest their bodies, their dexterity in pitching tents anywhere, anytime, being so used to roaming across the city. It is the instauration of this world that will turn into a work of art. The nothing of those supposedly nonexistent lives revives, leaves limbo, and pulsates again. The cartography of the avenue goes into anarchy: well settled and totally at ease, they acquire an existence in the landscape, impossible to be ignored now; the spectator/passer-by is obliged to see them, and the relationship between them cannot be denied any longer. The strength of the formal result, in the choice of the objects and the bodies as well as their arrangement on the avenue, is inseparable from the successful problematization that the instauration realizes, from its disruptive effect.*

In Tereza, *Tunga will work with a group of homeless people. The name of the instauration comes from a well known practice among prisoners, in which they use all available rugs and sheets to make long braids to try to escape from jail. The homeless will have to make "terezas" which, in this case, will help them escape from the museum or the gallery where the instauration takes place. As the artist emphasizes, the work is here at the same time individual and collective, at the same time a sculpture and an instrument for escaping from the space of art, the instauration of a connection between the space of the museum and the space of the street, where the homeless live. Once more, a confusion is instaured into the ruling map, where these characters are not incorporated, just like the office boys of* Cem terra. *As a sculpture,* Tereza *refers to some of Tunga's previous sculptures, in which braids are frequently used, and retroactively gives them the sense of line of flight from the art market deck of predetermined cards, the link between the space of art and its outside, the transversality of milieus, a sense that had virtually existed but that becomes now explicit and hardly separable from its form.*

When Tunga realizes Cem terra *as well as* Tereza, *he is obliged on many occasions to use extras to play the parts of the office boys or the prisoners. The alleged reasons are labor laws demanding the protection of the performers, but the implicit reason may be the fear provoked within art institutions by the idea of being occupied by the "mob." The strategy does not lose its strength, as these extras are just unemployed people who play the role of individuals who had no chance to learn anything, and can only fulfill nonspecific functions, on stage as well as in real life. They belong to the same population as the office boys, the landless, the homeless, adults or children—all of them extras in the society in which we live. It is therefore within the same milieu that the work instaures a critical displacement.*

In these instaurations, the poetical-political function of art is reactivated, and a resistance against the effort to pervert it is produced: the work of art comes again to problematize the milieu in which it is realized. Against the current of the system that either recognizes modes of making territories in order to clone them, or puts aside the "nonclonable," Tunga creates for these modes of subjectivation a space of visibility in which they act "live," as protagonists of themselves, with their own cast of tools and materials for the construction of territories. The clonable, as is the case for the top models, live on stage the opposite movement to the one that converts them into clichés: the instauration starts exactly from their cloned image, in the very milieu in which it is launched into the market, the fashion show, but in order to try to free the life that had been imprisoned therein. The nonclonable, remainders that have become invisible, such as office boys, the homeless, prisoners, and extras, leave the sewers of marginalization and get on stage. The cards are shuffled, the subjects are differently distributed through the field of vision, the official cartography established by capital as leading principle is disavowed.

It is in this context that we can problematize the instauration suggested by Tunga for the partnership between The Quiet in the Land *and* Projeto Axé. *To create a daily coexistence between a certain kind of artist of different origins, and children who formerly lived in the streets of Salvador, who, incorporated into Projeto Axé, will try to escape from the confinement of marginality, finding in art one of their main weapons. What is the purpose of this peculiar initiative? It is true that some resonances do exist between the children and the artist. Both tend to explore the milieus where they live, to rehearse connections and disconnections, to experiment becomings. Within this playful irreverence their territories of existence take*

e lança retroativamente sobre elas o sentido de linha de fuga do jogo de cartas marcadas do mercado da arte, a ligação entre o espaço da arte e seu fora, a transversalidade dos meios, sentido que já existia virtualmente mas que agora se torna explícito, e dificilmente separável de sua forma.

Muitas das vezes que realizou tanto *Cem terra* como *Tereza*, Tunga foi obrigado a utilizar-se de figurantes classe D para fazer os papéis de office boys ou presidiários. A razão alegada foi a exigência de leis trabalhistas que protegem os atores, mas talvez a razão implícita, mais decisiva, tenha sido o pavor que provoca nos espaços institucionais da arte, a idéia de serem ocupados por esta "corja de marginais". De qualquer modo, a estratégia não perde seu vigor, pois o que são tais figurantes senão desempregados que desempenham papéis de quem não teve oportunidade de aprender coisa alguma, e só cumpre funções inespecíficas, no palco, como na vida. Eles pertencem à mesma população que office boys, sem-terra e sem-teto, adultos ou meninos—todos eles figurantes classe D deste mundo em que vivemos. Continua portanto sendo no mesmo meio que o trabalho instaura um deslocamento crítico.

Em todos estas instaurações, reativa-se a função poético-política da arte, produz-se uma resistência à tentativa de pervertê-la: a obra volta a ser problematizadora do meio onde ela se faz. Na contramão do sistema que ou reconhece modos de fazer território para cloná-los, ou marginaliza os inclonáveis, Tunga cria para estes modos de subjetivação um espaço de visibilidade onde eles atuam ao vivo, protagonistas de si mesmos, com seu próprio elenco de ferramentas e materiais de construção de território. Os clonáveis, como é o caso das top-models, vivem na cena o movimento contrário àquele que os converte em clichês: a instauração parte exatamente de sua imagem clonada, no próprio meio em que é lançada ao mercado, o desfile de moda, mas para tentar liberar a vida que ficou ali aprisionada. Os não clonáveis, sobras tornadas invisíveis, como office boys, sem-teto, presidiários e figurantes de classe D, saem dos bueiros da marginalidade e ganham a cena. Embaralham-se as cartas, redistribuem-se os sujeitos no campo de visão, desautoriza-se a cartografia oficial estabelecida pelo capital como princípio norteador.

É neste contexto que podemos problematizar a instauração que Tunga propõe para a parceria entre *A Quietude da Terra* e o Projeto Axé.

Criar um cotidiano de convívio entre um certo tipo de artistas, de diferentes origens, e garotos ex-habitantes das ruas de Salvador, que inseridos no Projeto Axé, tentam libertar-se do confinamento na marginalidade, tendo na arte uma de suas principais armas. A que vem esta curiosa iniciativa? É verdade que entre crianças e artistas há ressonâncias. Ambos tendem a explorar o meio onde vivem, ensaiar conexões e desconexões; experimentar devires. Nesta lúdica irreverência tomam corpo seus territórios de existência—brincadeira, num caso, obra, no outro—, subjetividades em elaboração, indissociáveis do meio. Criança e artista seriam portanto os modos de subjetivação que mais se distanciam da situação reinante de torpor do sensível e nivelamento da percepção, e mais se aproximam da anomalia.

Mas a realidade está longe disso: exatamente por sua anomalia, artistas e crianças interessam especialmente ao capitalismo renovado. Se o artista, como vimos, é incontestavelmente atraente para a indústria da clonagem, na criança, o exercício da capacidade poética, tende a ser inibido pela infantilização, produto das forças aliadas do familialismo, da pedagogização e do mercado que fazem dela um consumidor mirim.

Ora, crianças que vivem ou viveram na rua talvez sejam as que mais escapem à infantilização. É que sua própria condição as obriga a explorar e cartografar os meios por onde circulam, de modo a improvisar territórios de existência. São pequenas comunidades autogeridas, que se formam e se dissolvem na velocidade de seu nomadismo forçado pelos imprevisíveis remansos da vida urbana. Mas atenção, seria certamente ingênuo idealizá-las: confinado à cloaca da cidade, o exercício desta potência não desemboca em nada além da sobrevivência, isto quando bem sucedido, o que já é muito face o destino de morte violenta e prematura que ameaça aquelas existências sem-valia.

É verdade que o equívoco mais recorrente em relação a estas crianças não é a idealização, mas a diabolização ou a vitimização. Quando diabolizadas, o desejo é de eliminá-las do cenário e o caso é de polícia ou de justiça; quando vitimizadas, o desejo é de salvá-las, e o caso fica então entre a psicologia, a pedagogia e a arte. É evidente a necessidade de criar para estas crianças oportunidades de sair da marginalidade, e portanto é incontestável o valor de iniciativas com esta pretensão, seja da psicologia, da pedagogia, da arte, ou de qualquer tipo de associação entre elas. O perigo é de, ao invés de reconhecerem o modo próprio de subjetivação daquelas crianças em sua positividade, para que tentem investí-lo como arma em sua inserção, tais iniciativas as enxerguem como vítimas que deverão ser salvas através do modelo da criança infantilizada, que tentam

shape—a game, on the one hand; a work, on the other—subjectivities in elaboration, inseparable from the milieu. Child and artist would therefore be the most distant modes of subjectivation from the reigning situation of the torpor of the sensitive and the leveling of perception, the closest to anomaly.

But reality is far: because of their very anomaly, artists and children offer special interest to the renewed capitalism. If artists, as we have already seen, are undeniably attractive to the cloning industry, in the case of the children, the practice of the poetical capacity tends to be inhibited by infantilization, a product of the allied forces of "familialism," "pedagogization," and the market that turn them into miniconsumers.

Children who live or once lived in the streets may escape from infantilization more easily, for their very situation obliges them to explore and draw cartographies of the milieus they move through, so as to improvise territories of existence. These are small self-administrated communities, which take shape and dissolve at the speed of their forced nomadism from one to another unexpected ephemeral refuge produced by urban life. But it would certainly be ingenuous to idealize them: confined to the sewers of the city, the practice of this potency does not lead to anything but survival—when it is successful—which is already an achievement in view of the fate of violent and premature death that threatens their "valueless" existences.

It is true that the most frequent oversight with regard to these children is not idealization, but demonization or victimization. When demonized, the wish is to remove them from sight, a matter of policing or justice. When victimized, the wish is to save them, a matter for psychology, pedagogy, and art. The necessity of creating opportunities for these children to leave marginality is obvious, and therefore, the value of initiatives with this intention, from psychology, pedagogy, art, or any association between them, cannot be denied. The danger is that instead of recognizing the mode of subjectivation of these children in its positiveness, instead of letting them use it as a weapon in their insertion, such initiatives understand them as victims who must be saved through the pattern of infantilized childhood projected onto them. When this prevails, a paradoxical effect can result from the generosity that motivates this kind of initiative: without any resonance, the poetical force, particularly alive in those existences, is exposed to the risk of waning.

In this case, the inhibition of this force, instead of being fought, will be reiterated, not any longer by social exclusion, but by domestication, which intends to insert these children into the world of children clones; instead of remaining anomalous, they might thus become normal citizens, probably with less chances of success—if they do not fall into the category of abnormals, and into its subsequent pathologization.

How to help these children be incorporated without losing their valuable anomaly? This and other questions involve such complexity that one must think them as precisely as possible and experience strategies that problematize them as sharply as can be done.

Tunga's proposition goes in this direction: to find proceedings that turn the meeting with these children into a possibility, even if transitory and uncertain, within the soul of the children who once lived on the streets, as well as within the soul of the artist, to trick the perverse facet of the current economic system that tends to restrict their creative power, excluding one and cloning the other. For this purpose, the artist will have to count on an effective complicity with these children. It is in anomaly, common to both artist and child, that he will find this complicity: more precisely, in the anomaly that tries to exist as anomaly, without being either cloned or marginalized. As a matter of fact, there is probably a resonance between children who once lived on the streets and who are fighting marginalization, but trying, through art, not to lose their singularity, and artists who take advantage of the opportunity of realization offered by the art system, trying nevertheless to maintain their problematizing force, artists who therefore resist the pimping of the art system, without falling into the no man's land of the marginalized, as certainly is the case for Tunga. There is probably more resonance between this kind of child and this kind of artist than between those children who have once lived on the streets and most of the infantilized children who live with their families. In the same way, there probably exists more resonance between this kind of artist and this kind of child, than between this kind of artist and others who submit themselves to such pimping, without any critical reservations, and even desiring it, or those who stay out of the game, the last residue of a supposedly heroic romanticism. Actualizing this virtual resonance between the anomalous, in order to create a force field that should support them, allow them to resist the pimping of their creative force, and free becomings on both sides, even infinitesimal ones, is the challenge Tunga seems to be willing to face. How much of this will be possible cannot be foreseen. Effects of this kind depend on an intricate and subtle scheme; there is no way to plan them. They occur or they do not occur.

Tunga will wager all his chips, as we have already mentioned, on the power of rhythm in Bahian culture, which he intends to summon for his instauration. It is

projetar sobre elas. Quando isto prevalece, um efeito paradoxal pode resultar da generosidade que move este tipo de prática: não encontrando ressonância, a força poética, especialmente viva naquelas existências, corre o risco de minguar. Neste caso, em vez de combatida, a inibição desta força estará sendo reiterada, agora não mais pela exclusão social, mas pela domesticação, que pretende integrar estas crianças ao mundo dos clones infantis; no lugar de anômalos, lhes caberá então o destino de cidadãos normais, provavelmente com menos chances de "sucesso"—isto quando não caírem na categoria de anormais, e em sua conseqüente patologização.

Como criar meios para favorecer a inserção destas crianças sem que elas percam sua preciosa anomalia? Estas e outras perguntas envolvem tal complexidade que o único que se pode pretender é pensá-las o mais precisamente possível, e experimentar estratégias que as problematizem o mais agudamente que se conseguir.

A proposta de Tunga vai nesta direção: encontrar procedimentos que façam do encontro com aqueles garotos a ocasião, por mais fugaz e incerta, de driblar, na alma da criança que já viveu na rua, mas igualmente na alma do artista, a faceta perversa do sistema econômico vigente que tende a cercear sua potência criadora, excluindo um e clonando o outro. Para isso o artista terá que contar com a cumplicidade de uma sintonia efetiva com aquelas crianças. É na anomalia, comum aos dois, que ele irá encontrar esta cumplicidade; mais precisamente, na anomalia que busca afirmar-se enquanto tal sem ser clonada, nem marginalizada. De fato, há provavelmente sintonia entre uma criança que já viveu na rua e está em luta contra sua marginalização, mas tentando através da arte não perder sua singularidade, e um artista que se beneficia da oportunidade de realização que o sistema da arte lhe oferece, mas tentando fazer valer sua força problematizadora, artista que resiste portanto à cafetinagem do sistema, sem cair *no man's land* da marginalidade—sem dúvida, o caso de Tunga. De todo modo, há provavelmente mais sintonia entre este tipo de criança e este tipo de artista do que entre uma criança que já viveu na rua e a maioria das crianças infantilizadas que vivem em família. Do mesmo modo, há provavelmente mais sintonia entre este tipo de artista e este tipo de criança, do que entre ele e artistas que se submetem sem crítica a tal cafetinagem, e até a desejam, ou aqueles que se mantém fora da jogada, remanescentes tardios de um romantismo supostamente heróico. Atualizar esta sintonia virtual entre anômalos, para criar um campo de forças que os sustente, lhes permita resistir à cafetinagem de sua força criadora, e libere devires nos dois campos, ainda que infinitesimais, é o desafio que Tunga parece propor-se a enfrentar. O quanto isso será possível, não dá para prever. Efeitos deste tipo dependem de uma trama complexa e sutil de fatores; não há como planejá-los; eles acontecem ou não.

Tunga apostará todas suas fichas, como dissemos, na potência do ritmo na cultura baiana, que ele pretende convocar em sua instauração. Importante força no processo de subjetivação dos baianos que, por sua exuberância, tornou-se de uns anos para cá a menina dos olhos da indústria fonográfica, a qual extrai daí matéria-prima para a fabricação de um de seus mais rentáveis produtos, seguindo a lógica do capitalismo contemporâneo anteriormente mencionada. Em sua ambigüidade imanente, esta estratégia tem ampliado espantosamente as oportunidades para os músicos baianos; mas, por outro lado, a tendência é o ritmo ser clonado e destituído de sua vitalidade, para ser devolvido ao mercado como um conjunto limitado de trejeitos estereotipados, mímica empobrecida que forma a identidade *prêt-à-porter* "estilo baiano": carcaça de um corpo reduzido a clichês de sexualidade, que perdeu o erotismo e a potência poética de sonhar mundos. A vertente perversa se completa com o consumo deste produto pelo próprio baiano de quem se extraiu a seiva para produzí-lo. O "baiano" que vem conquistando seu lugar no mercado multicultural do Brasil e do mundo globalizado tende a ser, em muitos casos, esta imitação servil de seu clone.

"Axé music" é o nome de um dos produtos desta vampirização do axé, palavra que designa a energia vital criadora na cultura afro-brasileira. A indústria fonográfica, em seu vetor perverso, tem o cínico requinte de usar o próprio nome da força que parasitou, o "axé", para batizar seu clone estéril que ela fabrica e comercializa. Mas o ritmo naquela cultura é um manancial tão rico que, apesar do sucesso desta maquinação sinistra, seu axé não se esgota, sua força de existencialização mantém-se viva, a criação não pára.

Em sua instauração, Tunga fará do museu o espaço de um ritual, que oficiará a abertura da exposição, transformando o museu num híbrido de arte e terreiro. Ao pedir aos garotos que busquem um a um seu lugar naquele espaço, é o traçado de seus corpos que demarcará ritualmente os territórios, criando uma nova paisagem, tanto na geografia do museu, quanto na geografia de suas existências. Ao pedir em seguida, que uma vez instalados, pesquisem os utensílios de seu cotidiano, que o artista colocou à sua disposição no interior dos tambores, e façam com eles um som desconhecido, também os objetos estarão adquirindo uma função ritualística. O

an important force in the process of subjectivation for baianos, *because its exuberance has become for some years the apple of the eye to the recording industry, which extracts from it raw material for the manufacturing of one of its most profitable products, following the already mentioned logic of contemporary capitalism. Within its immanent ambiguity, this strategy has surprisingly increased the opportunities to Bahian musicians; but on the other hand, the tendency is to clone and deprive rhythm of its vitality, to send it back to the market as a limited set of stereotypical gestures, impoverished mimics that constitute the Bahian-style* prêt-à-porter *identity: the carcass of a body reduced to clichés of sexuality, which has lost the eroticism and the poetical potency to dream worlds. The perverse trend is completed by the consuming of this product by the very* baiano *from whom has been extracted the sap to produce it. The* baianos *who have been earning their place on the multicultural market of Brazil and the globalized world tend to be, in most cases, servile imitations of their own clones.*

"Axé music" is the name of one of the products of this vampirization of axé, *a word that indicates the vital creative energy in African Brazilian culture. The recording industry, in its perverse vector, shows cynical sophistication in using the very name of the force that it has sucked to christen the sterile clone that it produces and commercializes. But the rhythm in that culture is such a rich source that, despite the success of this sinister plot,* axé *does not get exhausted, its force of existentialization remains alive, creation does not stop.*

In his instauration, Tunga will turn the museum into a space for a ritual, a ritual which will officiate the opening of the exhibition, transforming the museum into a hybrid of art and terreiro.[12] *When the children are asked to find, one by one, a place in that space, it is the lines of their bodies that will ritually draw the boundaries of the territories, creating a new landscape in the geography of the museum, as well as in the geography of their existences. When, once established, they are asked to investigate the instruments of their everyday life that the artist provided them, inside the drums, and to create unknown sounds, the objects will also acquire a ritualistic function. The drum is* par excellence *the emblematic object of the traffic of rhythm by the recording industry, which makes it transit from a creative and ritualistic tool, to a matrix of cloning and its mimesis. In this context, the drum will be precisely the agent of the way back, of resistance. The drums being hauled and rolled on the floor, producing a musical hecatomb, and next, the encounter between drums and those domestic implements turned into improvised instruments, generating this bizarre sound, some* quebra-quebra *or* arrastão[13] *may* be announced in the memory. But if something is supposed to break, for a brief instant, it would be the invisible deck of predetermined cards of the relationship between the inside of the museum and its outside, hauling within the confusion the marginalization of those children, the cloning of their rhythm and of the strength of the artist. For a short moment, the tendency to reproduce the clone of him- or herself, which such an exposed and prestigious scene could mobilize in the artist as well as in the children, is undone. Instead, the power of art to criticize is reactivated in the artist, just as the power of rhythm as an agent for building territories is reactivated in the children. An invisible quebra-quebra, macumba`` of the new times.

The ritual characteristic of Tunga's exhibitions follows the path opened by Lygia Clark, for whom the contemporary artist is the proposer of "a rite without myth." There will be neither rite, nor myth, established beforehand. The ritual will instead be commanded by the sensitive reality of the children, summoned into their souls and embodied in their gestures, in the sophiicated swinging of their bodies and in the way they explore known objects in that unkown universe, probing the feeling of strangeness mobilized by this ambiguity. The myth will be generated from the very ritual, immanent map of the singularity of those lives. It is this liberty to draw a map, tricking the cloning of their cartographies, that will be registered in the children's soul, as a myth fitting into the contemporary, against the current of the eternity of the absolutized myths of the past, as well as the generic value of the disposable myths of the present.

On the completion of the instauration, the hope is that the happening will not calm down, and that the memory of it will remain vibrating throughout the duration of the exhibition, in the objects that constitute the installation: the remains of the ritual that occured in that space, just as remains of despachos are left in nature or in cities at crossroads, hoping the message will reach the orixás. Contaminated by the milieu where it has this time been produced, the work of art is revealed to be a despacho, carrying a magical power of energetic intervention onto the surroundings, where it will fight reactive forces and free creation. Imperceptible but effective intervention. And, like any despacho, in the work remains registered the memory of this experience: the affirmation of the political-poetical force in artistic practice, and the affirmation of the force of rhythm of a noninfantilized child in the subjectivity of these children—memory of a deterritorialization line that hauled them both, which was only possible in a meeting between the anomalous forces in each of them, and even so for a brief moment. It is impossible to

tambor é o objeto emblemático por excelência do tráfico do ritmo efetuado pela indústria fonográfica, a qual o faz transitar de instrumento ritualístico e criador, para matriz de clonagem e sua mimese. Pois bem, aqui é exatamente o tambor que será o agente do caminho de volta, agente da resistência. Com os tambores se arrastando e rolando pelo chão, produzindo uma hecatombe musical e, depois, com o encontro dos tambores com os utensílios domésticos transformados em instrumentos improvisados, gerando aquele som estranho, um quebra-quebra ou arrastão sonoro anunciam-se eventualmente na memória. Mas na verdade se algo estará se quebrando, por um breve momento, é o invisível jogo de cartas marcadas da relação entre o museu e seu fora, levando de roldão a marginalização daqueles meninos, a clonagem de seu ritmo e da força do artista. Por um breve momento, desfaz-se a tendência a mimetizar o clone de si mesmo que uma cena como esta, de grande visibilidade e prestígio, poderia estar mobilizando no artista, como nos garotos; ao invés disso, reativa-se, no artista, a potência crítica da arte e, nos garotos, a potência do ritmo como agente de construção de território. Um quebra-quebra invisível, macumba para os novos tempos.

O caráter ritual das instaurações de Tunga situa-se no rastro do caminho aberto na arte por Lygia Clark, para quem o artista contemporâneo é o propositor de "um rito sem mito". De fato não haverá aqui nem rito, nem mito, estabelecidos a priori. O ritual será comandado pela realidade sensível daqueles garotos, convocada em sua alma e encarnada em seus gestos, na ginga refinada de seus corpos e em seu modo de explorar os objetos conhecidos naquele universo desconhecido, tateando o estranhamento que esta ambigüidade mobiliza. O mito se engendrará do próprio ritual, mapa imanente da singularidade daquelas vidas. É esta liberdade de cartografar, driblando a clonagem de suas cartografias, que estará se inscrevendo em sua alma, como um mito apropriado para o contemporâneo, na contracorrente da eternidade de mitos absolutizados do passado, mas também do valor genérico dos mitos descartáveis do presente.

Na verdade este processo e seus efeitos começou a se esboçar bem antes, nas duas prévias que Tunga realizou com os garotos nas viagens que fez à Bahia no desenrolar do projeto. Mas ao misturar aqueles universos, no próprio museu, e num momento especial como é a abertura de uma exposição, o trabalho terá talvez encontrado condições para problematizar mais ampla e radicalmente o conjunto de questões que convoca, na arte, na vida dos garotos, e na relação entre eles.

Terminada a instauração, espera-se que o acontecimento não se pacifique, e que sua memória permaneça vibrando durante todo o tempo da exposição, nos objetos que compõem a instalação: restos do ritual que se deu naquele recinto, como ficam restos de despachos na natureza ou em encruzilhadas das cidades, esperando que o recado chegue aos Orixás. Contaminada pelo meio onde se produziu desta vez, a obra de arte revela-se como despacho, portadora de um poder mágico de interferência energética no ambiente, para nele combater as forças reativas e liberar a criação. Interferência imperceptível mas efetiva. E, como todo despacho, fica na obra gravada a memória desta experiência: a afirmação da força político-poética na prática artística e a afirmação da força do ritmo de criança não infantilizada na subjetividade daqueles meninos—memória de uma linha de desterritorialização que os arrastou ambos, o que só foi possível por se tratar de um encontro entre as forças da anomalia em cada um deles, e assim mesmo por um breve instante. Não dá para saber se esta memória estará reverberando naqueles objetos, se os Orixás a terão ouvido e abençoado, nem por quanto tempo permanecerá no ar depois que a instalação tiver sido desmontada. "Não há ato de criação que não pegue a revés, ou não passe por uma linha liberada", escrevem Deleuze e Guattari. Promover algo que se pareça "com uma atmosfera ambiente, onde só a vida pode engendrar-se", ainda que fugazmente, é o que Tunga deseja com seus despachos nos museus. E, mesmo assim, como ele próprio prudentemente adverte, "sabe-se lá o que vai acontecer . . ."

Notas

1. "Instauração" é o nome dado por Tunga para uma estratégia recorrente em seu trabalho. Consiste em incorporar à obra pessoas estranhas ao mundo da arte, protagonistas de uma espécie de performance, seguindo um ritual com objetos e materiais sugeridos pelo artista; restos da performance compõem uma instalação que permanece exposta.

2. Cf. Suely Rolnik, "Toxicômanos de identidade", conferência, X Documenta de Kassel, 1997.

3. Gilles Deleuze et Félix Guattari, *Mil Platôs*, Vol. 4, Platô 10, trad. Suely Rolnik. Ed. 34, São Paulo, 1997.

4. Camera incantate (1980).

5. Espasmos aspiratórios ansiosos (1996).

6. Cf. nota 3

"There is no act of creation that would not produce any dislocation, or that would not pass through a liberated line," write Deleuze and Guattari. To promote something that looks like "an atmosphere, where only life can be generated," even ephemerally, is what Tunga wishes for his despachos in museums. And, even so, as he cautiously advises, "who knows what may happen . . ."

Notes

1. Despacho is an African Brazilian religious practice. It consists in making offerings to the orixás (divine forces) in order to realize wishes.

2. Instauration is the name given by Tunga to one of the frequent strategies of his work: the incorporation into the work of art of people who are strangers to the art world, who improvise a performance with rituals and objects suggested by the artist; the remains of the performance stay in the exhibition as an installation.

3. Small talisman.

4. Carnival contingent.

5. Cf. Suely Rolnik, "Toxicomanes d'identité," lecture at Documenta X (Kassel, 1997).

6. Gilles Deleuze and Félix Guattari, A Thousand Plateaus: Capitalism and Schizophrenia.

7. Camera incantate (1980).

8. Anxious Inhaled Startles (1996).

9. A phrase that sounds like Sem terra, or "landless"; the artist is playing with the ambiguity of the words cem, meaning "hundred," and sem, meaning "without."

10. Literally, "the lords of coffee"—the landlords of coffee plantations, when they constituted the ruling class in Brazil.

11. Many workers in São Paulo are from the Northeast, where it is customary to sleep in hammocks.

12. Candomblé place of worship and rituals, including rhythmical trances.

13. Popular spontaneous manifestations in big Brazilian cities in which large groups loot businesses and people on the beaches.

14. Generic name of all kind of African Brazilian magic religious practices.

15. Cf. n. 6.

ENTREVISTAS
por France Morin

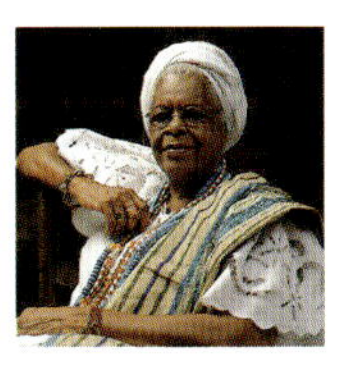

MÃE STELLA

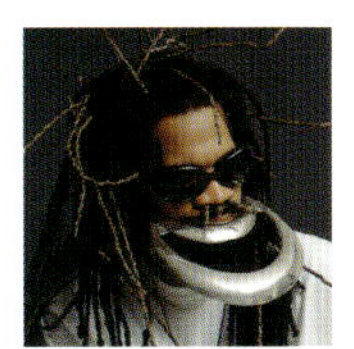

CARLINHOS BROWN

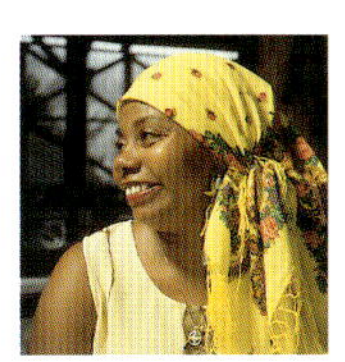

DADÁ

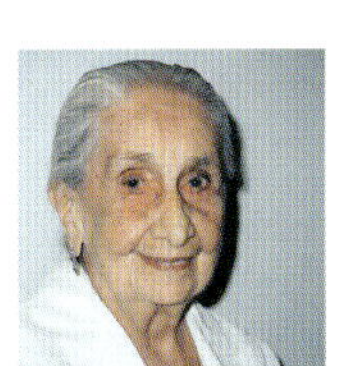

DONA CANÔ

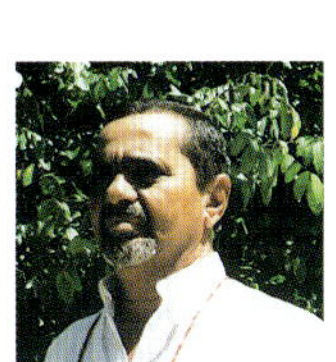

JÚLIO BRAGA

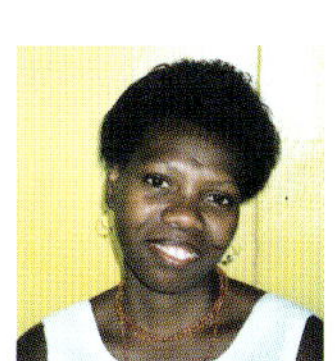

JUSSARA DE JESUS LIMA

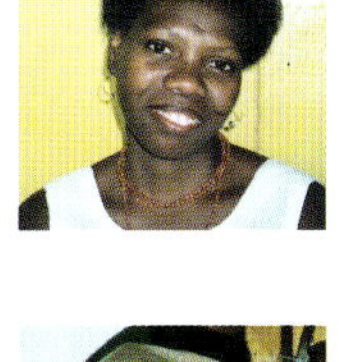

MESTRE JOÃO GRANDE

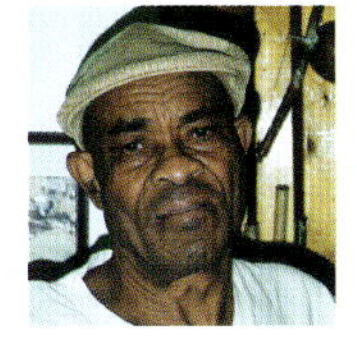

MESTRE MORAES

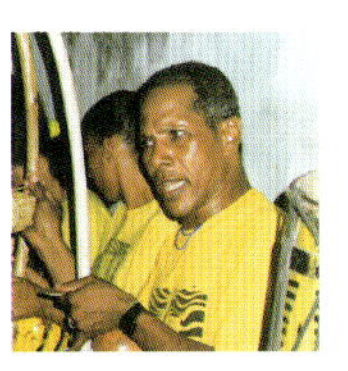

DONA DINHA

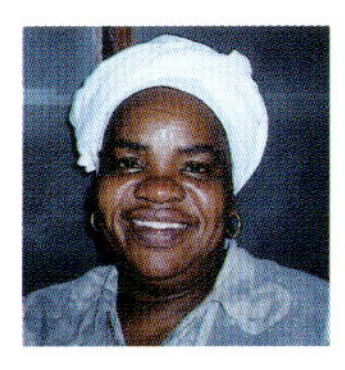

France Morin, the organizer of The Quiet in the Land, *conducted the following interviews with various natives of Bahia. She speaks with a revered* mãe de santo *(high priestess), a renowned musician and social activist, a successful restaurant owner, a humanitarian and devoted mother, a respected anthropologist and* pai de santo *(high priest), the cook at the home where the artists lived while they were in Salvador, two Capoeira masters, and a venerable* acarajé *seller and businesswoman. In spite of their differences, all of these individuals have overcome obstacles in their lives through their belief in their own abilities and their determination to make their dreams for themselves, their families, and their communities a reality. They talk about resistance, healing, and everyday life, and are inspiring embodiments of* axé, *the power to make things happen.*

MÃE STELLA

Mãe Stella de Oxossi is the iyalorishá *or high priestess of Ilê Axé Opo Afonjá, one of the oldest and most conservative Candomblé terreiros (places of worship) in Bahia. It was founded in 1910 by Mãe Aninha, who dedicated it to her* orixá *(deity) Xangô. In addition to being a place of worship and the site of religious ceremonies attended by the faithful and the curious, Opo Afonjá is a community. Many of its members live there in houses fringing the park-like grounds, including Mãe Stella. From her home, it is a short walk up to the House of Xangô, the heart of the* terreiro, *where she meets with community members and visitors and gives consultations. During her reign at Opo Afonjá—an* iyalorishá *is a queen in her community—she has devoted herself to putting an end to syncretism, the association of Candomblé* orixás *with Catholic saints. The* terreiro *also runs several workshops and a school for children who live at Opo Afonjá and the surrounding area.*

Morin: *How long have you been responsible for this* terreiro?

Mãe Stella: *I was initiated here sixty years ago, and I became the leader twenty-three years ago. I have sought to be a part of mainstream society and to make mainstream society aware that religion and culture complement each other.*

Morin: *Could you talk about syncretism—the association of Catholic saints and Candomblé* orixás *during the colonial period?*

Mãe Stella: *Syncretism is a consequence of slavery, when slaves did not have the right to profess their faith. Because their beliefs were in their hearts and minds, no amount of catechism could destroy them. They held on and performed their rituals. They used syncretism as a ruse, pretending to their masters that they were worshiping a saint, when they were really worshiping their* orixá. *That practice became established, and they began gaining strength. Syncretism was a means of resistance for the religion and African culture. Masses for St. Anthony were held at the master's mansion, and they worshipped Ogum and Oxosse in the slave quarters. Western worship is different*

France Morin, a organizadora do projeto *A Quietude da Terra*, realizou as entrevistas a seguir com diversos filhos da Bahia. Fala com uma mãe-de-santo venerada; um músico e ativista social renomado; a dona de vários restaurantes; uma pessoa humanitária e uma mãe dedicada; um respeitado antropólogo e pai-de-santo; a cozinheira da casa onde os artistas viveram durante sua estada em Salvador; dois mestres de Capoeira e uma augusta baiana do acarajé e empresária. Apesar de suas diferenças, todas estas pessoas superaram obstáculos em suas vidas através de sua fé em suas próprias capacidades e seu empenho em realizar os seus próprios sonhos, de suas famílias e suas comunidades. Eles falam da resistência, da cura e da vida cotidiana e são personificações inspiradoras do axé, o poder de fazer acontecer.

MÃE STELLA

Mãe Stella de Oxossi é iyalorixá do Ilê Axé Opo Afonjá, um dos terreiros mais antigos e tradicionais da Bahia. Foi estabelecido em 1910 por Mãe Aninha, quem dedicou o terreiro a seu orixá, Xangô. Além de ser um templo e o local de festas religiosas que atraem fiéis e curiosos, o Opo Afonjá é uma comunidade. Muitos de seus membros, inclusive Mãe Stella, moram no terreiro em casas situadas em torno do mesmo, uma área que se assemelha um parque. Partindo da casa da iyalorixá, tarda-se pouco tempo para subir até a Casa de Xangô, o coração do terreiro, onde ela se reúne com os membros da comunidade e visitantes e faz as consultas. Durante seu reino no Opo Afonjá—na sua comunidade, a iyalorixá é rainha—ela se dedica à extinção do sincretismo, a associação das divindades do Candomblé com os santos Católicos. O terreiro também mantém várias oficinas e uma escola para as crianças que vivem no Opo Afonjá e na comunidade vizinha.

Morin: Há quanto tempo a senhora é responsável por este terreiro?

Mãe Stella: Fazem 23 anos que assumi a liderança, mas já tenho 60 anos de iniciada na casa. Eu tenho procurado me integrar na sociedade global fazendo chegar à consciência deles que religião e cultura se integram bem.

Morin: COmo é a sua visão do sincretismo, dessa história do Candomblé que passou pelo período colonial?

Mãe Stella: O sincretismo é justamente conseqüência da escravidão, onde os escravos não tinham o direito de professar sua religião. Como a crença deles estava no coração e na cabeça, não teve catequese que conseguisse destruir. Eles se seguraram e fizeram os seus rituais. Com essa artimanha do sincretismo, foram passando para o senhor que estavam adorando o santo, quando na realidade estavam adorando o seu orixá. Isso foi se firmando, eles foram tomando força, foi uma das formas de resistência para a religião e para a cultura africana, esse sincretismo. Porque quando faziam as missas de Santo Antônio lá na casa grande, eles ficavam na senzala cultuando Ogum, Oxóssi. A adoração do Ocidente é diferente da africana, porque a religião africana é alegre. As pessoas cantam, as pessoas sorriem, as pessoas dançam. Enquanto nesta outra religião Católica, romana, é tudo muito taciturno, a cabeça baixa, joelho no chão, cara de triste, se sacrificando para poder ganhar o céu, fazendo sacrifício e se castigando. Já que somos livres, não há necessidade de artimanha, de fingimento, de mentira. Porque o sincretismo, na realidade, engana. Quando foi em 1983, lancei esta campanha contra o sincretismo, aqui na Bahia. E felizmente foi aceita por muita gente, porém renegada por tantas outras. No povo do Candomblé, aqui mesmo na nossa casa, tiveram divisões. Por quê pode ser mãe-de-santo e não pode ser priora? Porque um escravo não serve a dois senhores. Ela pode ir à Igreja como crente, ela pode ir ao Candomblé como crente também. Ela pode saber que há duas forças, apesar de diferentes, mas a diferença é no rótulo, a essência é a mesma. Isso aí, eu não sou contra. A crença é uma coisa tão íntima, tão profunda, que não precisa de símbolos. A minha fé é no coração e na cabeça. Ela é que chega ao infinito mesmo.

Morin: Esta questão, a Senhora já resolveu pela própria ancestralidade. Poderia falar um pouco sobre ela?

Mãe Stella: Meu nome é Maria Stella de Azevedo Santos. Logo você vê as duas ancestralidades-a portuguesa e a africana. A minha avó era descendente da filha de uma africana. Maria Theodora era filha de Conivabê, que nasceu na África. Maria Theodora casou com Amansio Soares Azevedo, que era português, de um lado. Do outro lado, paterno, são as duas raças ioruba, africanas mesmo. Meu pai, Digno dos Santos, era africano mesmo. Minha ancestral feminina, Conivabê, é de Ebá, lá na Nigéria. E meu pai era de Jebó, que é também na Nigéria. Então, aí está a minha ancestralidade.

Morin: Como você vê a questão da resistência?

Mãe Stella: Resistir não é brigar, resistir é se impor. Se impor dentro da moral, dos costumes, fazer as coisas corretas. A gente não é modelo de perfeição, mas procura andar do lado certo. Desde que me tornei consciente da minha ancestralidade, das minhas raízes, evidente que tinha que valorizá-las, uma vez que na minha infância, o negro era discriminado e ainda hoje é. Antigamente, era muito mais, porque o negro só podia ser doméstico, só podia ser vendedor ambulante, e quando o negro ia para a escola, era uma coisa extraordinária. Precisava que os pais negros tivessem muito dinheiro para a entrada numa escola. Atualmente, está bem melhor. Ainda existe, você sabe, ainda existe, mas de uma forma mais velada. Se um negro não tem sua auto-estima, nada é feito. Ele acha sempre que nasceu para ser escravo. Ainda hoje existe, no fim do século XX, ainda existem muitos negros que acham que nasceram para ser escravos. Eu acho que o negro é um ser humano igual a todos os outros.

Morin: E o Candomblé nessa história da resistência?

Mãe Stella: O povo do Candomblé continua adorando seus orixás, atualmente, numa forma mais livre. Mil Candomblés existem, as pessoas já andam até na mídia! Nunca queria dar entrevista nem falar em estação de televisão ou de rádio, era escondido, eu fazia tudo escondido. Agora, a maior resistência é essa: as pessoas têm esta liberdade como prova do seu trabalho, da sua competência.

Morin: E quanto ao papel da cura no Candomblé?

Mãe Stella: O Candomblé não é curandeiro. Ele cura até seu espírito,

from Africa's. African religions are joyful. People sing, they smile, they dance. The Catholic religion is very quiet, head lowered, knees on the floor. A sad face, suffering in order to get to heaven, making sacrifices, and punishing yourself. However, now that we are free, there is no more need for tricks, ruses, and lies. Syncretism is deceiving. In 1983, I launched a campaign against syncretism in Bahia. Many people agreed with it, although many others were against it. Among Candomblé people, even here in our community, opinions were divided. Why can't you be a mãe de santo *(high priestess) and not a prioress? Because a slave doesn't serve two masters. She can go to church as a true believer, and she can go to Candomblé as a believer too. She can know there are two forces, which may be different, but the difference is in the label. The essence is the same. I have nothing against that. Faith is such a personal thing, so profound, that it doesn't need symbols. My faith is in my heart and mind. That is what reaches the truly infinite.*

Morin: *You have resolved that problem through your own ancestry. Could you tell us something more about it?*

Mãe Stella: *My name is Maria Stella de Azevedo Santos. I have two lineages: the Portuguese and the African. Soares Azevedo was my grandfather, who was Portuguese. My grandmother was descended from the daughter of an African woman, Maria Theodora. She was the daughter of Conivabê, who was born in Africa. Maria Theodora married Amansio Soares Azevedo, who was half Portuguese. On his father's side, he comes from two Yoruba nations, which were truly African. My father, Digno dos Santos, was a real African. And my female ancestor, Conivabê, was from Eba, in Nigeria. And my father was from Jebo, which is also in Nigeria. So that is my ancestry.*

Morin: *How do you see this issue of resistance?*

Mãe Stella: *Resistance isn't fighting; it is asserting yourself within a set of ethics and customs. We aren't models of perfection, but we try to walk on the side of right. Ever since I became aware of my ancestry, I have naturally valued it, because when I was a child blacks were discriminated against, and still are. In the old days, it was much worse, because blacks could only work as domestics or street vendors, and when blacks went to school, it was an extraordinary thing. Black parents had to have a lot of money to send their children to school. Now it's much better. Racism still exists, but in a subtler way. If black people don't have self-esteem, they can't do anything. They will always think they were born to be slaves. Even today, at the end of the twentieth century, there are still many blacks who think they were born to be slaves. I think black people are human beings like any others.*

Morin: *And what about Candomblé and resistance?*

Mãe Stella: *Candomblé people are still worshipping their* orixás *more freely. There are a thousand Candomblés, and people even show up in the media! I never wanted to give an interview or talk on television or the radio. I did everything in secret. Now, the greatest form of resistance is this: people have this freedom as proof of their work, their competence.*

Morin: *What about the role of healing in Candomblé?*

Mãe Stella: *Candomblé isn't faith healing. It can cure your spirit, but your body will only undergo a healing transformation if that pain is not the result of damage to your normal cells, if it is a deficiency of the spirit. In the* terreiro, *through rituals, we first consult the cowry shells to see if we can determine whether the illness is physical or spiritual. If it is physical, we suggest that you see a doctor. If it is spiritual, while knowing that we are not omnipotent, we try to work with the* orixás *by giving baths, prayers, and offerings that will help your body eliminate all the negative energy that is trying to harm your body.*

Morin: *In a more abstract and symbolic way, could this system also operate as a cure for society in a broader sense?*

Mãe Stella: *Yes, because when we perform rituals, we ask the* orixás *to intercede for all of society. The entire senate came here wanting to make* ebós *(offerings), soon it will be another ministry. Candomblé is a religion that was not taken very seriously, because it was seen as a group of ignorant people who were not part of the community. Those old black women just came here to spread their* axé *and kept to themselves. Most of them were seamstresses, street vendors, washerwomen, maids, nannies, and so forth. Now people from other classes are joining because people need spirituality. The* orixá *child says, "I belong to the* orixás, *thank God, because in the house where I profess my faith, I managed not only get spiritual support but social support." Therefore I try to reconcile society and religion.*

Morin: *What needs does Candomblé fulfill for poor women?*

Mãe Stella: *I myself am poor. Poor women are always under other people: their bosses, their fathers, their husbands. They don't have a say in and can't do certain things. But the* orixás *are wise and give each of these people a post. If you call a humble woman a* iakekerê *(literally, "little mother" in Yoruba, a post just below that of the* mãe *or* pai de santo *in the hierarchy), for example, she is on top of the world here, because she is the* mãe de santo's *second in command. The son of the president of Brazil could come here, and he would have to bow to her, because in here she is the authority. That gives her self-esteem. So one of the things we have to hold on to in Candomblé is the hierarchy. It is one of the points of resistance for Candomblé people.*

CARLINHOS BROWN

Born in 1962 in the Candeal neighborhood of Salvador, Bahia, as Antonio Carlos Santos de Freitas, Carlinhos Brown adopted his professional name in the 1970s in homage to the "godfather" of soul music, James Brown. One of the most important and charismatic musicians of his generation, he is a renowned songwriter, percussionist, and producer. He is one of the creators of samba-reggae, and his music is

mas seu físico só passará por qualquer transformação de cura se essa mancha, essa marca, essa dor não for daquele estrago da suas células normais, uma deficiência espiritual. Então, no terreiro, através de rituais, nós consultamos primeiro os búzios para ver se conseguem descobrir se é uma doença física ou se é uma deficiência espiritual. Se é doença física, vai para o médico. Se for espiritual, a gente vai sem onipotência tentar com o orixá desse energia e dar banhos, rezas e fazer oferendas. E seu organismo tem condição de eliminar aquela negatividade que está querendo atingir seu corpo.

Morin: De maneira mais abstrata e simbólica, essa seria também uma cura para a sociedade, num sentido mais amplo?

Mãe Stella: É, porque quando a gente faz os rituais aqui, a gente pede por todos que estão aqui, pedimos por toda a sociedade. O Senado todo entrava aqui para fazer ebó, daqui a pouco outro Ministério. O Candomblé que é uma religião, uma prática que não era levada muito a sério, era tida como de pessoas ignorantes, fora da sociedade e tudo o mais. Então, a princípio, aquelas negras velhas chegaram a divulgar apenas seu axé, então cuidaram de suas vidas. A maior parte das pessoas eram costureiras, lavadeiras, domésticas, babás e tal e tal. No máximo, eram costureiras. Mas estão chegando pessoas de outras classes sociais, porque estão tendo carência de espiritualidade. O de orixá diz "Eu sou de orixá, graças a Deus, porque dentro da casa onde eu professo minha religião, eu consegui além do apoio espiritual, também um apoio social." É por isso que eu procuro conciliar quando falo de social e religioso.

Morin: Quais são as necessidades da mulher pobre que o Candomblé preenche?

Mãe Stella: Eu também sou uma pessoa pobre. Essas senhoras pobres estão sempre aquém dos outros, aquém do patrão, aquém do pai, do marido. Não têm voz para certas coisas, nem podem ter determinadas atitudes. Mas o orixá, como é sábio, dá a cada uma dessas pessoas humildes um cargo. Se você chamar de iakekerê, a uma senhora simples, ela aqui é o máximo, porque ela é a segunda pessoa da mãe-de-santo. Pode vir aqui o filho do Presidente da República, tem que se curvar diante dela, porque ela aqui dentro é autoridade. Isso para ela dá uma estima. Aí, uma das coisas que o Candomblé tem que segurar, que segurará com certeza, é a hierarquia. A hierarquia é um dos pontos de resistência do povo do Candomblé.

CARLINHOS BROWN

Nascido em 1962, no Candeal, bairro de Salvador, na Bahia, Carlinhos Brown trocou, na década de 70, seu nome de batismo, Antonio Carlos Santos de Freitas, pelo seu nome profissional em homenagem ao "padrinho" da música soul, James Brown. Um dos músicos mais importantes e carismáticos da sua geração, é um renomado compositor, percussionista e produtor. Foi um dos criadores do samba-reggae e sua música é uma fusão energética dos ritmos e das melodias africanas, indígenas e européias, com influências tradicionais e contemporâneas. Mais de duzentas músicas de sua autoria foram gravadas por outros artistas, entre eles, Maria Bethânia, Sérgio

Mendes, Daniela Mercury e Marisa Monte, tendo colaborado com vários músicos, como Caetano Veloso. Lançou seu primeiro disco solo em 1996, intitulado *Alfagamabetizado*. Além de prestar apoio ao povo de Salvador através de seu dom musical, Brown também envolveu-se em projetos como o Pracatum, uma ONG criada no Candeal, em 1994, que mantém uma escola que fornece instrução musical gratuita para crianças e adolescentes. Carlinhos Brown criou a banda Timbalada e o epónimo trupe dos timbaleiros e bloco de Carnaval e estabeleceu o Candyall Guetho Square no Candeal, onde realiza shows e ensaios. Atualmente, o funcionamento do Guetho é uma fonte de renda para centenas de pessoas

Morin: Como músico, você se vê como um agente de transformação do mundo no qual você foi criado?

Brown: Claro que sim. Porque isso a gente não escolhe, às vezes eu deixo de viver a minha própria vida para viver essa responsabilidade, isso que caiu sobre minha função espiritual de cuidado. As pessoas precisam de um lugar para se ter como pessoa, para dizer assim: "Eu existo, eu tenho valor!" E para muitos, aquele lugar é a música.

Morin: E, com relação à cultura afro-brasileira, Candomblé, Capoeira, como é que você se vê como um elemento dessa cultura?

Brown: Eu nasci no primeiro lugar da Bahia onde se jogou capoeira, aqui no Candeal. Isso está no livro do Mestre Pastinha. E aqui também tem berço nos terreiros mais famosos da Bahia. Aqui é um berço, um dos primeiros lugares a se cultuar. Então, o Candeal se propaga nas pessoas, nas coisas. É uma comunidade especial.

Morin: Fale sobre o papel da religião no Candeal.

Brown: Aqui temos os Protestantes, aqui temos o Candomblé, os Espíritas, aqui temos as religiões. Então, somos sincretistas, entende? A religião afro que as pessoas falam, na verdade, foi a que deu a base para que se chegasse a um entendimento desse tamanho, de saber que Deus é um só, porque todas buscam a Deus. No Candeal, têm muitos filhos de Ogum, que é a pessoa que cuida do Candeal, o espírito. Falo pessoa porque para nós é pessoa o espírito. Então, é um Pai ocupado. Eu faço tudo para não incomodar o meu pai, mas, quando eu clamo por Ele, Ele me responde e me eleva muito ao falar. E eu acho que as pessoas vão falar de Ogum, aqui, assim, com respeito, com dignidade, com atenção.

Morin: Você fala sempre do conceito da miscigenação. Pode elaborar?

Brown: A miscigenação é o homem misturado, mas talvez só será percebido pelos filhos do terceiro milênio, mais do que nós, porque nós ainda não sabemos o sabor do que é ser miscigenado. Porque ainda existe a violência, né? O homem foi feito por Deus, mas, quando ele chega na terra e se miscigena, ele também tem um elemento da construção do homem. E parece se moldar para a paz que aqui todos almejam.

Morin: Você acha que foi criado em uma sociedade racista?

Brown: Não. Eu fui criado numa sociedade, talvez, sem visão. Numa sociedade que foi egoísta porque faltou perceber. Como acredito que o mundo hoje deva trabalhar para o futuro, para os outros. Quando a gente abandona esse princípio e começa a dar tratamentos

an energetic fusion of African, Indian, and European rhythms and melodies and traditional and modern influences. Over two hundred of his songs have been recorded by other performers, including Maria Bethânia, Sérgio Mendes, Daniela Mercury, and Marisa Monte, and he has collaborated with a variety of musicians, such as Caetano Veloso. In 1996 he released his first solo album, Alfagamabetizado. *In addition to actively supporting the people of Salvador through the gift of his music, Brown has also been involved in such projects as Pracatum, a non-governmental organization founded in Candeal in 1994 that operates a school providing free musical instruction for children and adolescents. Brown was the creator of the Timbalada band and the troupe of drummers and Carnaval Bloco (contingent) of the same name. He also established Candyall Guetho Square in Candeal as a site for shows and rehearsals. Today, its operations represent a source of income for hundreds of people.*

Morin: *As a musician, do you see yourself as an agent of transformation for the world in which you grew up?*

Brown: *Yes. Sometimes I stop living my own life to live up to that responsibility, that spiritual function as a caretaker. People need a place where they can see themselves as human beings, where they can say, "I exist, I'm worth something," and for many people, that place is music.*

Morin: *How do you see yourself as a part of Afro-Brazilian culture, such as Candomblé and Capoeira?*

Brown: *I was born in Candeal, where Capoeira was first played, as Mestre Pastinha says in his book. This was also the birthplace of the most famous Candomblé terreiros (places of worship) in Bahia. Candeal is a breeding ground, one of the first sacred places. It propagates itself in people, in things. It is a special community.*

Morin: *Talk to me about the role of religion in Candeal.*

Brown: *Here we have Protestantism, Candomblé, Spiritualism—all the religions. We're syncretists. African religion laid the foundations for reaching the huge understanding that there's just one God, whom everyone is looking for. In Candeal there are many children of Ogun, the person who takes care of this community. I say "person" because for us that's what the spirit is. He's a busy father, so I do everything I can not to bother him. But when I call to him, he answers and raises me up. Many people in Candeal, not just myself, talk about Ogun that way—with respect, dignity, and care.*

Morin: *What is the role of miscegenation?*

Brown: *Miscegenation is about the mixing of people, but it may be perceived more clearly by the children of the third millennium than by us, because we still don't know what it tastes like to be mixed. Because violence still exists, doesn't it? God made humankind, but when the different races mix with one another, humankind* becomes a factor in its own development. It is as if we are preparing to shape ourselves for the peace that everyone here dreams of.

Morin: *Do you think you were raised in a racist society?*

Brown: *No. I was raised in a society that might lack vision. A society that was selfish because it didn't see. We need to think about the future, to work for others. When we give up that principle and start treating people disrespectfully, that goes against the flow of life, which is the source of our well-being.*

Morin: *Could you tell us about the strong women who have helped you?*

Brown: *My mother is marvelous. But there is one other woman I remember very well, Dona Samantinha. She always saved me from the whip, because in my culture, it is not uncommon for parents to beat their children. Getting beaten that way didn't teach me anything, but it made me feel some of the pain my ancestors experienced when they built this country. In the name of my ancestors, I strive for peace. My Aunt Alice is also very strong. She is visually impaired, and she introduced me to a good part of Bahia's sacred art and the Jovem Guarda (Young Guard) movement. So I had the opportunity to see Tropicalismo, to see Caetano Veloso, Gilberto Gil, and other singers. I started to like all that and to follow it.*

Morin: *Who helped you?*

Brown: *Everybody.*

Morin: *Was there an important person at a crucial time?*

Brown: *Waly Salomão—a terrific guy. And my teacher Amélia, whom I really respect.*

Morin: *How do you explain the fact that you can touch individuals from all social classes?*

Brown: *I don't know. I want to live and experience things. And work. You have to work, to start something, to plan. Every artist in Brazil today wants to work for social responsibility. That will set the world in a very positive direction. Artists are like consultants someone brings in to improve their company. Consultants of the soul. They care about social work, and that itself is a great contribution. As long as there's life, there will be a need to help life, so that everyone can have the opportunity to live better.*

Morin: *I lived here for six months and saw so many children wanting to be musicians. You are their role model. What do you say to them?*

Brown: *I tell them to follow their own path, their unique path. You have to know how to deal with the surprises that come to you in life, to accept yourself above all, and to know that you, too, can help others. It means a lot when a man starts working and raising himself up through his work, it's very dignifying.*

Morin: *When you look at the world today, do you think that art can make the same contribution as a resistance movement?*

Brown: *Yes, because resistance isn't inside movements but inside everyone! If everyone*

retrógrados aos seres humanos, isso desacontece o seguir da vida, o seguir do nosso próprio viver que é estar bem.

Morin: Poderia nos falar sobre as mulheres fortes que o ajudaram ao longo de sua vida?

Brown: Minha mãe é maravilhosa! Mas, teve uma, que eu me lembro muito bem, Dona Samantinha. Ela sempre me socorria do cipó, porque na minha cultura não é raro os pais baterem nos filhos. Não me doutrinou em nada, apanhar assim, mas me fez sentir um pouco da dor dos meus ancestrais ao construírem esse país. Em nome dos meus ancestrais, hoje, eu busco a paz. Minha tia Alice é muito forte. É deficiente visual, me fez conhecer boa parte da arte sacra baiana e me engendrou no movimento de Jovem Guarda. Depois, tive a oportunidade de ver o Tropicalismo, ou seja, era Caetano Veloso, Gilberto Gil, essas pessoas que cantavam. Aí comecei a gostar daquilo e comecei a seguir.

Morin: Quem te ajudou?

Brown: Todos.

Morin: Teve alguém importante em um momento crucial?

Brown: Waly Salomão. Um cara espetacular. E minha professora Amélia, gente que eu tenho maior respeito!

Morin: Como você explica o fato de que consegue tocar todas as classes da sociedade?

Brown: Eu não sei disso não... Eu quero viver e vou tentando viver as coisas. E trabalhar. Tem que trabalhar, tem que iniciar, tem que projetar, entende? Todo artista, hoje, no Brasil, quer ter uma responsabilidade social. Os artistas são como os consultores que alguém busca para melhorar sua empresa. Os artistas são consultores da alma. Então, essas pessoas ligadas ao o social, já é uma grande assistência social. Porque, enquanto houver vida, vai existir necessidade de assistência à vida, assim, para que vivamos melhor todo tempo.

Morin: Eu morei aqui durante seis meses e vi toda essa garotada que quer ser músico, que têm você como modelo. O que você diz para essa galera?

Brown: Eu digo que eles sigam o seu caminho, mas, o seu caminho próprio. Seu caminho único! Porque você tem que saber receber as surpresas que vêm pela vida; saber aceitar-se acima de tudo e saber que também pode contribuir com muita gente! Num momento em que um homem passa a trabalhar, a se erguer pelo seu trabalho, isso o dignifica muito.

Morin: Quando você vê o mundo agora, você acha que a arte pode contribuir assim como um movimento de resistência?

Brown: É, porque a resistência não está dentro dos movimentos e sim dentro de cada um! Se cada homem tivesse uma bateria teria uma resistência definida e na verdade não temos a bateria, mas, temos tambores. Os homens vão amadurecer na percepção da grandeza de sua mistura.

Morin: Uma coisa que me comove, é o fato de você querer juntar esses elementos da cultura afro-brasileira com os elementos modernistas. Isso veio aos poucos ou você teve rápido esse tipo de clareza?

Brown: Um homem com toda sua vivência tem momentos evidentes de um sinal do futuro. Então, tem que entrar naquele córrego, com positividade, porque aquilo vai dar numa coisa importante para as pessoas. Assim é o viver. Às vezes o homem é grande mas seu reconhecimento é curto, porque ele faz coisas simples como abrir a porta de um edifício, como engraxar um sapato.

Morin: Como você define "Timbalada"?

Brown: Avançar, ir em direção ao futuro, ir de encontro ao grande viver, à felicidade. Isso é Timbalada.

DADÁ

Aldaci Dadá dos Santos, ou simplesmente Dadá, nasceu em 1961 na cidade de Sítio do Conde, no norte da Bahia, onde aprendeu e aperfeiçoou as artes culinárias da região, sobretudo as iguarias de origem tão africana quanto a da própria Dadá . Após uma vida de muita luta, abriu um restaurante no quintal de sua casa para atender os alunos da faculdade vizinha. Para chegar às suas mesas, seus fregueses tiveram que passar entre roupas estendidas na corda para secar. Hoje, Dadá é proprietária de três restaurantes em Salvador e outro em São Paulo e lançou, junto com Paloma Jorge Amado, um livro cujo título é homônimo do nome de seus restaurantes: *Tempero de Dadá*. Conta entre seus muitos amigos, o Carlinhos Brown, quem conhece há muitos anos.

Morin: Você já foi pobre e agora é rica. O que isso significa para você?

Dadá: Como digo em meu livro, isso mexe comigo porque, quando ainda era humilde, eu nem tinha noção do que era estar aqui sendo esta Dadá e tendo de tudo. Mas, hoje, sinto-me com equilíbrio total porque eu acho que aquela humildade que eu tive foi, exatamente, o que me ensinou a ser humilde até hoje.

Morin: De onde vem essa vitalidade sua?

Dadá: Eu acredito que vem de família, de minha mãe, Dona Júlia. Ela foi o grande tesouro e a grande escola da minha vida.

Morin: O que você se lembra da sua infância em Conde?

Dadá: A Dadá toda é Conde. Corpo, alma e vida. É o lugar onde eu nasci, onde eu aprendi a ser esta Dadá. Dessa mulher que eu sou hoje, eu só agradeço ao Conde.

Morin: O que você aprendeu mais com sua família?

Dadá Uma das coisas que eu aprendi com mãe foi saber dar amor.

Morin: Como foi viver sem pai?

Dadá: Doía muito a parte de ser criada sem pai, mas, mãe deixava a gente tão forte, eu, meu irmão Renato. Quando eu viajei para Salvador, eu achava que ia encontrar meu pai aqui. Mas, sempre a minha mãe dizia que meu pai tinha morrido. Eu sentia falta dele.

Morin: Você conheceu seu pai?

Dadá: Não, eu não conheci papai. Eu culpava muito a minha mãe, porque eu achava que tinha perdido a oportunidade de ter um pai por causa dela. Ainda muito pequenininha eu comecei a conversar com o sol e o sol me dava respostas para as coisas. E eu dizia, eu tenho que crescer para me ir embora do Conde e seguir o meu caminho. Mas eu não pensava em ir para Salvador porque era uma cidade muito grande

had a drum set, they would have a means of resistance. But the fact is that even though we don't have drum sets, we have drums. People will eventually understand the greatness of our country's mixture.

Morin: *One thing that moves me is how you want to put elements of Afro-Brazilian culture together with modern elements. Did that happen gradually, or have you always had this kind of clarity?*

Brown: *With all his experience, a man has some moments of clarity that signal the future. So you have to find that stream in a positive way, because that will give people something important. Living is like that. Sometimes a man does simple things, like opening the door of a building or shining shoes, and even though he only gets a little recognition, he is great.*

Morin: *How do you define Timbalada?*

Brown: *Advancing, moving toward the future, searching for and finding the greatness of living, happiness. That's Timbalada.*

DADÁ

Aldaci Dadá dos Santos, or simply Dadá, was born in 1961 in the village of Sítio do Conde, in the far north of Bahia, where she learned and perfected the culinary arts of the region—particularly foods whose origins are as African as her own. After a lifetime of struggle, she started a backyard restaurant in her home for students at a nearby university. Her customers had to walk through lines of washing to reach their tables. Today, she owns three restaurants in Salvador and one in São Paulo, and has co-authored a book named after her restaurants, Tempero de Dadá, *together with Paloma Jorge Amado. Among her many friends is Carlinhos Brown, who has known her for many years.*

Morin: *You have been a poor and a rich person. What does that mean to you?*

Dadá: *As I said in my book, it is something that really touches me because when I was poor, I had no idea what it meant to be Dadá and to have everything. But today I feel perfectly balanced, because I think that the poverty I went through was precisely what taught me to be humble.*

Morin: *Where does all your vitality come from?*

Dadá: *I think it comes from my family, from my mother, Dona Júlia. She was the great treasure and school of my life.*

Morin: *What do you remember of your childhood in Conde?*

Dadá: *All of Dadá is Conde. Body, soul, and life. It is the place where I was born, where I learned to be Dadá. For the woman that I am today, I have only Conde to thank.*

Morin: *What did you learn most from your family?*

Dadá: *One of the things I learned from my mother was how to give love.*

Morin: *How was your life without a father?*

Dadá: *It was very painful to grow up without a father, but my mother made my brother Renato and me strong. When I came to Salvador, I thought I would find my father here, but my mother always said he was dead. I missed him.*

Morin: *Did you ever meet your father?*

Dadá: *No. I used to blame my mother a lot because I thought I had missed the opportunity to have a father because of her. When I was very young, I started talking to the sun, and it would answer my questions. I used to tell myself that I had to grow up so that I could leave Conde and follow my own path. I didn't think of going to Salvador because it seemed like too much of a big city for me at that time. When I was only five, I dreamt about going to Alagoinhas, a city in the interior close to my homeland, and working in a pension. When I was ten, the dream became stronger. And I ultimately made my dreams come true in Salvador. I was originally looking for my father, but suddenly I stopped wanting to have one. I started being Dadá and taking care of my life.*

Morin: *Where does your nickname come from?*

Dadá: *From that period of my life that I call my poverty stage. I was very little, and my mother would leave my brother and me at a neighbor's house when she had to work. I used to ask for a lot for things and would say "Dá, dá" (Give, give). One of the neighbors nicknamed me "Dudá," but my mother thought that was too heavy. She said, "Not Dudá! I'll call my daughter Dadá."*

Morin: *Dadá is a registered name?*

Dadá: *When I felt that Dadá had become a success, I had my astrological chart made and was told that the name "Dadá" was as strong as "Dudá" was heavy. So I registered Dadá as my name.*

Morin: *Where did you get your determination to know what you wanted?*

Dadá: *I wasn't sure I wanted to own a restaurant. I was sure I wanted to grow up to be a maid, but what I wanted more than working in a house was to work in a pension, because I thought I would be making food for a lot of people, that I would work with abundance. One day I went to the doorstep of a pension to ask for a plate of food, and I smelled the scent of liver, which bewitched me. In that smell I started to distinguish the scent of tomato, of cilantro, of pepper, of cumin. My mother had to work hard for us to eat beans and rice, and for meat we had to beg. Meat was something I desired. When I smelled that liver, I thought that I really needed to grow up so that I could make it myself. When I opened the restaurant in Salvador, the first dish I made was liver stew. The realization that I could bewitch people with a smile, with food, and the desire to open a restaurant consequently goes back to my childhood.*

Morin: *Where does your skill as a businesswoman come from?*

Dadá: *From life. I barely finished elementary school, yet God gave me such great intelligence that I can teach university graduates. University graduates work in my*

para minha cabeça naquele tempo. Eu sonhava em ir para Alagoinhas que era um interior perto da minha terra e trabalhar numa pensão. E isso eu tinha apenas cinco anos de idade. Com dez anos o sonho foi se tornando cada vez mais forte. Foi em Salvador que realizei os meus grandes sonhos. Eu estava à procura de pai, mas, de repente eu perdi a vontade de ter pai. E comecei a ser somente a Dadá e a cuidar de minha vida.

Morin: De onde vem seu apelido?

Dadá: Vem de uma parte de minha vida a qual eu determino como a parte carente. Minha mãe deixava a mim e ao meu irmão para ir trabalhar nas roças das fazendas dos senhores. Eu pedia muito, era pequenininha e só pedia dizendo "dá-dá". Um vizinho me apelidou de Dudá e minha mãe achou muito pesado. Então ela disse, "Dudá, não! Eu vou chamar minha filha de Dadá."

Morin: Dadá é um nome registrado?

Dadá: É um nome registrado, agora! Quando Dadá virou sucesso, eu fui fazer meu mapa astral e disseram que Dadá era uma coisa muito forte como minha mãe achava que Dudá era pesado. Então, eu registrei Dadá como nome próprio.

Morin: De onde veio essa determinação de saber que era isso que você queria?

Dadá: Eu não tinha certeza de que eu queria um restaurante! Eu tinha certeza de que eu queria crescer para ser uma empregada doméstica, só que eu queria mais do que trabalhar numa casa, eu queria trabalhar numa pensão porque eu achava que ia fazer comida para muita gente, que ia trabalhar com a fartura, com aquela coisa toda! E uma vez, na minha terra, eu fui na porta de uma pensão pedir um prato de comida para comer e aí eu senti um cheiro de fígado que me enfeitiçou demais. E naquele cheiro eu comecei a distinguir o cheiro do tomate, o cheiro do coentro, da pimenta, do cominho. Minha mãe tinha que trabalhar para a gente comer feijão e arroz, mas a carne a gente tinha que pedir. A carne era coisa de desejo! E quando parei nesta pensão e senti aquele cheiro de fígado me enfeitiçando. Ah, eu acho que eu preciso crescer mesmo para poder cozinhar e fazer esse fígado! Quando eu vim trabalhar em Salvador, logo que abri o restaurante, o primeiro prato que eu comecei a fazer foi um ensopadinho de fígado. Esse desejo eu trouxe comigo de minha infância e foi quando eu percebi que eu tinha capacidade para enfeitiçar as pessoas com um sorriso, com a comida, com tudo! E eu achei que devia abrir um restaurante.

Morin: E essa sua capacidade de empresária, de onde veio?

Dadá: Eu acho que foi com a vida. Fiz um primário a pulso e Deus me deu uma inteligência tão grande que eu ensino até quem é formado. Eu tenho gente que é formada aqui e sou eu quem dá todas as informações para poder a empresa existir. Tem altos empresários que vêm conversar com Dadá para pedir conselhos de como fazer na empresa deles. Aí eu digo, "Meu Deus do céu, eu só sou uma Dadá, aquela que veio do Conde, aquela experiência toda de Dona Júlia que era a arquiteta da casa dela." Então eu acho que essa grande empresária é herança de Dona Júlia.

Morin: Como você conseguiu tudo isso, sendo mulher?

Dadá: É difícil, mas, foi com muito trabalho e com coragem, com ousadia. Caindo, tomando topada e levantando. Eu me lembro de uma vez quando eu perdi meu irmão num acidente, três meses depois que minha mãe morreu. Eu estava grávida, perdi o meu bebê e também o marido. Eu achei que ninguém servia para ficar ao meu lado naquele momento, que as únicas forquilhas que eu tinha foram embora. Forquilha, no meu interior, são dois troncos grandes de madeira que é o esteio da casa, são eles que sustentam a casa. Então, as pessoas da minha vida tinham ido embora. Eu queria chorar e não conseguia porque eu achava que chorar era perder tempo. Eu não ia conseguir enterrar dois defuntos, pagar caixão e nem chegar a lugar algum chorando. Eu olhei para mim mesma e disse que eu era muito forte e que ia conseguir, vendendo comida no meio da rua, vendendo marmita. Eu saía às 11:00 h e quando eu chegava eram 17:00 h. E aí surge essa coragem da Dadá que se transformou nessa mulher de hoje. Eu ainda tenho muito que tomar topada e tenho muito que trabalhar e que cair, porque é caindo que a gente vai levantando e vai aprendendo a ser um forte. Aqui no Brasil eu sou muito respeitada e reconhecida pelo meu trabalho. Sabem que eu sou uma pessoa muito humilde e de família humilde e que eu só consegui chegar até aqui através do meu trabalho. Sou essa mulher retada, mesmo! Uma mulher que não tem medo, que tem coragem, que não tem vergonha de nada! Se eu perder tudo isso, eu volto a ser doméstica e realizo tudo de novo!

Morin: Como você faz para conciliar esse seu trabalho com sua família, com seus filhos?

Dadá: Com jogo de cintura! Eu sei ser mãe, sei ser mulher e eu sei ser empresária.

Morin: Sendo esta mulher forte que é e conhecendo essa sociedade como conhece, como você encara as outras mulheres?

Dadá: Eu acho que as mulheres são mais fortes e corajosas que os próprios homens. Quando eles têm uma grande mulher do lado, eles têm medo. Por isso eu prefiro muito mais trabalhar com mulheres. Hoje a mulher é mãe, é esposa, é dona de casa, sai para trabalhar e faz de tudo! É do tipo Bom-bril, é de mil e uma utilidades.

Morin: Como é ser uma mulher independente economicamente dos homens?

Dadá: Isto para mim é o maior problema. Alguns homens têm muito medo de uma mulher que seja independente. Se todas as mulheres quiserem tomar aulas com a Dadá eu ensino tudo que a Dadá aprendeu com a vida! É legal ser mulher maravilhosa, corajosa e ousada! Os homens deviam querer ser o nosso parceiro em tudo, inclusive no nosso sucesso. Eu me casei com um menino de 14 anos, com Paulo, quando a gente não tinha nada, era o maior amor do mundo. Depois o sucesso o incomodou muito. E ele agora diz: "Eu não tenho nada! Você tem tudo!" Eu digo para ele, "Consiga, lute! Vá atrás dessa coisa que você tem dentro de você". Só que ele preferiu se esconder na sombra da Dadá.

Morin: O que mais você quer da vida?

Dadá: Tudo. Quero dar às minhas filhas tudo que eu não tive! Quero dar muito amor para elas. E quero dar educação para elas. Depois, aos 60 anos, eu quero estar bem estabilizada. Quero uma casinha num

restaurant, but I'm the one who ensures that the business is a success. Important businessmen ask Dadá for advice about how to build their business. I say to myself, "My God, I'm only Dadá from Conde, who received all that knowledge from Dona Júlia, who was the architect of her own house." I think that I inherited my skill as a great entrepreneur from my mother.

Morin: *How did you manage to achieve all this, being a woman?*

Dadá: *It was hard. It took a lot of work, courage, and daring. Falling, getting a beating, and then getting back up. I remember when I lost my brother in an accident, three months after my mother's death. I was also pregnant and lost my baby, as well as my husband. I felt like no one could be by my side, that all of my crutches, which in my homeland refer to the two large wooden trunks that hold up a house, were gone. I wanted to cry but couldn't, because I felt that crying was a waste of time. I wasn't going to bury two people, pay for the coffins, or get anywhere by crying. I told myself that I was very strong and that I would manage by selling food on the streets. I would leave at 11 a.m. and come back at 5 p.m. Dadá's courage transformed her into the woman she is now. I still have a lot of falling to do, because it is by falling that one gets up and learns to be strong. Everywhere I go I am respected and recognized for my work. People know me as a very humble person from a poor family who managed to get where I am today through work. I'm really a heck of a woman! A woman with no fear, with courage—a woman who isn't ashamed of anything! If I lost all of this today, I'd go back to being a maid and rebuild everything.*

Morin: *How do you manage to balance your work with your family and your kids?*

Dadá: *With a lot of cleverness. I know how to be a woman, a mother, and a businesswoman.*

Morin: *Being the strong woman you are and knowing this society like you do, how do you view other women?*

Dadá: *I think women are stronger and more courageous than men. Men are afraid to have a great woman by their side. That's why I much prefer to work with women. Today women are mothers, housewives, workers. They do everything! They are like steel wool: they have a thousand uses.*

Morin: *How is it to be a woman who is economically independent from men?*

Dadá: *It's a big problem, Some men are very afraid of an independent woman. If women wanted to take classes from Dadá, I'd teach them everything Dadá has learned from life. It's great being a marvelous, courageous, daring woman. Men should want to be our partner in everything, even in our success. When I was young, I married a fourteen-year-old boy named Paulo. When we had nothing, he was the most wonderful person in the world. But afterwards success bothered him a lot. Now he says: "I have nothing. You have everything." And I tell him: "Get it for yourself. Fight for it. Go after that which you have inside." But he preferred to hide behind Dadá's shadow.*

Morin: *What else do you want from life?*

Dadá: *Everything. I want to give my children everything I didn't have. I want to give them a lot of love. I want to give them an education. By the time I'm sixty, I want to be well established, with a little house on a ranch by a river, raising chicken, keeping horses, harvesting my beans, as I did before but with balance.*

Morin: *How do you keep your spiritual balance?*

Dadá: *I do a self-awareness exercise—Bob Rofrey's quadrilidade. It's a form of meditation. I am also a follower of Spiritualism, and I have Oxum, Yemanjá, and Oxosse as my spiritual beings, who give me a lot of light and strength. I talk to them and exchange energy. I also pray to Our Father to do a general cleansing because I am a medium and many people come here. I receive many types of energies, so I need to discharge the energies I might be carrying. The negative ones as well as the positive.*

Morin: *Do you see food as an art?*

Dadá: *Yes, and I see myself as a great artist. One day I compared myself with the artist Carybé, always creating and always seeing that my food is a sort of sorcery, a great, marvelous art.*

Morin: *What is your life's secret?*

Dadá: *The real secret? I think it's Dadá's smile. This smile does me great good. I like to say it's my great cure. It's my strength, my light. When I laugh, I feel that everything in my life is being cleansed.*

Morin: *Is there anything else about yourself that you would like to say?*

Dadá: *You asked me about my great dream, and I talked about the little house at the end of my life, but I don't think that's the end. My great desire is to found a Dadá school to teach all the poor children the experience Dadá has of life. I want to pass this knowledge on to those poor girls before I die. I want a school that teaches the students how to cook, how to be a waiter or a maître d', as well as to read, to write, with everything monitored by a psychologist.*

Morin: *What is the secret of Dadá's school?*

Dadá: *I am not afraid of teaching the staff. All of my employees are the best Dadá cooks, and those who aren't I send to the kitchen. Many who came here who didn't even know how to hold a glass, and today they are chefs.*

Morin: *Did you ever stop just to travel?*

Dadá: *One of my dreams is to go to Paris and Venice. Our life is just like a fisherman's net. You throw it, and you just need to know how to pull. The great secret is knowing how to lose. If you stay still because you lost the fish, you won't catch more fish. You have to walk, get hurt, and throw your net somewhere else, which is the only way to grow.*

Morin: *You have a lot of determination, don't you?*

Dadá: *Yes, I'm very determined. I'm not afraid of losing, like I said, and I'm also not afraid of winning.*

Morin: Como você faz para manter também esse equilíbrio espiritual?

Dadá: Eu sempre faço um auto-conhecimento do Bob Rofrey, da quadrilidade que é uma meditação. E, também, eu freqüento o espiritismo e tenho Oxum, Iemanjá, Oxossi como seres espirituais de muita luz e muita força. Eu me dou por completo conversando com eles e trocando energia. Paro, penso, rezo um Pai Nosso e faço uma limpeza geral, porque eu preciso, eu sou médium e como aqui freqüenta muita gente... Eu recebo todo tipo de energias, então eu preciso descarregar essas energias que eu tiver. Tanto as negativas, quanto as positivas. As positivas ficam e as negativas temos que tirar.

Morin: Você vê comida como uma arte?

Dadá: Vejo, sim, eu me acho uma grande artista! Um dia desses eu disse que me comparava com o artista plástico Carybé, sempre criando e sempre achando que as minhas comidas são um grande feitiço, uma grande arte maravilhosa!

Morin: Qual é o segredo da sua vida?

Dadá: Segredo mesmo? Eu acho que é o sorriso da Dadá. Esse sorriso para mim faz um bem enorme. Eu digo que é o meu grande remédio. É a minha força, a minha luz. Quando eu dou risada eu sinto que tudo em minha vida está limpando.

Morin: Ficou algo que gostaria de dizer e que ainda não foi dito?

Dadá: Você me perguntou sobre meu grande sonho e eu falei na casinha no final da minha vida, mas eu acho que não é o fim. Mas o grande desejo da minha vida é fazer uma escola da Dadá, para ensinar a todas as crianças carentes essa experiência que a Dadá tem da vida. Eu quero passar isso para essas meninas carentes e quero fazer isso antes de morrer. Quero uma escola para ensinar a cozinhar, para ensinar chefe de cozinha, garçon, maître. Também para ler, escrever, com tudo monitorado por um psicólogo.

Morin: Qual o segredo da escola da Dadá?

Dadá: Eu não tenho medo de ensinar o pessoal! Todos os meus funcionários são os melhores cozinheiros da Dadá e os que não são estou encaminhando todos eles para a Dadá Cozinha. Tem muitos que chegaram aqui e não sabiam nem pegar num copo e eles hoje são chefes.

Morin: Alguma vez você já parou só para viajar?

Dadá: Um dos sonhos que tenho é conhecer Paris, Veneza. A vida da gente é igual a uma rede de pescador, você a lança e tem que saber puxar! O grande segredo é saber perder. Se você fica só sentada porque você perdeu os peixes, você não vai pegar mais peixes. Não é? Então você tem que andar, tomar topada e jogar a rede em outro lugar para procurar o peixe, que é assim que a gente vai crescer.

Morin: Você tem muita determinação, não é?

Dadá: É, eu sou muito determinada. Eu não tenho medo de perder, como eu já disse, também não tenho medo de ganhar!

Morin: Você ainda tem prazer em cozinhar para você mesma?

Dadá: Tenho! Eu tenho mais prazer em cozinhar para mim do que para o mundo!

Morin: O que você faz quando está sozinha?

Dadá: Meu prato favorito é um ensopado de costela de boi, ensopado de chupa-molho, como no meu interior. Um ensopado com pirãozinho de água para lembrar de minha infância. Faço isso sempre, toda segunda-feira em minha casa, que é o dia de minha folga eu cozinho para mim e minhas filhas, para a menina que mora comigo.

Morin: Fale-nos sobre Carlinhos Brown.

Dadá: Quando eu vejo…Carlinhos. Eu fiz: "É Carlinhos..." e as lágrimas desciam! Ele veio e me abraçou dizendo: "Você é a Dadá?" E eu disse: "E você é o Carlinhos?" Isso foi logo no começo da carreira dele, assim que ele abriu lá e começou a dar pequenos shows. Temos uma amizade muito bonita. Dançávamos muito. Então não tinha nada que acabasse com o astral da Dadá.

DONA CANÔ

Claudionor Vianna Telles Velloso, ou simplesmente Dona Canô, é mais conhecida como a mãe do cantor, compositor e autor Caetano Veloso e da cantora Maria Bethânia. Nascida em 1907, Dona Canô forneceu um ambiente propício para os talentos naturais de todos os seus filhos. Em seu livro *Verdade tropical*, Caetano Veloso lembra que "minha mãe…sempre gostou de música-e sempre gostou que eu gostasse de música". Também gravou um trecho no seu CD, *Livro*, que ganhou o Grammy, em que recorda quando ela o chamou para ver Gilberto Gil na televisão, sorrindo ternamente e dizendo "Venha ver o preto que você gosta". "Eu sentia alegria por Gil existir, por ele ser preto, por ele ser ele-e por minha mãe saudar tudo isso de forma tão direta e tão transcendente… [M]inha mãe festejava comigo a descoberta". Dona Canô mora na cidade de Santo Amaro da Purificação, no Recôncavo, onde é uma matriarca respeitada, participando intensamente das atividades da igreja e dos trabalhos assistenciais.

Morin: A Sra., sendo uma pessoa importante na sua comunidade, como lhe veio a idéia de se engajar politicamente e socialmente?

Dona Canô: Politicamente, não. Eu não sou política nenhuma, nem tenho nada com política. Agora, na sociedade, porque minha terra é muito pequena e pobre, eu tenho que fazer alguma coisa. Chegou minha vez de fazer pouquísima coisa, mas assim mesmo, eu faço. É mais com a comunidade, na Igreja, principalmente.

Morin: Como seria o papel da religião na sua vida?

Dona Canô: É minha força. Desde criança, fui criada num ambiente de católicos, estudei numa escola de católicos, de freiras, e me eduquei amando e respeitando a Igreja. Por isso, o que posso fazer pela Igreja, eu faço.

Morin: E o Candomblé?

Dona Canô: Bom, o Candomblé não frequento. Tive muita amizade com Mãe Menininha, a quem eu devo reverência porque era uma pessoa maravilhosa. Ela se foi. Mas não frequento assim, não faço parte… agora respeito, porque é uma religião de fé, de dignidade.

Morin: Como seria o papel da mãe na sociedade brasileira? A Sra. mesmo teve muitos filhos.

Dona Canô: E fui uma mãe, não sei se boa, mas cumpri com o meu

Morin: *Do you still enjoy cooking yourself?*

Dadá: *Yes. I enjoy cooking for myself more than for the world.*

Morin: *What do you make when you are alone?*

Dadá: *My favorite dish is* ensopado de chupa-molho, *a type beef rib stew from my homeland. It's made with mashed cassava with water. I make it at home every Monday, my day off, for myself and my daughters and for the girl that lives with me.*

Morin: *Tell us about Carlinhos Brown.*

Dadá: *One day I suddenly looked up, and there was Carlinhos Brown. The tears rolled down my cheeks. He hugged me and said, "So you are Dadá?" And I said, "And you are Carlinhos?" This was right at the beginning of his career. We started to get to know each other and now share a very beautiful friendship. We would go dancing together. At those times, nothing could bring Dadá's energy down.*

DONA CANÔ

Claudionor Vianna Telles Velloso, or Dona Canô, is best known as the mother of the singer, composer, and author Caetano Veloso and the singer Maria Bethânia. Born in 1907, she provided a nurturing environment for all her children's natural talents. In his memoir Verdade tropical, *Caetano Veloso recalls that she "always liked music, and always liked my liking it." He also recorded an excerpt on his Grammy-winning CD* Livro, *in which he remembers her calling him to watch Gilberto Gil on television, saying with a tender smile, "Come see the black man you like." "I felt happy that Gil existed, that he was black and that he was him, and because my mother greeted all this in such a direct and transcendent manner. . . . [M]y mother rejoiced with me in this discovery." She lives in the historic town of Santo Amaro da Purificação, in the Bahia bay region, where she is a respected matriarch, intensely involved in the church and social work.*

Morin: *Being an important person in your community, how did you think of becoming politically and socially engaged?*

Dona Canô: *I have nothing to do with politics. In my hometown, which is very small and poor, I had to do something, to make my tiny contribution. I do what I can. I work with the community, especially with the Church.*

Morin: *What is the role of religion in your life?*

Dona Canô: *It is my strength. Since I was a child, I was raised in a Catholic environment. I studied in a Catholic school and was educated by nuns. I grew up loving and respecting the Church. I do what I can for it.*

Morin: *And Candomblé?*

Dona Canô: *I don't go to Candomblé. I had a very close friendship with Mãe Menininha, whom I truly respect because she was a wonderful person. But she has left us. Even thought I am not a Candomblé adherent, I respect it because it is a religion of faith and dignity.*

Morin: *What is the role of the mother in Brazilian society? You yourself have many children.*

Dona Canô: *I don't know if I was a good mother, but I did my duty. I raised my children, and today everybody can see how worthy of respect and success they are. My children ask for my blessing to this day.*

Morin: *What do you think is lacking in today's society that prevents children from being happier?*

Dona Canô: *Love. Not only from the parents, who don't have time to give it, but from society as well. Children are tomorrow's adults. If they don't have a good beginning, they can't have a good ending.*

Morin: *Why do you think there are so many poor and abandoned children here?*

Dona Canô: *I can't tell you. Children are very forsaken today. Here in Salvador you are even afraid of driving a car because it is so painful to see children begging in the street. I don't know whose fault it is. I can't judge. Perhaps it is everyone's.*

Morin: *Throughout your life, did you always think that women were as strong as men?*

Dona Canô: *I never thought they were weak. I only think that women need to behave in order to maintain their faith, their structure, their way of thinking, always thinking of what's best for them, for the person they decided to be united to, for their own children. I don't know if one's better than the other.*

Morin: *In your life, was it you, or was it others who gave you the opportunities to be very active as a woman?*

Dona Canô: *I was raised by a poor mother, but she knew how to educate me. She always felt that one should be neither rude nor feel superior to anyone. I raised my children with this thought.*

Morin: *Where does the family's artistic talent come from?*

Dona Canô: *I believe talent is born with each person. Caetano has had it since he was born, he and Maria Bethânia. Mabel, too. She is a poet who has published several books. My father was a poet. Perhaps they inherited it from him. Perhaps they were born with the gift.*

Morin: *Did you also sing?*

Dona Canô: *Yes, and I am still part of the church's choir—the Miguel Lima choir, a group of women and men.*

Morin: *What made you spend your whole life in Santo Amaro? Were you born there?*

Dona Canô: *I was born, raised, and married there. I have traveled all over the world, but I don't want to leave Santo Amaro.*

Morin: *You shared many things with your husband.*

Dona Canô: *We got along very well. We lived together for fifty-three years. We lived these years with togetherness, understanding all of the good things we had. We were*

dever. Criei meus filhos, que hoje, todos estão vendo como eles são, dignos de respeito, dignos inclusive até de sucesso. Os meus filhos tomam a minha benção até hoje.

Morin: O quê é que A Sra. acha que falta, nessa sociedade de hoje, para que as crianças sejam mais felizes?

Dona Canô: Falta muito amor. Não só dos pais, que não têm tempo de dar, mas da sociedade. Porque as crianças são os homens de amanhã. E se eles não tiverem um princípio bom, não podem ter um fim bom.

Morin: Por quê o Brasil chegou a ter tantos meninos pobres, abandonados?

Dona Canô: Isso aí, eu não sei qual é o motivo. As crianças hoje vivem muito abandonadas. Aqui mesmo, em Salvador, você tem até medo de andar de carro. Porque as crianças estão soltas na rua a pedirem, isso é muito doloroso. Não sei a culpa de quem é. Não posso julgar. Talvez seja de todos.

Morin: A Sra. sempre sentiu as mulheres tão fortes quanto os homens?

Dona Canô: Nunca achei que fossem fracas. Apenas acho que a mulher deve se comportar e fazer de forma que não abale a sua fé, a sua estrutura, a sua forma de pensar, sempre pensando no melhor para sí, para a pessoa a quem se uniu, e para os próprios filhos. Não sei se tem um melhor do que o outro, não. Se souberem se entender, são iguais.

Morin: Na sua vida, foi a Sra. mesmo ou foram os outros que lhe deram chances para agir muito, como mulher?

Dona Canô: Eu fui criada com uma mãe pobre, mas que soube me educar. Sempre achava que a gente não devia ser nem grosseira, nem superior a ninguém. E criei meus filhos com esse pensamento.

Morin: De onde vem esse talento artístico na família?

Dona Canô: Isso aí, não sei, porque acho que o talento já nasce com a pessoa. Eu acho que Caetano já trouxe de berço, ele e Maria Bethânia. E Mabel também, minha filha que é poetisa, tem vários livros já escritos, tudo nasceu com eles mesmos. Meu pai era poeta. Talvez tenham puxado a ele. Talvez nascessem já com o dom.

Morin: Mas a Sra. também canta?

Dona Canô: Cantava, mas ainda tomo parte até nos corais. Tomo parte no coral Miguel Lima, que é um conjunto de senhoras e rapazes.

Morin: O quê é que fez a Sra. passar a sua vida toda em Santo Amaro? A Sra. nasceu lá?

Dona Canô: Nasci, me criei, me casei. Já conheci um pedaço do mundo, mas não quero mais não.

Morin: A Sra. dividiu muitas coisas com seu marido?

Dona Canô: Nós nos entendíamos muito bem. Vivemos 53 anos vividos. Com união, com compreensão e tudo de bom que nós tivemos. Relativamente pobres, fomos sempre pobres, mas criamos os nossos filhos dentro da pobreza compreendendo que a vida não é luxo, nem riqueza. A vida é outra coisa.

Morin: Como a Sra. vê as tarefas domésticas?

Dona Canô: A vida inteira, trabalhei em casa. Hoje não faço mais nada, primeiro, porque não posso mais. E segundo porque não deixam. Mas já fiz de tudo: varrer, sacudir, vascular, lavar, lavar roupa, passar. Oito filhos.

Morin: A Sra. faz algum tipo de artesanato?

Dona Canô: Só o crochê quando eu quero fazer. Bordei muito. Fazia doce pra vender, fazia biscoito, fazia bolos confeitados.

Morin: Como seria a filosofia da sua vida?

Dona Canô: Procurar viver sem ofender, sem magoar. Eu acho que a melhor coisa da vida é a pessoa saber viver. Vivi, estou aqui.

JÚLIO BRAGA

Antropólogo e pai-de-santo. Estas profissões, aparentemente antitéticas, são os caminhos paralelos que Júlio Braga segue com total integridade. Formado pela of Universidade Federal da Bahia — UFBa, fez o doutorado em antropologia da Université Nationale de Zaïre. É autor de vários livros e artigos sobre a cultura afro-brasileira, o culto dos ancestrais e outros aspectos do Candomblé, como *O Jogo de Búzios*, o primeiro estudo relevante sobre a adivinhação com búzios feita pelos babalaô (sacerdotes de Ifá), *Contos Afro-Brasileiros*, *ancestralité et vie quotidienne: Le culte de Baba Egun à Ponta de Areia* e *Sociedade protetora dos desvalidos: Uma irmandade de cor*. Seu trabalho mais recente é intitulado *Um antropólogo na encruzilhada*. Realizou pesquisas em 1968 na Université des Sciences Humaines de Strasbourg, na França, e na Boston University, como "*Visiting Scholar of the African Studies Center*." Ex-diretor do Centro de Estudos Afro-Orientais (CEAO) e professor aposentado da UFBa, é o sumo sacerdote do terreiro Axeloya, localizado nas proximidades de Salvador.

Morin: O que é o Candomblé?

Braga: O Candomblé é uma religião absolutamente como outra qualquer com sua especificidade de ter de se formado a partir de elementos religiosos provenientes de diferentes culturas africanas, sobretudo da África Ocidental e em particular dos ioruba e do povo ewê-fon. No Candomblé, se cultuam as divindades africanas e algumas divindades afro-brasileiras. Enfim, o Candomblé enquanto religião realiza essa função de suporte espiritual dos seus membros e das pessoas que participam pela vida de iniciação.

Morin: Qual é a relação entre o Candomblé e o conceito da resistência?

Braga: Na Bahia, a expressão pública do Candomblé resultou na repressão policial, sobretudo a partir dos anos 20. A polícia ia aos Candomblés quebrá-los, agredir as pessoas e buscar elementos que pudessem criminalizar. Tudo aquilo que fosse representação simbólica das divindades ou dos espaços sagrados, tudo isso era levado para a delegacia e muitas dessas peças foram quebradas. Por exemplo, no Terreiro de Babá Egum, na Ilha de Itaparica, onde se faz um culto aos ancestrais, em junho de 1943, quando a polícia foi quebrar tudo lá, existiam peças…certamente de grande valor artístico e de grande significado sagrado também. Foram apreendidos atabaques, roupas, trajes, vestimentas, peças do culto. E foram quebradas essas coisas. Algumas foram trazidas, como algumas máscaras gueledê, alguma coisa foi salva e se encontra em algumas coleções públicas, como a do Instituto Geográfico e Histórico da Bahia.

Esta agressão partia dessa sociedade dominante que pretendia, a partir do começo do século XX, se imaginar uma sociedade

relatively poor, but we raised our children understanding that life is not about luxury or richness. Life is about something else.

Morin: *How do you view housework?*

Dona Canô: *My whole life I worked in the house, though I can't anymore. Besides, they wouldn't let me anyway. But I used to sweep, dust, wash clothes, iron. There were eight children.*

Morin: *Did you do any crafts?*

Dona Canô: *Only crochet now. I used to do embroidering and to make sweets to sell—cookies and decorated cakes.*

Morin: *What is your philosophy of life?*

Dona Canô: *To live without offending anyone, without hurting anyone. I think that the best thing in life is knowing how to live.*

JÚLIO BRAGA

Anthropologist and high priest of Candomblé. These seemingly antithetic professions are twin paths that Julio Braga follows with the utmost integrity. A graduate of Universidade Federal da Bahia, with a doctorate in anthropology from the Université Nationale de Zaïre, he has written several books and articles on African Brazilian culture, ancestor worship, and other aspects of Candomblé, including O Jogo de Búzios, *the first important study of divination using cowry shells by* babalaô (Ifá priests), Contos Afro-Brasileiros, ancestralité et vie quotidienne: Le culte de Baba Egun à Ponta de Areia, *and* Sociedade protetora dos desvalidos: Uma irmandade de cor. *His most recent work is* Um antropólogo na encruzilhada. *He conducted research in 1968 at the Université des Sciences Humaines de Strasbourg in France, and Boston University, as a Visiting Scholar of the African Studies Center. The former director of the Centro de Estudos Afro-Orientais (CEAO), he is now Professor of Anthropology at the Universidade Federal da Bahia and* pai de santo *of the Axeloya* terreiro, *on the outskirts of Salvador.*

Morin: *What is your definition of Candomblé?*

Braga: *Candomblé is a religion just like any other, with the specific characteristic of having developed from religious elements from different African cultures, particularly from West Africa—especially the Yoruba and the Jeje-Fon nation. In Candomblé, African and some Afro-Brazilian divinities are worshipped. As a religion, it provides spiritual support for its members and initiates.*

Morin: *What is the relationship of Candomblé to the idea of resistance?*

Braga: *In Bahia, the public expression of Candomblé resulted in police repression, particularly from the 1920s. The police would raid the temples, attack the people there, and remove as evidence everything that symbolically represented divinities or sacred spaces. Many of these objects were destroyed. For example, in June 1943 the* police raided the Babá Egum Terreiro on Itaparica Island, which practices ancestor worship, and destroyed practically everything, including objects of great artistic and religious value—drums, clothing, suits, vestments, religious artifacts. Some of the objects, including a few Gueledé masks, were returned, and some were saved and entered public collections, such as the Instituto Geográfico e Histórico da Bahia. This assault came from the dominant society, which, from the beginning of the twentieth century, viewed itself as an absolutely European, white society. It devised every strategy it could to ensure its supremacy. Before the abolition of slavery in 1888, Bahia's large black population could not express themselves publicly; they could not externalize their feelings, arts, ideas, thoughts. But the next generation began to sow the seeds of change. At the beginning of the twentieth century, especially in the 1910s, 1920s, and 1930s, Brazilian society was deeply marked by positivist, racist thinking—by an evolutionist conception of society in which European civilization was viewed as the highest stage of development and everything non-European was deemed inferior. Because of the presence of indigenous and African traditions in Brazilian culture, Brazilian society was believed to be at an intermediate stage between savagery and civilization, and therefore in an inferior position. These different cultures were believed to create internal obstacles to the development of a greater, more European civilization. A deep desire developed to eliminate all vestiges of the African presence in Brazilian society. The campaigns of police repression that resulted, which is the subject of my book Na gamela feitiço: Repressão e resistência nos Candomblés da Bahia (1995), were not the idea of foolish police chiefs, but part of a political power play by the dominant class, which in Bahia was the white elite, who hated the idea of living in a multicultural society in which elements of black culture were important.

Morin: *Was there a positive side to all this?*

Braga: *Police repression resulted in the creation of an extremely well developed survival strategy by the black population. Although there were a few cases of open conflict between the police and the religious communities, Candomblé adherents could not even think of taking up arms; they were helpless and defenseless. But their strategy of resistance through retreat resulted in the creation of defense mechanisms against police brutality. At times, the* filhos de santo *(male junior initiates who experience trance) and the* ogãs *(male initiates who do not go into trance and act as ritual assistants) negotiated with the authorities. Many temples were not raided and destroyed because their* pai de santo *(high priest) was already part of white society, or had a clever* ogã, *who may not have been able to stop the attacks, but could attenuate them. An extraordinary capacity for resistance emerged, much more through the sagacity of finding creative solutions to difficult problems than through direct confrontation.*

Morin: *How are medicinal plants that are not necessarily used to cure physical*

absolutamente européia, branca. A classe dominante armou todas as estratégias para garantir sua hegemonia. Enquanto a sociedade era escravocrata, até que a Abolição foi decretada em 1888, essa grande população de negros não podia expressar-se, ela não podia expor seus sentimentos, suas artes, suas idéias, seus pensamentos. A geração pós-abolição é que começa realmente a jogar as sementes na sociedade brasileira em formação. Nós estamos aí no começo do século, sobretudo nas décadas 10, 20, 30, onde a sociedade brasileira estava profundamente marcada por um pensamento positivista, racista e enfim de todos os grandes representantes das idéias evolucionistas, criando uma noção da sociedade numa perspectiva evolucionista, onde a evolução última estaria na civilização européia, e tudo aquilo que não fosse europeu seria de uma gradação inferior. É claro que a sociedade brasileira estaria, nesta fase intermediária, entre a selvageria e a civilização, portanto numa posição inferior. Acreditava-se que a existência de outros modelos culturais na sociedade brasileira, como a cultura indígena e a cultura africana, criava obstáculos à evolução de uma civilização chamada maior, européia. As conseqüentes campanhas de repressão policial, que são o tema de meu livro *Na gamela feitiço: Repressão e resistência nos Candomblés da Bahia* (1995), não foram concebidas por delegados insensatos. Isso faz parte de um jogo político da classe dominante, que na Bahia era a elite branca, que se sentia mal em pensar na possibilidade de conviver numa sociedade diferenciada, onde elementos da cultura negra fossem relevantes.

Morin: Há um lado positivo nisto?

Braga: A repressão policial resultou na criação de uma prática extremamente bem elaborada de estratégia, de sobrevivência dessa civilização por parte da população negra. Como o povo do Candomblé, ou como as comunidades religiosas não podiam, nem se poderia pensar ao contrário, em resistir com armas a essa repressão, é uma força policial contra indefesos, contra indefesas comunidades, são raros os casos em que houve realmente disputa entre a polícia e as comunidades religiosas. O que se deu foi exatamente a construção dessa estratégia de resistência pelo recuo, um recuo estratégico. Como o Candomblé não podia brigar, então se criaram mecanismos de defesa contra essa agressão policial. Às vezes, os terreiros de Candomblé se valiam dos seus filhos de santo, dos ogãs, para negociar com as autoridades. E muitos Candomblés não foram invadidos, não foram quebrados totalmente porque teve um pai-de-santo que já se misturava na sociedade branca, ou um ogã muito astuto, capaz de não eliminar essa agressão, mas atenuar seu resultado. Então, se criou no interior das comunidades religiosas uma capacidade extraordinária de resistir, de uma resistência que está muito mais no nível da inteligência de superar as dificuldades, do que no enfrentamento.

Morin: Como é que as ervas medicinais são vistas dentro do Candomblé, as que não são necessariamente utilizadas para curar doenças físicas mas principalmente as doenças espirituais? E como é que a cura das doenças espirituais é vista em termos da possibilidade de curar a própria sociedade?

Braga: O Candomblé é justamente uma religião. Mas como é uma religião de comunidades de pouco poder aquisitivo, há uma demanda muito grande de curas. As pessoas pobres estão sempre com problemas de verminose, dor de cabeça, falta de comida; e termina associando essas coisas à idéia da atividade religiosa. O Candomblé se vale efetivamente das plantas, das folhas, das ervas medicinais, aí numa perspectiva religiosa. Toda vez que um pai-de-santo, uma mãe-de-santo prescreve uma folha para um tipo de doença espiritual ou física, ele ou ela leva em conta sobretudo a relação mágica, o poder mágico da planta, sem nunca ter consciência de que aquela planta pode ter um princípio ativo farmacológico, capaz realmente de interferir numa doença biologicamente definida. A força da folha vem em função da mágica, do sentido religioso a que se atribui a essa folha. Quando uma pessoa procura o Candomblé nessa perspectiva de ficar doente, acionam-se mecanismos de tirar da cabeça da pessoa essa doença. Já é talvez aí um elemento importantíssimo de cura. Se você efetivamente está doente, é porque alguém colocou a doença em você. Então relacionar a doença com um feitiço é como criar possibilidades de que essa doença possa sair. Se cria então no indivíduo uma perspectiva psicológica favorável em que haja um nível que não sei bem qual de cura. Se eu admito que esta doença, foi outra pessoa que a colocou em mim, portanto não é minha doença, é de outro, eu tenho mais facilidade ainda de encontrar uma cura. Porque a cura passa necessariamente pela experiência espiritual. Então, o Candomblé cria condições positivas para um estado de cura diferenciada, diferenciada do que ocorre com a medicina ocidental, que faz exatamente o contrário. Quando você vai ao hospital, a primeira coisa que o médico faz é constatar, dar a você a noção de doente: "Você está doente, você é acometido de um câncer no pulmão." Introjeta-se cada vez mais uma noção de doença no indivíduo.

Morin: Qual é a relação entre o Candomblé e a falta de acesso a bons serviços médicos enfrentada pela comunidade de baixa renda?

Braga: As ervas medicinais usadas são as mesmas usadas pela comunidade pobre que não tem acesso aos hospitais, aos institutos de biologia e de análise clínica. Onde tem pobreza, você vai encontrar pessoas da sociedade que conhecem com a mesma capacidade que tem o pai-de-santo, a mãe-de-santo o valor de cura de uma planta, de uma raiz, de uma folha qualquer. O que existe, na verdade, é uma tentativa de superação das dificuldades dessa população dentro de uma sociedade absolutamente injusta. Quem tem acesso ao hospital nesse país faz parte de uma classe absolutamente privilegiada. Eu posso até dar o meu testemunho pessoal. Para ter uma assistência médica razoável, eu pago uma fortuna. Então prescritas essas plantas pelo pai-de-santo ou a mãe-de-santo, elas vão além de sua eventual capacidade farmacológica e alcançam o segmento mágico, religioso, sobretudo onde tem um problema de fé, que é muito importante no processo de cura e do tratamento. Mas é preciso que se tire esta idéia do Candomblé como um hospital.

Morin: Os adeptos do Candomblé realmente acreditam que a mãe-de-santo possa curá-los?

Braga: A mãe-de-santo está em contato permanente com as forças

ailments but spiritual ones viewed within Candomblé? And how is the healing of spiritual ailments viewed in terms of the possibility of healing a society?

Braga: *Candomblé is a religion. But because it is a religion of the poor, there is a high demand for healing. Poor people always have problems with parasites, headaches, and malnutrition, and they associate the causes and cures of these ailments with religious activity. Although Candomblé does make use of plants, leaves, and medicinal herbs, it does so within a religious, rather than a medical, perspective. Every time a* pai de santo *or* mãe de santo *prescribes an herb for a spiritual or physical illness, he or she mainly takes into account the magical powers of the plant, without ever being aware that that plant could contain an active pharmacological agent that actually could influence a biologically determined illness. The power of the herb is derived from its magical function, from the religious meaning attributed to it. When a person seeks out Candomblé for healing, this action triggers mechanisms to remove that illness from the person's mind. This may be an extremely important part of healing. If you are sick, it is because someone has put that sickness into your body. Magical spells create the conditions for that sickness to leave the body. Thus, a positive mental outlook is created in the individual, through which some degree of healing is achieved. If I believe that someone sent this sickness to me, and that therefore it is not mine but someone else's, I can be cured more easily. This is because healing necessarily occurs through spiritual experience. Candomblé creates positive conditions for a different state of healing, different from Western medicine, which does precisely the opposite. When you go to a hospital, the first thing the doctor does is to classify you as a patient. By saying, "You have lung cancer," the idea of sickness is introduced within the individual.*

Morin: *What is the relationship between Candomblé and the poor's lack of access to good medical care?*

Braga: *The poor do not have access to clinics or hospitals, and consequently they turn to Candomblé healing out of necessity. Wherever there is poverty, you'll find people who know as much as a* pai de santo *or* mãe de santo *about the healing powers of a particular herb, root, or leaf. This signifies the community's attempt to overcome its difficulties within an economically unjust society. The people who have access to hospitals in such countries belong to the privileged class; I, for example, pay a fortune for access to good medical care. When these plants are prescribed by a* pai de santo *or* mãe de santo, *they go beyond any pharmacological properties they may have and take on a magical, religious meaning, particularly where there is a question of faith, which is very important to the process of healing and treatment. But Candomblé is not a hospital. We must rid ourselves of this notion.*

Morin: *Do Candomblé adherents really believe that a* mãe de santo *can heal them?*

Braga: *The* mãe de santo *is constantly in touch with magical power. What she says necessarily has more authority than if it were recommended outside that religious context. For most Candomblé adherents, tradition is what counts. A plant that has been recommended for many years has more magical power than pharmacological strength. Talking to the plant is very important. When we pick it up to make someone's bath, we talk to the plant so that it will do its job. This magical aspect of speaking gives the plant healing powers that are greater than if it were prescribed merely for its pharmacological properties.*

Morin: *Candomblé gives the large number of poor people in this society a place within its hierarchy. Is the fact that more and more people are joining* terreiros *(places of worship) changing the social, political, and economic status of blacks in Brazil?*

Braga: *We see periods of resistance in the history of Candomblé, the positive outcomes of struggles to achieve integration. We see Candomblé adherents fighting to enable a certain segment of the black population to have a better life, nourishing these people with pride in their ethnicity. All of this is positive, but we must not lose sight of the fact that this religion, like any religion, is in principle alienating, because it conflicts with society's interests to a certain extent. Candomblé may be less alienating because it has developed as a form of resistance, eliminating some of the alienation typically caused by religion. It is an alternative community whose internal structure has developed differently from the mainstream of Brazilian and Western society, and Candomblé adherents feel pride in that difference, in their ability to have their own ethnic identity, to have a place in a socially and culturally organized community. A maid who earns little or nothing joins a* terreiro *and plays an important role in the hierarchy receives a sense of dignity unattainable in capitalist society.*

Morin: *What effect does this have on the struggle for integration into the mainstream?*

Braga: *It could hinder the struggle. It is extremely good for people to feel proud of belonging to Candomblé, but this can be very dangerous if it limits their ability to struggle in the outside world. At my* terreiro, *I work to ensure that people feel good here, but I also work to make it a launching pad for the struggle out there. People will never be integrated into mainstream society if they live exclusively within Candomblé. For example, when a* filho de santo *is initiated, the first thing I do is send him out to find a job or to go to school. Otherwise, we will end up reinforcing the alienating side of the African Brazilian religion.*

Morin: *How long have you had a* terreiro?

Braga: *I first had a* terreiro *in a rural town called Simões Filho. That was back in 1991 or 1992. I closed it because it was too far away and it was having a variety of problems. I've had this terreiro since 1993. I built the road in 1994. Altogether, I have been a* pai de santo *for ten years, and it has been thirty-two years since I was initiated.*

mágicas, portanto, o que ela diz necessariamente tem mais poder do que se fosse recomendado fora desse contexto religioso. Para a maioria da gente do Candomblé, a tradição é o que conta. Esta planta tem sido recomendada há não sei quantos anos. Ela tem muito mais a força da magia do que a força farmacológica. Falar com a planta, isso é muito importante no Candomblé. Quando você pega uma planta para uma pessoa tomar banho, a gente fala com a planta para que ela exerça sua função. Esse aspecto mágico da fala da relação com a magia dá à planta um poder de cura certamente maior do que se ela fosse apenas prescrita na sua capacidade farmacológica.

Morin: O Candomblé dá um lugar dentro de sua hierarquia a um grande número de pobres nesta sociedade. O fato de que cada vez mais pessoas estão aderindo aos terreiros está mudando a posição social, política e econômica do negro no Brasil?

Braga: A gente pode verificar na história do Candomblé momentos de resistência, resultados positivos de lutas, de tentativa de integração. O Candomblé está lutando para que certo fragmento da população negra possa ter uma vida melhor na sociedade, até de certa forma alimentando essa gente com etnicidade, com o sentido da sua afro-brasilidade. Tudo isso é positivo, mas a gente não pode perder de vista que a religião, como qualquer religião do mundo é, em princípio, alienante, porque, de certa forma, como qualquer outra religião, se choca um pouco com os interesses da sociedade. Talvez o Candomblé tenha uma capacidade menor; pela maneira como foi formado, terminou sendo uma prática de resistência, eliminando um pouco essa noção de alienação típica das religiões. O fato do Candomblé ser uma comunidade alternativa no sentido que a estrutura interna se realiza num modelo diferenciado da sociedade brasileira, da sociedade ocidental, evidentemente cria nessas pessoas um orgulho de ser diferente, com ênfase na etnicidade, na capacidade da identificação de pertencer a uma comunidade social e culturalmente organizada. Uma empregada domestica que ganha pouco ou não ganha nada, que chega ao Candomblé e participa da hierarquia numa posição hierárquica superior, isso dá a essa pessoa realmente uma dignidade certamente perdida na sociedade capitalista.

Morin: Qual é o impacto deste fenômeno na luta pela integração com a grande sociedade?

Braga: Isto também pode prejudicar a luta lá fora. É extremamente bom que a pessoa se sinta orgulhosa de ser do Candomblé, mas pode ser também muito perigoso no sentido de frear a sua capacidade de luta lá fora. No meu terreiro, luto para que essas pessoas evidentemente se sintam bem aqui dentro, mas que isso aqui seja apenas uma espécie de trampolim para a luta lá fora. Isto que é importante. Ele jamais se integra à sociedade maior se viver somente no interior do Candomblé. Por exemplo, quando um filho-de-santo faz obrigação, a primeira coisa que faço, incentivo a disputar um emprego, ir para a escola—senão, termina reforçando o sentido alienante da religião afro-brasileira.

Morin: Há quanto tempo tem um terreiro?

Braga: Primeiro eu tive um terreiro numa cidade aqui no interior chamada Simões Filho. Foi em 1991 ou 92. Acabei com aquele lá, era muito longe e havia uma série de problemas. Tenho este terreiro desde 1993. Em 1994, fiz a estrada. Na verdade, este terreiro aqui tem seis anos. Ao todo, como sacerdote já chego aos 10 anos e 32 de iniciado.

Morin: Porque você se tornou pai-de-santo?

Braga: Esta é uma das perguntas, talvez a mais difícil. Tudo isso está sendo discutido em um livro que acabei de escrever, chamado *O antropólogo na encruzilhada*. É muito difícil explicar . . . Há algo de imponderável na minha vida, como na vida de todo mundo, que me fez chegar até aí. Na década de 60, me licenciei em filosofia, deveria ser filósofo, e fui trabalhar na universidade como auxiliar de pesquisa em antropologia. No mesmo ano que me formei fui para a África com uma bolsa de estudos. Mas eu já trazia do meu bairro uma experiência razoável de frequentação dessas coisas de Candomblé. Não me dava muito conta do que significava aquilo, que era igual a todos os jovens da minha época, nós íamos para a festas pelos pratos de comida que eram ofertados ao fim de cada festa. Então, fui para África, e lá estive muito tempo com Pierre Verger, aliás ele teve uma responsabilidade muito grande nisso, porque eu estava no Senegal e foi Verger quem me incentivou a que eu fosse morar no antigo Daomé, hoje a Republica Popular do Benin. Ele sabia dos meus interesses pela cultura afro-brasileira. Fui ao Benin e lá, me iniciei. Já tinha uma experiência religiosa de iniciação na Bahia. Lá, fiz outra iniciação e lá assumi o compromisso de ser um zelador dessas coisas. Voltei para o Brasil, continuei no Centro de Estudos Afro-Orientais, uma instituição que estuda a cultura afro-brasileira. A maior parte, ou quase todos meus amigos são de dentro do Candomblé. Escrevi a vida inteira sobre o Candomblé, não tinha como fugir desta situação.

Devido à minha formação, tenho uma certa facilidade de compreensão do Candomblé de fora para dentro numa perspectiva antropológica. Isso me coloca numa situação diferenciada, onde sou freqüentemente chamado a me explicar, sobretudo entre os amigos, como é que resolvo essa dualidade como é que resolvo esse problema sendo antropólogo e ao mesmo tempo sendo pai-de-santo. A verdade é que tento, na medida do possível, separar essas coisas do ponto de vista epistemológico; quer dizer, quando estou no meu terreiro, quando estou realizando minhas obrigações, quando estou consultando minhas divindades através do jogo de búzios, eu procuro esquecer a minha situação de antropólogo e busco reagir de acordo com qualquer pai-de-santo ou mãe-de-santo. Quando eu estou no meu gabinete de trabalho, analisando dados etnográficos, eu devo esquecer que sou pai-de-santo. Estou cada vez mais me afastando inclusive do meu terreiro como ponto de referencia para que as minhas interpretações não estejam comprometidas com o meu Candomblé. Se alcanço essas coisas eu não sei bem ao certo, mas que tento realmente separar essas coisas, disso não tenho a menor dúvida. Acho que, além de minha missão de sacerdote, de zelador, de receber as pessoas, de ser o conselheiro, um pai-de-santo é sobretudo um conselheiro espiritual eventualmente situado numa posição privilegiada de estar mais próximo do universo sagrado.

Morin: Talvez o caminho que seguiu era seu destino.

Braga: Acho que é o próprio odú, é o destino da pessoa. E isso o

Morin: *Why did you become a* pai de santo?

Braga: *I discuss this difficult question in a book I have just written,* O antropólogo na encruzilhada. *It is very hard to explain. I think there is something imponderable in my life, as in everyone's, that made me reach that point. In the 1960s, I earned a degree in philosophy. I was going to be a philosopher, and I began working at the university as a research assistant in anthropology. The year I graduated, I went to Africa on a scholarship. But living in my neighborhood had already given me some experience of Candomblé. Like all young people at that time, I wasn't aware of what it all meant. We went to the festivals for the food that was served at the end. Then everything started coming together. In Africa, I spent a lot of time with Pierre Verger, who was largely responsible for what happened next. I was in Senegal, and Verger knew that I was interested in African Brazilian culture. He encouraged me to go to Dahomey, now the People's Republic of Benin. So I went and was initiated there. I had already had been initiated in Bahia. When I was initiated again, I took on the commitment of being a guardian of these things. I returned to Brazil and continued working at the Centro de Estudios Afro-Orientais, an institution that studies African Brazilian culture. Most or nearly all of my friends are Candomblé adherents, and I had written about Candomblé all my life. There was no way out of that situation.*

Because of my training, I have a certain facility for understanding Candomblé from the outside in, from an anthropological perspective. This puts me in a different kind of situation, in which I am frequently called on to explain, particularly among friends, how I resolve this duality of being an anthropologist and a pai de santo *at the same time. The truth is that I do my best to separate these things from the epistemological point of view. When I'm at my* terreiro, *fulfilling my religious duties, consulting my divinities through the cowry shells, I try to forget that I'm an anthropologist and react as any* pai de santo *would. When I'm in my office, analyzing ethnographic data, I have to forget that I'm a* pai de santo. *I am increasingly withdrawing from my own* terreiro *as a point of reference so that my interpretations aren't compromised by my Candomblé. I don't know if I truly achieve these things, but I do try to separate them. I think that apart from my mission as a priest and guardian, a* pai de santo *is above all a spiritual advisor who happens to be in the privileged position of being closer to the sacred universe.*

Morin: *Perhaps the path you have followed was fate.*

Braga: *Yes, I think it was fate, what we call* odú. *And Candomblé explains that. Something has been set down in the magical realm, and you inevitably have to follow that path. You can take detours and change direction, but that path must be followed. I am following mine. And I am doing so with a tremendous desire to succeed, but also with the greatest respect for the divinities and an ethical sense of responsibility as a guardian. I respect all the people who come here, all the divinities, all the saints. This makes me very happy, because Candomblé isn't just a religion, strictly speaking. It is a way of living, a different way of relating with people and the world. People who live Candomblé as the experience I am living have an alternative relationship to society and community, in which people become more than the titles or resources they have in mainstream society. One of the things that has most affected me is the number of times in which I have visited other terreiros, and they never remember that I have a graduate degree in anthropology. To them, I'm just Júlio. In other words, the idea of the individual is strengthened within Candomblé communities. In the outside world, I'm a college professor, I earn a good salary, I'm called "doctor." Here, I'm just a person. And that's very important. That could be the most profound aspect of Candomblé.*

JUSSARA DE JESUS LIMA

Jussara de Jesus Lima, thirty-one, cooked for the artists during their time in Bahia. A native of Salvador, she proved to be a culinary artist herself. In addition to learning to prepare various Thai, Chinese and vegetarian dishes, she was proud to present visitors and natives alike with the gems of Bahian cuisine, such as moquequa de peixe, vatapá, caruru, and bolo de aipim (sweet manioc cake). During the entire project, she was keenly interested in learning all the new cuisines she was encountering with artists from many different countries, and often cooked with them and their families. She has remained a great friend.

Morin: *Since I arrived in Salvador, I've been eager to interview you because you have an important attitude regarding the day-to-day house chores. I would like you to talk about that work.*

de J. Lima: *I do my work, the daily chores of washing, ironing, cooking, the best I can because I like what I do. And in general my bosses have treated and paid me well, like an equal.*

Morin: *Where does his pride come from?*

de J. Lima: *My mother died when I was six. I was raised by an aunt, my father's sister. She was severe. You had to do things right. Ever since, I have always been a perfectionist! I have always liked putting everything in its place and doing everything with care.*

Morin: *You do your work with a lot of dignity.*

de J. Lima: *I have no prejudice because I have what some consider to be a lowly job. I don't worry about such details. That's why I do everything well. To me, serving is making people around me feel good. Sometimes they have a certain problem and come to talk to me about it. I like giving advice when I'm asked. And I like to teach. Letting people know that I can handle a certain job and be a good friend, a person they can trust.*

Candomblé explica. É algo que foi traçado lá no mágico e que inexoravelmente você tem que passar por este caminho. Você pode ir fazendo alguns contornos, mudando de direção, mas o caminho é aquele, e tem que seguir. Eu estou seguindo o meu. E faço isso com muito respeito pelas divindades, com muita vontade de acertar, mas tudo marcado por um sentido ético de seriedade em relação a essas coisas. Eu não abro mão da noção de seriedade como zelador, e esse tipo de respeito às pessoas que vêm, respeito às pessoas que estão aqui, eu respeito essas divindades, esses santos todos que estão aqui. É um aspecto também que me alegra, que me faz muito feliz porque o Candomblé não é só uma religião, no sentido estrito, é uma maneira de viver, é uma opção de vida, uma forma diferente de se relacionar com as pessoas e com o mundo. Quem é do Candomblé, quem vive o Candomblé como a experiência que eu vivo, vive uma experiência alternativa em relação à sociedade ou comunidade, onde as pessoas passam a ser pessoas mais do que os títulos ou os recursos que elas detêm na sociedade maior. Eu acho que as coisas que mais me marcaram foram as vezes em que, visitando outros terreiros, eles nunca lembrarem que sou pós-doutor em antropologia, sou apenas Júlio. Quer dizer, a noção de pessoa é extremamente refortalecida no interior dos Candomblés. Lá fora, eu sou professor da universidade, lá fora tenho um bom salário, lá me chamam de "doutor". Aqui, eu sou só gente. Isso é muito importante. Talvez esteja aí a coisa mais profunda do Candomblé.

JUSSARA DE JESUS LIMA

Jussara de Jesus Lima, 31 anos, cozinhou para os artistas durante sua estada na Bahia. Soteropolitana, revelou-se uma verdadeira artista na cozinha. Além de aprender a preparar diversos pratos tailandeses, chineses e vegetarianos, teve orgulho em apresentar aos visitantes e filhos da terra com iguarias baianas como moqueca de peixe, vatapá, caruru e bolo de aipim. Em todas as fases do projeto, mostrou uma grande interesse em aprender novas maneiras de preparar a comida dos artistas que ia conhecendo, provenientes de vários países. Cozinhava freqüentemente ao lado deles e de suas famílias. Continua sendo uma grande amiga de todos.

Morin: Desde de que cheguei, fiquei ansiosa por entrevistá-la. pois percebi que tem uma atitude importante nas tarefas do dia-a-dia da casa. Eu gostaria que falasse sobre esse seu trabalho.

de J. Lima: Eu faço o meu trabalho da melhor maneira possível porque eu gosto do que eu faço! Não me importo que seja trabalho doméstico, ou diário, de lavar, passar, cozinhar...desde que eu goste de fazer e me sinta bem fazendo. Em geral os meus patrões me tratam muito de igual para igual e pagam bem.

Morin: De onde vem esse orgulho?

de J. Lima: Eu não tive mãe, ela morreu quando eu tinha seis anos. Fui criada por uma tia, irmã do meu pai, ela era rígida, tinha que se fazer bem feito! E desde pequena sempre fui perfeccionista! Sempre gostei de deixar tudo no lugar e caprichar ao fazer tudo.

Morin: Vejo que faz esse seu trabalho com muita dignidade.

de J. Lima: Eu gosto do que faço, nao tenho preconceito porque esse serviço é ruim ou esse aqui não serve e aquilo diminui ou aumenta o ser humano! Para mim não importa, por isso faço tudo bem feito. Então para mim servir é fazer com que as pessoas se sintam bem ao meu redor, porque às vezes têm um determinado problema e chegam para mim, falam e eu gosto de ouvir e de falar quando as pessoas querem me ouvir, gosto de dar conselhos quando me pedem. E, gosto de ensinar também. É um servir para fazer com que as pessoas se sintam bem, sabendo que eu posso dar conta de determinado serviço. Saber que eu posso ser uma boa amiga, uma pessoa na qual ela possa confiar.

Morin: O que você achou quando soube do Projeto?

de J. Lima: Quando me falaram que viria gente de fora e tudo, eu fiquei meio em pânico. Como é que eu vou dar conta de tanta gente de fora e sem entender? Mas eu sou muito curiosa, então me deixei levar pela situação.

Morin: Gostaria de saber qual é a relação entre o seu trabalho e o trabalho que os artistas desenvolveram enquanto estavam aqui?

de J. Lima: Percebi que o meu trabalho não é pior do que o dos outros! Compreendi que meu trabalho também pode ser arte e que ele me dá prazer em fazer, tanto quanto o deles deve proporcioná-los também. Porque arte é se fazer aquilo que gosta! Tudo que você faz com amor, dedicação, para mim é arte. Apesar deles serem de fora, eu vi que a gente tinha muito a ver.

Morin: O que você pensa, por exemplo, em relação a você lavar roupa e a Rivane propondo esse trabalho de lavar roupa?

de J. Lima: Eu acho que tem um pouco de coincidência. Coisas que eu não via, não prestava atenção. É um ritual muito bonito. O jeito que a Rivane lavou, secou e dobrou os lençóis na praia. E eu gostava de fazer sempre na beira de rio. A gente era pequena, minha mãe lavava os lençóis e eu botava no mato para quarar, tomar sol.

Morin: O que mais mudou na sua vida depois desses trabalhos?

de J. Lima: Acho que eu amadureci mais, aprendi a confiar mais em mim mesma, a lutar pelos meus objetivos e nunca dizer eu não devo e não posso e, sim, eu devo e posso! Agora eu sei que posso fazer tudo que quero e posso ter coragem para encarar os problemas de frente, não fugir deles. Os artistas se dedicaram e deram um pouco do tempo deles para as crianças do Projeto Axé. Fazer parte disso me deu essa força, essa coragem para que daqui em diante eu prossiga, ou melhore o meu trabalho. Lutar por alguma coisa e fazer aquilo que eu quero fazer.

MESTRE JOÃO GRANDE

Nascido na Bahia em 1933, Mestre João Grande foi aluno e depois contramestre de Mestre Pastinha, o maior expoente da Capoeira Angola como arte tradicional e legado africano. Batizado João Grande por seu mestre—para diferenciá-lo do contramestre xará, João Pequeno—dedicou sua vida a ensinar sua arte a todos que querem aprender. Entretanto, dar aula de Capoeira não dava para pagar as

Morin: What did you think when you first learned about the project?

de J. Lima: *When I learned that all these people from other countries were coming, I was in a bit of a panic. I wondered how I would handle these foreigners. But I'm very curious, so I let myself be open to the situation.*

Morin: *What is the relationship between your work and the work the artists developed while they were here?*

de J. Lima: *I realized that my work is just as important as theirs. That it can also be art and that it gives me pleasure, as much as theirs gives them pleasure. Art is making what one likes. To me, everything that one does with love and dedication is art. And even though we were from different cultures, I saw that we had a lot of things in common.*

Morin: *What do you think, for example, about the fact that you wash clothes and that Rivane did a project involving the work of washing clothes?*

de J. Lima: *I think it was a bit of a coincidence. I began to notice things that I hadn't noticed before. Rivane's ritual of washing, drying, and folding the sheets at the seashore was beautiful. When I was a child, my mother and I always liked washing the sheets on the riverbank. I used to lay them on the brush to whiten.*

Morin: *Did your life change as a result of being involved with the project?*

de J. Lima: *I think I matured. I learned to trust myself more, to fight for my dreams and never say "I shouldn't" or "I can't," but "I should" and "I can." Now I know that I can do anything I want and that I can have the courage to face problems without running away from them. The artists dedicated their time to the children of Projeto Axé, and being a part of that experience gave me the strength, the courage to know that I can keep improving myself—that I can do whatever I want to do and fight for it.*

MESTRE JOÃO GRANDE

Born in Bahia in 1933, Mestre João Grande was a student and later contra-mestre *(senior assistant) of Mestre Pastinha, the greatest exponent of Capoeira Angola as a traditional art and African legacy. Dubbed "Big John" by Pastinha to distinguish him from "Little John," João Pequeno, a fellow* contra-mestre, *he has dedicated his life to teaching his art to anyone willing to learn. But teaching Capoeira did not pay the bills, so after struggling to earn a living until qualifying for a meager pension in Brazil, he settled in New York, where he garners a well-deserved livelihood from the art that is his life. His dream is to find an apt pupil who has never studied with another teacher and pass on everything he knows.*

Morin: *What did you know about Capoeira when you a child?*

Mestre João Grande: *Nothing. I was doing almost all the movements while playing with the other kids and didn't know what it was. For me,* capoeira *was what we called thin parts of the forest.*

Morin: *What did you do at that age?*

Mestre João Grande: *I worked on my father's and other people's farms. I was always working to get ahead, but later I decided it was a good life because I didn't have any worries at the time. Then when I was twenty, I went to Salvador. My godfather was going and asked me if I wanted to come with him. I made up my mind on the spot, and we left the next day.*

Morin: *Then Capoeira came into your life.*

Mestre João Grande: *Yes. I found Capoeira in Bahia. I used to go see the Wolf Dance on Sundays. I asked a man called Barbosa, "What's that, sir?" He said: "That's Capoeira." And at that minute the fellow did the* corta capim *move. I asked where I could find someone who could teach me, and he instructed me to go see Mestre Pastinha in Brotas. The next Sunday I started training with him. That was 1950. Now I'm a* mestre *(teacher) of Capoeira.*

Morin: *What was your life like after you started doing Capoeira?*

Mestre João Grande: *I gave my life to Capoeira. I worked during the day, and at night I'd go do Capoeira. And I've never stopped. It's as a* mestre *of Capoeira that I enjoy good health. Because there's God in Heaven, St. George on earth, and Capoeira.*

Morin: *What sorts of things does Capoeira give us?*

Mestre João Grande: *It depends on who is learning it. It has two sides, positive and negative. If you follow the positive side, you get ahead; but if you follow the negative one, you won't grow.*

Morin: *Tell me a little about Capoeira Angola and Capoeira Regional.*

Mestre João Grande: *Capoeira Regional was created by Mestre Bimba. He's the only one who can talk about it. I walk the path of Capoeira Angola. Capoeira Angola and Candomblé are brothers. They both came from Africa. So did Samba. In Africa, it was a game, but it wasn't called Capoeira there. It was called the N'golo Dance. Capoeira Angola was practiced by warehouse workers, truck loaders, carpenters, bricklayers, joiners, dockworkers, stevedores. A rough crowd. They wanted to make Capoeira grow, but society wouldn't help them.*

Morin: *What does Capoeira mean to the people who practice it?*

Mestre João Grande: *Some people just like to do it. In the old days you didn't need money to do Capoeira. All the* mestres *I knew weren't interested in money. They went to the* roda *(the ring, symbolizing the world, inside which two Capoeira players play; there is usually a row of musicians at the head of it, including three* berimbau, *with a ring of people sitting cross-legged in a circle who sing and sometimes clap to accompany the action).*

Morin: *Going back to the rough crowd you talked about. What did Capoeira offer them?*

contas e, depois de lutar para ganhar seu sustento, até conquistar uma pequena aposentadoria no Brasil, mudou-se para Nova York, onde ganha da arte que é sua vida, uma vida digna e confortável. Seu sonho é ensinar tudo o que sabe a um aluno qualificado que nunca estudou com outro mestre.

Morin: Quando criança, sabia o que era a Capoeira?

Mestre João Grande: Nada. Capoeira pra mim era uma mata rala que se chamava Capoeira. Aí eu não sabia o que era, mas fazia quase todos os movimentos de Capoeira.

Morin: Naquela idade, o senhor fazia o quê?

Mestre João Grande: Trabalhava na roça de meu pai e na dos outros. Estava sempre trabalhando para poder vencer, mas depois eu achava uma vida boa porque, naquele tempo, não pensava em nada! Com 20 anos fui para Salvador. Foi meu padrinho que me trouxe. Foi assim, ele me perguntou: "Tu quer ir pra a Bahia?" "Vou." Resolvi o negócio na hora. No dia seguinte nós viajamos.

Morin: Daí a Capoeira entrou na sua vida?

Mestre João Grande: Foi na Bahia que eu conheci a Capoeira. E na Bahia, vi domingo a dança do lobo. Aí perguntei a um senhor de nome Barbosa: "Meu senhor, o que é isso?", disse. "É Capoeira". E na hora o cara fez o corta capim. Eu perguntei: "Onde é que eu vou *pra* alguém me ensinar?" "Na casa do Mestre Pastinha. Lá e Brotas". No outro domingo eu entrei, em 1950, fui treinar com ele e aí sou Mestre da Capoeira.

Morin: Então, o senhor entrou na Capoeira e como ficou sua vida?

Mestre João Grande: Entreguei minha vida toda à Capoeira! Eu trabalhava durante o dia e à noite sempre ia fazer Capoeira, sem parar. Desde que eu entrei na Capoeira. É como mestre da Capoeira que eu gozo de saúde. Porque há Deus no céu, São Jorge na terra e a Capoeira.

Morin: Que tipo de coisas a Capoeira dá para a gente?

Mestre João Grande: Depende de quem vai treiná-la. Tem dois lados, o positivo e o negativo. Se você seguir a positiva, vai embora, mas se seguir a negativa, não cresce.

Morin: Fala um pouco sobre a Capoeira Angola e a Capoeira Regional.

Mestre João Grande: O regional é criado por Mestre Bimba, só ele que pode dizer do regional. Eu falo do angola porque eu ando na linha do angola. A Capoeira e o Candomblé são irmãos, porque eles vêm da África. O samba veio da África, Candomblé veio de lá e Capoeira também. Brincavam, mas não tinha nome de Capoeira lá. Era conhecida como dança de N'Golo. Porque a Capoeira da angola veio dos trapicheiros, dos carregadores de caminhão, dos carpinteiros, dos pedreiros, marceneiros, doqueiros, estivadores. Veio dessa turma da pesada. Eles querem fazer crescer a Capoeira, mas, a sociedade não quer ajudá-los!

Morin: Qual é a importância da Capoeira para essas pessoas que praticam?

Mestre João Grande: Alguns, porque gostam de praticar. Antigamente para jogar Capoeira nem precisava dinheiro. Todos os mestres que conheci na Capoeira, jogavam, treinavam Capoeira desinteressados em dinheiro. Iam no dia de domingo para a roda com os outros.

Morin: Mas a questão ainda é a respeito daquelas pessoas da pesada que o senhor falou. Que tipos de coisas a Capoeira lhes ofereceu?

Mestre João Grande: Muitas coisas. Eu passei a viajar, passei minha vida toda fazendo shows para turistas na Moenda (restaurante típico da Bahia), que já fechou. Fui a Brasília, quando ela tinha cinco anos de construída, por causa da Capoeira. São Paulo, Rio de Janeiro, Belo Horizonte e Rio Grande do Sul e tudo como mestre da Capoeira. Passei oito meses na Europa fazendo shows de Capoeira e viajei para cá (Nova York) pela primeira vez em 1966, para o Festival da Arte Negra.

Morin: Na sua educação, ela lhe deu o quê para o senhor ser como é hoje em dia?

Mestre João Grande: Eu nunca gostei de brigar com as pessoas, mas a Capoeira dá educação para a pessoa sobre tudo na vida. Se a pessoa for muito rebelde, quando entra na Capoeira tem que se tornar manso! Hoje em dia, a Capoeira está em cima. Todo o mundo quer aprender Capoeira, mas, antigamente ninguém gostava de Capoeirista!

Morin: Fala mais sobre isso.

Mestre João Grande: Em 1950, quando se dizia que era Capoeirista, as pessoas diziam: "Ah, isso é coisa de valentão, é coisa de malandro!" Depois, a Capoeira foi crescendo, hoje em dia, tem mais gente da sociedade na Capoeira do que gente pobre.

Morin: Qual é que a maior coisa que a Capoeira da Angola oferece a quem a pratica?

Mestre João Grande: Na Capoeira da Angola você aprende a vida! Tudo que você pensar de bom, ela dá a você. Tudo que pensar de mau, ela dá também o mau, mas, você não irá crescer junto com ela.

Morin: Como é a questão do negro e do branco dentro da Capoeira da Angola?

Mestre João Grande: Não tem diferença. A Capoeira está no sangue do branco, do preto, do vermelho e do amarelo. O Mestre Pastinha sempre dizia que a Capoeira está no sangue de todo mundo. Só porque é preto aprende Capoeira? Não. Branco pode aprender. Mestre Pastinha também dizia que mulher tem que aprender Capoeira! E é muito importante a presença da mulher na Capoeira! Bem como a do homem também é importante. A Capoeira é boa para elas na adversidade, é bom para o corpo delas.

Morin: O que a Capoeira nos ensina de intelectual?

Mestre João Grande: Depende do mestre! Se o mestre sabe passar coisas boas para o aluno, o aluno cresce, mas, se ele ensinar coisas ruins, ele não vai crescer e dali para frente só aprenderá o que não presta! Temos que passar coisas boas para os alunos. Tudo que meu mestre me deu, eu passo para meus alunos.

Morin: Qual foi a coisa mais importante que o Mestre Pastinha ensinou para você?

Mestre João Grande: A educação, o ensinamento e o meio de vida para sobreviver. Aprendi a controlar minha própria natureza, a não brigar com ninguém, ser amigo de todo mundo.

Morin: Por que o senhor saiu da Bahia? Por que se mudou para os Estados Unidos?

Mestre João Grande: Eu vim aqui para o Festival, em Atlanta, em 1990,

Mestre João Grande: *A lot of things. For example, because of Capoeira, I myself started traveling. I spent my whole life putting on shows at the Moenda, a Bahian restaurant catering to tourists that has since closed. I went to Brasilia five years after it was built because of Capoeira, as well as to São Paulo, Rio de Janeiro, Belo Horizonte, and Rio Grande do Sul. I also traveled through Europe for eight months doing Capoeira shows, and I first came to New York to the Black Art Festival in 1966.*

Morin: *How has Capoeira made you what you are today?*

Mestre João Grande: *I was never a scrapper, but Capoeira teaches you about everything in life. If a person is a rebel, when they start doing Capoeira they have to learn to be tame. These days, Capoeira is at its height. Everybody wants to learn it. But in the old days, nobody liked Capoeiristas.*

Morin: *Tell me more about that.*

Mestre João Grande: *In 1950, if you said you were a Capoeirista, people would say, "That's for hooligans, for bums." Later, Capoeira started growing, and today there are more society people in Capoeira than poor people.*

Morin: *What is the greatest thing that Capoeira Angola has to offer its practitioners?*

Mestre João Grande: *In Capoeira Angola you learn about life. Everything good you can think of, it gives you. Everything bad you can think of, it can also give you, but you won't grow with it.*

Morin: *How do you see black and white people in Capoeira Angola?*

Mestre João Grande: *There's no difference. Capoeira is in the blood of white, black, red, and yellow people. Mestre Pastinha always said that Capoeira is in everybody's blood, in everyone's soul. You don't have to be black to learn Capoeira. Mestre Pastinha also said that women have to learn Capoeira. It's very important to have women in Capoeira. It's just as important for them as it is for men. It's good for them in hard times. It's good for their bodies.*

Morin: *What intellectual lessons does Capoeira teach?*

Mestre João Grande: *It depends on the* mestre. *If he knows how to teach good things to students, the students will grow, but if he teaches bad things, they won't grow, and from then on they'll just learn what's no good. We have to teach good things to students. Everything my* mestre *gave me, I pass on to my students.*

Morin: *What was the most important thing you learned from your* mestre?

Mestre João Grande: *Education, teaching, and the means of survival. I learned to control my own nature and not to fight with anybody, to be everybody's friend.*

Morin: *Why did you leave Bahia and move to the United States?*

Mestre João Grande: *I came here for the Festival in Atlanta in 1990. When I got here, I liked it a lot and ended up staying. Life here is very good for me. Everybody helps me, from the big people to the little ones.*

Morin: *Is Capoeira good for people?*

Mestre João Grande: *It's very good for your body. People who do Capoeira live longer. Mestre Pastinha was ninety-three when he died and only went to a doctor once in his life. If you do Capoeira, you know you can't drink or smoke. You learn to take care of your body. The* orixás *(deities) Ogum and Oxalá watch over Capoeiristas. They help us grow.*

Morin: *Is your* orixá *with you when you enter the* roda?

Mestre João Grande: *They're with me wherever I go! They all watch over me, all the* orixás, *day and night. I'm an* ogã de faca alabê *(an important person in Candomblé responsible for animal sacrifices) at the House de Nivaldo.*

Morin: *What about the* roda?

Mestre João Grande: *All the science is there in the* roda. *It's everything that's good, all the energy of the* roda *is there at the foot of the* berimbau *(a musical bow that uses an open gourd as a soundbox and is played with a stick and a large coin; it provides the basic musical accompaniment for Capoeira). That's where all the strength of faith is. The* orixás *are there too. When you leave the foot of the* berimbau, *you have to bless yourself. You have to ask the earth and the stars for strength.*

Morin: *How is it that the* orixás *get closer to people who are playing Capoeira?*

Mestre João Grande: *They don't possess the person, but they are close to him, and that makes him play better.*

Morin: *Do you feel their presence?*

Mestre João Grande: *Yes. You don't see them, but you feel that energy there. Many times, a person who isn't in the know plays* berimbau *without knowing how to "shine." And there are others who "shine" if the* orixá *protects them.*

Morin: *You have written songs.*

Mestre João Grande: *Yes. They are about all the forces that rule over men. They talk about the earth, the waters, about all of nature in a general way.*

Morin: *Give me an example of your favorite.*

Mestre João Grande: *I like them all. There's one I call "A Ladainha." It goes like this: "So it was now that I arrived/because I come from Angola/I bring strength from there/I bring strength from the earth/I bring strength from the sea/I bring strength from the sky/With Good Jesus of the Navigators."*

Morin: *What about the* Caboclos *(Amerindian spirits or divinities; at many Candomblés, particularly Angola* terreiros, *they possess people during public and private ceremonies)? Are they with you too?*

Mestre João Grande: *They watch over whoever has them, too. A lot of people who have* Caboclos *are from the poor neighborhoods.*

Morin: *Do you have a* Caboclo?

Mestre João Grande: *Yes. All the* orixás *follow me day and night.*

Morin: *How do you explain these things to your students?*

e cheguei aqui, gostei muito e acabei ficando por aqui. A vida aqui é boa para mim. Todo mundo aqui me ajuda! Todos aqui, graças a Deus, todos me ajudam, dos grandes aos pequenos.

Morin: A Capoeira faz bem?

Mestre João Grande: Faz bem para o nosso corpo. A pessoa que pratica a Capoeira também morre, é claro, mas demora muito mais. O Mestre Pastinha morreu com 93 anos e só foi ao médico uma única vez. Praticando a Capoeira, já sabe que não pode beber, não pode fumar. Você aprende a conservar o seu corpo. Ogum e Oxalá acompanham o Capoeirista, ajudam a gente a crescer.

Morin: Quando o senhor vai entrar na roda, o seu orixá lhe acompanha?

Mestre João Grande: Em todos lugares onde eu estiver, eles me acompanham! Todos me acompanham, todos os orixás, eles me acompanham de noite e de dia. Eu sou ogã de faca *alabê* na Casa de Nivaldo.

Morin: E na roda?

Mestre João Grande: Ali na roda está toda a ciência. Está o bom, toda energia daquela roda está ali no pé do berimbau. Ali está toda a força da fé. E os orixás estão ali, acompanhando também. Quando sai do pé do berimbau tem que se benzer. Tem que pedir força da terra e dos astros.

Morin: Como é que os orixás se aproximam mais das pessoas que jogam?

Mestre João Grande: A pessoa não fica com ele, não incorpora, mas ele está ali perto dela e por isso ela vai jogar melhor.

Morin: Você sente a sua presença?

Mestre João Grande: Sim, você não vê, mas sente aquela força presente. Muitas vezes, a pessoa não está por dentro, toca o berimbau sem saber cuidar dele, sem saber "sair". Já tem outros que se o orixá der proteção, ele "sai".

Morin: O senhor compõe músicas?

Mestre João Grande: Eu as crio. Falam sobre todas as forças que regem os homens. Falam sobre a terra, sobre as águas, toda a natureza de uma forma geral.

Morin: Cite exemplo de uma que o senhor mais goste.

Mestre João Grande: Eu gosto de todas elas. Tem uma que chamo de "A Ladainha", que diz assim: "Iê. . . . foi agora que eu cheguei / porque eu venho da Angola, / trago força de lá, / trago força da terra, / trago força do mar, / trago força do céu / com Bom Jesus de marear".

Morin: E o senhor também tem caboclo?

Mestre João Grande: Tenho, sim. Todos os orixás me acompanham noite e dia!

Morin: Como o senhor explica essas questões para seus alunos?

Mestre João Grande: Explico que a Capoeira faz parte do Candomblé, tudo que vem da África existe na Capoeira. E explico que aquela roda de Capoeira possui muita força, muita ciência e que ninguém pode fazer besteira ali.

Morin: O que é a *volta do mundo*?

Mestre João Grande: É o seguinte. Sair dando a *volta do mundo* é para dar descanso. Os Capoeiristas giram em volta do berimbau, no ritmo marcado pelo mesmo e vão dizendo: "O mundo deu ou o mundo dá?" Ao ouvir isto, todos ficam atentos e um responde: "O mundo me dá e o mundo me deu!" Em cada uma das voltas, um dos Capoeiristas responde à pergunta feita.

Morin: Há mais alguma coisa importante que gostaria de dizer?

Mestre João Grande: (*canta*) "Eu sou uma fruta madura, / que cai do pé lentamente, / na queda larga a semente / que procura uma terra fresca / pra ser fruta novamente!"

MESTRE MORAES

Mestre Moraes é o fundador do Grupo de Capoeira Angola Pelourinho—GCAP, estabelecido no Rio, em 1980, e agora sediado no Forte de Santo Antônio, no Centro Histórico de Salvador—BA. Ele sempre tem o cuidado de explicar que, embora tenha aprendido a Capoeira Angola na academia do grande Mestre Pastinha, seu mestre foi João Grande—embora Moraes tenha começado a treinar Capoeira aos oito anos, na época Pastinha já estava cego e não lecionava mais. Moraes é um dos mais viajados mestres de Capoeira e, mesmo compartilhando as mesmas origens humildes da grande maioria dos mestres tradicionais, muitos dos quais são quase analfabetos, formou-se na faculdade—uma grande façanha no Brasil. Ele foi um dos líderes do renascimento da tradicional arte afro-brasileira da Capoeira, agora denominada Capoeira Angola para diferenciá-la do esporte chamado Capoeira Regional, ensinado em academias de ginástica e colégios.

Morin: Fale-nos um pouco sobre a Capoeira enquanto instrumento político.

Mestre Moraes: A Capoeira originou-se como um culto na África, ao mesmo tempo que foi luta de combate físico. E no Brasil este culto se transforma em um movimento de libertação focalizando *faith* (fé) e *struggle* (luta). A Capoeira é importante no sentido em que une os Capoeiristas na luta para a consciência social, política e cultural. Em vez de enfatizar a luta física, estamos preocupados em educar as pessoas a ter consciência de seus direitos e incentivá-las a lutar por esses direitos, porque acreditamos que somos vítimas de outra forma de violência: a negação de nossos direitos fundamentais como cidadãos. Nesta luta, temos consciência que todos podem ser importantes como agentes e aliados, sem relação a sexo, cor, religião ou classe social.

Morin: A Capoeira não teria tido uma grande dificuldade em afirmar seu lado político?

Mestre Moraes: O que eu acredito é que o Capoeirista foi mais facilmente cooptado do que os religiosos do Candomblé. É muito mais fácil você transformar a Capoeira, por ter uma vertente esportiva, em alguma coisa, do que uma religião como o Candomblé. A religião é forte, quando ela é sentida como tal e a Capoeira por ter música, foi mais fácil de ser cooptada. E a cooptação ocorreu, justamente, para evitar que ela se apresentasse como instrumento de luta. Na história da Capoeira do Brasil colônia, por exemplo, temos a presença de dois partidos onde Capoeiristas estavam envolvidos na política partidária.

Mestre João Grande: *I explain that Capoeira is part of Candomblé, that everything that came from Africa exists in Capoeira. And I explain that there is a lot of power, a lot of science in the Capoeira* roda, *and that nobody should fool around in there.*

Morin: *What about* volta do mundo (*walking around the* roda, *literally, going around the world)?*

Mestre João Grande: *It's like this. Doing the* volta do mundo *is a way to take a rest. The Capoeiristas walk around in front of the* berimbau *with a strong rhythm and say, "Did the world give, or does the world give?" When they hear this, they pay attention, and one answers, "The world gives to me, and the world gave to me." During each turn around the* roda, *one of the Capoeiristas answers the question.*

Morin: *Is there anything else you'd like to say?*

Mestre João Grande: (*singing*) *"I'm a ripe fruit/that falls from the tree slowly/in the long fall, the seed/that seeks fresh soil/to become a fruit again!"*

MESTRE MORAES

Mestre Moraes is the founder of the Capoeira Angola Pelourinho Group, originally established in Rio de Janeiro in 1980 and now headquartered in Forte de Santo Antônio in the historic district of Salvador, Bahia. Moraes always takes pains to explain that, although he learned Capoeira Angola at the school of the great Mestre Pastinha, his true mestre (*teacher*) *was João Grande. Moraes has traveled more widely than most Capoeira* mestres, *and although he shares the humble origins of the vast majority of traditional masters, most of whom are barely literate, he is a college graduate—a phenomenal achievement in Brazil. He was one of the leaders of the revival in the 1980s of the traditional African Brazilian art of Capoeira, now called Capoeira Angola to distinguish it from the sport called Capoeira Regional that is taught in health clubs and high schools.*

Morin: *Could you talk about Capoeira as a political instrument?*

Mestre Moraes: *Capoeira originated as a cult in Africa as a form of physical combat. In Brazil that cult became a freedom movement focused on struggle and faith. For me, Capoeira is important to the extent that it unites its practitioners in a drive for social, political, and cultural awareness. Rather than emphasizing physical confrontation, we are concerned with educating people to become aware of their rights and encouraging them to fight for those rights, for we believe that we are subject to another form of violence: the denial of our basic rights as citizens. In the course of that struggle, we are aware that everyone, no matter what their gender, color, religion, or social class, can be an important player and ally.*

Morin: *Has Capoeira had any difficulties in asserting its political aspect?*

Mestre Moraes: *I believe that Capoeiristas were more easily co-opted than Candomblé priests. It is much easier to co-opt a form of physical combat that can be regarded simply as a sport, as opposed to a religion like Candomblé. And that co-optation has prevented Capoeira from fully becoming an instrument of struggle. In colonial Brazil, for example, Capoeira was involved in party politics. There were two parties in which Capoeiristas were allied with both sides and sometimes clashed to defend their party's autonomy. Also, in an attempt to wipe Capoeira out, Capoeiristas were sent to the front during the war with Paraguay with the promise that they would be left alone if they came back alive. At another point in history, a police chief named Sampaio Ferraz, whose nickname was Pedrito, was assigned exclusively to exterminate* capoeiragem. *Capoeira was banned by law. And during the Getúlio Vargas administration, the same society that had suppressed Capoeira for so long opened its doors to Mestre Bimba, who had been as persecuted as the rest for being a Capoeirista. Eventually two different styles of Capoeira emerged: Capoeira Angola and Capoeira Regional. It's the same old story: the government divides in order to conquer. In Capoeira Regional the only thing that was important was the athletic side. But Capoeira Angola kept up the political debate, and it stayed involved with religion, philosophy, and history. I was one of the first to verbalize the political feelings of the old Capoeira* mestres, *who didn't have the words to express it.*

Morin: *Could you talk about the philosophical side of Capoeira?*

Mestre Moraes: *It's about body and mind in harmony. A Capoeirista, in contrast to a Capoeira player, is someone who can meld their body and mind. My mission was to represent the Capoeira* mestres *politically, socially, and philosophically. I have what today's Capoeiristas lack: respect for tradition. The minute you break that link with your ancestry, you don't represent anything. My* mestre, *Mestre João Grande, still has a relationship with that ancestry.*

Morin: *How do you pass that relationship with your ancestors on to your son, for example?*

Mestre Moraes: *I don't pass it on, I am that relationship! Mestre João Grande is my connection to my ancestry.*

Morin: *When did you start studying under Mestre João Grande?*

Mestre Moraes: *When I was eight, and I am still his student. I became a* mestre *myself the minute he started calling me Mestre Moraes, eight years ago. Now, when I go to New York, I don't dare wear the Grupo de Capoeira Angola Pelourinho's uniform like he does. I'm not a* mestre *in Mestre João Grande's school, I'm his student. I might be his oldest student, but I'm a student, just like the others.*

Morin: *As a Capoeira* mestre, *could you tell us about the impact of Capoeira on young people, about how it transforms communities and families?*

Mestre Moraes: *Everything that happens in a Capoeira* roda *is symbolic. Movements like the* rabo de arraia, meia lua, *and* au, *the music—all of these things*

Estavam aliados a um desses dois partidos e, em determinados momentos para defender a autonomia do partido, eles entravam em confronto. Em outros momentos, para que a Capoeira fosse exterminada, Capoeiristas foram mandados para a Guerra do Paraguai com a promessa de que, se eles retornassem com vida, não seriam mais perseguidos. Em outro momento histórico, um chefe de polícia foi designado unicamente para acabar com a Capoeiragem, que era o Pedrito, chamado Sampaio Ferraz. A Capoeira já esteve, em algum momento, em um artigo do Código Penal Brasileiro. Ela foi proibida! Em outro momento essa mesma sociedade que reprimiu durante tanto tempo a Capoeira, durante o governo de Getúlio Vargas, abre as portas para o Mestre Bimba que, em outros momentos, foi tão perseguido quanto os outros por ser Capoeirista. Então surgem dois estilos distintos de Capoeira que é a Capoeira Angola e a Capoeira Regional. E acontece sempre a mesma coisa, o governo divide pra controlar. Surge então a Regional onde o que interessava unicamente a era a vertente esportiva. E a Capoeira Angola manteve essa discussão política, socio-política, manteve o envolvimento com a religiosidade, com a filosofia, com a história. Então, nessa questão política, eu diria que fui um dos primeiros a expressar o sentimento político dos mestres antigos, que não tinham a condição de verbalizar por falta de palavras.

Morin: Como você falaria filosoficamente da Capoeira?

Mestre Moraes: Tomando-se o conceito de Capoeira como uma fusão de corpo e mente. A pessoa funde corpo e mente para ser um Capoeirista ou, caso contrário, será meramente um jogador de Capoeira. Minha missão era representar os mestres de Capoeira política, social e filosoficamente. Os elementos que faltam nos capoeiristas de hoje, eu os tenho: o respeito às tradições. No momento em que você quebra esse link com a ancestralidade, você passa a não representar nada. Então, eu como mestre de Capoeira, diria que meu Mestre de Capoeira—o Mestre João Grande—mantém ainda essa relação com a ancestralidade.

Morin: Como você passa essa relação com os ancestrais, por exemplo, para seu filho?

Mestre Moraes: Eu não passo, eu sou a relação! Mestre João Grande é a minha relação com a ancestralidade.

Morin: Com Mestre João Grande, você começou com que idade?

Mestre Moraes: Com oito anos, e sigo sendo aluno dele até hoje. Me tornei mestre no momento em que o meu mestre começou a me chamar de Mestre Moraes. Isso foi há oito anos passados. Agora, quando eu vou a Nova York, eu não ouso colocar o uniforme do grupo de Capoeira Angola como ele. Eu não sou mestre dentro da academia do Mestre João Grande, eu sou aluno dele! Eu posso ser o aluno mais antigo, mas sou aluno como os outros.

Morin: Como mestre de Capoeira, fale do impacto da Capoeira nos jovens e na transformação das comunidades e das famílias.

Mestre Moraes: Todas as coisas que acontecem, dentro de uma roda de Capoeira, são simbólicas. *O rabo de arraia, a meia lua, o au,* a música, todas essas coisas são simbólicas em relação às outras coisas que acontecem no mundo maior que é a vida. Coincidentemente, o mundo é redondo, a terra é redonda e a roda de Capoeira acontece num espaço circular. E o meu desafio maior é usar toda aquela simbologia na sua vida, quando você sai dali. Vai ser um jogo de Capoeira só de sentimento, vai ser o sentido de observar, de decodificar, de interpretar sua relação com o mundo, que é muito difícil. É um processo de metabolização, de recanalizar a energia para transformar a relação mente e corpo. Em alguns momentos o Mestre de Capoeira não é entendido porque ele não tem a obrigação de metabolizar com a mesma velocidade, com a mesma rapidez que o aluno quer que seja metabolizado.

Morin: Poderia explicar melhor essa relação entre o mestre e o tempo de metabolização dele?

Mestre Moraes: O mestre pensa em movimento. O aluno ainda não tem a condição de pensar em movimento, então ele só pensa ou só se movimenta. E na Capoeira, pensamento e movimento se tornam dicotômicos, até a síntese do mestre.

Morin: Que imagem você passa para a comunidade e para os estudantes?

Mestre Moraes: Durante todo o tempo, eu busco confirmar as expectativas de todos de quem eu sou o mestre. Voltando ao assunto do pensar em movimento, por exemplo, em uma aula de Capoeira, eu posso tomar uma rasteira de outra pessoa, mas, eu não tenho que revidar na hora, só para provar ao meu aluno que sou o bom. Eu vou é procurar, no dia e na hora certa, um meio de solucionar o problema.

Morin: No início, a música não fazia parte da Capoeira. Como é que você colocaria a música dentro da Capoeira hoje em dia?

Mestre Moraes: A música foi um disfarce desse lado revolucionário da Capoeira, em dança, em folguedo! O Capoeirista diz cantando o que ele pensa, o que ele acha, o que ele quer dizer. Por exemplo, no primeiro CD do Grupo de Capoeira Angola Pelourinho-GCAP, nós fizemos uma música em homenagem a Zumbi dos Palmares. A música conta que "A história nos engana e até diz que a abolição aconteceu no mês de maio; é uma mentira, não aconteceu abolição nenhuma no dia treze de maio, a prova dessa mentira é que da miséria não saio; Zumbi é o nosso herói, de Palmares foi Senhor, pela causa do homem negro, foi ele quem mais lutou e apesar de toda luta o negro não se libertou". Quer dizer, através da música nós podemos dizer o que nós pensamos.

symbolize the things that happen in the larger world that is life. Just as the world is round, the roda *takes place inside a circular space. The greatest challenge is to use all that symbolism in your life when you leave that space. You play Capoeira with sensitivity, in the sense of carefully observing, analyzing, interpreting your relationship to your environment, which is very hard. It's a process of metabolization, of rechanneling energy to transform the relationship of the body and the mind. Sometimes the Capoeira* mestre *is misunderstood because he isn't obligated to metabolize at the same speed, as quickly as the student wants him to.*

Morin: *Could you explain that relationship between the* mestre *and the time he takes to metabolize?*

Mestre Moraes: *The* mestre *thinks in motion. The student isn't able to think that way yet, so he either thinks or moves. Thinking and moving are dichotomous until they're synthesized in the* mestre.

Morin: *What sort of image do you project to the community and your students?*

Mestre Moraes: *I constantly try to fulfill everyone's expectations of me as a* mestre. *Going back to the subject of thinking in motion, for example, in a Capoeira class, someone can sweep me off my feet with a* rasteira, *and I don't have to respond right that minute just to prove to my student that I'm the best. What I'll do is seek a way of solving the problem at the right time.*

Morin: *In the beginning, music wasn't part of Capoeira. How would you situate music within Capoeira?*

Mestre Moraes: *Music disguised the revolutionary side of Capoeira. Music made Capoeira seem like a dance, a game. Capoeiristas sing what they think, what they feel, what they want to say. For example in the Grupo de Capoeira Angola Pelourinho's first CD, we wrote a song in honor of Zumbi dos Palmares. The song says, "History deceives us and tells us slavery was abolished in the month of May. That's a lie. There was no Abolition on the 13th of May. The proof of that lies in the fact that poverty's still there. Zumbi is our hero, the lord of Palmares. He fought the hardest for the cause of the black man, and in spite of all that struggle, the black man still didn't free himself." Through song we can say what we think.*

DONA DINHA

Por muitos anos, o bairro soteropolitano do Rio Vermelho tem abrigado duas tradições muito queridas: uma é a festa de Iemanjá, realizada no dia 2 de fevereiro, e a outra é o acarajé de Dona Dinha, vendido no Largo de Sant'Ana, em frente à casa da deusa do mar. Preparado a partir de uma massa feita de feijão fradinho e cebola, frita em azeite de dendê—o que dá aquela cor de ouro avermelhado, tão marcante e apetitosa. Antigamente, foi vendido nas ruas da Bahia como uma obrigação das filhas de Oyá-Iansã, orixá dos ventos e raios. Hoje em dia, nem todas as baianas do acarajé são adeptas do Candomblé, mas continua a exigência de usarem as vestimentas

DONA DINHA

For many years, the Rio Vermelho district of Salvador has been the home of two cherished traditions: one is the festival of Yemanjá, held on February 2, and the other is Dona Dinha's acarajé, *sold from a stand in Sant'Ana square, across the street from the sea goddess's shrine. Acarajé is a fritter made from ground black-eyed peas mixed with chopped onions and fried in* dendê *(palm oil), which gives it its characteristic—and appetizing—red-gold hue. It was originally sold in the streets of Bahia as a ritual obligation by Candomblé priestesses consecrated to Oyá-Yansã, the* orixá *of wind and lightning. Although it is not obligatory for* baianas do acarajé *to be*

Candomblé people, they are required to make at least a token attempt to wear traditional dress, including orixá beads, headties, and long full skirts.

Morin: *How did you become a baiana de acarajé?*

Dona Dinha: *I learned to make acarajé from my grandmother on my mother's side, who was a baiana de acarajé. It's a tradition that is passed on from mother to daughter. I've sold acarajé for over forty years. It's taken a lot of dedication and hard work.*

Morin: *Can you talk about the meaning of acarajé?*

Dona Dinha: *According to scholars, like Professor Cid Teixeira, acarajé is an African food that was called acará. It was sold by Candomblé women as a religious duty for their terreiro (place of worship).*

Morin: *How does one learn to make acarajé?*

Dona Dinha: *One is usually taught by one's mother. The daughter picks the hot peppers, gets the shrimp, cleans the leaves, husks the coconuts, roasts the peanuts. She just doesn't make the dough.*

Morin: *What secrets did your grandmother pass on to you?*

Dona Dinha: *To use the best ingredients and to prepare the acarajé with love, affection, and dedication. We must put love into all the food we cook. If you don't, it doesn't taste good.*

Morin: *How do you see your role in Bahian society?*

Dona Dinha: *I thank God for the role that I have. We pass on traditional Bahian food from mother to daughter, and try always to reach and improve everyone.*

Morin: *How has the situation of blacks in Bahian society changed in the last forty years?*

Dona Dinha: *Blacks are gaining more recognition and equality, but we need to grow more and more. It is important for baianas de acarajé to be recognized as businesswomen. We are formally employed and registered with the Afro-Brazilian Cult Federation, which pays our social security. This is an achievement. Today we are recognized as a profession like any other. Women, as well as blacks, have also grown. Today women can be the heads of families, just like men.*

Morin: *With all you have achieved in your life, do you think you can pass on that pride to your daughters?*

Dona Dinha: *Certainly. Because of my work as a seller of acarajé, all of my children were able to go to college. That makes me very proud.*

Morin: *How do you feel when you see children begging for food?*

Dona Dinha: *If a street child asks for food, I give it to him; in addition, I work as a volunteer in several nurseries every month, to which I have also contributed money. One has to give a little of what one earns. I also think that the government should*

---

tradicionais: contos de orixá, torsos e saias rodadas.

Morin: Como a Sra. se tornou baiana do acarajé?

Dona Dinha: Eu aprendi a fazer acarajé com minha avó materna, que era baiana do acarajé. Uma vendedora de acarajé, ela passa de mãe para filha. Sempre. Há mais de 40 anos atrás que eu venho trabalhando com isso. Mas é muito trabalho, muita dedicação.

Morin: Pode falar um pouco mais sobre o significado do acarajé?

Dona Dinha: Segundo dizem os cientíticos, como o professor Cid Teixeira, o acarajé é uma comida africana. Não é acarajé, é acará. Era comercializado como obrigação do terreiro de Candomblé.

Morin: Como se aprende a fazer acarajé?

Dona Dinha: É de mãe para filha. A filha pequena cata pimenta, cata camarão, limpa folha, descasca côco, torra amendoim, só não faz a massa.

Morin: Quais segredos sua avó passou para a Sra.?

Dona Dinha: O meu segredo é material de primeira qualidade e fazer com amor, carinho, dedicação. Toda comida que nós fazemos, temos que passar amor. Se você não passa amor, a comida não fica gostosa.

Morin: Como a Sra. vê o seu papel na sociedade baiana?

Dona Dinha: Só tenho que agradecer a Deus, por estar fazendo um bom papel. A gente vai passando de mãe para filho, e tem que procurar sempre melhorar e abranger a todos.

Morin: Está sentindo uma mudança nesses últimos 40 anos para os negros na sociedade baiana?

Dona Dinha: O negro está sendo mais reconhecido e temos que crescer mais e mais. É importante que a baiana do acarajé seja reconhecida como empresária. A gente já tem uma carteira assinada com a Federação do Culto Afro-Brasileiro, nós já pagamos o INSS. Foram várias conquistas. Hoje, somos reconhecidas como qualquer outra profissão. Como o negro, a mulher também cresceu. Hoje a mulher pode dizer assim que é chefe de família também, igualmente ao homem.

Morin: A Senhora tendo tanto sucesso, acha que pode passar esse orgulho para suas filhas?

Dona Dinha: Com certeza. Hoje em dia, meus filhos estudam, graças a Deus. Perante o meu trabalho como vendedora de acarajé, todos eles fizeram faculdade e me sinto orgulhosa.

Morin: Como é que reage quando vê meninos pedindo comida?

Dona Dinha: Se pedir comida, eu dou, e tenho minhas creches que ajudo todo, todo mês. A gente tem que dar um pouco do que a gente ganha. Eu acho que o governo deveria olhar muito isso, o lado do controle da natalidade. A mulher pobre só poderia ter um filho ou dois. No máximo dois. Eu tive três, mas eu criei seis filhos dos outros... faz nove. Estão todos criados, encaminhados, trabalhando, entreguei à sociedade, que é a coisa que tenho mais orgulho. Não quero ser rica, eu quero que meus filhos sejam homens de bem. E graças a Deus, eu consegui isso.

Morin: E as roupas da baiana do acarajé? Sempre foram estas ou mudaram?

Dona Dinha: Sempre foram estas. São as mesmas do Candomblé. Na segunda-feira, nós estamos vestidas de branco por Omolú ou Obaluaê. E na sexta-feira, o dia de Oxalá, também vestimos branco. As outras vezes, a gente pode botar roupa colorida. Mas, a baiana, para mim, tem que estar de branco. Ela fica muito mais bonita.

Morin: Todas as baianas são do Candomblé?

Dona Dinha: Eu conheço gente que é batista, da Igreja Batista, da Igreja Universal, da Igreja Evangélica, da Testemunha de Jeová. A origem é de Candomblé. Mas hoje, vender acarajé é um meio de sobrevivência.

Morin: Quais foram as lições que sua experiência de 40 anos vendendo acarajé lhe ensinou sobre a vida?

Dona Dinha: Para mim, vender acarajé foi uma coisa muito importante, porque eu consegui todos os meus ideais, criar meus filhos do jeito que queria. Eu só tenho que agradecer ao Senhor, porque é Ele que me deu essa oportunidade de crescer e conseguir tudo que queria para minha família. Porque quando você tem fé em Deus, você consegue tudo.

Morin: Queria dizer mais alguma coisa?

Dona Dinha: Eu digo a minhas colegas e ao povo em geral que uma baiana do acarajé, é uma pessoa que consegue levar o nome da Bahia para o mundo inteiro, fazendo um bom quitute. A gente só tem que procurar nos aperfeiçoar mais ainda e nos unir mais. Quando você tem Deus no seu coração, você consegue alcançar todos os ideais.

Morin: A Sra. mesma já levou a comida baiana para o exterior?

Dona Dinha: Já, para Portugal, Espanha, Suécia, Paraguai, Mônaco. Já fiz acarajé em Mônaco para os 700 anos da família Grimaldi. Foram 700 brasileiros fazer a festa e eu estava lá, fazia 2 mil acarajés por dia.

Morin: Ainda está vendendo na praça?

Dona Dinha: Quem fica lá fora é minha filha. Eu fico aqui no restaurante, que aqui sai tudo. Temos, o acarajé como o carro chefe, mas a gente tem desde o bobó à moqueca de peixe.

Morin: A Senhora tem este restaurante há quanto tempo?

Dona Dinha: Nós estamos aqui há oito meses. Como está dando certo, só tenho que pedir a Deus que nos abençoe e dê muita paz, saúde, prosperidade à gente e a nossos clientes, que eu estou aqui para atender com todo carinho e dedicação.

make sure that all poor women have access to family planning. Most women don't earn enough money to support more than two children. I myself had three children, but I raised six children from other people—nine altogether. They are all grown now, working as members of society, which makes me feel so very proud. I never wanted to have money. I wanted my children to be good people, and thank God I achieved that.

Morin: *Have the clothes of the* baiana de acarajé *changed over time?*

Dona Dinha: *They have always been the same. They are the same clothes from* Candomblé. *On Monday we are dressed in white for Omolu. We are also dressed in white on Friday for Oxalá. On the other days we can wear more colorful clothes. But to me a* baiana *has to wear white. It makes her look much prettier.*

Morin: *Do all* baianas *belong to Candomblé?*

Dona Dinha: *No. I know* baianas *who are Baptists, Universalists, Evangelicals, Jehovah's Witnesses. Although the origin of selling* acarajé *is in Candomblé, today it is a profession.*

Morin: *What has your forty years of experience selling* acarajé *taught you about life?*

Dona Dinha: *To me, selling* acarajé *was very important because it allowed me to fulfill all of my dreams, to raise my children as I wanted. I can only thank God for having given me this opportunity to grow and achieve everything I wanted for my family. When you have faith in God, you achieve anything.*

Morin: *Is there anything else you would like to say?*

Dona Dinha: *I tell my colleagues and people in general that a* baiana de acarajé *is someone who can carry the name of Bahia around the world by making good delicacies. We need to work to improve ourselves and become more united. When you have God in your heart, you can achieve all of your goals.*

Morin: *Have you yourself taken Bahian food to other countries?*

Dona Dinha: *Yes, to Portugal, Spain, Sweden, Paraguay, and Monaco. I made* acarajé *in Monaco for the seven-hundredth anniversary of the Grimaldi family. Seven hundred Brazilians came, and I made two thousand* acarajés *a day.*

Morin: *Are you still selling outside?*

Dona Dinha: *My daughter sells outside. I stay here in the restaurant, where we make everything.* Acarajé *is our main dish, but we also have everything from* bobó *to fish moqueca.*

Morin: *How long have you had this restaurant?*

Dona Dinha: *Eight months. Since it's successful, I can only ask God to continue to bless us and give us and all of our customers peace, health, and prosperity, because I'm here to serve them with all of my care and dedication.*

Since medieval times, the arts of death have gained broader attention in Catholic thought. The Virgin Mary became the model for a good death, meaning a good transition from earth to heaven. The cult of the Lady of the Good Death gained its first altar in Portugal in the seventeenth century. From there, this movement spread to the Portuguese colonies. In Brazil, several churches were built for the worship of the Death and Assumption of the Virgin Mary, called Nossa Senhora da Gloria (*Our Lady of Glory*). In the 1830s in Salvador, a group of female ex-slaves, probably all originating from the Yoruba town of Ketu, founded the first and only African sisterhood dedicated to the Virgin of Glory. These women filled the Catholic frame of the good death and transition with content from their own religious beliefs. For them, the transition from the material (aye) to the immaterial world (orun) is related to such deities as the Naná Buruku and Oxalá. The Sisterhood of the Good Death became the first organized urban religious institution with a highly structured and permanent character. This was possible because of the new economic possibilities the city provided. They offered a way to buy one's freedom and eventually dedicate oneself exclusively to religion. Furthermore, the cities provided possibilities and cantos (niches) that permitted independent activity in the shadow of the formal and official city life. The first permanent Candomblé terreiro (place of worship) in Brazil was founded by the same sisters, just behind the church where they worshipped the Lady of Glory: the Iyá Omi Axé Ayará Intilé, dedicated to Xangô. From Salvador, the cult of the Good Death spread to other locations in the region. It reached Cachoeira, Bahia, in the 1850s. It is in this little colonial city that this unique organization lives on. The Sisters of the Good Death are old, black, and initiated in Candomblé. Their inner organization is hierarchical, corresponding not to material merit, but to spiritual elevation related to age and time of initiation. Every August, following the Catholic calendar, these sisters organize a religious celebration in honor of the Virgin of Glory. They invite the entire city to a proud display of the wealth freedom has afforded them. Everything, from their clothing, jewels, and dancing, to the food they provide is an expression of their pride and generosity. The celebration of the Virgin of Glory is the culmination of their Sisterhood, their dedication to one another and to the idea that death is merely a transition between two worlds. For them, there is no end and no mourning without celebration. There is aye, but there also is orun.

Desde a Idade Média, as artes da morte vêm ganhando atenção mais ampla dentro do pensamento católico. A Virgem Maria tornou-se o modelo da boa morte, ou seja, uma boa transição entre a terra e o Céu. O culto de Nossa Senhora da Boa Morte ganhou seu primeiro altar em Portugal no século XVII. A partir daquela época, este movimento alastrou-se para as colônias ultramarinas. No Brasil, várias igrejas foram dedicadas ao culto da Morte e Assunção de Nossa Senhora da Glória. Nos anos 1830, na Cidade do Salvador, um grupo de libertas, provavelmente originárias da cidade nagô de Kêtu, fundaram a primeira e única irmandade africana dedicada a Nossa Senhora da Glória. Estas mulheres preencheram o marco católico da boa morte e transição com conteúdos vindos de suas próprias crenças religiosas. Para elas, a transição do mundo material (aiyê) para o mundo espiritual (orum) é relacionado a divindades como Naná Buruku e Oxalá. A Irmandade da Boa Morte tornou-se a primeira entidade religiosa urbana a ter um caráter altamente estruturado e permanente, talvez por causa das novas possibilidades econômicas fornecidas pela cidade. Ofereciam uma maneira de comprar a alforria e passar a dedicar-se com exclusividade à religião. De outro lado, a cidade fornecia possibilidades e cantos que permitiam a realização de atividades autônomas bem na sombra de sua vida formal e oficial. O primeiro terreiro de Candomblé permanente estabelecido no Brasil foi criado pelas mesmas irmãs, nos fundos da igreja onde cultuavam a N.S. da Glória: Iyá Omi Axé Airá Intilé, dedicado a Xangô.

De Salvador, o culto da Boa Morte se alastrou para outras localidades do Recôncavo. Chegou à Cachoeira nos anos 1850. É naquela cidade colonial que esta entidade única permanece até hoje. As Irmãs da Boa Morte são idosas, negras e iniciadas no Candomblé. Sua organização interna é hierárquica, correspondendo não ao mérito material, mas à elevação espiritual relacionada à idade cronológica e tempo de iniciação. Todo ano, no mês de agosto, seguindo o calendário católico, estas irmãs realizam uma festa religiosa dedicada a N.S. da Glória. Convidam a cidade inteira a participar de um exibição orgulhosa das riquezas que a liberdade as proporcionou. Tudo, das vestimentas, jóias e danças à comida que servem é uma expressão de seu orgulho e generosidade. A festa de N.S. da Glória é o apogeu da Irmandade, da dedicação entre as irmãs e ao conceito que a morte é apenas uma transição entre os dois mundos. Para elas, não há fim nem luto sem festa. Existe o aiyê, mas também há o orum.

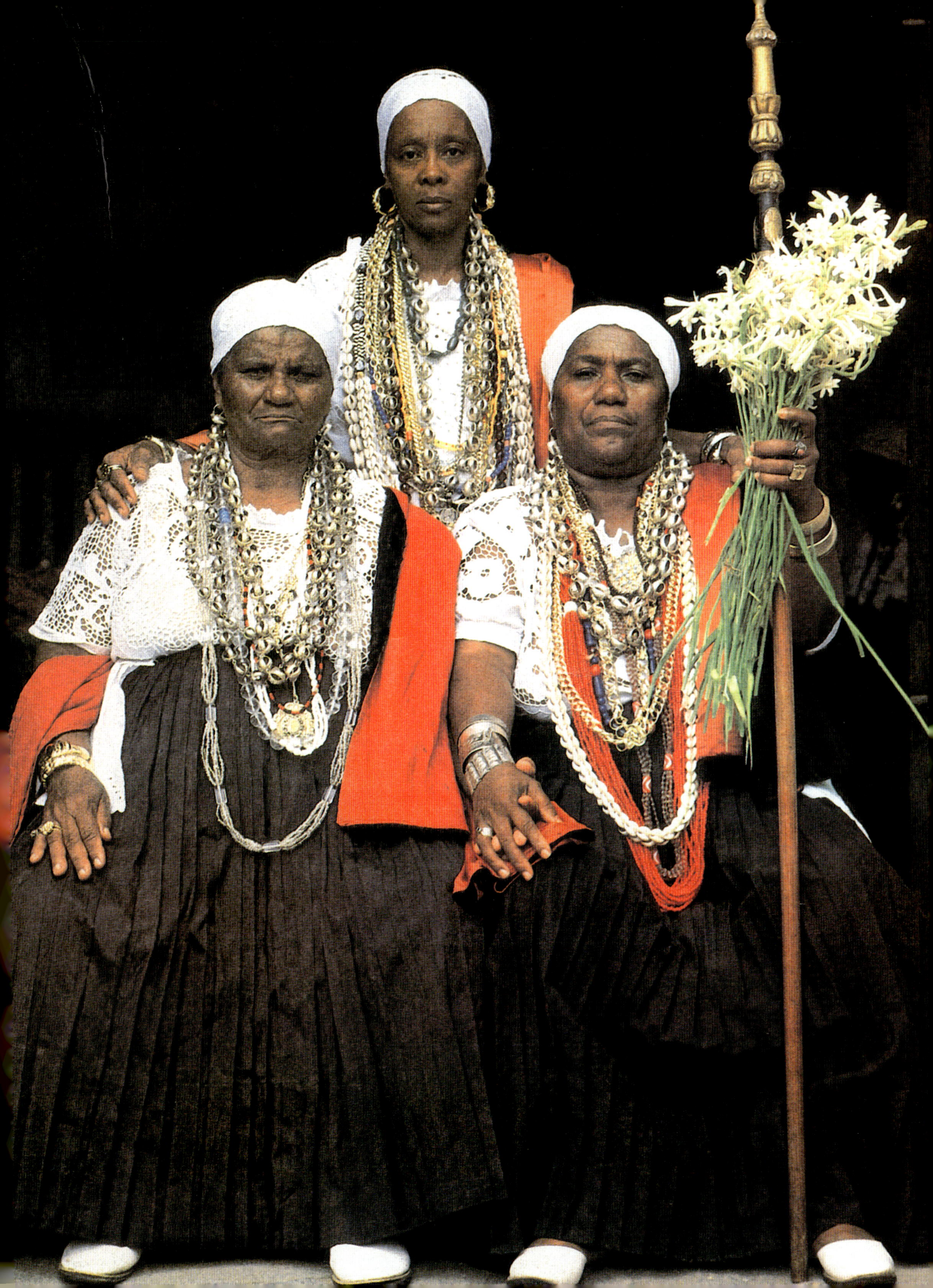

HOMENAGEM A PENNY E DAVID McCALL

Dedicamos este livro à memória de Penny e David McCall, que faleceram no dia 18 de abril de 1999 na Albânia, numa missão de ajuda humanitária pela Refugees International. Estendemos nossos agradecimentos à Penny McCall Foundation pelo seu generoso apoio financeiro, que possibilitou a realização deste projeto. A Penny também era uma mecenas importante que amava os trabalhos de muitos dos artistas que participaram deste projeto e colecionava suas obras com verdadeira paixão. Ela acreditava sinceramente na força da arte como agente de transformação individual e social. Sentimos muita falta de Penny e de David, especialmente de seu espírito de generosidade, que fez tanta diferença no mundo. Ambos foram pessoas de alma gentil e bela.

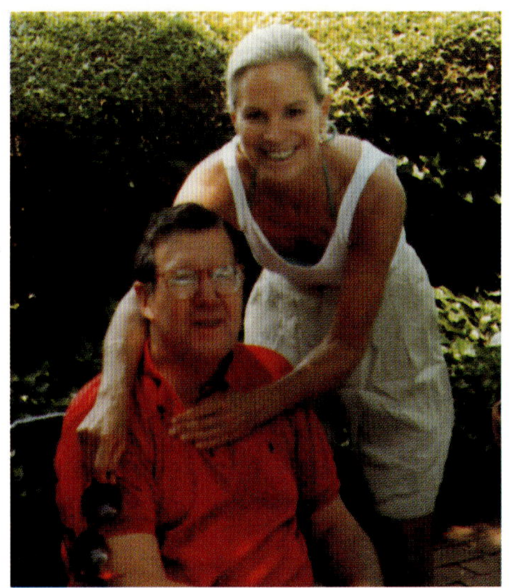

A TRIBUTE TO PENNY AND DAVID McCALL

This publication is dedicated to the memory of Penny and David McCall, who died on April 18, 1999, in Albania, on a relief mission for Refugees International. The Penny McCall Foundation generously funded this project, and we thank them for making it possible. Penny was also an important art collector who dearly loved and ardently collected the work of many of the artists involved with this project. She truly believed in the power of art as an agent of personal and social transformation. We miss both Penny and David profoundly, especially their generosity of spirit, which made such a difference in the world. They were kind and beautiful souls.

FRANCE MORIN

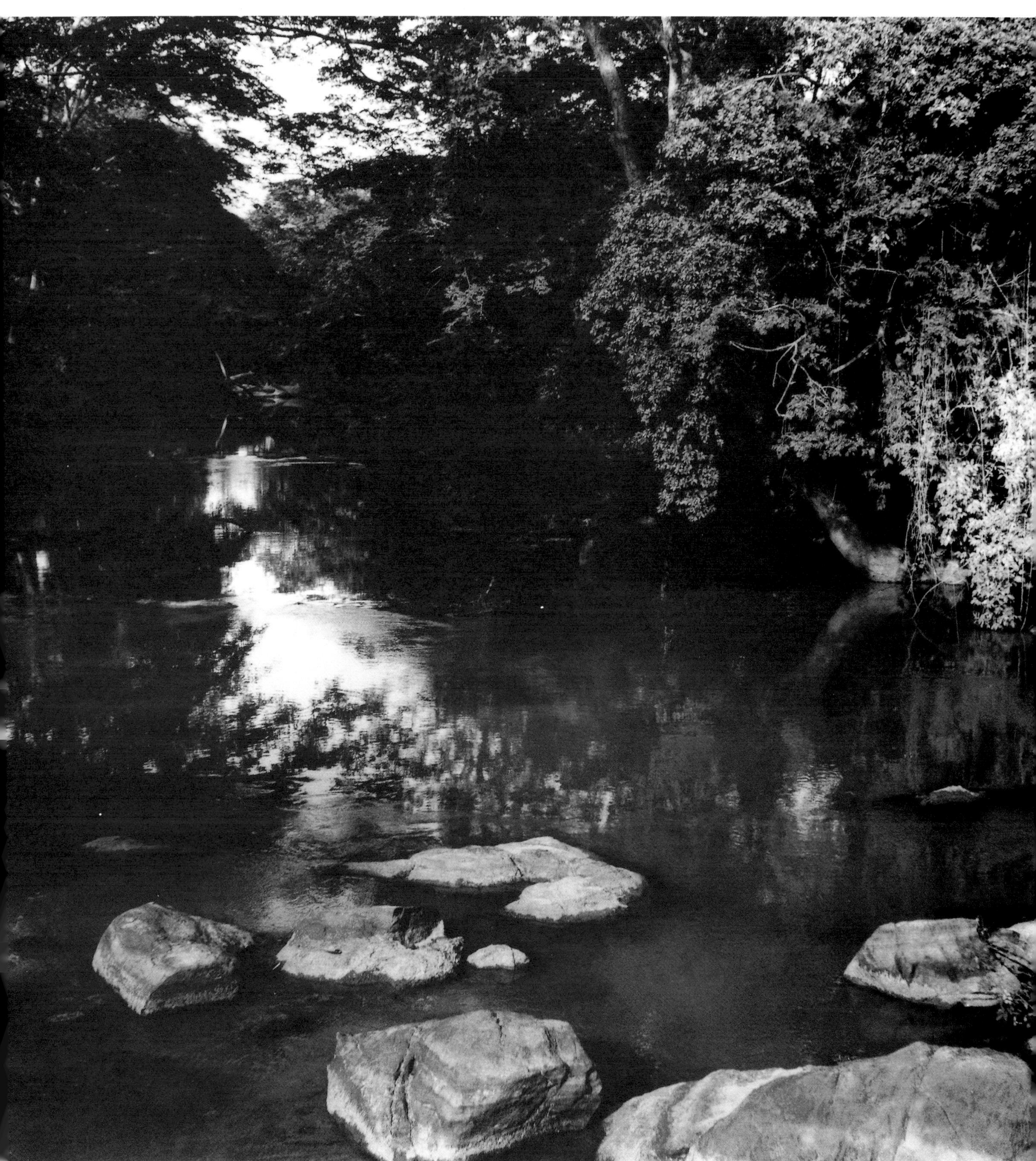

Pierre Verger, Rio Oxum, Oshogbo, Nigéria, foto cedida pela Fundação Pierre Verger, Salvador / Oshun River, Oshogbo, Nigeria, 1952

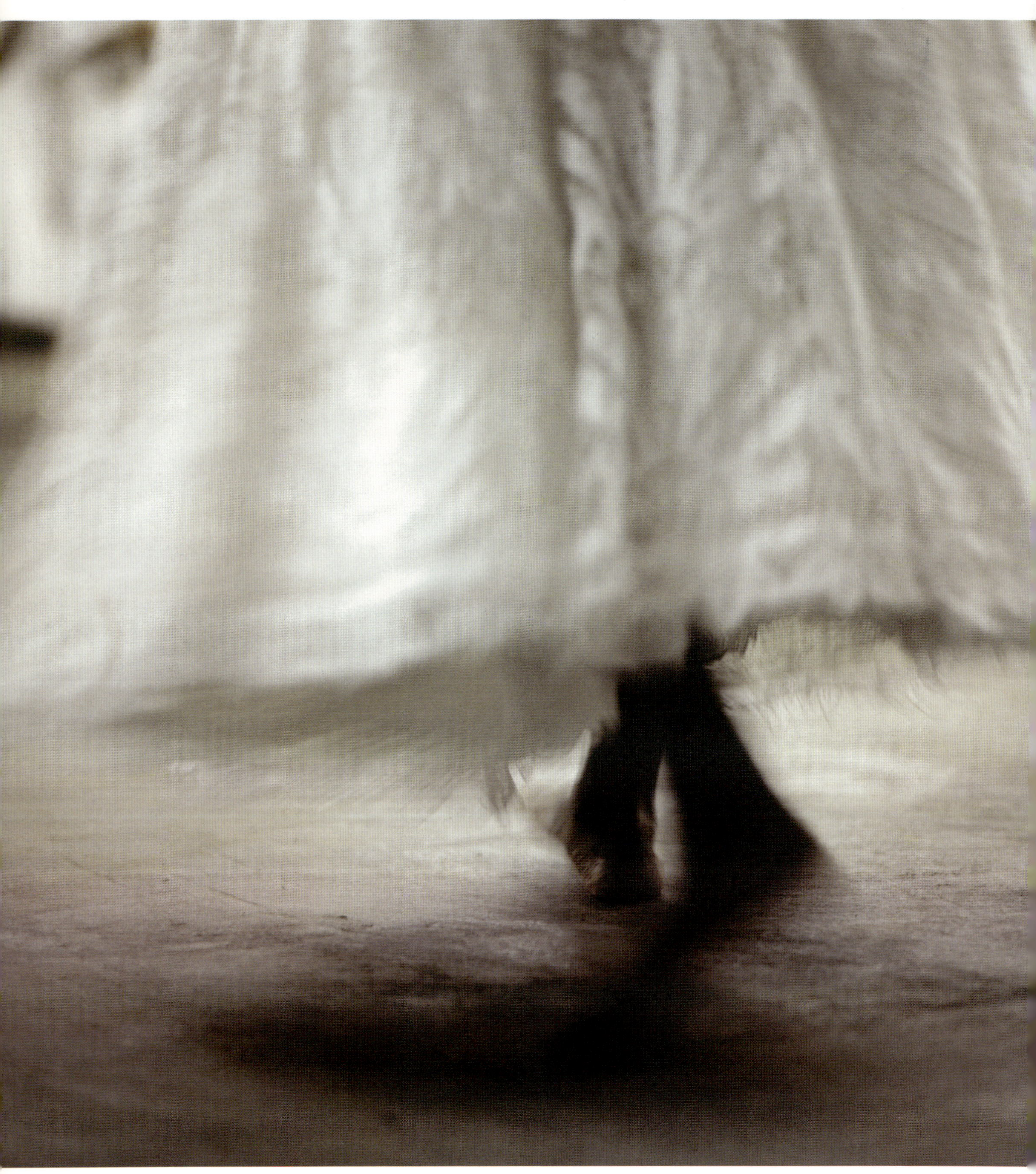

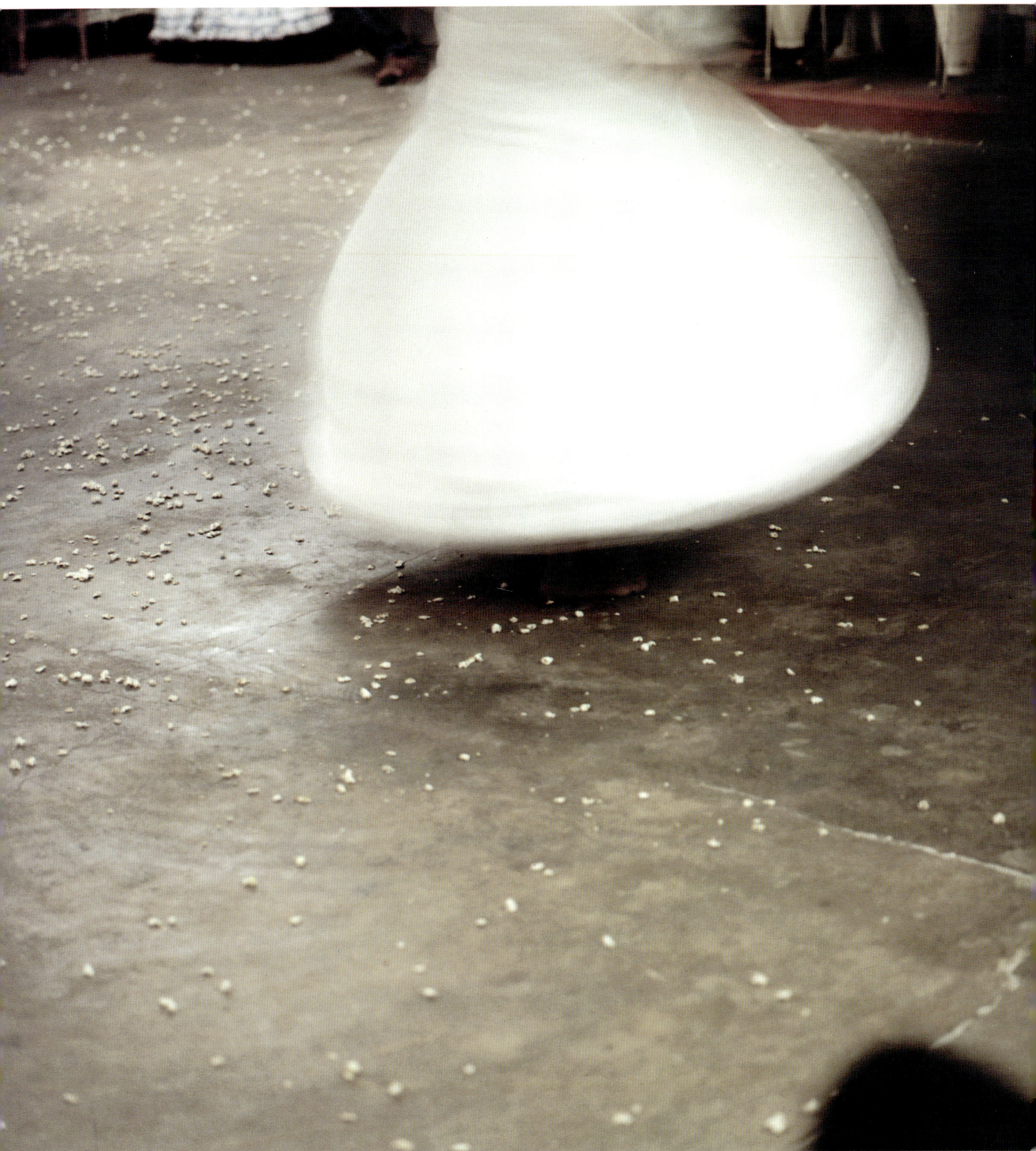